지은이 ¦ 리쩌허우李澤厚

동서양 철학을 넘나들며 독자적 사상체계를 구축한 현대 지성계의 거목. 1930년 중국 후난성湖南省 창사長沙에서 태어나 베[illegible] 중국 사회과학원 철학연구소에 들어가고, 이[illegible]한 이론가들이던 주광첸朱光潛, 차이이蔡[illegible]을 떨친다.

하지만 대약진운동과 문화대혁명[illegible] 마오쩌둥의 글만 읽도록 하고 마르크스와 [illegible] 리쩌허우는 남몰래 칸트 저작을 읽으며 『비판철학의 비판』 저술에 몰두한다. 마오쩌둥의 시대가 막을 내린 1976년 초고를 완성하고 출판사에 넘겨 1979년 출간된다. 오랫동안 폐쇄적인 지적 환경 속에 눌려 있던 중국의 지식인들과 학생들은 마르크스주의로 칸트를 보완하고자 한 이 책에 열광한다. 초판만 3만부가 팔린 이 책의 영향력은 수십 년이 지난 지금까지도 지속되어 '1980년대를 열어젖힌 책'이라는 평가를 받는다.

왕성한 저술활동을 시작한 리쩌허우는 '사상사 3부작' 『중국근대사상사론』(1979), 『중국고대사상사론』(1985), 『중국현대사상사론』(1987), '미학 3부작' 『미의 역정』(1981), 『화하미학』(1988), 『미학사강』(1989)을 차례로 완성한다. 1988년엔 프랑스 국제철학원에서 선정한 '이 시대의 뛰어난 철학자 3인'의 하나로 이름을 올린다.

톈안먼 사건 이후, 1992년 미국으로 떠나 콜로라도 대학 객원교수로 재직한다. 이곳에서 류짜이푸劉再復와의 대담집 『고별혁명』(1995)을 출간한다. 큰 파장을 낳은 이 책에서 리쩌허우는 20세기 중국을 뒤덮었던 급진적 '혁명'에 반대하고, '경제건설'을 전제로 한 '민주와 법제', 점진적 개량을 주장한다.

미국에 머무는 동안 『논어금독』(1998), 『기묘오설』(1999)을 썼고, 중국의 향후 발전 방향과 학술 동향에 대해서도 적극적인 발언을 이어간다. 2000년대 들어서는 후기 사상의 주요 개념들인 도度 본체와 정情 본체, 실용이성과 '밥 먹는 철학', 서체중용西體中用, 문화-심리 구조 등을 본격적으로 논한 『역사본체론』(2002), 『실용이성과 낙감문화』(2005), 『인류학 역사본체론』(2008) 등을 발표한다.

팔순이 넘어서도 미국과 베이징을 오가며 『중국철학이 등장할 때가 되었는가?』(2011), 『중국철학은 어떻게 등장할 것인가?』(2012) 같은 대담집을 통해 자신의 학문 여정을 회고한 리쩌허우는 세계사적 차원에서 중국이 당면한 문제와 철학의 미래에 대해 끊임없이 탁월한 식견을 내놓고 있다.

옮긴이 ¦ 피경훈

고려대학교 중어중문학과와 동 대학원을 졸업하고, 베이징 대학에서 중문학 박사학위를 받았다. 고려대학교 중국학연구소 연구교수를 거쳐 현재 국립목포대학교 중국언어와 문화학과 교수로 있다. '문화대혁명과 사회주의적 주체성의 문제' '중국의 제국 담론' 등에 관심을 갖고 연구중이다. 주요 논문으로 「해방으로서의 과학」「주체와 유토피아」「문화대혁명의 종결을 어떻게 재사유할 것인가」「계몽의 우회」 등이 있고, 지은 책으로 『혁명과 이행』(공저), 옮긴 책으로 『상하이학파 문화연구』『계몽의 자아와해』(이상 공역)가 있다.

비판철학의 비판

12

비판철학의 비판

칸트와 마르크스의 교차적 읽기

리쩌허우 ¦ 지음 | 피경훈 ¦ 옮김

문학동네

차례

일러두기

1. 이 책은 李澤厚, 『批判哲學的批判—康德述評』(三聯書店, 2007)을 완역한 것이다.
2. 원서의 주註는 책 뒤에 미주로 실었고, 본문 하단의 각주는 역주이다. 본문과 미주의 대괄호 [ ]는 역자가 덧붙인 것이다.
3. 주석의 서지사항은 원서에 준하여 옮기되, 독자의 이해를 위해 필요한 경우 역자가 한국어판의 서지를 덧붙였다. 특히 한국어판 번역을 직접 인용하거나 참고한 경우에는 해당 페이지까지 밝혀놓았다. 마르크스와 엥겔스 저작의 경우 영어판 전집MECW(Marx/Engels Collected Works)의 서지사항을 함께 적어두었다. 저자는 마르크스와 엥겔스 저작, 칸트 저작 등 주요 참고도서의 경우 중역본을 주로 인용하고 있으며, 그외의 서양 저작은 대체로 영역본을 참고한 듯하다. 중역본은 처음 나올 때 상무인서관 등 출판사를 밝혀두었다. 칸트의 『순수이성비판』을 표기할 때 A는 독일어 초판본, B는 독일어 2판을 가리키며 그 뒤의 숫자는 쪽수이다. 『실천이성비판』의 경우 A는 원전 초판본, V는 학술원판 전집 5권을 의미한다.
4. 이 책이 처음 출간된 1970년대 중국에서는 칸트 철학의 주요 용어인 a priori를 '선천先天'으로, transzendental은 '선험先驗'으로 주로 번역했고 리쩌허우도 이 같은 역어를 따랐다. 하지만 이는 오늘날 통용되는 칸트 용어의 역어와 차이가 있어 혼선을 가져올 수 있기에 이 책에서는 가능한 한 a priori는 '선험적', transzendental은 '초월적', transzendent는 '초험적'으로 옮겼다.

1장

사상의 기원과 발전과정

1 칸트 철학의 시대적 배경과 정치 성향

시인 하이네는 칸트의 인생이 특별할 것 없이 평범했다고 말한다. 칸트는 생애 대부분을 강의실과 서재에서 보냈으며, 어떠한 현실 활동에도 참여하지 않았다. 칸트는 1724년 대대로 가죽을 다루어 온 소규모 수공업자의 아들로 태어났고 재산도 매우 적은 편이었다. 대학 졸업 이후 가정교사를 하며 생계를 꾸렸고, 서른한 살이 되어서야 사강사Privatdozent[1] 자격을 취득해 쾨니히스베르크 대학에서 강의할 수 있었다. 칸트의 강의는 학생들에게 인기가 있었고 덕분에 그의 명성도 점차 높아졌다. 하지만 상류사회에서는 비천한 출신 탓에 무시당했고 마흔여섯 살 이후에야 비로소 교수 생활을 시작할 수 있었다.

칸트는 철학과 자연과학 계열의 과목을 주로 가르쳤는데, 수학, 이론물리학, 지질학, 지리학, 광물학 등을 강의했고[2] 많은 자연과학 논저를 발표했다. 칸트는 병약했고 평생 독신으로 살았다. 또한 변화를 싫어한데다 병에 걸릴까 우려해 거의 고향을 떠나지 않았다. 이러한 성격 탓에 칸트는 프로이센 국왕의 교육 대신大臣 제의도, 다른 지역 대학들의 초청도 수차례 거절했다. 말년에는 종교 문제를 다룬 몇 편의 논저로 인해 정부로부터 경고를 받기도 했다. 칸트는 자신의 관점을 끝까지 굽히지는 않았지만 종교 문제에 대해 공개 강연을 하거나 논문을 발표하지 않겠다고 서약했다. "혐의를 피하기 위해 나는 (자연종교이든 신에 대한 종교이든) 종교 수업을 철회할 것이고 공개 강연을 하지 않을 것이며, 다시는 종교 문제에 대한 논문을 쓰지 않겠다고 보증합니다. 이것은 나의 서약입니다."[3] 하지만 프리드리히 빌헬름 2세 서거 후에는 종교에 대한 논저를 지속적으로 발표했고 앞서 자신의 '서약'은 이미 실효성을 잃었다고 생각했다. 칸트는 다음과 같이 말했다. "자신의 내적 신념에 대한 부인 혹은 포기는 추악한 것이다. …… 하지만 현 상황에서는 침묵도 신민의 의무이다. 사람이 말한 바는 반드시 진실해야 하지만 모든 진실을 공개적으로 이야기해야 할 의무는 없다."[4] 아울러 "내가 확신하는 수많은 일들을 말할 용기가 없다. 또한 내가 믿지 않는 어떤 것도 말하지 않을 것이다",[5] "내가 알고 있는 것은 말하기에 적당치 않으며 말하기 적당한 것에 대해 나는 알지 못한다"[6]라고도 말했다.

이와 같은 언급은 칸트가 당시의 엄혹한 상황에 대해 상당한 불만을 품고 있었지만 공개적으로 반대 의견을 낼 수 없는 처지였음을 보여준다. 물론 이 상황도 이해는 된다. 당시 독일에는 프랑스혁명 같은 현실적 조건이 마련되지 않았으며, 사회적 지위가 매우 낮았던 지식인은 다만 침묵과 우회의 방식으로 저항하고 투쟁할 수밖에 없었다. 칸트는 사교적인 사람이었고 유머를 즐겼다.*

* 칸트의 이런 사교적 성향에 대해서는 만프레트 가이어와 카를 포를렌더의 칸트 전기를 참고할 만하다. "칸트의 우울한 경향은 모임을 가지면서 익살맞은 아이로 변했다. ……철학하는 학자에게 혼자 식사하는 것은 건강하지 못하다. ……그는 우울한 비판적 세계의 현인이 아니라 빛이 충만한 대중적인 철학자였다." [만프레트 가이어, 『칸트 평전』, 김광명 옮김(미다스북스, 2004), 330쪽] "칸트는 먹고 마시는 즐거움을 단지 대화를 나누기 위한 수단으로 생각하였기 때문에, 친구들과 모임을 하기 위한 거의 모든 점심 식사는 자신의 집에서 이루어졌으며, 오후 4시 정도까지 지속되었다. 어떤 때는 6시까지 계속되기도 하였다. 칸트는 그의 손님이 '소크라테스의 만찬과 같이 자신의 만찬에서 정신적으로 육체적으로 기쁨과 즐거움으로 충만되어 떠날 때' 가장 행복해했다." [카를 포를렌더, 『칸트의 생애와 사상』, 서정욱 옮김(서광사, 2001), 258쪽] 이 사교 모임은 칸트에게 매우 중요한데, 마치 소크라테스가 의회에 참여하는 대신 아고라에서 개개인들을 만나 대화를 통해 삶의 태도와 방식을 변화시키려 했던 것과도 유사하기 때문이다. 이처럼 칸트는 사적인 모임에서는 활발한 모습을 보였지만 공개적인 정치 운동에는 참여하지 않았다.

그의 저작은 수많은 통속적 재담으로 가득차 있으며, 풍부하고 생동감 있는 자료를 인용하고 각종 경험담을 충분히 활용한다. 또한 상당히 논쟁적 면모를 보이기도 한다. 하지만 단조롭고 틀에 박힌 생활 때문에 칸트는 주저인 『순수이성비판』처럼 무겁고 지루하며 보수적이고 건조한 사람으로 여겨졌다.

『순수이성비판』의 문체가 칸트의 외면적 생활과 비슷하다면, 그 책의 내용은 요동치던 당시의 시대 상황을 반영한다고 할 수 있다. 당시는 근대 자연과학이 중대한 발전을 이루던 시대이자 동시에 프랑스혁명의 폭풍이 불어닥치던 시대였다.

칸트는 강의실과 서재에서 일생을 보내기는 했지만 세계정세와 사회투쟁에도 많은 관심을 기울였고,[7] 특히 당시의 정치 상황에 주목하고 있었다. 프랑스혁명 이전, 사회는 동요했고 사회적 모순들이 중첩되어 있었다. 사상계에도 수많은 의견이 난립했다. 이러한 상황은 칸트에게 강한 자극을 주었다. 그가 루소의 『에밀』을 읽다가 평생 지켜오던 산책 시간을 어긴 일은 철학사에서 종종 언급되는 유명한 일화다.* 당시 독일의 다른 진보적 인사들과 마찬가지로 칸트는 프랑스 부르주아계급 혁명사상의 세례를 받았으며, 이 혁명사상은 그의 철학적 사유를 통해 표현되었고 칸트 철학의 중요한 축을 형성했다.

하지만 다른 한편으로 그 무렵 독일의 현실은 매우 낙후되어 있었다. 독일은 통일된 국가가 아니었으며 수많은 군소 봉건왕국, 공국, 도시 등으로 분열된 상태였다. 자본주의는 발달하지 못했고 경제 영역에서 시민-부르주아계급이 차지하는 지위도 매우 취약했다. 정치는 대단히 저열한 수준이었으며 봉건 지주인 융커

* 칸트가 산책에 나서는 시간을 보고 주변에서 시계를 맞출 정도로 그는 매우 규칙적인 생활을 했다. 칸트는 하루도 빼놓지 않고 일정한 시간에 산책을 했는데, 딱 두 차례 산책 시간을 어겼다고 한다. 첫번째는 프랑스혁명에 관한 기사를 접한 때였고, 두번째는 루소의 『에밀』을 읽을 때였다.

에게 종속되어 있었다. 전제적 관료제는 대다수 인민을 억압하고 문화적 진보를 가로막았다. 마르크스와 엥겔스는 독일의 이러한 상황을 여러 차례 언급했다.

> 이것이 바로 이전 세기 말 독일의 상황이었다. 말하자면 부패하고 해체되어가던 역겨운 상태. 누구도 편안함을 느끼지 못했다. 독일 내의 수공업, 상업, 공업, 농업은 극도로 피폐해 있었다. 농민, 수공업자, 기업주는 이중의 고통—정부의 수탈과 상업의 불경기—을 겪었다. ……모든 게 부패했고 요동쳤다.[8]

> 영국에서는 17세기부터, 프랑스에서는 18세기부터 부유하고 강대한 부르주아계급이 형성되기 시작했다. 하지만 독일은 19세기 초에 이르러서야 비로소 부르주아계급이라는 것이 형성되기 시작했다.[9]

칸트 철학은 바로 이러한 상황에서 만들어졌다. 다시 말해 그의 철학은 낙후된 독일의 현실에서 아직 미성숙하고 취약한 시민-부르주아계급의 요구와 이익, 희망을 반영했다. 요컨대 칸트 철학은 프랑스혁명에 대한 독일의 초기 시민-부르주아계급의 반응이었다. 마르크스는 칸트 철학을 "프랑스혁명에 대한 독일의 이론"[10]이라 규정한 바 있다. 이는 간명하면서도 깊이 있는 통찰이라 할 수 있다. 칸트 철학은 곧 프랑스 부르주아계급 대혁명의 시대정신을 표현하면서 동시에 독일의 낙후된 사회계급의 면모를 반영하는 것이었다. 프랑스의 정치 혁명을 독일의 사상으로 승화시킨 셈이었다.

엥겔스가 언급했듯, 종교나 철학과 같이 "공중에 매달려 있는 사상 부문"은 그 사회경제적 기초 및 물질적 조건과의 관계에 있어 일련의 중간적 매개를 거쳐야 한다. 이때 정치는 중요한 중간 매개 중 하나이다. 칸트 철학이 내포하는 시대적, 계급적 특징은 칸트의 정치 저작 안에서 명확한 형태로 그 모습을 드러낸다. 칸트는 일찍부터 사회정치 문제에 관심을 기울여, 1760년대에 루소를 읽었고 그에 관한 기록을 남겼다. 또한 '비판 시기'와 말년에는 일련의 정치 논문을 발표해 종교·역사·법률·국가·세계평화 등 각종 문제에 대한 자신의 관점을 기술했다.(9장 참조) 칸트 철학 연구자들은 칸트의 이러한 저술들을 소홀히 다루거나 논의를 피해왔고, 특히 그의 저술에서 드러나는 정치적 관점과 정치적 성향을 그의 철학 사상과 연관시키지 않았다.[11] 하지만 칸트는 자신의 철학 체계에 대한 자각적 구축자로서 그의 정치관은 전체 세계관 안에서 아주 중요한 위치를 점하며, 그의 철학(특히 윤리학)과 밀접한 연관관계가 있다. 겉보기에 그토록 추상적이고 어려운 칸트의 철학 역시 밑바탕에는 여전히 현실의 삶이 놓여 있었던 것이다. 칸트가 취한 사회적 입장과 정치적 노선은 그의 철학적 면모를 결정하는 중요한 요소였다.

칸트의 철학적 세계관은 프랑스혁명을 촉발시켰던 것과 동일한 사상 조류의 영향하에서 최종적으로 형성되었다. '이성'과 '계몽'은 당시 부르주아계급이 봉건제에 반대하며 내세운 가치였고 칸트의 세계관을 형성한 사상적 기축이었다. 그는 사상의 문제에 대해 이렇게 강조했다. "너 자신의 지혜를 용감하게 사용하라. 이것이 곧 계몽의 격언이다." "인간 이성의 공개적 사용은 반드시 자유로운 것이어야 한다."[12] 정치 문제에서 칸트는 봉건적 세습재산과 전제적 정치제도에 반대했으며, 입법·행정·사법의 삼권분립과 대의제 공화정 실행을 주장하여 부르주아계급의 기대와 이익을 명확하게 표현했다.[13] 그는 미국 독립전쟁을 찬양했고, 프랑스혁명에도 공감을 표하면서 프랑스혁명이 사람의 마음속에 "열렬한 공감을 불러일으킨다"고 말했다. 혁명 과정에서 수많은 사람이 대의를 위해 희생했다는 사실은 칸트가 보기에 인류가 이상적인 도덕적 자질을 갖추고 있음을 보여주는 것이었고 인류 역사와 도덕의 부단한 진보를 제시하는 것이었다. 그는 프랑스혁명을 도덕원칙의 외적 실현으로 보았다. 칸트는 다음과 같이 말했다. “혁명이 불러일으키는 진정한 열정은 온전히 이상을 가리키며 특히 순수한 도덕(예컨대 정의 개념과 같은)을 가리킨다. 이는 사리사욕과는 함께할 수 없는 것이다. 혁명에 반대하는 이들은 그와 같은 열정과 위대한 영감을 금전적 보상을 통해서는 결코 불러일으키지 못할 것이다.”[14] “인류 역사에서 발생한 이러한 현상은 영원히 잊히지 않을 것이다. 그것은 곧 정치가가 역사를 고찰하는 과정에서 발견할 수 없었던 진보의 경향성과 역량을 표현하고 있다. ……설사 상술한 사건의 배후에 놓여 있는 목표가 현재 달성되지 않았다 할지라도, 설사 인민 혁명 혹은 입헌 개혁에 최종적으로 실패한다 할지라도 우리는 상술한 철학이 그 힘을 잃지 않았다고 판정할 것이다.”[15] 이러한 언급은 프랑스혁명이 칸트에게 끼쳤던 엄청난 영향력을 짐작케 하는 대목이다.

하지만 다른 한편으로 칸트는 이론적으로, 또 원칙적으로 어떠한 혁명에도 반대하는 입장이었다. 칸트는 법 권리 자체가 공공의지에서 유래하며, 이를 폭력적으로 박탈해버리는 것은 모순이라고 생각했다. 다시 말해 아무리 나쁜 정권이라도 사람들을 무정부적 야만 상태로 돌려보내는 것보다는 낫다고 보았던 것이다. 개혁이란 일정 부분 부족한 정치제도를 수반할 수밖에 없으며, 입법자 스스로의 개혁을 통해 이루어지는 것이지, 인민의 혁명을 통해서는 이루어질 수 없다고 칸트는 강조한다.[16] 인민은 원망하고 책임을 물을 수 있으며 “학자로서 현 제도의 부당함을 제기할 수 있는 자유를 갖는다.”[17] 하지만 혁명을 일으키거나 저항할 자유는 없다. 칸트는 언론과 출판의 자유를 주장하고 “언론의 자유는 곧 인민의 권리를 지켜주는 유일한 보호자”[18]라고 언급한 바 있다. 하지만 자유로운 언론이라 할지라도 혁명을 일으킬 자유는 없으며 "여전히 현존하는 제도의 한계를 초과해서는 안 된다."[19] 칸트는 프로이센 왕국의 프리드리히 2세(재위 1740~86) 통치를 경험했는데, 프리드리히 2세는 프랑스의 계몽사상가 볼테르의 친구이자 보호자로 자처했다. 이를 본 칸트는 "한 국가가 만족할 수 있는 최고의 통치 방식은 바로 전제적으로 통치하면서 동시에 공화적인 자세로 치세에 임하는 것이다. 즉 공화주의적 정신으로 다스리는 것이다"라고 말했다.[20] 칸트는 이론적으로는 전제군주제에 찬성하지 않았다. 하지만 계몽 군주에 의한 공화주의의 실현을 희망했다. 그는 혁명이 아닌 진화를 주장했으며, 진화가 혁명을 대체해야 한다고 생각했다. 칸트는 일찍이 급진적 자코뱅파로 분류되기도 했지만 그의 정치사상은 자코뱅파의 혁명적 전제정치에 반대하는 것이었다. 독일의 수많은 진보적 인사들과 마찬가지로 칸트도 처음에는 프랑스혁명에 동감했으나 곧이어 자코뱅파의 독재에 놀라움을 금치 못했다. 이에 대해 칸트는 다음과 같이 밝힌 바 있다. "우리는 눈앞에서 진행되는 위대한 민족적 혁명을 바라보고 있다. 혁명은 성공할 수도 실패할 수도 있다. 혁명은 비참과 공포로 가득차 있으며, 결국 사유할 수 있는 이라면 누구라도 다시는 이렇게 엄청난 대가를 치르고 저런 실험에 참여하려 하지 않을 것이다. 하지만 이 혁명은 관찰자가 충분히 음미하기도 전에 거의 미칠 듯한 공감을 불러일으킨다."[21] 칸트는 프랑스혁명에 대한 자신의 모순된 심경을 표현한다. 칸트는 혁명을 매우 두려워하면서도 동시에 혁명에 매우 공감한다. 또한 혁명의 폭력적 수단을 두려워하면서도 동시에 혁명이 제기하는 기본적 요구에는 동의한다. 그렇기에 공화주의로의 전환을 주장하고 전제주의에는 반대하며, 개량을 주장하고 혁명에 반대하는 것이 곧 칸트가 취한 민주주의적 정치 입장이자 개량주의적 정치 노선이었다고 말할 수 있다. 마르크스와 엥겔스는 칸트의 정치 성향을 두고 이렇게 말했다. “칸트에게서 우리는 현실적 계급 이익을 기초로 하는 프랑스 자유주의가 독일에서 채용되는 특유의 형식을 발견할 수 있다.”[22]

이러한 정치 성향은 칸트를 필두로 하는 독일 철학의 고전 관념론을 프랑스의 유물론과 근본적으로 갈라놓았다. 엥겔스는 말했다. “18세기 프랑스에서와 마찬가지로 19세기 독일에서도 철학 혁명이 정치 변혁을 선도했다. 하지만 이 두 차례의 철학 혁명은 서로 얼마나 다른가! 프랑스인은 모든 친정부적인 과학, 교회, 그리고 종종 국가와도 공개 투쟁을 전개했다. 프랑스인의 저서는 네덜란드나 영국 등 외국으로 빠져나가 출판되었지만 정작 본국에서는 그 저자들이 언제든 감옥에 수감될 처지였다. 하지만 독일의 경우 여러 교수와 국가가 임명한 젊은 선생들의 저작이 국가 공인 교과서가 되었다.”[23]

돌바크(1723~89), 라메트리(1709~51), 엘베시위스(1715~71), 그리고 루소(1712~78) 등의 저작은 종종 프랑스 밖에서 발표되거나 익명으로 출판되었고, 프랑스의 수많은 계몽사상가들은 도피 생활을 할 수밖에 없었다. 하지만 칸트와 헤겔은 시종일관 프로이센의 공인 교수 직위를 유지할 수 있었다. 프랑스 급진주의자들은 다음과 같이 용감하게 외쳤다. “폭군의 교수형이나 폐위를 목적으로 하는 폭동은 군주가 어제까지 신민의 생명과 재산을 처분했던 폭력과 마찬가지로 완전히 합법적인 행동이다. 군주를 지탱하는 것이 폭력뿐이라면 그를 무너뜨리는 일도 폭력에 의해서만 가능하다.”[24] “전제적 권위는 폭력과 인민의 고혈을 기초로 한다. 전제적 제도는 그것이 억압하는 인민의 동의를 절대로 얻을 수 없다.”[25] 이에 비해 칸트와 헤겔 등 독일 철학자들은 다음과 같이 말했다. “폭동을 일으킬 권리는 없으며 반역할 권리도 없다. 군주에게 폭력을 행사하거나 그를 사형시킬 권리는 더더욱 없다.”[26] “자유가 인민의 수중에서 표현되는 광란의 형세는 정말로 무서운 것이다."[27] "인민의 행동은 완전히 자발적인 것이지만 비이성적이고 야만적이며 공포스럽다."[28] 이러한 언급들은 프랑스 철학과 독일 철학이 근본으로 삼고 있는 정치적 노선이 서로 완전히 상반됨을 보여준다.

이 상반된 성향은 종교 문제(당시 투쟁의 주요 초점 가운데 하나)를 다루는 데서도 분명하게 드러난다. 돌바크는 종교가 인류 진보의 가장 큰 적이라고 공개 선언하면서 군주가 종교를 지지하는 것은 곧 자신의 이익을 보호하기 위해서라고 통렬하게 비판했다. 하지만 칸트는 종교의 권위를 보호하려 했고 사람들이 신을 섬기면서 이를 통해 모종의 개량을 추구하기를 원했다. 정부에 의해 금서 조치를 당한 칸트의 가장 급진적인 저서 『이성의 한계 안에서의 종교』 역시 프랑스혁명이 고조될 당시 발표되었지만 프랑스의 급진 사상에 비하면 그저 창백하고 힘없는 내용에 불과할 뿐이었다. 종교적 이론과 태도는 정치와 철학이 서로 연결되는 매개점이라 할 수 있을 텐데, 한편으로 그것은 당시 정치적 투쟁이 벌어지는 민감한 심급이었고 다른 한편으로는 철학 사상과 불가분의 관계를 맺고 있었다.

계급적 특징과 정치적 노선의 다름으로 인해 라메트리, 돌바크, 엘베시위스로 대표되는 프랑스 부르주아계급의 유물론 철학은 칸트와 헤겔로 대표되는 독일의 고전 관념론 철학과 완전히 다른 성향과 특징을 갖게 되었다. 전자는 명료하고 정확하며 단도직입적인 성향을, 후자는 추상적이고 혼합적이며 매우 난해한 성향을 띠었다. 철학 노선이라는 관점에서 볼 때 독일 고전 관념론 철학은 프랑스의 유물론 철학과 서로 대립하는 것이었다.

독일 고전 철학은 관념론적 사상 노선을 채택했지만 정치적으로 공민의 권리, 대의제도, 봉건적 세습제 같은 정치경제적 특권에 반대했다는 점에서 상당히 합리적인 내용을 담고 있었다고 할 수 있다. 또한 독일 고전 철학이 이루어낸 성취는 프랑스의 유물론 철학을 훨씬 넘어서는 것이었다. 독일 고전 철학이 프랑스의 철학을 넘어설 수 있었던 이유는 바로 야만적이고 흉포한 봉건 통치와 낙후되고 빈한한 현실적 환경 때문이었다. 이 열악한 환경으로 인해 철학자들은 스스로를 서재에 가둔 채 행동이 아닌 사유로써 정신적 자유를 누리려 했고, 심원한 사변(철학)과 격정(시와 음악) 안에서 현실에서는 다다를 수 없는 고도의 정신적 수준에 도달하려 했다. 하지만 이러한 상황은 그들의 철학을 첨예한 모순에 빠지게도 했는데, 헤겔 철학에서는 변증법과 관념론 체계가 서로 모순을 일으키며, 칸트 철학에서는 일종의 이원론적 사유가 두드러지게 된다. 칸트는 한편으로는 계몽과 과학을 강조하면서 신의 존재는 이론적으로 증명할 수 없다고 생각했다. 하지만 그러면서도 종교에 여지를 남겨두었고 신의 존재를 신앙의 영역으로 옮겨놓았다. 칸트 철학 안에서 과학과 종교, 이론이성과 실천이성, '현상계'와 '물 자체', 경험재료와 선험형식 등은 서로 양분되어 있으며, 이러한 이분법 자체가 칸트 철학의 특징을 깊이 있게 드러내준다.

2 칸트 철학의 사상적 자원

앞에서 칸트 철학의 현실적 조건을 살펴보았다면 여기서는 칸트 철학의 사상적 자원에 대해 살펴보려 한다.

칸트는 흄 덕분에 자신이 라이프니츠-볼프 철학[29]의 독단론에서 벗어날 수 있었다고 밝힌 바 있다. 칸트는 대표작 『순수이성비판』에서 여러 차례 로크와 라이프니츠를 언급했고 이 책 2판에서도 버클리와 데카르트를 두드러지게 비판했다. 칸트는 계승과 창조의 정신으로 이미 누적되어 있던 철학 자료들에서 출발해 이전 세대의 유럽 철학을 종합·분석·비판하고 그 기초 위에서 새로운 문제를 제기했다. 이런 점에서 칸트 철학은 유럽 철학의 중대한 전환점을 마련했다고 할 수 있다. 엥겔스는 칸트 철학의 시대적 의미를 다음과 같이 평가했다. "프랑스에서 정치 혁명이 일어나던 때에 독일에서는 철학 혁명이 일어났다. 이 혁명은 바로 칸트에게서 시작된 것이다. 그는 이전 세기 말 유럽의 각 대학이 채용하고 있던 라이프니츠의 낡은 형이상학 체계를 뒤엎었다."[30]

그렇기에 우리는 칸트의 사상적 기원과 직접 연관관계가 있는 유럽 근대 철학, 즉 합리론과 경험론의 내용을 간단하게 살펴볼 필요가 있다.

베이컨(1561~1626)과 데카르트(1596~1650)는 근대 유럽의 부르주아계급 철학을 창시한 인물들이다. 베이컨은 반복적 실험과 경험을 통한 귀납법을 주장해 영국의 경험론 철학을 이끌었다. 또한 데카르트는 "나는 생각한다, 고로 존재한다"라는 저명한 명제를 통해 이성의 능력을 쇄신하고, 이른바 '명확하고 분명한' 원리로부터 모든 지식을 도출해내야 한다고 주장함으로써 유럽 대륙(프랑스, 독일, 네덜란드 등 서유럽 국가) 이성주의 철학(즉 합리론)의 태두가 되었다. 데카르트는 '삼각형 내각의 총합은 180도' 같은 수학적 원리와 마찬가지로 '명확하고 분명한', 절대적으로 믿을 수 있는 선험 이성지식을 주장했다.

합리론자들은 인식의 보편 필연적 진리를 추구했고 이 진정한 이성을 '천부적 관념'에 속하는 이성으로 귀결시켰다. 스피노자는 이성의 자명성에 대해 이렇게 말했다. "완전한 방법이란 곧 인간이 어떻게 영혼을 이끌어가는가를 일컫는다. 그리고 참된 관념의 규범에 근거하여"[31] 그 영혼으로 하여금 인식하게 하는 것이며, "이성의 본성은 사물의 필연성을 인식하는 것이지 사물의 우연성을 인식하는 것이 아니다."[32] 스피노자는 이성적 질서가 드러내는 일반적 경험에 의지하지 않고, 감각기관에 의한 지각으로 얻은 지식은 믿을 수 없고 허구적이라고 생각했다. 스피노자가 보기에 감각에 의존한 지식은 사람들에게 우연한 잔상만 남길 뿐 그것으로 진리를 획득할 수는 없다. 요컨대 스피노자는 '선험적 이성'의 '자명한 공리'로부터 모든 필연적 지식을 도출하려 한 것이다.

다른 한편, 칸트에게 막대한 영향을 끼친 이는 바로 유심론적 합리론자 라이프니츠(1646~1716)다. 라이프니츠는 우주가 각자 독립적으로 존재하는 정신적 모나드monad들로 구성되며, 그 모나드들은 '내재적인 활동의 원천'과 '무형의 자동적 유기체'로서 서로 다른 수준의 지각과 힘의 능동성을 지닌다고 생각했다. 이러한 능동성의 가장 높은 형태인 '이성적 영혼' 혹은 '정신'은 사람들로 하여금 필연적 진리를 인식하게 한다. 라이프니츠가 볼 때 동물의 인식은 완전히 경험과 연상에 의존하지만, 인간의 인식은 천부적 이성에 의존하기에 수학과 같은 필연적 지식을 얻을 수 있다. "이성이 믿을 만한 규율을 만들어내기만 하면 필연적으로 도출되는 힘 안에서 명확한 연관관계를 찾아낼 수 있다. 이러한 사유 방식은 우리로 하여금 실제적 경험과 그 표상 사이의 감성적 관계에 기대지 않고 사건의 발생을 예견할 수 있게 한다. 이러한 능력은 동물이 갖고 있지 않은 것이다."[33] 감각론자들에게는 하나의 격언이 있다. 이지理智 속에 존재하는 모든 것은 감각 속에 이미 존재한다는 것이다. 라이프니츠는 이에 동의하면서도 한 가지 명제를 추가한다. 즉 이지 자체는 예외라는 것이다. 라이프니츠는 오직 이지만이 보편 필연성을 갖춘 '추론적 진리'를 제공해줄 수 있고 실체와 인과관계 같은 관념은 결코 감성적 경험 안에서는 얻을 수 없으며, 감각은 다만 우연적이고 믿을 수 없는 사례 혹은 '사실의 진리'만 제공해줄 수 있다고 생각했다. 또한 라이프니츠는 모든 진리와 지식의 원천과 표준을 이른바 선험적 이지 안에 잠재하는 천부적 관념과 자명성의 원칙으로 귀결시켰다. 외부의 대상은 단지 일종의 '각성' 작용에 불과한 것이다. 형식논리의 무無모순율은 보편적이고 필연적인 '추론적 진리'의 규칙이며, 이른바 '충족이유율充足理由律'이란 곧 '사실의 진리'를 떠받치는 것이다. 모든 사실은 그 원인을 가지며, 끊임없이 이어지는 연쇄의 마지막 원인 혹은 '충족이유'는 곧 신이다. 요컨대 신, 이성, 형식논리는 모든 진리의 귀결점이며 진리를 탐구하는 근본적 방법이다. 데카르트는 과거 심리학이 중세 신학자들을 위해 제기했던, 신 존재에 대한 본체론本體論*적 증명(인간이 가지고 있는 완벽한 관념으로부터 신의 존재를 입증하는)을 이용해 검증을 시도했고 라이프니츠 역시 이 관점을 받아들였다. 이는 곧 합리론이 경험을 폐기하고 이성에만 기대서는 진리와 오류, 과학과 종교를 구별하지 못한다는 것을 의미했다. 그들이 추구하는 보편 필연적 지식은 실상 진리라 할 수 없으며 일종의 형이상학적 독단에 불과했다. 이것은 근대의 과학 정신과 배치된다. 본래 맹목적으로 교회의 명령에 복종하던 데서 탈피하여 이성을 강조하려 했던 합리론은 과학의 진보에 따라 상당한 위기에 직면할 수밖에 없었다. 칸트는 이 점을 매우 심각하게 받아들였던 것이다.

라이프니츠는 로크의 관점을 반박하면서 로크가 경험을 중시하는 아리스토텔레스에 더욱 가깝다고 비판하고 자신은 플라톤에 가깝다고 주장한 바 있다. 플라톤의 노선을 취한 라이프니츠와 달리, 로크(1632~1704)는 유물론적 경험론을 대표하는 사상가였다. 그는 '천부적 관념'에 반대하고 모든 지식은 감각에서

* 1985년에 발표한 「주체성에 관한 세번째 논강」에서 리쩌허우는 "소위 본체라는 것은 바로 그 존재의 의의를 물을 수 없는 최후의 실재다. 그것은 경험적 인과를 초월한다. 심리를 벗어난 본체는 하느님이고 신이다. 본체를 벗어난 심리는 과학이고 기계다. 따라서 최후의 본체 질서는 사실 인간의 감성 구조에 있다" 라고 언급한다. 간략하게 정리하면 흔히 '존재론'으로 번역되는 ontology의 경우 신학적 측면이 더욱 강조되는 데 비해, 리쩌허우가 내세우는 '본체'는 서구의 신학적 측면을 약화시키고 중국 전통 철학의 '정情'이라는 측면에 더욱 방점을 둔 개념이라 볼 수 있다. 이에 대한 자세한 설명은 리쩌허우, 『중국철학이 등장할 때가 되었는가?』, 이유진 옮김(글항아리, 2013), 121~138쪽 참조.

유래한다고 주장했다. "영혼은 우리가 말하는 것과 똑같이 한 장의 백지다. 그 위에는 아무런 기호도 존재하지 않으며 그 어떤 관념도 존재하지 않는다. 그렇다면 영혼은 어떻게 관념을 얻게 되는가? ……그것은 어디에서 이성과 지식의 모든 재료를 얻게 되는가? 나는 한마디로 답하겠다. 그것은 다름 아닌 경험에서 오는 것이다. 우리의 모든 지식은 곧 경험 위에서 구축되며 지식은 결국 모두 경험에서 유래하는 것이다."[34] "우선 우리의 감각기관은 개별적이고 느낄 수 있는 대상을 인지한다. 그리고 대상이 감각기관에 끼치는 서로 다른 방식의 영향에 근거하여 사물에 대한 명확한 지각을 영혼 안으로 전달한다. 이러한 방식을 통해 우리는 황색, 백색, 뜨거움, 차가움, 부드러움, 딱딱함, 쓴맛, 단맛, 그리고 우리가 감성질료라고 부르는 모든 것에 대한 관념을 얻게 되는 것이다."[35] 이지라는 것은 결국 이러한 '기본 관념'들을 축적·중복·비교·연결할 뿐이다. 로크가 보기에 모든 복잡한 관념은 기본 관념들이 기계적으로 결합한 것에 불과하기에, 이성 역시 감각기관이 제공하는 기본 관념 이상을 넘어설 수 없다. 이러한 이유로 인식에는 감성 단계와 이성 단계 사이의 근본적 구별이란 없을 뿐 아니라 보편 필연적 문제 역시 존재하지 않는다. 사물은 특수한 존재이고, 일반적 추상 관념은 그러한 사물들의 '유명론적 본질'에 지나지 않는다. 요컨대 로크는 감각적 지식의 경험적 성질에만 주목하는 것이다. 그는 감각적 경험에서 출발하여 물질이 가지고 있는 '제1성질'(부피, 넓이, 형태, 움직임, 수량 등)과 '제2성질'(소리, 색깔, 향, 맛 등)을 구분하고 '제1성질'이 곧 물 자체가 가지고 있는 것이며 '제2성질'은 다만 외부 물체의 보이지 않는 '제1성질'(미립자의 크고 작음, 조직, 운동)이 우리가 불러일으키는 감각적 능력에 작용한 결과일 뿐이라고 보았다. "이러한 성질[제2성질]은 우리가 그것에 어떤 진리를 부여하든지 간에 실상 물 자체가 본질적으로 가지고 있는 것은 아니다."[36] 로크는 결국 소리, 색, 향, 맛은 주관적 감각에 의존한다고 보았던 것이다.

로크가 제기한 경험론의 주요 논점은 버클리 주교에 의해 영향력을 발휘했다. 버클리(1685~1753)는 '제2성질'이 '제1성질'에 의존하는 것이라면 이는 곧 양자가 서로 분리됨 없이 연결되어 있는 것이라고 주장했다. 다시 말해 넓이, 형태, 운동만 가질 뿐 강도와 색 혹은 소리를 가지지 않는 물체는 상상할 수 없다는 것이다. "우리는 분명 색깔 혹은 기타의 감각적 성질을 갖지 않으면서 넓이와 운동을 갖는 물체에 대한 관념을 구성할 수 없다. ……그렇기에 이러한 기타의 감각적 성질은 어디에 존재하는가, 그리고 '제1성질'은 반드시 어디에 존재해야 하는가라는 것은 결국 물체가 우리 마음속에 존재할 수 있을 뿐 다른 곳에 존재하는 것이 아님을 의미한다."[37] 버클리가 보기에 "천상의 모든 별자리와 지상에 존재하는 모든 것들이 결국 대우주 자체를 구성한다. 영혼 외부에는 그 어떤 존재도 없다. 그들의 존재는 감지되거나 인식되는 것이다."[38] "존재하는 것은 감지되는 것"이지 그 어떤 물질적 실체도 존재하지 않는다. 버클리는 마지막으로 물체가 아닌 신이 우리에게 감각과 관념을 준다고 주장한다.

이러한 사유의 경로를 따라 흄(1711~76)은 경험론을 철저한 회의론과 불가지론으로 발전시킨다. 버클리는 이미 존재를 감각적 지식으로 변화시켰지만, 감각적 지식 자체는 다만 잡다한 순간적 인상일 뿐이다. 따라서 어떻게 그러한 순간적 인상들을 서로 연결할 것인가의 문제는 결국 어떻게 일정한 규칙적 질서로 인식을 구성해내는가의 문제일 수밖에 없다. 이에 대해 흄은 인간의 경험적 습관과 연상이 그렇게 구축해낸 것으로 보고 객관적으로는 질서와 규칙이 존재하지 않는다고 주장했다. 그 때문에 합리론이 이성을 통해 연역해낸 보편 필연적 진리는 근본적으로 성립하지 않는다. "원인과 결과의 발견은 이성이 아니라 경험을 통해서 얻어질 뿐이다."[39] "예컨대 불과 열, 무게와 고체와 같이 두 가지 사건이 자주 서로 연결된다는 점에 근거하여 우리는 습관에 따라 한 사건의 출현은 다른 사건의 출현을 예기한다고 본다. 이를 통해 경험에서 나오는 추론은 모두 이성을 이용한 결과가 아니라 습관의 결과임을 알 수 있다."[40] 그렇기에 불과 열, 눈과 차가움, 신체(신체의 운동)와 영혼(의지의 활동) 사이의 관계에 대해 우리는 그것들이 서로 연속되고 연결되는 것을 볼 수 있을 뿐 그 내부의 연결 관계는 알 수 없다. 어떤 힘이 물체로 하여금 연속하여 나타나게 하는지, 무엇이 우리의 관념을 나타나게 하는지 역시 알 수 없다. 따라서 수학이 경험적 사실과 아무런 관계도 없는 필연에 관한 분석의 명제라는 점을 제외하고는, 모든 경험적 사실에 관한 과학은 우연적 추론에 불과하며 그 어떤 보편 필연적 유효성을 보증할 수 없다. 모든 사안에 들어맞는 객관적 진리란 존재하지 않으며, 그것은 다만 인간의 주관적인 경험적 습관에 불과하다. 우리는 태양이 내일 떠오르리라는 것을 안다. 하지만 이는 다만 우리가 매일 태양이 떠오르는 것을 보아왔기 때문일 뿐이다.

이를 통해 우리는 지식의 원천을 모두 감각적 경험으로 귀속시킨 경험론자들이 흄처럼 신과 종교적 기적, 그리고 정신의 실체적 존재를 부정해버리면서 동시에 인간의 주관적 의식에 근거하지 않는 물질세계와 그 객관적 규칙의 독립적 존재 역시 부정해버렸음을 알 수 있다. 흄의 회의론은 감각적 경험에서 출발하는 모든 근대 철학의 특징과 문제를 매우 첨예하게 폭로하며, 다른 철학자들의 영향력을 뛰어넘어 현재까지도 막대한 영향력을 행사하고 있다.

베이컨에서 흄에 이르기까지 경험론과 귀납법은 과학이 요구하는 객관적 내용과 보편 필연적으로 유효한 성질을 보증해주지 못했다. 다시 말해 지식의 자명성을 증명하지 못했다. 또한 데카르트에서 라이프니츠에 이르는 합리론과 연역법 역시 지식의 자명성을 보증하지 못했다. 경험론과 합리론 모두 중세 종교 신학의 속박에서 벗어나고자 봉건적 몽매함에 저항했는데도 말이다. 합리론은 인간의 이성을 신뢰했고 경험론은 인간의 감각을 신뢰했다. 합리론은 이성을 통해 진리를 얻을 수 있다고 생각했고 경험론은 감각적 경험만 있으면 진리를 얻을 수 있다고 생각했다.

이런 경험론과 합리론은 모두 당시 막 발전하던 자연과학에 철학적 근거와 기초를 제공하고자 했다. 그 결과 경험론은 회의론에 빠져버렸고, 합리론은 이성에 대한 종교에 가까운 믿음으로 철저히 귀결되었다. 대大수학자 라이프니츠는 신과 종교의 합리성을 논증했고, 방대한 영국사를 저술한 역사학자 흄은 모든 객관적 규율의 존재와 그 인식 가능성을 부정했다. 갈릴레이에서 뉴턴에 이르는 과학사의 위대한 진전은 갈릴레이가 말했듯 신에 비견될 만한 확실한 지식을 얻을 수 있게 했다. 하지만 이제 그토록 확실했던 과학적 지식의 철학적 기초가 문제시된다. 보편 타당한 과학적 지식(혹은 인식)은 어떻게 가능한가? 당시 엄청난 성과를 거둔 자연과학의 보편적이고 필연적인 객관적 유효성은 어떻게 가능한가? 이러한 난제들은 곧 엄청난 문제를 제기했다.

또 한편에서는 종교, 신학, 신의 존재 같은 문제들을 어떻게 대해야 하는가라는 문제가 대두되었다. 데카르트, 라이프니츠, 로크, 버클리 등은 모두 신의 존재를 인정하거나 적극적으로 옹호했다. 스피노자는 신이란 곧 자연의 총체와 같다고 했고 흄은 신에 대해 회의적이었다. 요컨대 인식론(신을 인식하는 것)과 본체론(신의 존재)은 여전히 혼재되어 있었고 명확하게 나뉘지 않았다. 또한 종교는 과학과 마찬가지로 객관적 지식일 수 있는가? 과학과 종교는 어떻게 구분되는가? 과학과 종교의 지위와 의의를 어떻게 설명해야 하는가? 이러한 문제들은 당시 갈수록 중대한 화두로 떠오르고 있었다. 종교와 과학 양자 사이의 구분 및 각자의 존재 의의에 대한 문제는 경험론도 합리론도 해결할 수 없는 것이었다.

18세기 프랑스의 유물론은 로크의 학설을 철저한 감각론으로 발전시키고 모든 인식은 감각에서 유래한다고 주장했다. 또한 신의 존재를 부정했다. 하지만 그들이 말하는 감각과 경험 등은 다만 하나의 개체가 느끼는 감각이며 피동적인 관찰자 입장에서 바라본 것이었다. 그들은 보편성을 가진 이성적 인식에 대해 충분히 인식하지 못했고 근본적으로 로크의 기본적 입장을 넘어서지 못했다. 여전히 과학의 보편 필연적 진리성에 대한 과제를 해결하지 못했던 것이다.

이 과제들은 당시 철학 및 자연과학의 각 유파에 익숙했던 칸트 앞에 역사적이고도 논리적인 문제로서 놓여 있었다.

일반적인 철학사는 칸트를 유럽 대륙의 합리론과 영국의 경험론을 종합한 이로 기술한다. 이러한 관점은 매우 광범위하게 인용되고 있으며 나름대로 일정한 타당성을 갖는다고 해야 할 것이다. 또한 이 학설은 칸트 인식론의 특징을 잘 제시해주고 있기도 하다. 하지만 칸트 철학에 대한 전면적 개괄로는 충분치 않아 보인다. 우선 이 관점은 사상적 측면에서 칸트를 해석하고 규정할 뿐 현실적 맥락에서 칸트를 해석하고 규정하지 않는다. 이러한 해석 방식은 사상에서 출발해 사상으로 끝맺는 헤겔식 관점이다. 다음으로, 이것이 가장 중요한 논점이라 할 수 있는데, 이러한 해석 방식은 인식론만 언급할 뿐 윤리학과 미학을 포함한 칸트 철학의 전반적 면모를 바라보지 못한다. 그리고 마지막으로 합리론과 경험론은 각각 관념론과 유물론이라는 유파를 형성하고 있었고, 칸트가 이 두 유파를 대략적으로 종합했다고 말하는 것은 철학적으로 매우 복잡한 실제 상황을 대충 덮어버리는 것에 불과하다.

예컨대 이러한 해석에서는 줄곧 흄의 종결점이 곧 칸트의 시작점이며 흄의 사상이 직접 칸트로 이어진다고 말해왔다. 그렇기에 칸트와 비슷한 시기에 출현한 18세기 프랑스 유물론에 대한 논의는 곧 생략되고 만다. 실상 칸트는 한편으로는 에피쿠로스와 로크의 사상을 높이 평가하고 버클리와 데카르트의 사상에 반대한다고 선언함으로써 자신의 유물론적인 사상적 기원과 경향성을 표현했다. 하지만 동시에 플라톤, 라이프니츠, 그리고 흄의 관념론도 그에게 상당한 영향을 끼쳤다.[41] 칸트가 계승하고 종합한 것은 오히려 관념론적 합리론(라이프니츠)과 관념론적 경험론(흄)이었다. 그의 윤리학은 대부분 프랑스의 유물론을 겨냥했던 셈이다. 이러한 측면에서 보았을 때 프랑스의 유물론을 이해하지 못한다면 칸트를 제대로 이해할 수 없다. 그러므로 칸트가 합리론과 경험론을 종합했다고 간단히 말해버리는 것은 매우 대략적인 이해일 뿐이다.

3 뉴턴과 루소의 결정적 영향

무엇보다 중요한 점은 진정으로 칸트의 철학을 결정짓고 그 철학의 실질적인 내용을 채워준 것은 합리론이나 경험론 같은 특정한 철학 유파나 철학자가 아니라, 당시 뉴턴(1643~1727)으로 대표되는 자연과학 사조와 루소(1712~78)로 대표되는 프랑스혁명의 물결이었다는 사실이다. 뉴턴과 루소야말로 칸트에게 진정한 영향을 끼친 아주 중요한 인물들이다. 이 두 인물을 통해 당시 부상하던 부르주아계급이 추구하는 과학과 민주의 시대정신이 탄생한다. 그들은 칸트에게 단순히 사상적 자원에 그치지 않고 보다 현실적인 측면에서 상당한 영향을 끼쳤다. 당시의 광범위한 현실적 조건은 시대를 대표하는 두 매개적 존재, 즉 뉴턴과 루소를 통해 칸트에게 깊게 투영되었다. 뒤에서 칸트 사상의 발전과정을 통해 살펴보겠지만, 칸트는 초기부터 근대 실험과학의 창시자 갈릴레이와 뉴턴의 연구자이자 신봉자였고 적극적으로 자연과학 활동에 참여하여 중요한 발견과 사상을 내놓았다. 다른 한편으로 종교와 신학 등 형이상학과 세계관에 관한 문제는 본래 칸트가 주의를 기울이던 문제였으며, 프랑스혁명 전야에 루소의 저작을 필두로 하여 일련의 사회·정치·종교·교육의 위기가 분명하게 드러나기 시작했다. 이러한 상황은 이전의 형이상학적 문제에 더욱 선명한 현실적 의의를 부여했고 더욱 강렬하게 칸트를 끌어당겼다. 결국 당시 자연과학과 사회 문제는 칸트의 철학을 낳은 현실적 토양이었던 셈이다. 과학과 민주는 이후 세대가 지속적으로 대면해야 할 근본 문제였고, 칸트가 뉴턴과 루소의 영향을 받은 것도 이와 같은 현실적 고민에서 시작되었다. 칸트는 당시 가장 선진적인 사상을 흡수했던 것이다.

과학실험과 사회현실이라는 기초 위에서 앞서 서술한 이전 철학들의 사상적 자원을 서로 연계함으로써 칸트는 자연계의 문제를 처리하는 과학이 매우 빠르게 발전하는 데 반해, 인간과 우주의 근본 문제(자연과학의 진리성이라는 근본 문제를 포함하여)를 처리하는 철학은 합리론과 경험론의 지배하에서 속수무책의 상태로 남아 있음을 알게 되었다. 예컨대 뉴턴의 역학力學은 18세기를 지배한 주요한 과학적 성과로서, 당시 합리론자들은 뉴턴의 역학이 데카르트가 중시했던 수학과 연역의 결과라 여겼고, 경험론자들은 관찰과 실험의 성과라고 주장했다. 뉴턴은 베이컨의 경험론에 상당한 영향을 받았고, 데카르트의 합리론을 탐탁지 않게 여겼다. 그리고 뉴턴 본인은 명확하게 자신의 주장을 귀납법으로 귀결시켰다. 하지만 실상 갈릴레이에서 뉴턴에 이르는 근대 자연과학 방법론은 합리론에 입각한 기하학적 연역의 방식과 달랐고 경험론자들이 주장하는 묘사와 귀납의 방법과도 달랐다. 다시 말해 전적으로 감각에 의존하는 것도 이성에 의존하는 것도 아니었으며, 실험과 수학, 경험과 이성을 결합한 것이었다. 실험은 이성의 인도에 따라 진행되는 경험이었고, 수학 또한 감성과 무관한 이성에 의한 것만은 아니었다. 요컨대 근대 과학의 실험방법을 운용하기 시작한 것(2장 참조)은 인류의 과학 및 인식론 역사에서 엄청난 전환점이었다.

그렇기에 이러한 기준에 비추어보았을 때 경험과 결합하지 않은 합리론적 형이상학, 그리고 신의 존재 여부와 같은 문제를 포함한 중세 이후의 가짜 과학은 진정한 과학(혹은 인식)의 문제를 완전히 배제해버린 것에 불과했다. 또한 필연적 진리에 대한 회의를 부정해버린 경험론 역시 성립될 수 없었다. 다른 한편으로 인식은 실천을 위한 것이고 과학은 결국 인간에게 봉사하는 것으로, 인간 자체보다 우월할 수 없었다. 그렇다면 인간의 본질과 목적은 어디에 존재하는가? 당시의 사유에 의하면, 이러한 문제들은 이른바 '자유' '영혼' '신' 같은 형이상학적 문제에 속했다. 이러한 문제들도 뉴턴의 역학과 같이 보편 필연적인 과학적 인식의 대상이 될 수 있는가? 만약 그렇지 않다면 그러한 문제들을 어떻게 해결할 것인가? 이에 대한 해결책으로 우선 자연계에 대한 기계론적 해석(유물론)이 존재했고, 사회 영역을 그 주축으로 삼는 목적론적 해석(관념론)도 존재했다. 전자는 뉴턴이 발견한 인과율에 근거하며, 후자는 루소가 제창한 바 있는 인간의 자유론에 근거한 것이었다.(이에 대해서는 뒤에서 자세히 다룬다.) 이러한 사상적 긴장이야말로 칸트가 조율하고 통일하고자 했던 사상적 과제였다.

그러므로 칸트는 유럽 대륙의 합리론과 영국의 경험론을 종합했다기보다는 목적론과 기계론 사이에서 뉴턴과 루소를 비판적으로 결합하고자 했던 것이다. 하지만 이러한 결합은 앞서 설명했듯이 합리론과 경험론 사상의 매우 복잡한 개입을 수반하며, 라이프니츠-볼프의 형이상학적 '철학 혁명'을 전복시키고 실현된 것이었다.

칸트는 자연과학과 사회학에 대한 광범위한 독서를 통해 각 유파의 사상적 자원을 포괄적으로 흡수해 이를 바탕으로 나름의 철학 체계를 구축하고 자신만의 독특한 관점을 도출했다. 훗날 칸트의 논적이 된 제자 헤르더는 칸트를 다음과 같이 회고했다. "그의 수업이 가장 충실하고 다채로웠다. 그는 라이프니츠, 볼프, 바움가르텐, 그로티우스, 그리고 흄을 고찰했으며 또한 케플러, 뉴턴 등의 과학자들도 탐구했다. 그는 당시 막 출판된 루소의 『에밀』 『신新엘로이즈』 등을 검토했으며 자신이 알게 된 온갖 새로운 자연현상의 발견에 대해 평가했다. 그는 자연에 대한 지식과 인간의 도덕적 가치에 대해 자주 논했다."[42] 또다른 철학사가는 다음과 같이 언급했다. 칸트는 "볼프의 형이상학 및 독일 대중철학자들과의 교류를 거친 후 흄이 제기한 문제에 심취했다. 또한 루소의 자연주의에도 열광했다. 뉴턴 자연과학의 수학적 엄격함, 영국 문헌에서 보이는 인간의 관념과 의지에 대한 심리학적 분석의 치밀함, 그리고 톨런드와 섀프츠베리 백작에서 볼테르에 이르는 자연신론自然神論, 그리고 프랑스 계몽주의 사조가 정치와 사회를 개조시키려 사용한 고귀한 자유의 정신, 이 모든 것이 청년 칸트의 철학적 협조자가 되어주었다."[43] 이 모든 것이 바로 칸트 사상의 연원을 밝혀주며, 그것들을 종합하여 구축한 칸트 자신의 철학 체계와 그 복잡성을 대변해준다. 칸트 자신에 대해 말하자면 이러한 사상적 구축은 복잡하고도 기나긴 시간에 걸친 변화였으며, 그 과정에서 사상적 본질은 더욱 분명하게 드러나게 되었다.

4 전前비판 시기

칸트 자신의 말을 빌려 말한다면 일반적으로 칸트 사상은 크게 '전前비판 시기'와 '비판 시기' 둘로 나뉘며, 칸트 철학의 주요 저작(3대 '비판서', 특히 『순수이성비판』) 중 기본적 관점이 형성된 시기를 그 분기점으로 삼는다. 하지만 이러한 분기는 갑작스러운 전환이 아니라 양이 축적되어 질적 변화를 일으키는 것과 같은 과정이었다.[44]

칸트는 본래 라이프니츠-볼프 철학의 관념론적 합리론 신봉자였다. 이 철학 체계는 종교와 신학에 대해 순종적이고 타협적인 태도를 취했다. 신학은 당시 철학계에서 지배적 위치를 점하고 있었고 이른바 '초월 신학'(종교적 방식에 의한 철학의 논증), '초월 심리학'(영혼불멸 등을 논증하는 신학 학설), '초월 우주론'(시간과 공간의 시작과 같은 신이 창조한 우주적 관념에 관한 해석) 등은 대학 철학 강좌의 주요 내용이었다.칸트의 집안은 본래 경건주의 기독교를 믿었고 종교적 분위기가 충만했다. 칸트는 일찍이 아주 엄격한 신학 교육을 받았기에 신학자 혹은 볼프 철학의 평범한 추종자가 될 가능성이 컸다. 하지만 뉴턴 역학에 대한 호기심과 연구는 칸트 사상의 발전에 결정적이고도 긍정적인 작용을 하게 된다. 1746년 칸트는 첫 저서라 할 수 있는 『활력의 참된 측정에 관한 고찰』[45]을 발표했다. 이 책에서 칸트는 물질이란 순전히 외부의 힘에만 의존하는 피동적 존재가 아니며 스스로 '활력'(인력과 척력)을 갖춘 운동의 원천을 갖는다고 주장했다. 이는 칸트가 이미 뉴턴과 라이프니츠의 영향을 받았음을 말해주며, 신新과학과 구舊형이상학이 서로 모순적 상황에 놓여 있음을 보여준다. 라이프니츠가 내세운 각기 독립되어 상관적으로 존재하지 않는 모나드에 기반한 우주관과 뉴턴이 제창한 연계되어 있는 총체적 우주관은 서로 모순되는 것이었다. 또한 라이프니츠는 운동의 내재적 원천과 목적론적 사상을 중시했고 이는 뉴턴의 기계론적 관점과도 서로 모순되었다.

당시 신학과 얽혀 있었던 공간과 무한에 대한 각종 논쟁은 자연과학에 속하는 일련의 문제를 철학 이론의 제단 위에 올려놓았고 절대적 공간과 상대적 공간, 물질의 무한한 분할과 모나드의 불가분성, 논리와 현실, 인과율과 충족이유율 등의 모든 문제는 과학의 방법과 한계, 목적, 그리고 과학이 철학 및 신학과 맺는 관계를 더욱 첨예하게 드러냈다. 고전 역학(뉴턴)과 그것이 제기하는 문제는 이미 자연과학의 범위를 넘어서 있었고, 또한 구형이상학(라이프니츠)과도 모순과 충돌을 일으키고 있었다. 이러한 모순과 충돌은 철학적 방법론과 인식론에 있어서 분기分岐를 보여주는 것으로, 이러한 분기는 칸트에게 상당한 충격과 자각을 불러일으켰다.[46] 청년 시기부터 만년의 『유고遺稿』에 이르기까지 칸트의 수많은 저작은 거의 모두 '순수' 자연과학에 관한 연구였으며, 따라서 이러한 배경을 염두에 두고 고찰해야 한다. 다시 말해 칸트의 전체 철학 사상은 자연과학과의 긴밀한 연관관계 속에서 고찰되어야 하는 것이다.

칸트는 철학적 관점을 통해 자연과학에 대한 전문적 연구를 진행했고, 또한 자연과학에 대한 그의 논저는 매우 선명한 철학가적 색채를 띠고 있었다. 그는 종종 일련의 근본적인, 달리 표현하면 인간의 이해관계와 밀접하게 연관된 과학적 과제를 연구했다. 이는 일반적인 자연과학자와는 분명하게 구분되는 점으로, 칸트는 철학적 관점에서 문제를 대하고 처리했으며 방법론, 총체적 관점 및 보편적 의의를 지니는 이론적 개괄을 중시했다. 요컨대 그의 철학사상은 우선 이러한 과학 연구 안에서 부상하여 발전되어 나왔다고 볼 수 있다.

1750년대에 칸트는 독창적 관점의 자연과학 논저를 연이어 발표했다. 그 주제는 밀물·썰물과 달의 인력 사이의 관계, 지구의 노화老化에 대한 부정, 바람에 대한 이론 등이었다. 그러면서 칸트는 철학에 대한 관점도 피력했다. 『불에 관한 성찰의 간략한 서술』이라는 짧은 논문에서 칸트는 어떤 곳에서도 자신은 항상 경험과 기하학의 인도에 주의를 기울인다고 밝히고, 그렇지 않고는 자연의 미궁에서 빠져나갈 수 없다고 말했다. 또한 자신은 사상의 독단과 가정을 허락하지 않는다고도 말했다.[47] 지진을 논하는 글에서는 지진을 신의 징벌로 여기는 사람들을 비판하고, 인간은 그런 가공할 만한 불행을 이성적으로 대할 줄 알아야 하며 최대한 방지해야 한다고 주장했다. 이어서 칸트는 모든 사람의 운명에 관계되는 중대한 사건에 대해 과학자는 관찰을 통해 얻은 지식을 대중에게 제공해줄 책임이 있다고 역설했다.[48](칸트가 지진을 연구한 것은 당시 리스본의 대지진 때문이었다.) 『운동과 정지에 관한 새로운 학설』에서 칸트는 한 사물이 정지한 것이 어떤 것에 대한 정지가 아니라고 말할 수 없고, 또한 하나의 사물이 운동하는 것이 어떤 것에 대해 그 위치를 바꾼 것이 아니라고 말할 수 없다고 주장했다.[49] 이는 과학-철학에 대한 매우 식견 있는 관점이라 할 수 있다.

이 시기 칸트의 가장 중요한 저서는 바로 『일반 자연사와 천체 이론』(1755)이다. 이 책은 성운星雲에 대한 가설을 제기하는데, 칸트는 뉴턴의 역학(만유인력설)을 기초로 천체의 기원과 우주의 발전을 창조적으로 해석했다. 칸트는 기계론에 입각한 천체 기원설의 가능성을 부정하고 행성 운동의 기원과 그 과정을 모두 신이 주관한 것으로 보는 뉴턴의 신학적 관점을 반박했다. 칸트는 인력과 척력이라는 두 대칭적 힘 사이의 충돌과 운동, 상호작용이 태양계와 다른 우주 성체星體를 생산해내며, 이 생산과정에서 어떠한 신의 의지나 간섭은 필요 없고 또 뉴턴이 강조하는 외부적 힘의 '최초의 충격'* 역시 필요하지 않다고 주장했다. 이러한 천체의 자연진화론은 이후 발표된 일련의 과학 논저의 주장과 완전히 일치하며, 당시 자연과학의 유물론적 성향을 반영하는 것이기도 하다. 이 성향은 칸트가 받아들인 고대 그리스의 유물론적 철학(주로 원자론)의 영향과도 불가분의 관계에 있다. 칸트는 『일반 자연사와 천체 이론』에서 이렇게 밝혔다. "나는 루크레티우스나 그 선배인 에피쿠로스와 데모크리토스의 우주 구성론이 내 관점과 비슷하다는 것을 결코 부정하지 않는다." "데모크리토스의

* 뉴턴은 이신론理神論의 입장에서 천체 운동의 최초 동인, 즉 '최초의 충격'을 준 것이 신이라고 인정한다.

원자론에 대한 기본적 관점은 우주의 기원에 대한 내 관점에서도 찾아볼 수 있다." 칸트는 순수한 물질적 원인(뉴턴이 확정한 기계역학적 인과율)을 통해 자연의 발전과정 안에서의 통일을 해석했다. 엥겔스는 칸트의 이러한 성과를 상당히 높게 평가했다. "고착화된 자연관에 새로운 돌파구를 마련한 이는 자연과학자가 아닌 철학자였다. 1755년 칸트의 『일반 자연사와 천체 이론』이 세상에 모습을 드러냈다. 이후 '최초의 충격'에 대한 문제는 사라졌고 지구와 전체 태양계는 모종의 시간적 과정 안에서 점차 생성되는 것으로 표현되었다."[50] "칸트는 전적으로 형이상학적 사유 방식에 적합한 관념 위에서 첫번째 돌파구를 열었다. 그리고 그가 사용한 것은 매우 과학적인 방법이었다. 그렇기에 그가 사용한 수많은 논거는 현재도 여전히 유용하다."[51] "칸트는 그의 생애에서 과학 연구를 시작하자마자, 뉴턴의 안정적이고도 유명한 '최초의 충격'이 나온 이후, 영원히 변하지 않을 것 같던 태양계를 역사적 과정으로 변화시켰다."[52]

『일반 자연사와 천체 이론』에서 칸트는 다음과 같이 말했다. "나에게 물질을 달라. 그러면 나는 그것을 이용해 우주를 만들어 내겠다! 다시 말해 나에게 물질을 주면 우주가 어떻게 형성되는지 보여주겠다. 근본적으로 인력이 있는 물질이 존재한다면 대체적으로 우주의 체계를 형성시킨 원인을 찾아내는 일은 그렇게 어렵지 않기 때문이다." 이를 통해 우리는 칸트의 자연관, 즉 우주, 자연(유기체를 제외한)에 대한 관점이 기본적으로 기계적 유물론이라는 것을 확인할 수 있다.

하지만 이러한 기계적 유물론에 기반한 자연관이 칸트 자신의 것이 아님에 유의해야 한다. 기계적 유물론은 프랑스 유물론자들의 세계관으로, 그들은 모든 것을 기계역학으로 해석했고 인간과 동물 모두 기계와 같은 존재로 여겼다. 또한 사회 영역 역시 기계역학을 이용해 그 인과관계를 해석할 수 있다고 주장했다. 칸트는 근본적으로 이러한 관점을 부인하고 기계적 운동을 통해 우주를 해석할 수는 있지만, 한 마리의 송충이도 그러한 방법론으로는 해석할 수 없다고 주장했다. 왜냐하면 유기체로서의 생명현상은 기계역학으로는 이해할 수도, 설명할 수도 없기 때문이다. 이것은 칸트가 유기체로서의 생명계를 기계적 운동보다 본질적으로 한 차원 더 높은 현상으로 보고 있음을 말해준다. 이 또한 뉴턴의 역학이 칸트를 만족시킬 수 없었고 칸트가 관심을 갖고 있었던 철학 역시 해결해주지 못했음을 말해준다. 기계역학을 통해 생명현상을 해석하기는 매우 어렵다. 또한 기계역학으로 인간의 윤리도덕을 규정할 수 없다는 것은 두말할 필요도 없다. 기계론으로 인간의 윤리도덕을 규정한다는 것은 칸트가 절대 받아들일 수 없는 것이었다.

이 문제에서 칸트는 여전히 라이프니츠의 목적론과 전통적 신학 관념에 매여 있었다. 칸트는 『일반 자연사와 천체 이론』에서 다음과 같이 말했다. "인간은 여기서 묻지 않을 수 없다. 어째서 물질은 합리적으로 질서 잡힌 총체에 다다를 수 있는 규칙을 가지고 있는가? 이는 곧 물질이 공통 기원을 가지고 있어 필연적으로 최상의 진리가 반드시 존재함을 확증하는 것 아닌가? 또한 서로 일치된 목표에 의거해 만물의 본성을 설계할 수 있음을 증명하는 것 아닌가?" "대자연은 혼돈 속에서 규칙적이고도 질서 있게 자신의 활동을 진행할 수밖에 없기 때문에 하나의 신이 존재하는 것이다." 칸트는 우주의 발전, 천체의 기원이 물질 운동을 통해 해석될 수 있다고 생각했다. 하지만 우주가 존재하는 원인은 물질 혹은 역학을 통해 해석될 수 있는 것이 아니었다. 신은 우주 세계의 건설자는 아니었어도 여전히 설계자였다. 신은 '최초의 충격'을 만들지는 않았지만 여전히 우주 세계의 시원이었다. 칸트는 자연의 질서와 규칙, 합목적성을 통해 신이 존재한다는 것을 증명했고, 시간은 비록 무한하지만 그 시작이 있고 신의 세계 창조는 인간을 위한 목적 때문이라고 주장했다. 또한 그가 보기에 역학은 자연의 규칙을 넘어설 수 없으며 자연의 규칙 자체는 목적론에 의해서만 해석될 수 있었다. 요컨대 이 전前비판기에 칸트의 철학적 세계관은 여전히 근본적으로 전통적 관념론의 경향을 보였다. 다시 말해 이론적으로 신의 존재를 긍정하고 있었던 것이다. 또한 칸트는 이후 자신이 『순수이성비판』을 통해서 지속적으로 비판하게 될 구형이상학 및 '자연신학'과 동일한 입장에 서 있었다. 『일반 자연사와 천체 이론』이 높은 철학적 가치를 가지는 것은 분명하지만, 여러 논저에서 주장하듯 이 시기 칸트의 세계관과 철학 사상이 '3대 비판서' 시기의 철학보다 더 뛰어나다고 말할 수는 없을 것이다.

실상 자연과학에 대한 지속적 탐구는 칸트로 하여금 신의 존재와 같은 신학적 관념과 구형이상학에 대해 근본적인 회의를 품게 했다. 뉴턴과 마찬가지로 칸트가 다년간 자연과학을 연구한 것은 '자연과학에서 신의 인식으로 상승'하고 싶었기 때문이다. 뉴턴은 신의 존재를 제1원인으로 찾아냈고, 칸트는 이에 대해 만물의 합목적성을 통해 의지를 가진 신의 존재를 증명하고자 했다. 하지만 결국 경험 혹은 현실적 자료를 통해서는 증명할 수 없었다. 칸트는 자신이 신의 존재 문제에 대해 8~9년의 시간을 들여 깊게 고민했다고 말했으며, 마침내 1763년 발표한 논문의 말미에 이렇게 밝혔다. "인간 스스로 신의 존재를 믿게 하는 것은 절대적으로 필요하다. 하지만 신의 존재를 증명하는 것은 그렇지 않다."[53] 칸트는 이 논저에서 신의 존재 증명을 보류하긴 했지만, 이 문제에 대한 몇 가지 저명한 전통적 논증, 예컨대 본체론적 증명, 우주론적 증명 등에 대해서는 강력하게 반대했다. 또한 모든 사물에 대한 원인을 신으로 귀결시키지 말고 자연적 원인을 탐구할 것과 신이 만들어낸 기적 같은 것을 요구하지 말라고 강조했다. 그러면서 동시에 이러한 근본적인 문제를 연구하는 형이상학을 한탄했다. 그는 형이상학이 "바닥 없는 심연" "해안과 등대가 보이지 않는 칠흑 같은 해양"과 같다고 했는데, 이 근본적인 문제를 탐구하는 일이 얼마나 고통스럽고 괴로웠는지 충분히 미루어 짐작할 수 있다.

고통스러운 탐구 속에서 칸트가 이루어낸 중요한 성과는 바로 라이프니츠-볼프의 합리론적 구형이상학과 점차 결별했다는 사실이다. 그는 한 사물의 존재가 다른 사물의 존재에서 유래하는가의 문제가 결코 순수한 사변, 형식논리로는 결정될 수 없음을 갈수록 확신했다. "무엇이 진리가 아니라고 생각하지 못한다고 해서 그것을 진리라고 말할 수는 없다."[54] 그러므로 존재에 대한 형이상학 이론, 예컨대 합리론을 따르는 신의 존재에 대한 본체론적 증명은 형식논리의 추론적 사변의 기초 위에 세워질 수 없다. 그것이 성립하기 위해서는 경험을 통해 검토되고 해명되어야만 한다. 합리론에 대한 문제에 있어 칸트는 사유의 (보편 필연적) 논리 관계를 현실 사물의 논리적 규칙으로 보고 전자로부터 후자를 도출해내는 기본적 관점에 상당한 불만을 표했다.

같은 해에 칸트는 『부정량否定量의 개념을 세계지世界知에 도입하는 시도』를 발표하고 이 관점을 더욱 강력하게 피력했다. 이 논문은 존재와 인식, 현실과 개념, 사물의 논리와 사변의 논리를 함께 혼동하는 것에 반대하고 형식논리(합리론이 신봉하는 논리)는 결코 현실 사물의 기초가 될 수 없다고 강조했다. 비유하자면 바람의 개념 속에서 형식논리에만 기대어 비를 도출해낼 수는 없다는 것이다. 칸트는 수학에서 사용하는 음수는 형식논리에 의해 규정되는 것이 아니라 현실생활 속의 부정否定을 표현하는 것이라고 주장했다. 형식논리 안에서 긍정과 부정은 서로 대립하며 동시에 참일 수 없다. 하지만 현실은 그렇지 않다. 형식논리는 A이면서 동시에 비非A임을 불허하지만 수학은 하나의 수가 ±A임을 허용한다. 또한 현실생활 속 부정과 대립은 형식논리의 모순과 같지 않다. 현실에서 모순과 부負의 개념은 부정적 의의만 지니는 것이 아니라 오히려 긍정적 의의를 지니기도 한다. 대립하는 쌍방이 한 사물의 발전·변화 속에 공존할 수 있는 것이다. 칸트는 이 논문에서 현실생활 속 모순과 대립에 관한 많은 사례를 인용했다. 이 논문은 이후 칸트가 순수논리의 관점이 아닌 수학과 감성의 경험을 강조하고 있음을 보여주는 중요한 사례가 되었다. 더욱 중요한 것은 이 논문이 현실적 모순에 대한 긍정과 중시를 표현하고 있다는 점이다. 칸트는 사유 인식의 영역에서 전통적 형식논리의 동일성과 비모순율을 타파하고 이후 그 비판 체계를 구성하는 중요한 사상을 배태하기 시작했다. 예컨대 '분석판단'과는 다른 '종합판단'에 대한 중시, 형식논리와는 다른 초월논리의 제기, 그리고 라이프니츠가 개념의 동일성(형식논리)과 감성의 동일성(수학)을 혼동해 사용하고 전자로부터 후자를 파생시킨 데 대한 비판 등이 그 실례이다. 이는 칸트가 오랜 기간 자연과학 연구에 매진하면서 얻은 철학적 성과이며, 이러한 성과는 칸트가 위와 같은 단계를 거쳐 자연계에 대한 일반 과학의 탐구에서 갈수록 철학 이론 쪽으로 전향해갔고 자각적으로 철학의 근본 문제에 집중하기 시작했다는 것을 보여준다. 존재와 인식의 관계라는 관점에서 보았을 때 보편 필연적인 과학적 진리는 어떻게 가능한가? 신의 존재, 영혼불멸 등의 문제를 과학적 진리에 대한 구형이상학적 관점을 통해 해석하는 것이 왜 가능하지 않은가? 이러한 문제들이 갈수록 칸트 사유의 주된 관심사가 되어갔다.

칸트는 음수와 같은 수학적 기본 관념을 철학에 끌어들여야 한다고 주장했다. 즉 사물의 모순을 강조한 것이다. 또한 철학과 수학이 그 방법론에 있어서 근본적으로 서로 다르다는 점을 특히 강조했다. 1767년 멘델스존과 함께 투고했다 반려된 논문 『형이상학적 진리, 특히 자연신학과 도덕의 기본원리는 기하학과 같은 확증을 얻을 수 있는가?』에서 칸트는 멘델스존과 완전히 상반되는 답을 내놓았다. 멘델스존은 기하학과 같이 확실히 증명될 수 있느냐의 문제는 비교적 어렵기는 해도 가능하다고 보았다. 이것이 기본적으로 전통적 합리론의 관점이었다. 칸트는 이를 타당하지 않다고 보았고 철학으로서의 형이상학과 수학으로서의 기하학은 근본적으로 다르다고 주장했다. 수학은 정의에서 출발해 대상을 구축하고 이를 통해 지식을 얻는다. 하지만 철학은 정의에서 출발할 수 없고 철학이 사용하는 추상적 용어들은 반드시 그 응용과정에서 비로소 나름의 함의를 얻어 확실해질 수 있으며, 그런 과정을 통해 문제를 명확히 할 수 있다. 칸트는 본질적으로 자명한 공리로부터 모든 지식을 연역해내는 합리론의 위僞수학적 방법론에 기반한 철학에 반대했다. 그는 오히려 경험에서 출발한 물리학의 방법, 즉 뉴턴의 방법을 채택하자고 요구했다. "형이상학적 진리에 대한 방법은 기본적으로 뉴턴이 자연과학에서 풍성한 성과를 얻어낸 방법이어야 한다."[55] 그리고 칸트는 형이상학이 별다른 것이 아니라 "우리 지식의 최고 원리에 대한 철학"이라고 했다.[56]

칸트는 이미 이론적 측면에서 논리는 현실과 같지 않고, 방법론적 측면에서 철학은 수학과 같지 않다고 여기고 있었다. 요컨대 경험을 떠나 사변과 연역에만 근거할 경우 형이상학은 진리를 얻을 수 없다는 것이다. 개념적 사변의 논리적 연역으로는 현실 속 사물의 존재와 그 인과관계를 도출해낼 수 없고, 참된 인식이 아닌 허상만 얻게 될 뿐이다. 『형이상학적 진리, 특히 자연신학과 도덕의 기본원리는 기하학과 같은 확증을 얻을 수 있는가?』와 같은 해에 발표한 『형이상학의 꿈에 의해 해명된 시령자의 꿈』*에서 칸트는 유럽 전역을 떠들썩하게 했던, 영혼과의 교류를 통해 영

* 저자가 제시하는 서지사항에 착오가 있는 듯하다. 리쩌허우가 언급한 논문 『형이상학적 진리……』의 원제목은 『자연신학과 도덕의 원칙의 판명성에 관한 고찰』이며, 이 논문이 발표된 해는 『시령자의 꿈』(1766)보다 2년 앞선 1764년이다.

혼을 볼 수 있다는 시령술視靈術을 비판했다. 그는 시령술을 전통 형이상학과 비교하며 충실한 경험적 기초만이 우리의 현실적 지식을 이루는 유일한 원천임을 재차 강조했다. 또한 사물의 존재와 인과관계는 결코 경험을 초월할 수 없고 이성이 아닌 경험을 통해서만 검증될 수 있다고 강조했다. 칸트는 시령술이 '감각의 환상'이라면 형이상학은 '이성의 환상'이라고 주장했다. 우리는 귀신과 영혼에 대한 감각 혹은 개념을 얻을 수 없고 그럴 필요도 없다. 무엇이 정신의 실체인가, 정신과 물질은 어떻게 서로 연결되어 있는가 등의 문제는 철학적 연구와 개괄을 위해 충분한 경험적 자료를 제공하지 않는다. 다시 말해 긍정도 부정도 할 수 없으며, 인식할 수도 없는 것이다. 경험적 자료의 부족 때문에 삶과 죽음 등에 대한 형이상학적 문제는 우리의 이성이 인식할 수 있는 범주 바깥에 있다.[57] 1760년대에 들어서 칸트는 감성적 경험이 인식에 대해 갖는 중요한 위치와 작용을 거듭 강조한다.[58] 이것은 1770~80년대에 구축한 '비판철학'과 관련해 매우 중요한 의미를 갖는다. 비슷한 시기에 발표한 『아름다움과 숭고의 감정에 대한 고찰』 등의 저작과 비슷하게 비판철학은 각종 구체적인 경험담과 그 운용에 대한 묘사 및 귀납적 방법 등으로 가득차 있다.[59] 칸트가 보기에 이전의 합리론적 형이상학은 이미 와해되었고, 자연과학 연구와 철학 문제에 대한 오랜 관심은 그로 하여금 뉴턴을 대표로 하는 자연과학과 구형이상학 사이에 존재하는 심각한 모순을 알아채게 했다. 합리론에 기반한 본체론이 가지고 있던 미망迷妄은 이미 파산한 것이었다. 영국 경험론이 이 시기 칸트에게 중요한 영향을 준 것은 이러한 시대적 배경에서였다. 흄이 칸트를 독단론의 미몽에서 깨어나게 해주었다는 말은 이러한 맥락에서 의미를 갖는다. 실상 흄은 칸트를 독단론에서 해방시키는 데 있어서 촉매제 작용을 한 셈이었다.

하지만 이는 사건의 한 측면에 불과하다. 앞서 언급한 대로 칸트는 자연과학을 연구했고 동시에 사회, 정치, 법 권리 등의 문제에도 관심을 가지고 있었다. 1760년대 초 그는 이 방면의 강의를 개설한 적도 있었다. 한편으로 칸트는 라이프니츠-볼프의 형이상학 체계를 의심하기 시작해 나중에는 반대하게 되었지만, 형이상학 자체 및 신과 영혼, 자유 등의 근본 문제를 완전히 방기해 버리지는 않았다. 다만 이러한 문제들은 과학과 첨예한 모순을 낳고 있었기에 새로운 해결책을 필요로 했다. 칸트는 이에 대해 "형이상학을 사랑하는 것은 나의 운명"[60]이라고 표현했다. 칸트는 자신은 형이상학을 사랑하지만 형이상학은 자신을 사랑하지 않는다고 말했다. 이는 곧 그가 구형이상학으로부터 사랑받지 못했음을, 즉 자신의 문제에 대한 답을 얻지 못했음을 가리키는 것이다. 합리론이 과학적 진리와 같이 신의 존재를 증명하는 것은 이미 불가능해졌으며, 뉴턴의 역학 역시 윤리도덕의 문제를 해결할 수 없었다. 그렇다면 새로운 길은 없는 것일까? 『시령자의 꿈』에서 칸트는 이미 도덕원칙은 신학과 사변적 형이상학으로부터 도출될 수 없고 오직 도덕적 경험 혹은 사변이 증명할 수 없는 도덕적 신앙으로부터만 그 답을 얻어낼 수 있다고 주장했다. 앞서 인용한 투고 논문에서 칸트는 다시금 이렇게 말했다. "도덕원칙은 인식능력에 의해서만 결정될 수 있는가, 아니면 감정 역시 그 안에서 작용하는가?" 그리고 신에 대한 인식은 "일종의 도덕적 본질에 불과한 것 아닐까?" "진리를 표상하는 능력은 인식이고 선과 악을 느끼는 것은 감정이며 결코 이 둘을 혼동해서는 안 된다."[61] 이는 곧 칸트가 당시 자연과학과 사회문제, 즉 인식의 문제와 도덕의 문제를 구별함으로써 자신이 대면하고 있던 고민을 해결하려 했음을 보여준다. 당시 칸트가 영국의 섀프츠베리(1671~1713)와 허치슨(1694~1746) 등의 도덕감각론(인간에게는 오관五官 외에 제6의 감각기관, 즉 도덕을 구별하는 감각기관이 내재해 있다고 보는 학설)을 신봉[62]했던 까닭도 여기에 있다.

하지만 칸트는 여기에서 멈추지 않았다. 그는 도덕원칙이 합리론에 입각한 사변적 형이상학에서 연역되어 나올 수도, 감각에 기반한 경험적 인식의 산물일 수도 없음(흄이 이미 제기했던 것)을 파악했다. 하지만 흄과 영국의 도덕감각론자들처럼 도덕원칙을 감정, 내재적 양심, 제6의 감각기관 등으로 설명할 수는 없었다. 칸트는 여전히 이성적 해결을 원했다. 그는 도덕의 본질이 감성, 감정에 있지 않고, 또한 인간의 도덕이 감정, 감성, 관능(아무리 높은 관능이라도 상관없이)에 지배되지도 않으며, 어디까지나 이성에 의해 결정된다는 점을 명확히 하고자 했다. 칸트가 보기에 이 점이야말로 인간이 다른 동물보다 고등동물인 이유였다. 합리론은 이미 그 유효성을 상실했다.(비록 합리론은 도덕의 이성적 본질을 주장했지만 그 본질은 결국 과학정신에 위배되는 변형된 형태의 신학일 뿐이었고, 칸트를 이를 받아들일 수 없었다.) 그렇다면 어떻게 할 것인가? 바로 이 난제 앞에서 루소의 철학은 칸트에게 중요한 영감을 주었다. 실상 도덕에 관한 형이상학이 칸트 철학에서 그토록 중요하고 숭고한 위치를 차지하고, 자연과학적 탐구에 의해 이 문제가 옅어지기는커녕 오히려 오랜 기간 자연과학 탐구에 매진해온 칸트를 그토록 강렬하게 끌어당겼던 이유는 그가 일찍이 경건주의 기독교 신자였기 때문이거나 그의 '천성'에서 유래하는 것이 아니라 바로 루소의 강력한 영향 때문이었다. 그리고 이 영향 관계는 당시 프랑스혁명과 그 시대가 대면한 중대한 현실적 문제 및 역사적 발전의 추세와 밀접한 관계가 있었다. 앞서 언급했듯 프랑스의 정치 혁명과 독일의 철학 혁명은 거의 동시에 발생했다. 앞서 칸트 철학은 프랑스혁명에 대한 독일의 이론이라고 말한 바 있다. 하지만 그렇다고 칸트 철학이 프랑스혁명의 산물이거나 반영이라는 의미는 아니다.(『순수이성비판』은 1789년 프랑스혁명 이전에 출판되었다.) 이 말이 의미하는 바는 독일의 철학 혁명과 프랑스의 정치 혁명 모두 부르주아계급 혁명

시대의 중대한 사상적 과제를 표현하고 있었다는 점이다. 프랑스의 사회계급적 조건에서 발생한 정치 혁명은 독일에서 철학 혁명의 형태로 나타날 수밖에 없었으며, 양자는 사상사적 맥락에서 똑같이 루소를 그 기원으로 하고 있었다. 루소는 보통 사람의 자연적 '양심'과 도덕감정(영국의 경험론에서 말하는 본능에 기반한 감정 혹은 감성기관이 아니라 형이상학적 의미를 갖는 것)을 극단적으로 강조했고 신앙(종교)은 이성이 아닌 감정에 의한 것이라고 주장했다. 이러한 시각을 바탕으로 루소는 부패한 봉건사회의 사회, 정치, 교육, 종교, 문화(과학·예술을 포함한)에 맹공을 퍼붓는 한편, 인생과 생활에 대한 참신한 시각(과학·예술과 도덕 간의 강렬한 대비, 인간의 천부적 평등, 민주적 권리에 대한 요구 등의 문제를 포함한)을 제시했다. 이러한 문제들에 줄곧 관심을 가져왔던 칸트에게 루소의 고민은 분명 매우 격렬하고도 고무적인 것이었다. 루소의 열정은 구형이상학의 굴레를 벗어나고자 하면서도 여전히 도덕과 윤리의 문제(당시 이 문제는 일상적인 생활과 실천 속에서 이른바 자유의지, 신의 존재, 영혼불멸의 문제 등과 서로 얽혀 있었다)를 해결하지 못하던 칸트에게 매우 중요한 사상적 지침을 제공해주었다. 20년 후 프랑스 부르주아혁명의 기수가 된 루소는 당시 칸트가 가장 추앙하던 인물이었고, 루소의 초상화는 칸트의 거실에 걸려 있던 유일한 장식물이었다. 1764년 칸트는 다음과 같이 밝혔다. "루소는 또다른 뉴턴이다. 뉴턴이 인간 외부에 존재하는 자연의 과학을 완성했다면 루소는 인간 내부의 우주에 관한 과학을 완성시켰다. 뉴턴이 외부 세계의 질서와 규칙을 제시했듯 루소는 인간의 내재적 본성을 발견하여 반드시 인성의 진실한 관념을 회복해야 한다고 주장했다. 철학은 별다른 것이 아니다. 바로 인간에 관한 실천적 지식이다."[63] "나는 지식을 갈망하며 부단히 앞으로 나아가고자 한다. 또한 무언가 새롭게 만들어낸 바가 있어야 비로소 즐겁다. 한때는 지식이야말로 인간의 생명에 존엄을 부여한다고 믿었다. 그러고는 무지한 대중을 무시했다. 루소는 이러한 나를 바로잡아주었다. 내가 품어왔던 우월감은 상실되었고 사람을 존중하는 법을 배우게 되었다. 나의 철학이 만인을 위해 만인이 공유하는 권리를 회복시킬 수 있다고 믿지 않는다면 나의 존재 이유가 보통 노동자의 유용성에 한참 미치지 못함을 깨닫게 되었다."[64] 이후 『순수이성비판』에서 칸트는 말했다. "도덕철학은 이성이 담당하는 다른 모든 역할보다 높은 우월성을 지니고 있기에 고대인들 중 철학자는 곧 도덕철학자를 의미하는 것이었다. 오늘날에도 그 지식이 어느 정도인가에 관계없이 이성의 규제 아래 극기克己를 표현하는 사람을 비유적으로 철학자라 일컫는다."[65] 칸트가 보기에 철학은 과학적 지식이 아니었다. 철학은 오히려 지식보다 더 높은 차원의 도덕적 실천이며 그러한 도덕이야말로 형이상학의 '본체本體'였다. 인간의 존엄은 그가 가진 이성, 지식에 있는 것이 아니라 자연적 욕구의 속박에 얽매이지 않고 자신이 세운 목표를 추구해가는 데 있다. 인간은 민주적 권리와 도덕적 자유를 가지며, 이러한 도덕은 보통 사람이 실제로 가지고 있는 것이다. 칸트는 마침내 자신의 고민을 해결할 열쇠를 얻었다. 그것은 바로 두 영역, 두 세계의 구분이었다. 감성의 세계(과학)와 지성의 세계(도덕), 그리고 과학의 영역과 도덕의 영역. 뉴턴과 루소는 각각 이 두 세계에 대한 최상급의 안내자였다. 뉴턴은 칸트로 하여금 자연과학과 전통 형이상학이 경험적 논증을 넘어서는 근본적 착오를 저지르고 있음을 알게 했고, 루소는 칸트로 하여금 신학과 종교 없이 인간 자체에 대한 존엄과 권리에 대한 신념이 새로운 형이상학의 근거가 될 수 있음을 알게 했다. 왜냐하면 인간은 그 자체로 목적이기 때문이다. 이것은 당연히 반봉건적 민주 사상의 정수이다. 더 나아가 이것은 인식이 아닌 신앙으로 신의 존재와 같은 문제를 해결하는 것이었으며,[66] 본체(도덕)와 현상(인식)의 구별을 통해 이성의 이율배반을 해결하는 것이었다. 1767년에 쓴 서신에서 칸트는 자신이 이미 일련의 새로운 관점을 갖게 되었고 결국 도덕 문제를 해결할 수 있게 되었다고 믿고 있음을 밝혔다. 아울러 도덕 형이상학 문제에 관해 글을 쓰기 시작한 사실도 언급했다.

여기서 주목할 점은, 앞서 언급했듯 철학과 신학에 대한 순수 사변적 탐색이 아닌 자연과학과 사회문제에 대한 현실적 모순이 칸트로 하여금 구형이상학을 버리고 '비판철학'을 통해 이른바 미래의 새로운 형이상학을 건립하게 했다는 점이다. 칸트는 "순수이성의 초험적 사용의 산물(이른바 우주론적 이념들과 그에 따른 순수이성의 이율배반들)은 가장 흥미로운 주제이다. 그것은 철학을 독단론의 미망에서 깨어나게 할 가장 유력한 방법이다. 그리고 이성의 이율배반으로 하여금 지난한 과업을 수행하게 해야 하는바, 바로 이성 자체에 대한 비판을 진행하는 것이다"[67]라고 말했다. 칸트는 만년에 또 이렇게 밝혔다. "[나의 주제는] 신의 존재, 영혼불멸 등의 주제에 대한 탐색이 아닌 순수이성의 이율배반에 대한 것이다. 우주의 시작이 있는가 없는가, 인간에게 자유가 있는가 없는가(오직 자연적 필연만이 존재하는가) 등의 주제가 나를 독단론의 미망에서 깨어나게 해주었고 이성 그 자체에 대한 비판을 진행하게 했다. 또한 이것은 이성 자체에 의해 분명하게 드러난 모순의 추문을 제거하기 위한 것이다."[68] 이를 통해 우리는 철학사의 자료가 아닌 현실생활에 뿌리내린 경험적 자연과학(네 가지 이율배반의 반反명제)과 합리론적 형이상학(네 가지 이율배반의 정正명제)[69] 사이의 첨예한 모순이 칸트로 하여금 지난한 과제를 끊임없이 탐구하게 하고 결국 구형이상학과 결별하게 했음을 알 수 있다.[70]

도덕과 과학의 구분은 곧 칸트가 최종적으로 이러한 이율배반을 '해결'하고 합리론과 경험론을 조화시켜 '비판철학'의 길로 들어서게 한 일종의 교량이었던 셈이다. 그러므로 뉴턴과 루소라는 당시의 과학실험과 사회투쟁, 민주사상을 대표하는 인물들이야말로 근본적으로 '비판철학'을 완성시킨 사상적 근원이라 할 수 있다. 칸트는 비판 시기에 들어선 이후 비로소 매우 개방적인 태도로 정치, 종교, 도덕, 역사에 관해 많이 저술했고 사회생활과 정치투쟁에 더 열정적으로 관심을 기울였다. 현실세계에 대한 관심이야말로 '비판 시기'의 선명한 특징이라 하겠으며, 또한 칸트 철학 체계에 대한 실험이자 응용이라 할 수 있다.[71] 이러한 사상적 변화와 함께 프랑스혁명 역시 날이 갈수록 임박해오고 있었다.

뉴턴을 대표로 하는 자연과학은 당연히 단순한 과학만 의미하지는 않았다! 자연과학은 유럽에서 새롭게 떠오르던 부르주아 계급이 필요로 하는 계몽주의 사조의 주요 구성요소이기도 했다. 루소는 짙은 낭만주의적 색채를 띠고 있었고 19세기에 끼친 영향도 매우 컸다. 하지만 칸트와 칸트 철학(윤리학을 포함한)은 오히려 이성주의, 계몽주의 및 낙관주의 성향을 띠었다.[72] 칸트는 루소를 통해 과학 자체(지식)가 인간으로 하여금 선善을 행하게 할 수 없으며 도덕에는 또다른 근원이 존재한다는 것을 깨달았다. 하지만 칸트는 루소와 같이 도덕의 근원을 인간의 본성으로 환원시키려 하지 않았고 그렇기에 과학과 역사의 진보를 부정했다. 그는 다만 도덕과 과학을 분리해 이중의 세계를 상정하려 했다. 칸트로서는 루소가 중시했던 정서, 감정, 자연, 일차적 지혜, 인식, 문화적 감상주의, 낭만주의 등에 동의할 수 없었다. 칸트는 뉴턴을 비판적으로 받아들였듯 루소도 비판적으로 받아들였을 뿐이다.[73] 이러한 비판적 수용은 당시 유럽의 시대정신이 독일의 사상에서 승화되고 있음을 보여주는 것이었다.

5 "서로 대립하는 철학의 각 유파들을 하나의 체계로 결합하다"

총체적 관점에서 보았을 때, 1750년대의 칸트가 합리론적 관념론을 자연과학의 유물론에 침투시키고 라이프니츠와 뉴턴의 학설을 서로 조화시키고 있었다면, 1760년대의 칸트는 이미 합리론적 형이상학과 결별하고 영국 경험론의 영향을 받아들였다고 할 수 있다. 이러한 과정을 통해 뉴턴에서 루소로 이동하면서 점차 비판 시기를 향해 나아갔던 것이다.

1760년대에 이미 칸트는 비판철학의 관점을 차츰 축적하고 성숙시켜갔다. "형이상학은 인간의 이성을 확정짓고 인식의 한계를 명확히 하는 것이다."[74] "형이상학은 위험한 환상을 제거하는 데 효과적이다."[75] 이런 언급에서 알 수 있듯 이 시기에 순수철학을 곧 도덕철학으로 보는 관점이 부단히 제기되었다.[76] 1765년 라이프니츠의 『신新인간지성론』 출판은 칸트에게 새로운 영감을 불러일으켰다.[77] 라이프니츠는 이 책에서 모든 관념이 경험에서 온다는 로크의 학설을 반박하고 실체, 필연, 인과 등은 경험에서 도출될 수 없으며 오히려 영혼의 능동성에서 유래한다고 주장했다. 이러한 주장은 칸트로 하여금 선험적 지성의 인식론 구축을 촉진시켰다. 수년 동안 형이상학 문제의 탐구를 위해 고민해오던 칸트는 1769년에 이르러 돌연 한줄기 빛을 보았다고 말한다. 이어 1770년에 『감성계와 지성계의 형식과 원리』를 철학교수 취임 논문으로 발표한다. 칸트는 이 논문에서 처음으로 1760년대에 축적해온 일련의 새로운 관점을 체계적으로 설명했고 그의 사상은 질적 전환점을 맞게 되었다. 이 논문에서는 정식으로 두 가지 세계를 원칙적으로 구분한다. 진실에 관한 지성계('본체')와 시공간에 관한 감성계('현상'). 이전에 모든 사물의 통일을 떠받치던 최종적 근거인 신과 영혼불멸 등은 줄곧 현상의 영역이 아니라 지성의 세계에 속하는 문제였다. 형이상학은 곧 지성계에 대한 지식의 형식이었고, 수학은 감성계에 대한 지식의 형식이었다. 칸트는 이에 대해 처음으로 시간과 공간이 직관적 형식임을 밝히고 수년간에 걸친 뉴턴과 라이프니츠 사이에서의 방황에 종지부를 찍었다.[78] 윤리도덕의 문제에 있어서도 섀프츠베리 등이 내세운 도덕감각론과 결별하고 순수이성 형식의 '완성' 및 '자아입법'으로 향하는 형식이론을 강조하기 시작했다. 이러한 사상적 전환은 『순수이성비판』 출현의 전주곡이라 할 만하다. 하지만 이 전주곡을 여전히 '비판철학'이라 할 수는 없는데,[79] 이 단계에서 칸트는 여전히 지성의 범주가 초험적으로 운용될 수 있다고 생각했기 때문이다. 다시 말해 칸트는 지성이 본체에 직접적으로 작용하여 획득한 이념(이를테면, 신神)이 곧 지식이며, 본체적 세계의 인식이 가능하다고 생각했다. 1772년 칸트는 이에 대해 중요한 수정을 가했다. 그는 이제 지성은 경험을 초월하여 운용될 수 없고 신, 영혼 등의 구형이상학은 지식, 즉 인식의 대상이 아니라고 여겼다. 칸트는 이때 이미 이론이성과 실천이성의 구분을 고려하고 있었던 것이다. 그리고 상당 기간 집중적 사고를 거쳐 물 자체(도덕실체)와 현상계의 구분을 핵심으로 하는 사유가 점차 분명하게 드러났고, 칸트 철학에서 중요한 위치를 차지하는 '종합'이라는 근본 관념 역시 갈수록 성숙해졌다.[80] 이 사유의 과정은 장기간에 걸친 지난한 과정이었다. 1781년에 비로소 『순수이성비판』이 출판되었다. 이 책에서 칸트는 '초월'과 '초험'을 엄격하게 구분하고 지성이 초험적 운용을 통해 지식을 획득할 가능성을 철저히 부정했다. 또한 사변이성은 감성적 경험의 범위 안에 있어야 비로소 객관적 유효성을 지니며 진리일 수 있음을 강조했다. 신의 존재, 영혼불멸, 자유의지 등의 문제는 근본적으로 지식의 대상, 과학이 탐구해야 할 대상이 아니었다. 그러한 문제는 신앙의 대상이자 실천이성을 위한 '공리'였다. 이를 통해 드디어 '비판철학'의 체계가 정식으로 탄생되었다. 칸트는 과학과 도덕, 계몽정신과 종교전통, 유물론과 관념론, 경험론과 합리론 등 서로 대립되는 철학 유파들을 하나의 체계 안에 결합했던 것이다.

『순수이성비판』은 흄의 경험론적 회의주의보다는 라이프니츠의 합리론적 독단론을 겨냥한 책이었다. 당시 라이프니츠의 사상은 유럽 대륙의 정통철학이었다. 그렇기에 『순수이성비판』의 출판은 곧장 상당한 반향을 불러일으켰고 열렬한 찬사와 맹렬한 비판이 동시다발적으로 쏟아져나왔다. 귀부인들은 이해하지도 못하는 『순수이성비판』을 장식품처럼 가지고 다녔다. 또한 바티칸의 크고 작은 교회와 수도사들은 이 철학서에 엄청난 비난을 퍼붓고 칸트를 개 취급하며 화를 냈다. 칸트 옹호자들은 칸트를 자유의 수호자, 정신의 해방군으로 보았고, 반대자들은 그를 이단자라고 비난했다. 또한 낭만주의자들은 칸트가 이성만을 지나치게 강조해 감정을 소홀히 했다고 여겼다. 헤르더는 『지성과 이성, 순수이성비판에 대한 형이상학적 비판』(1799)을 썼고, 야코비는 『흄의 신앙론, 관념론 혹은 실재론』(1787)을 써서 칸트에 반대 입장을 표했다. 그들은 모두 감정이 사상보다 현실을 더 잘 파악할 수 있다고 여겼다. 칸트의 친구이자 당시 명성이 높던 멘델스존마저 칸트를 '모든 것을 파괴하는 자'로 보았다. 하지만 더욱 격렬한 비판은 당대 철학계를 지배하고 있던 라이프니츠-볼프 학파에서 쏟아져나왔다. 라이프니츠-볼프 학파를 이끌던 이는 바로 에버하르트였다. 그는 전문적으로 칸트를 비판하는 잡지를 창간했고, 칸트가 말한 내용 중 타당한 것은 이미 라이프니츠가 말했던 것에 불과하다고 강조했다. 그에 따르면 칸트는 어떤 진리도 새로 추가하지 못했다. 오히려 칸트가 추가한 진리는 모두 오류이고 라이프니츠의 철학에 위배된다는 것이었다. 그가 보기에 칸트의 연구는 모두 쓸모없고 버클리 철학의 번역에 불과했다. 에버하르트의 비판에 매우 분개한 칸트는 그에 대한 반박문을 작성했다. 칸트는 본래 어떠한 신비주의에도 반대하는 입장이었고 정통 합리론에도 부정적이었다. 감정을 무시했다는 등의 비판은 상관하지 않았지만 자신이 버클리주의자라는 말을 칸트로서는 받아들일 수 없었다. 칸트는 자신의 철학이 버클리와 다르다는 사실을 분명히 하기 위해, 그리고 독자들이 『순수이성비판』을 좀더 쉽게 이해할 수 있도록 1783년 『학문으로 출현할 수 있는 모든 미래의 형이상학을 위한 서설』[이후 줄여서 『형이상학 서설』]을 썼다. 1787년에 나온 『순수이성비판』 2판[81]에는 특별히 버클리에 대한 비평도 덧붙였다.

『순수이성비판』은 주로 인식론을 다루지만 그 안에는 도덕철학과 목적론에 대한 기본적 사상이 담겨 있었다. 이후 칸트는 심지어 교육 분야[82]까지 포함한 여러 방면에 관한 논저를 발표하고 강의를 진행했다. 그중 가장 중요한 저작이라 할 수 있는 『순수이성비판』을 제외하고, '비판철학'을 구성하는 다른 저서로는 『윤리형이상학 정초』(1785), 『실천이성비판』(1788), 『판단력비판』(1790)이 있다. 칸트는 『순수이성비판』을 준비하면서 '지知' '정情' '의意'라는 세 가지 영역을 구분하는 계획을 세웠고 이때에 이르러 '비판철학'의 체계가 대체적으로 완성되었다.[83]

전반적으로 말해 칸트 철학의 발전과 완성은 퇴화 혹은 변질의 과정이 아닌 상당한 곡절의 과정을 거쳐 발전해나갔다고 할 수 있다. 이는 '정-반-합'의 과정[84]도 아니었다. 이러한 과정을 거쳐 칸트는 철학사에서 가장 중요한 철학자 중 한 명이 되었다. 하지만 이는 『일반 자연사와 천체 이론』 등의 저작이 아니라 '3대 비판서'(특히 『순수이성비판』) 덕분이었다. 따라서 칸트를 연구하려면 후대의 몇몇 사람이 주장하듯 『일반 자연사와 천체 이론』이 아니라 당연히 '3대 비판서'를 주요한 연구대상으로 삼아야 할 것이다.

1804년 2월, 칸트는 향년 80세 나이로 별세했다. 칸트는 일생을 책을 저술하는 데 바쳤으며, 저술 행위가 삶의 모든 것이었다.

엥겔스는 다음과 같이 말했다. “이 시대 정치와 사회는 상당히 치욕스러운 수준이었다. 하지만 독일의 문학은 위대했다. 1750년 전후로 독일의 위대한 사상가인 시인 괴테와 실러, 철학자 칸트와 피히테 등이 모두 출현했다. 그리고 20년이 채 지나지 않아 현세의 가장 위대한 독일 형이상학자 헤겔이 등장했다.”[85] 또한 괴테는 “칸트는 내게 주의를 기울이지 않았지만 나는 칸트와 비슷한 길을 가고 있다”[86]라고 말했다. 이들 모두 프랑스 부르주아 혁명의 시대정신을 받아들였다. 하지만 당시 독일의 낙후된 상황 때문에 그들의 계몽사상은 예외 없이 현실과의 투쟁을 회피하거나 결국 낙후된 상황과 타협하고 말았다. 그로 인해 각자의 역량을 이데올로기 영역에 집중시켜 위대한 업적을 창조해낼 수밖에 없었다. 괴테는 독일의 민족적 임무가 정신세계의 통치라고 말했다. 이는 프랑스인이 현실세계의 통치자로 자리매김한 시대 상황과 대비시킨 표현이다. 또한 실러는, 독일인은 자신의 가치가 문화와 민족적 품성 안에 내재된 윤리의 위대함에 있음을 발견하고 그 위대함은 어떤 정치적 운명으로부터도 독립해 있다고 말했다. 괴테와 마찬가지로 실러도 정신 영역에서 발휘될 독일 민족의 역할을 강조했던 것이다. 이는 결국 프랑스에서 발생한 혁명은 정치 혁명이고, 독일에서는 사상 혁명이 일어났음을 의미한다. 한편, 피히테는 혁명 과업에 매진할 때 자신의 철학이 성숙했다고 말한다. 또한 헤겔은, 철학자는 인간의 존엄성을 논증하고 인민은 그러한 철학을 체득할 수 있으며, 그렇기에 그들은 보잘것없이 방치된 권리를 요구하는 데 만족하지 않고 오히려 그것을 되찾아 적극적으로 응용할 수 있다고 주장했다. 이는 독일 철학자들이 이데올로기 영역 안에서 사유를 진행하는 것 역시 여전히 현실생활의 반영이며 그들의 철학은 현실 투쟁에 대한 참여에서 탄생했음을 가리키는 것이다. 칸트나 괴테, 피히테, 그리고 헤겔, 실러를 비롯한 독일의 부르주아 사상가, 철학자, 시인, 작가 및 여타 인물들 모두 당시 상황이 직면한 이중적 모순의 심각성을 깨닫고 있었다. 한편으로 그들은 프랑스혁명을 열렬히 환영했고 진보적 이상과 요구를 지니고 있었으며, 어떤 식으로든 현실에 공헌하기를 바랐다. 하지만 다른 한편으로는 시종일관 독일의 낙후성에서 벗어날 수 없었고, 이로 인해 그들의 요구는 높다란 누각과도 같은 철학-문학의 추상적 영역 안에서만 표현되었다. 게다가 그 요구는 이중적 모순의 성격을 지니고 있었다.

동시에 독일 부르주아계급이 줄곧 분열된 모습을 보였다는 점도 주목할 부분이다. 다시 말해 문화와 정신적 영역에서는 다른 어느 나라에도 뒤지지 않을 만큼 발전하여 괴테, 실러, 베토벤, 칸트, 헤겔 등이 세계 문화사에서 영원히 사라지지 않는 찬란한 이성의 빛을 발하고 있으나, 다른 한편으로는 야만적이고 흉폭하며 맹목적인 세계 통치의 욕망으로 인해 광폭한 프로이센의 군국주의와 나치의 파시즘을 낳기도 했던 것이다. 이러한 반이성주의는 엄청난 재난을 초래했고 영원히 세계사적 치욕으로 남을 것이다. 한편으로는 행동은 취약하나 사상적으로는 오히려 풍성하고 충실한 면모를 보이면서도, 다른 한편으로는 야만적이고 사상적으로 빈곤한 모습을 보이는 것이 곧 독일 문화의 분열된 모습이다. 그렇다면 이렇게 상반된 모습이 어떻게 하나의 민족문화 안에서 생겨난 것일까? 이 상반된 문화 사이에는 어떤 관계가 있는 것일까? 독일 부르주아 정신은 본래 이렇게 분열된 이중성을 지녔던 것일까? 아니면 야만적인 독일 융커 귀족의 기질이 지식인들로 하여금 오직 순수한 정신 영역에서만 활동하게 한 탓일까? 그리고 문화 거인 독일 안에 내재된 이중성과 본래 가지고 있던 이성/반이성적 민족정신의 이중성은 어떤 복잡한 관계를 형성하고 있는 것일까? 이러한 문제는 여전히 사고할 만한 가치가 있는 것일까?(이에 대해서는 9장 참조)

엥겔스는 괴테를 다음과 같이 평가했다. "그의 마음속에서는 종종 천재 시인과 프랑크푸르트 시의원의 신중한 자손이자 바이 마르의 존경받는 정부 고문 사이에 투쟁이 벌어지곤 한다. 전자는 주변 환경의 비속함을 증오하고, 후자는 주변의 비속한 환경과 어쩔 수 없이 타협하고 변화한다. 그렇기에 괴테는 때로는 매우 위대하고 때로는 보잘것없다. 때로는 반항적이고 유머를 사랑하며 세계를 무시하는 천재이지만, 때로는 신중하고 자족할 줄 알며 소심한 세속적 인간이다."[87] 이는 당연히 괴테 개인의 성격 문제만은 아닐 것이다. 이런 이중성은 칸트 철학에서도 나타난다.[88] 레닌은 이에 대해 다음과 같이 말했다. "칸트 철학의 기본 특징은 바로 유물론과 관념론의 조화이며, 이 양자를 타협시켜 서로 대립하는 철학적 유파를 하나의 체계 안에 종합하는 것이다. 칸트가 자아의 외부에 물체, 즉 '물 자체'와 우리의 표상 사이의 일치를 인정할 때 그는 유물론자다. 하지만 '물 자체'가 인식할 수 없는, 초험적이고 피안의 것이라고 선언할 때 그는 유심론자다. 칸트가 경험과 감각이 우리 지식의 유일한 원천임을 인정할 때 그는 자신의 철학을 감각론으로 인도하고 일정한 조건하에서 감각론을 경유하여 유물론으로 나아간다. 반면 칸트가 공간, 시간, 인과성 등의 선험성을 인정할 때 그는 자신의 철학을 관념론으로 가져간다. 칸트의 이러한 불철저함으로 인해 철저한 유물론자이든 철저한 유심론자이든(그리고 '순수한' 불가지론자, 즉 흄주의자이든) 모두 칸트와 가차 없는 투쟁을 벌이게 된다. 유물론자는 칸트의 관념론을 지적하고 그 철학 체계의 관념론적 특징을 반박한다. 그리고 '물 자체'는 알 수 있는 것이며 차안此岸의 것으로 '물 자체'와 현상 사이에는 아무런 원칙적 차별점도 없고 초월적 사유의 원칙이 아닌 객관적 현실 안에서 인과성을 찾아야 한다는 점 등을 증명하려 한다. 하지만 불가지론자와 관념론자는 칸트가 '물 자체'를 인정했고 이는 유물론으로 통하는 동시에 '실재론' 혹은 '소극적 실재론'으로도 통한다고 주장한다. 이외에도 불가지론자는 '물 자체'를 폐기하고 초월론 역시 폐기한다. 하지만 유심론자는 순수 사유 안에서 철저하게 선험적 직관의 형식을 도출해내기를 요구할 뿐 아니라 순수 사유 안에서 전체 세계(인간의 사유를 추상적 자아 혹은 '절대 관념', 보편 의지 등으로 확대하는 것)의 상을 철저하게 도출해낼 것 역시 요구한다."[89]

하지만 칸트 철학 연구에서 가장 중요한 것은 칸트 철학의 관념론적 초월론을 더욱 깊게 분석하는 것이다. 왜냐하면 그 관념론적 초월론이야말로 칸트 철학의 독특한 공헌이기 때문이다. 칸트의 이러한 공헌은 여전히 현대 자연과학과 사회학에 심대한 영향력을 발휘하며, 이는 진지하게 연구할 가치가 있는 문제이다.

6 '칸트로 회귀'하는 현대 철학 사조

철학사를 회고한다는 것은 단순히 옛것의 의미를 되새긴다는 의미가 아니다. 그렇기에 우리는 살아 있는 칸트(특히 칸트의 현대적 의미)에 주목해야지, 죽은 칸트(칸트가 남긴 방대한 문헌)에 침잠해서는 안 된다. 칸트를 다루는 저서는 세계 각국에 수없이 많고 그중 상당수는 지엽적인 문장 분석과 그에 대한 논쟁에 갇혀 종종 문제를 쓸데없이 복잡하게 만들고 있는 실정이다. 그로 인해 칸트 철학의 주요 의의와 특징은 오히려 묻혀버리고 만다. 현실생활 및 과학 발전과 별다른 관계가 없는 그런 강단 학파의 '칸트학'은 칸트 철학의 현재적 작용과 역사적 영향관계를 체현하거나 대표할 수 없다.

칸트 철학의 현재적 작용과 영향관계는 주로 근현대 서양 철학과 과학의 주류적 흐름 안에서 그 모습을 드러낸다. 칸트 이후 피히테, 셸링, 헤겔은 칸트의 철학을 절대적 관념론으로 발전시켰고 칸트에서 헤겔에 이르는 독일의 고전 관념론 철학은 유럽 근대 철학의 전성기를 이루었다. 신新칸트주의자들은 이러한 발전

방향에 불만을 품고 '칸트로의 회귀'를 기치로 내세우면서 초험적인 정신 실체 혹은 절대정신을 인정하지 않았다. 하지만 그들이 칸트로 돌아가 힘쓴 것은 '물 자체'를 강조하는 유물론적 경향을 제거하는 일이었다. 그렇기에 그들은 칸트를 회피하려 한 영국 정통 경험론파[90]와 마찬가지로 현대 철학의 주관관념론 사조를 체현한다. 그후 지배적 위치를 차지한 것은 영국과 미국의 논리실증주의-분석철학 및 유럽 대륙의 현상학과 실존주의다. 논리실증주의는 현대 과학의 정확성을 바탕으로 형이상학의 각종 문제를 거부하고 흄으로 회귀하면서 형이상학적 문제를 실존주의에 넘겨주었다. 실존주의는 인간 자유 등의 문제에 대한 주관적 사유 및 경험 과학에 대한 극단적 경시의 측면에서 볼 때 일정 정도 칸트가 반대했던 이성 심리학의 재출현이었다. 실존주의와 논리실증주의는 동전의 양면에 새겨진 서로 다른 문양과 같았다. 서로 대립하면서도 보충하는 관계가 흡사 칸트 이전의 경험론과 합리론의 관계와 유사했던 것이다.[91] 다시 말해 '과학적 철학'과 논리실증주의를 주축으로 하는 측과 실존주의를 주축으로 하는 측은 각각 칸트의 현상계와 본체론에 해당한다.

철학사의 흐름은 종종 그 모습만 약간 바꾸어 다시 반복되곤 한다. 현대 부르주아계급이 칸트를 대하는 전반적인 방식은 논리실증주의를 내세워 버클리와 흄 쪽으로 끌어당겨 칸트를 해석하고 규정하는 것이었다. 이에 비해 본체론을 핵심으로 하는 유럽 대륙의 칸트 연구는 실존주의의 영향하에서 칸트를 다시 신, 영혼, 인간 본질 등의 문제로 끌어오는 이전의 합리론적 방식(물론 매우 극단적으로 한정된 의미에서)이라 할 수 있다. 하지만 최근 20년 사이, 흄을 원조로 하는 논리실증주의는 안팎의 공격, 특히 콰인과 촘스키 등의 반박으로 인해 더이상 지속될 수 없는 상황에 처해졌다. 또한 존재의 본체론을 고상하게 논하던 실존주의 역시 쇠퇴의 길로 접어들었다. 그렇기에 '칸트로의 회귀'는 각각의 관점과 연구자에 따라 다양한 흐름으로 해석되고 있는 실정이다.

칸트 연구의 권위자인 미국 로체스터 대학의 루이스 화이트 벡 교수는 1960년대 초 다음과 같이 설명했다. "지난 수년간 영국, 이탈리아, 미국의 칸트 연구는 괄목할 만한 양적, 질적 성장을 이루어냈다. 독일에서도 칸트에 대한 관심이 날로 높아졌는데, 독일의 칸트 연구는 본래 매우 높은 수준이었다. 이는 마치 흄 사상의 통치 시대가 끝나고 칸트의 비판주의가 재건해 부활하는 것과 같은 현상이다."[92] 또한 "[최근 철학의 전체적 동향은] 일정 정도 칸트 철학으로의 회귀를 보여주고 있다",[93] "칸트의 관점과 물리학에서 생물학에 이르는 현대 자연과학은 서로 완전히 부합한다"[94] 등의 학설, 관점, 주장이 계속해서 출현하고 있다. 또한 포퍼가 언급한 '비판적 이성주의' 역시 칸트로의 회귀에 호응하는 철학 사조라 할 수 있다. 하지만 더욱 중요한 것은 철학자들이 칸트로의 회귀를 외쳤다는 점이 아니라, 자연과학의 이론 영역과 사회적 투쟁 속에서 칸트주의의 그림자가 더욱 분명하게 나타나고 있다는 사실이다. 겉으로는 평온해 보이는 '칸트로의 회귀'가 이전 시대(즉 19세기의 신칸트주의)의 외침보다 더욱 중요한 이유는 그 현실적 상황 때문이다.

우선 상대론, 양자역학, 고에너지 물리학, 사이버네틱스, 전자계산기, 유전공학 등을 필두로 하는 현대 과학기술 및 공업에 의해 인간의 인식 능동성은 전례 없이 선명하게 표출되고 있다. 본래 인간의 의식은 주관 능동성에 관한 문제였지만, 이 문제는 과학기술이 발전하면서 갈릴레이, 뉴턴의 시대 이후 더욱 분명하게 그 모습을 드러내기 시작했고, 칸트 철학이 시작된 원인으로 작용했다. 20세기, 특히 2차대전 이후 과학기술과 공업이 비약적으로 발전하면서 인간 의식에 관한 문제는 더욱 첨예하게 대두되었다.

인간은 매우 느린 속도로 이루어지는 감각기관의 경험에 기반한 귀납적 방법론을 이미 사용하지 않으며, 수학이라는 위대한 도구를 통해 대규모 실험활동과 결합하여 대상을 정리·조직·구축한다. 그렇기에 각종 추상적 이론, 방법, 범위 및 가설의 중대한 의의, 그리고 구조, 형식, 정확성, 주관성 등의 특징에 대한 강조, 이상유형ideal type 구축의 중요성 같은 문제는 철학적 인식론의 주체·객체 관계 문제를 더욱 첨예하게 했다. 이는 곧 주체가 객체를 반영하는 것이 아니라 주체가 객체를 구축하는 것으로, 객체가 주체에게 부합할 것을 요구하고 주체와 객체 사이에 명확한 구분선을 긋는 것을 의미한다. 그러므로 이러한 추세는 칸트가 언급한 코페르니쿠스적 혁명의 중요 테제, 즉 '인간의 자연입법自然立法으로의 전환' 등의 사상이 날이 갈수록 주류적 위치를 차지해가고 있음을 보여주는 것이다. 이러한 사유의 흐름은 칸트를 언급하지 않거나 심지어 그를 비판한다 할지라도, 실질적으로는 여전히 칸트주의적인 것이라 할 수 있다. 칸트 철학은 비록 겉으로는 드러나지 않지만 실상 더욱 보편적이고 중요한 영향력을 행사하고 있는 셈이다. 예컨대 벡은 이렇게 밝힌다. "칸트 철학은 실증론자, 실용주의자, 언어분석론자, 사회인식론자에게서 숱한 비판을 받았다. 하지만 그들 모두 칸트가 물리 대상을 모종의 구축으로 보았다는 점에는 찬성한다."[95]

일찍이 1920~30년대 양자역학 분야의 대표적인 인물들은 양자역학의 철학적 의미를 논하는 과정에서 부단히 칸트를 언급하곤 했다. 비록 일부는 흄을 이용해 칸트를 비판하기도 했고 흄과 칸트 사이에서 배회하기도 했지만, 전체 방향성은 인식과정 중 주관의 작용을 주도적이고 지배적이며 결정적인 것으로 보고, 주체가 설정하는 규범과 조직 안에서 객체를 '인식'(구축)하는 것이었다. 이는 결국 실질적으로 칸트주의라 할 수 있다.(4장 참조) 하이젠베르크의 불확실성 원리, 보어의 상보성 원리 역시 위와 같은 철학적 흐름과 유사한 함의를 지닌다. 1960년대에 이르러 현대

과학기술은 또다시 앞의 흐름과 반대되는 객관주의적 성향을 띠게 되었는데, 그것이 바로 '구조주의'다. 구조주의는 일종의 보편적 방법론이자 인식론으로 언어학, 경제학, 문화인류학, 사회학, 역사학, 심리학, 생물학, 수학 등 수많은 학문 영역에서 유행하기 시작해 일부는 마르크스주의를 대체, 보충하기도 했다.

구조주의 사조의 창시자이자 문화인류학자인 레비스트로스는 그 인식론적 차원에 있어 명확하게 칸트주의적 성향을 띠었다. 특히 수십 년간 이름을 떨친 철학자 피아제는 1970년대에 최종적으로 자신이 분명 구조주의 심리학에 속한다고 밝혔으며, 매우 자각적으로 구조주의 심리학을 철학적 인식론의 수준으로 끌어올리려 했다. 구조주의에 속하는 인물은 매우 많고 그 성향도 모두 다르다. 나는 여기서 본래 구조주의자에 속하지 않았던 피아제를 모델로 삼으려 한다. 피아제의 과학적 성과와 철학 이론이 가장 주목할 만하기 때문이다. 피아제는 논리실증주의가 인식구조를 감각의 질료로 보고 논리를 단지 언어 문법에 관한 관점으로 보는 데 반대했다. 또한 논리의 근원을 인류의 내재적 이성에 두는 촘스키의 관점에도 반대했다. 이는 곧 경험론과 합리론 모두에 반대한다는 의미이며, "인식이란 부단한 구축의 과정"[96]임을 강조한 것이다. 피아제가 보기에 진리는 객관 세계에 기성적으로 존재하는 것이 아니며, 또한 인간의 주관 세계에 기성적으로 존재하는 것도 아니다. 진리는 주체의 행동, 객관 세계를 조작하는 부단한 구축의 구조 안에 존재한다.[97] 그렇기에 "객체는 일종의 극한으로 파악되며 우리에게서 독립해 존재한다. 따라서 객체에 영원히 다다를 수 없다." 실상 "객체는 구축되는 것이다."[98] 피아제는 자신의 주장이 순수 심리학 연구가 아니며 "나의 목표는 본질적으로 인식론"[99]이고 "구조주의는 일종의 방법"[100]이라고 언급한 바 있다. 그리고 철학 백과전서는 피아제에 대해 다음과 같이 밝히고 있다. "피아제는 자신이 진정으로 하고 있는 것은 칸트적 범주에 속해 있는 전체적 문제를 새롭게 검토하는 것이라고 말한다. 이 재검토는 그가 말하는 이른바 발생적 인식론의 새로운 원리를 위한 기초를 이룬다."[101] 피아제가 말하는 구조(즉 구조로서의 총체는 기계론적 의미에서 부분의 총화를 의미하는 것이 아니며 또한 게슈탈트Gestalt의 연속성의 법칙과도 다르다. 그것은 분석 가능한 다양한 원소들 사이의 상호작용 관계이다), 그리고 그가 개괄하는 구조의 세 가지 특징(총체, 전환, 자아조절)은 레비스트로스 등이 제시하는 이론과 일치하며 결국 구체적인 사회역사 범주를 넘어서는 성질을 가지고 있다.[102] 이는 실상 칸트 초월 철학의 특징이다. 피아제는 스스로 칸트주의자로 자처한 적이 없고 오히려 칸트의 초월론을 비판했다. 또한 그는 시간성을 중시하여 구조의 구축이 발생의 시간적 과정임을 강조하고 있어, 구조주의의 일반적 특징인 공시적이고 비역사적인 특징과도 구별된다. 게다가 구조주의는 일종의 객관주의적 과학의 면모를 보이기에 칸트의 철학과는 사뭇 달라 보인다. 하지만 피아제의 구조주의는 그 이론적 실질에 있어 앞서 서술한 현대 자연과학 철학의 전체적 사조와 마찬가지로 주체의 능동적 조작, 사유, 그리고 알 수 없고 불확정적인 객체에 대한 적용을 통해 지식을 구축하는 것을 강조한다는 점에서 실질적으로는 칸트주의적이다. 피아제가 주장하는 구조는 개방적이고 부단히 발전하는 것으로 수많은 구조주의자가 강조하는 기성적이며 불변하는 구조와는 다르다. 피아제는 여타 구조주의자보다 더욱 명민하다. 특히 동작과 조작이 인간의 논리적 사유와 총체적인 개방적 인식 구조의 형성에 있어 거대한 기초 작용을 한다는 점에 주목한 것은 과학이 구체적으로 인식의 기원과 발전을 설명하는 데 중요한 유물론적 기초를 제공했다는 의의를 갖는다고 할 수 있다. 그러나 그의 철학은 인간과 동물의 본질적 구별을 파악하지 못한다는 점, 즉 인류학적 특징, 특히 도구의 제조와 사용이라는 측면에서 문제를 설명하지 못한다는 약점을 가진다. 요컨대 그의 발생적 인식론의 최종 결론은 역사적(인류학적) 이기보다 생물학적(자아조절기제)이라고 할 만하다.(2장 참조) 한편으로는 자연과학의 영역에서, 다른 한편으로는 사회투쟁의 영역에서 칸트 철학의 기본 관점과 특징은 여전히 중요한 영향을 미치고 있다. 헤겔을 포함한 부르주아계급 철학은 진정으로 칸트 철학의 비밀을 풀어낸 적이 없고 오히려 칸트 철학 위에서 요동치고 있다. 칸트 철학의 비밀을 풀어내야 하는 의무는 이제 마르크스주의자의 어깨 위에 놓여 있는 것이다.

마르크스주의는 곧 실천철학이자 사적 유물론이다.(2장 참조) 그것은 한편으로 인류 물질문명의 발생과 발전을 연구하고 생산방식의 객관적 역사과정을 통해 인류 미래의 구체적 원경遠景을 전망하는 것으로, 그 속에는 당연히 혁명과 사회주의 등에 대한 탐구도 들어 있다. 하지만 마르크스주의 철학이 단순히 혁명을 연구하거나 추동하고 혁명의 철학, 비판의 철학에 그친다고 생각한다면 이는 마르크스가 당시 제시한 사상적 과제와 이상을 지극히 제한적으로 보는 것이다. 혁명 이외에도 혁명 이후의 건설이라는 문제가 있으며, 물질문명의 건설 이외에도 정신문명의 건설이라는 과제가 존재한다. 이것이야말로 인간의 전면적 발전이라 할 수 있다. 또한 개체로서 존재하는 인간의 다양하고 풍부하며 전면적인 발전이 바로 목표로서의 공산주의가 갖는 특징이다. 당연히 양자(혁명과 건설)는 현실생활에서(특히 최초 건설 단계에서) 종종 서로 연결되고 삼투한다. 예컨대 이전의 사물, 오래된 전통과 단절하지 않으면 새로운 관념과 사상을 건립할 수 없다. 하지만 이러한 결별은 또한 계승을 포함한다. 즉 부정 안에 긍정도 포함하는 것이다. 정신문명 안에서 이처럼 부정적이면서도 긍정적인, 또한 계승하면서도 단절하는 상황은 지극히 복잡하다. 이 문제를 어떻게 연구할 것인가는 두 가지 문명, 즉 정신문명과 물질문명 건설의 문제를 제기하며, 이것이야말로 오늘날 진정으로 마르크스주의를 발전시킬 수 있는 중요한 발전 방향이자 과제이다.

바로 이러한 논점에서 나는 칸트 철학에 주목하는 것이 매우 특별한 의미를 갖는다고 생각한다. 인류 발전의 거시적 과정에 대한 위대한 역사 인식이 헤겔 철학의 주요 특징이라면, 인류 정신의 구조(인식, 윤리, 아름다움)에 대한 탐색과 파악은 칸트 철학의 기본 특징이라 할 수 있다. 또한 헤겔이 인류 주체성의 객관적 현실운동을 전개했다면(비록 관념론적 환상 안에서였지만), 칸트는 인류 주체성의 주관적 심리의 구축을 파악하고자 했다.(비록 헤겔과 마찬가지로 관념론적 초월론의 틀 안에서였지만) 오늘날 새로운 철학을 사유한다는 것은 곧 자각적으로 인류 주체 자신의 구축을 중요한 과제로 삼는다는 의미다. 이는 또한 내가 말하고자 하는 문화-심리 구조의 문제, 즉 인성 혹은 인성 능력의 문제이기도 하다.

흥미로운 점은 최근 일련의 서로 다른 과학 연구 부문에서 거의 공통적으로 심층적 심리 구조의 문제를 탐구하는 데 흥미를 보인다는 사실이다. 촘스키는 최종적으로 언어기제를 인류가 보편적으로 가진 모종의 초월적 이성으로 귀결시키며, 레비스트로스는 사회민속적 구조를 보편적 '지능', 즉 인간이 공통으로 가진 보편적 심층 심리 구조로 환원시킨다. 여기서 융이 제기하는 '집단무의식'은 말할 필요도 없을 것이다. 이들의 주장이 완전히 일치하지는 않지만, 내가 보기에는 공히 '가족유사성family similarities'이 존재한다고 할 수 있으며, '유희'의 핵심 역시 인간 주체에 관한 문화-심리 구조라 할 수 있다.

후기 비트겐슈타인은 이미 언어를 현실생활 및 사회교류 행동과 밀접하게 연계시켰으며, 후자를 떠나서는 전자(언어)를 이해할 수 없다고 주장했다.[103] 피아제는 더욱 구체적으로 논리를 주체의 조작 행동과 연계시켜 내화內化 이론*을 제기했다. 이들 모

* 리쩌허우의 '내화' 개념은 인간의 역사 과정에서 실천이 이성으로 침투되어 내면으로 축적되는 것을 의미한다.

두 중요한 과학적, 철학적 가치를 지니는 관점이다. 거시적인 인류 역사학의 기초 위에서 현대 과학이 제기하는 여러 문제와 학설을 정확히 개괄하여 칸트 철학 연구와 어떻게 연결시킬 것인가, 그리고 이를 통해 인간의 주체성과 문화-심리 구조의 철학적 관념을 어떻게 제시할 것인가 하는 문제는 매우 중대한 의의를 지니는 사상적 과제라 할 수 있다.

2장

인식론: (1) 문제 제기

1 '비판철학'의 의미

칸트의 철학서 가운데 주저는 1781년에 초판, 1787년에 개정판이 발행된 『순수이성비판』이다. 이 방대한 저서는 칸트 자신에 따르면 "20여 년에 걸친 숙고의 산물"이다. 하지만 "탈고하는 데는 고작 4~5개월밖에 걸리지 않았다. 내용에 아주 주의를 기울였지만 그 문체와 통속성에 대해서는 많이 신경쓰지 못했다."[1] 실상 이 책은 문장이 매우 어렵고 무거우며 장황하다.[2] 그리고 칸트가 사용한 개념, 논증, 표현법 모두 그 시작과 끝, 순서에 있어 많은 모순이 존재한다.[3] 이는 칸트의 철학을 이해하는 데 상당한 어려움을 초래했고 결국 『순수이성비판』은 유럽 철학사에서 가장 중요하면서 동시에 가장 읽기 어려운 저작이 되고 말았다.[4]

칸트의 책이 이렇게 읽기 어렵게 된 근본 원인은 집필 기간이 부족[5]해서도, 책을 쓰면서 생각이 계속 변해서도[6] 아니었다. 그보다는 오히려 관념론과 유물론을 조정·절충하여 근본적으로 대립하는 두 철학 노선을 자신의 체계 안에서 조화시키려 했기 때문이다. 이런 의도로 인해 서로 다른 철학적 경향성과 표현법, 논증방식 및 관점이 종종 뒤섞이고 교차하면서 복잡하게 표현될 수밖에 없었다. 이런 복잡성 탓에 이 책에는 수많은 모순이 존재하게 된 것이다. 『순수이성비판』에 내재된 모순은 매우 심각한 사상적 모순이지, 단순히 표면적 어구와 논증방식에서 빚어지는 모순이 아니었다. 그렇기에 어구와 논증방식의 모순을 강조하는 쪽(파이힝거, 켐프 스미스)과 사상적 모순을 부정하는 쪽(페이턴, 그라에프) 모두 사실과 부합하지 않는다.

『순수이성비판』의 형식 구조는 매우 임의적이다. 칸트는 이 책을 전혀 부합되지 않는 두 부분, 즉 '초월적 요소론'과 '초월적 방법론'으로 나누었다. '초월적 요소론'은 다시 그 편폭에 있어 서로 부합하지 않는 (감성을 논하는) '초월적 감성론'과 '초월적 논리'로 나누어진다. 그리고 '초월적 논리'는 또다시 (지성을 논하는) '초월적 분석론'과 (이성을 논하는) '초월적 변증론'으로 나뉜다. 그 전체 구조는 다음과 같다.

각 부분은 매우 판에 박힌 구조를 지니고 있다. 이후 출판된 『실천이성비판』과 『판단력비판』 모두 『순수이성비판』과 비슷한 구조로 이루어져 있다. 당시 유행하던, 또 칸트가 좋아하던 '비판철학'의 이른바 '건축학적 구조'는 실상 형식주의의 산물이었다.[7] 하지만 '감성론' '분석론' '변증론'의 구분과 연속은 곧 인식에 대한 칸트의 분석이 감성에서 지성으로, 이어 이성으로 이동했으며, 그러다 결국 '실천영역'(도덕)을 향해 순차적으로 나아갔음을 나타내준다고 할 수 있다. 여기서 일반적으로 소홀히 다루어졌던 '방법론' 부분은 실상 이 책 전체의 개관이자 종합에 해당한다고 볼 수 있다. 따라서 [이 책을 이해하려면] 별다른 의미를 갖지 않는 형식구조 및 관점과 의미 있는 추론을 구분해내는 데 익숙해져야 한다.

『순수이성비판』은 그 복잡성과 상충하는 여러 사상의 절충이 초래한 모순 때문에 각종 자질구레한 토론과 끊임없는 논쟁의 대상이 되곤 한다. 하지만 칸트의 진정한 영향력과 의의는 이러한 세부적 논쟁에 있는 것이 아니라 그 속에 담긴 주요한 관념과 사상에서 찾을 수 있다. 나는 여기서 자질구레한 세부적 고찰을 생략하고 칸트 사상의 주요 관점에 근거하여 전체 내용을 끌고 가려 한다. 예컨대 나는 '물 자체' 학설이 칸트 철학의 핵심이며 여기서 관건은 인식론에서 윤리학으로의 이동이라고 본다. 그렇기에 이 책에서는 '물 자체' 학설을 인식론의 말미와 윤리학의 전반부에서 논하려 한다. 또한 예를 들어 '변증론' 중 이른바 '이성 심리학' '이성 신학'에 대한 비판, 신의 존재 문제에 대한 탐색과 비판은 당대 철학과 칸트 자신의 사상적 발전에 있어 매우 중요한 의의를 갖는다. 하지만 이러한 주제들은 일찍이 역사의 흔적으로만 남게 되었으며, 오늘날 우리에게는 매우 낯선 주제들이고 별다른 의의를 갖지 않는다고 판단해 심도 있게 다루지 않을 것이다.

칸트는 『순수이성비판』이 체계 정립을 위해서가 아니라 인식을 '비판'하기 위해 쓴 책이고, 그렇기에 이전의 철학과 구분된다고 말했다. 특히 그는 '비판'을 통해 라이프니츠-볼프의 '독단론'에 맞서려 했다. 『순수이성비판』 초판 서문에서 칸트는 '독단론'을 전제적 통치에 비유하고 '회의론'을 안정적 질서를 파괴하는 유목민족에 비유했다. 칸트에 따르면, 이전 합리론의 독단론적 철학은 데카르트를 시작으로 '명확함과 분명함'을 진리의 척도로 삼고 감성은 단순히 모호한 관념으로 치부하며 진리는 이성에 있다고 주장한다. 이러한 관점은 선험적 이지理智로 일체의 것을 판별하여 모든 지식을 도출해낼 수 있다고 보았다. 하지만 이미 경험의 범위를 벗어나버린 독단론은 결국 붕괴될 수밖에 없었다. 독단론자가 '명확함과 분명함'을 진리의 표준으로 삼는다는 것은 실상 있을 수 없는 일이었다. 이성의 도덕관념은 매우 부정확할 수 있지만 감성에 기반을 둔 기하학은 매우 분명한 것이었다. 경험주의의 회의론 철학은 감각에서 출발해 보편 필연적인 객관적 진리에 반대하고, 이에 따라 과학적 지식을 근본적으로 부정했다. 하지만 이러한 회의론은 파괴적인 작용만 했을 뿐 독단론과 마찬가지로 성립할 수 없었다. 칸트는 "회의론은 다른 곳이 아닌 바로 이성에 대한 불만과 실망에서 생겨났다"고 언급했다.[8] 이는 곧 회의론이 모든 것을 믿지 못하게 하고, 독단론과 마찬가지로 모든 인식을 포기하게 한다는 것이다. 당시 자연과학은 부단히 발전하고 있었지만, 학문의 왕이라 불리던 철학은 오히려 논쟁의 암흑 속에 놓여 있었다. 철학을 이러한 암흑에서 해방시키기 위해서는 인간의 인식 능력을 새롭게 탐구하고 사고하며 분석하고 검토해, 철학 스스로 넘어설 수 없는 범위 혹은 한계 내에 놓여 있다는 것을 밝혀내야만 했다. 이것이 바로 칸트가 '비판'이라는 단어를 사용하고 그의 철학을 '비판철학'이라 부른 이유이다. 칸트는 다음과 같이 밝혔다. "내가 말하는 비판이란 몇몇 저서나 몇몇 체계에 대한 비판을 의미하는 것이 아니다. 그것은 경험으로부터 독립해 일체의 지식을 추구하는 일반적 이성 능력에 관한 비판이다."[9]

『순수이성비판』에서 칸트의 첫번째 과제는 모든 과학적 지식(칸트가 보기에 과학적 지식은 주로 수학과 물리학에 해당한다. 이는 당시 수학과 물리학을 제외한 다른 과학들이 여전히 현상을 묘사하는 초기 단계에 놓여 있었기 때문이다)이 어떻게 가능한가를 논증하는 것, 즉 수학과 물리학 같은 과학의 성립 조건을 탐구하는 일이었다.('감성론'과 '분석론') 두번째 과제는 영혼, 자유, 신 같은 종교적, 도덕적 '실체'를 논증하는 것이었다. 완전히 경험을 떠난 이성적 사변은 인식 대상이 될 수 없었기 때문이다. 다시 말해 그러한 주제들은 과학적 지식이 될 수 없기에 과학적 인식과 혼동되거나 함께 논해져서는 안 되었다.('변증론') 이 두 가지 과제는 실상 동전의 양면 같은 주제들로, 다름 아닌 인간 인식의 본질과 특징 혹은 가능성이 어디에 있는가를 묻는 것과 같았다. 칸트의 표현을 빌리자면, 이는 곧 인간의 인식이 범위와 한계를 갖는가에 대한 문제였다. 칸트에 따르면, 이전의 합리론적 독단론은 이른바 인간 인식의 본성을 명확하게 인식하지 않은 채 제멋대로 추론하여 신과 영혼, 자유와 같은 문제를 인식의 범위 안에 넣고 인식의 대상으로 삼아 경험과학과 섞어버렸다. 사실 신과 영혼, 자유와 같은 문제는 인식의 범위를 넘어선 것으로, 실증할 수 없고 성립할 수 없는 결론을 내놓을 뿐이다. 다른 한편 경험론적 회의론도 인간 인식의 본성을 이해하지 못한 나머지, 인식 가능한 범주 안에 놓여 있는 과학적 진리 역시 의심하고 부정해버리고 말았다. 과학적 지식의 가능성을 근본적으로 부정해버린 것이다. 인식의 양극단이라 할 수 있는 합리론과 경험론 모두 철학을 곤경에 빠뜨렸다. 철학이 곤경에 빠진 이유는 결국 이러한 인식론의 문제가 해결되지 않았기 때문이다. 칸트는 이러한 철학의 총체적인 문제를 인식론에 집중시켜 유럽 근대 철학사의 중요한 전환점이 되었다. 근대 철학의 중심은 이제 본체론에서 인식론으로 이동했으며, 근대 철학은 칸트의 '비판철학'에 이르러 더욱 명확하게 표현되고 완성될 수 있었다.[10]

『순수이성비판』은 실천이성에 관해 기본적 관점을 제기하기는 하지만(예컨대 '방법론'의 '규준' 부분, 2판 서문 등), 이 책의 주제는 결국 인식론,[11] 곧 이론(사변)이성이다. 칸트는 감성적 경험이 인간 인식의 기본 재료임을 강조함으로써 합리론과 선을 그었다. 동시에 초월적 직관형식과 지성의 범주를 인간 인식의 필수요소로 강조함으로써 경험론과도 선을 그었다. 칸트는 모든 과학적 지식은 감성과 지성(넓은 의미의 이성)이라는 양대 요소로 구성되며 감성적 재료와 지성 형식의 결합이라 생각했다. "감성을 통해 대상이 우리에게 주어지고, 지성을 통해 주어진 대상이 사유된다."[12] "사유는 내용 없이 비어 있으며 직관은 개념 없이 맹목적이다."[13] 비록 이러한 주장들 사이에는 수많은 모순과 불일치가 존재하지만, 칸트의 기본 사상에는 큰 변화가 없었다. 그는 일관되게 인식론을 탐구했고, 인식론은 그가 반복적으로 논증하고자 한 주요 논점이었다. 지성과 감성의 결합을 강조함으로써 칸트는 보편 필연적인 과학 지식의 성립 가능성을 긍정했고, 인식 대상으로서 신의 가능성을 부정했다. 결국 칸트는 한편으로 흄의 회의론에 반대하고 다른 한편으로 라이프니츠의 합리론에 반대하여, 자신의 '비판' 속에서 양자를 절충하고 조화시킨 셈이었다. 하지만 칸트가 긍정한 과학 지식의 성립은 결국 자신이 주장한 초월적 지식원리와 직관형식이 중요한 작용을 한다는 전제, 즉 모종의 고정불변한 초월적 틀이 감성적 재료를 규제하고 지배한다는 전제 위에 세워진 것으로서, 과학이 실천에서 유래한다는 근본 성질을 왜곡하고 말았다. 칸트는 신을 인식 대상으로 보지 않았고 또한 인식 안에서 감성적 경험의 중요성을 강조했다. 하지만 이는 신에게 초경험적 신앙의 지위와 도덕적 실체로서의 여지를 남겨두는 것이었다. 나는 뒤에서 몇 가지 중요한 결절점에 대한 탐구와 분석을 통해 칸트 '비판철학'의 복잡다단한 특징을 밝혀보고자 한다.

2 '선험적 종합판단은 어떻게 가능한가'

『순수이성비판』의 서론은 책 전체의 도입부로서 칸트가 반드시 해결하려 했던 '선험적 종합판단은 어떻게 가능한가'라는 문제를 제기한다. 지금의 관점으로 보면 이 주제는 매우 졸렬하고 쓸데없어 보일 수 있지만, 칸트는 수년 동안의 숙고를 거쳐 이를 근본적 문제로서 제기했다. 초판 서론의 첫번째 문장은 이렇게 시작한다. "경험은 의심할 바 없이 우리의 지성이 감각적 지각의 원재료를 가공해 만들어낸 첫번째 산물이다."[14] 2판의 첫번째 문장은 "의심의 여지 없이 우리의 모든 지식은 경험을 따라 시작된다"이며, 이어서 칸트는 "비록 우리의 지식이 경험을 따라 시작되기는 하지만 모든 지식이 경험에서 유래하는 것은 아니다"[15]라고 밝힌다. 초판과 2판을 여는 문장들은 칸트 철학의 형식적, 내용적 특징을 여실히 보여준다. 우선 '경험'은 그 시작부터 서로 다른 두 가지 함의를 갖는다. 초판 서론의 '경험'은 지성이 감성에 작용하여 생긴 결과물로, 2판 서론의 지식에 해당된다. 2판 서론의 '경험'은 감성적 인상과 재료를 가리킨다. 동시에 우리는 '경험Erfahrung'이 '경험적인 것empirisch'과 다름에 주의해야 한다. 전자는 지성이 후자(감성적 경험의 재료)에 작용하여 생긴 결과물이다. 칸트는 다음과 같이 말했다. "아무리 모든 경험 판단이 경험적 판단이라 할지라도, 다시 말해 모든 경험 판단이 감각적 직관을 근거로 한다 할지라도, 이를 근거로 모든 경험적 판단이 경험 판단이라고 할 수는 없다."[16] 그러나 내용적으로 보면 앞서 인용한 책의 서두는 초판과 2판을 막론하고 모두 즉각적으로 인식(지식)에 대한 칸트의 기본 관점을 제시한다. 즉 지식은 비록 감성적 경험에서 벗어나지는 못하지만 곧바로 감성적 경험으로 귀결될 수는 없다는 것이다.[17] 지식은 반드시 초월적 지성의 '개조'를 거쳐 감성적 재료에 적용된 결과여야 한다. 그렇기에 칸트는 '분석판단'과 '종합판단'의 구분을 시작으로 이 문제를 논증한다.

지식은 모두 논리적 판단을 통해 표현되어 나온다고 칸트는 생각했다.(4장 참조) 논리판단은 분석판단과 종합판단의 두 축으로 구분된다.[18] 칸트가 말하는 판단이란 곧 주어-술어 판단을 일컫는다.[19] 분석판단이란 술어가 이미 주어 속에 함축되어 있는 것을 가리킨다. 이 판단은 주어 속에 이미 포함된 것을 추론해내는 데 불과하며 그렇기에 경험에 기댈 필요 없이 연역 과정을 통해 도출된다. 또한 분석판단은 보편성과 필연성을 갖는다. 어떤 분석판단이 참으로 밝혀지면 그것과 모순된 판단은 반드시 거짓이다. 하지만 이 분석판단을 통해서는 새로운 지식을 얻을 수 없다. 칸트는 분석판단의 예로 '물체는 외연을 갖는다'라는 명제를 든다. '물체'에 대한 분석은 반드시 외연을 갖기 마련이며, '물체' 개념은 본래 '외연'의 함의를 내포한다. '물체는 외연을 갖는다'라는 명제가 참이면 '어떤 물체는 외연을 갖는 않는다'라는 명제는 거짓이다. 이 두 명제는 동시에 참일 수 없다. 하지만 종합판단은 이와 다르다. 칸트는 '물체는 무게를 갖는다'라는 명제를 예로 든다. 이 명제에서 술어는 주어에 미리 포함되어 있지 않다. '물체'가 무게를 갖는지 여부는 물체를 분석해서가 아니라 단지 경험을 통해서만 알 수 있다. 종합판단은 주어를 확장시키며 새로운 지식의 내용을 갖는다. 하지만 이러한 지식은 보편 필연적인 객관적 유효성을 갖지 못한다. 왜냐하면 이러한 지식은 인간의 경험을 통해 증명되는 것인데, 인간의 경험은 항상 유한하고 부분적이기 때문이다. 그러므로 종합판단은 획득된 지식의 보편 필연적인 유효성을 보증하지 못한다. 또한 어떤 종합판단이 참이라고 해서 그것과 '모순되는 판단'은 참이 아니라고 단정할 수 없다.[20] 다시 말해 '물체는 무게를 갖는다'라는 명제가 참이라는 사실이 '어떤 물체는 무게를 갖지 않는다'라는 명제 역시 참일 수 있음을 배제하지 않는다는 것이다. 분석판단은 형식논리의 무모순율을 충족시키는 것으로 충분하다.[21] 하지만 종합판단은 또다른 원리를 필요로 한다. 칸트는 기본적으로 분석판단을 선험(경험에 의존하지 않고 경험에서 독립된)과 동일시하고 종합판단을 경험과 동일시한다.[22] 동시에 합리론을 분석판단에, 경험론을 종합판단에 연결시킨다.[23] 그렇기에 형식논리의 연역법을 주요 수단으로 삼는 합리론적 철학은 이른바 선험적으로 자명한 공리와 천부적 관념을 출발점으로 삼아 지식을 도출해낸다. 이는 실상 분석판단에 불과하며 지식을 확장할 수 없다. 또한 이런 판단을 통한 인식은 신, 영혼, 그리고 갖가지 초경험적 오류 같은 불가지한 것들을 경험적인 것과 혼동할 수 있으며, 그것들을 서로 구분하지 못한다. 따라서 과학적 지식을 얻는 정확한 방법이라 할 수 없는 것이다. 다른 한편으로 귀납법을 주요 도구로 하는 경험론 철학은 감각이나 경험에서 출발해 지식을 얻는데, 이는 후천적 종합판단이라 할 수 있다. 그러나 종합판단을 통해 새로운 지식을 얻을 수는 있지만 그 보편 필연적인 객관적 유효성을 보장할 수는 없다. 보편 필연적인 객관적 유효성이란 어떠한 상황에서도 타당성이 입증되어야 하는 것으로, 칸트는 이를 모든 과학적 진리가 갖추어야 하는 기본 조건으로 보았다. 하지만 경험적 귀납은 이러한 조건을 제공해줄 수 없기 때문에 과학적 진리를 얻는 정확한 방법이 될 수 없다. 선험적 분석판단과 경험적 종합판단 모두 보편타당한 진리를 얻는 방법이 될 수 없다면 어떻게 과학적 진리를 해석하고 보증할 것인가?

칸트는 당시의 자연과학에 정통했고 과학 지식의 객관적 진리를 전혀 의심하지 않았다. 칸트는 유클리드 기하학과 뉴턴 역학이 모든 경험적 대상에 적용될 수 있다고 믿었다. 즉 그 보편 필연적인 객관적 유효성을 신뢰한 것이다. 유클리드 기하학과 뉴턴 역학은 당연히 일종의 '종합판단'이다. 다시 말해 감성적 경험이 제공하는 재료에 기대는 것이다. 하지만 유클리드 기하학과 뉴턴 역학은 보편 필연적인 타당성을 갖는다. 그렇다면 이러한 보편 필연성은 어디에서 유래하는 것인가? 칸트는 그러한 보편 필연성이 경험적 귀납에서 도출될 수 없다면 '선험'에서 기인할 수밖에 없다고 보았다. 이 과학적 진리는 곧 비선험적 판단인 동시에 비경험적 종합판단인 또다른 종류의 판단인 것이다. 이것이 이른바 '선험적 종합판단'이다. 칸트는 '비판철학'의 중요 과제 중 하나가 '선험적 종합판단'이 어떻게 성립하는가를 연구하는 것이라고 생각했다. 그렇기에 '선험적 종합판단은 어떻게 가능한가'라는 오래된 명제를 보다 직접적으로 풀어본다면 '보편 필연적인 과학적 진리는 어떻게 가능한가', 그리고 그러한 진리가 성립할 수 있는 조건은 무엇인가로 집약될 수 있다. 여기서 핵심 개념은 곧 '보편 필연성'[24]으로, 칸트가 '경험'과 구별되는 '선험'을 강조한 것은 바로 '보편 필연성'에 방점을 찍고 있기 때문이다. '선험'은 곧 '보편 필연'이며 이 보편 필연은 형식논리의 보편 필연(곧 분석)이 아니다. '선험'에서 도출된 '보편 필연'은 경험 속에서 현실적이고 객관적인 효력을 갖는 보편 필연이며 이는 경험적 귀납을 통해 얻을 수 있는 것이 아니다.

주목할 점은 여기서 연구하는 문제가 '어떻게 가능한가'이지, '가능한가 그렇지 않은가'가 아니라는 점이다. 칸트가 보기에 '가능성의 여부'는 문제가 되지 않는다. 수학과 물리학은 이미 사실을 통해 가능한 것으로 증명되었기에, 이제 문제의 초점은 어떻게 가능한가에 놓여 있는 것이다. 그래서 칸트는 『순수이성비판』의 서론에서 '순수수학은 어떻게 가능한가?'(이에 대한 대답이 초월적 감성론), '순수자연과학은 어떻게 가능한가?'(이에 대한 대답이 초월적 분석론) 같은 질문을 제기했다. 칸트는 자신의 관념론적 초월론을 과학적 지식에 적용하여 이런 문제를 해석하려 했고 과학의 객관적 진리를 초월적 인식의 형식 안으로 귀결시켰다.

형식논리의 모순율로 충분하다는 라이프니츠의 수학 분석에 반대하면서 칸트는 수학은 종합이지만 후천적 종합이 아니며, 일종의 비경험적 구축으로서 보편 필연성을 가진 '선험적 종합판단'이라고 생각했다. 칸트는 가장 기본적인 자연수의 산술이 이와 같다고 여겼다. 예컨대 7+5=12라고 할 때, 12라는 답은 7과 5의 분석으로 도출되지 않는다. 칸트는 다음과 같이 말했다. "'7과 5의 합'이라는 개념은 다만 두 숫자가 합쳐져 하나가 된다는 것만을 포함할 뿐 두 숫자가 합쳐진 수가 무엇인지에 대한 답은 그 개념으로부터 얻을 수 없다. ……반드시 그 개념을 초월하여 직관에 기대야만 한다. 예컨대 5개의 손가락 혹은 5개의 점…… 7+5라는 명제는 실제로 우리의 개념을 확장시킨다. ……만약 [이 명제가] 직관에 기대지 않고 단순히 개념분석으로만 존재한다면 그 합은 영원히 구할 수 없다."[25] 큰 수의 합, 예컨대 수만 수천 더하기 수만 수천의 경우 그러한 사실은 더욱 분명해진다. 그것은 분석판단이 아닌 종합판단이다. 다른 한편으로 7+5=12는 모든 장소, 대상, 경험에 적용되고 어떤 구체적 경험에도 의존하지 않는 보편 필연적 유효성을 갖는다. 기하학에서 '직선은 두 점 사이의 가장 짧은 선이다'라는 명제가 그런 예일 수 있다. 선의 '짧음(양)'은 선의 '곧음(성질)'에 대한 분석으로 도출되지 않는 것이다.[26] 칸트는 이에 대해 다음과 같이 말했다. "곧음이라는 개념은 양을 포함하지 않고 오직 질만을 포함한다. 그렇기에 '가장 짧은'이라는 개념은 완전히 부가된 것이다. 어떤 분석을 통해서도 직선이라는 개념에서 '가장 짧은'이라는 개념을 얻어낼 수 없다. 이것은 반드시 직관에 기대어 종합을 해낼 수 있어야 하는 것이다."[27] 기하학의 명제와 그에 대한 판단은 모두 경험과 연관된 종합판단이다. 하지만 그 판단이 지니는 보편 필연적인 객관적 유효성은 귀납적 경험이 제공해주지 않는다. 그래서 칸트는 이를 '선험적 종합판단'이라 부른다. 칸트는 수학을 매우 중시했다. 그는 수학 안에서만 비로소 자연과학이 과학이 된다고 생각했다. 선험적 종합판단인 수학은 이른바 순수요소를 그 기초로 하기 때문이다. 칸트는 심지어 화학이 분자운동을 공간(수학) 안에서 계산 및 표현하지 못한다면 과학이 될 수 없다고까지 생각했다. 또한 자연과학의 본질에는 선험적 종합판단이 그 밑바탕에 깔려 있다고 생각했다. "자연과학(물리학)은 선험적 종합판단을 그 원칙으로 포함하고 있다."[28] 칸트는 '질량 불변' '작용과 반작용' 등의 기본원리를 실례로 들어 이 원리들이 경험적 귀납으로 도출될 수 없고 개념적 연역일 수도 없으며[29] 결국 선험적 종합에 의한 것이라고 주장했다. 칸트는 시공간의 직관형식이 수학의 '선험적 종합판단'을 가능케 하는 초월적 조건이라고 보았다. 다시 말해 산술과 기하학의 '선험적 종합'의 성질은 주로 감성적 직관에 의해 직접적으로 제공되는 것이다.(3장 참조) 칸트는 12개 범주를 자연과학(실제적으로는 순수물리학을 가리킨다)의 '선험적 종합판단'을 가능케 하는 초월적 조건으로 삼고(4장 참조), 이 모든 것의 근원을 '초월적 통각'의 '자아의식'(5장 참조)으로 귀결시켰다.

이외에 칸트는 '자연적 의도로서의 형이상학은 어떻게 가능한가'(이에 대한 대답이 초월적 변증론), '과학으로서의 형이상학은 어떻게 가능한가'(칸트의 저서 전체가 이에 대한 대답)라는 질문을 제기한다. 칸트는 이러한 문제가 앞서 살펴본 문제(수학과 자연과학은 어떻게 가능한가)와는 그 성질상 다르다고 보았다. 왜냐하면 '형이상학은 어떻게 가능한가'라는 질문은 마치 신의 존재, 영혼불멸, 자유의지 같은 문제가 과학적 진리처럼 성립될 수 있는가를 묻는 것과 마찬가지이기 때문이다. 칸트는 '자연적 의도로서의 형이상학은 어떻게 가능한가' '과학으로서의 형이상학은 어떻게 가능한가'의 문제가 인간의 자연적 의도(인간은 이성적 사유 안에서 이러한 문제들을 반드시 제기하게 된다[30])로서는 가능하다고 보았다. 하지만 과학적 지식으로서는 불가능한 것이다. 칸트가 먼저 제기한 두 가지 문제(수학과 자연과학은 어떻게 가능한가)는 실행하여 효과가 있는 과학적 진리에 대한 철학적 증명이라 할 수 있으며, 이후 제기한 두 가지 문제는 구형이상학의 오류를 밝혀내고 형이상학의 명제와 관념을 제시한 것이라 할 수 있다. 다시 말해 '영혼불멸' '신의 존재' 등의 문제는 이성이 경험을 초월하여 만들어낸 '초월적 환상'이다. 아울러 칸트는 이러한 환상이 인식 자체의 자연적 요구이자 경향성이라고 보았다. 한편으로 초월적 환상은 증명할 수 없으며 과학적 진리도 아니다. 하지만 다른 한편으로 그것은 사유와 행동 안에서 나름의 작용을 하며 의의를 갖는다. 이 초월적 환상의 작용과 의의는 그것이 인간의 사유와 행동을 인도하고 규제하는 주관적 이념이자 이상이라는 데 있다.(6장과 7장 참조) 칸트는 이 문제를 분명히 해야만 과학을 기만하는 구형이상학을 폐기하고 이른바 과학적 성질을 갖춘 형이상학적 전제를 건립할 수 있다고 강조했다. 칸트의 '비판철학'은 곧 이러한 문제들을 분명히 하고 미래의 형이상학을 위한 기초를 놓기 위한 것이었다. 요컨대 미래 과학으로서의 형이상학 '서론'인 셈이었다.[31]

칸트는 자신의 '비판철학'을 가리켜 '초월철학'이라고도 했다. "여기서 우리의 주제는 사물의 무한한 성질이 아니라 사물의 성질을 판단하는 일이다. 또한 이 주제는 오직 지성의 선험적 지식 부분에 한정되어 있다."[32] "나는 대상에 관한 것이 아니라 단지 우리가 대상을 인식하는 방식에 관한 모든 지식을 일러 초월적이라고 한다. 이러한 관념 체계를 초월철학이라 부를 수 있다."[33] "그렇기에 순수이성비판은 초월철학을 구성하는 모든 것을 포함하게 된다."[34] 이를 통해 우리는 칸트의 '비판철학'이 인식을 가능케 하는 일체의 선험적a priori[35] 조건과 형식을 연구하려 했지, 각종 선험적 종합판단 등의 지식적 내용을 연구하려 한 것이 아님을 알 수 있다. 기하학이 각종 경험을 통해 알게 된 구체적인 삼각형으로부터 추상적인 삼각형의 개념을 추출해내 연구함으로써 선험적 종합판단의 초월적 계통을 구축하는 것과 마찬가지로, 초월철학 역시 시공간적 직관, 지성의 범주를 경험적 인식, 과학적 지식으로부터 추출하여 연구함으로써 순수한 선험적 지식을 구성해낸다고 칸트는 생각했다. 이 '선험지식'이 가리키는 것은 다만 지식의 형식적 측면, 즉 경험지식을 가능케 하는 선험적 형식일 뿐이다.(이 형식은 감성적 경험을 떠나서는 어떤 의미도 갖지 못하며 단독적으로 존재하지도 못한다. 이러한 측면에서 선험적 형식은 합리론에서 언급하는 '천부적 관념' 등의 내재적 지식과는 다르다.) 칸트는 '초월적' '순수한' 등의 단어를 종종 동의어로 사용했다.[36] '초월적transzendental'이라는 단어는 초경험적인 무엇을 가리키는 것이 아니다. 그것은 경험에 선행하지만 경험적 지식을 가능케 하는 무엇을 가리킨다.[37] 그렇기에 '초월'은 경험의 전제조건이라는 의미를 갖는다. 또한 초월철학은 인식(경험을 떠날 수 없는)의 전제조건을 연구하는 학문이다. 칸트는 철학적 인식론을 인식의 형식을 연구하는 순수한 체계로 보았고, 이러한 철학적 구상은, 헤겔이 힘을 쏟은 인식론은 결국 논리학이라는 생각, 그리고 논리학은 그 어떠한 구체적인 자연철학, 정신철학보다 우선한다는 생각의 맹아를 이미 포함하고 있었다. 하지만 칸트는 다만 인식론의 측면에서 말했고, 헤겔은 이를 본체론화했다.

3 이원론과 관념론

칸트는 『순수이성비판』 서론의 도입부에서부터 이른바 '초월'과 '종합'을 함께 묶고 보편 필연적인 과학적 진리가 어떻게 가능한가를 주제로 삼았다. 이는 실상 사유와 존재라는 철학의 근본 문제를 특수한 방식으로 인식론의 차원에서 매우 첨예하게 제시한 것이었다. 이 문제에 있어 칸트는 유물론과 관념론 사이의 배회, 양자 사이의 절충과 조화라는 자신의 기본적 태도를 매우 전형적으로 보여주었다. 칸트는 『순수이성비판』 서론에서 경험을 필요로 하지 않는 이전의 관념론자들을 비웃으며 다음과 같이 말했다. "경쾌한 비둘기 한 마리가 공중에서 자유롭게 날던 중 공기의 압력을 느끼고 진공 속에서 나는 편이 더 쉽겠다고 생각한다. 이는 곧 플라톤이 감성계가 지나치게 지성을 억제하여 이념의 날개를 펴고 감성계에 대한 초월을 감행하여 순수한 지성의 진공 속으로 들어가려 한 것과 마찬가지다."[38] 『형이상학 서설』에서 칸트는 더욱 명확하게 밝혔다. "엘레아학파부터 버클리 주교까지 모든 진정한 유심론자의 원칙은 다음의 공리를 포함한다: 감각기관과 경험을 통해 얻은 모든 지식은 철저한 가상에 불과하다. 진리는 오직 순수 이지理智와 순수 이성 안에만 존재한다. 이와 반대로 철저하게 나의 관념론을 지배하고 결정하는 근본 원칙은 다음과 같다: 순수 이지 혹은 순수 이성의 사물에 대한 인식에서 비롯된 모든 것은 철저한 가상에 불과하다. 진리는 오직 경험 속에만 존재한다."[39] 또다른 측면에서 칸트는 다음과 같이 말하기도 했다. "경험과 그 대상 개념의 필연적 일치에 대해 우리에게는 두 가지 설명 방식만 있다. 경험이 개념을 가능케 한다고 생각하는 방식과 개념이 경험을 가능케 한다고 생각하는 방식. 전자의 가정은 범주에 적용되지 않으며 순수한 감성적 직관에도 적용되지 않는다. ……그렇기에 두번째 가정만이 남는다. ……즉 지성의 범주는 모든 경험을 가능케 하는 근거를 지니고 있다."[40] 칸트는 『형이상학 서설』에서 "이성은 자연에 입각하여 자신의 (초월)법칙을 세우지 않는다. 반대로 자연에 대해 자신의 법칙을 부과한다", "지성은 자연의 보편적 질서의 근원이다. 왜냐하면 모든 현상을 자신의 규율에 놓고 파악하기 때문이다"[41]라고 말했다. [칸트의 이 같은 관점은] 한편으로는 인식이 경험을 필요로 하며 진리는 순수한 사변 안에 존재하지 않는다는 것을 의미한다. 다른 한편으로는 의식이 존재를 반영하는 것이 아니라 주관이 객관을 결정한다는 것을 의미한다. '선험적 종합판단은 어떻게 가능한가'라는 질문에서 시작된 이 같은 사상은 곧 칸트 철학의 이원론적 기조를 형성한다. 한편으로 '물 자체'가 제공하는 감성적 재료가 있고(7장 참조), 다른 한편으로 '초월적 자아'가 견지하는 인식의 형식이 있는 것이다.(5장 참조) 이 대립은 시종일관 칸트의 인식론 전체를 관통한다. 중요한 것은 이러한 모순을 깊게 분석하여 그 합리적 내핵을 발견해내는 것이지, 모순을 메우고 덮어버리거나 말살하는 것이 아니다.

이를 통해 우리는 칸트 철학의 이러한 모순 속에서 선험형식(시공간에 대한 직관과 지성의 범주)이 곧 감성 재료를 주재하고 지배하며 구축하는 주요한 측면임을 알 수 있다. 지식의 획득은 선험형식의 감성적 경험에 대한 작용에 의존한다. 과학적 진리의 보편 필연적인 객관적 유효성 역시 이러한 측면에서 유래한다. 또한 선험적 측면은 모순을 형성하는 중요한 측면이기도 하다. 그렇기에 아무리 합리론과 경험론을 절충하고자 노력했어도 칸트는 여전히 유물론과 관념론 사이에서 배회하거나 양쪽을 타협시킬 수밖에 없었다. 하지만 칸트 사상의 본질적 성질과 필연적 귀결점은 관념론적 초월론이 되지 않을 수 없었다.

칸트가 합리론과 경험론을 모두 비판한 것은 실상 자신이 관념론적 합리론과 관념론적 경험론의 계승자였기 때문이다. 관념론적 합리론은 보편 필연적 지식이 '천부적 관념'에서 유래한다고 보았고 그 보편 필연적 지식이 '정확하고 명석한' 자명한 공리라고 생각했다. [그에 비해] 감성적 경험은 혼란스러운 인식에 불과했다. 관념론적 경험론 역시 보편 필연은 경험적 귀납을 통해서가 아니라 분석판단, 즉 논리 및 수학 안에서만 가능하다고 보았다. 두 유파 모두 경험 안에 보편 필연적 진리는 존재하지 않는다고 주장하면서도 논리와 수학은 보편 필연적 진리라고 생각했다. 이 관점을 계승하는 '비판철학'은 마찬가지로 보편 필연은 경험에서 얻을 수 없으며 오직 '선험'에서 유래할 수밖에 없다고 보았다. 다만 '비판철학'과 '천부관념'론이 다른 점은 전자가 어떤 구체적이고 현실적인 지식 내용 및 관념도 천부적 혹은 내재적이라는 입장에 반대하고, 단지 지식 형식의 '선험성'만을 인정한다는 데 있다. 이 구별이 매우 중요한 까닭은 '천부관념'이 잠정적 지식 내용일 뿐인 데 반해 선험형식은 모든 지식의 불가결한 필요조건이기 때문이다. 그러므로 '선험형식'은 '천부관념'론보다 더 광범위하고 깊이 있다고 할 수 있다. 비록 '천부관념'과 같이 시간적 차원에서 경험에 앞서는 것은 아니지만, 선험형식도 논리적 초월의 성격을 지니며 또한 모든 지식과 진리를 구성하는 보편 필연적인 이성의 힘이라 할 수 있다. 그렇기에 어떤 구체적 지식 내용과 관념이 선험적인 것은 아니지만 지식이 반드시 필요로 하는 보편적 인식 형식을 구축하는 것 자체는 본래적으로 주어진 것 혹은 인간의 머릿속에 고유하게 존재하는 것으로 상정된다. 헤겔은 여기서 칸트의 생각을 진일보시켜 이 이성 형식의 보편 필연성을 강조했다. "만약 규율의 진리성이 개념 안에 존재하지 않는다면 그 규율은 우연적인 것이지 필연적인 것이 아니다. 따라서 그것은 실상 규율이 아니다."[42] 다시 말해 보편 필연성(규율의 진리성)이 개념, 사유, 이성 안에만 존재한다는 것이다. 칸트에게 개념과 사유는 주관적인 선험적 인식의 형식이다. 그러한 개념과 사유는 세계를 주재하는 객관적 절대정신이다. 헤겔은 다음과 같이 말했다. "……객관성에는 세 가지 의미가 있다. 첫째, 외재적 사물, 주관적 환상 및 구상 등과 구별되는 것을 가리킨다. 둘째, 칸트가 제기한 보편 필연성을 가리킨다. 그것은 감각의 특수한, 주관적이면서도 우연적인 요소와 구별된다. 셋째, 방금 해석한 바대로 사유가 파악한 사물 존재의 본질을 가리킨다. 그것은 단순히 우리의 사유가 사물 자체와 서로 격절되어 있다는 것과는 근본적으로 구별된다."[43] 칸트가 보편 필연성을 제기한 것은 진리와 의식의 객관성을 추구하고 확인하여 감각적 경험에 근거한 주관성과 구별하기 위해서였다.(5장 참조) 하지만 이러한 보편 필연적 객관성은 오히려 주관적 사유가 보유한 것으로, 칸트는 흡사 주관과 객관에 대한 일반적 이해(즉 헤겔이 제시한 객관의 첫번째 의미)를 전도시킨 듯하다. 헤겔이 보기에 이러한 전도는 매우 중요한 의미를 갖는데, 헤겔은 "이 감지된 것이야말로 오히려 부차적이고 이차적이며 사유야말로 진정 독립적이고 원시적이다”[44]라고 언급했다. 하지만 헤겔은 칸트의 객관성이 단순히 인식의 보편 필연성에 불과한 것에 만족하지 못했고 그 사유의 보편 필연성을 동시에 사물 자체의 참된 본질이라고 보았다.

포이어바흐는 헤겔에 반대하면서 감성의 보편성을 강조했다. 그는 “인간은 동물과 같은 특수한 실체가 아니라 보편적 실체이다”, “보편적 감각기관은 이지理智이며 보편적 감성은 정신성이다”[45]라고 주장했다. 포이어바흐는 이러한 보편성이 어디에서 유래하는지 설명하지 않았다. 다만 “인간 사이의 교류는 진리성과 보편성의 가장 기본적인 원칙이자 표준”[46]이라는 식의 공허한 인성론만 내세웠을 뿐이다. 그러므로 인간은 동물과 구별되는 “보편적 실체”이며 “보편적 감각기관”을 지닌다는 말은 여전히 인간의 자연적 감각기관의 특성을 가리키는 것으로 감성적 정관靜觀에 기반한 구식 유물론에 불과하다. 왜냐하면 포이어바흐는 그러한 특성이 인류의 장구한 역사 속에서 어떻게 유래하게 되었는지를 전혀 알지 못했기 때문이다. 실상 포이어바흐가 주장하는 감성의 보편성은 존재하지 않으며, 일반적인 감각 경험 안에서 과학적 인식의 보편 필연성을 찾고 논증하려는 것은 분명 헛된 일이다. 포이어바흐의 인식론이 이전 유물론의 한계를 진정으로 넘어서지 못한 까닭은 이른바 감각기관의 보편성이 획득한 경험적 지식에만 근거했기 때문이다. 엥겔스가 “단순히 관찰에서 얻은 경험에만 의존해서는 필연성을 증명할 수 없다. ……태양이 항상 아침에 떠오른다는 사실로부터 내일 역시 떠오르리라는 것을 증명할 수는 없다”[47]고 비판했듯, 이전의 유물론이 결국 회의론(흄)과 초월론(칸트)으로 대체된 까닭은 그 인식론적 원인으로 말하자면, 감각적 경험에서만 출발해서는 인식의 객관적 진리성의 원인을 보증할 수 없었기 때문이다. 이전의 유물론은 칸트가 제기한 이론적 곤경, 즉 보편 필연적인 과학적 진리는 어떻게 가능한가라는 질문에 답할 수 없었다. 칸트의 인식론은 바로 이러한 문제에서 출발하는 것이다.

4 "생활, 실천의 관점은 인식론의 우선적이고도 기본적인 관점이어야 한다"

마르크스는 "사회생활은 본질적으로 실천적이다"[48]라고 말했다. 인간의 존재는 비단 자연생물과 같은 감성적 존재가 아닐 뿐 아니라 포이어바흐가 말한 추상적인 '인간 사이의 교류'라는 감성적 관계도 아니다. 인간의 본질은 역사 속에 존재하는 구체적이고도 특정한 사회 실천의 산물이며, 무엇보다 도구를 사용하고 제조하는 노동활동의 산물이다. 이것은 인간이 사물(동물과 같은 자연 존재)과 다르며 인간의 실천은 동물의 활동과 다름을 의미하는 매우 중요한 논점이다. 단지 감각적 경험으로부터 인간의 인식 문제를 연구하는 것은 실상 인간의 자연생물적 측면에서 출발한다는 뜻이며, 이것이 바로 마르크스 이전의 구식 유물론이다. 현대의 수많은 주관적 관념론 역시 감각적 지각이나 '경험' 혹은 '관찰 가능한 경험 진술'을 최종적 '사실'로 보아 인식의 출발점으로 삼는다. 이것은 인간의 인식과 동물의 인식을 근본적으로 구분하지 못하는 관점이다. 사회적 실천에서 출발해 인간의 사회성으로부터 탈각되지 않은 상태에서 인식의 문제를 고찰해야만 인식의 사회적 실천에 대한 역사적 의존관계를 명확하게 밝혀낼 수 있다. 인간의 감각적 지각의 형성과 발전이 인류 실천의 역사적 산물임을 밝혀내는 일도 여기에 포함된다. 감각적 재료 혹은 '경험 진술'에서 출발하는 것은 실상 개인의 심리에서 출발하는 것으로, 개인의 심리는 그 시작부터 전체 인류의 발전 수준에 의해 제약될 수밖에 없다. 원시인의 감각 및 지각은 현대인의 그것과 다르다. 칸트의 초월론이 경험론보다 우월한 이유는 경험론이 개인 심리의 감각과 경험(인식내용)에서 출발했기 때문이다. 비트겐슈타인을 비롯한 현대 철학자들은 많은 경우 언어를 출발점으로 삼는데, 언어는 확실히 다른 동물과 구별되는 인간의 총체적 산물이다. 그렇기에 언어라는 출발점은 감각과 경험에서 출발하는 것보다 더욱 수준 높고 명확한 인식을 보증한다. 하지만 문제는 언어가 인류의 최종적 실재이자 본체 혹은 사실인가 하는 데 있다. 현대 서구 철학자 대부분이 이에 대해 긍정적 답변을 내놓았지만, 나는 그렇지 않다고 본다. 인류의 최종적 실재이자 본체 혹은 사실은 인간의 물질 생산을 근간으로 한 사회적 실천활동이다. 이러한 물질적 활동을 근간으로 삼아야만 상징의 생산이 가능해진다.(언어는 이러한 상징 생산의 주요 부분이다.) 물론 언어와 사회적 실천활동의 관계는 매우 복잡하다. 비트겐슈타인 역시 언어는 사회생활과 사회적 실천활동에 의해 결정되며, 사회성을 띤 언어가 개인의 감각을 결정하는 것이지 그 반대가 아니라고 명확하게 지적했다. 이는 매우 정확한 관점으로, 지금 대면해야 할 과제는 어떻게 발생학적 관점에서 인류의 원시적 언어-상징 활동과 사회적 실천활동(그중 또한 중요한 것은 집단의 생존과 지속을 가능케 하는 물질 생산활동이다) 간의 관계와 구조를 논할 것인가 하는 문제이다. 철학적으로 말해 이는 곧 언어(분석철학), 감각(심리학)에서 출발하지 않고 실천(인류학)에서 출발하여 인간의 인식을 연구하는 것이다. 언어학과 심리학은 인류학(사회적 실천의 역사적 총체)의 기초 위에 세워져야 한다. 진정한 감성의 보편성과 언어의 보편성은 오직 실천의 보편성 위에 세워질 수밖에 없다. 이에 대해 마르크스는 “이론을 신비주의적 측면으로 몰아가는 것은 인간의 실천과 이 실천에 대한 이해 속에서 합리적으로 해결될 수 있다”[49]라고 말했다. 마찬가지로 실천의 보편성에 대한 정확한 이해를 통해서만 칸트가 제기한 ‘선험적 종합판단’, 즉 이성과 언어의 보편성 문제를 해결할 수 있는 것이다.

세계의 그 어떤 것도 절대적으로 보편 필연적이지 않다. 다만 딱딱하게 굳어진 관념만 있을 뿐이다. 칸트가 구상하던 이른바 보편 필연적인 과학적 지식 역시 상대적 진리일 뿐이며, 인류의 사회적 실천의 특정한 의의 안에서만 그 보편 필연적인 객관적 유효성을 갖출 수 있다. 이 유효성은 인류의 사회적 실천이 부단히 발전함에 따라 끊임없이 확대·축소·수정·변경의 과정을 겪게 된다.[50] 유클리드 기하학에서 비유클리드 기하학으로의 이동, 그리고 뉴턴 역학에서 아인슈타인의 상대성이론과 양자역학으로의 이동은 모두 칸트가 당시 보편 필연적이며 절대적으로 변하지 않는다고 생각했던 과학적 진리라는 것이 사실은 일정한 범위와 조건, 시기 안에서만 가능함을 보여준다. 이러한 한도 안에서만 보편 필연성이 가능한 것이다. 이를 통해 '보편 필연'이란 근본적으로 특정 시기의 역사가 다다른 일정한 수준, 범위 혹은 정도 안에 놓여 있는 인류의 사회적 실천에 의해 결정되며, 사회성의 흔적이 없는 '보편 필연'이란 존재하지 않는다는 것을 알 수 있다. 이러한 사회성은 곧 객관적 사회성 혹은 인류의 객관성이며, 그 사회성이 객관적인 이유는 인간의 주관적 관념의 연상, 모종의 인위적 약정, 선험적 규범에서 유래하는 것이 아니라, 주체로 존재하는 인류의 사회적 실천의 객관적 물질활동에서 유래하기 때문이다. 이것은 객관적 자연계의 각종 규율(예컨대 역학, 생물학 등이 제시하는)이 인류의 실천을 통해 임의대로 창조될 수 있다고 말하는 것이 아니다. 객관적 자연의 존재는 인간의 사회와 실천에 의존하지 않지만 그 규율은 사회적 실천에 의해 발견·파악·이용·인식되며, 그러한 규율이 특정 시기에 갖는 보편 필연적이고도 객관적인 유효성은 사회적 실천이 제시하고 창시하며 증명하는 것이다. 그리고 사회적 실천은 결국 기술과 예술을 통해 자연계의 다양한 표면적 현상(보편 필연성이 거의 없는)을 상대적으로 안정된 본질적 규율(대개 보편 필연성을 갖는)과 차츰 구별함으로써 전자에서 후자를 추출해낸다. 그 안정된 본질적 규율을 광범위한 대상과 영역에 운용하는 것이다. 피아제는 발생적 인식론을 통해 인식의 보편성과 객관성이 작동중인 사회적 협조 체제와 밀접한 연관이 있으며 후자 없이는 전자도 없음을 논증했다. 이른바 보편 필연성을 갖춘 논리적 사유는 사회생활 속의 협조활동을 그 전제로 하는 것이다. 내가 앞서 언급했던 것['선험적 종합판단'의 사회성]은 바로 총체적인 인류 역사에 대한 거시 관점으로, 피아제가 주장한 발생적 인식론의 심리학적 미시 관점을 대체했을 뿐이다. 사회적 실천 수준이 부단히 상승하면서 이를 통해 파악·인식·추출할 수 있는 것 역시 더욱 광대한 보편 필연적인 객관적 유효성을 갖추게 된다. 그러므로 보편 필연성은 특정하게 규정된 객관적인 사회적 성질을 띠지 않을 수 없다. 이 사회적 성질은 일정한 시기 사회적 실천의 이론적 척도가 된다. 사회적 실천이란 우선적으로, 또 기본적으로 도구와 그 제작(여기서 말하는 도구란 물질적 도구를 가리킨다. 즉 원시시대의 도끼에서 항공기까지, 불에서 핵에 이르는 에너지 자원 등의 물질적 도구)을 핵심이자 표지로 삼는 사회적 생산노동이다. 결국 근대의 과학실험이 인식론을 직접 선도하는 역할을 하기에 이른 것이다. 누구나 인지하듯 우선 고대에 측량술 등의 실천이 있었고 이후 유클리드 기하학이 생겨났다. 자본주의의 공장제 수공업과 각종 간단한 기계의 사용을 실현한 후 뉴턴 역학과 당시의 수학이 탄생했다. 근대 공업과 상당한 규모를 갖춘 과학실험이 있은 후에는 비유클리드 기하학, 상대론, 양자역학, 그리고 기본입자 이론 등이 생겨났다. 다른 한편 이러한 과학이론들은 나날이 혁신을 이루는 기술과 도구, 직접적인 사회적 생산력으로 전환되었다.

칸트 철학의 인식론에서 두드러지는 '자연을 향한 입법'을 포함한 저명한 사상들은 당시 과학적 실험의 새로운 특징을 반영한 것이었다. 갈릴레이 이후 과학자는 단순히 자연을 관찰하여 묘사하고 귀납하는 것이 아니라 보편적으로 능동적인 실험을 통해 자연에 문제를 제기하고, 자연으로 하여금 실험, 수정 그리고 발전이 제기하는 가설과 이론에 답하게 한다. 이 문제를 매우 분명하게 인식하고 있던 칸트는 『순수이성비판』 2판 서문에서 다음과 같이 밝혔다. "갈릴레이가 그 자신에 의해 선택된, 무게를 가진 그의 공들을 경사면에서 굴렸을 때, 또는 토리첼리가 공기로 하여금 미리 알고 있는 물기둥의 무게와 똑같다고 생각한 무게를 지탱하도록 했을 때, 또는 훨씬 뒤에 게오르크 슈탈이 금속에서 무엇인가를 뺐다가 다시 넣었다 하면서 금속을 회灰로, 이것을 다시 금속으로 변하게 했을 때, 모든 자연 연구가에게 한줄기 빛이 나타났다. 그들이 파악한 것은 이성이 자신의 기획에 따라 산출한 것만을 스스로 통찰한다는 것, 곧 이성은 자신의 판단 원리를 가지고 항구적 법칙에 따라 앞서나가면서 자연으로 하여금 자신의 물음에 답하게끔 하는 것이 틀림없지만, 이를테면 아기가 걸음마 줄을 따라서 걷듯 자연이 시키는 대로만 걷지는 않는다는 것이다. 그렇지 않다면, 이전에 수립된 어떤 계획에 따라 수행된 것이 아닌 우연적 관찰들은 이성이 그토록 추구하고 필요로 하는 어떤 필연적 법칙과도 연결되지 않으니 말이다. 이성은 한 손에는 그에 따라서만 일치하는 현상들이 법칙들에 타당할 수 있는 그 자신의 원리들을 가지고, 다른 손에는 저 원리들에 따라 고안된 실험을 가지고 자연으로 나갈 수밖에 없다. 그것도 이성은, 교사가 원하는 것을 모두 진술하게 되는 학생의 자격으로서가 아니라, 증인으로 하여금 그가 제기하는 물음들에 답하도록 강요하는 임명된 재판관의 자격으로 자연으로부터 배우기 위해서 그렇게 한다."[51]

'자연을 향한 입법'과 같은 칸트의 철학 사상을 만들어낸 것은 근대 과학실험의 기초 위에서 자연과학적 방법론을 통해 제시된 이 같은 인간 인식의 주관적 능동성이다. 칸트가 강조하는 이러한 특징은 오늘날에 더욱 분명하고 중요해졌으며, 그 근본 기초에는 전례를 찾을 수 없는 규모의 공업기술과 과학실험 등의 사회적 실천이 있다.

이를 통해 우리는 과학적 방법론 자체도 일정한 사회적 발전 수준에 제약된다는 것을 알 수 있다. 이론적 가설을 강조하는 포퍼의 반증법反證法과 토머스 쿤이 제시한 패러다임 불연속의 관점은 모두 누적된 지식 안에서만 태동할 수 있었다. 그리고 그것은 일반적으로 경험할 수 있는 현대 과학 수준의 상황과 조건을 이미 벗어났다. 베이컨의 귀납법이 중세의 우매한 교조적 분위기를 돌파하고 과학이 진정으로 경험세계를 대면하기 시작한 시대에 탄생한 것과 마찬가지다. 그렇기에 포퍼는 검증을 중시하고 그 검증 과정을 통해 과학 이론이 부단히 전진할 수 있었다고 주장하는 것이다. 또한 쿤은 진리의 보존과 경험 지식의 획득 과정에서 계속적으로 진리에 접근한다는 것을 강조한다. "대량의 과학적 지식은 최근 4세기에 걸친 유럽 지식의 산물"[52]이라는 쿤의 언급은 바로 이 점을 설명한다. 포퍼와 쿤은 모두 과학이 관찰-감각에서 출발하는 것이 아니며, 감각과 자료, 관찰 모두 가설 이론 혹은 관념의 인도로 선택된 결과임을 강조한다. 이때 가설 이론과 관념의 인도는 당연히 일정한 사회생활 및 관념과 상관관계가 있다.

여기서 강조하는 과학의 보편 필연성(자연과학적 진리)과 객관적 사회성(인류 역사)의 연계는 결코 과학 발전의 내부 논리에 대한 부정이 아니다. 과학은 전문화되고 세분화될수록 사회를 포함한 외부 동력에 의존하지 않게 된다. 수학과 현대 이론물리학 등이 이 점을 증명한다. 따라서 여기서 강조하는 것은 모두 가장 근본적인 정황에 관한 것일 뿐임을 밝혀둔다.

5 '종합'은 개조의 대상이다

'분석'과 '종합'도 위와 같은 관점을 통해 이해되어야 한다. 분석과 종합은 본래 상대적인 것이어서 논리실증주의처럼 완전하게 대립·분리시킬 수 없다.[53] 엄격한 분석명제는 현실의 사유활동에서 매우 드물다. 칸트 자신은 분석판단을 두 종류로 나누었는데, 하나는 동어반복이고 다른 하나는 술어가 주어를 기술하는 것이다. 칸트는 그중 후자가 사유에 더 유익하다고 보았다. 사유는 분석을 통해서만 분명해질 수 있고, 주어가 담고 있는 의미는 술어 안에서 명확하게 표현되기 때문이다.[54] 엥겔스 역시 다음과 같이 말했다. "동일성 자체는 차이성을 포함한다. 이 사실은 모든 명제 안에서 표현된다. 여기서 술어는 반드시 주어와 달라야 한다. '백합은 식물이다' '장미꽃은 붉은색이다' 같은 명제에서는 주어나 술어에 그 술어나 주어에 포함되지 않은 어떤 것이 들어 있다."[55] 이는 곧 순수한 동어반복적 분석은 현실의 언어에서 드물다는 것을 말해준다.

'종합'과 '분석'의 구별은 칸트 철학에서 뚜렷한 위치를 차지한다. 이른바 '종합적 통일'은 '분석적 통일'과 다르며, '종합'이 인식과정에서 분석보다 더 근본적이고 중요하다는 것은 칸트 철학의 핵심과 직결된다. 분석판단, 분석적 통일, 분석법, 개념 분석은 서로 다른 개념이다.(예컨대 칸트는 '분석법은 분석명제와 근본적으로 다른 것'이라고 말한다. 분석법 자체는 지식의 분석 혹은 종합을 문제삼지 않는다.) 하지만 이 개념들은 결국 기본적으로 한 가지 점에서 일치한다. 이는 종합도 마찬가지다. 칸트는 1770년대에 "분석은 간단한 부분에서 끝나고 종합은 세계에서 마무리된다"[56]라고 말했다. 또한 만년의 칸트는 『논리 강의』에서 다음과 같이 밝혔다. "분석명제는 정확성을 기반으로 하며 개념(주어·술어)의 동일성 위에 성립된다. 이에 비해 개념의 동일성에 근거하지 않는 진리를 일컬어 종합명제라고 한다."[57] "분석원리는 비공리非公理적이다. 그것은 추론이기 때문이다. 종합원리는 직관적인 것으로 공리이다."[58] "종합은 대상을 명확히 하는 것이고 분석은 개념을 분명히 하는 것이다."[59] 칸트는 '한 개념을 명확히 하는 것'과 '명확한 개념을 만들어내는 것'[60]을 엄격하게 구분한다. 전자는 분석일 뿐이지만 후자는 반드시 대상에 대한 직관과 관련된 종합활동이어야만 한다. 이러한 의미에서 종합판단은 종합활동과 마찬가지임을 알 수 있다.[61] 칸트는 이미 아는 사실에서 출발하여 그 구성요소를 분석하고 추적하는 과정을 '분석법'이라 불렀다.[62] 수학과 물리학처럼 기정사실에서 출발하여 이른바 초월적 가능 조건을 추적하고 분석하는 것이 그런 예이다.(칸트에 따르면 『형이상학 서설』이 그렇게 쓰인 책) 이에 비해 초월적 요소의 조건에서 출발하여 이미 알려진 사실을 점진적으로 구축해 나가는 것, 예컨대 시간과 공간, 범주로부터 수학과 물리학의 가능 조건을 탐구해나가는 것은 '종합법'(칸트에 따르면 『순수이성비판』이 그렇게 쓰인 책)이라 칭한다. 칸트는 인식론과 방법론 면에서 사유와 논리의 종합적 기능을 강조했으며, 그것이 바로 칸트의 중심 의제 중 하나이다.

칸트는 많은 노력을 기울여 분석과 종합을 언급했지만 양자에 대해 명확하게 밝히지는 않았다. 특히 왜 종합이 분석보다 근본적으로 중요한지를 명확히 하지 않았다. 수많은 칸트 연구자들과 주석가들 역시 마찬가지다. 그 때문에 칸트가 제시한 '종합'의 개념을 어떻게 정확하게 이해할 것인가가 칸트 철학의 인식론을 이해하는 데 매우 중요한 결절점이 되었다. 나는 칸트가 분석판단과 종합판단을 구별한 것이 일반 형식논리의 의미 혹은 주어·술어의 형식적 관계, 즉 판단의 형식 때문은 아니라고 생각한다. 오히려 판단 내용과 사유 현실과의 관계 유무, 즉 사유와 존재의 관계라는 철학적 기본 문제와 관련된 것이다. 칸트는 이 두 종류의 판단에 대한 구별을 통해 실상 그가 전前비판기에 행한 논리가 현실과 다르다는 점에 대한 자신의 관점을 결론짓고(1장 참조) 비판철학의 핵심 요점을 구성한 것이다. '종합법'이 부단히 전개·발전하여 좀더 구체화될 수 있고, 이를 통해 새로운 지식을 얻을 수 있으며, 또한 '분석'보다 더욱 근본적인 이유는 다음과 같다. 종합은 실천이 현실적 활동 안에서 대상을 개조·소화하여 이전의 관계를 타파하고 새로운 관계를 정립하며, 간단함에서 복잡함으로 부단히 이행하는 역사적 과정을 반영하는 것이기 때문이다. 이것이 바로 사유의 차원에서 인식의 기초를 확대할 수 있고 순환형식적 논리를 주축으로 하는 분석판단과 분명하게 구분되는 이유이다. 그렇기에 '종합'은 근본적으로 실천활동의 본성이며 '대상을 먹고 소화시키는'[63] 행동의 논리라고 할 수 있다.

요컨대 나는 사회적 실천이야말로 보편 필연성을 지닌 '선험적 종합판단'의 기초라고 생각한다. '종합'이 더 근본적인 이유는 그것이 인간의 감성적 실천과 연관되며 직접적으로 인간의 활동 경험을 표현해내기 때문이다. 하지만 논리실증주의 등의 현대 철학은 반대 측면에서 칸트를 비판한다. 그들의 비판 대상은 '선험'이 아닌 '종합'이다. 그들은 '분석명제'와 '종합명제'의 엄격한 구분을 강조하면서 칸트의 '선험적 종합판단'을 부정하거나 그것을 분석판단으로 대체하려 한다. 러셀로 대표되는 논리주의는 특히 수학을 바탕으로 칸트의 선험적 종합을 통렬히 비판한 바 있다. 이 논리주의는 수학의 본질이 '선험적 종합'이라는 것을 절대적으로 부정한다. 이로 인해 수학의 본질에 대한 문제는 철학의 중요한 쟁점이 되었다. 수학의 본질적 문제가 철학 논쟁의 쟁점이 되었다고 해서 이상한 일은 아니다. 왜냐하면 칸트가 드러낸 수학의 본질은 매우 중요한 의의를 갖는 철학적 문제이기 때문이다. 실질적으로 수학은 현대의 과학, 공업, 기술 영역에서 날이 갈수록 막대한 작용을 하고 있으며, 강력한 기호 도구로서 물질적 도구와 마찬가지로 무한한 발전 가능성을 열어놓고 있다. 또한 인간이 세계를 인식하고 개조하는 데 있어서도 수학은 능동적 기능을 발휘한다. 그렇기에 수학은 철학적 인식론이 연구해야 하는 매우 중요한 대상이 되고 있는 것이다. 다음 절에서는 이 문제와 관련

하여 칸트와 루소의 관점을 대조해 인식 기초로서의 실천과 종합의 근본적 의의를 탐구해보려 한다.

6 수학의 본질에 관하여

수학은 분석이 아니며 형식논리와 동일할 수 없다고 본 칸트는 수학과 감성의 연관관계를 강조했다.[64] 예컨대 손가락은 수를 세는 데 도움을 줄 수 있고 직관적 조작을 통해 수량을 만들어내거나 변화시킬 수 있다.(대수학과 기하학의 구조는 모두 직관을 포함한다.) 칸트가 보기에 분석판단은 단지 논리적 유효성만을 지니지만 종합판단은 현실적 유효성을 가지며, 분석판단은 종합판단을 그 기초로 해야 한다. 수학은 분명 현실적 측면에서 보편 필연적 유효성을 갖는다. 논리주의자들은 수학이 곧 논리라고 생각한다. 프레게는 숫자 1, 2, 3과 '+' 등의 기호를 일괄적으로 논리적 정의 혹은 논리로부터 연역시킨다. 또한 러셀은 모든 수학을 몇 가지 논리적 명제의 계통적 추론으로 환원시키려 했다. 이는 수학 자체와 논리에 대한 중요한 공헌이라 할 만하다. 또한 형식화, 체계화, 논리와 수학의 융합 등 그 방법론적 측면에서도 중요한 의의를 갖는다. 러셀은 다음과 같이 말했다. "어떤 이들은 수학의 대상이 분명 주관적인 것이 아니며 그렇기에 반드시 물리적이고 경험적인 것이어야 한다고 말한다. 하지만 다른 이들은 수학이 물리적인 것이 아니며 반드시 주관적이고 심리적인 것이어야 한다고 주장한다. 각자가 부정하는 점에 대해 말한다면 그들 모두 맞다. 하지만 각자 단언하는 점에 대해 말한다면 그들 모두 틀렸다. 프레게의 장점은 쌍방이 부정하는 점을 인정하고, 논리의 세계가 심리적이지도 물리적이지도 않다는 점을 인정하면서 제3의 논리적 판단을 찾아냈다는 것이다."[65] 이는 곧 수數를 비객관적 물리이자 비주관적 심리로, 또한 초감각적 논리관계로 본 것이다. 예컨대 자연수는 종류의 종류이다 등의 주장이 그러한 관점을 반영한다. '제3의 논리적 판단'을 언급한 것은 타당했다. 내가 보기에도 '제3의 논리적 판단'은 타당하다. 하지만 이 '제3의 논리적 판단'은 수학과 감성적 현실이 근원적으로 완전히 탈구될 것을 요구하는, 순수 형식적 논리 언어의 관계이다. 게다가 이 관계는 최종적으로 약정적 동어반복, 즉 "우리가 일정한 방법 안에서 단어를 사용하는 것을 기록하는 것"[66]에 지나지 않는다. 다시 말해 그것은 언어 부호의 문법적 규칙을 사용하는 것, 혹은 "하나의 수학 명제는 실상 부호 조작에 관한 하나의 규칙",[67] 즉 계산 규칙에 불과한 것이다. 요컨대 인간이 행하는 분석명제가 현실적 경험과는 아무런 연관도 없다고 생각하는 것이다. 하지만 수학을 논리로 귀결시키는 것은 타당하지 않다. 예컨대 무한한 공리는 논리에 속하지 않는데, 이런 무한한 공리가 없다면 러셀의 『수학 원리』는 성립하지 않는다. 철학적 관점에서 말하자면 이는 칸트에서 흄으로의 후퇴(흄은 일찍이 수학은 경험과학과 상반되는, 순수한 분석판단이라 생각했다)이며, 수학적으로는 라이프니츠의 관점을 견지하는 것에 불과하다. 칸트는 흄에 반대했고, 라이프니츠의 모순율과 정의가 수학을 규정할 수 있다는 생각에도 반대했다. 칸트는 수학이 기하학의 기본공리와 같이 형식논리를 통해 보증될 수 없고 감성과 관련이 있다고 생각했다. 이 점에서 칸트는 흄보다 정확했다. 칸트의 영향을 받은 현대 수학 중 형식주의가 흄의 영향을 받은 논리주의보다 더 정확한 데서 이를 확인할 수 있다. 형식주의를 대표하는 인물인 힐베르트는 다음과 같이 말했다. "우리는 칸트와 의견이 같다. 칸트는 일찍이 수학은 논리와 무관한 신뢰할 만한 내용을 갖고 있기에 논리를 통해 구축될 수 없다고 말한 바 있다.(이는 칸트 학설의 주요 부분 중 하나이다.)"[68] 칸트는 수학과 감성적 현실의 관계를 강조하지만 이 관계를 시공간의 선험적 직관으로 파악하고 있으며(다음 장 참조), 현대 수학의 직관주의는 수數와 직관에 선행하는 시간을 직접적으로 연결[69]시키는 등 칸트의 방향을 계승하고 있다.

논리주의는 수학(공리)을 약정 혹은 동어반복으로 귀결시키기 때문에 결국 오류에 빠질 수밖에 없다.[70] 약정과 동어반복은 그 자체로 해석을 필요로 한다. 왜 이러한 약정이 필요하고 어떻게 약정할 것인가의 문제는 결국 실천적 경험에 근거해 결정되는데, 그렇지 않으면 결국 모종의 신비한 구조가 되어버리고 만다. 수학을 몇 가지 논리적 원시 개념으로, 증명할 수 없거나 증명이 필요하지 않은 원시적 명제로 환원시키는 것도 이와 마찬가지다. 증명할 수 없거나 증명이 필요하지 않은 명제(혹은 공리) 자체는 하나의 거대한 질문이다. 괴델은 어떤 모순 없는 체계도 자기 체계 안에서 증명될 수 없는 참 명제를 갖는다는 점을 증명했다. 이는 논리실증주의에 가한 치명적인 타격이었다고 할 수 있다. 괴델의 다음 언급은 매우 흥미롭다. "그것(수학을 지배하는, 소여된 것으로서의 '그것')은 객관적 실재의 한 면을 표현할 수 있다. 하지만 감각과는 상반되게 그것이 우리 내부에서 발견된다는 것은 아마도 우리 자신과 실재 사이의 또다른 관계 때문일 것이다."[71] 매우 모호하고 이해하기 어려운 말이다. 이 '또다른 관계'란 무엇인지 괴델은 대답하지 않았다. 하지만 이것은 일련의 수학자가 수학의 현실적 본성을 찾고자 하는 희망 혹은 경향이 있음을 나타내준다. 괴델은 스스로 플라톤주의자로 자처했는데, 이는 러셀 등이 내세운 논리실증주의적 관념론과는 매우 다른 것이었다.

2+2=4, 7+5=12…… 이렇게 어떤 경우에도 적용할 수 있는 수학(산술)의 본질은 도대체 무엇인가? 그것은 초월 연역(분석)인가? 흄과 러셀의 길은 틀린 것이었다. 그렇다면 경험적 귀납인가? 존 스튜어트 밀이 주장한 경험적 세계로부터의 귀납과 오늘날 신헤겔주의자인 블랜샤드가 시도한 설정(산술의 의의는 세계

속에 분해할 수 있는 대상이 있다는 설정)[72]을 통한 탐구 모두 헛수고에 그치고 말았다. 왜냐하면 대상 사물에 대한 귀납을 통해서는 보편적으로 적용되고 필연적으로 유효한 수학을 도출해낼 수 없기 때문이다. 또한 감각과 정태적 관찰을 통해서는 근본적으로 수학의 본성을 이해할 수 없다. 동시에 그것은 칸트가 주장한 선험적 직관이 아니다.

수학은 논리가 아니며 감성과 관련된 것이다. 하지만 수학은 칸트가 주장한 감성의 선험적 직관이 아니라 인류의 감성적 실천과 연관된다. 헤겔이 말했듯 수학적 추상은 여전히 감성적인 것이다.[73] 하지만 나는 이 감성이 감성적 대상이 아니라 우선적으로 감성적 활동이라 생각한다. 그리고 그 근원은 인류의 원시적인 사회적 실천과정 안에 내재되어 있다. 수학을 "사유의 원시적 작용"[74]이라 칭한 신칸트주의자 카시러와는 상반되게, 나는 수학의 근원이 인류의 실천적 원시 활동, 즉 도구의 제작과 사용을 근본 특징으로 하는 노동활동의 원시적 조작 안에 내재되어 있다고 본다. 요컨대 수학의 근원은 외부에 놓인 감성적 사물에 대한 귀납에 있지 않고 주체의 감성적 활동에 대한 추상에 있다. 수학에서 논의되는 순수한 양量 등의 기본 형식은 외부 대상에 대한 귀납을 통해서가 아니라 주체의 활동을 추상함으로써 도출된다. 또한 그것이 반영하는 객관적 현실의 측면은 우리가 외부 세계와 맺는 정태적 관찰의 관계가 아니라 괴델이 모호하게나마 추측했던 "또다른 관계", 즉 인류 사회의 가장 원시적이고도 기본적인 실천활동(주로 노동)을 통해 구축된 감성적 형식과 관계가 제시하는, 수와 양을 포함한 객관 세계에 관한 모종의 구조이다.

러셀이 말했듯 1+1=2, 1+1+1=3 식의 규정은 표면적으로 보았을 때 분석(정의)적이다. 하지만 실상 그것은 종합적인 것으로, 예컨대 계산과 같은 원시적 실천에 대한 규정과 묘사에서 유래한다. 조작활동 자체에 대한 분리 가능성, 결합 가능성, 가역성, 항구성, 대칭성, 무한진행 등의 운용과 파악 역시 마찬가지다. 이러한 활동은 처음에 모종의 사물에 대한 실제적 조작이었으나 이후 기호적 조작으로 변화한 것이다. 그리고 이러한 조작은 당시 대체적으로 무속巫俗의 제례적 형태를 띤 신비로운 형식을 통해 표현되었다.

수학이 현실적 사물 혹은 대상에 대한 인식에 그치지 않고 인식의 수단인 이유는 수학이 특정한 시공간을 초월하며 비경험적 인과성을 가진 형식적 특징을 갖기 때문이다. 또한 수학이 모든 경험적 사물을 그 대상으로 하는 과학과도 매우 다른 이유가 여기에 있다.(과학은 관찰과 실험을 기초로 하지만, 수학은 무모순성을 근거로 삼는다.) 그러므로 수학은 인간의 물질적 도구와 마찬가지로 인간이 가진 특정한 종류의 인식 수단이자 기호적 언어이다. 하지만 수학은 가장 순수한 형식을 통해 인간 인식의 주관적 능동성을 체현한다. 철학적으로 보았을 때 이러한 인식의 능동성은 여전히 인류의 실천적 능동성에 대한 고도의 추상화이다. 수학의 원시적 개념은 여기서부터 고려되고 연구되어야 한다. 수학의 구조적 본성 역시 이러한 점을 통해 이해되어야 하는 것이다.

그러므로 근본적으로 말해 수학의 보편 필연성은 추상화된 실천활동(노동) 자체의 보편 필연성이라 할 수 있다.[75] 우리의 실천(천문관측을 포함해)이 가닿는 어떠한 미시적, 거시적 세계도 그 독특한 경험적 환경과 관계없이 2+2=4, 7+5=12와 같이 여전히 유효한 것은 바로 그러한 이유 때문이다. 또한 수학이 인류가 세계를 인식하고 개조할 수 있는 강력한 도구가 될 수 있고(현대 과학이 수학에서 얻은 크나큰 성과들을 광범위하게 이용한다는 사실이 이 점을 부단히 증명해준다) 인간 인식의 능동성이 갖는 독특성을 체현하는 철학적인 이유가 바로 여기에 있다. 라이프니츠는 수학이 신의 언어라고 했지만 실상 수학은 인류의 자부심이다.

수학의 본질을 충분히 체현하는 가장 간단한 '순수수학'을 분석해보면 그것이 기본적으로 두 가지 성분으로 이루어져 있음을 알게 된다. 그중 하나가 바로 형식논리의 무모순율(동일률)이다. 또다른 성분은 더하기(+), 빼기(-), 상동(=), 자연수 등이다. 이 두 가지 성분과 측면은 모두 인류 사회의 원시적 노동(실천)의 반영이다. 예컨대 더하기, 빼기, 상동, '무한' 등의 개념은 원시적 노동의 결합, 분리, 가역성, 항등성恒等性, 대칭, 진행의 무한한 가능성 등 가장 기본적 형식에서 유래한다. 자연수는 그 근원적 기원으로 볼 때 노동과정에서 생산되고 파악된 추상적인 양의 동일성(즉 '순수량純粹量')에서 발전해나온 것이다. 앞서 설명한 실천활동(조작)의 형식, 구조, 양의 동일성 등에 대한 파악은 인류 인식의 거대한 비약이며, 이로부터 세계는 양과 관계에 관한 고도의 추상적 형식과 구조적 측면을 통해 정확하게 인식된다. 이러한 기초 위에서 인류가 감성계에 대해 생산하는 자유로운 직관적 능력의 연계는 부단히 자유롭고 이상적으로 관계와 구조를 만들어내는 능동적 관념과 시스템(이러한 것들은 대부분 현실세계에 존재하는 본래의 모습을 떠난 순수하게 관념적인 세계에서 도출된 것이다)을 만들어낸다. 또한 그 과정을 통해 인간이 현실에서 그 원형을 찾을 수 없는 물질적 도구를 만들어내는 것처럼, 인간의 자유로운 직관적 능력의 연계는 현실에서 그 원형을 찾을 수 없지만 현실을 인식하는 예리한 도구가 된다. 수학은 특정한 기호적 도구이자 객관적 현실 구조의 구축으로서, 이 양자 사이의 관계는 심도 있는 연구가 필요한 문제이다. 하지만 근본적으로 장구한 역사적 과정을 통해 형성된 수학은 본래 노동활동과 관계된 형식적 측면을 대상화한 것이다. 또한 피아제가 강조한 [산술적] 조작의 가역성(A+B=B+A), 항구성(A=A) 등과 같이 수학은 부단히 추상화되고 기호적 조작으로 전환되는 일련의 기본적인 연산적 규정이다.(객관적 경험 대상과 직접적으로 상관된 부분은 논리적 양사量詞와 '~에 속함' 등의 관념과 부호로 전환된다.) 수학이 본질적으로 종합의 성격을 갖는다는 점을 부정할 수는 없다. 하지만 논리와 수학의 차이는 논리가 실천적 조작활동 자체의 형식적 추상인 반면, 수학은 실천적 조작활동과 감성계의 관계 방식에 관한 형식적 추상이라는 점이다. 그러므로 논리는 분석적이고 수학은 종합적이다. 수학 안의 형식논리적 성분과 형식논리 자체는 그 본질상 원시적 노동 자체가 요구하는 상대적 안정성이다. 예컨대 $A \neq \bar{A}$ 등과 같은 정식定式은 장구한 역사적 과정을 통해 형성된 실천이 요구하는 상대적 안정성의 표현이며, '자각적 주의'라는 인간 고유의 중심적 심리 기능(4장 참조)이 언어·사유가 요구하는 개념 및 어휘의 상대적 안정성으로 변화된 것이다. 이러한 과정은 곧 사유의 '본성' 및 언어 '자신'의 규율이 되기에 이른다.[76] 이러한 전환의 추상적 고양 과정은 또한 사회적 강제를 통해 이루어진다.(제례 의식 가운데 일정한 보법步法과 수법手法, 자세, 주문, 횟수, 순서 등을 맨 처음 원시적 제례 의식을 통해 보증하고 집단화시키는 것이 매우 엄격하게 이루어진다.) 내가 보기에 원시사회 사람들은 주체적 실천활동에 대한 통일성을 매우 엄격히 연구했고, 그것은 우선적으로 무속 제례에서 도덕윤리의 사회적 명령으로의 전환으로 표현되어 이후에는 예절과 도덕의 필요성으로 표현되는 것이다. 이러한 이데올로기적 강제력을 갖춘 활동을 통해 무질서하고 모호한 원시인은 비논리적 사고에서 점차 벗어나 개념적 동일성의 준수를 그 특징으로 하는 논리적 사유 단계에 다다르게 된다. 이 또한 매우 긴 역사적 과정의 결과이다. 이러한 과정의 최종적 성과는 결국 수학적 분석의 기초를 이룬다. 요약하자면 원시적 실천인 노동과 감성계의 관계 사이의 형식과 구조가 장구한 역사적 과정 안에서 추상, 취사선택, 내재화의 과정을 거쳐 언어, 사유, 논리, 수학의 분석으로 구축되며 그렇게 축적된 결과물로 하여금 보편 필연성을 갖게 하는 것이다.

이를 통해 우리는 수학이 선험적 분석(흄, 논리실증주의)이나 일반적 경험 귀납(밀)이 아니며, '선험적 종합'(칸트) 역시 아님을 알 수 있다. 수학은 실천과 종합을 그 본성으로 하는 분석과 종합의 통일이다. 계산기의 출현은 분석의 일부분을 기계에 넘겨주는 계기였고 이는 수학의 종합, 즉 발견과 발명의 본성을 더욱 분명하게 보여줄 것이다. 그런 면에서 현대 수학철학의 경험주의 사조는 주목할 만하다.

앞서 밝혔듯 나는 최근 문헌 중 이 문제에 관해 피아제의 관점을 가장 주목한다. 이 심리학자는 아동 심리에 관한 많은 사례를 통해 논리실증주의에 반대하고 논리는 언어에서 얻어지는 것이 아니라고 주장했다. 또한 피아제는 촘스키에도 반대하여 논리가 내재적 이성의 심층구조도 아니라고 생각했다. 그는 논리와 수학이 원시적 활동을 통해서만 얻어진다는 점을 강조했다. "활동의 대상으로부터 추상화되는 것이 아니라 활동 자체로부터 추상화된다. 나는 이것이 논리적, 수학적 추상의 기초라고 생각한다."[77] 또한 피아제는 두 종류의 활동을 구분하고 "모든 협동 형식은 논리 구조 안에 자신의 상호평행자를 가지고 있다. 동작 수준의 이러한 협동 행위는 이후 사상의 논리 구조의 기초가 된다"[78]라고 말했다. 그는 아동 심리의 각도에서 부르바키가 제시한, 세 가지 '모체구조'가 모두 감각·지각 운동에서 유래한다는 주장[79]은 철학적으로 고찰해볼 가치가 있다고 주장한다. 이러한 협조 구조는 일종의 종합으로, 가역, 순서, 위상학topology, 교환률, 연합률 등 수학의 기본이 되는 형식적 특징들은 바로 이러한 협조적 행동을 추상적으로 취합한 것이라 할 수 있다. 피아제는 동작과 조작 형식이 감각과 지각 혹은 언어를 근본으로 하여 모든 것을 설명하는 논리실증주의자(경험론)나 이성의 내재적 구조를 통해 언어를 설명하는 촘스키(합리론)보다 더욱 설득력 있다고 강조한다. 안타까운 점은 피아제가 심리학에서 출발해 인간의 논리적 사유와 원시적 수학 관념을 형성하는 과정에서 동작과 조작이 기초적 작용을 한다는 사실을 알아냈는데도, 인류학적인 사회·역사적 총체의 과정 안에서 그것들을 설명해내지 못했다는 것이다. 그 바람에 피아제는 동작과 조작을 역사적 총체로서의 사회적 실천이라는 근본적 요점에서 분리하여 설명하고 말았다. 좀더 구체적으로 말하자면, 그는 도구의 사용이 인간의 동작 안에서 갖는 커다란 의의와 특성, 그리고 도구가 일종의 매개로서 행하는 객관 세계의 인과율에 대한 연결과 간섭 등에 충분한 주의를 기울이지 못했고, 결국에는 최종 결론을 일정 정도 생물학적 사유로 축소시키고 말았다. 이러한 사유 방식은 (무)의식적으로 인간 인식의 능동성이 동물과 근본적으로 구별된다는 점을 희석시켜버렸고 교육이 인간, 특히 아동에게 미치는 막대한 작용을 소홀히 하고 말았다.

실용주의자도 실천의 관점을 통해 칸트를 비판한다. 실용주의자 역시 도구와 조작, 실천 등을 중시하고 인식이란 곧 주체와 상황 사이의 상호적 연관관계라고 주장한다. 사유는 실상 활동이며, 개념은 조작에 관한 규정일 뿐이다. (조작주의자 브리지먼과 마찬가지로) 듀이는 "법칙은 조작을 경유해…… 결정된 도구"[80]라고 말했다. 다시 말해 논리는 실험의 탐구활동을 통해 혼란스러운 자료 속에서 지식을 추출해내는 것이다. C. I. 루이스 또한 "객관 사실은 곧 우리의 경험을 통해 얻게 된 실현 가능한 경험의 특정 가능성"[81]이라고 말했다. 그들은 실천적 조작을 사용하여 칸트의 선험형식을 대체하려 했고, 그러한 조작을 대상에 적용하여 지식을 구축했다. 이는 마르크스와 일맥상통하는 것으로, 나는 이러한 관점이 매우 가치 있다고 생각한다. 하지만 첫째, 실용주의자들이 말하는 실천과 조작 등은 근본적으로 환경에 적응하는 생물학적 활동을 가리키는 것이지, 역사적 성질을 갖는 인류의 사회적 실천을 말하는 것이 아니다. 실용주의자들은 도구의 중요성과 작용을 강조한다. 그러나 그들이 말하는 도구는 세상의 모든 것을 포함하며, 이성과 사유도 일종의 도구이다. 이는 결국 인류가 물질 도구를 사용하고 창조하는 역사성을 지닌 본원적 의의를 은폐시킨 것으로, 물질적 노동활동(물질 생산)이 인류의 기원과 사회적 발전에서 기초적 의의를 갖는다는 점을 간과한 것이다. 인간은 물질 도구를 사용해 창조하는 실천활동을 통해 객관 세계의 규칙을 파악하고 이용하며, 이를 점진적으로 사유 안에 구축한다.[82] 실용주의는 물질 도구와 사유 도구, 실천활동과 이지적 기호활동을 서로 혼동하고 있으며, 물질 도구가 실천에 대해 갖는 근본적 차원에서의 규정적 의의를 강조하지 못하고 있다.

그러나 마르크스주의는 인류 실천활동의 초생물학적 성질을 강조한다. 또한 그렇게 해야만 인간의 인식으로 하여금 초생물학적 성질을 갖게 할 수 있다. 이러한 초생물학적 성질은 물질 도구의 사용과 제작을 통해 비로소 얻게 된다.

둘째, 칸트는 인간의 의식에 의존하지 않는 '물 자체'를 인정한다. 그러나 실용주의는 외부 세계인 물질세계의 객관적이고도 독립적인 존재를 인정하지 않는다. 물론 실천이 객관적 규칙을 파악하는 활동이라고도 보지 않는다. 실용주의자가 말하는 실천이란 혼란스러운 감각에 주관적 구조를 덧입힌 것이다. 그렇기에 보편 필연성을 가진 종합 활동을 인정하지 않는다.

정리하자면, 실천론의 시각에서 이루어지는 칸트 비판은 (의식이 단순히 존재를 반영한다는) 기계적 유물론의 칸트 비판과는 명확히 다르다. 레닌은 일찍이 다음과 같이 언급했다. "1. 플레하노프의 칸트주의(그리고 불가지론 일반) 비판은 대부분 통속적 유물론의 관점에서 출발한 것으로, 변증법적 유물론의 관점에서 출발한 경우는 거의 없다. 그는 다만 피상적으로 칸트주의자들의 관점을 반박할 뿐 (헤겔이 칸트의 이론을 수정하듯) 이를 수정하지 않는다. 또한 칸트주의를 심화·개괄·확대하지도 않는다. 칸트주의자들은 그 어떠한 개념의 연계와 전화轉化도 제기한 적이 없다. 2. 마르크스주의자들은 (20세기 초) 칸트주의자나 흄 신봉자를 헤겔의 방식보다는 오히려 포이어바흐(그리고 뷔히너)의 방식으로 비판했다."[83] 이는 곧 헤겔처럼 칸트가 제시한 인식의 능동성과 변증법 등의 주요 문제에 주의를 기울였어야 했다는 말이다.

우선 인간 인식의 능동성이 갖는 유물론적 성격이라는 근본 문제를 명확하게 해명해야 하며, 그저 칸트가 유물론에 부합하지 않는다고 '반박'하는 것은 지나치게 단순한 시각에 불과하다. 다시 말해 인식론의 측면에서 인간의 주관적 능동성 문제에 주의를 기울여야 하지, "능동성이 결국 관념론을 발전시켰다"(마르크스)는 주장 이전의 구식 입장에 머물거나 그렇게 퇴보하지 말아야 하는 것이다. 하지만 다른 한편으로 인간의 실천과 인식의 주관적 능동성에 대한 강조가 사회적 실천의 객관적 역사성을 부정하거나 주관적 약정 혹은 생물이 환경에 적응하는 것을 강조하는 실용주의적 노선으로 나아가서는 안 된다.[84]

그러므로 칸트의 논점을 "수정·심화·개괄·확대"해야 한다. 여기서 '수정'은 칸트가 강조하는 보편 필연성의 문제를 일정한 객관적 사회성을 갖춘 인류의 총체적 역사의 기초 위에서 고찰해야 한다는 뜻이다. 아무리 자연과학이라 해도 사회 및 역사와 연계되어야 하는 것이다. 예컨대 사회생활 및 경험세계와 거의 무관한 독립적이고 자주적인 직관형식(예컨대 수학) 역시 그 최종 근원을 사회적 실천의 최초 기본 형식, 즉 원시적 노동에 두고 있다. 물질 생산과 노동이 인류 실천의 능동성을 현전하는 것처럼 기호의 조작, 수학의 구축은 인류가 독특하게 가지고 있는 인식의 능동성을 드러내 보여준다. 이러한 능동성은 인류 주체성의 문화-심리 구조에 관한 중요한 측면, 즉 인류 문화-지식 구조 속 기본 요소라고 할 수 있다. 또한 심리학의 측면에서 보았을 때는 실천-노동활동이 내화內化되어 형성되었다고 할 수 있다. 전통적인 마르크스주의 철학의 인식론을 통해 말한다면 이것은 사회 실천활동에 대한 일종의 '반영'이라 할 수 있다. 이것이야말로 내가 이해하는 마르크스주의의 '능동적 반영론', 인류학의 본체론적 실천철학의 핵심이다. 이 책에서 말하는 '인류적' '인류학' '인류학의 본체론'이라는 개념은 서구의 인류학과 같이 사회·역사적 과정에서 탈각된 생물학적 함의를 가리키는 것이 아니다. 오히려 여기서 강조하는 것은 그와 반대로 사회적 실천으로 구축된 역사적 총체인 인류 발전의 구체적 과정이다. 이는 또한 초생물학적 종種인 사회적 존재이다. 이른바 '주체성'은 바로 이와 같은 의미를 가리킨다. 인류의 주체성은 물질적 현실의 사회적 실천활동(그 핵심은 물질 생산활동)으로 나타나고 이것은 주체성의 객관적 측면, 즉 도구와 예술의 사회 구조적 측면(사회적 존재의 기초를 이루는)을 말한다. 동시에 주체성은 사회의식, 즉 문화-심리 구조의 주관적 측면을 포함한다. 그렇기에 여기서 말하는 주체성의 심리 구조는 우선 인류 집단의 역사적 성과로 존재하는 정신문화를 가리킨다. 의식구조, 윤리의식, 심미적 쾌락, 요컨대 인간 본성의 능력이 이에 해당된다. 칸트 철학을 비판한다는 것은 칸트 철학을 선험형식의 인식범주, 순수직관, 절대명령, 심미적 공통감 등으로 보고 심도 있게 연구하는 것이다. 그리고 사회·역사적 배경을 갖춘 구체적 근원과 그 발전과정 안에서 칸트 철학을 연구하는 것이다. 이는 또한 인류학의 본체론과 주체성 문제를 연구하는 데 있어 매우 중요한 측면이기도 하다.

3장

인식론: (2) 공간과 시간

칸트의 인식론은 감성에서 시작된다. 『순수이성비판』의 첫 장章이 바로 '초월적 감성론'이다. 책 서두부터 칸트는 직관, 감성, 감각, 자료, 형식 등의 기본 개념에 대한 일련의 규정과 설명을 제시한다. 이러한 개념 규정과 설명 및 이후의 사용은 모두 매우 모호하고 정확하지 않다. 이 점은 이미 앞에서도 언급한 바 있다. 예컨대 '대상'이라는 단어는 『순수이성비판』 곳곳에 등장하고 수많은 문제와 연관된 매우 중요한 개념이다. 칸트는 '대상'에 해당하는 단어로 Objekt와 Gegenstand 두 가지를 사용하는데, 둘을 엄격하게 구분하지는 않는다. Objekt는 본래 우리의 감각적 의식을 떠나 존재하는 객체를 가리키지만, 때로 감각적 의식 안에 들어 있는 객관적 내용, 즉 감각적 지성을 통해 정리된 후 나타나는 '대상'을 가리키기도 한다. 이러한 변화는 '초월적 감성론'을 시작하는 문장 안에서 이 단어의 함의가 달라지는 데서 드러난다.[1] 감각과 감성 등 기본 개념의 경우에도 사정은 마찬가지다. 주목할 부분은 이러한 주요 개념과 단어의 혼란스러운 다의성이 책 서두에서부터 나타난다는 것이다. 이 다의성은 우연한 실수가 아니며, 오히려 이로 인해 세부적인 부분에서 칸트 철학의 특징이 자연스럽게 표출된다. 이러한 정황은 일련의 칸트 철학 연구자들과 주석가들이 처음부터 이러한 단어와 규정의 관념론적 측면을 드러낸다는 점을 통해 더욱 분명하게 알 수 있다. 예컨대 칸트가 언급하는 '대상' '경험' '감성'을 그저 인간의 주관적 의식의 산물 혹은 결과로 보는 것이다.

1 시간과 공간은 '감성의 직관형식'이다

칸트 인식론의 기본 관점은 물 자체가 감성적 재료를 제공하고 주체인 자아가 인식의 형식을 제공한다는 것이다. '감성론'에서는 이를 다음과 같이 논한다. 한편으로 우리의 의식에서 독립된 객관적 대상은 경험적인 감각 재료, 인상, 질료를 제공한다. 다른 한편으로 우리의 주체적 의식은 이러한 재료를 정리하는 선험적인 감성적 직관형식, 즉 공간과 시간을 갖추고 있다. 객관적 대상이 없으면, 시공간은 순수한 직관형식으로 존재할 수 없다. 또한 주체적 의식이 없다면, 즉 시공간의 선험적인 직관형식이 없다면 인간의 감각은 다만 혼란스러움 그 자체일 뿐이고 어떤 감성적 지각도 생산해낼 수 없다.

이에 대해 칸트는 다음과 같이 말했다. "감성에 의해 촉발되는 이러한 방식을 통해 우리가 획득하는 표상적 능력(수용성)을 감성이라 부른다. 그렇기에 대상은 감성을 통해 우리에게 주어진다. ……하지만 모든 사상은 반드시 직간접적으로 모종의 특징에 기대어 직관과 연관된다. 그러므로 우리 인류는 최종적으로 반드시 감성과 연계되어 있어야 한다. 다른 방식을 통해서는 하나의 대상이 우리에게 주어질 수 없기 때문이다."[2] 다른 한편으로 칸트는 이렇게 말하기도 했다. "일반적인 감성 직관의 순純형식(현상계의 잡다함은 그 안에서 일정한 형식이 부과되어 직관된다)은 반드시 선험적으로 영혼 안에서 발견된다. 이 감성의 순형식 자체는 순수직관이라 불린다. 따라서 만약 내가 한 물체의 표상 안에서 그에 대한 지성의 사유, 예컨대 실체, 힘, 가분성可分性 등을 추출해낸다면 감각에 속한 것들, 예컨대 불가입성不可入性, 경도, 색깔 등도 추출할 수 있다. 그렇다면 이러한 경험적 직관 가운데 남는 것은 외연과 형태이다. 이것이 곧 순수직관에 속한다."[3] 한편으로 인간의 인식은 감성에서 시작해 반드시 객체적 대상이 제공하는 자극, 즉 감성적 재료를 거쳐야 한다. 그렇기에 모든 사유는 결국 감성과 연계된다. 하지만 다른 한편 [인간의 인식이] 경험적인 감성적 직관 안에 놓여 있다 할지라도 인간의 영혼이 직관형식으로서의 순수직관을 제공해야만 한다.[4] 이러한 순수직관 혹은 직관형식은 그 어떤 감각(불가입성, 강도, 색 등)이나 감성적 재료에도 의존하지 않는다. 즉 그것은 선험적인a priori 것이다. 칸트는 이 두 가지 측면—주체가 가지고 있는 선험적 직관형식과 외부세계가 제공하는 감성적 재료 사이의 결합—을 통해서만 현실, 즉 경험적 감성 직관이 생산될 수 있다고 보았다. 이러한 결합은 선험적 직관형식을 통해 감성적 인식이 보편 필연적인 객관적 유효성을 가진다는 것을 보증할 때 가능하다. 선험적 직관형식이 주도적 위치를 차지하는 셈이다. 이러한 측면에 대한 연구는 곧 감성의 초월적 지식 원리에 대한 연구라 할 수 있다.

칸트는 인류의 순수직관이 공간과 시간이라고 생각했다. 하지만 왜 이 두 가지 요소만 있는가에 대해 칸트는 대답할 수 없었다. 당시 시간과 공간에 대한 관점은 크게 두 종류가 있었다. 하나는 뉴턴의 관점이고, 다른 하나는 라이프니츠의 관점이다. 뉴턴은 공간과 시간이 독립적 실재성을 가지고 있고, 신의 속성으로서 무한하고 영원하며, 어떤 대상이나 인간의 의식에도 의존하지 않는다고 보았다. 시공간은 마치 텅 빈 상자와 같아서 그 안에 각종 물체가 놓여 있다는 것이다. 이에 비해 라이프니츠는 시공간이 일종의 공존(공간)/연속(시간)의 관계 혹은 질서이며 그 자체로는 실체 없는 존재라고 주장했다. 이 관계는 경험에서 추상된 것으로, 사유 안에서 이상적으로 명확한 존재를 갖는다. [하지만] 현실 속에서는 모호한 경험적 표상이다. 시공간은 독립성을 지닌 것처럼 보이지만 실상 경험적 대상을 떠날 수 없다. 칸트는 이 두 가지 관점 모두 성립할 수 없지만 저마다 장점이 있다고 생각했다. 물질을 떠나 독립적으로 존재하는 뉴턴식 시공간은 존재하지 않는다. 왜냐하면 그런 시공간을 경험이 부여할 수도 없고 그런 시공간이 존재한다는 사실을 증명할 수도 없기 때문이다. 뉴턴의 견해대로라면 세상의 모든 사물이 소멸한다 할지라도 시공간은 여전히 존재한다. 시공간은 마치 신 자체와 같다. 뉴턴은 "신은 어느 때 어느 곳에도 존재한다. 그렇기에 신은 시간과 공간을 구성한다"라고 말했다.[5] 하지만 이러한 관점은 시공간과 신의 관계, 그리고 (영혼과 같은) 비물체적 실체가 시공간의 어떤 곳에 존재하는가 등 합리적으로 설명 불가능한 가상의 문제를 발생시킬 수 있다. 학자들이 매달렸던 이러한 문제에 칸트는 단호하게 반대했다. 칸트는 영원하고도 무한한 뉴턴의 시공간 개념은 허구라고 보았다. 하지만 뉴턴의 관점은 시공간의 보편 필연성을 설명해주고 과학적 지식의 기초를 세워준다는 점에서 뛰어났다. 라이프니츠의 시공간 개념에는 이러한 장점이 없다. 왜냐하면 라이프니츠는 시공간을 사물 관계의 모호한 표상으로 귀결시키고, 공간에 관한 과학(기하학)을 완전히 경험에서 유래하는 것으로 보기 때문이다. 이에 따르면 경험적인 상대적 유효성만 있을 뿐 보편 필연성을 보장할 수 없으며, 기하학은 믿을 만한 것이 못 된다. 하지만 라이프니츠는 시공간과 감성의 연관관계를 중시하면서, 시공간은 실체가 아니라 일종의 관계와 현상이라고 보았다. 이 점이 라이프니츠 관점의 우수성이라 할 수 있다. 오랜 시간 칸트는 뉴턴과 라이프니츠의 관점 사이에서 동요했고 양쪽을 조정해보려 했다. 그리고 몇 차례 시도 끝에 최종적으로 시공간은 인류 감성의 직관적 형식이라는 새로운 관점을 도출해냈다.

칸트는 다음과 같이 물었다. "공간과 시간이란 무엇인가? 그것은 실제로 존재하는가? 공간과 시간은 단지 사물의 관계 혹은 규정으로 직관된다 할지라도 여전히 사물에 속하는가? 아니면 단지 직관적 형식에 속하는 것으로 우리 영혼의 주관이 만들어낸 구조에 속할 뿐 그 구조를 떠나서는 어떤 것에도 귀속되지 않는 것인가?"[6] 첫번째 관점[시공간은 실제로 존재하는가?]은 뉴턴의 것이고, 두번째 관점[시공간은 단지 사물의 관계 혹은 규정일 뿐이다]은 라이프니츠, 세번째 관점[시공간은 인간이 만든 구조에 속한다]은 칸트 자신의 것이다. 칸트의 관점은 곧 시공간을 인류가 세계를 지각하는 방식으로 파악하는 것이다. 시공간은 경험으로 얻어질 수 없으며 오히려 감성적 경험의 전제조건을 이룬다. 또한 시공간은 독립적으로 존재할 수 없으며 오히려 모든 감성적 경험에 보편 필연적으로 존재한다.

칸트는 이에 대한 일련의 '해석'을 내놓았고 이를 '형이상학적 해석'과 '초월적 해석'으로 구분했다. '형이상학적 해석'은 시공간의 형이상학적 성질을 밝히려 한 것으로, 이에 따르면 시공간은 경험적인 것이 아니라 선험적인a priori 것이다. 즉 경험에 의존하지 않는다. 또한 이른바 '초월적 해석'이란 경험에 적용되는 시공간이 왜 보편 필연적인 객관적 유효성을 갖는가에 대한 해석이다. 칸트는 네 종류의 '형이상학적 해석'을 내놓았다.(초판에는 다섯 종류였으나, 2판에서 그중 하나를 '초월적 해석'에 포함시켰다.) 이 네 종류의 해석은 다시 두 부분으로 나뉜다. 제1, 제2의 '해석'은 시공간이 경험적 표상Vorstellung[7]임을 부정하고 그것이 선험적임을 긍정한다. 제3, 제4의 '해석'(시간의 경우 제4, 제5의 해석)은 시공간을 직관이며 비개념적인 것으로 해석한다.(칸트는 시공간적 개념을 인정하지만 이를 시공간적 직관과 구별해야 한다고 주장한다. 전자는 경험적 추상이다.)

첫째, "공간은 외부적 경험으로 얻어지는 경험적 개념이 아니다."[8] 이는 곧 공간적 표상은 사물이 나와 다른 공간을 점유하고 있음을 지각하는 것이 아니라는 말이다. 즉 사물 각각이 점유하는 서로 다른 공간의 병렬관계에 대한 감각에서 추출된 경험적 표상을 지각하는 것이 아니다. 오히려 반대로 나의 외부에 있는 어떤 사물, 즉 경험적 감각(병렬관계에 대한 감각)도 공간적 표상을 전제로 해야 한다고 칸트는 주장했다. 예컨대 감각 갑과 을은 반드시 그것들의 병렬을 가능케 하는 공간을 가져야 한다는 것이다. 이는 또한 '외부의 어떤 사물'을 느꼈을 때 감각 주체가 그것을 주관적으로 의식했는가와 상관없이, 이미 그 공간적 표상이 존재함을 의미한다. "그러므로 공간적 표상은 외재적 현상의 관계로부터 경험적으로 획득되는 것이 아니다. 반대로 외재적 경험 자체는 그러한 표상을 통해서 비로소 가능하다."[9] 다시 말해 나의 감각과 나의 외부에 있는 어떤 것 사이에 모종의 관계를 발생시키고, 나로 하여금 외적 대상이 나의 외부에 있고 나의 감각과 외부적 사물이 서로 다르며 또한 각각 서로 다른 위치에서 공존함을 느끼게 하기 위해서는 공간적 표상을 기초로 해야만 하는 것이다. 그러므로 공간은 '외부적 사물'을 느끼게 하는 전제이지 그 반대일 수 없다.

둘째, "공간이 존재하지 않는다는 것을 우리는 영원히 상상할 수 없다. 하지만 아무런 대상도 없는 공간을 상정할 수는 있다. 그렇기에 공간은 현상을 가능케 하는 조건이며, 현상에 대한 모종의 규정에 의존하지 않는다고 생각해야 한다."[10] 앞서 제시한 첫 번째 증명은 공간이 외부적 사물을 느끼는 경험에서 추출되는 것이 아님을 강조했다. 외부의 대상을 느낀다는 것은 곧 이미 공간적 표상이 존재한다는 의미다. 칸트는 여기서 다시 한번 경험 대상은 공간에 의지해 감지되지만 공간은 오히려 의존해야 하는 어떤 경험적 대상도 필요치 않음을 강조한다. 그러므로 공간은 있으되 아무런 사물도 없는 공간을 상정할 수 있지만, 사물은 있으되 공간이 없는 것은 상상할 수 없다.[11]

셋째, "공간은 사물의 일반 관계에 관한 추론적 개념 혹은 보편 개념이 아니라 순수직관이다."[12] 앞서 두 증명을 통해 칸트는 공간이 경험으로부터 얻을 수 있는 것이 아니라 경험이 가능케 되는 조건이라고 말했다. 세번째 증명에서 칸트는 이러한 선험적 조건이 지성적 개념이 아니라 감성적 직관임을 주장한다. 개념은 모두 그 논리적인 내포와 외연을 갖는다. 예컨대 (공간적 직관으로서가 아닌) '사람' '빨강' 등의 개념은 모두 구체적으로 존재하는 서로 다른 사람과 빨강에서 추상된 것이다. 하지만 공간은 그렇지 않다. 공간은 그렇게 여러 종류의 내포와 외연을 갖는 논리적 관계를 갖지 않는다. 공간은 단순히 '하나'이다. 전체로서의 공간과 각기 다른 공간 사이의 관계는 전체와 부분의 관계이며, 개념 사이의 종속관계(사람과 중국사람, 빨강과 장미꽃의 빨강 등)와는 다르다. 어떤 구체적 공간도 이런 단일한 공간(전체)의 부분일 뿐 그 예증이 아니다. 구체적 공간은 전체인 '순수직관'으로서의 공간을 전제로 한다. 가령 우리는 좌우 양손의 공간적 위치가 다름을 곧바로 직관한다. 하지만 이것은 추론을 통해 나오는 것이 아니다. 왜냐하면 좌우 양손과 신체 사이의 관계는 개념적으로 다르지 않다. 다시 말해 추론(논리)으로 그러한 관계를 얻는 것이 아니라 직관(감성)으로 그들 사이의 다름을 보게 되는 것이다. 그렇기에 칸트는 "서로 비슷하거나 동등한 사물 간의 차이(예컨대 서로 대칭되는 나사)는 개념으로 이해되는 것이 아니라 좌우 양손의 관계를 통해 직관에 직접적으로 호소하는 것"[13]이라고 말했던 것이다.

넷째, "공간은 무한한, 주어진 양으로 표상된다."[14] 공간은 개념이 아님을, 공간의 무한과 연속은 나타낸다. 어떤 개념도 일정한 수량의 속성을 내포한다. 그리고 공간적 직관은 한계 없이 확대될 수 있다. 이는 우리가 무한한 공간을 직관할 수 있다는 것이 아니라, 우리의 개체적 대상에 대한 감성적 직관이 연속적으로 무한히 확대될 수 있다는 것을 말한다. '빨강'에 대한 직관과 '빨강'이라는 개념은 서로 완전히 다른 것이다. 전자는 무한히 확장될 수 있는 연속된 공간적 직관이지만, 후자는 어떤 사물의 유한한 속성을 가리킨다.

상술한 내용은 공간에 관해 칸트가 제시한 네 가지 '형이상학적 해석'이다.

'형이상학적 해석'보다 더욱 중요한 것은 '초월적 해석'이다. 2장에서 언급했듯, 칸트의 감성론은 감성적 직관형식으로서의 시공간을 통해 수학(산술과 기하)의 '보편 필연성' 문제를 해결하려는 것이었다. 앞서 1~2장을 통해 보았듯 칸트는 라이프니츠와 달리, 또한 오늘날의 논리주의자들과 달리, 논리와는 다른 수학을 강조했고 수학이 감성과 관련된 과학이라 주장했다. 수학이 '선험적 종합판단'일 수 있는 것은 시공간의 선험적 직관과 상관있기 때문이다. 칸트는 '공간은 삼차원' '두 점 사이의 가장 짧은 선은 직선' '삼각형 두 변의 합은 다른 한 변보다 길다' 등 유클리드 기하학의 '자명한 공리', 즉 공간은 선험적 직관이지 경험적 개념이 아니라는 점을 설명하려 했다. 당시 유클리드 기하학은 일반적으로 '보편 필연'적인 객관적 유효성을 가진 것으로 공인되었다. 그러나 어떻게 그런 성질을 해석할 것인가? 칸트는 이것이 경험을 통해 귀납될 수 없고, 아무리 대량의 감각과 경험을 동원한다 해도 모든 상황에서 공간이 오직 삼차원이며 두 점 사이의 직선이 가장 짧은 선임을 보장할 수 없다고 보았다. 다시 말해 그것이 보편 필연적이며 어느 곳에서도 적용될 수 있는 기하학의 '공리'임을 경험을 통해서는 증명할 수 없다는 것이다. 마찬가지로 그런 '공리'가 개념과 사유로부터 연역될 수 있는 것도 아니다. 두 점 사이의 직선을 아무리 분석해본들 '가장 짧다'라는 결론을 도출할 수는 없다. 또한 '공간'을 아무리 개념적으로 분석해본들 '삼차원'이라는 결론을 이끌어낼 수는 없다. 삼각형이라는 개념을 아무리 분석해도 그 내각의 합이 180도라는 결론을 얻을 수 없는 것과 마찬가지다. 이는 기하학적 공리가 모두 공간적 직관의 결과임을 말해주는 것이라고 칸트는 보았다. 이러한 직관은 어떤 경험적 직관도 아니다. 예컨대 어떤 특정한 두 점 사이의 직선, 혹은 칠판에 그려진 특정한 삼각형은 우리의 이해를 도울 뿐이다. 칠판 위에 그려진 특정한 삼각형은 우리가 삼각형의 보편적 성질을 이해하는 데 도움을 줄 뿐이다. 칸트는 공간의 순수직관이 제시하는 '두 점 사이의 가장 짧은 선은 직선'이라는 명제가 어떤 특정한 대상에만 적용되지 않고 모든 대상에 적용되어야 비로소 보편 필연적인 기하학의 '선험적' 구축 원리가 된다고 보았다. 그러므로 칸트가 보기에, 라이프니츠가 수학의 선·공간과 현실 사물의 선·공간을 '진실한 것'과 '모호한 것'으로 각각 분류하고, 전자를 이성적이고 신뢰할 수 있는 것으로, 후자를 감성적이며 신뢰할 수 없는 것으로 규정한 것은 수학의 선·공간이 감성과 맺는 연관관계의 본질을 말살해버린 것이다. 칸트는 감성적 현상인 시공간은 명확하며 모호하지 않다고 보았다. 오히려 합리론이 영혼, 신 같은 '진실한' 이성의 세계를 주장하는 것이 불명확하며 모호하다고 보았다. 칸트는 공간의 선험적 감성 직관이 외부 현상계의 모든 사물에 보편적으로 사용될 수 있다고 강조했다. (칸트가 수학의 가장 중요한 부분이라고 본) 유클리드 기하학은 바로 이러한 점, 즉 공간적 직관이 경험에 보편적으로 적용될 수 있는 선험성을 가지고 있다는 점을 실증하는 것이었다. 이것이 공간에 대한 이른바 '초월적 해석'이다.

다음은 시간에 대한 '해석'이다. 시간에 대한 이런 해석들은 그 격식(형식)과 내용에 있어 공간에 대한 '해석'과 완전히 일치한다. 칸트는 다음과 같이 생각했다. "시간은 경험적 개념이 아니며 사물 경험 속에서 진행되는 연속성은 시간을 조건으로 해야 가능하다." "시간 속에 놓인 모든 사물을 추출해내는 것을 상정할 수 있지만 시간 자체를 추출해내기는 불가능하다." "시간은 단지

'하나'이며 개별적 시간은 그 일부분이다." "그 때문에 논리 개념과는 다르다." 칸트가 보기에 기하학이 공간에 적용되듯 산술은 시간에 적용된다. 왜냐하면 수를 센다는 것은 경험적 순서의 연속으로, 직관형식으로서의 시간과 연관되기 때문이다. 직관형식으로서의 시간이 있기에 산술의 연속성이 가능해진다. 다시 말해 1, 2, 3……과 같이 수를 세는 일은 항상 시간을 경과해야 한다. 이는 오직 공간적 직관 안에서만 도형에 관한 기하학적 공리가 가능해지는 것과 마찬가지다. 칸트는 운동과 변화를 시간과 연결시켰다. 그리고 역학을 시간에 적용하고 기하학을 공간에 적용한 것과 비슷하게 시간이 선험적 직관형식이어야만 비로소 운동(이동)을 이해할 수 있다고 주장했다. A=A의 경우 시간을 경과해야만 A가 비非A로 변할 수 있는 것이다. 시간은 운동, 변화의 보편 필연성의 전제조건이다. 이러한 조건은 개념(지성)적인 것이 아니라 직관(감성)적인 것이다. 시간은 하나의 차원만을 가지며, 서로 다른 시간이 앞뒤로 서로 연속될 뿐이다. 이러한 성질은 전혀 개념적인 것일 수 없다.

칸트는 공간과 달리 시간이 지닌 한 가지 특징을 '내부 감각'의 형식으로 보았다. 다시 말해 감각 주체 자신의 내부적 상태의 형식이다. 그러므로 시간은 외부적 감각인 공간(외부 사물에 대한 감각형식)의 범위보다 더욱 광범위하다. 외부 사물에 대한 감각은 반드시 우리 내부 의식의 상태를 거쳐야 하므로 내부 감각의 시간 형식을 통해야 한다. "시간은 (우리 영혼의) 내적 현상의 직접적 조건이다. 또한 외부 현상계의 시간적 조건이다."[15] 하지만 시간과 공간은 칸트 철학 안에서 기본적으로 서로의 조건이 된다. 공간은 시간을 떠나지 못하고, 시간 또한 외부적 감각인 공간에 기대야만 자신을 표현할 수 있다. 시간-벡터가 공간의 직선을 통해 표시되는 것과 같다. 시간의 내적 감각의 형식 문제는 매우 복잡하므로 이후 다시 논하기로 한다.(4장과 5장 참조)

2 ‘초월적 실재성’과 ‘초월적 관념성’

‘초월적 감성론’의 시간과 공간에 대한 논증을 정리해보면 다음과 같다. 1. 시공간은 선험적 형식으로 경험을 통해 얻을 수 없다. 시공간은 모든 사람이 공유하는 주관적 측면의 조건이다. 이것은 심리학적 측면과 논리학적 측면 두 가지 함의를 갖는다. 시공간은 심리학적 측면에서 보면 경험에 우선하고, 논리학적 측면에서 보면 경험으로부터 독립적이다. 하지만 칸트는 논리학적 측면에 방점을 두었는데, 경험 없이는 시간과 공간도 존재할 수 없기 때문이다. 외부 세계의 감각 재료는 이 주관적 선험형식을 경유하면서 정리되어, 시간적 차원에서 동시적 혹은 연속적 조건을 갖춘 객관적 대상으로 변화하고, 공간적 차원에서 병렬과 간격 등의 조건을 갖춘 객관적 대상으로 변화한다. 2. 선험적 형식인 시공간은 감성적 직관이지 지성적 개념이 아니다. 3. 시공간은 물 자체의 존재형식이 아니며 현상계의 존재 형식일 뿐이다. 말하자면 시간과 공간은 감성적 재료를 제공하는 ‘물 자체’에는 적용될 수 없고 ‘물 자체’가 제공하는 감성적 재료에만 적용될 수 있다.

여기서 시간과 공간의 ‘경험적 실재성’과 ‘초월적 관념성’은 ‘초월적 실재성’과 ‘경험적 관념성’과 구별된다.

이른바 ‘경험적 실재성’이란 첫째, 시공간이 반드시 감성적 경험과 연관되어야 한다는 의미다. 칸트는 초시공간적인, 혹은 시공간을 필요로 하지 않는 또다른 종류의 ‘이지적 직관’(10장 참조)을 배척할 이유는 없지만, 이는 인류가 소유한 것이 아니며 인류의 직관은 영원히 감성적이라고 보았다. “오직 인류의 입장에서만 공간과 외연을 갖는 사물을 논할 수 있다.”[16] “시간은 우리(인류) 직관(이것은 영원히 감성적이며, 이는 곧 우리가 대상에게 자극받는 한계 내에 있다는 것을 말한다)의 순수 주관적 조건이다.”[17] 시공간과 연관되지 않은 그 어떤 것도 경험 속에서 우리에게 주어질 수 없는 것이다. 둘째, 시공간과 감성 재료의 직접적 연계(개념은 간접적으로만 연계된다)로 인해 직접적인 객관적 성질이 존재하게 된다. 이는 곧 시공간이 비록 주관적 직관형식이지만 경험 안에서의 객관성을 갖는다는 뜻이다. 시공간은 사물 현상계의 전후 연속(시간), 좌우 병렬(공간) 등의 객관적 순서로, 근본적으로 소리, 색깔, 향, 따뜻함 등의 주관적 느낌과는 다르다. 소리, 색깔, 향, 맛, 따뜻함 등의 느낌은 "사물의 성질일 수 없으며 다만 주체의 변화일 뿐이다. 이러한 변화는 실상 사람에 따라 다 다르다."[18] "감각이라는 것은 한낱 감각이지 직관이 아니다. 그렇기에 그 자체로는 선험적 지식은 물론이고 대상에 관한 어떤 지식도 만들어내지 못한다."[19]

칸트는 시공간이 소리, 색, 향, 맛, 따뜻함과는 본질적으로 다르며, 소리, 색, 향, 맛, 따뜻함은 감각이고 주관성을 가질 뿐임을 강조했다. 하지만 시공간은 직관으로서 객관성을 갖는다. 그러므로 시간과 공간을 통해 구축된 현상계의 질서는 주관적 감각에 바탕을 둔 경험 질서가 아니라 객관적 실재성을 갖는 경험 질서이다. 이것이 이른바 '경험적 실재성'이다. 칸트는 버클리가 시간과 공간을 소리, 색, 향, 맛, 따뜻함과 동일시하고 주관적인 경험적 감지로 보는 데 반대했다. 이러한 주관적 경험에서 출발하면 현실과 꿈, 진리와 환상을 구별할 수 없다고 칸트는 보았다. 왜냐하면 그런 것은 모두 주관적 경험 감각이기 때문이다. 이는 칸트가 주장하는 '경험적 실재성'과 상반되는 '경험적 관념성'이다.

물론 칸트는 시간과 공간을 소리, 색 등과 구분하여 객관성을 구하려 했다. 하지만 동시에 시공간을 객관적 사물 자체('물 자체')의 형식이나 성질로 보는 것, 혹은 시공간을 "직관적 관계로부터 탈각시켜 성질 혹은 실재로서 대상 자체에 귀속시키는 것"[20]에 반대했다. 칸트는 시공간을 주체의 직관형식으로 보지 않고 '물 자체'에 귀속시켰다. 이것이 바로 '초월적 실재성'이다. 또한 이와 반대로 칸트는 객체와 연관된 모든 성질과 경험을 시공간의 형식 밖으로 배제시켰다. 예컨대 그는 운동과 변화를 시공간과 완전히 분리할 것을 요구했는데, 운동과 변화는 항상 객체인 사물의 경험과 연관되기 때문이다. "운동은 운동하는 어떤 물체에 대한 지각을 전제로 한다. ……운동하는 사물은 반드시 특정한 사물이며 경험을 통해서만 공간 속에서 발견된다. 그러므로 경험 재료이다."[21] 변화 역시 사물의 경험 재료를 전제로 하며, 시간은 그 자체로 변화와 아무런 관계가 없다. 요컨대 운동과 변화는 단지 객체, 즉 특정 사물의 운동과 변화일 뿐이다. 만약 시간과 공간이 그러한 사물과 연관되어 있다면, 시공간이 주체의 직관형식으로서 객관적 대상과 아무런 관계없이 가지고 있는 선험적 성질을 보장할 수 없다. 이것이 바로 시공간의 '초월적 관념성'이다.

칸트가 시공간의 문제와 관련해 제기한 '초월적 관념성'과 '경험적 실재성'은 칸트 철학의 인식론적 특징이다. 그는 자신의 철학을 '초월적 관념론'이자 '경험적 실재론'이라 칭했다. 인식 형식과 구조는 객체로부터 생산되는 것이 아니라 주체가 초월적으로 대상(객체)에 부여하는 것이기에 '초월적 관념론'이라 부른 것이다. 다른 한편 인식의 재료는 모두 '물 자체'(대상)가 경험적으로 제공하는 것이기에 '경험적 실재론'이라 불릴 수 있다. 여기서 칸트는 한편으로 합리론과 유물론(초월적 실재론[22])에 반대하고, 시공간이 객관적 물질세계의 형식 혹은 모종의 정신적 실체나 속성이라는 견해에 반대한다. 하지만 다른 한편으로 버클리의 경험론적 관념론에 반대할 뿐 아니라, 시공간을 경험에 기반을 둔 주관적 감지로만 보는 견해(칸트는 이를 '경험적 관념론' 혹은 '실재적 관념론'으로 부른다)에도 반대한다. 칸트는 한편으로 시공간이 인간의 선험적 직관형식임을 강조하고, 다른 한편으로 외부적 물체가 제공하는 감성적 재료와 완전히 분리된다면 시공간은 아무런 의의도 갖지 못하게 됨을 강조한다. 요컨대 시공간은 감성적 재료에서 독립해 존재할 수 없는 것이다. 시공간은 주관적 형식이지만 경험 안에서 객관적인 보편 필연성도 지닌다. 한편으로 선험성(경험에서 독립된)을, 다른 한편으로는 객관성(감성적 경험에 보편적으로 적용되는)을 요구하는 것이다. 이렇게 시공간 문제에 대한 칸트의 관점은 감성론에서 지성론 및 이성론에 이르는 경로를 따라 '비판철학'의 이원론적 특징을 선명하게 보여준다.

3 칸트의 시공간관에 대한 현대 서구 철학의 비판

칸트의 철학과 마찬가지로 그의 시공간관에 대해서도 두 가지 종류의 비판적 관점이 줄곧 존재해왔다. 쇼펜하우어는 세계는 단지 주관적 환상의 표현일 뿐이라는 입장에서 출발해 칸트가 제기한 물 자체 학설에 찬성했다. 쇼펜하우어는 칸트 철학에서 가장 훌륭한 부분이 시공간에 관한 입장이라고 보았으며, 칸트의 관점을 귀와 눈이 각각 소리와 색을 만들어내고 두뇌가 시간과 공간을 만들어내는 것과 같다고 표현했다. 그러면서도 쇼펜하우어는 칸트가 실상 버클리와 의견이 완전히 일치한다는 사실을 스스로 깨닫지 못했다고 비판했다. 그러나 이 비판은 주관적 관념론 유파에서 칸트를 곡해하는 대표적인 관점이라 할 수 있다. 칸트 비판에 있어 아주 강력한 영향력을 발휘하는 유파는 바로 과학의 외피를 쓴 주관적 관념론 유파이다. 일찍이 허버트 스펜서는 실증론적 입장에서 출발해 칸트의 시공간관이 매우 황당하며, 『순수이성비판』은 더이상 참고 봐줄 수 없을 만큼 형편없다고 혹평했다.[23] 이후 마흐, 러셀, 그리고 논리실증주의자들은 모두 대체로 버클리와 흄을 뒤섞어 칸트에 반대했다.

여기서는 러셀의 예만 들어보겠다. 시공간에 대한 러셀의 연구는 라이헨바흐 등에 한참 미치지 못하지만, 저명한 철학자로서 그의 업적은 상당한 영향력을 미치고 있다. 러셀은 명저 『서양철학사』에서 칸트의 시공간관이 『순수이성비판』 중 "가장 중요한 부분"[24]이라고 언급했다. 하지만 왜 '가장 중요한지'에 대해서는 별다른 설명을 하지 않았다. 러셀의 평가는 아마도 현대 수학과 관련 있을 것이다. 앞 장에서 언급했듯 러셀은 논리실증주의의 창시자로서, 수학이 곧 '선험적 종합'이라는 칸트의 견해에 단호히 반대했다. 수학이 선험적 종합임을 논증하기 위해 칸트가 제시한 시공간관에도 반대했다. 『서양철학사』에서 러셀은 칸트의 여타 인식론 부분에 대해서는 간략하게 소개하거나 아예 언급하지 않았지만, 칸트의 시공간관만큼은 상세히 서술하며 비판을 덧붙였다. 러셀은 칸트의 '해석'이 허점투성이이며 모순으로 가득차 있다고 비판했다. 하지만 이는 오히려 러셀이 칸트 '해석'의 요점을 전혀 이해하지 못했고 오히려 칸트 이전으로 퇴보했음을 보여주는 것이다.

러셀은 칸트가 제시한 네 가지 '형이상학적 해석'을 각각 다음과 같이 반박했다. 첫째, 러셀은 "칸트는 한 가지 난제를 전혀 인식하지 못하고 있다. ……도대체 무엇이 우리로 하여금 '저렇게'가 아닌 '이렇게' 감각적 대상을 정리하게 하는가? 예컨대 왜 우리 눈은 항상 입 아래가 아닌 위를 보게 되는가?"라고 의문을 제기했다. 이는 칸트가 제시하는 선험적 시공간의 형식이 사물의 구체적인 시공간적 질서를 설명해주지 못한다는 의미다. 하지만 칸트는 그러한 질서가 경험에 근거해 주어지며, "공간에 대한 어떤 규정도 반드시 인식 불가능한 대상 안에 그 근거를 지니고 있어야 한다"[25]라고 말한 바 있다. 이는 곧 다음과 같은 시공간적 인식과정을 말하는 것이다. 즉 한편으로 '물체'가 감각기관을 자극하고, 다른 한편으로 주관이 보편 필연적인 시공간적 형식을 제공한다. 그리고 특정한 대소大小, 형태, 선후先後 등이 객관적 대상을 제약하는 것과 같이[26] 구체적인 시공간적 관계가 형성된다. 『순수이성비판』 중 지성의 인과 원리 부분에서 이 점이 명확하게 드러난다. 둘째, 러셀은 "우리는 아무런 사물도 없는 공간을 상정할 수 있음을 부정한다. ……나는 절대적으로 비어 있는 공간을 어떻게 상정할 수 있는지 알지 못한다"라고 말했다. 러셀의 이러한 견해는 정확하다. 칸트 본인은 뉴턴이 주장한 텅 빈 접시와 같은 절대적 시공간관에 반대한다. '초월적 분석론'에서 칸트는 사물로부터 독립되어 있으면서 절대적으로 비어 있는 어떤 공간도 부정한 바 있다. 그렇기에 러셀이 말하는 '상정'이란 심리학적 의미에서의 어설픈 묘사 이외에, 주로 사상 속에서 각종 감성적 대상을 추출해 낼 수 있을 뿐 시공간 자체를 추출해낼 수는 없음을 가리킨다고 할 수 있다. 왜냐하면 시간과 공간은 근본적으로 감성의 대상이 아니라 단지 감성적 직관의 순수 형식일 뿐이기 때문이다. 이 점에 대해 러셀은 깊이 있는 논박을 보여주지 못했다. 셋째, "우리가 말하는 공간 일반이란 개별적인 공간 개념도 아니고 집합의 한 부분을 말하는 것도 아니다. ……공간 혹은 공간 일반을 막론하고 그것은 고유명proper name*으로 존재할 수 없다." 앞서 밝힌 대로 칸트 자신은 시공간이 독립된 실체라는 의견에 반대했다. 칸트가 말하는 [시공간에 대한] '해석'은 주로 직관과 개념, 감성과 지성을 구별하는 것이다. 러셀 역시 이 구분을 부정하지 못했다. 넷째, 공간이 무한한 양으로서 직관될 수 있다는 데 대해 러셀은 칸트의 이러한 관점이 "쾨니히스베르크의 평원에 살던 사람[칸트]의 관점에

* 러셀이 「지시함에 관하여On Denotating」라는 논문에서 제시한 개념. '고유명'은 '기술description'과 구분되는 개념으로서, 특정한 개체를 지시하며 그 자체의 의미를 함축하고 있다. 예컨대 '소크라테스'라는 개념은 그 자체로 표현의 대상이 된다. 하지만 '현재 프랑스의 왕'이라는 표현은 그 자체로 '누가 프랑스의 왕인가'를 말해주지 못한다. 이러한 개념을 '기술'이라 할 수 있으며, 이는 지시가 아니라 설명하는 것이다. 결국 '고유명'은 개념 자체가 대상과 유일무이하게 합치되는 것이라고 할 수 있다.

불과하며, 나는 알프스 계곡의 주민도 그러한 관점을 취할 수 있을지 모르겠다"라고 비웃은 바 있다. 실상 칸트는 무한한 양의 총체가 직관 안에서 주어질 수 있다고 주장한 바 없다. 칸트는 감성인식의 무한함은 반드시 공간의 양적 무한함과 관련 있기에, 공간은 개념일 수 없음을 설명하려 했던 것이다.

칸트가 제시한 '해석'은 본래 견강부회의 성격이 강하고 그 함의도 모호하다.[27] 하지만 러셀의 비판은 오히려 칸트에서 버클리로의 후퇴에 가깝다. 러셀이 비판하는 것은 칸트 시공간관의 초월성이 아니라 그것이 추구하는 주관적 감각과는 다른 객관성이다. 칸트는 시간과 공간이 소리, 색, 맛 등의 성질과는 구별된다는 점을 강조했지만, 러셀은 이러한 구별을 아예 없애버렸다. 러셀은 소리와 색이 주관적 감각으로서 그에 상응하는 객관적 음파와 파동을 갖는데, 이는 시공간도 마찬가지라고 생각했다. 러셀은 다음과 같이 말했다. "이러한 측면에 있어 공간은 기타 지각의 양식과 아무런 차이도 없다. ……공간에 대한 우리의 인식이 소리, 색, 냄새에 대한 인식과 다른 양식을 취할 것이라고 생각할 어떤 이유도 없다."

러셀처럼 마흐도 시공간이 산술, 기하와 마찬가지로 주관적 경험에서 유래한다고 주장했다. "만약 물리적 경험이 우리에게 말해주지 않는다면 수많은 등가적, 불변적 사물이 존재할 것이다. 만약 생물적 수요가 이러한 사물의 축적을 촉진시키지 않는다면 계산은 아무런 목적도 의의도 갖지 못할 것이다. 만약 우리의 환경이 완전히 고정적이지 않고 꿈처럼 순간순간 변한다면 우리가 왜 계산을 해야 한단 말인가? ……수학적 작업이란 계산하는 자신이 스스로의 정리활동 경험을 이용해 계산한 결과가 원래의 자료와 부합·일치되는 것을 증명하는 데 국한되는데, 수학이 어떻게 자연을 위해 그 자신의 선험적 규율을 선포할 수 있다는 것인가?"[28]

얼핏 보기에 이러한 관점들은 모두 경험론을 통해 선험론에 반대하는 듯하다. 즉 시공간의 관념이 경험에서 유래하고, 객체에 모종의 상대적인 것이 존재함을 인정하는 관점으로 보이는 것이다. 하지만 실상 이러한 관점들은 더욱 철저한 유심론적 관점들이며 칸트가 반대했던 '경험적 관념론', 즉 버클리주의의 부활이라 할 만하다. 이들이 보기에 시공간은 단지 경험일 뿐이며, 경험은 결국 감각 재료 혹은 감각의 복합으로 이루어진다. 그러므로 소리, 색과 마찬가지로 시간과 공간은 주관적인 감각적 경험일 뿐이다. 마흐는 다음과 같이 말했다. "세계는 어떤 신비한 실체가 또다른 신비한 실체인 자아와의 상호작용을 통해 그 감각을 만들어내는 것이 아니다. ……색, 소리, 시간, 공간은 잠정적인 최종 요소일 뿐이다." "자아와 세계, 감각(현상)과 사물 간의 대립이 완전히 사라지면 우리는 단지 요소의 결합과 관계하면 되는 것이다."[29] 이 문제와 관련해서 나는 시간과 공간에 대한 인간의 표상과 관념이 사회적 실천을 통해 역사적으로 형성되고 출현하는 것임을 알아야 한다고 생각한다. 시공간의 표상은 분명 소리, 색, 향, 맛, 따뜻함 등의 감각과는 다르다. 칸트는 바로 이 다름에 주목하여, 시간과 공간은 직관형식으로서 능동적 종합의 성질을 가지고 있고 수동적인 감각적 지각과는 다르다는 데 주목했다. 이는 매우 중요하면서도 심도 있는 의미를 갖는다. 하지만 칸트는 이러한 '종합'이 역사적 실천의 결과이면서 또한 사회·역사적 배경에서 유래하는 심리·논리적 구조인 것은 알지 못했다. 오직 사회적 실천이라는 철학적 관점에서만 칸트의 시공간관을 정확하게 분석·비판할 수 있는 것이다.

러셀 등이 시공간과 소리, 색, 향, 맛, 따뜻함 사이의 구분을 없애버린 것은, 로크가 제시한 제1성질과 제2성질의 구분을 버클리가 없애버린 것과 유사하다. 그들은 모두 객관적 사물을 주관적 감각과 지각의 경험으로 귀결·포함하려 했다. 시공간과 이른바 제1성질은 보다 직접적인 관계를 갖는 것으로 버클리는 제1성질을 통째로 제2성질에 귀속시켰으며, 러셀과 마흐 등은 시공간을 소리, 색, 맛 등과 등치시켜 논했다. 실상 이들은 매우 중요한 역사적 사실을 지워버린 셈인데, 갈릴레이와 데카르트, 로크가 주장한 제1성질과 제2성질의 구분이 그 시대적 맥락에서 볼 때 과학적 배경과 사회 실천적 근원을 갖는다는 사실을 완전히 배제해버린 것이다. 이러한 구분이 갖는 역사적 의의는 다음과 같다. 물질의 제1성질(외연, 운동, 수數)은 제2성질(소리, 색 등)에 비해 일정한 역사적 시기 안에서 전체적인 사회 실천활동과 더 많은 관계를 맺고 있고, 또한 인간이 행하는 파악·이용·이해·인식의 활동과 더 많은 관계를 맺고 있다. 제1성질과 제2성질의 차이는 곧 그러한 성질들로 하여금 감각기관이 반영하는 단순한 감각적 성질을 넘어서게 한다. 물론 인간의 다섯 가지 감각기관은 모두 역사적 산물이고 그 자체는 모두 축적된 사회적 성질이자 기능이다. 인류는 세계를 개조하는 과정(실천) 속에서 세계를 인식하며, 다섯 가지 감각기관 자체는 그러한 실천의 제약과 영향을 받게 된다. 하지만 감각기관의 생리적 반응에 대해서만 말한다면 인간과 동물 사이에는 아무런 차이도 없다. 그러므로 감각기관의 생리적 감지로는 제1성질과 제2성질이 구별되지 않는 것이다. 로크는 "우리가 단지 하나가 아닌 감각기관을 통해 얻는 관념은 곧 공간 혹은 외연, 형상, 정지, 운동 등의 관념이다. 왜냐하면 이러한 것들은 시각과 촉각의 두 가지 측면에서 형성된 지각 가능한 형상이기 때문"[30]이라고 말했다. 로크가 "단지 하나가 아닌 감각기관"과 단지 하나의 감각기관이라는 구분법을 제1성질과 제2성질의 구분 근거로 삼았다는 것은 그가 여전히 감각론에 기반한 구식 유물론의 입장에 서 있었음을 보여준다. 그는 '단지 하나가 아닌' 감각들로 이루어진 인간의 감각적 활동이 도구의 사용과 제작을 특징으로 하는 인류 노동의 실천을 그 기초로 해야만 비로소 감각과는 근본적으로 다른 질적 차이를 만들어낼 수 있다는 것을 이해하지 못했다. 칸트는 시공간의 직관형식이 가진 종합의 기능을 강조하기는 했지만, 이러한 '종합'의 진정한 현실적 기초를 발견하지는 못했다. 실상 인류의 사회적 실천 속에서 이 특정한 형태의 "단지 하나가 아닌 감각기관"의 활동은 인류로 하여금 여타 동물처럼 단순히 정태적이고 수동적인 태도로 대상을 감지하게 하지 않는다. 인류의 시공간관은 감각기관에 기댄 수동적 세계 인식을 통해서가 아니라, 역사성을 갖는 집단적 구조의 제약 안에서 도구의 사용과 제작을 통해 창발되는 능동적 환경 개조의 기본적 활동이 요구·규정하는 바에 의해 형성되는 것이다. 그러므로 시간과 공간은 단순한 감지(즉 소리, 색, 맛, 따뜻함 등)와는 중대한 차이를 지니며, 그 객관적 사회성의 특징이 더욱 두드러지기 때문에 중요한 것이다. 동물적 성격의 개체적 감지가 아닌 사회적 성격을 갖는 집단의 실천이 인류 시공간의 원천이 되는 것이다. 시간과 공간의 특징으로서 '종합'이 갖는 진정한 의의가 바로 여기에 있다. 그러므로 갈릴레이에서 로크에 이르는 동안 외부 세계의 물질 그 자체에 속하는 '제1성질'로서 외연, 운동, 수가 제기된 것은, 감각기관이 하나이냐 다수이냐에 관한 문제가 아니다. 그것은 곧 인류의 실천이 만들어낸 성과의 표출이며 동시에 그들 시대의 총체적인 사회적 실천과 과학적 실험이 다다른 역사적 수준을 반영하는 것이다. 당시는 기계역학이 패권적 지위를 차지하던 시대로 기계역학의 내용은 대부분 일상생활 속 물체의 외연, 운동, 수 등과 관계되어 있었다. 기계역학은 그러한 요소들을 객관 세계 속에서 발견하고 추출하여 물체의 객관적 속성으로 파악한다. 그 객관적 속성은 바로 외연, 불가입不可入 등 어쨌든 모두 공간을 점유하는 것들이다. 이렇게 특정한 역사적 시기 속에서 인류가 세계를 개조하는 사회적 실천활동의 특징을 통해 비로소 객관 세계로부터 그러한 객관적 속성을 표현해낼 수 있는 것이다. 그렇기에 이러한 성질이 역사의 특정한 시기에 소리, 색, 맛, 향, 냉온 등의 감각(물론 이 감각의 주관적 성질은 서로 다르다)보다 더 중요하고도 객관적인 지위를 갖게 되는 것이다. 그러므로 만약 감각(감각기관이 반영하는)의 측면에서만 인간의 외연, 운동 등의 감지와 소리, 색, 향, 따뜻함 등 이른바 '제2성질'에 대한 감지를 말한다면, 개체의 주관성과 차이성에 있어 그 본질적 다름을 찾아내기 어려우며 '제1성질'과 '제2성질'을 분리하기 어렵다. 외연은 색채를 갖지 않는가, 특정한 색채를 갖지 않는 외연이란 도대체 무엇인가 등의 문제는 감각, 혹은 구식 유물론의 감각기관 반영설로는 대답할 수 없다.[31] 감각 혹은 지각을 인식론의 출발점과 종결점으로 삼는 것은 이제까지 근대 철학의 가장 중요한 특징 중 하나였다. 하지만 근대 철학은 감각 혹은 지각이 일종의 역사적 산물임을 인식하지 못했다. 시공간과 기타 감각과의 심각한 차이가 이를 증명한다.

그러므로 추상적이고 불변하는, 즉 동물적 성질을 가진 개체의 감지가 아닌 역사의 구체적인 사회적 실천에서 출발해야만, 로크가 주장한 대로 '제1성질'과 '제2성질'이 하나는 객관적 성질을, 다른 하나는 주관적 성질을 갖는 것이 아님을 이해할 수 있다. '제1성질'과 '제2성질'은 모두 사물의 객관적 속성이다. 서로 다른 색깔에 대한 감지는 객관적 파동의 길고 짧음으로 결정되며, 서로 다른 냄새에 대한 감지는 서로 다른 분자운동으로 결정된다. 하지만 파동은 분명 색깔과 다르고 분자운동은 냄새와 다르다. 이는 곧 사물의 위치, 운동, 외연이 우리가 바라보는 그 사물의 위치, 운동, 대소大小와 완전히 일치하지 않는 것과 같은 이치다.(이 점은 상대성이론으로 이미 증명됐으며 미시적 세계에서 이 현상은 더욱 분명하게 나타난다.) 이 양자 사이에 본질적 구별은 없지만 일정한 구별은 분명 존재한다. 이 구별은 반드시 인식에 대한 실천의 요구와 양자 사이의 구체적인 역사적 관계 안에서 연구되어야 한다. 이런 연구를 통해 '제1성질'과 '제2성질'의 구별이, 각기

다른 시대의 상이한 과학 수준(각기 다른 역사적 시기의 사회적 실천 수준)이 제시하는 서로 다른 측면과 그 연구의 깊이를 반영하고 있다는 것을 알아야 한다.

칸트의 시공간관은 실상 로크가 제시한 두 가지 성질에 대한 구분을 수용한 것이다.[32] 하지만 쇼펜하우어가 주장했듯, 칸트는 제1, 제2성질을 모두 현상계 안에 놓았고 '물 자체'의 성질은 아니라고 보았다. 칸트가 보기에 '제1성질'은 '제2성질'(주관감각)에 비해 더 보편 필연적인 객관성을 갖는데, 이는 '제1성질'이 선험적인 시공간의 형식과 지성의 범주를 가지고 있기 때문이다. 버클리는 로크의 '제1성질'을 완전히 '제2성질'의 범위 안에 포함시켰고, 그의 관점은 모두 주관감각을 위주로 하기 때문에 경험론적 관념론이라 할 수 있다. 칸트는 이 양자 사이의 구분을 파악하고 '제1성질'의 물질적 성질을 기각시켰다. 그리고 시공간을 선험적 형식으로 변화시킨다. 칸트 스스로 인정했듯 이는 진일보한 추상이며 형식론적 관념론이다. 버클리에서 마흐에 이르기까지 주장했던 것은 감지에 기반한 경험적 주관 관념론이었다. 그러나 칸트가 제시한 것은 곧 인식형식의 관념론이다. 경험적 주관 관념론은 심리의 구체적 감지를 강조하고, 칸트가 제시한 인식형식의 관념론은 인식의 보편형식을 강조한다. 모두 관념론인 이 두 관점은 비록 똑같이 '제1성질'이 물질 자체의 속성이라는 로크의 관점과 프랑스 유물론의 관점에 반대했지만, 두 관점을 같다고 보는 것은 사실에 부합하지 않고 철학사의 필연적 과정에도 부합하지 않는다. 칸트는 분명 버클리보다 더 깊이 있는 관점을 지니고 있었다.

4 '모든 존재의 기본 형식은 공간과 시간이다'

엥겔스는 "모든 존재의 기본 형식은 공간과 시간"[33]이라고 했다. 시간과 공간은 분명 여타 감지와는 다르며, 이 다름은 앞서 언급했듯 시공간의 표상이 인간 개체의 감각기관을 통한 것이어서가 아니라 더욱 중요하게는 그것이 사회적 실천을 통해 얻어진 것이기 때문이다. 그러므로 시공간은 인류의 인식형식이 되고 그렇기에 인간은 시간과 공간이라는 두 종류의 감성적 틀(표상, 관념)만을 갖게 된다. 인간의 사회적 실천활동은 물질세계의 한 부분으로서 객관 세계의 모든 사물과 마찬가지로 전후의 연속 관계 및 상하좌우의 활동 영역을 통해 그 현실적 존재를 표현하기 때문이다. 따라서 처음에는 사회적인 일정한 객관적 규정을 필요로 한다. 시공간적 표상 혹은 관념은 초월적 혹은 선험적 성질을 전혀 가지고 있지 않다. 그것은 사회적 실천이 우리의 주관적 의식 안에 축적되고 이식된 것이다. 여기서 (감각기관에 의한 지각이 아닌) 사회적(비개체적) 실천은 그 과정을 매개하는 핵심 결절점이라 할 수 있다. 동물 역시 모종의 특정한 시공간적 감각을 가질 수 있지만 그것은 인간의 시공간적 표상 혹은 관념과는 본질적으로 다르다. 시공간적 표상이 소리, 색, 향, 따뜻함, 그리고 동물의 생리적 감각과는 근본적으로 다른 이유가 바로 여기에 있다.

한 개체가 느끼는 감각적 반응에서는 그 주관성과 개별성이 매우 두드러진다. 하지만 시공간에 대한 반응은 언어적 기호를 통해 이루어지기에 사회가 요구하는 엄격한 규범을 필요로 한다. 시공간에 대한 개체의 심리적 수용은 소리, 색, 향, 맛, 냉온 등처럼 주관성과 개별성을 가질 수 있다. 예컨대 시간에 대한 감각은 서로 매우 다른 주관적 체험을 갖는다. "한 개인에게는 나의 시간, 곧 '주관적 시간'이 존재한다."[34] '진실한' 시간은 본래 개체적이고 주관적이며 동질적이지 않다. 하지만 이러한 측면은 예술과 일련의 일상생활을 제외하고는 부차적 지위를 갖는다. 더 중요한 것은 시공간에 대한 감각이 사회생활과 과학적 인식 안에서 일치한다는 점이며, 그렇기에 시간은 일종의 동질적 규정을 갖는다. 이것은 사회적 원인이기도 하다. 시간이 지닌 '연속duration'의 특징(시간은 서로 침투하며 과거, 현재, 미래로 분할될 수 없다)을 강조하는 관념론적 직관론자 베르그송마저도 자신이 강조하는 주관적 심리의 감수성과는 완전히 상반되게, 사회생활이 곧 시공간의 과학적 관념을 필요로 함을 인정한다. "우리의 지각, 감각, 정서, 관념은 두 가지 측면을 가지고 있다. 한 가지 측면은 정확하고 분명하며 그 어떤 개인에게도 속하지 않는다. 또다른 측면은 혼잡하고 모호하며 형용할 수 없는 부단한 변화가 일어난다." "언어는 후자를 전자로 변화시켜 공공의 것으로 만든다." "이것은 사회생활이 실질적으로 우리 내부의 생활 및 개인적 생활보다 더욱 중요하기 때문이다. 우리는 본능적으로 인상을 고정화하고 언어를 통해 그것을 표현하는 성향을 가지고 있다." "과학은 시간으로부터 연속성을 없애버리고, 운동으로부터 가변성을 없애버려야 시간을 처리할 수 있다."[35] 베르그송은 후자의 측면의 철학적 의의를 부정하고 그것이 시간의 '본질'은 아니라고 생각했다. 그는 진정으로 본질적인 의의를 가진 시간은 형용할 수 없는 개체의 주관적 시간이라고 본 것이다. 하지만 이러한 생각은 오히려 반대로 시간의 본질이 그 객관적 사회성에 놓여 있음을 설명해준다. 연월年月, 시계, 지도, 지표 등 사회가 시공간에 부여한 일종의 규범적 표현 방식이 인간으로 하여금 생활하고 실천하는 가운데 모종의 일치를 이루게 하며, 이것이야말로 인류학(역사적 총체)에 있어 심오한 철학적 내용과 의의를 갖는 것이라 할 수 있다.

아인슈타인은 "시계의 사용으로 시간 개념이 객관적인 것이 될 수 있었다"[36]라고 말한 바 있다. 시계는 곧 "우리의 감각적 경험을 보다 쉽게 이해할 수 있도록 고안된 수단이다."[37] 뉴턴이 제시한 텅 빈 상자와 같은 공간화된 시간관에서 오늘날 상대론적 시공간관에 이르는 변화는 곧 인간의 시공간관이 사회적 실천을 통해 부단히 발전한다는 것을 보여주고 있다.[38]

그렇기에 공간화된 시간관은 비록 시간 자체의 본성에 부합하진 않지만 그 합리적 존재 근거를 갖는다고 해야 할 것이다. 먼 과거 원시인들의 시공간관은 마치 어린아이의 경우처럼 매우 불분명하고 '연속'적인 관념만을 가지고 있었다. 하지만 사회가 발전함에 따라 비로소 초보적인 구분의 형식이 나타나기 시작했다. 고대인들의 시공간관은 종종 현실생활 혹은 특정 사물과 밀접한 연관관계가 있었으며, 특수한 내용과 연결되어 있어 아직 보편적 형식을 갖추지 못했다. 예컨대 시간은 계절 혹은 절기, 공간은 방위와 연계되어 있었다.(고대 중국에서 동서남북의 방위와 농업생산의 밀접한 관계 등) 원시인과 어린아이가 지닌 시공간관의 협애성과 구체성은 모두가 아는 바이다. 그들은 모두 인간의 객관적 시공간관을 인식하고 파악하는 것이 사회적 실천이 갖는 역사적 성질의 제약을 받는다는 것을 보여준다. 그들의 상대적인 보편 필연성은 일정한 객관적 사회성의 표현인 것이다.

그러므로 칸트의 주장처럼 절대적이며 보편 필연적인 선험적 시공간의 형식이라는 것은 존재하지 않는다. 칸트는 이를 수학으로 증명하려 했지만 소용없었다. 역사상 최초의 산술활동은 고대 그리스에서 양과 과일의 수를 세는 데에서 시작되었고, 기하학은 체적體積 측정 등의 실천활동을 통해 만들어졌다. "수와 형태의 개념은 어느 곳에서나 얻을 수 있는 것이 아니라 바로 현실세계에서 얻을 수 있다. 인간이 셈을 배울 때 처음엔 열 개의 손가락을 이용했지만 다른 무엇으로도 셈을 할 수 있었다. 하지만 이러한 셈은 결코 오성의 자유로운 창작물이 아니다. ……형태의 개념 역시 완전히 외부 세계에서 얻어내는 것이지 머릿속의 순수한 사유 안에서 만들어지는 것이 아니다."[39] 그렇기에 산술이 시간과 밀접한 관계를 맺는 것은 자연수와 가감법 등의 연속적 관계가 주로 주체의 시간 속에서 조작활동(같은 동작의 끊임없는 반복과 숫자 1이라는 관념의 형성 사이의 관계, 가감법과 주체가 행하는 노동활동의 기본 형식인 나눔과 더함 사이의 관계 등)을 통해 얻어지기 때문이다. 앞서 언급했듯 2+2=4, 7+5=12 등의 정식은 외부 사물을 관찰함으로써 얻어지는 것이 아니다. 그것은 원시적 조작활동에 대한 부호화된 규범을 통해 얻어지는 것이며, 따라서 시간과 관계가 있다. 거꾸로 말해, 시간 관념의 형성은 계산과 측량 등 실천활동의 기초 위에서 이루어진다.[40] 마찬가지로 기하학은 공간과 관계를 맺으며 위치, 직선, 곡선 등 주체가 공구를 사용·제작하는 노동활동을 통해 공간을 지배·이용함으로써 얻어지는 것이다. 어린아이나 원시인 집단은 이러한 공간 관념을 가질 수 없다. 요컨대 인간은 외부 사물의 정태적 관찰에 의한 귀납을 통해서도, 선험적 순수직관을 통해서도 시공간에 대한 객관적 존재 형식을 얻지 못한다. 세계를 개조하는 노동 실천의 과정 안에서 인간은 비로소 시공간을 파악하고 객관 세계의 존재 형식을 확정짓는다. 그리고 점진적으로 시공간을 포함하는 인간의 총체적 인식 형식 및 심리-논리 구조로 내화·이식시키는 것이다. 이것이 이른바 '이성의 내화'이다. 객관 세계의 규칙은 주체 인식의 도구와 수단으로 변화하고, 이는 곧 사회적 실천이 객관 세계를 개조하는 동시에 인간의 주관 세계 역시 개조한다는 의미다. 인식의 내용이 그러하며 인식의 형식과 구조도 그러하다. 수학은 이러한 형식 구조의 매우 중요한 측면이며, 또한 인간이 세계 형식의 구조적 측면을 이해하는 데 매우 강력한 무기라고 할 수 있다.

근본적인 차원에 있어 시공간과 밀접한 관계에 있는 수학은 비록 현실세계의 실천활동에 대한 기본적 규범에서 유래하지만, 이에 대해 엥겔스는 다음과 같이 말했다. "현실세계에서 추출된 규칙은 일정한 발전 단계에서 현실세계와 분리된다. 그리고 모종의 독립적인 것으로서, 세계가 반드시 따라야 할 규칙으로서 현실세계와 대립하게 된다."[41] 칸트의 초월적 관념론이 바로 이런 것이다. 칸트는 현실 속에서 추상되어나온 규칙을 세계가 반드시 준수해야 할 선험 규칙으로 보았다. '두 점 사이의 가장 짧은 선은 직선'이라는 명제는 본래 수억 년에 걸친 인간 실천활동을 통해 '자명한' 공리적 성질을 갖게 된다. 하지만 칸트는 이를 인간 이성이 선포한 '선험'형식으로 보았고, 자연계가 반드시 그에 따라야 한다고 주장했다. 실상 수학 발전사의 관점에서 보았을 때, 수학과 감성적 시공간의 관계는 직접적인 관계에서 직접적이지 않은 관계로 발전해왔고, 이는 곧 감지할 수 있는 초감각적 관계가 총체적인 초감각적 형식구조로 발전해온 것이라 할 수 있다. 또한 객관적 현실 관계에 대한 깊이 있는 표현인 동시에 인식 심화의 도정을 열어젖힌 것이라 할 수도 있다. 아인슈타인은 기하학적 공간이 물리적 고체의 서로 떨어져 있는 성질 및 물리적 공간으로부터 발전되었다는 점을 여러 차례 강조했다. 근대 공업 기술과 과학 실험의 실천활동이 각종 비유클리드 기하학의 가능성을 만들어냈다는 것은 이러한 아인슈타인의 관점을 분명하게 확인시켜준다. 일상생활 속 유클리드 기하학의 공간에서 거의 상상하기 힘든 비유클리드 기하학의 공간으로 나아가는 변화는 비단 논리의 가능한 발전일 뿐 아니라 우리가 객관적 관계를 더욱 깊이 있게 인식하는 중요한 경로라는 것을 의미한다.[42]

인식은 항상 근접할 수 있을 뿐 인식 대상을 완전히 파악할 수는 없으며, 갈수록 심화되어갈 따름이다. 인간의 시공간적 표상과 수리과학, 물리과학도 마찬가지다. 상하좌우의 공간적 표상, 전후연속의 시간적 표상, 그리고 산술, 기하학에서부터 오늘날의 수리과학에 이르기까지, 뉴턴 역학의 시공간에서부터 상대론의 시공간관에 이르기까지 모든 과정은 협소함에서 방대함으로, 단순함에서 복잡함으로, 초급에서 고급으로의 발전과정이라 할 수 있다. 사회적 실천의 부단한 전진과 함께 이 모든 과정 역시 끊임없이 전진할 것이다. 칸트의 시공간관 중 특히 재미있는 것은 시공간과 감성 직관의 관계를 강조한다는 점이다. 내가 보기에 이는 매우 중요하다. 시간과 공간은 개념 혹은 이성이 아니며 색, 향, 맛, 따뜻함과 같은 순수감각과도 다르다. 시공간은 감성적 직관에 축적된 사회적 이성 안에 놓여 있고, 그렇기에 개체에게 시공간은 거의 선험적 직관형식과 유사한 것으로 그 유래가 없다고 할 수 있다. 하지만 인류 전체라는 범위에서 말한다면 시공간은 여전히 사회적 실천의 성과이다. 이 성과는 형식논리와는 다른 것으로 단순히 조작활동의 '내화', 즉 외재적 실천활동이 내재적 이성의 구조로 전환되는 것이 아니다. 그것은 축적, 즉 사회적 이성이 감성 지각 안에 축적되는 것이다. 내화는 논리이고 축적은 심미와 연관된 '자유 직관'의 요소이다. 축적은 '미를 통해 진리를 계발' 하며, 자유롭고 창조적인 성질을 가지고 있다. 수학의 발생과 발전은 이 두 가지 측면에 의존해 있다. 이 과정은 심리학 분야의 구체적인 연구를 기다리고 있으며, 특히 축적과 피아제가 말한 '내화'의 관계는 더욱 주목할 가치가 있다. 다만 여기서는 철학적 측면에서만 논하고자 한다.

4장

인식론: (3) 범주

1 '지성의 순수개념'으로서의 범주

칸트는 인간의 지식을 크게 감성과 지성이라는 두 가지 부분, 측면, 근원으로 나누었다. 그렇기에 이 두 가지 부분, 측면, 근원은 곧 '비판철학'이 연구하고자 하는 선험적 지식의 두 가지 형식이라 할 수 있다. 『순수이성비판』은 '초월적 감성론'에 이어 곧바로 지성에 대한 '초월적 분석론'을 진행한다. 칸트는 다음과 같이 말했다. "우리의 지식은 영혼의 두 가지 기본적 원천에서 유래하는 바, 첫째는 표상을 받아들이는 능력(인상에 대한 감수성)이고, 둘째는 이 표상을 통해 대상을 인식하는 능력(개념의 능동성)이다. 전자를 통해 대상이 우리에게 주어지고, 후자를 통해 대상이 표상 관계 안에서 사유된다. ……그렇기에 직관과 개념이 우리의 모든 지식을 구성하는 요소라 할 수 있다. 개념은 있지만 그에 상응하는 직관이 없거나, 직관은 있지만 개념이 없다면 인식을 생산할 수 없다."[1] 칸트는 또 이렇게 언급했다. "영혼의 감수성, 즉 영혼이 자극되어 표상을 받아들이는 능력을 감성이라 부른다면, 영혼 스스로 표상을 만들어내는 능력, 즉 인식의 능동성은 지성이라 부른다. 우리의 본성은 이렇게 구축된 것으로, 다시 말해 우리의 직관은 영원히 감성적일 수밖에 없다. 결국 직관은 우리가 대상에 의해 자극받는 방식에 불과하다. 다른 한편, 우리로 하여금 감상적 직관의 대상을 사유할 수 있게 하는 것은 바로 지성이다. 이 둘 중 어느 것이 더 우월하다고 할 수는 없다. ……이 두 가지 힘 혹은 능력은 그 기능을 서로 바꿀 수 없다. 지성은 직관할 수 없고 감성은 사유할 수 없다. 오직 둘 사이의 연합을 통해서만 비로소 인식이 발생하는 것이다."[2]

칸트는 감성과 지성을 서로 평행하고 독립적이며, 하나가 다른 하나를 생산할 수 없는 두 종류의 능력으로 보았고, 합리론과 경험론이 양자를 서로 혼동하여 말하는 것을 비판했다. "로크가 자신의 오성론(내가 이렇게 말하는 것을 허락해주기 바란다) 체계에 근거해 모든 지성의 개념을 감성화시켰듯 라이프니츠는 현상을 이지화理智化했다. 즉 지성 개념을 단지 경험적 혹은 추상적 반성의 개념으로 해석해버린 것이다. 이런 사유방식은 감성과 지성을 서로 다른 지식의 원천으로 보지 않는다. 서로 다른 두 종류의 원천이 결합해야만 비로소 사물에 대한 객관적이고 유효한 판단을 내릴 수 있다. 이 두 위대한 사상가는 각자 한 가지 측면에만 집착하여 객관적 판단이 물 자체와 직접적 연관을 맺는 것으로 보았다. 그렇기에 또다른 기능[지성]은 전자[감성]에 의해 생산되는 혼합된 표상 혹은 표상의 정리로 인식되었다."[3] 합리론은 감성을 지성의 혼합된 표상으로 보고, 경험론은 지성을 감성의 추상·정리로 본다. 합리론은 감성을 지성으로 귀결시키고, 경험론은 지성을 감성으로 귀결시킨 셈이다. 칸트는 이 두 가지 사유방식을 모두 틀렸다고 보고, 감성과 지성은 그 근원, 본성, 작용의 어느 관점에서 보더라도 한쪽이 다른 한쪽을 생산해낼 수 없다고 보았다. 감성과 지성 양자는 서로 다음과 같이 대칭적 관계를 이룬다.

감성	지성
대상에서 유래	주체에서 유래
수동적으로 수용	능동적이고 창조적
무질서함	종합 통일
특수 내용	보편형식
주관적	객관적
경험적	선험적
……	……

이를 통해 칸트가 지성과 감성의 연합을 통해서만 비로소 지식을 생산할 수 있음을 강조한 것은 감성과 지성을 서로 완전히 분리시키는 사유방식에 기반한 것이었음이 분명하게 드러난다.

동시에 칸트가 강조한 '연합'이란 지성의 능동성이 감성에 작용한 결과이며, 지성이 감성에 규범을 부여하고 그것을 조직·구축하는 것임을 알 수 있다. 다시 말해 직관이 제공하는 감성적 재료들을 종합 통일하고 그것들을 논리적 형식의 개념적 계통 안으로 조직해 넣어야만 비로소 인식이 생산될 수 있고 또한 모든 지식을 가능케 할 수 있는 것이다. 칸트가 '초월적 분석론'에서 주로 언급하는 사항도 이 문제에 관한 것이다.[4]

그러므로 '초월적 분석론'은 '초월적 논리'의 범주에 속한다. '초월적 논리'는 전통적 형식논리와는 크게 다르다. 칸트는 전통적 형식논리가 분석적이고 무모순율無矛盾律을 기초로 한다고 보았다. 또한 그 형식논리가 처리하는 것은 단지 모든 사유의 필요형식일 뿐[5] 진리에 관한 충분조건 및 적극적인 표준을 제공해줄 수 없다고 보았다.(여기서 칸트는 실상 라이프니츠의 '충족 이유율'에 반대하고 있을 뿐이다.) '초월적 논리'가 전통적 형식논리와 다른 점은 종합에 있으며, 이 종합은 인식과 대상의 일치를 요구하고 인식의 내용에 관계한다. 칸트는 초월적 논리인 종합이야말로 진리의 논리라고 생각했다.[6] 이러한 논리가 언급하는 것은 경험에서 독립된 것이고 경험을 가능케 하는(즉 지식을 형성하는) 사유의 조건이자 순수지성을 분석하는 개념과 원리이며 자연과학의 선험적 기초로 쓰이는 것이다. 칸트의 '초월적 논리'는 합리론에 대한 비판인 동시에 일반논리(즉 형식논리)만을 통해 인식의 문제를 해결할 수 있고 모순율(분석)에 기대어 세계를 인식할 수 있다는 관점에 반대하는 것이다. 칸트는 기하, 산술의 공리가 감성과 연계되어 있기에 자명하다고 보았다. 하지만 역학과 같이 감성 직관의 자명성이 결여된 경우 초월적 논리의 연역을 통해 그 객관적 보편 필연성을 보증할 필요가 있다고 주장했다.

'초월적 논리'는 주로 지성과 이성을 논한다. '분석론'은 지성을 논하고 '변증론'은 이성을 논한다. 지성은 칸트에 의해 근본적으로 감성과 다른 것으로 파악되었기에, 순수지성의 개념과 원리는 그 어떤 감성적 인상이나 경험에서 얻을 수 없고, 다만 지성의 활동 자체에서 찾아낼 수밖에 없는 것으로 규정된다. 칸트는 지성의 활동이 주로 판단을 행한다고 보기에 "우리는 지성의 모든 활동을 판단이라고 본다"[7]라고 했다. 판단은 곧 개념을 응용하고 표상을 통일하는 것이다. 개념은 마치 활발한 사유활동과 같이 판단과 불가분의 관계를 가지며 실상 종합의 산물이다. 인식을 진행시키지 않는 개념은 아무런 의의도 없다. 하지만 인식을 진행시키면 그것은 곧 판단이 된다. 인식은 영혼의 상태가 아니라 영혼의 활동이다. 그러므로 판단활동을 중시할 수밖에 없고 이는 실상 먼저 판단을 내려야 개념이 존재한다는 주장인 셈이다.[8] 판단은 여기서 이미 형식상의 논리적 규정이 아니며 인식의 내용을 다룬다. 또한 그것이 가리키는 것은 의식을 통일하는 기본적인 활동과 기능이다. 칸트는 "지성은 판단의 기능이라 볼 수 있다. 왜냐하면 앞에서 언급한 것과 같이 지성은 사유의 기능이며 사유는 개념을 사용해 인식을 진행시키는 것이기 때문"[9]이라고 했다. 그는 전통적 형식논리의 판단형식이 오랜 기간의 고찰을 거쳤지만 변하지 않았고 이미 우리의 지성을 남김없이 탐구했다고 본 것이다. 또한 각종 판단형식(형식논리)은 실질적으로 이러한 판단 안에서의 연합 통일성을 가진 종합의 기능(인식론, 심리학)이며, 그 어떤 판단도(분석판단 혹은 종합판단을 막론하고)—직관에 의해 잡다한 대상을 하나의 개념 아래 놓는 것과 같이—종합의 기능을 가진다고 생각했다. 칸트는 전통적 형식논리에 근거해 판단을 아래와 같이 분류했다.

1. 양:	2. 질:	3. 관계:	4. 양태:
전칭적全稱的	긍정적肯定的	정언적定言的	우연적惑然的
특칭적特稱的	부정적否定的	가언적假言的	실연적實然的
단칭적單稱的	무한적無限的[10]	선언적選言的	필연적必然的[11]

칸트는 지성을 처리할 때 기능과 형식을 동일시하고 판단의 기능을 판단의 형식과 동일한 것으로 본다. 이것은 칸트가 지성의 작용이 직관의 표상을 종합-통일하여 각종 판단을 구성하고 만들어내 종합-통일적인 능동적 기능을 발휘하는 데 있다고 보았기 때문이다. 여기서 '종합'은 분명 핵심적 개념이며, 본래 감성과 지성을 이분법적으로 보는 심리학적 사고방식을 깨고 양자의 결합을 강조한 것이라 할 수 있다.[12] 동시에 종합은 감성을 지성에 귀속시키거나(합리론) 지성을 감성에 귀속시키는(경험론) 논리를 모두 타파하고, 양자의 유래가 서로 달라 혼합되어 언급될 수 없다는 관점을 제시한 것이라 할 수 있다. 인식을 형성하려면 반드시 종합을 거쳐야 하고 감성과 지성을 결합시켜야 한다. 이러한 종합의 과정 속에서 주도적인 작용을 하는 것은 지성이다. 판단은 본질적으로 표상으로 하여금 통일성을 만들어내게 하는 지성의 능동적 작용 중 하나이다. 그리고 각종 판단형식을 통해 그 모습을 드러내고 종합-통일의 기능을 발휘하는 것이 바로 '지성의 순수개념'이다. "판단 안에서 서로 다른 표상에게 통일성을 부여하는 기능, 그리고 직관 안에서 각종 표상에게 종합을 부여하는 기능,

이러한 통일을 우리는 가장 일반적인 의미에서 지성의 순수개념이라 칭한다."[13] 순수직관이 직관의 형식으로서 모든 경험직관 안에 존재하는 것과 마찬가지로, 순수개념은 사유형식(판단)으로서 일체의 사유활동 안에 존재한다. 그렇기에 상술한 전통적 형식논리의 모든 판단형식에 상응하여 이러한 통일의 기능을 하는 '지성의 순수개념'이 있어야 한다. 또한 이 '지성의 순수개념'으로까지 소급해갔을 때에야 비로소 판단형식의 근원을 찾아낼 수 있다. '지성의 순수개념'은 각종 판단의 전제이자 기초이며 판단을 가능케 하는 조건이라 할 수 있다. 칸트는 또한 '지성의 순수개념' 역시 범주로 보았다. '분석론'의 '범주에 관한 형이상학적 연역'은 판단에 대한 연구를 통한 것이고 범주 자체를 '지성에 관한 순수개념'의 선험적 성질로서 확정한 것이라 할 수 있다. 이를 통해 우리는 칸트의 '초월적 논리'가 형식논리(판단형식)를 심리학(기능)을 거쳐 철학(범주)으로 귀결시킨 것임을 알 수 있다. 다음 장에서 주관 연역, 객관 연역을 통해 이 점을 확인할 수 있다. 심리학(경험론)은 형식논리(합리론)가 '초월적 논리'(인식론)로 넘어가는 매개적 고리다. 이 또한 칸트 철학이 형성되는 과정이라 할 수도 있다.(1장 참조)

칸트는 고대 아리스토텔레스 이후, 기능으로서의 형식논리의 판단형식을 인식론의 수준으로 끌어올리고[14] 범주 문제의 제기를 강조했다. 이는 사상에 대한 변증법적 규정의 중요한 발전이라 할 수 있다. 아리스토텔레스의 범주는 존재(사물, 대상)에 대한 본체론적 범주이고 칸트의 범주는 사유의 인식론에 관한 범주이다.

칸트는 전통 논리의 판단형식 분류에 근거하여 아리스토텔레스의 열 가지 범주를 삭제 및 보충하고(예컨대 칸트는 시간이 감성의 직관형식으로, 지성의 범주에는 속하지 않는다고 보았다) 다음과 같은 범주표를 제시했다.

범주표[15]

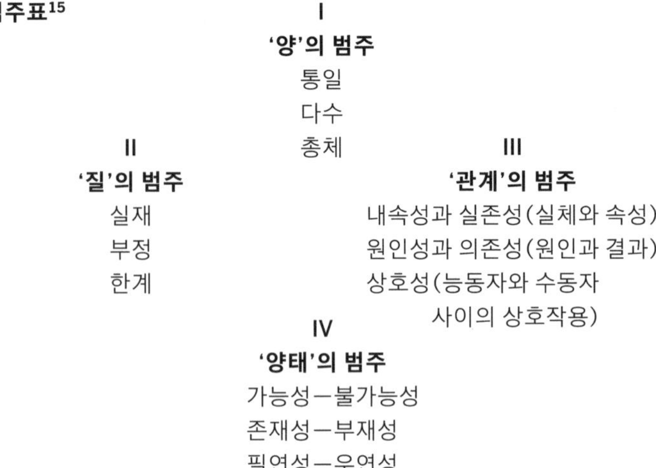

I

'양'의 범주

통일
다수
총체

II

'질'의 범주

실재
부정
한계

III

'관계'의 범주

내속성과 실존성(실체와 속성)
원인성과 의존성(원인과 결과)
상호성(능동자와 수동자 사이의 상호작용)

IV

'양태'의 범주

가능성—불가능성
존재성—부재성
필연성—우연성

칸트가 논리의 형식판단을 범주표로 추론해낸 것은 분명 중요한 변화를 나타낸다고 할 수 있다. 논리의 형식판단은 기본적으로 외재적인 형식적 분류일 뿐이지만 범주표는 [판단의] 내용에까지 시각을 확대하여 다루고 있다. 예컨대 정언, 가언, 선언 세 종류의 판단을 실체, 인과, 상호의 세 가지 범주로 변화시킨 것이 그러하다. 하지만 이러한 종류의 추론은 매우 임의적인 것이다. 한편으로, 열두 가지의 판단형식에서 열두 가지의 범주를 추론해낸 것이 범주의 문제를 모두 드러낸 것인가라는 문제가 남는다. 분명 범주의 문제를 남김없이 드러낼 수는 없는바, 범주는 칸트가 열거한 열두 가지에서 그치지 않는다. 칸트는 '반성 개념의 모호성'이라는 절에서 '같음과 다름' '일치와 반대' '내부와 외부' '질료와 형식'이라는 네 가지 대칭적 개념을 열거하고 이 개념들이 감성과 연관되어 있기에 범주에 해당되지 않는다고 주장했다. 하지만 이 개념들과 칸트가 제시한 열두 가지 범주 사이의 구별은 칸트가 언급하듯 그렇게 명확하고 확정적이지 않다. 칸트는 범주와 그 표준을 완전히 형식논리의 판단형식 안에 가둬버렸고 이것은 기확정적이고 비발전적인 관점이다.[16] 다른 한편으로 칸트의 열두 가지 범주는 열두 가지 판단의 종류에 호응하기 위해 숫자를 맞추어 열거한 것으로, 칸트 스스로 여기에 중점을 두지도 않았다. 칸트가 실제로 사용한 것은 단지 여덟 개의 범주뿐이다. 질과 양의 범주는 각각 하나만 사용했고, '다수' '부정' 등의 범주에 대해서는 별다른 기술도 하지 않았다. 칸트가 제시한 전체 범주표에서 관계의 범주 같은 주요 범주는 여타 범주와 동일한 수준에 놓여 있기에 그 위치와 의미의 중요성이 드러나지 않는다. 요컨대 칸트가 제시하는 범주표는 완전히 정태적이며 상당히 경직되어 있다.

하지만 철학사의 측면에서 보았을 때, 칸트가 전통적 논리판단에서 '초월적 논리'의 '범주표'로 이동한 것은 그가 형식논리의 근원을 캐내 인간의 논리적 사유의 본질을 탐구하고 있음을 나타낸다고 할 수 있다. 이는 또한 칸트가 사유판단 안에서 범주의 원칙과 표준을 취할 것을 제시함으로써, 인류가 오랜 시간에 걸쳐 형성된 사유형식 속 더욱 깊은 곳에 종합 통일이라는 지성의 기능을 내포하고 있음을 언급한 것이라 할 수 있다. 이것은 데카르트와 라이프니츠 등의 '천부관념'적 합리론과는 매우 다르며, 또한 형이상학적 경험론과도 다르다. 칸트는 인식론의 문제를 더욱 깊게 제시했으며, 인식론, 논리학, 변증법의 긴밀한 연관관계 및 인류 인식의 능동성에 대한 연구를 강조하기 위한 과제와 방향을 제시했다. 동시에 칸트는 형식논리와 형이상학을 혼동한 헤겔과 달리 형식논리와 초월적 논리의 다름(전자는 사유의 형식만을 말하고 후자는 인식의 내용을 다룬다)과 같음(양자는 모두 인식의 형식과 기능이다)에 주목했다.

칸트는 열두 가지 범주를 세 가지 양식의 네 가지 조합으로 배열했다. "각 조합[양, 질, 관계, 양태]에는 동일한 수의 범주, 즉 세 가지 범주가 포함되어 있다. 이는 상당한 의미를 갖는다. 그리고 진일보한 고찰을 통해 각 조합의 세번째 범주는 첫째와 둘째 범주의 결합을 통해 발생되는 것임을 알 수 있다."[17] 예컨대 양의 세 번째 범주인 '총체'는 '다수'의 '통일', 즉 통일된(단일한) 다수로 인식된다. '한계'는 곧 '부정'과 연관된 '실재'이다. '상호'는 상호적으로 규정된 '실체'의 '인과성'이다. '필연'은 바로 '가능성' 자체를 통해 받아들여진 현실적 '실체'이다.[18] 칸트는 이후 자신의 삼분법과 전통 형식논리의 이분법을 명확히 구별하고, 후자는 분석적이며 전자는 종합적이라고 주장했다. 그것은 형식논리의 A와 비非A가 아니라 "(1) 조건 (2) 피被조건적 (3) 양자의 결합"[19]이다. 칸트의 이 관점은 곧바로 헤겔에 의해 면밀히 파악되고 충분히 활용되었다. 헤겔은 이와 같은 삼분법을 논리학의 회전축으로 삼아 더 깊이 있고 폭넓은 차원에서 범주 사이의 관계·의존·대립·과도·전이·전화 등을 논증하여 칸트의 삼분법을 범주 자신의 변화·발전과정의 운동 역정으로 전개시켰다. 이 운동 역정은 더 이상 칸트와 같은 평행적이고 정태적인 열두 범주가 아니며, 또한 칸트의 전통 논리에 대한 외재적 형식의 복제도 아니다. 헤겔이 제시한 것은 내재적 연관관계와 끊임없는 운동 발전이 충만한 사유의 변증법이라 할 수 있다. 이 변증법은 물질세계 속에 내재된 객관적 변증법의 발전 규칙을 뒤집어 표현한 셈으로, 헤겔 철학의 정수를 이룬다고 할 수 있다. 하지만 칸트의 범주표가 없다면 헤겔의 변증법도 존재하기 어렵다. 아리스토텔레스는 플라톤을 통해 소크라테스의 내재적인 것을 외재적인 추상적 보편으로 변화시켜놓았다. 그리고 헤겔은 피히테와 셸링을 통해 칸트의 내재성을 구체적인 보편으로 변화시켜놓았다.[20] 다시 말해 칸트의 주관적 인식의 범주와 '규제의 원리'(6장 참조)를 대상화가 진행된 객관적인 정신과 이념으로 변화시킨 것이다.

칸트와 헤겔이 범주를 논술하고 연구할 때, 각자가 처리한 문제와 방점을 둔 측면에는 차이가 있다. 헤겔은 절대정신을 통해 모든 것을 생산·지배·개조했고, 이때 중점을 둔 것은 논리 범주가 어떻게 역사와 일치할 것인가의 문제로, 역사를 논리 범주에 종속시켰다고 할 수 있다. 하지만 칸트가 집중한 것은 '지성의 순수개념'으로서의 범주가 어떻게 감성에 운용될 것인가의 문제, 그리고 그것이 어떻게 감성적 경험과 서로 연결될 것인가, 즉 '종합'의 문제였다. 범주는 실상 칸트가 강조한 '종합'의 구체적 형식이었던 셈이다. 칸트와 헤겔의 차이점은 인식론 전체에 걸쳐 적용된다. 한 사람은 심리학과 자연과학 측면의 문제를 혼합하여 사유하고(칸트), 다른 한 사람은 심리학적 문제는 거의 제시하지 않은 채 사회의 역사적 발전을 중시한다.(헤겔)

2 '초월적 도식'[21]

앞서 살펴보았듯 칸트는 범주가 선험적인 '지성의 순수개념'이며 일반적인 개념과는 다르게 경험과 아무런 연관관계가 없다고 생각했다. 그렇다면 그것은 어떻게 감성 직관에 적용되는 것일까? 일반적인 개념은 경험으로 승화되며, 개념은 직관과 같은 성질을 갖는다. 그러므로 거꾸로 말해 직관에 개념을 적용하는 것에는 별다른 어려움이 없다. 원을 평면에 대응시키는 것과 같이 전자의 기하학적 개념은 후자의 경험적 직관과 동일한 성질의 것이라 할 수 있다. 하지만 범주는 이와 다르다. 범주는 선험적인 '지성의 순수개념'으로서 감성적 직관과 아무런 공통점도 없고 서로 통하는 점도 없다.

> 하지만 지성의 순수개념은 확실히 경험직관, 모든 감각적 직관과 근본적으로 다르기 때문에 그 어떤 직관 안에서도 그것들과 마주칠 수 없다. 그 어떤 이도 범주, 예컨대 인과가 감성을 통해 직관되고 그 자체로 현상 속에 포

함된다고 말할 수 없다. 그렇다면 또한 직관의 재료가 순수개념에 포함되는 조건하에서 범주가 현상에 적용되는 것이 어떻게 가능하다는 말인가? ……분명 여기에는 어떤 제3의 것이 반드시 있어야 한다. 한편으로 범주와 일치하고, 다른 한편으로 현상과 일치해야 비로소 전자를 후자에 적용할 수 있는 것이다. 이러한 중간적 표상은 반드시 순수한 것이어야 하며, 여기에는 어떤 경험적 내용도 없다. 동시에 그것은 한편으로 지성적이고 다른 한편으로 감성적이다. 그러한 일종의 표상이 곧 초월적 도식이다.[22]

칸트가 말하는 '도식Schema'[23]은 구체적인 감성의 형상 혹은 이미지가 아니라 개념을 향한 추상적 감성을 가리킨다. 이는 개념과 다르며 개념성이 도식화·감성화된 것이라 할 수 있다. 그것은 대체적으로 일종의 도표, 격식, 모형 등에 해당되고 지도, 건축 시공의 초안, 화학 주기율표, 인체 해부도 등에 해당된다고 할 수 있다. 칸트는 수학을 예로 들어 '·····' 같은 다섯 개의 점은 이미지이지 도식이 아니라고 말한다. 하지만 숫자 '5'는 도식이지 이미지가 아니다. 큰 수(다섯 자리의 수와 같이)가 이미지가 아니라 도식인 것은 더욱 분명하다. 또한 기하학의 삼각형(흑판 혹은 지면 위의 삼각형이 아니라) 역시 도식이다. 그것은 원圓과는 다르다. 우리는 원형의 사물로부터 '원'이라는 경험을 얻는다. 하지만 우리는 삼각형이라는 이미지를 가질 수는 없다. 예각 삼각형, 직각 삼각형 혹은 둔각 삼각형이라는 이미지를 가질 수는 있어도 삼각형 일반의 이미지를 가질 수는 없다. 이미지는 특수하고도 구체적인 감성의 형식인 것이다. 도식은 더욱 추상적인 감성의 구조이다. 모든 이미지는 감성적인 것이지만, 모든 감성이 반드시 이미지를 갖는 것은 아니다. 도식이 그러하다. 도식은 경험적 개념이 아니며 사물의 형상도 아니다. 그것은 일종의 개념성의 감성적 구조 방식, 원칙 혹은 기능이다. 도식은 수동적으로 접수되는 모종의 형상이 아니며 능동적으로 구축하는 모종의 규칙이다. 예컨대 개라는 도식은 특정한 혹은 구체적인 개의 형상이나 그림이 아니라 일반적인 차원에서 개의 특징을 가진 네 발 달린 짐승의 구도(예컨대 개의 해부도 같은)이다. 요컨대 도식이란 추상적인 감성의 구조이고 구체적인 감성적 재료를 받아들이는 중개이자 경로인 매우 중요한 고리인 셈이다. 도식은 곧 지성과 감성의 교차점이 되며, 그것의 중요한 특징은 능동적으로 창조된 추상화된 감성이라는 것이다.

칸트는 '지성의 순수개념'(범주)과 감성 사이의 중개 역할을 하는 '초월적 도식'을 시간이라고 보았다. 시간은 '초월적 도식'의 세 가지 조건에 부합한다. '초월적 도식'은 반드시 순수해야 하며 그 어떤 경험적 내용을 가져서도 안 된다. 시간은 순수직관으로서 바로 이러한 성질을 갖는다.('감성론' 참조) 동시에 '초월적 도식'은 반드시 한편으로는 지성적이어야 하고 다른 한편으로는 감성적이어야 한다. 칸트가 보기에 시간이 그러하다. 시간은 한편으로는 선험적 감성 직관의 형식으로서 모든 사물은 반드시 시간 안에서 비로소 우리에게 감지되며, 시간이 없거나 시간 속에 있지 않은 대상은 근본적으로 인식 대상이 아니라고 할 수 있다. 우리가 하나의 방을 인식하려면 감지된 시간의 연속과정을 경과해야 하고, 시간과 연계되어야만 방은 인식 대상이 될 수 있는 것이다. 다른 한편, 시간은 공간과 달리 내적 감각으로서 감성 범주의 근원(즉 초월적 통각의 자아의식. 자세한 내용은 다음 장 참조)과 밀접한 연관이 있다. 시간 의식은 '자아의식'과 밀접한 연관을 가지며, 자아의식은 반드시 시간 속에서 전개되고 시간에 의해 한정된다. 그러므로 시간 또한 지성의 특징을 가지는 것이다. 한편으로 시간은 직관의 순형식이며 감성과 연계된다. 다른 한편으로 시간은 보편적 능동성으로 지성과 서로 통한다. "시간의 초월적 규정은 이렇게 범주와 서로 일치하고(그것은 통일을 형성한다) 보편적이며 선험적 규율 위에 건립된다. 다른 한편으로 그것은 이렇게 현상과 일치하며 시간은 그 어떤 잡다한 경험적 표상 안에도 포함된다. 그렇기에 시간의 초월적 규정을 통해 범주가 현상에 적용되는 것이 가능해진다. 시간은 지성 개념의 도식으로서 현상 재료를 범주의 매개에 속하게 한다."[24]

칸트는 만년에 쓴 한 통의 편지에서 비교적 간명하고 집약적으로 '도식'의 의미를 재차 해석해놓는다. "만약 어떤 매개도 없이 하나의 경험적 개념을 하나의 범주 아래 놓는다면 이는 흡사 내용적으로 다른 종류의 것이 하나의 범주에 속하는 것과 같다. 이것은 논리적으로 모순이다. 하지만 만약 매개의 개념이 있다면 경험적 개념을 지성의 순수개념 아래에 놓을 수 있다는 것이고, 이는 곧 주체의 내적 감각 표상으로부터 어떤 물체의 개념을 종합해낼 수 있다는 것이다. 그리고 이러한 표상으로서 그 물체의 개념은 시간적 조건과 서로 일치하여 보편 규칙의 선험적 종합에 근거한 어떤 물체를 표현해낸다. 그것이 표현하는 것은 종합 일반의 개념(즉 임의의 범주)과 같은 종류이며, 따라서 그 종합 통일에 근거하여 현상을 지성의 순수개념 아래에 종속시킬 수 있게 되는 것이다. 우리는 이러한 종속을 일러 도식이라 한다."[25]

그렇다면 '초월적 도식'은 어떻게 생겨나는가? 칸트는 그것이 일종의 초월적인 '창조적 상상력'의 종합활동에서 유래한다고 말한다. 범주는 논리판단의 순수형식에서 얻는 것으로, 예컨대 실체의 범주는 모든 목적어의 주어로서 얻어지며 인과의 범주는 '근거'라는 논리적 관념에서 얻어진다. 이것들은 모두 순수논리의 추상적 통일성을 갖추고 있다. 여러 도식이 존재하는 것은 곧 감성과 연관되며, 또한 시공간 속에 잡다하게 존재하는 종합과 연관된다. 이것은 단지 순수논리적 의의를 지닐 뿐 아니라 시간 속의 영속(실체)과 전후의 순차적 관계(인과) 등으로 표현된다. 여기서 칸트는 여전히 경험론(심리)을 사용하여 합리론(논리)을 조화·수정하고 있다. 이른바 도식화된 범주가 초월적 상상의 성과라는 것은 바로 이 같은 의미다. 이러한 초월적인 '상상의 창조'는 감성과 지성 사이에 개입하고 이는 감성에 대해 지성이 취하는 모종의 능동적 활동 혹은 기능이라 할 수 있으며, 그러므로 수동적인 '상상의 재현'과는 다른 것이다. '상상의 재현'은 이미지의 재현 속에서 간단하게 귀납 혹은 추상되어 나온다. '상상의 창조'는 지성의 능동성과 같은 것으로, 실상 지성의 능동성이 구체화된 것이다. 경험 대상의 통일 가능성은 지성에서 유래하고, 구체적으로 직관의 잡다함을 경험적 대상으로 통일시키는 것은 초월적 상상, 즉 '상상의 창조'이다. '상상의 재현'이 이미지를 만들어내는 것과 마찬가지로, 이 창조적 상상은 규칙과 기획을 제공하고 도식을 만들어낸다. '상상의 재현' 일반이 만들어내는 이미지는 도식을 통해서만 비로소 개념과 결합한다. 이를 통해 우리는 도식이 특정한 경험적 이미지의 제한을 받지 않는다는 것을 알 수 있다. 이러한 도식의 능력에 대해 칸트는 "인간의 영혼 안에 깊숙이 내장되어 있는 일종의 예술*과 그 활동의 본질적인 진실 상

* 독일어 원문은 Technik 혹은 Kunst로, 『순수이성비판』 한국어판(백종현 역)에는 '기술'로 번역되어 있다. 사카베 메구미 등이 편찬한 『칸트 사전』(도서출판 b, 2009, 65~66쪽)에 따르면, 칸트에게 '기술'은 두 가지 의미를 갖는다. 첫번째는 무언가의 목적을 위해 수단을 지시하는 가언명법에 관계된 것으로, 이때 기술은 기본적으로 목적-수단 관계에 관한 지식의 현실적 운용능력으로 파악된다. 가언명법은 좀더 엄밀하게는 목적 일반에 대한 숙련Geschicklichkeit의 규칙과 자기 행복이라는 한정된 목적에 대한 영리함Klugheit의 조언으로 분류되며, 전자가 기술적technisch 명법, 후자가 실용적pragmatisch 명법으로 불리지만, 후자는 전자의 특수 형태이기에 모든 가언명법은 기술적이다. 두번째로 『판단력비판』에는 '자연의 기술'이라는 주목할 만한 개념이 나온다. '자연의 기술'은 자연과 기술의 유추에 기초하여 자연물의 미와 생명에 합목적적 의미를 발견하는 판단력의 선험적 원리다. 이것은 확실히 반성적 판단력의 규제원리에 그치지만, 이 원리에 의해서 이론적 인식에 고유한 추상적인 기계론적 자연 개념이 상대화되어 좀더 풍부해진다. 칸트의 인식론은 원인-결과의 필연적 결합으로 수렴하는 범주의 지배하에 현상 일반을 받아들인다는 점에서 근대 이성의 기술적 관심을 반영하고 있지만, 이에 반해 제3비판은 다름 아닌 기술 유추에 의거하면서도 역설적으로 근대의 이론적 인식에 잠재하는 기술적 지배관심의 한계설정에 몰두함으로써 전혀 다른 자연 이해의 가능성을 확보하고자 하는 것이다. 이러한 측면에서 보았을 때 리쩌허우가 택한 '예술'이라는 번역어는 두번째 측면에 더욱 방점을 둔 것이라 할 수 있다.

태를 우리 눈앞에서 발견하고 나타나게 하는 것은 매우 어렵다"[26] 라고 말했다. 칸트는 이를 초월적 순수상상, 즉 상상의 창조에 기탁해버린 후 그에 대해 더이상 말하지 않는다. '상상의 창조'는 칸트 인식론의 매우 중요하면서도 불명확한 문제가 되고 말았다.[27]

칸트는 곧바로 네 가지 범주를 시간의 도식에 집어넣는다. '양'의 도식은 '수數', 즉 시간의 계열이다. '질'의 도식은 '정도度', 곧 시간의 내용이다. '관계'의 도식은 시간의 순서이다. '양태'의 도식은 시간의 총괄이다. 이러한 것이 무엇을 뜻하는지는 뒤에서 지성의 원리를 언급할 때 비교적 분명하게 밝힐 것이다. 칸트는 이 네 가지 큰 항목의 열두 가지 범주의 도식에 대해 상세히 설명하지 않는다. 예컨대 '양'의 세 가지 범주는 주로 '총체'라는 범주의 도식을 언급하고 있고 '질'의 세 가지 범주 역시 세번째 범주, 즉 '한계'의 도식에 대해서만 말할 뿐이다. 어떤 이는 헤겔의 관점을 빌려 칸트가 중시하는 것이 바로 '정반합正反合' 중 '합', 즉 세번째 범주라고 말한다. 하지만 이는 사실이 아니다. 관계의 세 가지 범주에서 방점을 두고 있는 것은 바로 두번째 범주다. 칸트가 이에 대해 명확한 원칙을 세워두지 않았음을 여기에서 알 수 있다.

지성은 어떻게 객관성을 갖게 되는가? 이것은 칸트가 탐구하고자 하는 중심 문제로, 다음 5장에서 다룰 예정이다. 도식과 상상의 창조는 곧 지성을 감성과 연결하고 이를 통해 객관적 현실성을 얻게 하는 교량이라 할 수 있다. 도식과 상상의 창조는 지성을 감성에 결합시키는 관건이자 요체이다. 여기서 도식의 작용은 다음과 같다. 한편으로 도식은 범주를 현상에 응용하여 현실성을 갖게 한다. 다른 한편으로 도식은 인식의 과정 안에서 범주를 속박하여 감성의 경험 밖의 것에 운용되지 못하도록 한다.

> 그 때문에 도식이 없는 범주는 개념을 만들어내는 지성의 기능일 뿐으로 어떤 대상도 표상하지 않는다. 이러한 객

> 관적 의의는 감성으로부터 얻어지는 것으로 지성을 제한하는 과정 속에서 지성을 실현하는 것이다.[28]

> 범주가 감성 직관의 조건을 떠나게 되면…… 곧 어떤 확정적 대상과도 관계를 갖지 못하게 된다. 그러므로 어떤 대상도 규정할 수 없다. 그 자신 또한 객관적 관념의 유효성을 갖지 못하게 된다.[29]

예컨대 '실체'라는 범주가 만약 감성 직관과 상관관계를 갖지 못하면, 즉 '실체'가 매개로서의 시간이라는 도식 없이 감성적 현상에 적용된다면 그 자체로는 인식에 대해 아무런 의미도 갖지 못한다. 시간을 사용하지 않고 실체란 무엇인가를 규정하거나 설명하려 한다면 실체는 근본적으로 이해할 수 없는 것이 된다. 하지만 시간이라는 도식을 매개로 하면 실체는 곧 시간 속에 오래 존재하는 것, 지속과 같은 것이 되며, 그 속성은 시간 속의 변이와 같게 된다. 이러한 감성화는 곧 직관현상에 응용될 수 있고 객관적 내용과 의의를 갖게 되며 또한 이해(인식)하기도 쉽게 된다. 이를 통해 우리는 이러한 지성의 순수개념으로서의 범주가 응용되기 위해서는 반드시 시간이라는 도식을 통해 경험으로 매개해야 함을 알 수 있다. 마찬가지로 인과라는 범주를 응용하려면 반드시 '시간의 지속'이라는 도식에 매개해야 한다. 즉 순차적 시간의 경험적 지속이 대상에 주어져야 하는 것이다. 본래 칸트의 선험적 범주는 경험적인 '지성의 순수개념'에서 완전히 독립된 것이다. 하지만 구체적 범주를 언급하게 되면 칸트는 더욱 빈번히 각 범주의 도식을 언급한다. 이는 곧 실체의 범주를 언급하게 되면 실제로 언급하게 되는 것이 그 범주의 지속과 항구의 도식인 것과 같다. 여기서 범주는 범주의 도식과 아무런 구별도 없다. 하지만 범주가 일단 도식과 동등한 의미로 사용되면, 이는 곧 칸트가 말하는 범주의 이른바 순수한 선험적 성질에 대한 파산 선고나 다름없다.[30] 도식은 곧 감성을 통해 지성의 범주를 제한하는 것을 말한다. 일련의 칸트 연구자들은 한목소리로 칸트의 도식론을 비난하면서 그것이 칸트 철학에서 초월적 관념론의 불철저함을 나타내며 '초월적 연역'과 모순된다고 주장한다. 또한 어떤 이들은 도식론을 중요하지 않게 여겨 그에 대한 언급을 최대한 피하려 한다. 실상 도식론은 칸트 '비판철학'의 인식론에서 매우 핵심적인 부분 중 하나이며, 이 도식론은 선험과 경험의 결합, 지성과 감성, 일반과 특수, 본질과 현상의 중개를 시도한다고 할 수 있다. 칸트가 관념론 방식을 통해 이러한 구체적인 연결방식의 문제를 제기하는 것은 매우 중요한 의의를 갖는다.

3 '지성의 선험원리': (가) '양'과 '질'

도식론에 이어 칸트는 '지성의 선험원리'를 규정하는데, 이는 실상 시간 도식의 구체화라 할 수 있다.

> 범주표는 도식 원리의 표 안에서 매우 자연스럽게 우리에게 방향을 제시해주는데, 이는 도식 원리의 표가 범주표의 객관적 응용 규칙에 불과하기 때문이다. 그렇기에 순수지성의 모든 원리는 다음과 같다.

I
직관의 공리

II
지각의 예정

III
경험의 유추

IV
일반적인 경험 사유의 준칙[31]

칸트는 일체의 경험 혹은 과학은 반드시 앞서 언급한 네 가지 범주 아래에서 시간의 도식을 통해 비로소 성립 가능하다고 주장했다. 예컨대 『자연과학의 형이상학적 기초』에서 칸트는 범주를 자연과학에 응용하고 모든 물리학, 실질적으로는 운동으로서의 자연계 전체에 대한 연구를 다음 네 가지 분야로 나누었다. 1. 운동학: 운동의 양을 처리.(운동의 속도와 방향) 2. 동력학: 운동의 질을 처리.(척력과 인력은 서로 다르게 밀집된 물질의 정도를 구성하는 것, 즉 운동을 형성하는 것) 3. 기계학: 운동 사이의 관계를 처리.(운동 중 작용과 반작용의 서로 같음 등등) 4. 현상학: 운동의 상태를 처리.(직선, 곡선 등) 칸트는 지성의 선험원리에서 범주가 반드시 이러한 원리에 의거해야만 모든 경험에 응용될 수 있음을 지적했다. 예컨대 양의 범주가 경험에 응용되어 잡다한 감지로 하여금 인식 대상을 구성하게 하려면 반드시 '일체의 지각은 연장된 양이다'라는 직관적 공리의 선험적 지성원리 아래에서 진행되어야 한다. 칸트는 지성의 원리를 서술하며 '초월적 분석론'을 끝마친 이후에야 비로소 '선험적 종합판단은 어떻게 가능한가'라는 인식론적 주제의 해답을 완성할 수 있었다. '지성원리'는 비단 칸트의 범주표, 도식론의 구체화일 뿐 아니라 칸트의 인식론 안에서 가장 풍부한 내용을 지닌 부분이라 할 수 있다.

칸트는 수학적, 역학적 사실에서 출발하여 '선험적 종합은 어떻게 가능한가'라는 문제를 제기했다. 다시 말해 두 가지 주요 선험적 요소인 시공간적 직관과 지성의 범주를, 형이상학과 초월적 해석 혹은 연역을 통해 추상적 차원에서 구체적인 차원으로, 그리고 도식과 원리의 부분으로 도달하게 한 것이다. 이는 곧 이러한 구체화의 과정이 전면적으로 전개되고 완성된 것이라 할 수 있다. 지성이 어떻게 감성을 결합, 추동 및 처리하여 인식을 구성할 것인가는 이러한 종합적 방법과 경로를 통해 그 구체적인 표현을 얻게 된다. 앞서 감성과 지성은 여전히 분할·대립된 것이었지만 여기서 비로소 통일되는 것이다.[32]

아래 항목들을 보자.

첫째, '직관의 공리'. "원리: 모든 직관은 연장된 양이다."[33] 이것은 또한 시공간적 직관형식의 원리다. 이것은 이른바 '시간계열'의 도식으로 표현된다. 왜냐하면 직관은 한 부분에서 또다른 부분으로의 부단한 종합, 즉 부분의 연속적 출현이기 때문이며, 다름 아닌 시간의 계열이라 할 수 있다. 단지 양의 세번째 범주(총체) 아래에서, 즉 수학의 도식 안에서만 현상은 우리에게 인지된다. 이것이 수학의 선험적 원리다.[34] 이를 통해 우리는 '초월적 감성론'이 이른바 '선험적 종합판단'으로서 수학을 이야기하고 있음을 알 수 있다. 또한 그것이 단지 시공간적 직관의 선험적 감성형식만을 말하는 것으로는 불충분하다는 것도 알 수 있다. 기하와 산술을 포함한 지식 역시 반드시 감성과 지성이 결합해야 하고 앞서 언급한 지성의 원리를 운용해야 가능한 것이다. 지성과 감성 "양자가 서로 결합했을 때에만 비로소 대상을 규정할 수 있다."[35] 순수수학의 '선험적 종합판단' 역시 예외가 아니다. 앞서 '초월적 감성론' 부분에서 단지 서술상의 편의를 위해 칸트가 수학을 단독으로 언급한 것은 마치 지성 없이도 지식이 될 수 있다는 것처럼 보일 수도 있다. 하지만 실상 칸트는 여전히 수학[의 지식]이 지성의 범주(양)와 지성원리의 참여가 있을 때에만 생산될 수 있다고 생각했다. 그러므로 첫번째 '지성원리'는 곧 감성론의 직접적 파생이라고도 할 수 있다. 이 원리의 중요성은 어떤 대상도 반드시 계산 가능한 수량을 갖고 있기 때문에 나누어질 수 있고, 불가분의 것이거나 계산 불가능한 것일 수 없음을 지적했다는 데 있다. 칸트는 모든 범주가 선험적 종합을 가리키고, 종합된 것이 같은 종류의 질료이면 수학의 기능으로 표현되고 다른 종류이면 역학의 기능으로 표현된다고 보았다. 연장된 양은 곧 수학의 기능에 속한다. 이를 통해 칸트에게는 양의 범주가 실상 감성론(시간과 공간)에서 지성론(범주)으로 넘어가는 교량이 되고 있음을 알 수 있다. 양의 동일성과 시간의 동질화는 분명 관계가 있다. 나는 이러한 시간의 동질화와 양의 동일성이 인류의 원시적 인식*으로 하여금 미몽과도 같은 신화에서 빠져나와 과학적, 역사적 지식으로 나아갈 수 있게 한다고 생각한다. 칸트는 줄곧 수와 양이 인식 안에서 차지하는 중대한 의의에 주목해왔고, 양을 통해 질을 규정하고 수학적 방법론의 중요성이 대상을 구축하는 데 있음을 강조했다. 그리고 수학을 개입시키고 거기에 산술을 더해서는 과학이 될 수 없다고 생각했다. 이러한 관점들은 모두 현대 자연과학 특유의 형식화(수학화)라는 중요한 특징과 연관된 연구라 할 수 있다. 수학은 대단히 광범위한 보편적 적용성을 지닌다. 이 보편성은 경험과학의 발전과 함께 날이 갈수록 중요해지고 있다.

둘째, '지각의 예정'. "원리는 모든 현상 안에서 감각적 대상의 실재로서 강약의 양, 즉 정도를 갖는다."[36]

헤겔이 질을 우선시하고 양을 뒤에 놓은 것과 반대로, 칸트의 범주는 양을 우선시하고 질을 뒤에 놓는다. 곧 선先직관형식, 후後지각내용이라 볼 수 있으며, 이는 매우 심오한 의미를 갖는다. 헤겔이 질을 우선시하고 양을 그다음 위치에 놓은 것은 질의 물질적 현실성을 아예 배격한 것이다. 그가 언급하는 '질'은 일종의 순수논리적 규정이며, 이는 더욱 철저하게 절대적 관념론을 관철시킨 것이라 할 수 있다. 하지만 칸트가 제시하는 '질'의 틀에 관한 범주는 이와 다르다. 칸트는 그것이 간접적인 방식을 통해 외부 세계의 물질 존재를 긍정한다고 본다. "직접과 간접을 막론하고(즉 추리가 얼마나 요원한 것인지와 상관없이) 지각이 없으면 경험도 없다는 것은 곧 현상 영역 안의 일체의 실재적인 것

* 원문은 '原始意識形態(원시 이데올로기)'. 중국어에서 '意識形態'는 보통 '이데올로기'로 번역되며, 그 함의는 '잘못된 인식' 혹은 '착오적 인식'이다. 이 문장에서는 의미 전개상 '착오적 인식'의 의미보다는 '원시적 인식' 혹은 '미발달 상태의 인식'으로 옮기는 것이 더 타당해 보인다.

이 완전히 소실될 수 있음을 증명하는 것이다. 다시 말해 경험으로부터는 빈 시간과 빈 공간에 대한 증명을 얻어낼 수 없다."[37] "어떤 실재적인 것도 그 성질에 따라 특정한 정도를 갖는다. ……그러므로 하나의 공간을 채우는 팽창물, 예컨대 열熱 혹은 그와 유사한 현상계의 다른 어떤 실재적 대상들도 무한히 그 도량度量을 감소시킬 수 있다. 하지만 이 공간의 최소 부분을 완전히 텅 빈 것으로 만들 수는 없다."[38] 칸트는 절대적으로 텅 빈 공간과 시간이 있을 수 있음을 인정하지 않았고 시공간은 직관형식(양)으로서 질(존재, 물질적 실재)과 불가분의 관계를 갖는다고 주장했다. 칸트는 물질의 다양한 존재를 긍정했고 양의 증감을 통해 질을 해석할 수 있다는 데 반대했다. "모든 실재는 양을 갖는다. 하지만 연장된 양은 아니다."[39] "현상 영역 속의 실재는 항상 양을 갖는다. 하지만 그에 대한 감지는 감각을 통해 즉각적으로 획득되는 것이지, 서로 다른 감각적 연속의 종합을 통해 얻는 것이 아니기 때문에 부분에서 전체로 나아가는 것이 아니다."[40] 이는 곧 여기서 말하는 양이 앞서 언급한, 부분과 부분의 합으로 이루어진 연장된 양과 다르다는 말이다. 다시 말해 여기서 말하는 양이 첫번째 원리에서 언급된 감지가 연속될 수 있는 시공간적 직관형식의 양이 아니라는 것이다. 이렇게 연속될 수 있는 것은 수량數量이다. '질'의 도량이 가리키는 것은 직접적으로 감지가 획득한 양이다. 어떤 찰나의 순간에도 감지의 대상은 항상 일정한 경험적 물질이 실재하는 것으로 서로 다른 도량을 갖는다. 즉 일정한 질(물질적 실재에 의한)의 양을 갖는다는 말이다. 이 두 종류의 양은 서로 간섭하지 않으며 아무런 관계도 갖지 않는다.[41] 전자는 직관의 형식에 관한 것이고 후자는 물질 재료에 관한 것이다. 그러므로 전자는 '직관적 공리'라 할 수 있으며, 후자는 '지각 예정'이라 할 수 있다. 왜냐하면 후자가 말하는 것은 지각이 반드시 일정한 정도의 도량을 가져야 한다는 것이기 때문이다. 만약 이러한 양이 소실되어 '0'

이 되어버리면 감각은 존재하지 않게 되고 어떤 경험적 인식도 불가능해진다. 이러한 양은 시간적 계열을 통해 부분적으로 주어지는 것이 아니라 어떤 순간도 갖추고 있어야 하는 것이다. 실상 여기서 칸트는 헤겔 논리학의 '유한' '정도'에 관한 학설의 서막을 열어젖히고 있는 셈이다.[42] 하지만 칸트는 아직 헤겔 변증법처럼 질과 양을 통일시키지 못하고 있다. 요컨대 칸트는 감지의 구체적인 질료가 무엇이든 간에 그것을 미리 확정할 수는 없지만 반드시 경험적 질료의 존재를 선험적으로 예정해야 한다는 것, 즉 반드시 외부 세계의 물질적 실재가 지각의 내용으로서 존재해야 한다고 주장하는 것이다. 앞서 언급한 '양'의 원리와 마찬가지로 이 '질'의 원리 또한 모든 과학적 인식의 필요조건이다. 이를 통해 칸트의 '지각 예정'의 지성원리가 물질세계의 객관 존재를 일종의 '선험적' 규정으로 보고 있다는 것, 그리고 비록 초월적 관념론 체계 속에 속박되어 있지만 물질세계의 객관 존재를 긍정하고 있다는 것을 알 수 있다.

4 '지성의 선험원리': (나) '실체'와 '인과'

칸트는 네 가지 범주의 원리를 크게 두 부분으로 나누었다. 첫 항목[양의 범주]과 두번째 항목[질의 범주]은 이른바 '수학의 원리'이고, 뒤의 두 항목[관계의 범주와 양태의 범주]은 '역학의 원리'다. 앞의 두 항목은 현상적 직관으로 연속, 극한 등 수학적 특성을 표현한다. 또한 직접적으로 감성과 연관된다. 뒤의 두 항목은 본질적 존재와 관계하며 감성과 직접적인 연관관계를 갖지 않는다. 앞의 두 항목은 대상을 형성하고 뒤의 두 항목은 인식을 규정한다. 그리고 앞의 두 항목은 직접적인 자명성을 갖지만 뒤의 두 항목은 자명성을 갖지 않고 다만 추론에 근거하여 성립할 뿐이다.

그러므로 세번째 원리는 '경험의 유추'라고 부를 수 있다. "원리: 경험은 단지 지각의 어떤 필연적 연계를 통해서만 가능한 것이다."[43] 이 말은 곧 경험이 감각 사이의 어떤 필연적 연계(감각의 우연한 연속이 아닌)의 추론과 유추를 통해서만 비로소 가능해진다는 의미다. 왜냐하면 앞의 두 항목에 해당하는 '질'과 '양'의 원리를 통해서 얻는 것은 여전히 직접적이고 혼합된 감지일 뿐으로, 아직 인식을 구성하지 못하기 때문이다. 어떤 사물을 인식하기 위해서는 반드시 이 사물과 여타 사물의 관계를 인식해야만 한다. 즉 상하좌우, 앞뒤 맥락을 인식해야 하는 것이다. 고립적으로(어떤 사물과도 관계를 갖지 않는 조건에서) 대상을 인식하는 것은 불가능하며, 이를 통해서는 인식을 얻지 못한다. 하지만 하나의 대상과 여타 대상 사이의 관계에 대한 인식은 결코 직관적 감지를 통해서가 아니라 반드시 사유를 경유해서만 발현된다. 예컨대 원인과 결과가 두 사물 사이에 존재한다는 것을 직접적으로 감지할 수는 없고, 다만 둘 사이의 관계를 추론할 수 있을 뿐이다. 또한 실체와 속성 사이의 관계를 직접적으로 감지할 수 없으며, 이러한 관계가 직관된 대상 안에 존재함을 사유할 수 있을 뿐이다. 그렇기에 칸트는 앞의 두 항목의 원리와 달리 관계 범주의 원리는 직관적이지 않고 추론적이라고 주장한다. 관계 범주의 원리는 하나의 대상에 대해 수학적 직관을 구축하는 것(앞의 두 항목과 같이)이 아니라 어떤 대상에 대해 이른바 역학적 논리 조직을 이끌어내는 것이다.

관계 범주의 틀은 '시간 순서'이다. "지속, 연속 그리고 병존은 시간의 세 가지 형태이다. 그러므로 시간 속에 존재하는 모든 현상의 일체의 관계는 반드시 세 종류의 규칙을 갖는다. 이러한 규율은 일체의 경험에 대해 선행하며 경험을 가능케 한다."[44] 하지만 시간 자체는 직관형식으로서 독립적으로 존재하지 않으며, 우리는 시간 자체를 감지할 수 없다. 시간의 세 가지 틀 자체는 독립적으로 존재할 수 없고 감성적 질료의 속박에서 벗어날 수 없으며, 반드시 감성적 현실 속에서 비로소 그 의미를 갖게 된다. 그것은 현실 사물이 시간 속의 객관적 관계 안에서 구성하고 결정하는 것이다. 칸트가 보기에 모든 사물은 항상 시간 관계 안에 놓이고, 만약 사물의 시간 관계가 경험적 대상이 아니라면 어떤 경험도 존재할 수 없다. 이 시간 관계에 의해 객관적으로 규정되지 않는다면 경험적 대상도 존재하지 않게 되고 주관에 기반한 우연적 관념의 집합만 존재하게 될 것이다. 이외에 세 가지 틀 자체는 서로 연계되어 있고 서로를 포함한다. 연속(선후)과 대응해야만 지속이 있을 수 있고 지속이 있어야만 연속이 출현할 수 있다. 또한 이 양자는 병존을 포함한다. 세 가지 유추가 처리하는 것은 동일한 문제의 세 가지 측면이라 할 수 있으며, 특히 '실체'와 '인과'라는 두 가지 범주는 서로 더욱 밀접하게 연계되어 있다.

첫번째는 실체의 원리다. "현상의 모든 변화 속에서 실체는 영원한 것이다. 그 양은 자연 속에서 증가하지도 사라지지도 않는다."[45] 칸트는 이를 다음과 같이 해석한다. "영원함이란 시간 자체의 경험적 표상의 기체基體이다. 시간에 대한 어떤 규정도 이 기초 위에서 비로소 가능해진다. 영원성이란 현상 일체의 존재·변역·병존이 상응하는 거처이다."[46] "모든 현상 속에서 영원함이라는 것은 대상 자신이다. 즉 현상으로서의 실체인 것이다. 반대로 변역하는 혹은 변역할 수 있는 그 어떤 사물도 실체 혹은 제諸 실체의 존재 방식에 속할 뿐이다. 즉 실체의 규정에 속할 뿐이다."[47]

칸트가 뜻하는 바는 곧 실체의 범주와 영원성의 지속 원리의 틀을 선험적으로 설정해두어야 비로소 어떤 변역도 말할 수 있다는 것이다. 왜냐하면 변역이란 항상 어떤 사물(영원한 것)의 변역이며, 변역이 있다는 것은 반드시 변역의 불변함이 있다는 뜻이기 때문이다. 불변함이 없으면 곧 변함을 알 수 없고, 상존함과 영원함이 없으면 변동·변이를 알 수 없다. 하지만 이러한 것들은 모두 시간 속에서 감지할 수 있다. 우리의 지각은 모두 시간 속에 있으며, 시간 속에서 사물은 연속·지속·병존으로 표현된다. 그러므로 반드시 지각의 대상 안에 설정된 것으로서 시간은 영원성의 기체를 가져야 한다. 이와 같은 영원불멸한 실체가 없다면 일체의 시간적 경험의 서열은 근본적으로 불가능하다. 또한 이러한 영원성의 실체는 시간 자체가 아니고 시간 자신은 변함과 불변함과는 아무런 관련이 없다. 그것은 단지 주체의 직관형식일 뿐이다. 우리는 사물을 떠나서는 시간을 감지할 수 없고 다만 우리가 느끼는 변역은 모두 시간 속에 있을 뿐이다. 우리가 의식하는 시간의 연속·지속·병존은 실상 우리가 시간 속에서 의식하는 연속·지속·병존이다. 이를 통해 영원성의 실체라는 것은 단지 시간 속에서 감지할 수 있는 불변함이자 시간 속에 놓여 있는 '어떤 사물'일 수밖에 없음을 알 수 있다. '어떤 사물'이 의미하는 것은 무엇인가? 칸트는 이에 대해 어떤 규정도 내릴 수 없다고 주장했다. 하지만 한 가지는 분명한데, 칸트의 생각 속에서 ['어떤 사물'이] 정신적인 것은 아니라는 점이다. 반대로 그것은 감성의 경험적 대상이며 오직 감성적 경험 안에서만 비로소 의미를 갖는다. 우리가 하나의 대상을 인식한다고 할 때, 한 더미의 주관적 감지로 보지 않고 사물의 동시적 존재로 표상한다. 집을 볼 때 단순히 색채·체적 등 감지되는 주관적 계열만 볼 수는 없으며, 그것이 동시적으로 존재하는 객관대상임을 인지한다. 이는 곧 '실체'라는 범주가 반드시 작용해야 한다는 뜻이다. 또한 이 범주는 오직 그러한 경험 속에서만 비로소 작용과 의미를 갖는다. 칸트는 만약 실체가 인간에게 주어진 '지속성을 갖는 감성적 조건'을 떼어내버린다면 그것은 목적어가 될 수 없는 주어일 뿐이며, 그 주어의 성질은 우리에게 아무것도 말해줄 수 없고 인식에 대해 아무런 의미도 갖지 못한다는 점을 지적한다. 비록 명확하게 설명되어 있지는 않지만 여기서 칸트가 말하는 '실체'란 자연계의 영원한 물질 자체를 가리키는 것이라 할 수 있다. 아우구스티누스가 시간을 사상의 연장으로 본 것과는 완전히 상반되게 칸트가 가리키는 것은 실상 당시 뉴턴 역학이 지키고 있던 질량 불변의 법칙의 철학화라 할 수 있었다.[48] 뉴턴 또한 '자연철학'의 네 가지 '추리법칙'을 제시한 바 있는데, 그중 하나는 다음과 같다. "물체의 속성은 증강할 수도 감소할 수도 없다. 또한 우리의 실험이 다룰 수 있는 범위 안의 모든 물체가 가지고 있는 것은 모든 물체의 보편적 속성으로 봐야 한다."[49] 이 보편 속성이라는 것은 실상 실체로서의 물질 존재의 속성이다.

이를 통해 두번째 원리인 '지각의 예정'과 마찬가지로 칸트가 말한 실체의 영원성의 원리는 왜곡된 형식 속에서 물질세계 존재의 영원성을 긍정하는 것임을 알 수 있다.[50] 자연계의 영원 존재는 칸트에 의해 경험의 지속과 변역의 기초로서 시간 속에 형식적으로 설정된다. 다시 말해 경험 세계 속의 각종 변역은 반드시 그 기초로서 물질적인 영원 존재를 갖춰야 하는 것이다. 『자연과학의 형이상학적 기초』에서 물질은 다음과 같이 정의된다. "……공간을 가득 채우고 운동 능력이 있는 것은 경험적 대상이 될 수 있다." 즉 이미 과학의 실체 개념에 근접한 것이다. 칸트는 물질의 불멸, 혹은 '무는 유를 낳을 수 없고, 유는 무를 변화시킬 수 없다無不生有, 有不能變無' 같은 자연과학(물리학)의 기본 원리가 이러한 원리의 기초 위에서만 가능하다고 본다. 그리고 전체 자연과학은 바로 이러한 기초원리(물질의 불멸과 질량 보존의 법칙 등) 위에 건립된 것이다. 일반적 경험 안에서와 마찬가지로, 시간 속에서 지속적으로 존재하는 실체(물질)가 없다면 변역을 객관적으로 이해할 수 없다. [이러한 조건이 충족되지 않는다면] 사물은 곧 상대적으로 안정된 대상으로 인지될 수 없으며, 매우 불안정한 환상과도 같은 주관적 감지의 계열이 되어버릴 것이다.

하지만 칸트는 "위의 원리는 종종 경험의 기초로 설정되나 (왜냐하면 경험적 지식 안에서 이러한 기초의 필요는 감각되는 것이기 때문에) 그 자신은 절대 증명되지 않는 것"이라고 말한다.[51] 이는 곧 경험적 기초로서 실체의 영원성에 대한 원리는 '절대 증명되지 않는다'는 뜻이며, 단지 선험적 지성의 규정일 뿐임을 언급하는 것이다. "물질 이외에 직관으로서의 실체 개념을 그 위에 구축시킬 수 있는 영원한 것은 없다. 하지만 이 영원함 역시 경험 밖에서 스스로 얻어지는 것이 아니라 시간 규정의 필요조건으로서 선험적으로 설정되는 것이다."[52] 물질세계의 영원한 존재를 인간의 주관적 사유(지성)의 경험에서 독립된 규정으로 귀결시키는 것은 마치 논리의 전제로 삼는 것과 같아서, 이것이 곧 실체 원리의 본질이라 할 수 있을 것이다. 한편으로 그것은 유물론적 성분을 가지고 있으며, 다른 한편으로는 관념론의 선험형식 안에도 속해 있다.

두번째 유추는 '인과'이다. "모든 변화는 원인과 결과의 연계 규율에 의해 발생한다."[53] '인과'는 칸트가 제시하는 범주 중에서 가장 난해하면서도 중요한 부분이다. 실체의 원리가 존재를 말한다면 인과의 원리는 과정을 말한다. 실체의 원리가 정신의 실체에 관한 합리론을 겨냥한다면 인과의 원리는 인과 존재의 경험론을 부정하는 관점을 겨냥한다. 또한 칸트가 겨누고 있는 이 두 가지 관점은 서로 밀접하게 연결되어 있다. 인과 원리는 첫번째 유추, 즉 실체의 원리를 기초로 하며, 그것을 한층 더 발전시킨 것이다. 왜냐하면 인과의 발생과 사물의 변역은 반드시 불변의 존재, 즉 실체를 기초로 하기 때문이다. 실체 자체야말로 가장 근본적이고도 원시적인 '원인'이지만 실체를 기초로 하는 어떤 변역도 항상 원인을 갖게 마련이다. 종교적 기적과 같이 원인이 없는 사물은 인식의 범주에 들어가지 않으며 과학의 대상이 아니다. 레닌은 『철학 노트』에서 "실체는 원인으로서만 비로소…… 현실성을 갖는다"는 헤겔의 말을 인용하면서 "한편으로는 물질에 대한 인식에서 실체에 대한 인식(개념)으로 파고들어야 하며, 다른 한편으로는 진정으로 원인을 인식한다는 것은 곧 인식으로 하여금 현상의 외재성에서 실체로 파고들도록 하는 것이다"[54]라고 언급한 바 있다. 실체에서 인과로, 그리고 다시 상호관계로, 칸트의 이른바 '관계'의 범주는 이러한 추이 변화의 변증 과정이며 인식이 갈수록 심화되는 과정이라 할 수 있다. 이러한 측면은 이후 헤겔에 의해 강조된다. 칸트 본인은 단지 우연하게 이를 언급했을 뿐[55] 범주 사이의 상호 전화 관계를 충분히 논증하지는 않았다.

뉴턴은 자연과학에 있어 기계역학의 인과율을 확립했고 이를 이용해 물질세계의 존재와 운동을 해석했다. 위로는 태양과 별, 아래로는 먼지와 흙에 이르는 모든 것은 객관적인 기계적 인과관계의 지배를 받으며, 이것은 경험적 사실을 통해 확정된다. 칸트는 실상 철학 영역 안에서 이러한 보편 규칙을 확립하려고 시도한 셈이다.

칸트 이전에, 흄은 인과 문제와 관련하여 회의론 철학을 제창했다. 흄은 인과가 순수논리의 관계가 아니며, 합리론 철학과 같이 이성적인 것으로 볼 수 없다고 주장했다. 인과는 단지 인간의 경험 속에 들어 있는 주관적 습관이라는 것이다. 항상 A가 B의 앞에 존재하고 B가 늘 A와 그러한 경험적 관계를 유지하는 것을 보았을 때 사람들은 습관적으로 A를 B의 원인으로 생각한다. 즉 '선 A, 후 B'라는 습관은 사람들로 하여금 'A가 있으면 곧 B가 있다'라고 믿게 한다. 흄은 기실 객관적 사물 안에서 A이면 반드시 B라는 것을 분석해낼 수 없고, 객관 세계 안에 그러한 인과 법칙은 존재하지 않는다고 주장했다.

칸트는 합리론이 논리적 '이유'를 현실의 '원인'과 동일시하는 데 반대하고 인과는 절대 이성을 통해 순수논리의 관계를 보증하거나 증명할 수 없다고 주장했다. 그가 보기에 논리적 이유란 단지 개념의 분석적 통일일 뿐이고, 현실의 인과는 경험의 종합적 통일일 뿐이다. 하지만 칸트는 인과의 경험론을 부인하는 데 만족하지 않았다. 칸트는 경험론을 겨냥하여 연속의 관념은 관념의 연속과 다르다고 지적했다. 후자는 심리적 경험의 연속일 뿐이고, 전자는 객관적 대상의 논리적 판단을 다룬다는 것이다. 그는 이 둘의 구분을 요구한다. 하나는 주관적 순서이며 다른 하나는 객관적 순서이다. 그렇다면 어떤 기준을 가지고 이 두 순서를 구별할 것인가? 칸트는 전후의 순서가 뒤바뀔 수 있는지를 보라고 주장한다. 주관적 순서는 의지에 따라 뒤바뀔 수 있는 감지의 순서이다. 예컨대 하나의 방이 있다고 할 때, 위에서 아래를 볼 수도 있고, 반대로 아래에서 위를 볼 수도 있다. 이러한 순서의 감지는 뒤바뀔 수 있는 순서인 것이다. 또한 주관적 상상은 임의적으로 변동될 수도 있다. 이에 반해 객관적 순서는 사람의 의지로 전이시킬 수 있는 것이 아니며 전도될 수 없는 감지의 순서이다. 예컨대 강물의 흐름을 따라 내려가는 배의 감각은 위에서 아래로 갈 수밖에 없는 것이고 감지에 의해 마음대로 아래에서 위로 바꿀 수 없는 것이다. 이러한 감각의 순서는 외부 물체에 의해 강요된 것이며 이렇게 감지할 수밖에 없는 것이다.[56] 다시 말해 이른바 객관적 순서란 필연적으로 그러하다는 의미이며, 그것이 곧 인과인 셈이다. 시간 속에서 이러한 객관적 순서는 대상 사이의 인과관계를 전제조건으로 한다. 그렇기에 시간의 연속적 순서에 대한 의식은 또한 객관 사물의 인과관계에 대한 의식이라고 할 수 있다. 자연계는 인과관계에 의해 객관적 시간의 연속적 순서를 구성한다. 배 앞뒤의 서로 다른 위치에 대한 객관적 시간의 순서가 인과관계를 형성하는 것은 아니지만, 객관적 시간의 순서는 인과관계가 그 안에서 지배적인 역할을 한다고 설정해야만 비로소 가능해진다고 할 수 있다. "예컨대 흐름을 따라 내려가는 한 척의 배를 본다고 가정해보자. 이 배가 하류의 비교적 낮은 위치에 있을 때 느끼는 감각은 상류의 위치에 있을 때 느끼는 감각에서 연속된 것이다. 그 이후 비로소 배가 상류에 있을 때의 위치를 느끼게 된다.

여기서 지각은 서로 연속되는 순서 안에서 결정되는 것으로, 우리의 깨달음은 곧 이러한 순서에 의해 약속되어 있는 것이다."[57] "하나의 사건에 대한 지각 안에는 항상 하나의 규칙이 존재하며 (깨달음이라는 현상 안에서) 지각으로 하여금 연속되는 순서에 의거하여 일종의 필연적인 순서가 되게 한다. 그러므로 우리는 반드시 현상의 객관적 연속으로부터 깨달음의 주관적 연속을 얻어내야 하는 것이다."[58] "이러한 규칙에 근거하여 하나의 사건에 선행하는 규칙의 조건이 반드시 필요하다. 이 사건은 이러한 조건에 근거하여 필연적으로 도출되며, 나는 그 순서를 전도시킬 수 없다. ……하나의 '사건'을 가정하기 전에 그 사건이 반드시 의거해야 하는 규율에 근거한 연속적인 앞선 사물이 없다면 지각의 모든 연속은 단지 깨달음 안에 존재할 뿐이다. 즉 주관적인 데 머무르고 마는 것이다. 이는 곧 영원히 지각의 진정한 선후를 객관적으로 규정할 수 없다는 말이며, 결국 서로 관계없는 대상의 표상적 유희가 되어버리고 만다는 의미다."[59] "우리의 표상은 그 시간 관계 안에서 필연적으로 모종의 순서에 속할 때에만 비로소 객관적 의미를 갖는다."[60] 주의할 점은 여기서 칸트가 말하는 것이 일종의 시간적 논리의 순서이지, 시간의 현실적 흐름을 말하는 것이 아니라는 점이다. 그러므로 원인과 결과가 동시적으로 존재하는 사건 역시 생각해볼 수 있는바, 예컨대 방안의 화로(원인)와 방안의 온도(결과)가 그러하다. "인과관계 안에서 원인과 거기서 바로 도출되는 결과 사이의 시간은 부단히 사라지는 양이라 할 수 있다. 그렇기에 양자는 서로 동시적이다. 하지만 하나에서 다른 하나로 전이되는 관계는 여전히 시간 속에서 결정된다."[61] 그러나 원인과 결과는 여전히 시간과 같이 불가역적이다. 이외에도 주의를 기울여야 하는 것은 지각의 불가역성이 인과관계는 아니며, 전자가 후자의 원인도 아니라는 점이다. [지각의] 선후는 객관적 인과에 대한 일종의 표지일 뿐이다.

인과관계에 대한 칸트의 논증은 매우 복잡하고 다양하여 혹자는 그것이 대여섯 가지에 이르고[62] 너무 난삽해 이해하기 힘들다고 주장한다. 따라서 여기서는 그에 대해 많이 논하지는 않겠다. 인과관계에 대한 칸트의 논증의 요점은 반드시 필연적 규칙 혹은 질서가 있어야 함을 강조한다는 것, 그리고 인간 지각의 순서가 주관적이고 임의적인 감지 혹은 표상의 현상적 유희가 아니라는 것이다. 인간의 주관적 감지는 반드시 사물의 객관적 순서에 종속되고 거기서 유래해야 한다. 즉 필연적 인과관계여야 하는 것이다. 여기서 주관적 감지 속의 시간적 순서는 대상 사이의 객관적 인과관계를 전제로 한다. 그렇지 않으면 시간 순서 자체는 존재할 수 없거나 아무런 의미가 없다. 하지만 이것은 [칸트 관점의] 한 측면에 불과하다. 다른 한편으로 칸트는 우리가 객관적 대상을 인식하고 경험의 과학적 지식을 가능케 하는 것, 다시 말해 그 안의 인과관계를 발견하는 것이 우리의 지성이 시간의 순서를 감지 중에 대입한 결과, 즉 선험적 지성의 인과 범주가 시간적 순서의 틀을 경유하여 감지 재료에 작용한 결과라고 보았다. 칸트는 이에 대해 "지성의 주요한 공헌은 대상의 표상을 명확히 하는 데 있지 않고 대상의 표상을 가능케 하는 데 있다. 이것은 지성이 시간 순서를 표상에 대입하기 때문이다."[63] 이는 비록 우리가 사물의 구체적 인과관계를 알지 못한다 할지라도, 또한 경험 속에서 구체적 인과관계를 찾아내지 못한다 할지라도 인과('모든 일에는 반드시 원인이 존재한다')라는 선험적 개념(즉 지성의 범주)이 이미 존재한다는 것을 의미한다. 앞의 관점에 따르면 객관 대상의 인과관계는 사람의 주관적 감지의 순서를 결정한다. 뒤의 관점에 따르면 인간의 선험적 범주는 시간 순서를 통과하여 객관적 대상의 구체적 인과관계를 만들어내며, 인과관계 또한 지성이 감지를 규정하는 것이고 대상에 부여하는 것이다. 앞의 설명에 따르면 선험적 인과 범주 자체는 아무런 의미도 없고 독립적으로 존재할 수도 없다. 그것은 경험 안에서 존재할 뿐이다. 뒤의 설명에 따르면 선험적 인과 범주는 어떤 구체적인 경험적 인과관계로부터도 논리적으로 독립해 있으며 모든 경험적 인과관계의 전제조건이다. 이처럼 칸트는, 인과관계가 이성 자체에 속하며 경험적 사용을 초월할 수 있고 경험을 초월한 보편적 유효성이 있다는 라이프니츠, 볼프의 주장에 반대했다. 또한 인과관계는 단지 지각 표상의 주관적 습관일 뿐이며 확정적이고 유효한 객관적 성질을 전혀 갖지 않는다는 흄의 견해에도 반대했다. 그러므로 칸트는 한편으로 인과관계의 사용과 유효성이 반드시 경험 속에 있어야 하며 경험에서 독립해 존재할 수는 없다고 주장하면서, 다른 한편으로는 인과관계가 반드시 보편적 유효성을 가져야 하며 그러므로 경험에서 비롯되어서는 안 되고 경험에서 귀납·개괄되어서도 안 된다고 주장하는 셈이다. 이는 곧 인과관계의 객관성(반드시 경험 안에 존재해야 하며 그 때문에 우리의 주관적 감지의 습관이 아닌 객관적 대상 자체에서 찾아야 한다는 것)을 강조하는 동시에 그 선험성(반드시 보편적으로 유효해야 하며 그러므로 우리의 지성이 경험에 부여하는 것이고 선험적 지성의 범주로부터 유래할 수밖에 없는 것)도 강조하는 것이라 할 수 있다. 칸트는 이렇게 첨예한 대립 사이를 오가며 부단히 배회하고 동요하고 방황했던 것이다.

칸트는 조화될 수 없는 모순을 조화시키려 했고 그 결과 진퇴양난, 자기모순에 빠져버렸다. 이러한 모순 속에서 주도적인 자리를 차지하는 것은 여전히 선험적 측면이었다. 첫번째 유추에서와 같이 '실체'는 선험적 범주이며, 원자原子와 전자電子가 경험 과학에 [그 선험성을] 제공하는 것과 같다. 여기서 '인과'관계의 보편적 범주는 선험적인 것에 속하며, 각종 과학과 사물의 구체적이고 수없이 많은 인과 규율은 경험이 제공하는 것이다. 다시 말해 어떤 구체적인 경험적 원인에 대한 탐구에 있어서도 항상 '하나의 원인이 있다'라는 보편 필연적인 선험적 인과에 관한 추상적 범주를 전제로 해야 하는 것이다. 좀더 통속적으로 말하자면 이는 곧 어떤 일을 하고 어떤 문제를 고려하며 어떤 과학을 탐구한다고 할 때, 우선 '모든 일은 그 원인을 갖는다'라는 '사유'를 가져야 비로소 구체적인 탐구를 실행할 수 있다는 것이다. 그러한 '사유'가 근본적으로 존재하지 않는다면 어떤 탐구도 할 수 없다. 인간이 동물과 다른 점이 바로 이것이다. 칸트에 따르면, 이러한 사유는 선험적 인과관계의 범주이며, 또한 인간의 이성(넓은 의미의)은 그것을 구체적 사유와 감성적 재료를 인도하고 규정하고 정리하는 일반 형식으로서 가져야 한다. '모든 일은 항상 원인을 갖는다'와 같은 '사유'는 경험에서 귀납되는 것이 아니다. 우리는 단지 한 마리의 흰 까마귀를 보고 '모든 까마귀는 까맣다'라는 경험적 귀납을 뒤엎을 수 있다. 하지만 우리가 경험 안에서 겉보기에 원인이 없어 보이는 사물을 만나게 되었을 때, 만약 과학적 태도를 지니고 있다면 아무런 원인이 없다고 생각하지 않고 오히려 반대로 그 원인을 찾으려 한다. 이는 곧 '모든 일에는 원인이 있다'라는 사유의 정확성을 뒤집거나 의심할 수 없음을 말한다. 이를 통해 우리는 '모든 일에는 원인이 있다'라는 명제가 경험에서 귀납되는 것이 아니라 오히려 반대로 그 명제가 보편 필연적으로 일체의 경험적 사물, 대상에 적용되는 것이기에 이성에서 유래하며 선험적인 지성의 범주라는 것을 알 수 있다. '이성은 자연적 입법자이며 법관이 범인을 탐문하듯 자연에 문제를 제기하고 대답을 요구한다' 같은 칸트의 말은 곧 이러한 의미인 것이다.

5 '지성의 선험원리': (다) '상호관계'와 '경험 사유의 세 가지 준칙'

'실체'와 '인과' 범주의 뒤를 잇는 것은 '상호관계'의 범주다. 상호관계 범주의 원리는 다음과 같다. "모든 실체는 공간 속의 공동존재자로 지각될 수 있는 한에서 모두 일관된 상호작용 안에 놓여 있다."[64] 이른바 상호작용이란 상호관계와 상호 인과관계 등의 내용을 포함한다. 그 시간적 틀은 '동시적 공존'이다. 하지만 감지는 '동시적임' 자체를 파악할 수 없다. '동시적임'은 A와 B가 인과관계 속에서 시간적 순서의 전후 관계 때문에 서로 위치를 뒤바꿀 수 없는 것과 마찬가지로, A와 B가 서로 위치를 바꿀 수 있는 것으로 표현되기도 한다. 감지가 이러한 뒤집힘의 가능성을 갖는 것은 대상 사이에 일종의 필연적인 객관적 관계가 있기 때문이다. 이 관계는 상호관계의 범주 및 동시적 공존의 범주라는 틀을 통해서만 파악될 수 있다.

실체와 인과의 두 가지 범주에 비해 상호관계라는 범주는 비교적 부차적인 위치를 차지하고 있다. 하지만 이전의 각 범주들에서 시간만 언급되었던 것과 달리 칸트가 상호관계의 범주부터는 공간을 강조하고 있다는 점에 주의해야 한다. 공간은 외부의 직관형식으로, 내부적 직관형식인 시간과는 다르다. 공간은 객관적 경험 대상과 더욱 밀접한 연관관계를 가지기 때문에 객관적 대상의 측면에 대한 더 많은 규정을 포함하고 있다. 칸트는 『순수이성비판』 2판에서 공간을 더욱 강조했다.[65] 칸트의 『자연과학의 형이상학적 기초』에서 공간은 매우 중요한 위치를 차지하며, 이는 『순수이성비판』에서 시간이 중요한 위치를 차지하는 것과 같다. 칸트의 상호관계 원리는 실상 뉴턴 역학의 원리를 이용해 태양과 각 행성의 관계 및 위치를 탐구하던 당시의 연구와 불가분의 관계에 있었다. 그렇기에 칸트는 '상호관계'의 범주를 단지 이성을 통해서만 파악하는 것은 옳지 않으며, 그 객관적 실재성은 직관, 즉 공간의 외적 직관을 통해서만 규정할 수 있다고 주장하기에 이른다. 오직 공간 안에서만 모든 곳에 가득차 있는 온갖 물체와 실체의 상호관계 및 상호 영향관계를 파악할 수 있고, 이러한 상호작용을 통해 서로 다른 위치(공간)가 그들의 공존을 드러낼 수 있으며, 대자연이 경험될 수 있는 것 역시 상호 연관되어 있기 때문이다. 실체의 원리와 인과의 원리가 당시 자연과학의 상황을 표현하듯, 상호관계의 원리도 철학을 통해 당시 과학이 그려내고 있던 상황을 표현해낸다. 대상 사이의 상호관계와 인과관계가 기계역학의 전경全景을 구성하고 있는 것이다. 하지만 칸트는 자신의 이러한 철학 원리가 자연과학에서 추출되었다고 생각하지는 않았고, 오히려 정반대로 자연과학이 가능한 이유가 지성이 이러한 선험적 원리를 경험에 응용하고 있기 때문이라고 보았다. 실체의 원리(지속적 존재)가 있어야 비로소 사물의 생멸을 인식할 수 있고, 인과의 원리(필연적 연속)가 있어야 비로소 사물의 변이變異를 인식할 수 있으며, 또한 상호관계의 원리(동시적 공존)가 있어야 비로소 사물이 서로 연관되어 있음을 인식할 수 있다.

칸트가 제시하는 범주표의 3조합 원칙에 따르면 '관계'로서의 제3항, 즉 상호관계의 범주가 최종적 인과의 의의를 갖는다. 즉 상호관계의 범주(제3항)는 모든 실체(제1항)가 서로 원인과 결과(제2항)가 됨을 가리킨다. 이 관점은 이후 헤겔에 의해 더욱 본격화되며, 헤겔 논리학 중 본질론의 가장 높은 범주가 된다.

'관계'의 세 가지 범주 이후 등장하는 것은 이른바 '양태'로서의 '경험 사유의 준칙'이며, 이는 앞의 세 가지 범주와는 다르다. '경험 사유의 준칙'이 말하는 바는 범주 자체의 성질이 아니라 범주와 인간의 주관적 인식 사이의 관계다. 이는 양, 질, 실체, 인과, 상호관계 등의 범주가 객체적 대상을 가리키는 것과 달리 인식 상태 자체, 즉 인식의 가능성, 현실성, 필연성의 문제를 가리킨다. 또한 여기서 인식이 말하는 바는 과학 혹은 일상의 사유와 인식이며, 그렇기에 경험 사유의 준칙이라 불리는 것이다. 다시 말해 '경험 사유' 안에 지켜야 하는 '준칙'이 존재한다는 것이다. 이것은 우선 감성을 재료로 삼고 구체적인 경험적 인식의 범위 안에 한정되어야 한다. 그러므로 이러한 범주의 감성적인 객관적 측면이 더욱 두드러지는 것이다. '경험 사유의 세 가지 준칙' 원리는 다음과 같다.

"1. 직관과 개념 안에서 경험의 형식적 조건과 부합하는 것은 가능하다. 2. 경험적 질료의 조건, 즉 감각과 서로 연계된 것은 현실적인 것이다. 3. 현실과의 연관관계 안에서 경험의 보편적 조건에 근거하여 규정된 것은(다시 말해 그 존재는) 필연적인 것이다."[66] 이러한 원리들의 시간적 틀은 다음과 같다. 어떤 때에 존재하거나(가능성), 어떤 일정한 시간 안에 존재하거나(현실성), 어떤 때인가에 관계없이 항상 존재하거나(필연성). 칸트는 이른바 '가능성'이라는 것이 오직 감각, 경험에 의해 실증될 뿐이라고 생각했다. "……경험적 실증이 없다면 개념은 단지 사유의 임의적 연결일 뿐이고, 비록 확실히 무모순적이라 할지라도 객관적 실재성을 요구할 수는 없다. 그러므로 [이것은] 사유로서의 대상만을 승인할 뿐 가능성은 없는 것이다."[67] 칸트는 과학적 인식 속의 가능성이 일종의 현실적 가능성, 즉 경험 속에서 출현할 수 있는 성질의 것이라고 주장했다. 그렇기에 그것은 반드시 시간 속에 존재해야 하며, 단지 순수 사유 영역 속의 가능성, 즉 논리적 가능성에 불과한 것이 아니다. 이는 곧 과학과 일상생활의 사유는 감지적 경험에 근거해야 하며, 사변적 추리에 근거하여 사물의 가능성을 예측하거나 규정하거나 탐구할 수 없음을 말한다. 라이프니츠가 제시한 대로, 시간과 공간을 점유하지 않고('양'을 갖지 않는 범주들), 동시에 감지될 수도 없으며('질'을 갖는 않는 범주들), 또한 실체로서 다른 실체와 인과관계 혹은 상호관계의 작용을 발생시키지 않는('관계'를 갖지 않는 범주들) 정신적 측면에서의 모나드는 논리적으로 가능할 뿐 물리적으로나 경험적으로는 가능하지 않다. 다시 말해 현실적 존재의 가능성이 존재하지 않는 것이다. 이를 통해 형식논리의 모순율은 경험 인식의 가능성의 준칙이 될 수 없음을 알 수 있다. 각종 사물이 지닌 대립·통일의 성질과 같이, 형식논리의 모순율을 위반하는 것은 논리적으로는 불가능하지만 현실적으로는 오히려 존재한다.(앞의 1장 참조) 논리적으로 가능한 것, 즉 무모순적인 것이 경험의 형식적 조건(양, 질, 관계 등의 범주들)에 부합하지 않는다면, 그것은 현실 속에서 불가능한 것이다. 예컨대 두 개의 직선이 하나의 도형을 구성한다는 것은 논리적으로는 가능하지만 일상생활의 현실은 이러한 감성적 직관을 제공해주지 않는다. 그렇기에 불가능한 것이다. 앞서 말한 라이프니츠의 모나드도 이와 마찬가지다.

현실성에 대해 말한다면 위와 같은 사정은 더욱 분명하게 드러난다. "대상에 대한 직접적 직각直覺을 요구하는 것이 아니다. ……요구하는 것은 경험적 유추에 근거하여 일련의 현실적 감지와 연계된 대상에 대한 인지認知다."[68] 칸트의 예시를 소개한다면, 우리는 자석이 철을 잡아당기는 경험적 지각 속에서 비록 그 자장을 직접적으로 감지할 수는 없지만 유추에 근거하여 자장의 현실적 존재를 알 수 있다. 즉 사물의 현실적 존재의 성질이 비록 눈앞의 지각을 통해 직접적으로 감지될 수는 없지만 반드시 경험적 유추에 근거하여 일정한 현실적 감각, 감지와 상관관계를 맺게 된다는 것이다. 현실성은 직접적 감지의 범위보다 크지만 반드시 경험적 감지의 기초 위에 세워져야 하며, 또한 최종적으로는 감지를 통해 실증되어야 한다. 동시에 이것은 범주가 현실적 감지에 운용되어 여타 사물의 현실적 존재를 가늠할 수 있고, 현실의 사물이 눈앞의 감지라는 협애한 범주 안에 국한되지 않는다는 것을 말해준다. 이러한 원리는 합리론이 단순하게 추리에만 기대어 대상의 현실성을 긍정하는 것을 겨냥하는 한편,[69] 경험론이 단순하게 감지될 수 없음에 근거하여 대상의 존재를 부정하는 것을 겨냥하고 있기도 하다.[70] 이는 곧 감지를 추리의 근거로서 반드시 가지고 있어야 함을 강조하는 것이며, 또한 직접적 감지를 모든 현실적 존재의 표준으로 삼을 수 없음을 말한다. 이는 철학을 통해 당시 자연과학이 채택한 경험과 수학의 상호 결합이라는 새로운 경로를 표현해낸 것이라 할 수 있다.

마찬가지로 필연성의 범주가 말하는 것은 다음과 같다. "……존재의 필연성은 절대로 개념에 의한 것이 아니다. 오직 경험의 보편적 규율과 이미 알려진 것의 상호 결합을 통해서만 비로소 인식할 수 있는 것이다."[71] 이러한 언급은 합리론자들이 생각하는 것처럼 필연성이 단순히 사유와 이성의 산물이자 논리적 필연일 수 없으며, 반드시 현실적 감지와 인과론 등의 추론을 통해서만 비로소 그 필연적 존재가 확정된다는 것을 의미한다. '모든 사람은 죽는다'라는 말은 필연이다. 이것은 논리적으로 상반되는 명제인 '인간은 죽지 않는다'라는 명제를 부정하는 것이 아니다. 뒤의 명제는 논리적으로 성립하지만 경험 속에서 감지에게 실증되거나 그 실례가 제공될 수 없다. 그러므로 '모든 사람은 죽는다'라는 명제는 논리적 필연이 아니라 경험적 현실에서의 필연이며, 이것이야말로 학적 인식의 대상이라 할 수 있다. '인간은 죽지 않는다' 같은 명제는 경험적 자료를 통해 그 명제의 필연성을 실증하는 증거를 제시할 수 없고 근본적으로 인식 영역과 과학연구의 밖에 놓여야 하는 것이다. 이처럼 칸트가 필연성을 강조하는 것은 인식이 반드시 경험적 감지와 연계되어야 한다는 것과 관련 있다.

경험의 세 가지 준칙 사이의 차이와 관계에 관해 칸트는 다른 곳에서 다음과 같이 말한 바 있다. "가능성은 사유된 것이지만 주어지지 않는 것이고 현실성은 주어진 것이지만 사유되지 않는 것이며, 필연성은 사유됨을 통해 주어지는 것이다."[72] 가능성은 경험인식의 형식적 조건, 즉 앞서 언급한 세 가지 범주의 원리에 부합하지만 아직 감각에게 제공되지 않는 것을 말한다. 현실성은 감각이 제공했으나 아직 논증되지 않은 것, 즉 자각이 아직 경험인식의 형식적 조건 속에 포함되지 않은 것을 말한다. 필연성은 이 양자 사이의 통일이며, 대상은 감각이 재료를 제공해주고 또한 실체, 인과 등의 범주틀을 통해 규정된 것이다. 가능성이 경험의 형식적 조건을 제공하는 것이라면, 현실성은 질료적 조건을 제공한다. 전자는 시공간적 직관이자 지성의 범주이고, 후자는 감각이다. 필연성은 이 양자 간의 통일이라 할 수 있다. 실상 칸트의 현실성이란 이미 그러한 통일이며, 절대로 감각적 재료에 불과한 것이 아니다. 그러므로 세 가지 준칙 사이의 관계는 칸트 철학 안에서 그다지 적절하게 전개되고 있다고 할 수 없다. 이것은 헤겔에 이르러서야 비로소 상호 의존적이고 전화되는 변증법적 관념으로 발전한다. 예컨대 현실성과 필연성은 칸트에게 있어 혼합적으로 등치되어 있으며, 헤겔에 이르러서야 비로소 심도 있는 변증법적 관계로 발전한다. 이러한 과정을 통해 헤겔은 "현실적인 것은 모두 합리적인 것이며 합리적인 것은 모두 현실적인 것이다" "현실성은 그 전개 과정 안에서 필연성으로 표명된다" 같은 저명한 사상적 명제들을 제기하게 된다. 하지만 헤겔은 칸트의 이 세 가지 범주를 발전시키는 동시에 칸트 사상 속의 유물론적 요소들을 폐기했다. 어떤 현실적인 존재도 반드시 직간접적으로 감지적 경험과 연계되어야 하며, 그렇지 않으면 그 존재 역시 긍정할 수 없고 인식할 수 없다는 칸트의 인식론을 폐기해버린 것이다. 이를 통해 칸트가 치중하고 있었던 것은 헤겔과 달리 범주들 사이의 변증법적 논리 관계가 아니라 그것과 인식 사이의 관계였다. 칸트가 원리에 관한 결말 부분에서 반복적으로 강조하는 것은 여전히 지성의 범주가 감성을 벗어나 초경험적으로 사용될 수 없다는 주제였다. 이에 대해 칸트는 다음과 같이 말했다. "그러므로 이 절節 전체의 최종 결론은 다음과 같다. 순수지성의 일체의 원리는 단지 경험적 가능성의 선험적 원리다. 그러나 일체의 선험적 종합명제는 경험과 상관관계를 갖을 뿐이며, 이 명제의 가능성은 바로 이러한 관계 위에 건립된다."[73] "일체의 개념과 그에 수반되는 모든 원리는 설령 선험적 가능성이라 할지라도 모두 경험적 직관과 연계되어 있다. 즉 경험 가능한 재료와 상호 연관되어 있는 것이다. 개념이 이러한 관계를 이탈하면 객관적 유효성을 잃고 상상력과 지성의 순진한 유희에 불과하게 될 것이다."[74] "일체의 감성을 떠나서는 이러한 범주는 아무런 쓸모가 없다"[75] 등등.

결론적으로 말해 감성이 없다면, 즉 상술한 일체의 지성 범주가 모두 객관적 현실성과 보편적 유효성을 갖지 못하고 단지 논리적 가능성만 갖는다면 인식은 아무런 의미가 없다. 결국 칸트는 인식론이 개념과 객관적 대상의 일치에 관한 문제를 탐구함에 있어 순수하게 논리를 통해서만 사물을 논증하여 지식을 얻을 수는 없다고 생각한 것이다. 그렇기에 나는 칸트가 순수지성 자체로는 현실을 인식할 수 없고 지성과 감성의 밀접한 결합을 요구하며, 보편 원리(지성의 범주)와 구체적 현실(경험적 감지)의 밀접한 결합을 강조한다고 생각한다. 칸트는 합리론의 독단론과 경험론의 추수주의에 모두 반대한 것이다. 이것은 인식론의 측면에서 매우 중요하고도 적극적인 의미를 지닌다. 또한 당시 과학실험의 방법론적, 인식론적 측면에서의 철학적 개괄이자 칸트 철학의 매우 중요한 내용이라 할 수 있다. 그런데도 수많은 칸트 연구자들이 일관되게 경시하고 심지어 사멸시켜버린 부분이기도 하다.

하지만 또다른 측면에서 칸트는 감성과 결합된 지성을 요구하면서도 근본적으로는 감성과 완전히 절연된 초월적인 무언가를 요구한다. 칸트는 고집스럽게 지성과 감성이 경험 안에서 서로 의존해 있음을 강조하면서 인식 안에서 개념과 직관 중 어느 것도 결락될 수 없음을 강조한다. 하지만 동시에 칸트는 오히려 근원적이고 본질적인 차원에서 지성과 감성을 완전히 분리시키고 서로 대립시킨다. 따라서 [지성과 감성의] 결합은 단지 이원적 조합 혹은 혼합에 불과하다. 감성과 지성은 근본적으로 분리된 상태에 있으며 감성은 지성으로 승화될 수 없다. 지성 또한 감성으로부터 유래할 수 없다. 하나는 지하(감성)에, 다른 하나는 천상(지성)에 있다. 결국 천상을 통해 지하를 주재할 수밖에 없으며, 지성을 이용해 감성을 주재하고 초월을 통해 경험을 주재할 수밖에 없다.

인식론적 원인을 통해 이러한 연유를 설명한다면, 그것은 칸트가 인간 지성 범주의 근원이 무엇인지, 이성적 인식의 단계가 어떻게 출현하는지 이해하지 못했기 때문이다. 그는 이러한 이성의 단계와 지성의 범주가 파편적인 감지적 경험에서 직접적으로 승화될 수 없다고 보았고(로크가 구상했던 것처럼), 그렇기에 경험과 절연시켜버리고 관념론적인 선험론적 형식을 통해 보편 필연적인 이성 인식의 문제를 또렷하게 제기했다. 이후 헤겔 역시 이에 대해 다음과 같이 말한 바 있다. "범주가 이미 부여된 감각 안에 포함될 수 없다는 주장은 아주 정확한 것이다. 예를 들어 한 덩어리의 설탕을 보고 우리는 그것이 단단하고 흰색이며 달다는 점 등을 발견한다. 이 모든 성질은 하나의 대상 안에 통일되어 있다. 하지만 이러한 통일은 감각 안에서 발견되는 것이 아니다. 우리가 두 사건 사이에 인과관계가 있다고 여길 때 역시 마찬가지다. 감각은 두 사건이 시간적 순서에 기대어 상호 연속됨을 말해줄 뿐이며, 무엇이 원인이고 무엇이 결과인지는 감각을 통해 알 수 있는 것이 아니라 단지 사유를 통해 발견할 뿐이다."[76] 실체, 인과 등의 범주는 분명 감각이 제공하는 것이 아니며 사유의 특정한 기능이다. 그렇다면 사유는 어떻게 이러한 기능과 범주를 갖는 것인가? 이러한 사유의 범주는 어디서 유래하는가? 헤겔 역시 이에 대해 명확한 답을 내놓지 않았다. 하지만 헤겔은 사유를 세계의 본체로 삼아 모든 것을 추론했으므로, 이에 대해 대답할 필요가 없었다고 할 수 있다.

6 자연과학의 인과성 이론 속 칸트주의

칸트에게 있어, 인과 범주가 자연과학(물리학)과 맺는 관계는 시공간적 감성 직관이 수학과 맺는 관계와 같다. 그것들은 과학이 성립하는 '초월적' 요소를 보증한다. 인과 문제는 현대 물리학 이론의 중요한 과제이기도 하다. 이러한 문제를 둘러싸고 광범위한 영향력을 발휘했던 관점과 논쟁이 있었다. 그리고 이러한 관점과 논쟁 속에서 칸트는 부단히 언급되었다. 현대 서구 자연과학에 관한 철학 저서 중에서 칸트를 언급하지 않는 경우는 거의 없다. 하지만 헤겔을 언급하는 일은 거의 없거나 매우 적으며, 이 방면에서 헤겔의 영향력은 거의 없다고 할 수 있다. 실상 헤겔은 매우 교묘한 방식으로 인과의 문제를 비껴갔던 것이다.

하이젠베르크는 다음과 같이 말했다. "칸트는 우리가 하나의 사건을 관찰할 때마다 근거가 되는 사건을 가정하고, 하나의 사건에 뒤이어 다른 사건이 필연적으로 뒤따르는 것은 모종의 규칙에 근거하여 발생한다고 말한다. 칸트가 언급한 대로 이는 모든 과학적 작업의 기초이다. ……이를 통해 인과율은 과학 연구방법으로 귀결되며 과학이 성립할 수 있는 선결조건임을 알 수 있다."[77] 하지만 곧이어 하이젠베르크는 이러한 현대물리학은 이제 성립하지 않는다고 지적한다. 왜냐하면 미시적인 세계에서 고전적인 기계적 인과관계에 관한 결정론은 이미 통계에 기반을 둔 확률로 대체되었기 때문이다. 그렇기에 현대 물리학자들은, 인과율은 존재하지 않으며 심지어 전자電子는 '자유의지'를 갖는다고 말한다. "원자와 기본 입자 자체도 실체와 같은 것이 아니다. 그것들이 하나의 물체와 사실의 세계를 구성한다기보다는 잠재적 세계 혹은 가능성의 세계를 구성한다고 볼 수 있다."[78] 닐스 보어는 인류 지식을 통일하는 인식론으로 상호 보충의 원리를 제시하고 '객체와 측량기기 사이의 통제할 수 없는 상호작용'을 강조한다. 주체와 객체 사이의 한계는 확정할 수 없으며, 따라서 임의적으로 구분할 수 없다. 심리학적인 것과 물리학적인 것은 '서로 보충'한다. 그리고 지각적 주체가 객체를 창조한다. 보어는 이에 대해 다음과 같이 밝혔다. "어떤 관찰도 현상의 과정에 대한 일종의 간섭을 진행해야 하고 이는 우리로 하여금 인과관계를 묘사하는 방식의 기초를 잃게 만든다. 그렇기에 자연 자체는 우리가 논하는 객관적 존재 현상의 가능성에 제한을 가한다." "인과성은 우리가 그것을 통해 감각기관의 인상을 체계화하는 일종의 지각 형식이다."[79]

논리실증주의자 마그달레나 애비는 인과관계의 필연성에 관한 칸트의 사상이 헤겔의 결정론을 초래했다고 비난했다. 또한 라이헨바흐도 '모든 일에는 항상 원인이 있다'는 인과관계의 선험 범주에 반대하고 있다. "이러한 논증은 오류이다. 만약 우리가 하나의 특수한 원인을 찾으려 한다면 하나의 원인이 존재한다는 것을 반드시 가정할 필요는 없을 것이다. 우리는 이 문제를 의문에 부칠 수 있다. 마치 그 문제의 원인인가를 묻는 것과 마찬가지로 말이다."[80] "경험론자 흄이…… 합리론자 칸트보다 우월하다."[81] "사람들은 종종 이것이 전적으로 양자역학에 속하는 문제라고 말한다. ……하지만 이는 문제의 성질에 대한 오해이다. 설사 고전 물리학이라 할지라도 우리는 관측 밖에 있는 사물의 본성 문제를 해결해야 한다. ……우리가 한 그루의 나무를 보고 고개를 돌린다고 가정할 때, 우리가 보고 있지 않을 때도 나무는 여전히 그 자리에 있다는 것을 어떻게 알 수 있단 말인가?"[82] 이는 분명 버클리주의적 발상이다.

상황은 복잡하다. 칸트에서 버클리로의 퇴보라는 전반적 경향 속에서도 일련의 관점이 흄과 칸트 사이에서 또는 부단히 흄에서 칸트로 이동하는 것을 확인할 수 있으며, 후자의 경향성이 점차 전자의 경향성을 대체하는 추세로 가고 있음을 알 수 있다. 양자역학에 관한 현대 문헌들은 인과성을 승인하고 있다. 양자역학의 저명인사인 막스 보른은 말한다. "인과성의 원리는 다음과 같다. 관측할 수 있는 상황 사이에 물리적 의존성이 존재함을 믿는 것. 우리는 이를 하나의 신념으로 정의한다." "인과성은 분명 물리학 바깥에 있다. 게다가 신앙의 활동을 요구한다."[83] 논리실증주의자 앨프리드 에이어, H. 피글 역시 정도는 다르지만 흄에서 칸트로 이동하는 경향을 똑같이 보여준다. 즉 점차 모든 과학을 경험(감각재료)으로 귀결시킬 수 없음을 인정하고 있는 것이다. 길버트 라일 같은 인물 역시 범주가 다루는 것이 언어 운용의 문제는 아니라는 데 주의를 기울인다. 심지어 러셀도 비분석적이고 비경험적인 무엇이 있음을 인정한다. 그들이 아무리 표면적으로 격렬하게 칸트를 반박한다 할지라도 실상은 오히려 칸트의 '선험종합'이라는 명제를 인정하는 쪽으로 기울고 있는 것이다. 그들이 제기하는 논리(분석)가 어떻게 경험(종합)에 응용되는가, 과학 속의 개념적 성분과 경험적 성분이 어떻게 결합하는가 등의 문제는 모두 '선험적 종합판단은 어떻게 가능한가'의 문제로 변형 가능한 셈이다.

아인슈타인의 철학적 관점도 마찬가지다. 아인슈타인은 인간의 객관 세계와 인과 규칙에 근거하지 않는 존재가 있다는 관점을 견지했고, 이는 양자역학의 코펜하겐학파와는 사뭇 다른 견해였다.[84] 그럼에도 아인슈타인은 인과관계를 여전히 증명할 수 없는 '신념'으로 여겼다. 아인슈타인은 "감각 주체의 외부로부터 독립된 외부 세계가 있음을 믿는 것이 모든 자연과학의 기초"[85]라고 말한다. 또한 개념은 경험에 의해 제시되지만 경험에서 귀납될 수는 없다고 주장한다. 이와 상반되게 감각적 경험이 우리의 개념에 의해 조직·정리되어 지식이 된다고 보기도 했다. 이러한 개념은 곧 '자유로운 창조'이지만, 그것이 인식 가치를 지니는 것은 여전히 일정한 감성 재료와 반드시 상관관계를 갖기 때문이다.

아인슈타인은 다시 한번 다음과 같이 말했다.

> 우리의 모든 사유와 개념은 감각적 경험에서 촉발되며, 그러므로 그러한 감각적 경험에 대해서만 의미를 갖는다. 하지만 다른 측면에서 그것들은 모두 우리 영혼의 자유로운 활동 산물이다. 그러므로 절대 그러한 감각적 경험 내용들의 논리적 추론이 아니다.[86]

> 우리의 사유와 언어 속에서 표현되어 나오는 각종 개념은 논리적으로 보았을 때 모두 사유의 자유로운 창조에 의한 것이다. 또한 그것들 모두 감각적 경험 속에서 귀납을 통해 얻어질 수 있는 것이 아니다.[87]

> 슬쩍 보기만 해도 관념의 세계는 논리적 방법을 통해 경험 속에서 얻어질 수 있는 것이 아니다. 어떤 의미에서 그것은 인류 지혜의 창조이며 만약 이러한 창조가 없다면 과학은 존재할 수 없다. 하지만 아무리 그렇다 할지라도 이러한 관념 세계는 우리의 경험적 본성을 떠나서는 결코 홀로 존재할 수 없으며, 이는 의복이 인체의 형태를 떠나서는 독립적으로 존재할 수 없는 것과 같다.[88]

분명 아인슈타인은 여기서 완전히 칸트를 반복하고 있다.[89] 다만 둘의 차이점은, 아인슈타인의 경우 어떤 개념(단순히 칸트가 고정시켜놓은 열두 가지 범주가 아니라)이 '자유로운 창조'(칸트의 '초월적인 것'이 아니라)에 의한 것임을 강조한다는 점이다. 이 차이점은 당연히 본질적인 것이 아니다. 이에 대해 아인슈타인은 다음과 같이 말했다. "여기서 주장하고 있는 이론적 태도와 칸트적 태도의 차이점은 단지 우리가 '범주'라는 것을 불변하는 것(지성의 본성적 제약을 받는 것)으로 여기지 않고 (논리적으로) 일종의 자유로운 약정으로 본다는 것뿐이다. 만약 범주와 개념을 일반적으로 규정하지 않는다면 사유는 곧 진공에서 호흡하는 것처럼 불가능한 일이 될 것이다. 다만 이 점에 있어서만 그러한 범주는 선험적인 것처럼 보인다."[90]

오늘날 칸트가 살아 있다면 대체로 위와 같은 아인슈타인의 관점에 찬성할 것이다. 그렇기에 분석과도 다르고 종합과도 다른 칸트의 선험적 종합판단은 논리적 추론도 경험적 귀납도 아닌 아인슈타인의 '자유로운 상상'과 어떤 의미에서 동일한 문제, 즉 인간의 창조적 인식 활동 및 능력에 관한 문제라고 할 수 있다. 이러한 기능과 활동이 도대체 무엇인가라는 문제는 오늘에 이르기까지 진일보한 연구를 기다리는 철학적, 과학적 과제다. 현대 자연과학의 중요한 특징 중 하나는, 아인슈타인이 강조한 것처럼, 관찰 가능한 양(경험적 실재성)을 기준으로 삼는 데 반대하는 것으로, 이론을 발견이 아닌 발명으로 보는 관점이다. 다시 말해 먼저 이론이 있고 나중에 관찰이 있는 것이다. 진정 체계적인 어떤 이론도 항상 관찰할 수 없고 경험적으로 확증할 수 없는 측면이나 내용, 요소를 갖는 것처럼, 고도의 수학적 추상과 특정한 경험적 재료의 상호 연계를 통해 능동적으로 구축한 추상적 이론과 이상적 모형은 경험과 관찰에 선행하여 새로운 현실을 연역하고 예측해낼 수 있다. 인간의 창조적인 심리적 기능은 날이 갈수록 이러한 측면에서 그 작용과 위력을 표출해내고 있으며 깊이 있게 인간 인식의 능동성을 제시해주고 있다. 이것은 경험론적 귀납법 혹은 논리주의에 의한 해석이 아니다. 따라서 칸트주의의 그림자가 자연과학자의 사상 속에서 부유하고 있는 것은 충분히 납득 가능한 일이다. 양자역학과 아인슈타인의 관점이 대표적인 예라 할 수 있다. 1930년대 허버트 제임슨 페이턴은 이미 다음과 같이 말했다. "……양자역학과 상대론 안에서 과학자들 스스로 역설과 모순을 발견해냈다. ……심지어 시간은 단지 인류가 사물을 관찰하는 방식에 불과하며, 그것이 물리 세계에서 발견될 수 없다고 단언하고, 우리는 단지 양을 측정할 뿐 그 양을 측정하는 대상은 없다고 단언하기까지 한다. 이러한 단언은 모두 칸트의 영향에서 완전히 독립되어 나타난다고 할 수도 있지만 오히려 칸트 학설의 부활과도 매우 흡사하다."[91]

일찍이 엥겔스도 이렇게 언급했다. "철학적 명제 중 이미 제기되었거나 일찌감치 철학자들이 방기한 명제가 종종 이론을 연구하는 자연과학자들 사이에서 완전히 새로운 지혜로 출현하곤 한다. 심지어 때로는 매우 유행하는 이론이 된다."[92] 칸트의 사정이 바로 이와 같지 않은가? 칸트가 제기한 명제는 지금까지도 폐기되지 않고 있다.

더 이른 시기의 신칸트주의자는 인과를 보다 진화한 선천적 생리 구조로 귀결시키려 했다. 프리드리히 랑게는 "아마도 언젠가는 인과 개념이 신체의 신진대사와 감정 동요의 기제 안에서 찾아질 날이 올 것이다. 이렇게 우리는 칸트의 순수이성비판을 생리학으로 해석하게 될 것이다"[93]라고 말한 바 있다. 이는 곧 인과관념을, 진화를 통해 얻어진 선천적 생리 구조로 보는 관점으로, 비록 여러 사람에게 비판받긴 했지만[94] 지금까지도 일부에서 선호하거나 연구하고자 하는 주제이다.[95] 하지만 이러한 관점은 여전히 중시할 만하다. 왜냐하면 역사적 진화는 인간의 대뇌피질 등 생리구조 안에서 모종의 영향을 끼칠 수 있고, 매우 연구할 만한 가치가 있는 생리과학의 난제이기 때문이다. 특히 축적설이라는 철학적 관점에서 보았을 때 생리-심리학적 관점에서 사회(역사)로부터 심리(개체)에 이르는 통로를 구체적이고도 과학적으로 찾아내는 것이 필요하다. 다시 말해 심층적 역사학에서 심층적 심리학으로, 사회 실천과 역사적 성과에서 의식과 무의식에 이르는 심리적 기제로의 이동이 아마도 미래 철학과 과학 발전의 한 방향을 차지하게 될 것이다. 물론 철학적 인식론의 측면에서 볼 때 유전遺傳은 생물학적인 잠재적 가능성에 불과하지만, 이를 현실적인 것으로 전화·발전시킬 필요가 있다. 또한 이것은 사회적 실천(개체에 대해 말한다면 교육)을 통해서만 진정으로 발현되어 나올 수 있다.

7 '필연성은 인류의 활동, 실험 및 노동에서 증명된다'

시공간의 문제와 마찬가지로 인과라는 중요한 범주에 관해 앞에서 언급한 각종 견해는 아마도 준칸트주의 혹은 흄·버클리주의를 통해 칸트를 수정한 관점이라 할 수 있다. 사적 유물론은 인류학적 관점을 통해 칸트의 초월론을 비판했고 인과 범주의 현실적 근원을 찾아냈다. 엥겔스는 인과의 문제에 주목해 여러 차례 이를 언급한다. "관찰을 통해 얻은 경험에만 기대서는 결코 필연성을 충분히 증명해낼 수 없다. post hoc(이것 다음에)인 것이지, propter hoc(이것에 의해)*이 아닌 것이다. ……하지만 필연성의 증명은 인류의 활동, 실험, 노동 안에서 이루어진다. 만약 우리가 post hoc을 구성해낼 수 있다면 그것은 곧 propter hoc과 같은 것이다."[96] "인간의 활동이 인과 관념의 기초를 건립했기 때문에 그 관념은 다음과 같은 것이 된다. 하나의 운동은 다른 운동의 원인이다. 확실히 어떤 자연현상의 규칙적이고도 순차적인 교체는 인과 관념을 만들어낼 수 있다. 가령 태양을 따라 나타나는 열과 빛. 하지만 여기에는 아무런 증명도 없으며 이러한 범위 안에서 흄의 회의론은 타당하다. 규칙적으로 중복 출현하는 post hoc은 절대 propter hoc을 확립할 수 없다. 하지만 인류의 활동은 인과성을 증

* post hoc은 순차관계이고, propter hoc은 인과관계이다. 다시 말해 'A 다음에 B가 발생한다'는 명제와 'A에 의해 B가 발생한다'는 명제는 다른 것이다. 전자는 그저 A와 B의 순서를 나타낼 뿐이지만, 후자는 A가 B의 필연적인 원인이 된다는 의미다.

명해낸다. 만약 오목 거울을 이용해 태양광을 한 점에 집중시키면 보통 불이 일어나는 효과를 만들어낼 수 있다. 그렇다면 우리는 이를 통해 열이 태양에서 왔음을 증명해낸 것이다."[97] 이른바 인과라는 것은 사물 간에 본질적으로 필연적 관계가 있음을 가리킨다. 이러한 본질적 연계의 발견과 인과관계의 형성은 분명 일반적인 감지, 관찰, 귀납을 통해 얻어질 수 있는 것이 아니다. 그렇기에 동물에겐 불가능하다. 이는 오랜 기간에 걸친 인류의 집단적인 사회 실천활동을 통해 비로소 얻어낼 수 있으며, 인간만이 지닌 이성 인식의 방식인 것이다.

인식이 어떻게 가능한가는 근본적으로 인류가 어떻게 가능한가에서 유래하는 것이다. 후자의 문제의식에서 출발하여 인류의 사회적 존재로부터 인류의 사회의식을 살펴봐야만 인과와 같은 인식의 범주에 대해 사적 유물론의 방식으로 문제를 풀 수 있으며, 또한 '인간에게서 분리될 수 없는 사회성'이라는 실천론적 관점을 관철시킬 수 있다. 기원으로 거슬러올라가 말한다면 인간의 실천활동은 동물의 생존활동과 다르며, 둘의 가장 근본적인 차이는 인간만이 도구를 사용하고 제작하여 노동을 한다는 점이다. 인간 특유의 두 손과 직립 자세는 공구 사용의 성과이다.[98] 도구를 사용하고 제작하는 인류 노동 실천활동의 특징이 비단 신체기관의 연장에 그치는 것은 아니다. 더욱 중요한 것은 외부 자연계의 규칙을 파악하고 이를 자연에 적용했다는 것이다. 우선 도구의 사용과 제작이라는 실천활동의 다양성(서로 다른 성능과 형태의 나무막대, 석기, 뼈로 만든 도구의 다양함, 그 도구들을 집고 사용하는 방식의 다양함, 동작의 자세를 조작하는 다양함……)은 근본적으로 어떤 동물의 기존 신체, 기관 및 능력의 고정성·협애성·특수성도 타파한 것이며, 어떤 동물의 어떤 신체, 기관(날카로운 이, 혀, 다리, 날개) 및 능력과도 근본적으로 비교 불가능한 것이다. 후자는 동물의 생존활동으로서 자신의 활동과 그 활동의 신체, 기관,

능력을 몇 가지 아주 좁은 객관적 인과관계 안에 속박·국한·고정시킬 수밖에 없다. 이러한 소수의 특정한 인과관계는 점차 본능적인 것으로 바뀌어 대대로 유전된다. 전자는 이와 달리 현실세계에 대해 매우 다양하고 광범위한 대량의 객관적 인과관계를 능동적으로 만들어내기 때문에 현실적인 물질세계의 각종 객관적 인과관계는 속성·규칙으로서 점차 심도 있고 광범위하게 제시되어 그러한 노동 실천 안에 보존·고정·축적되는 것이다. 여기서 선명하게 양에서 질로의 전환과 비약을 목격할 수 있다. 소량의 본능적인 것에서 대량의 비본능적인 것으로 진행되는 도구의 사용과 제작은 자연사自然史의 관점에서 볼 때 유인원에서 인간으로 나아가는 위대한 과도적 과정이며, 이 과정의 근본 기초는 원시 노동활동이다. 이 과정 속에서 원시적 조작·제련의 활동은 동작 사유로 응축되고 다시 언어와 연계되어 점차 언어-사유의 관념적 시스템으로 전화되어간다.(앞에서 거듭 강조했듯 원시적 무술巫術, 제의는 이 전화의 과정 속에서 결정적인 중개 작용을 하게 된다.) 그렇기에 그 최종 근원을 탐구해보면, 객관적 인과의 규칙이 인간에 의해 파악되어 인과 관념과 같은 인식의 중요 범주가 되는 것은 우선 인류의 사회 실천활동의 결과 때문이지 정태적인 감지·관찰·귀납의 결과가 아니다. 이에 대해 엥겔스는 "손의 발달, 노동과 함께 시작되는 인간의 자연 통치와 더불어…… 인간은 자연이라는 대상 속에서 이전에는 알지 못했던 새로운 속성을 부단히 발견하게 된다."[99] 인과는 이렇게 객관 세계로서 대단히 중요한 속성이며 원시언어를 통해 점차 인간의 의식 안에 나타나게 된다. 또한 그 자체가 구체에서 추상으로 이어지는 상승 발전의 역사적 과정이다. 시작에 관한 인과 관념은 매우 구체적으로 특정한 사물 및 관념과 밀접한 연관관계를 맺는다.(원시 민족 및 사회에 관한 수많은 연구자료 참조) 이러한 구체적인 인과 관념은 다시 점차 '모든 일에는 원인이 있다'는 인과 범주로 개괄·추상되고 오랜 세월에 걸친 역사적 시기를 거치게 된다.[100] 그것은 본질적으로 일반적 귀납과 다르며 인류 실천의 필연적 산물이다. 음양오행陰陽五行, 상반상성相反相成[서로 대립되는 것이 서로를 이루어준다], 모순통일矛盾統一의 범주와 마찬가지로 변증법적 범주로서의 인과가 정식으로 제기되고 사용된 것은 매우 늦은 시기의 일이다. "변증법적 사유는—그것이 개념 본성에 대한 연구를 전제로 하기 때문에—인간에게만 가능하다. 또한 비교적 고도로 발전한 단계의 인간(불교도, 고대 그리스인)에게만 가능한 것이다. 그리고 그렇게 충분한 발전이 이루어진 이후에야 현대 철학에 다다를 수 있다."[101] 요컨대 범주는 일반적 감성의 경험적 귀납(경험론)이 아니고 이성의 초월적 연역(칸트)도 아니며, 논리적 가설과 감정적 신념(논리실증주의)도 아니다. 또한 조작의 규정(실용주의)[102]도 아니고 생리적 구조(랑게)도 아니다. 그것은 어떤 개체의 감지 혹은 경험의 귀납도 아니며, 인류 사회의 역사적 실천이 내화된 성과이다. 무의식적 원형에서 의식적 기호로, 다시 추상적인 변증법적 관념으로의 이동은 모두 이러한 사회 역사적 내용을 가진 실천의 기초 위에서만 성립된다. 실천에 대한 실증(감지적 경험과 같은)과 주관주의적 해석은 이러한 점을 설명할 수 없다.

비단 변증법적 범주만이 아니라, 일반적으로 말해 감각, 지각 등 감성론의 단계에서 보통의 개념, 판단 등 이성적 인식으로의 상승은 이미 인류만이 지닌 인식론적 비약이며 인식적 능동성의 구체적 표현이다. 이러한 비약은 실천을 기초로 하며 언어적 기호를 통해 인류 사회의 집단 안에서 완성된다. 그렇기에 언어 기호라는 외피를 쓴 개념과 판단 및 추리 형식은 한 개체의 감지에 대해 말하자면 흡사 '선험적' 지성의 형식이자, 칸트가 말하는 '선험적' 지성의 개념에 개체의 경험 위에서 형성된 인식이 더해진 것과 같은 것이다.[103] 하지만 개체에 대해 흡사 '선험적인' 것은 오히려 인류 집단이 오랜 시간에 걸친 역사적 경험에서 추출해 고양시킨 것이다. 그것은 비록 개체의 감지로부터 직접 귀납되어 나올 수는 없지만 감성적 현실의 사회적 실천이라는 오랜 역사활동으로 생산될 수 있고 인간의 과학과 문화 안에 보존되어 부단히 축적·발전하는 것이다. 이 과정은 인간의 인식 능력을 갈수록 확대시킨다. 이 과정은 분명 세계를 반영할 뿐 아니라 세계를 창조하기도 하는 주체 혹은 주체의 사유가 된다. 그렇기에 비로소 다음과 같이 말할 수 있다. "자유로운 시간을 가진 존재로서 인간의 노동 시간은 반드시 축적된 노동 시간보다 높은 질량을 갖는다."[104] "인간을 자연의 힘에 복종하는 대상으로 부리는 것이 아니라 주체로 대해야 한다. 이러한 주체는…… 일체의 자연을 지배하는 활력으로서 생산과정 속에서 출현한다."[105] 이러한 주체는 유한한 자연력의 활동을 통해 세계를 정복하는 것이 아니라 창조적 이성 인식의 활동을 통해 세계를 정복한다. 인류는 곧 이성의 재산을 물질적 재산과 마찬가지로 부단히 전승·보전하여 발전시킨다. 이 이성의 형식은 개체에 대해 흡사 '선험적' 구조가 된다. 칸트, 아인슈타인, 피아제가 제기한 문제들은 모두 인류학의 본체론적 관점을 통해 진일보한 연구를 요구하고 있다.

칸트가 관념론적 형식으로 범주의 문제를 제기한 주요 의도는 주체를 인식의 능동성을 통해 명확히 하고자 함이었다. 그는 비록 일반적으로는 반드시 자각할 수 없는 것이라 할지라도 어떤 사물에 대한 인간의 인식이 범주를 떠날 수 없다고 보았다. 예컨대 ××가 ××임을 인식할 때, 이 판단 안에는 실체와 속성이 지닌 각종 범주의 작용이 내재되어 있다. 칸트는 범주와 일반 개념이 서로 다르며, 그것들이 인식과정에서 매우 중요한 의미를 갖는다고 인식했다. 이는 몇몇 논리실증주의자가 추상적이며 쓸모없다는 이유로 그러한 개념들을 없애버려야 한다고 주장한 것에 비해 훨씬 높은 수준의 안목을 보여주는 것이다. 마르크스주의 역시 인식 안에서 범주의 능동적 의미와 중추적 작용을 중시했다.

“범주는…… 자연현상의 그물망과 그 그물의 매듭을 인식하고 파악하게 도와준다.”[106] “자연계에 대한 인간 인식(=‘관념’)의 각종 고리는 논리적 범주이며”[107] “이러한 범주들은 거꾸로 다시 실천의 과정 속에서…… 인간을 위해 봉사한다.”[108] 물론 인과 범주의 구체적 형태는 과학 발전과 함께 변화하며 고전적 직선의 형태를 띨 수도 있고 현대의 피드백 기능과 같은 그물 형태의 구조를 취할 수도 있다. 고전적 결정론의 인과가 존재할 수도, 현대의 확률형 및 비기계적 결정론의 인과가 존재할 수도 있다. 그 구체적 형태는 고정불변의 선험적인 것일 수 없으며 다만 추상적인 철학적 관념으로서 특정한 항구성을 갖게 된다. 이는 물질 개념의 구체적 형태가 변화를 일으켜 철학으로서의 실체 범주가 항구성을 갖게 되는 것과 마찬가지다.

도식은 더욱 그러하다. 도식은 규칙에 근거해 형식을 구축하는 특징을 갖는다. 그것은 순수 과학이론으로 상승하는 필수 단계로서, 혹은 제 현실에 부합하는 매개적 설계(모델, 청사진, 격식 같은)로서 인식 안에서 매우 중요한 고리를 이룬다. 과학의 이론, 발명, 설계에 있어 모두 매우 중요한 의의를 가지며 심지어 중심적 지위를 차지하기도 한다. 멘델레예프의 화학 원소 주기율표 자체는 도식일 뿐 아니라 이론으로서 그러한 특징을 잘 나타내준다. 실험에 의한 현상과 엄격한 이론 사이에서 교량이자 매개로 작용하는 각종 ‘물리 모델’도 마찬가지다. 이론 모델은 현대 과학 방법론의 매우 중대한 문제이며[109] 경험적 관찰보다 훨씬 더 중요하다. 칸트는 이를 ‘창조적 상상력’이 생산한 도식으로 귀결시킨다. 또한 이 주제[현대의 과학 방법론]와 밀접한 연관이 있다고 보고 심도 있게 탐구했다. 그것은 결국 현대 과학 인식론의 능동적 특징(감각적 경험론에서 모델 구조론으로의 이동)과 연계되어 있는 것이다.

범주의 도식은 왜 시간일 뿐인가. 칸트는 이에 대해 명확하게 설명하지 않는다. 어떤 이는 사상(지성)이 시간만을 점하고 있기 때문이라고 본다. 칸트 역시 시간은 단지 내적 감각의 형식일 뿐이며 이렇게 외재적 대상의 존재는 내성적인 시간적 감지 안에 있다고 보았다. 이 점은 칸트를 버클리와 등치시키는 중요한 근거가 된다. 실상 '선험적 틀'로서의 시간은, 인류의 실천활동이 객관적 활동 과정을 인간의 인식 형식을 이루는 '관계망들의 결절점'(범주)으로 공간화·내면화한 것이다. 이 과정은 반드시 오랜 시간에 걸친 역사적 실천을 거쳐야 비로소 현실이 된다. 그러므로 시간은 칸트(동물은 외부적 직관만 가질 뿐 내적 직관이 없기에 변화하는 의식이 없다고, 즉 무시간적이라고 보았다), 헤겔(자연계에는 시간적 발전이 없으며 공간적 중복만 있다고 주장했다)의 철학에서 공간에 비해 훨씬 중요한 지위를 갖는다. 이는 모두 실상 인간(사회)과 연관된 것이다. 많은 철학자들이 신비한 형식으로 시간을 강조하는 비밀이 바로 여기에 있다. 시간은 심오한 과학적, 철학적 문제이다.[110] 예컨대 시간과 수학의 관계, 시간과 수학이 구조 안에서 갖는 중요한 의미, 시간의 동질화와 순수 양의 동일성 관계, 부분과 전체의 관계 등은 모두 분명 중요한 과학적, 철학적 내용을 갖는 문제이다.

칸트는 관념론적 형식을 통해 문제를 전도시켰다. 본래 인류의 사회적 실천은 객관 세계의 규칙을 오랜 시간의 역사를 통해 범주로 내화시킨다. 칸트가 '선험적' 범주라고 말한 이것은 시간적 틀을 통해 감성에 응용된다. 헤겔 역시 마찬가지다. 인류가 역사적 실천 속에서 변증법의 각종 범주를 형성하는 것이 아니라 인류 역사가 절대적 이념이 되어 시간과 각 범주 안에서 전개되는 것이다. 관념론은 인식의 능동성을 인류 실천의 오랜 역사와 분리시키고 아무런 근원도 갖지 않는 '선험'으로 변화시켰다.

이를 통해 실천론은 초월론을 전도시켜 그 현실적 근거를 찾아낸다. 칸트의 초월론은 범주를 초월적 이성의 산물로 본다. 실천론은 범주를 객관적 실천의 역사적 산물로 본다. 초월론은 구조를 감성적 연결 혹은 경험의 조직을 이용한 초월적 상상으로 본다. 실천론은 구조를 감성적 추상으로서 여전히 어떤 창조적 성질의 객관적 개괄로 본다. 이는 다시 말해 인식의 능동성을 신비롭게 해석하는가 아니면 실천의 능동성으로 소급시키는가의 문제이다. 이 문제는 이른바 (칸트 인식론의 핵심 고리인) '자아의식'에서 가장 집중된 형태로 나타난다.

5장

인식론: (4) 자아의식

1 '자아의식'은 칸트 인식론의 핵심이다

'자아의식', 즉 '통각의 원시적 종합 통일'은 칸트 인식론에서 매우 결정적인 문제이고, 『순수이성비판』에서 가장 이해하기 어려운 부분으로 줄곧 인식되어왔다. 그래서 칸트 인식론의 '미로'라 불린다. 이 문제는 주로 '초월적 분석론'의 이른바 '범주의 초월적 연역'[1] 안에 포함되어 있으며, 이에 대해 칸트 스스로 "나는 내가 명명한 지성의 능력과 그 사용 규칙의 한계 규정에 대한 탐구에 있어, 내가 스스로 명명한 '지성의 순수개념의 연역'의 '초월적 분석론' 2장보다 더 중요한 의미를 갖는 부분은 없다는 것을 안다. 이 논술 역시 내 최대한의 노력을 다한 것이다……"[2]라고 말한 바 있다.

이 부분이 이렇게 어렵고 이해하기 힘든 것은 칸트가 관념론적 방법을 통해 인식의 능동성 문제를 집중적으로 제시하기 때문이다. 또한 이 문제는 인식의 객관성 문제에 대한 해결책으로 제시되고 논증된 것이기도 하다. 공간과 시간의 '초월적 해석'과 마찬가지로 범주의 '초월적 연역'은 범주가 경험 속에서 왜 보편 필연성을 갖는 객관적 유효성을 사용하는가를 논증하는 것이다. 그리고 이 논증은 '자아의식'을 통해 진행된다. '자아의식'은 앞 장에서 언급한 '지성의 순수개념'(즉 범주)의 기초이자 근원이 되고, 지성 범주의 운용은 그 구체적인 표현에 불과하다. 이러한 '자아의식'의 '초월적 통일'(또한 '순수통각'[3]의 종합 통일이라고도 하는)은 칸트에 의해 인식의 '최고점'으로 인식되었다. 칸트는 이에 대해 다음과 같이 말했다. "통각의 종합 통일은 [인식의] 최고점으로 우리는 반드시 지성의 모든 운용, 혹은 모든 논리와 초월철학을 거기에 귀속시켜야 한다. 통각의 기능은 곧 지성 자체이다."[4] "통각의 종합 통일 원리는 지성이 운용하는 최고의 원리다."[5] "통각의 원리는 전체 인류 지식 범주 내의 최고 원리다."[6] 칸트는 시공간이 감성과 직접적인 연관을 맺기 때문에 객관성을 갖는다고 주장했다. 범주는 감성과 직접 연계되지 않으며 그 객관적 유효성은 '자아의식'에 의존한다.

칸트의 '초월적 연역'은 '주관 연역'과 '객관 연역'의 두 측면으로 나뉘고, 이 두 측면은 종종 서로 교직되어 있어 분리하기 힘들다. '주관 연역'은 간단히 말해 주관적 심리의 측면에서 지식이 가능한 조건을 탐구하는 것으로, 지식 발생 과정이라는 측면에서 '자아의식'을 설명하는 것이다. 상상력을 다루는 많은 부분이 바로 주관 연역에 속한다. 이는 의식이 우선 '시간 의식'으로 표현된다는 사실을 출발점으로 하며, 이른바 주체 능동성의 세 가지 종합을 묘사한다. 이는 곧 '직관 속에서 파악된 종합' '상상 속에서 재조합된 종합' '인식 안의 개념적 종합'으로, 이 세 가지 측면에는 심리학적 특징들이 상당히 두드러지게 나타난다.[7] 이른바 '객관 연역'은 주로 직접적인 탐구를 가리킨다. 다시 말해 선험 범주는 순수 이성에서 발원하는데, 어떻게 경험에 대해 객관적 유효성을 가질 수 있는가와 같은 질문을 탐구한다. 이는 곧 대상의식의 문제를 제기하는 데 초점을 맞추는 것이며 철학의 각도에서 자아의식의 '본성'을 논증하는 것이다. 『순수이성비판』 1판은 '주관 연역'으로 시작한다. 하지만 1판 서문에서 칸트는 이미 '객관 연역'이 더 강력한 힘을 갖는다고 언급한다. 또한 칸트는 자신이 탐구하고자 하는 것은 경험이 어떻게 발생 혹은 유래하는가 같은 문제가 아니라(이것은 대부분 심리학의 문제다) 경험이 어떻게 가능한가라는 철학의 문제를 탐구하는 것이라고 밝힌 바 있다. 칸트는 각종 비판과 충고에 대답한 뒤 버클리와 분명하게 선을 긋고 2판의 해당 부분에서는 책 전체에서 별로 이루어지지 않았던 대폭의 개정을 감행했으며, 심리학적 논증을 상당 부분 삭제하고 '객관 연역'의 특징을 더욱 분명히 드러냈다. 이 두 종류의 '연역'에 대해 연구자들과 주석가들은 수많은 논쟁과 분석을 내놓았다. 고루하고 단조로우며 그 연구의 행보가 지난한 "거대 사막"[8]과 같고 "아라비아의 꽃무늬같이"[9] 복잡하고 애매한 문장들에 대해 수많은 연구자들은 매 구절, 매 단락을 수차례 다듬고 정리했다. 나는 여기서 이러한 작업에 더는 매달리지 않고 간략하게 종합적으로 서술한 후 그에 대한 평론을 덧붙이고자 한다.

앞 장에서 언급했듯 칸트는 감성과 지성을 분리하여 서로 간섭하지 않는 것으로 설정했다. 그렇다면 인식과정에서 양자는 어떻게 서로 연결되는 것일까? 이에 대해 칸트는 대상은 우리에게 잡다한 감성적 표상만 줄 뿐이며, 이렇게 잡다한 표상들의 연결은 감성 자체가 아니라 상상력에 의존해야 한다고 보았다. 또한 상상력은 이렇게 연결된 것을 개념으로 귀속시키고, 개념이 비로소 종합을 통일시킨다고 보았다. "잡다한 일반적 연결은 감각기관을 통해 얻지 못하며, 그렇기에 감성 직관의 순수 형식에 포함되지 않는다. ……일체의 연결은 우리의 의식이 인식하든 않든 모두 지성의 활동이며 일반적으로 '종합'이라 명명될 수 있다. ……일체의 관념 안에서 연결은 대상이 부여할 수 없는 유일한 것이다. 이것은 종합이 주체의 자아 능동적 활동이기 때문이다. 그러므로 주체 자체 이외의 것은 집행할 수 없다."[10] 비록 연결이라는 것이 잡다한 것들의 종합과 통일을 의미한다 할지라도 통일은 연결에서 유래할 수 없다. "반대로 통일은 자신을 잡다한 표상에 더한 후 연결된 개념들을 가능하게 만든다."[11] 곧 감성은 잡다한 표상(색깔, 소리 등)만을 제공할 수밖에 없고 이렇게 잡다하고 무질서한 표상을 연결·종합하여 하나의 대상(의자, 나무 등)으로 구성하는 것은 주체의식의 주동적 통일성에 기댈 수밖에 없다는 것이다. 반드시 이러한 통일성이 선행된(시간적 선행이 아닌) 이후에야 비로소 잡다한 것들이 연결될 수 있다. 그렇다면 이때의 통일은 무엇인가? 그것은 어디에서 유래하는가? 이에 대해 칸트는 그러한 통일이 예컨대 '통일' '실체' 같은 어떤 범주에서 얻어지는 것이 아니라고 주장했다. 반대로 그런 범주를 가능케 하는(곧 지성으로 하여금 운용 가능케 하는) 전제, 기초 혹은 조건이 통일인 것이다. 말하자면 더욱 근본적인 종합 통일성이다. 칸트는 이를 '본원적 종합 통일'이라 불렀다. 여기서 '종합'은 핵심적인 자리를 차지한다. 이 책 2장과 4장에서 계속 언급했듯, '종합'은 진리 인식의 전제이고 범주의 기초이다. 칸트 역시 범주의 문제를 다룬 이후 연이어 '초월적 연역'을 제기하고 이를 통해 [인식의] 틀과 지성원리의 문제로 나아간다. 실상 '초월적 연역'의 핵심은 '종합'을 말하는 것이다. 무엇보다 '본원적 종합 통일'은 곧 '통각의 종합 통일'과 동일하다. 칸트는 만년의 편지에서 이에 대해 다음과 같이 정리했다. "종합 개념 일반은 그 자체로 특수한 범주가 아니며, 오히려 모든 범주 안에 포함되어 있다. 왜냐하면 종합된 것(잡다한)은 그 자체로 곧바로 직관될 수 없고, 통일로서 의식 안에 놓여 있는 직관의 잡다함(주어진 것)을 사유하기 위해서는 종합(종합은 일종의 기능이며 통각의 종합 통일과 마찬가지로 모든 범주의 기초이다)의 의식 혹은 개념이 반드시 전제되어야 하기 때문이다. 달리 말해 이미 어떤 사물로 종합된 대상을 사고하기 위해서는 반드시 종합의 기능을 전제로 해야 하며 판단력의 틀을 통해 그것을 완성하는 것이다."[12]

2 '주관 연역'

칸트는 이러한 통일에 관한 논증을 시간 의식에서 시작한다. "……우리의 모든 지식은 최종적으로 내적 감각의 형식적 조건, 즉 시간에 귀속된다. 시간 속에서 지식은 일정한 관계 속으로 정리되고 연결되고 대입된다."[13] 우선 감성의 잡다한 것들이 잡다한 것으로 표현될 수 있다는 전제에는 '연속'적인 시간 의식이 내재되어 있다. 그렇지 않다면 찰나의 어떤 표상도 고립되어버리고 절대적 단일체가 될 수밖에 없어 인식을 구성할 수 없다. 이를 통해 하나의 간단한 지각 표상이 이미 잡다한 감각의 집합과 통일을 포함하며, 그 안에 시간 의식을 포함하고 있음을 알 수 있다. 시공간적 직관 안에서 혼란스럽고 무질서한 감성의 잡다한 것들이 하나의 지각으로 구성되는 것이다. 이는 곧 인간의 감지가 시작되자마자 그 안에 일종의 통일성이 존재하고 그것이 잡다한 감성적 표상들을 서로 연결시킨다는 말이다. 그렇지 않다면 이 잡다한 것들은 영원히 고립되고 파편화되어 무질서한 감각일 수밖에 없다. 이렇게 잡다한 것들을 연결하고 종합하는 통일성은 수동적으로 받아들이는 감성 자체가 가질 수 있는 것이 아니라 영혼의 능동적 종합 작용을 갖추어야 비로소 가능하다. 이것이 바로 '직관 속에서 파악된 종합'이다.

다음으로 표상은 반드시 기억 안에 보존해야 하며, 상상(칸트가 '영혼의 맹목적이지만 불가결한 기능'이라 부른)은 이를 재현한다. 그래야만 전후前後의 감각적 인상(즉 감성적 잡다함)이 일정한 계열로 연결되고 하나의 감각을 또하나의 감각으로 연접·통일시킬 수 있다. 그렇지 않다면 뒤의 감각이 생기면서 앞의 감각이 잊히고, 어떤 완성된 표상도 있을 수 없게 된다. 이 상상의 과정은 분명히 시간 의식과 연관관계가 있고 시간(내적 감각) 속에서 진행된다. 이것이 바로 '상상 속에서 재구성된 종합'으로, 실

상 앞서 말한 '직관 속에서 파악된 종합'과 분리될 수 없는 것이기도 하다.[14]

마지막으로 가장 중요한 것은 '개념 속의 인지적 종합'이다. 왜냐하면 "만약 우리가 현재 생각하는 것과 앞서 생각한 것 사이의 동일한 의식이 없다면 모든 표상 계열의 재현 또한 무용해지기 때문이다."[15] 이것은 일종의 개념적 동일성의 인도를 필요로 하며, 상상이 환기시킨 표상을 현재의 지각 표상 계열과 서로 연결·종합하여 앞뒤로 감지되고 상상된 잡다한 인상들을 현재 인식이 진행되는 동일한 대상으로 보는 것이다. 이 과정을 통해 비로소 하나의 대상적 인식이 형성될 수 있다. 개념적 동일성의 인도가 없으면 다중적 지각과 상상이 하나의 대상을 형성해 우리에게 인식될 수 없다. 이는 곧 앞서 언급한 잡다한 표상과 상상에 일정한 개념이 주어져야 하며, 전자를 후자(개념)로 종합 통일해야 한다는 뜻이다. 칸트는 이에 대해 다음과 같이 말했다. "개념이라는 단어 자체는 곧 이러한 의미를 제시하는 것이다. 왜냐하면 그 통일된 의식이 연속적으로 직관되고 재현되어나온 잡다한 것들을 하나의 관념 안으로 연결시키기 때문이다."[16] 개념을 통해서만 의식 속에서 개념적 동일성을 갖게 되고, 의식된 대상이 비로소 출현하고 존재할 수 있다. 실상 개념은 감지에서 출발해 종합 통일의 작용을 한다. 상상 속에서는 더욱 그러한데, 개념을 통해 상상은 비교되고 진일보한 종합을 얻게 된다. 칸트는 인식 안에서 개념이 갖는 거대한 작용을 매우 중시했으며, 이것이야말로 인간이 동물과 차별화되는 점이라고 주장했다.

앞의 내용을 총괄한다면, 칸트는 우리가 지각, 상상, 개념을 통해 하나의 대상을 인식할 수 있고, 또한 무질서한 감각적 인상을 지각, 상상, 개념의 종합을 통해 하나의 통일된 대상으로 형성할 수 있는 것은 온전히 주체의 의식 안에 일종의 능동적 통일성이 있어 그것이 [잡다한 인상들을] 연결·종합할 수 있기 때문이라고 본다. 대상의 통일은 그것을 구성하는 주체의식의 종합 통일성에서 유래한다. 이러한 의식의 통일성은 '내가 사유하고 있음', 곧 '나는 생각한다'와 같은 것이다. 즉 전체적인 종합의 활동과 과정 속에서 '나는 생각한다'는 그 연속성과 동일성을 유지시킨다. 이러한 '나는 생각한다'를 기초로 해야만 비로소 앞서 언급한 종합 활동의 일관됨과 불변함을 갖출 수 있다. 다시 말해 불변의 '나는 생각한다'를 모든 지각, 상상, 개념이 종합을 진행시키는 기초로 해야 하는 것이다. 이른바 '통각' '본원적 종합 통일성'은 곧 '자아의식'이기도 하다.

칸트는 '통각의 종합 통일'(자아의식)이 없다면 일체의 개념적 종합, 상상적 종합, 지각의 종합이 모두 불가능하다고 거듭 강조한다. 모든 직관의 잡다함은 오묘한 감지일 수밖에 없으며 잡다하게 흩어진 색채, 부드러움과 딱딱함, 가벼움과 무거움 등의 감각적 인상들은 연결·종합되어 인식의 대상을 형성할 수 없다. 그렇기에 어떤 경험적 대상도 존재할 수 없고 어떤 지식도 획득될 수 없다. "'나는 생각한다'는 반드시 나의 모든 관념을 수반해야 한다. ……모든 직관의 잡다함은 그것들이 파악되는 동일한 주체 안에서 '나는 생각한다'와 필연적인 관계를 갖는다. 하지만 '나는 생각한다'라는 관념은 능동적 활동으로 감성에 속한다고 볼 수 없다. 나는 그것을 순수통각이라 부른다."[17] 직관적 감지가 시작되자마자 그러한 감성적 재료들이 연결·종합·통일된다. 이 감성적 재료들이 자동적으로 그렇게 될 수 있는 것은 아니며, 이를 통해 하나의 능동적 주체가 시종일관 그러한 종합 통일의 과정 속에서 유지되고 감지(소리, 색, 향, 맛 등)를 개념으로 상승시켜 하나의 경험적 대상(설탕, 꽃, 탁자 등)을 형성하는 것이다. 이러한 기능적 주체 및 주체의 기능이 '나는 생각한다', 즉 '자아의식'이다. '나는 생각한다', 즉 인식과정의 통일성은 동물이 갖지 못한 것이다. "동물은 이해를 갖지만 통각을 갖지 못한다. 따라서 그들의 표상을 보편적인 것으로 변화시키지 못한다." "동물의 이해는 의식을 갖지 않는다."[18] 칸트가 보기에 '자아의식'은 인간 인식의 기본 특징이고, 이른바 상상력, 지성은 모두 주체의 자아의식이 서로 다른 상황에서 표현된 것에 불과하다. 지각, 상상 속에서 이러한 자아의식은 아직 맹목적이며 개념 안에서 비로소 자각(즉 의식)된다.

'주관 연역'은 이렇게 내적 감각—시간 의식의 경험적 사실에서 출발하여 심리학의 각도에서 경험적 자아의식을, 더 나아가 초월적 자아의식을 논증하려 하는 것이다. 이 부분에 주목할 필요가 있는 것은 인간 의식의 심리적 과정 안에서 주체가 중요한 능동적 작용을 하기 때문이다. 가장 간단한 지각이라 할지라도 인식의 능동성을 갖추고 있으며, 그것은 결코 순전히 수동적인 반응이 아니라 종종 일종의 구성물이 된다. 현대 심리학의 수많은 자료 역시 이러한 측면의 특이점들을 설명하고 있는데, 인간의 감지가 거대한 선택성을 갖거나 개념의 지배하에서 진행되는 점, 또한 "인간은 자신이 아는 것만을 본다"[19] 등이 그 실례라 할 수 있다. 그중 특히 주의를 기울일 만한 것이 바로 '자각적 주의'의 문제다. 칸트가 언급한 감지 속의 잡다한 종합과 '직관 속에서 파악된 종합'은 모두 어떤 의미에서 이 문제와 연관되어 있다. 이른바 '자각적 주의'는 주체적 본능이 필요로 하는 것을 외부 대상이 흡수해 생기는 것이 아니다. 이렇게 생겨난 '주의'는 '자발적 주의'라 할 수 있다. 나는 '자각적 주의'가 바로 이러한 종류의 주의와 본능적 요구를 억누르고 생산된 가장 오래된 인류의 능동적 심리활동이라고 생각한다. 이 주의의 대상은 동물적 본능 욕구, 이익, 요구와는 무관하다.[20] 그것은 보통 음식 등과 같은 외부 대상이 아니라 인간의 주체적 실천활동이다. 예컨대 노동활동 자체, 즉 오랜 시간 행해진 최초의 노동 작업이라는 실천 속에서 이루어지는 그러한 활동과 작업 자체에 대한 자각적 의식이자 강박적 주의이며, 여기서 시각은 운동 감각 및 촉각과 연결·종합·통일을 이루게 된다. 이 과정을 통해서만 자신의 노동활동을 점차적으로 객관적 규칙(물리적인 것, 기하학적인 것 등)에 부합하게끔 할 수 있고 종족 생존을 위한 헌신이라는 목적(수렵과 음식물 섭취와 같은)에 다다르게 할 수 있다. 따라서 그러한 인간만이 가지는 최초의 능동적인 심리적 특징은 바로 도구를 사용하고 제작하는 노동이 인류의 창조과정에서 생산되며, 그 과정 속에서 획득된 최초의 심리적 성과는 인간이 동물과 구별되는 최초의 '이지적 상태'이다. 이러한 기초 위에서 노동활동 과정에서의 객관적 인과관계(도구를 이용하여 음식물을 취하는 것과 같은)가 비로소 오랜 역사적 과정 안에서 점차 주관적 인과 관념을 반영하고, 최종적으로는 그것으로 내화될 수 있는 것이다. 영장류는 자연적 조건 혹은 실험실이라는 조건하에서 '도구'를 사용하거나 심지어 제조하는 활동을 해낼 수 있다.(리보의 유명한 실험 등 참고) 하지만 이러한 활동은 개체의 우발적 발생일 뿐이지 역사적 필연성을 갖춘 대규모의 종족적 활동이 아니며, 마음속에 '자각적 주의' 같은 능동적 심리활동과 능력을 남기거나 만들어낼 수 없다. 이는 곧 주체가 음식물 섭취와 같은 연속적 인과관계 속의 지위·의미·작용이라는 측면에서 주체적으로 도구를 사용하지 못하는 것을 뜻한다. 그렇기에 [동물들은] 도구의 보존이나 복제를 요구하지 않고 사용이 끝나면 도구를 버려버린다. 그러므로 인류의 의식에 대해 말한다면, 주체 자신의 도구 사용 및 제조 활동에 대한 '자각적 주의', 즉 감지를 지속적으로 연결·종합·통일하여 대상의 동일성을 유지하는 의식은 인류의 의식을 객관적 대상에 대한 자각적 감지가 되게 한다. 이것이 바로 문제의 핵심이다. 이른바 '초월적 통각'은 인류 노동의 산물이며 원시적 무속과 제의 등의 모방활동을 통해 제련되고 보존된다.(영장류 동물은 대상에 대한 주의만 있을 뿐 자신의 활동에 대한 자각적 주의를 형성하지 못한다는 것이 실험을 통해 증명되었다.) 아동의 경우 그 초월적 통각은 곧 사회적 환경과 교육이라는 조건하에서 형성된 능력(그러므로 영아기 때부터 본능적 수요와는 무관한 주의력을 키우는 것이 중요한 교육적 내용이라 할 수 있다. 이는 인류의 또다른 독특한 능력인 자제력과 밀접한 상관관계를 가진다)이라 할 수 있다. 인식(감지를 포함하여)의 능동성은 역사적으로 실천의 능동성에서 유래한다.(2장 참조)

'자각적 주의' 이후 상상은 인류의 심리적 능동성의 두번째 중요한 특징이 된다. 그것은 개별 사물과 관련된 감성적 의식인 동시에 능동적인 지배적 성질을 갖는 종합 통일의 감성 의식이다. 그 내용은 대단히 복잡해 여기서 언급할 수는 없다. 더 나아가 개념, 단어의 인식 능동성에 대해서는 잘 알려져 있는 관계로 더이상 말할 필요가 없을 것이다. 이 부분에 이르러 능동성을 그 특징으로 하는 인류의 독특한 심리적 발전 경로가 완성된다.

나는 인류의 심리 연구는 동물의 심리 연구와 달라야 한다고 생각한다. 또한 사회적 실천으로 생산된 심리적 구조와 특징에서 출발해 거기서 되돌아가 감각과 지각을 연구하고 고찰해야 한다고 본다. 인간의 사회적 실천은 동물의 생활활동과 다르기 때문에 인간의 감각과 지각도 동물의 그것과 다른 것이다. 이러한 측면에서 현대 심리학은 적지 않은 원시적 소재들을 축적했지만 문제에 대해 진일보한 설명을 내놓지는 못했다. 오히려 인류의 심리를 생리학화함으로써 인류의 능동적인 심리적 특징을 소홀히 하고 언어 이전 단계에서 나타나는 인간 심리와 동물 심리의 본질적 차이 문제를 중시하지 않게 되었다. 이반 파블로프의 두 가지 신호 계통학설* 역시 이러한 결점을 가지고 있다. 이 학설들은 모두 인류 사회 역사의 근본적 기초를 떠나 인류의 심리를 해석하

* 파블로프는 신호의 계통을 두 종류로 나누었는데, 첫번째는 사물에 의한 자극을 통해 일어나는 신호 계통, 두번째는 언어에 의한 자극에 의해 발생하는 신호 계통을 가리킨다.

고, 인류의 사회적 실천활동(특히 수백만 년에 걸친, 심지어 그보다 더욱 오래된 역사를 갖는 인류 기원의 시기와 원시사회 속에서의)을 출발점 삼아 인류 심리의 최종적 기초와 구체적 기원을 탐구해야 한다는 점에 주의를 기울이지 않은 것이다. 나는 다시 한 번 인류의 심리적 특징의 원시적 기원이 도구를 사용하고 제작하는 노동활동에서 유래하며, 아주 복잡하고 중요한 일련의 주술과 제례 등 사회적 이데올로기 활동을 통해 집단 안에서 고정되고 공고화되어 최종적으로 심리-논리적 형식, 기능 및 특징으로 전화된다는 점을 지적하고자 한다. 인류학을 떠나서는 심리학의 문제를 해결할 수 없는 것이다. 여기서 참조해볼 만한 학설이 바로 레슬리 화이트를 대표로 하는 문화학의 기본 관점이다. 분명 화이트는 문화를 심리로 귀결시키는 착오적 조류에 반대하고[21] 도구와 기호(언어)가 초개인적, 초심리적 사회 문화를 형성하는 과정에서 담당하는 근본적 작용을 강조해 기술(예컨대 에너지와 도구와 같은)의 기초적 지위를 제시했다. 하지만 그는 물질 생산과 물질화된 정신적 생산(이데올로기 및 기호의 생산)을 혼동했으며, 동시에 도구의 제작과 사용 같은 물질 생산이 인류 특유의 심리적 구조 형성에 대해 갖는 중요한 관계를 중시하지 않았다. 이로 인해 그의 문화인류학은 통속화되고 편향된 특징을 갖게 되었다. 요컨대 칸트가 언급한 '주관 연역'이 심리학적 각도에서 인간 인식의 능동성을 제시한 것은 오늘날에도 여전히 분명하게 연구되지 못한 중요 문제인 것이다.

3 '객관 연역'

어떤 경험 심리학도 인식론을 대체하지 못한다. 단순히 '주관 연역'의 측면에서 '초월적 통각'('나는 생각한다')을 논증하고 종합 통일의 전체적 인식과정의 심리적 기능을 설명하는 것은 철학적으로 해결하기 어려운 인식의 객관적 진리성의 문제이다. 그렇기에 칸트는 『순수이성비판』 2판에서 '객관 연역'의 문제를 전면에 내세운다. '주관 연역'은 기본적으로 하나의 인식 대상이 어떻게 형성되는가의 문제에서 출발해 반드시 순수통각을 가져야 하는 능동적 명제('나는 생각한다')를 전체 과정의 초석으로 논증한다. 이에 비해 '객관 연역'은 그러한 주관 연역의 과정을 제쳐두고 지성이 어떻게 대상과 서로 일치하는지, 범주가 어떻게 객관성을 갖는지, 그리고 인간의 인식 형식과 경험적 내용, 의식의 통일과 감성적 잡다함, 자아의식과 대상의식의 관계 등의 문제를 제기한다. 철학적 측면에서 간단하게 말한다면 기본적으로 심리 영역 안에 있는 '주관 연역'은 그저 '나는 나다'와 같은 일종의 '분석적 통일'이라고도 할 수 있다. 이는 곧 '내가 가지고 있는 표상은 모두 나의 표상이다'라는 것이다. 더욱 중요한 것은 '종합 통일'인데, 곧 '나'와 다른 직관의 잡다함이 어떻게 나의 의식 안으로 연결되고 통일되는가, 그리고 어떻게 진리의 성질을 획득하는가의 문제이다. 판단으로서 인간의 의식은 지성의 범주 위에 구축되고 이는 이미 앞 장에서 설명했다.(칸트는 이를 '형이상학적 연역'이라 불렀다.) 이 부분에서 설명하고자 하는 것은 이러한 범주가 어떻게 경험에 적용되는가이며, 이는 곧 선험적 지성이 어떻게 경험적 효력을 갖는가의 문제라고 할 수 있다.(칸트는 이를 '초월적 연역'이라 불렀다.) 심리학적 논증만으로는 이 문제를 해결할 수 없고 반드시 주체의 자아의식의 통일성과 상응하는 대상의 통일성이 있어야 함을 설명해야 하며, 잡다한 표상이 하나의 대상의 통일로 귀속되는 것으로 이해되어야 한다. 또한 오직 이러한 종합의 통일, 즉 객관적 통일 안에서만 비로소 자아의식 자체의 분석적 통일 혹은 주관적 통일이 있을 수 있다. '종합적 통일'과 '분석적 통일'은 칸트 인식론의 복잡한 개념이다. 어떤 개념도 서로 다른 표상 안에서 공동의 것을 추상하여 형성된다는 측면에서 말한다면, 그것은 곧 분석적 통일이라 할 수 있다. 즉 구체적인 것에서 추상적인 것으로 이동하는 것이다. 하지만 표상의 잡다함을 사유 안에 연결하고 통일한다는 측면에서 말한다면, 종합적 통일이다. 즉 추상적인 것에서 구체적인 것으로 이동하는 것이다. 예컨대 '이것은 하나의 집이다'라는 판단은 잡다한 표상을 '집'이라는 하나의 개념 아래로 연결·통일시킨 것이고, 이를 통해 '집'이라는 개념(추상) 역시 비로소 구체적인 내용을 갖게 된다. 즉 인식 안에서 그것들의 잡다함(구체적 표상)을 파악하고 이해하는 것이 곧 종합으로, 다양한 직관적 잡다함은 개념을 통해 하나의 인식 대상을 구성한다. 칸트가 중시하고 또 반복적으로 강조한 것이 바로 이러한 종합이다. 칸트가 보기에 우선 종합적 통일이 있어서로 다른 표상을 하나로 연결·표상한 이후에야 비로소 분석적 통일(개념을 추상하는)이 있을 수 있다. 종합은 분석의 기초이자 조건이며, 인식은 종합에서 유래한다. 이러한 내용을 앞 장에서 언급한 '판단이 개념에 선행한다' 등의 명제에 연계해본다면 [그 의미가] 더욱 분명해질 것이다. 칸트는 마침내 심리적 측면의 설명을 철학적 설명으로 진일보시킨 셈이다. 그리고 칸트는 이른바 '대상의식'에 대한 탐색으로 전환·진입하게 된다.

'대상의식'이란 의식 안에 구축된 대상을 가리키면서, 또한 대상이 의식 안에 나타난 것을 가리킨다. 칸트는 이것이 주체의 연상 등 심리적 과정에 의해 임의적으로 산출되는 것이 아니라 일종의 객관적 질서와 통일성을 갖는다고 생각했다. 이러한 객관적 질서와 통일성이 인간의 의식으로 하여금 동물의 연상과 같은 자연적 심리 과정을 초월하도록 하여 보편 필연적 인식을 획득하게 한다고 보았던 것이다. 칸트는 여기서 직접적으로 의식과 존재, 즉 주관·객관 관계의 인식론적 기본 문제를 제기하는 셈이다. "종합 자체는 주어진 것이 아니라 반대로 내가 해내야 하는 것이다.

……주어진 잡다함을 파악하고 의식의 통일 안에서 그것을 받아들이는 것은 표상의 구축(다시 말해 오직 종합을 통해서만)과 같은 일이다. 만약 파악 안에서 나의 표상의 종합과 개념으로서의 분석이 동일한 표상을 산출한다면, 이러한 일치는 곧 모든 사람이 공통적으로 가지고 있는 어떤 사물에 적용되는 것이며 이 사물은 주체와는 다른 것이다. 이것은 곧 하나의 대상이다. 왜냐하면 그러한 일치가 단지 표상 안에서만이 아니라 의식 안에서도 이루어진다면, 그것은 모든 사람에게 유효하기(전달 가능하기) 때문이다."[22] 다시 말해 인식의 통일됨은 주체로부터 오는 것이 아니라 객체인 대상에 주안점을 두어야 한다. 이것은 칸트 인식론의 매우 중요한 관념이다. 하지만 칸트는 이 문제를 논증할 때 오히려 주체-대상이라는 중첩된 뒤얽힘 속으로 빠져들어버렸다.

지각과 상상에서 개념으로 나아가 인식을 생산하는 것은 객체로서의 '대상의식'의 출현, 즉 객체를 인식하는 것과 동일한 과정의 두 측면이다. 하나의 대상에 대한 의식(인식)은 자아가 지각, 상상의 종합을 일정한 개념 아래 두고 대상과 일치시키는 것이다. 이것이 칸트가 말하는 '객관 연역'의 기본적 내용이다. 즉 이렇게 '통각'으로서의 '자아의식'을 세우는 것은 지성의 인식이 대상과 일치한다는 객관성을 논증하기 위해서다.

> 통각의 초월적 통일이란 이를 통해 모든 직관 안에서 주어진 잡다함이 하나의 대상의 개념 안으로 연결되게 하는 것이다. 그러므로 이를 객관적 통일이라 부르며, 반드시 의식의 주관적 통일과는 서로 구별해야 한다.[23]

후자[의식의 주관적 통일]는 일종의 경험적 통일이며, 단지 표상 사이의 일반적인 연결 가능성일 뿐이다. 예컨대 하나의 탁자는 인간의 감지로서 단지 딱딱하고 황색이며 중량을 갖는 등의 감각 표상의 연결이자 집합에 불과하다. 칸트는 하나의 대상에 대한 인식은 이렇게 각종 감각 표상의 연결·결합만이 아니라고 생각했다. 그런 버클리의 관점을 칸트는 '관념 유희'와 '백일몽'으로 치부했다. 그가 논증하고자 했던 것은 인간의 지각과 상상, 인식은 객관적 기초를 가지며, 그러한 객관적 기초와 주관적 감지의 우연적 조합을 구별해야 한다는 것이었다. 칸트는 『형이상학 서설』에서 이에 대해 비교적 간단하고도 명확하게 언급하는데, 여기서 '지각적 판단'과 '경험적 판단'의 구분을 강조한다.[24] 지각적 판단은 오직 개체에게 유효한 주관적 판단이고 방금 언급한 감지의 우연한 결합이다. 경험적 판단은 객관적 판단, 즉 보편필연적으로 모든 사람에게 유효한 판단이다. 이에 대해 칸트는 다음과 같이 말했다.

> 사유는 여러 표상을 하나의 의식 안으로 연결시킨다. 이 연결은 단지 하나의 주체에 관한 것일 수 있으며 그렇기에 우연적이고 주관적일 수 있다. 또한 무조건적인 탓에 필연적이고 객관적일 수도 있다. 여러 표상을 하나의 의식 안으로 연결시키는 것은 판단이다. ……판단은 단지 주관적일 수 있다. 즉 여러 표상이 단지 하나의 주체 내부 및 의식에서 연결되는 것이다. 그것은 또한 객관적일 수도 있다. 모든 표상이 일반적으로, 즉 필연적으로 의식 안으로 연결되는 것이다.[25]

> 우리는 그 판단[보편타당한 판단]이 한낱 지각의 주관과의 관계 맺음뿐 아니라, 대상의 성질을 표현한다고 여기지 않을 수 없는 것이다. 왜냐하면 만약 판단들 모두가 그것에 관계하고 그것과 합치하며, 그래서 그것들 모두가 서로서로 부합할 수밖에 없는, 대상의 통일성이 없다면,

왜 타인들의 판단들이 나의 판단과 필연적으로 합치할 수 밖에 없는가 하는 어떠한 근거도 없으니 말이다.[26]

그러므로 객관적 유효성이라는 것은 (그 어떤 사람에게도) 보편 필연적인 것과 같은 말이다. ……우리가 하나의 판단이 보편적이고 필연적이라고 생각할 때는 그 판단에 객관적 유효성이 있다고 이해하는 것이기도 하다.[27]

'지각판단'은 이와 다르게 주관적 유효성만을 갖는다. 즉 그것은 단지 지각이 우리의 정신 상태 안에서 연결되는 것으로 대상과는 무관하다.[28]

여기서 칸트는 로크, 버클리, 흄 등의 경험론자들과는 매우 다르다. 즉 그는 인식의 능동성을 강조하고 그 능동성과 인식의 보편 필연적인 객관적 유효성을 연계시키는 것이다. 이는 칸트가 수동적 수용(감지)이 보편 필연성을 갖지 않는 주관적 판단을 형성한다고 생각하고 있음을 보여준다. 또한 겉보기에는 마치 객관적 감각, 지각 등의 경험에서 출발한 판단의 결과가 오히려 주관적인 '지각판단'을 도출해낼 수 있을 뿐이며, 나아가 이론적으로 버클리와 같은 관념론 및 흄의 회의론으로 나아갈 수 있다고 생각하고 있음을 보여준다. 그러므로 객관적 유효성은 대상에 대한 현재의 직접적 감지에서 유래하는 것이 아니라 그러한 보편적 유효성을 갖는 일련의 조건에서 유래한다고 할 수 있다. 이 또한 '초월적 통각'을 기초로 하는 지성의 기능이며, 상술한 '경험 판단', 즉 객관적 지식과 판단으로 표현된다.

지성 개념을 통해 우리의 감성에게 객관에 의해 주어져 있는 표상들의 결합이 보편타당한 것으로 규정된다면,

대상은 이 관계를 통해 규정되는 것이고, 그 판단은 객관적이다.[29]

칸트가 보기에, 하나의 판단이 참이라는 것은 모종의 조건에 근거하여 대상을 구성할 수 있다는 의미다. 그렇기에 객관 진리란 소극적 감지의 반영 안에 있지 않고 사유의 능동적 구성 안에 놓여 있다. 감성 자체는 인식의 객관성을 보증할 수 없으며 그 객관성은 반드시 이성(지성 범주)이 감성적 재료에 작용한 이후에야 비로소 얻어지는 것이다. 다시 말해 진리의 객관성은 지성의 종합을 그 특징으로 하는 인류 인식의 능동성에서 유래한다. 인간이 양, 질, 인과, 실체 등의 선험 범주를 이용해 감성적 잡다함을 종합·통일할 때에야 비로소 인식이 보편적으로 유효한 객관성을 갖게 되는 것이다. 이러한 범주들이 어떻게 구체적으로 감성에 응용되는가가 경험 대상과 경험 규칙을 구축하게 된다는 것은 이미 앞 장에서 설명한 바 있다.('도식과 원리') 여기서 말하는 것은 이러한 지성 범주가 그러한 기능을 갖게 되는 이유, 그리고 감지를 연결·종합·통일할 수 있는 이유가 바로 이른바 '통각', 즉 '자아의식'('나는 생각한다')을 근본 기초로 하고 있기 때문이라는 것이다.

칸트는 '태양이 바위 위에 내리쬐어 바위가 뜨거워졌다'라는 명제를 예로 들면서, 이것은 '지각판단'[30]에 불과하다고 말한다. 필연성이 없으면 여전히 내적 감각의 '경험적 통각' 수준에 머물 뿐이다. 즉 우리의 주관적 감지 사이의 연결에 불과한 것이다. 하지만 '태양열이 돌을 뜨겁게 했다'라고 말한다면 완전히 달라진다. 이 판단은 '초월적 통각'을 기초로 하며, 지성의 순수개념, 즉 인과 범주를 이용한 것이다. 이 범주는 '태양이 내리쬠'과 그 필연적 결과인 '돌의 뜨거워짐'을 연결하고 이는 곧 보편적인 객관적 유효성을 갖게 된다. 또한 칸트는 '물체가 무겁다' 같은 명제는 두 개의 관념을 우리의 지각 안에 연결시키는 것이 아니라, 우리의 주관적 상황이 어떠한가와는 상관없이 대상 안에서 연결되는 것이라 주장했다. '이다is/ist' 같은 연결사와 그 판단은 '나의 감각은 ~이다' 같은 것일 수 없다. 그것은 객관적 성질 및 의미를 갖는다. 그렇기에 '경험적 판단'은 '지각적 판단'과 다르다고 말하는 것이다.[31]

자연과학자로서 칸트는 주교인 버클리와 확실히 다른 면모를 지녔고 지식의 보편 필연성과 객관적 유효성을 추구했다. 그는 대상이 인간의 의지로 전이시킬 수 없는 질서와 성질을 가지고 있다는 것을 인정하지 않을 수 없었으며, 그런 질서와 성질을 현상과 대상 사이에 존재하는 일종의 객관적 '친화성'이라 불렀다.[32] 그 친화성은 우리에게 임의로 상상하거나 사유하는 것이 아니라 일정한 법칙, 질서 혹은 방법에 의해 상상하고 사유할 것을 강요한다. 칸트는 만약 주사朱砂가 시시때때로 붉거나 검고, 또한 때에 따라서 가벼워지거나 무거워진다면 객관적 질서와 안정성이 전혀 없게 되어, 우리의 상상은 붉은색과 무거움을 연결시켜 종합적 표상을 구성할 수 없고, 따라서 그 어떤 인식도 갖지 못하게 된다고 말한다. 현상과 대상의 친화성의 생산은 주관적 통일과 구별되는 객관적 통일이며 주관적 의식을 결정한다. 이러한 이유로 잡다함은 하나의 대상으로 연결·종합될 수 있으며, 직관이 의식과 연계될 수 있고 인식을 구성할 수 있는 것은 모두 그러한 객관적 통일이 있기 때문이다. 이 객관적 통일이 가리키는 것은 분명 대상이 의식 안에서 현현되는 객관적 규칙성의 구조적 특징이다. 칸트는 이러한 객관적 통일성을 이른바 '대상의식'으로 귀결시키고자 했다.

4 '자아의식'과 '대상의식'의 상호의존

'객관 연역'에서 '대상의식'과 서로 호응하는 것은 '자아의식'이다. 그렇다면 '자아의식'이란 무엇인가? 칸트는 그것이 경험적 자아의식이 아니라 초월적 자아의식이라고 제시한다. 이른바 '경험적 자아의식'은 자기 스스로 사유·감지·상상하고 있다는 것을 의식하는 것이다. 즉 주체가 자신을 감지·상상·기억하고 있는 것을 말한다. '초월적 자아의식'은 이와 다르다. 그것은 어떤 경험 속의 자아의식과도 다르며, 구체적으로 자신 스스로를 의식하는 그러한 자아의식과도 다르다. 후자는 곧 경험적 자아의식이다. 칸트는 경험적 자아의식이 여타 모든 경험적 재료와 동일하게 단지 변동하는 잡다한 것일 뿐이라고 주장했다. 이 경험적 자아의식 속의 '나'는 수시로 생겨나고 없어질 수 있는 일종의 감지적 경험에 불과하다. 반면에 초월적 자아의식은 인류만이 갖는 불변의 의식적 동일성의 형식 그 자체다. 이것은 논리적으로 어떤 확정적 사유보다 선행하며 일체의 구체적 감지·상상·사유·의식 안에 존재할 뿐이다. 칸트가 말하는 '자아'는 개체의 감지적 경험이 아니라 인류의 인식 형식을 가리킨다. 그렇기에 이를 '초월적 자아'라 칭한 것이다. 감지와 감각은 항상 개인적인 것으로, 그것이 공동의 객관적 인식을 구축할 수 있는 것은 인류의 '초월적 자아', 즉 인식 형식이 있기 때문이다. 하지만 이 초월적 자아의식은 절대로 구체적 경험의식을 떠나 독립적으로 존재할 수 없다. 그것은 단지 일종의 형식으로서 모든 경험의식 안에 존재할 뿐이고 구체적으로 경험 속의 대상의식에 의해 결정될 뿐이다. 그것이 초월적이라고 하는 이유는 일체의 경험의식과 인식의 모든 과정에 보편 필연적으로 적용되고 객관적 효력을 갖기 때문이다.

이렇게 칸트의 전체적 논증에 이르러 가장 핵심 부분은 바로 '대상의식'과 '자아의식' 사이의 상호의존이다. 한편으로 초월적 자아의식은 일종의 순純형식일 뿐이고 그 자체로 독립적으로 존재할 수 없으며 경험의식, 즉 상관적 대상의식 안에 존재할 뿐이다. 이를 통해 자아의식이 구체적으로는 대상의식에 의해 결정된다는 것을 알 수 있다. 다른 한편으로 초월적 통각이 지성 개념의 범주를 감각기관의 경험에 운용해야만 비로소 대상의식이 가능해진다. 이를 통해 대상의식은 자아의식에 의해 결정된다는 것을 알 수 있다. 한편으로 사유에 의해 지향되고 내부적인 필연적 연관관계를 갖는 대상의식이 존재해야만 본원적 통각으로서의 자아의식이 비로소 현실적으로 존재할 수 있다. 그렇지 않다면 대상의식은 텅 빈 허구적 존재에 불과하다. 만약 대상의식의 종합적 동일성을 통과하지 않는다면 영혼은 자신의 동일함을 초월적으로 사유할 수 없다. 다른 한편으로, 객관 대상이 현상세계로서 일종의 이해될 수 있는 통일인 것은 그것이 자아의식의 통각형식에 종속되고 거기에 복종하기 때문이다. 대상의식은 자아의식이 감성재료를 통해 구성하고 구축한 것이다. 한편으로는 객관 대상이 그렇게 사유하도록 강제한다. 하지만 다른 한편으로는 초월적 자아의식이 범주를 감성의 잡다함에 대해 운용해야만 비로소 대상의 객관적 규칙이 존재할 수 있다. 경험론과는 다르게 칸트는 보편 필연적인 객관 진리의 인식을 제기하고, 감각이 아닌 지성의 차원에서 능동적 지성이 인식의 객관성과 진리성을 보증하며, 자아의식이 이를 제공한다고 주장한다. 또한 합리론과도 다르게 이 능동적 지성은 감성적 경험을 이탈하여 독립적으로 존재할 수 없으며, 천부관념과 같은 내재적인 것이 아니다. 오히려 반드시 경험의식 안에 존재해야 하고 일체의 구체적인 대상의 인식에 의존해야 한다. 후자를 떠나서는 능동적 지성이 존재하지 않으며 어떤 객관적 인식과 진리 표준도 존재하지 않는다. 그렇기에 각종 구체적인 대상과 그 객관적 질서 및 통일성은 주체인 자아의식의 종합·통일을 구체적으로 규정한다. 이렇게 한편으로 자아의식은 대상의식을 이탈할 수 없고 거기에 의존해야 한다. 하지만 다른 한편으로는 대상의식도 자아의식에 의해 구축되는 것이다.[33] 자아의식과 대상의식은 서로 대립하면서도 의존하는 관계이며, 서로가 서로를 결정하면서도 간섭하지 않는 거대한 모순을 만들어낸다. 이를 통해 인식의 객관성과 능동성의 관계라는 문제가 제기되는 것이다.

이 거대한 모순의 구체적 표현은 앞서 4장의 '실체와 인과 등의 원리'에 관한 부분에서 확인할 수 있었다. 이것은 칸트의 이원론적 관점에 의해 초래되는데, 이를 요약하자면 다음과 같다. 칸트는 한편으로 자아의식의 활동에 기대지 않는 감성적 잡다함의 존재를 인정했기 때문에, 어떤 구체적인 인식(하나의 사건, 대상, 과정)도 우선 반드시 부여된, 즉 제공된 감성 재료를 가져야만 한다고 보았다. 경험 개념이 그에 상응하는 특수한 대상을 갖는 것처럼 전체적인 자아의식 역시 그에 대응되는 대상을 가지며 이것이 곧 초월적 대상이다. 불확정적인 '어떤 것'으로서의 초월적 대상은 모든 경험판단의 전제다.(7장 참조) 예컨대 한 송이의 꽃'이다'라고 판단할 때, 이는 곧 판단이 우리에게 부여한 직관적 잡다함이 우리의 영혼 주체에 의존하지 않는 객관 대상'임'을 의미한다. 빨간색, 향기 등의 관념이 주관적으로 연상되고 감지된 것은 아니라는 뜻이다. 말하자면 우리의 모든 인식 안에 이러한 대상으로서의 '어떤 것'이 초월적으로 존재해야 비로소 인간의 인식과 대상, 인식과 현실이 서로 일치하는 객관성을 만들어낼 수 있다는 것이다. 칸트는 경험적 표상이 사유에 재료를 제공해주지 않으면 '나는 생각한다'라는 활동은 발생할 수 없다고 생각했다. 그렇기에 그는 "우리의 감성적, 경험적 직관이 있어야만 비로소 개념에 실체와 의의를 부여할 수 있다"[34]라고 말했다. 다른 한편, 칸트는 반드시 하나의 지성으로서의 통각(종합·통일의 자아의식)이 있어 주동적으로 감성적 원재료들을 연결·정리·안배해야만 비로소 대상을 구성하고 인식을 형성할 수 있다고 주장했다. '어떤 것'이 인식 가능한 사물이 될 수 있는 이유, 그리고 대상이 주체의 대상이 될 수 있는 이유는 자아의식, 즉 통각의 종합·통일의 결과다. "의식의 종합·통일성은 모든 지식의 객관적 조건이다."[35] "'나'와는 다른 직관 안에서만 잡다함은 비로소 주어지고, 하나의 의식 안에서의 결합을 통해서 잡다함은 비로소 사유된다."[36] 다양성은 감성적 대상에서 유래하고 통일성은 지성의 영혼에서 유래한다. 경험은 하나의 대상으로서 인식되고 지성의 범주에 의존한다. 하지만 어떤 대상으로서 인식되는가는 여전히 감성적 재료에 의존하는 것이다. "확실히 경험적 규칙은 순수한 지성 안에서 그 근원을 찾을 수 없다. 이것은 감성적 직관의 순형식 안에서 무궁무진한 현상의 풍부함을 추출해내거나 이해할 수 없는 것과 같다. 하지만 모든 경험적 규칙은 단지 순수한 지성 규칙의 특수한 규정일 뿐이다. 이러한 규칙에 종속되고 의거해야만 경험적 규칙은 비로소 가능해진다."[37] 4장에서 밝힌 대로 인과의 범주는 형식으로서 지성에서 유래한다. 또한 구체적인 인과의 규칙과 관계는 여전히 객관적인 구체적 사물인 대상에 의존한다. 이렇게 한편으로는 초월적 자아의식이 있고, 다른 한편으로는 초월적 대상이 있다. 양자는 서로 대칭적으로 호응하며, 이러한 관계가 바로 지식의 양대 기초라고 할 수 있다. 칸트는 이 두 가지 기초를 불가지한 것으로 보았다. 이 점은 7장에서 자세히 논할 것이다.

칸트가 자아의식을 논증한 것은 라이프니츠의 유심론인 '예정조화설', 즉 대상이 우리의 의식과 서로 일치하는 것은 신이 예정해놓은 조화 때문이라는 견해에 반대하기 위해서였다. 칸트가 보기에 이것은 근본적으로 실증될 수 없는 형이상학이었고 초험적 사변이자 성립할 수 없는 것이었다. 동시에 칸트는 로크의 경험론적 인식론에도 반대했다. 경험론적 인식론은 인간의 인식과 범주가 모두 경험에서 유래한다고 보기 때문에 인식과 대상이 일치할 수 있다고 주장한다. 칸트가 보기에 범주는 근본적으로 경험에서 유래할 수 없기 때문에 [경험론적 인식론은] 성립할 수 없다. 그러므로 오직 제3의 길만이 가능하다. 즉 인식과 대상의 일치를 개념-인식이 구성해낸다고 보는 것이다. 칸트는 이를 인식론상의 '코페르니쿠스적 혁명'이라 불렀다.(이에 대해서는 뒤에 설명한다.) 라이프니츠가 주장한 대상과 개념 사이의 선험적 조화에 칸트가 반대했다고는 하지만, 실제로는 이를 지성과 감성 사이의 초월적 조화, 즉 인간 주체의식 내부의 기능 간의 조화와 일치로 대체한 것이다. 대상의식 속의 '대상'은 주체의식이라는 조화를 통해 건립된다. 자아의식과 대상의식의 상호의존 안에서 자아의식은 모순에 있어 주요하고 또 결정적인 작용을 하는 측면이다. '대상'은 우리 의식의 통일성으로서 잡다함에서 출현하며 의식 중의 대상이다. 그리고 지식을 형성하는 조건과 지식 대상의 조건은 완전히 동일하다. 이로써 주체의 대상에 대한 지식과 지식의 객관적 대상은 완전히 동일한 것으로 변한다. 칸트가 말한 대로 자아의식의 통일은 "하나의 대상을 인식할 때 우리 스스로 필요한 조건일 뿐 아니라 모든 직관이 우리의 대상이 되기 위해 반드시 종속되어야 하는 조건이다."[38] 모든 것은 '나'의 의식 영역 안에서 진행된다. 칸트는 라이프니츠에 의해 '객관적으로 채용된'(즉 사물 사이의) '선험적 조화'를 '주관적으로 채용된'(인식 기능 사이의) '초월적 조화'로 바꾼 것이며, "……[이것은] 동일한 사물의 서로 다른 기능 사이의 조화, 즉 하나의 동일한 사물 안에서 감성과 이성이 서로 일치하여 하나의 경험적 인식을 형성하는 것이다."[39] 양자 사이의 원천과 조화에 대해 말한다면, 이는 초월적으로 이미 규정된 것이자 불가지한 것이다. 요컨대 이는 라이프니츠의 합리론적 본체론이 칸트의 초월론적 인식론으로 변화된 것이다.

5 칸트는 '자아' 영혼의 실체에 반대한다

앞에서 언급했듯 칸트는 이렇게 능동적이고 주요하며 결정적인 작용을 하는 측면, 즉 자아의식이 종합·통일의 기능을 수행하는 통각의 형식으로서 대상의식과 감성적 경험을 떠나 독립적으로 존재할 수 없다고 생각했다. 칸트는 자아의식이 지식 대상을 구축한다고 하면서도 절대로 실체적 존재는 아님을 특히 강조했다. 자아의식은 내적 감각이 아니고 데카르트가 말하는 '나는 생각한다'도 아니며, 또한 당시 유행하던 '이성 심리학'에서 말하는 영혼의 실체도 아니다. 통각이 내적 감각과 다른 이유는 통각('나는 생각한다')이 단지 일종의 초월적 기능(형식)일 뿐이기 때문이고, 그 어떤 감성적 직관의 성질도 갖지 않고 초시공적이기 때문이다. 내적 감각은 곧 경험의 자아의식에 속하는 것이다. 초월적 '자아'(통각)는 경험적 자아의식을 가능케 하는 조건이고, 경험적 자아의식이 초월적 자아의 구체적 운용이 되어야만 비로소 내적 감각과 그 속의 표상적 잡다함으로 전개될 수 있다. 그리고 내적 감각(시간) 속의 자아에 대한 경험적 의식은 외부 세계(공간)에 대한 의식을 전제로 한다. 그러므로 데카르트가 언급한 '나는 생각한다' 역시 초월적 자아의식이 아니다. 초월적 자아의식은 단지 순형식일 뿐이고, 데카르트의 명제는 오히려 경험적인 내용이다.

칸트는 데카르트의 '나는 생각한다, 고로 존재한다'라는 명제에 반대하면서, 내가 '나는 생각한다'라는, 이른바 절대 의심할 수 없는 내적 경험을 의식한다는 것은 실상 자아가 아닌 외적 경험을 가정해야만 비로소 가능하다고 지적했다. 나에 관한 의식은 바로 나의 의식 밖에 있는 객관적 대상에 대한 의식에 불과하다는 것이다.

"내가 나 자신의 존재를 인식하는 것은 시간 속에서 규정되는 것이다. 시간의 모든 규정은 지각 속의 영원한 무엇을 전제로 한다. 하지만 이 영원함은 나의 내부에 속한 무엇이 될 수 없다. 왜냐하면 이 영원함을 통해서만 내가 시간 속에 존재한다는 사실 자체가 규정되기 때문이다. 그러므로 이 영원함에 대한 지각은 나의 외부에 있는 것을 통해서만 가능하지, 나의 외부에 있는 것의 표상을 통해서만 가능해지는 것이 아니다. 따라서 내가 시간 속에 존재한다는 규정은 내가 나의 외부에 있는 현실 사물의 존재를 지각하는 것을 통해서만 비로소 가능하다. ……바꿔 말해 내가 존재한다는 의식은 동시에 나의 외부에 있는 다른 사물의 존재에 대한 직접적 의식이다."[40] "이상의 증명은 이미 외적 경험이 현실적으로 직접적이며, 내적 경험이…… 외적 경험을 통해서만 가능함을 설명해준다."[41] "주관을 규정하기 위해서는 외적 대상이 불가결하다. 그러므로 내적 경험이 가능한 것은 간접적이며 외적 경험을 통해서만 비로소 가능하다는 것을 추론할 수 있다."[42] "공간 속의 영원함에 상대되는 외재적 관계(운동)의 변화(예컨대 지구상의 사물에 상대되는 태양의 운동)를 통하지 않는다면 우리는 시간에 관한 어떤 규정도 인식할 수 없다."[43] 이러한 언급들은 모두 '나는 생각한다'라는 내적 경험이 '내가 무엇을 사유했다'라는 외적 경험을 전제로 해야만 함을 말하고 있다. 사유하고 있는 내가 사유되는 대상과 다르다는 사실로부터, 사유하는 내가 그 자체로 사유되는 대상을 산출해낼 수 있다는 것을 추출해낼 수 없다. 후자는 반드시 감성적 경험이 그 재료를 제공해주어야 하는 것이고 후자가 없다면 전자는 공허하고 내용 없는 형식에 지나지 않을 것이다. 이를 통해 경험적인 '나는 생각한다' 혹은 '생각하고 있는 나'는 감성적 직관의 경험 재료를 그 전제로 한다는 것을 알 수 있다. 반드시 외재적 경험 대상이 존재해야만 비로소 내재적 경험인 '나는 생각한다'가 가능해지며, 또한 비로소 '나는 존재한다'는 의식이 있게 되는 것이다. 사유하는 '나' 자체는 형식으로서 감성 직관의 대상이 아니다. 그러므로 '나는 생각한다'로부터 '나는 존재한다'를 이끌어낼 수 없다. 즉 사유로부터 존재를 추론해낼 수 없는 것이다. 어떤 존재도 반드시 '물 자체'가 제공하는 감성적 직관을 가져야 한다. "이 '나'는 과연 모든 사유 안에 있다. 하지만 이 관념이 '나'를 여타의 직관 대상과 서로 구별해주는 직관적 흔적인 것은 아니다. 그러므로 우리는 과연 이 관념이 변함없이 모든 사유 안에서 표현될 수 있다는 것을 감지할 수 있다. 하지만 우리는 그것이 그 안에서 서로 전환되고 대체되는, 상주하면서도 연속적인 직관이라는 것은 감지할 수 없다."[44] "나는 결코 내가 생각한다는 것을 의식함으로써 자신을 인식하지 않는다. 단지 내가 나 자신의 직관을 의식할 때에야 비로소 나 자신을 인식한다."[45] "그러므로 나의 존재는 데카르트와 같이 '나는 생각한다'는 명제로부터 도출될 수 없다."[46]

'초월적 변증론'에서 칸트는 다시 한번 상당한 분량을 할애해 영혼의 실체가 존재함을 논증하려는 '이성 심리학'을 반박했다. '이성 심리학'은 라이프니츠의 합리론 철학의 연장이다. 라이프니츠는 『모나드론』에서 다음과 같이 말했다. "필연적인 진리에 관한 지식에 근거하여, 그리고 이러한 진리의 추상적 개념에 근거하여 우리는 비로소 반성적 활동에 다다른다. 이 활동은 우리로 하여금 이른바 '나'를 생각하게 하며, 이러저러한 '우리'의 내면을 관찰하도록 한다. 그리고 우리가 스스로를 사유하기에 또한 존재, 실체, 단순물 혹은 복합물, 그리고 비물질적 실체와 신 자체를 사유한다. ……이 반성적 활동은 우리의 추리력에 주요한 대상을 제공해준다."[47] 칸트가 강조하는 것은 '나는 생각한다'라는 자아의식이 이러한 반성으로 얻어지는 실체가 아니라는 것이다. 왜냐하면 감성적 직관이 없다면 '실체'의 범주를 거기에 적용할 수 없기 때문이다. 이에 대해 칸트는 다음과 같이 말했다. "범주의 기초로서의 의식적 통일은 여기서 대상 직관으로서의 주체로 오해된다. 그렇기에 실체의 범주를 그 위에 적용하는 것이다.

하지만 이러한 통일은 사유 속의 통일일 뿐이다. 오직 여기에 근거해 대상이 주어질 수는 없다. 따라서 주어진 직관을 전제로 하는 실체의 범주는 여기에 적용될 수 없다."[48] 초월적인 '나는 생각한다' 자체는 감성적 직관을 갖지 않는다. 또한 그 자체는 경험의 대상이 아니며 경험적인 '나는 생각한다'와 다르다. 경험적인 '나는 생각한다' 자체는 경험의 대상이며, 초월적인 '나는 생각한다'는 우리의 대상에 관한 인식과정 안에서 '자아의식'을 영원히 포함하는 것이다. 다시 말해 인식과정 속의 매 순간이 '나는 생각한다'라는 존재와 활동을 포함한다. 이러한 문장의 주술 관계는 거의 동어반복에 가깝다. 왜냐하면 인식 혹은 인식과정은 곧 자아의식과 그 과정이기 때문이다. 인류의 인식 자체 역시 '나는 생각한다'이다. 이를 통해 이른바 초월적 자아의식('나는 생각한다')은 자아의식의 일반형식에 불과하고, 칸트가 이를 이용해 모든 경험의식의 초월적 능력 혹은 초월적 가능성을 가리키고 있음을 알 수 있다. 그렇기에 초월적 의식 자체는 어떤 경험적 의식도 아니다. 그것은 일종의 논리적 의의일 뿐이며, 어떤 실체적 성질이나 존재도 가질 수 없다. 그것이 가리키는 것은 실상 사유 활동이지 사유의 주체가 아니다. '이성 심리학'은 추론 과정 속에서 '나는 생각한다'를 실체화하며, 형식논리의 '네 개 명사의 오류fallacy of four terms'*라는 논리적 오류를 범한다.

존 왓슨은 칸트가 '나는 생각한다'의 실체화에 반대한 것에 대해 다음과 같이 상당히 명확하게 해설한 바 있다. "대상에 관한 모든 확정 속에는 모두 자아의식이라는 사실이 포함되어 있다. 하지만 이것이 그 주체 안에 놓여 있는 지속적인 기초 위에 단일

* 정언삼단논법은 오직 세 개의 명사(개념), 즉 대명사(대개념), 소명사(소개념), 중명사(중개념)를 가져야만 건전한 추리가 성립하며, 네 개의 명사를 가질 경우 그 추리는 반드시 오류를 범하게 된다. 자세한 설명은 강영계, 『논리정석』(답게, 2003) 참조.

하고도 지속적인 불멸의 실체가 존재함을 증명해주지는 않는다. ……자아의식의 통일성은 다만 다음 사실을 설명해줄 뿐이다. 대상에 대한 의식이 있기만 하면 이는 곧 자아의식이 있다는 것이다. 하지만 이것이 영원불멸한 사유의 실체가 있음을 추론하지는 못한다." "이러한 '나' 자체가 무엇인지 우리는 알 수 없다. 그것은 확정된 대상에 대한 사유를 떠나서는 결코 주어질 수 없기 때문이다. ……그것은 대상에 관한 지식이 통과하는 모든 관념의 일반적 형식을 획득한다. 이러한 형식을 경험에 의존하지 않고 존재할 수 있는 대상으로 생각해 인간이 인지할 수 있다고 여기는 것은 순수한 계통적 오류 추리다."[49] 칸트는 줄곧 '나는 생각한다'라는 초월적 자아의식(초월적 통각)이 단지 한 종류의 순수형식과 순수하게 논리적인 기능적 의미를 갖는다고 강조했다. '나는 생각한다'에서 '나'는 영원히 자신이 사유하는 구체적인 사물과 내용, 즉 경험적 대상과 개념을 떠날 수 없다. 그러므로 '나는 생각한다'는 내적 감각(경험적 자아의식)도, 구체적 심리과정도 아니다. 이 두 가지는 모두 감성적 경험의 실제적 존재를 지니고 있다. 이렇게 '나는 생각한다'(초월적 통각)를 사유되는 대상과 분리하거나 구체적이고도 실제적인 경험적 사유와 분리한다면, 다시 말해 자아의식이 대상의식과 분리된다면, 자아의식은 도대체 무엇인지 근본적으로 알 수 없다는 것이다. 그것은 완전히 공허한 '나'일 뿐이며, 객관적 실재성을 전혀 갖추고 있지 못할 뿐 아니라 '모든 표상 중 가장 공허한 표상'이 될 것이다. '나는 생각한다'라는 개념은 절대 특정한 대상을 지칭할 수 없다. 왜냐하면 그것은 단지 우리의 모든 사유를 의식에 종속시키는 것일 뿐이기 때문이다. "……우리는 심지어 이를 개념이라 칭할 수도 없다. 단지 모든 개념에 수반되는 순수의식이라 칭할 수 있을 뿐이다."[50]

요컨대 칸트의 '초월적 자아의식'은 모든 경험의식의 전제이자 조건일 뿐이며 일종의 형식, 능력, 기능을 가리킨다. 그것은 절대 어떤 독립적인 실체나 존재가 아니다.[51] 이를 통해 칸트는 인식론의 각도에서 '자아의식'의 거대한 기능을 제기했으며, '자아의식'을 통해 인식을 통일하고 대상을 구축하여 인식의 보편 필연적인 객관적 유효성을 보증한 것이지, '자아의식'이 실체를 지닌 독립적이고 자존적인 것이라 생각하지 않았음을 알 수 있다. 또한 '나는 생각한다', 곧 '자아의식'을 실체화하는 것, 즉 그것을 일종의 정신적 존재(주관적 존재이든 객관적 존재이든 상관없이)의 관점으로 보는 것에 결연히 반대했음을 알 수 있다. 이러한 관점과 경향이 칸트 철학의 중요한 유물론적 요소라 할 수 있다.

6 헤겔의 '자아의식'

칸트가 제기한 '자아의식'은 철학사에서 매우 중요한 작용을 했다. 각기 다른 철학 유파들은 칸트의 '자아의식'에서 서로 다른 방향들을 도출해냈다. 칸트를 이어받으면서 피히테는 칸트의 반대에도 아랑곳하지 않고 순수사유의 '자아'가 '비아非我'(감성적 자연과 전체 세계)를 건립하며, '비아'는 '자아' 속의 본체론적 관점에서 구축된다는 주장을 제기했다. 결국 이 주장은 칸트가 인식형식의 능동적 기능으로 보았던 '나는 생각한다'를, 사유의 실체가 자신의 행동 안에서 전체적 대상 세계를 구축하고, 또한 초감성적 세계와 소통하여 합쳐질 수 있다는 것으로 전환시킨 것이라 할 수 있다. 이는 당연히 인식이 어떻게 가능한가의 문제가 아니라 존재가 어떻게 가능한가의 문제라고 할 수 있다. 피히테는 다음과 같이 말했다. "관념론은 이지적 행동으로부터 의식적 규정을 설명한다. ……이지理智는 하나의 행위이며 절대 다른 무엇이 아니다. ……마땅히 이러한 이지적 행위로부터 하나의 세계에 대한 표상이 도출되어 나온다. 이는 곧 우리의 도움 없이도 존재하는, 물질적이며 공간을 점유하는 세계 등의 표상이 도출된다는 것이다. 우리 모두는 이러한 표상이 의식 안에서 출현한다는 것을 알고 있다."[52] 이것은 데카르트가 주장한 '나는 생각한다, 고로 존재하다'가 아닌 '나는 행한다, 고로 존재한다'이다. 여기서 '행함'은 단지 사유일 뿐이며, 시작은 있지만 객체가 없는 주체의 사유를 말한다.

이렇게 사유의 우선성과 존재의 차선성이라는 문제가 첨예하게 드러나고 칸트의 이원론, 즉 '자아의식'과 '대상의식'은 폐기된다. 그리고 이를 대신해 철저한 주관주의적 관점이 등장한다. "무조건적으로 절대 확실한 물질은 오늘 이후 폐기되었다. 나는 다음 공식을 이용해 이를 표현할 것이다. 자아는 자아 속에 분할될 수 있는 비아非我를 설정하며 분할될 수 있는 자아와 서로 대립한다."[53] "……물체는 완전히 별다른 것이 아니라 단지 상상력을 통해 모든 관계를 종합한 것에 불과하다."[54] 피히테는 칸트 인식론 속 자아의식을 실체화(칸트는 이런 실체화에 반대했다)하고 절대적 사유의 실체인 자아 자체를 구축해냈다.

헤겔은 피히테에 이어 객관적 관념론의 방향에서 칸트를 수정·발전시켰고,[55] 칸트 인식론의 자아의식을 절대정신으로 이동시켰으며, 초월적 자아인식론을 본체론으로 고양시켜 본래 사유의 기능에 불과했던 것에 현실적 역량을 부여했다. 개념 인식 안에서의 객관성은 본체적 객관성으로 변화하고 인식의 객관적 유효성은 사유의 보편 필연성과 등치된다.[56] 칸트에게 있어 능동성이 객관성과 밀접하게 연계되는 것은 인식 범위 안에서다. 그러나 헤겔에게 있어 이 양자는 본체론 안에서 서로 연결된다. 그렇기에 사유는 진정한 현실적 객관성을 갖는다. 객관성은 대상화와 함께 의식(인식) 안에서 동일화된다. 즉 주체의식이 인식 대상을 구성하여 역사(현실) 안에서 동일한 것이 된다. 다시 말해 주체의식이 현실 대상을 구성하는 것이다. 이렇게 사유는 더이상 주관인식의 범위 안에 갇히지 않게 되며, 범주 역시 인식의 규정만이 아니라 객관적 자연과 사회 발전의 법칙이 된다. [헤겔에 의해] 칸트 인식론(인식이 어떻게 가능한가의 요소 중 하나)으로서의 초월적 논리는 세계사의 객관적 여정으로 변한다. 칸트가 언급한 감성적 잡다함(객체)과 자아의 동일함(주체) 사이의 모순은 이념(주체)이 외화(객체)되어 다시 자신으로 복귀하는 모순·통일의 역사적 변증법으로 변한다. 칸트가 강조하는 자아의식은 대상의식을 떠날 수 없고, 지성은 감성을 떠날 수 없다. 즉 감성적 경험이 있어야만 비로소 객관적으로 유효한 경험이 가능하다는 등의 인식론 속 유물론적 성분이 폐기되는 것이다. 헤겔의 주체의식은 칸트가 반대하는 형이상학 본체론을 다시 일으켜세우고 인식의 기능을 실체화한다. 이로써 자아의식은 신과 같은 절대적 이념이 된다. 즉 자아의식은 모든 상태를 주재하고 만물을 관장하며 세계를 주조하는 신과 하나가 된다. 이것은 그야말로 관념론을 끝까지 관철시킨 셈이지만, 동시에 그 이면에서는 유물론의 철저한 비판의 전야前夜가 다가오고 있음을 말해준다.

헤겔은 다음과 같이 말했다.

> 칸트는 매우 서툴게 이러한 뜻을 표하고 있다. 그는 '나'라는 것이 나의 모든 표상과 함께하며…… '나'는 나의 표상, 감정, 그리고 모든 심리적 상태로부터, 모든 특성, 재능, 그리고 경험으로부터 추출되어 나온다고 말한다. '나'는 이러한 의미에서 완전히 추상적인 보편적 존재이며 추상적인 자유의 원칙이다. 이를 통해 사상으로서의 주체는 '나'라는 단어로 표출된다. '나'는 나의 모든 감각, 개념, 그리고 의식상태 안에 있다. 즉 사유는 모든 곳에 있으며 이 모든 형태적 범주를 관통한다.[57]

> 자아는 원시적 동일성이다. ……무릇 자아의 통일과 관계를 발생시키는 사물은 모두 반드시 자아의 영향을 받게 되며 그 안으로 유입된다. 자아는 마치 맹렬하게 끓고 있는 화로와 같아서 산만하게 펼쳐져 있는 잡다한 감성을 삼키고 소화해 하나로 만든다. ……순수통각은 칸트에 의해…… 외부의 사물을 자아로 변화시키는 동력으로 인식된다. 이러한 관점은 최소한 모든 의식의 본질을 정확하게 도출해낸 것이라 할 수 있다. 인류의 모든 노력이 나아가는 방향은 이 세계의 이해이며, 세계에 적응하고 세계를 주재하는 것이다. 이 목적을 위해 세계의 적극적 실재는 반드시 산산이 부서진 가루처럼 되어야 한다. 달리 말해 이상화되어야 하는 것이다. 동시에 우리가 주의해야 하는 것은 우리 개인의 자아의식 활동이 감각의 잡다함을 하나의 절대적 통일로 만드는 것이 아니라는 점이다. 차라리 이 동일성이 곧 절대 자체라고 말해야 한다.[58]

레닌은 『철학 노트』에서 다음과 같이 말했다. "헤겔이 되돌아와 칸트에 대한 비판을 진행할 때 칸트의 위대한 공적은 '통각의 초월적 통일'('개념'이 형성되는 의식의 통일)이라는 사상에 있다고 생각했다. 하지만 그는 칸트의 편협함과 주관주의를 비판했다. ……(헤겔은 칸트의 관념론을 주관적인 것에서 객관적이고 절대적인 것으로 끌어올렸다.)"[59] "칸트는 개념의 객관성(개념의 대상은 진리다)을 인정한다. 하지만 그는 여전히 개념을 주관적인 것으로 본다. 그는 감각과 직관을 오성의 전제로 본다."[60] 레닌은 다음과 같이 헤겔의 말을 인용한다. "여기서…… 개념을 자아의식의 이지적 활동 및 주관적 이지로 보는 것이 아니라, 자연적 단계 및 정신적 단계를 구성하면서 스스로 존재하고 행하는 개념으로 보아야 한다. 개념은 생명 혹은 유기체라는 자연적 단계에서 나타나는 것이다." 레닌은 헤겔의 이런 언급에 다음과 같은 비평을 덧붙였다. "객관적 관념론에서 유물론으로의 전화의 전야이다."[61]

헤겔은 사유를 개념과 현실의 통일로 보면서 사유와 존재의 동일성(상호 의존과 전화)을 강조했다. 그리고 사유와 존재를 분할시킨 칸트의 이원론을 반박하고, 또한 칸트가 지성의 범주(사유)를 단지 주관적인 것으로 본 점에 대해서도 반박했다. 헤겔의 추상적 지성의 범주는 감성을 초월할 수 있고 이를 통해 대상에 대한 본질적 인식에 근접한다. 하지만 대상의 이런 본질에 대한 인식은 관념론자인 헤겔에게 있어 결국 신에 대한 인식으로 귀결된다. 이념 스스로가 인식하는 자신이며 곧 '자아의식'인 것이다. 중요한 것은 이 '자아의식'이 반드시 대상화를 통해 복귀하는 변증법적 과정을 거쳐야 비로소 도달할 수 있다는 것이다. 그렇기에 이는 물질세계가 어떻게 상호대립하고 통일되는가와 연관된 문제라고 할 수 있다. 이렇게 칸트의 주관적 관념론인 초월통각적 '자아'는 헤겔의 객관적 관념론의 절대적 이념의 '자아' 이후로 변하게 되며, 자아와 대상은 비단 인식 안에서(인식론) 서로 의존할 뿐 아니라 객관적 현실 속에서(본체론) 서로 전화하는 모순 통일의 논리학이 된다. 칸트의 경우 자아와 대상은 서로 대립하고 의존하는 관계이며 서로 전화하는 변증법적 연계가 결여되어 있다. 헤겔에게 독특한 점은 바로 이러한 변증법적 전화이다. [헤겔의 이러한 사유는] 물物이 나의 물物임을, 그리고 나 역시 물物의 나임을 강조한다. 이 또한 인간(사유)의 대상화이며, 대상의 인간(의식)화이다. 이 과정을 거쳐 독일 고전 관념론 철학은 정점에 다다른다.

독일 고전 철학의 관념론은 인간을 신과 동일시하고, 자아의식을 세계 인식(칸트)과 개조(헤겔)의 원시적 동력으로 본다. 그리고 인간의 가치와 지위를 극단적으로 고양시킨다.[62] 하지만 동시에 이런 고양은 관념론적이고 추상적인 것이다. 우선 이때의 인간은 추상적 인간이지 일정한 사회적 시대에 역사적이고 구체적으로 존재하던 사람이 아니다. 둘째, 사변(정신)적 인간(자아의식)이지 현실적인 사람이 아니다. 헤겔에게 '자아'와 사유는 동일하며, 모든 것은 '자아' 안에 내장되어 있다. 고양된 주체로서의 '자아'는 단지 사유일 뿐이다. 능동적 '자아'는 단지 사변의 정신일 뿐이다. 물物과 나, 존재와 사유의 의존과 전화는 전체적으로 정신-사변 영역 내의 활동일 뿐 감성 현실의 활동이 아니다. 노동, 생산은 사변일 뿐이며, 역사는 사유의 자아, 즉 자아의식의 소외와 복귀일 뿐이다. 마르크스는 다음과 같이 말했다. "[헤겔은] 인간과 그 본질이 자아의식과 같다고 생각했다. 그렇기에 인간 본질의 소외는 그저 자아의식의 소외에 지나지 않는다."[63] "관념론은 오히려 능동적 측면을 발전시켰다. 하지만 단지 추상적 발전일 뿐이었다. 왜냐하면 관념론은 당연히 진정한 현실적, 감성적 활동 자체를 알지 못하기 때문이다."[64] 일반적으로 관념론은 추상적인 인간을 이용해 역사적으로 구체적인 인간을 대표하고, 부르주아 이데올로기의 공통 특징을 표현한다. 특히 사변적 '인간', 즉 인간의 사변을 이용해 현실세계를 통치하고 당시 독일에서 새롭게 발흥하던 사상적 맹주의 독특한 특징을 반영한다고 할 수 있다.

유물론자인 포이어바흐는 인간의 감성과 감성의 인간을 회복시키려 했다. 포이어바흐는 관념론의 특징이 일반, 사유, 명칭, 언어를 신으로 만들고 그것들을 보편 필연적인 영원한 본질로 여기며, 감성을 개별적이고 우연적이며 한시적인 현상과 동일시하는 것이라고 지적한 바 있다. 그는 "칸트 철학은 여전히 주체와 객체의 모순이고 본질과 현상의 모순이며 사유와 존재의 모순"[65]이라고 말했다. 피히테, 셸링, 헤겔은 이 모순을 사유, 자아, 절대 안으로 통일시킨 것이라 할 수 있다. 포이어바흐는 다음과 같이 주장했다. "오직 인간만이 피히테의 자아의 근거이자 기초이고, 라이프니츠의 모나드의 근거이자 기초이며 '절대'의 근거이자 기초이다."[66] "그렇기에 신新철학의 인식 원칙과 주제는 '자아'가 아니며 절대적 정신, 즉 추상적 정신이 아니다. 요컨대 스스로 행동하는 이성이 아니다. 그것은 실재적이고도 완전한 인간의 실체다. 실재적이고 이성적인 주체는 단지 인간일 뿐이다. 인간이 사유하는 것이지 내가 생각하는 것이 아니며, 이성이 사유하는 것이 아니다. ……그렇기에 인성적인 것만이 비로소 이성적인 것이다."[67] 포이어바흐의 이른바 '신철학'은 관념론적인 사변적 정신의 '자아'를 현실적이고 감성적인 인간으로 대체하는 것이다. 또한 감성적 보편성으로 이성적 보편성을 대체하는 것이다. 포이어바흐는 말했다. "신철학은 광명정대한 감성철학이다."[68] "사유와 존재의 통일은 오직 인간을 이 통일의 기초와 주체로 볼 때 비로소 의미 있는 것이며 진리일 수 있다."[69] 따라서 포이어바흐의 철학은 확실히 이성적 자아의 보편성을 고양시키는, 칸트에서 헤겔에 이르는 철학에 대한 비판이라 할 수 있다. 포이어바흐가 강조하는 것은 초감성적인 신이 인간에게서 유래하고, 이성적인 것이 감성적인 것에서 유래한다는 점이다. "이성과 감각을 분리시키지만 않는다면 감성적 사물 안에서 초감성적인 것, 즉 정신과 이성을 찾을 수 있다."[70] "비단 유한하고 현상적인 것이 감각의 대상일 뿐 아니라 진실하고 신성한 실체 역시 감각의 대상이다."[71] 이는 곧 감성 자체가 진리를 인식할 수 있다는 말이다.

하지만 이른바 감성의 지위를 회복한 포이어바흐의 '신철학'은 근본적으로 로크와 프랑스 유물론을 그다지 뛰어넘지 못한다. 이성적인 것이 반드시 감성에 선재한다는 식의 언급은 로크와 아주 유사하다.(1장 참조) 이는 칸트 이전의 유물론과 별다를 것이 없다. "그[포이어바흐]는 인간을 단순히 '감성적 대상'으로 볼 뿐 '감성적 활동'으로 보지 않는다. ……그는 감성의 세계를 이 세계를 구성하는 개인의 공동적이고 활력 넘치며 감성적인 활동으로 보지 않는다. ……포이어바흐가 유물론자였을 때 역사는 그의 시야 밖에 있었다."[72] 포이어바흐의 '인간'은 여전히 초사회적이고 초역사적인 자연 생물적 존재였다. 그가 말하는 인간의 감성이란 여전히 수동적 감지였으며 '인간의 사회성에서 이탈된' 정태적 관점이었다.('인간의 사회성에서 이탈되었다'라는 말은 이른바 정태적 관점, 수동적 감지와 같은 것이다.) 문제는 이러한 감성이 보편성을 갖는가, 즉 이러한 감성의 보편성이 어떤 의의를 갖는가 하는 점이다. 칸트의 출발점은 바로 구식 유물론이 감각에서 출발함으로써 인식의 능동성을 이해할 수 없었고, 인식의 보편 필연적이고도 객관적인 유효성을 보증하지 못한 채 초월적 관념론을 정립했음을 폭로하는 것이었다. 포이어바흐는 철학을 관념론에서 유물론으로, 자아의식에서 감성적 인간으로 돌려보낸 것이다. 하지만 그의 감성적 '인간'은 여전히 이러한 성질로 인해 인간 인식 특유의 주관 능동성을 해결할 수 없었고, 거기서 유래하는 과학적 지식의 진리성, 즉 보편 필연적인 객관적 유효성의 문제를 이해할 수 없었다. 포이어바흐의 "직관적 유물론, 즉 감성을 실천활동으로 이해하지 않는 유물론"[73]은 인간 인식의 능동성을 설명할 수 없다. 칸트에 비해 포이어바흐는 앞으로 나아가기는커녕 오히려 퇴보했던 셈이다.

7 "문제는 세계를 바꾸는 것이다"

이 문제의 해결은 역사적으로 마르크스주의의 실천론 범주에 속해 있다.

마르크스는 이렇게 언급한 바 있다. "포이어바흐는 추상적 사변을 불만스러워했고 감성적 직관에 호소하려 했다. 하지만 그는 감성을 실천적 인류의 감성적 활동으로 보지 않았다."[74] 실상

이 두 가지 감성의 서로 다름은 곧 인간과 동물의 근본적인 다름이다. 동물의 생활 활동은 그 대상과 동일하며, 마찬가지로 기왕에 정해진 자연 규율의 지배를 받는다. 마르크스는 말했다. "동물과 그 생활 활동은 직접적으로 하나의 것이다."[75] "동물은 어떤 사물에 대한 관계를 발생시키지 않으며 근본적으로 '관계'라는 것을 갖지 않는다. 동물의 경우 여타 사물과의 관계는 관계로서 존재하는 것이 아니다."[76] 그러므로 주체와 객체의 구분은 동물에게 아무런 의미를 갖지 못하며, 따라서 동물은 인간 특유의 인식적 능동성을 갖지 못한다. 도구의 사용과 제작이라는 활동을 특징으로 하는 원시 인류의 실천은 이러한 한계를 극복했다. 원시 인류는 본래 동물로서 행하던 종족생활 활동을 더이상 하지 않으며, 특정한 사회구조의 제약하에서 날이 갈수록 점차 확대·심화되는 객관적 자연계의 각종 사물에 대한 장악을 통해 무한한 발전 가능성을 가지고 자연을 지배하고 자연의 객관적 현실 활동을 개조한다. 이는 동물이 환경에 적응하는 본능적 생활 활동과의 근본적인 차별성이다. 여기서 주체·객체의 구분이 비로소 진정한 의미를 갖게 된다. 사회적 실천은 자연과 대면하며 자연과 구별된다. 그리고 자연 자체를 이용해 자연에 작용하며, 자연으로 하여금 자신에게 복무토록 한다. 동시에 사회적 실천 자체의 존재와 발전은 자연의 독특한 현상(사회발전)과도 다르다. 이렇게 객체인 자연과 그에 맞서는 주체가 구성된다. 포이어바흐와 같이 "인간의 본질을 '유類'로서만, 내적이고 침묵하는, 많은 개체들을 오직 자연적으로 묶고 있는 일반성으로서만 이해하는 관점"[77]으로는 객체인 자연과 구별되는 인간의 주체성을 해석할 수 없다. 그리고 생물체로서의 인간군을 자연계와 구별되는 주체로 만들어주는 것은 바로 도구를 사용하고 제작하는 실천활동을 중심으로 하는 사회적 존재와 언어 사용 및 기호 체계를 특징으로 하는 사회적 의식이다. 이러한 근본을 떠나서 실천과 언어를 말한다면, 그것은 곧 실천이 동물의 생활 활동과 동물 심리 수준에서의 감지적 상태와 동일하다고 말하는 셈이고, 언어는 그 유래를 알 수 없는 신비한 구조이자 생물학적인 선험적 본능이 되어버리고 말 것이다.

당대 마르크스주의 문건에서 '실천'이라는 단어는 매우 빈번하게 사용되어, 일상생활과 의식에서부터 이론적 연구와 문화 활동 등에 이르기까지 거의 모든 인류 활동에 넘쳐날 정도였다. 마르크스의 초기 수고手稿와 「포이어바흐에 관한 테제」 등의 저작에서 확실히 강조되는 것은 이론이 실천과 서로 통일된 감성적인 인간의 활동, 즉 프락시스Praxis(실천)다. 프락시스라는 단어는 확실히 인류의 전체적 생활 활동을 포함한다. 하지만 초기부터 마르크스는 그와 동시에 노동과 물질생활 및 경제생활이 전체 인류 사회에서 갖는 기초적 지위와 결정적 의미를 강조했다. 또한 갈수록 물질적 생산이 전체 사회의 생존과 사회생활, 즉 사회 생존의 근본임을 인정했다. 특히 마르크스가 사회 생산 방식의 제 문제를 역사적이고도 구체적으로 탐구하여 상부구조와 하부구조의 이론을 확정하고 사적 유물론의 학설을 명확하게 제기한 이후, 마르크스의 실천철학은 한층 더 심화되고 구체화되었다. 나는 마르크스의 실천철학 또한 오직 사적 유물론이라 생각한다. 그렇기에 나는 그 형태가 극도로 번잡하고 다양한 인류의 실천활동 중에서 무엇이 기초인지, 즉 무엇이 근본적 의의를 갖는 측면에 속하는지를 확실히 하는 것이 바로 사적 유물론이 강조하는 경제적 기초이며 그중에서도 생산력이 그 근본을 이룬다고 생각한다. 생산력이란 바로 사람들이 도구를 사용하고 제작해서 물질적 생산을 진행시키는 실천활동 아닌가? 이러한 활동 때문에 비로소 인류의 발생(엥겔스, 「원숭이로부터 인간으로의 전환 과정 속에서의 노동의 작용」)과 발전이 있게 되는 것이다. 이것은 가장 중요하고도 근본적인 측면이다. 역사적 총체의 관점에서 말한다면, 인류의 이러한 활동은 무의식적이고 무목적적인 우연적인 것에서 의식적이고 목적 지향적이며 그렇기에 필연성을 갖는 것으로 발전되어 가는 과정이다. 또한 이 과정에서 언어, 의식, 기호, 사유 등이 생산된다. 그리고 어떻게 도구에서 언어로 이행되었고 물질 도구와 기호 도구 사이에 발생학적 관계가 생겨나게 되었는지 등의 문제는 모두 진일보한 탐구가 필요한 쟁점이라 할 수 있다. 내가 앞서 3장에서 피아제를 언급한 것은 그가 아동 심리학의 미시적 관점에서 조작의 논리, 사유에 대한 기초적 의의에 다가가 이를 해석했으며, 실천철학의 인류학적 본체론에 대한 거시적 관점에 커다란 영감을 주고 있기 때문이다. 또한 내가 몇 차례 비트겐슈타인을 언급한 것은 그가 만년에 사회생활과 실천이 언어, 개체의 심리 의식에 대해 갖는 결정적 기능을 명확하게 논증했기 때문이다. 이 모든 것이 마르크스의 실천철학을 설명하는 데 도움이 된다.

칸트 철학의 '자아통각'과 연계하여 되돌아 생각해보면, 의식의 '초월적 자아'가 아니라 역사(물질 현실)적 인류의 실천이야말로 비로소 진정하고도 위대한 주체인 '자아'라고 할 수 있다. 실천은 현실 활동의 감성으로서 개별적 존재로 나타나지만 그 본질은 오히려 보편적이다. 실천이 보편적인 이유는 비단 그것이 항상 어떤 사회 구조의 활동이며 보편적으로 자연에 적용되고 세계를 개조하는 보편적인 능동적 작용을 가지기 때문만은 아니다. 전체적으로 말해(부분적이거나 일시적인 것이 아니라) 인류의 생산 활동 실천이 객관적 자연에 부합하고, 자연을 장악하여 자연을 개조하는 것을 특징으로 할 뿐 아니라 그 자체가 일종의 이성적 역량이기 때문이기도 하다. 그렇기에 실천은 일정한 범위 안에서 객관적 유효성과 보편적 필연성을 갖는다. 그러므로 총체적 역사에 있어서 실천은 자신을 실현할 수 있는 현실적 성격을 반드시 가질 수 있게 된다. 비이성적 충동과 맹목적 활동 역시 감성적 현실의 역량이다. 하지만 그 본질은 동물적인 혹은 개체적인 것이며, 자신을 실현할 수 있는 역사적 필연성은 가지고 있지 못하다.

레닌은 "실천은 (이론적) 인식보다 우월하다. 왜냐하면 실천은 보편적 품격을 지니고 있을 뿐 아니라 직접적으로 현실적 품격을 지니고 있기 때문이다"[78]라고 말한 바 있다. 여기서 현실성은 단순히 일반적 실천이 가지는 물질적 역량만을 가리키는 것이 아니다. 그것은 다음과 같은 점을 설명하고 있다. 규칙에 부합하는 객관적 실천활동은 자신을 필연적으로 실현시키는 현실성을 가지고 있다. 그것은 주체의 존재로 하여금 현실적 보편성(즉 보편적으로 현실에 작용할 수 있는)을 가지게 할 뿐 아니라 보편적 현실성(즉 규칙에 부합하는 주체의 목적이 실현될 수 있는)을 갖는다. 인간의 주관적 의식과 사유의 보편성은 단지 이러한 물질적 현실에 놓여 있는 주체적 실천의 보편성이 표현된 것일 뿐이다. 지각 표상 사이에, 그리고 의식 사이에 놓여 있는 필연적 상호 연계와 질서는 바로 실천이 객관적 자연의 이러한 연계를 발현시킨 것이며, 그것을 사유와 의식 안으로 추출해놓은 것이다. 그렇기에 칸트가 언급한 '대상의식', 대상 사유 속의 '재건', 다시 말해 사유가 감성적 재료들을 종합하여 대상을 구성하는 능동적 인식은 반드시 앞서 서술한 대로 대상 현실의 실천적 개조를 기초와 전제로 해야 한다. 2장에서 밝혔듯, 이른바 '종합'은 실천활동을 통한 대상의 개조를 현실적 전제로 한다. 칸트가 '초월적 통각'을 논할 때 강조했던 '자아의식'의 종합적 작용과 기능은 여전히 실천적 '자아'인 주체가 감성적이고도 실천적으로 대상을 개조한 것의 반영이다. (칸트가 언급한) 반드시 있어야 하는 초월적이고 '항상 존재'하는 '나는 생각한다'는 통일된 의식 및 인식을 관통하는 불변의 기초와 형식으로서, 현실적으로 '항상 존재하는' 인류의 주체적 실천일 뿐이며 부단히 객관적 자연의 통일성을 발견해내는 표현일 뿐이다. 인식적 능동성은 실천에서 유래하고, 인식의 객관성과 진리표준은 여전히 실천적인 것이다. 칸트가 강조하는 능동성과 객관성의 상호 통일이라는 자아의식의 본질적 특징은 실상 인류 실천의 능동성과 객관성에서 유래하는 것이다.

엥겔스는 칸트의 생각을 짜맞춘 뒤링이 사유가 존재를 통일체로 만들고 모든 사유의 본질은 인식의 요소를 하나의 통일체로 만드는 데 있다고 주장한 것을 비판하면서, 존재의 통일은 결코 사유 속에서가 아니라 그 물질성 안에서 이루어진다고 주장했다. 실상 물질세계의 통일성이 먼저 있고 난 이후에야 비로소 사유 속의 통일성이 있는 것이며, 이러한 물질세계의 통일성은 바로 인류의 실천을 통해서야 비로소 의식과 사유의 능동적 통일성으로 넘어가게 된다는 것이다. 사변과 의식을 포함한 형식의 통일성 역시 마찬가지다. 앞에서 '주관 연역'을 논할 때 이러한 심리적, 의식적 통일성이 어떻게 실천(노동활동)의 통일성에서 유래하는가의 문제 역시 보편성을 띤 고급 논리의 사유형식(변증법의 범주와 형식논리와 같은)과 자유 직관을 가지며, 아울러 보편적 형식의 실천이 행하는 내화內化와 축적 또한 갖는다고 언급한 바 있다. 이 책의 3장과 4장에서는 이미 형식논리, 수학, 시공간의 틀, 그리고 인과 관념 등에 관해 설명한 바 있다. 이렇게 인류가 특별히 소유하고 있는 인식 형식은 인류의 인식적 능동성의 표상이고, 그것은 근본적으로 인류가 실천을 행하는 데에서 유래한다. 구체적인 사유의 내용은, 모두 아는 바와 같이, 일정한 사회의 시대적 실천 내용에 의해 역사적이고도 구체적으로 결정된다. 요컨대 실천을 감지적 경험(논리경험주의) 혹은 언어활동(비트겐슈타인)과 등치시킬 수 없고, 또한 실천을 객관적 물질 규정성이 전혀 없는 주관적 활동, 즉 실천이 모든 것을 포함하는('서구 마르크스주의'와 같은) 것으로 볼 수는 없으며, 반드시 물질적 구조의 규정성, 즉 역사적이고도 구체적인 객관적 현실성으로 환원시켜야 하는 것이다. 이것이야말로 진정한 실천적 관점이며, 이 책에서 거듭 도구의 사용과 제작을 강조한 이유이다. 우리는 지금 마르크스주의의 실천론을 집중적으로 논했지만 이 논점에 대한 강조는 여전히 부족하다.(9장 참조)

포이어바흐와 모든 구식 유물론자들은 감각에서 출발하며,

실제로 이러한 관점은 개별 혹은 개체에서 출발하기에 현실성은 갖지만 보편성은 갖추고 있지 못하다. 칸트, 헤겔은 보편에서 출발했고, 실제로 사유에서 출발하기에 보편성은 갖지만 현실성은 갖고 있지 못했다. 오직 실천에서 출발해야만 비로소 보편성과 현실성을 동시에 갖출 수 있다. 그렇다면 감각 혹은 일반적 감성에 입각해야 하는가? 혹은 이성, 즉 추상적 사변에 입각해야 하는가? 아니면 실천 및 구체적인 역사적 사회활동에 입각해야 하는가? 이것이 바로 마르크스주의의 실천론이 구식 유물론적 인식론 및 관념론적 인식론과 근본적으로 구별되는 부분이다. 구식 유물론(로크, 프랑스 유물론, 그리고 포이어바흐 등)은 감각에서 출발하고(정관靜觀적 존재) 독일 고전 관념론은 의식에서 출발(사변적 활동)하지만, 마르크스주의는 실천(물질적 활동)에서 출발한다. 실천에서 출발한다는 것은 곧 역사적이고 구체적으로 규정된 사회적 생산방식에서 출발한다는 것이고, 수억 인민 대중의 의식주에서 출발한다는 것이며, 가장 근본적인 의미에서는 도구의 사용과 제작이라는 조작활동에서 출발한다는 뜻이다. 그러므로 사적 유물론이야말로 인식론의 철학적 기초인 셈이다. 마르크스와 엥겔스는 직관적 유물론을 비판하고 사적 유물론의 자연과학을 이해하지 못하는 이들을 비판할 때 재차 다음과 같이 말했다. "포이어바흐는 자연과학의 직관을 언급하고 오직 물리학자와 화학자의 눈이 있어야만 간파할 수 있는 비밀을 제기한다. 하지만 공업과 상업이 없다면 자연과학이 어떻게 가능하겠는가? 심지어 이러한 '순수' 자연과학 역시 상업과 공업, 그리고 인간의 감성적 활동에 의해서만 자신의 목적에 다다를 수 있고 [그에 걸맞은] 재료를 획득할 수 있다. 이러한 활동 및 부단한 감성 노동과 창조 그리고 생산이 현존하는 모든 감성세계의 심원한 기초이다."[79] "공업은 자연 및 자연과학이 인간의 현실적 역사와 맺는 관계이다. 만약 공업을 인간이 지닌 본질적 역량의 외적 현현이라 볼 수 있다면 우리는 자연의 인간적 본질 혹은 인간의 자연적 본질을 잘 이해할 수 있을 것이다."[80] "자연과학과 철학은 똑같이 오늘날에 이르기까지 인간의 활동이 각자의 사유에 미치는 영향을 완전히 무시해왔다. 자연과학과 철학은 자연계만 알거나 사상만 알 뿐이다. 하지만 인간 사유의 가장 본질적이고도 근접한 기초는 바로 인간이 일으키는 자연계의 변화이지 자연계 자체만이 아니다. 인간의 지력은 인간이 어떻게 자연계를 변화시킬 수 있는가에 근거해서 발전한다."[81] 마르크스와 엥겔스의 사상은 모두 인간의 능동적인 사회 실천활동 안에서만 비로소 객관 세계와 인간 자체를 이해할 수 있고, 인간의 의식 및 인간의 감성과 이성을 이해할 수 있다고 주장한다. 이러한 능동적 실천은 피히테와 같은 무無객체적 순수 사유의 주체적 활동이 아니라 주로 자연존재를 전제로 한 도구를 사용 및 제작하고 객관적 자연을 이용하는 인류 기계학의 물질적 생산활동을 가리킨다. 원시 시대의 돌도끼에서 현대의 자동화된 설비에 이르는 과정은 인류가 동물과 같은 생존·활동·노동에서 철저하게 해방되어 나오는 길을 열어젖혔다. 인간은 자연적으로 부여된 유한한 체력, 신체기관 및 심리의식, 즉 자연 생물로서의 본능과 능력(동물도 가진 능력)을 가지고 세계에 대응하는 것이 아니며, 인류의 '자아'는 도구를 통해 무장할 수 있는 주체적 의의를 지니고 있다. 인간이 만물의 척도일 수 있는 것은 도구를 가지고 있기 때문이다. 마르크스는 "기계학은 인간이 자연과 맺는 관계를 제시해줄 수 있으며, 인간 생활의 직접적 생산과정과 인간의 사회생활 조건, 그리고 이로부터 생산되는 정신적 관념의 직접적 생산과정을 제시해줄 수 있을 것"[82]이라고 말했다. 마르크스는 특히 기계학을 중시해 이를 "사회적 인간의 생산기관 형성사形成史"로 일컬었으며, 다윈의 연구인 '자연의 기술사技術史', 즉 '동식물의 생활 속에 존재하는 생산 도구로서의 동식물 기관'의 형성사에 견주었다.[83]

마르크스는 "환경 변화와 인간 활동의 일치는 혁명의 실천이라 볼 수밖에 없으며 합리적으로 그렇게 이해될 수밖에 없다"[84]라고 말했다. 혁명의 실천은 살아 있는 위대한 현실의 물질적 역량으로서 자연을 주조하고 만물을 통일시키는 주체 '자아'이다. 그리고 이 '자아' 주체야말로 진정한 객관적 역량을 지니고 있다. 이 역량은 근대의 대규모 공업 기계의 생산 및 현대의 자동화 설비와 계산기 등과 함께 출현했으며 보다 직접적으로는 무한히 발전하는 지력, 인식, 과학을 통해 세계에 대응했다. 과학은 직접 생산력으로 전환된다. 물화된 지력의 생산 형태는 날이 갈수록 인류 '자아'의 독특한 특징이 될 것이다. 이러한 의미에서 '자아'로서의 정신적, 의식적 측면이야말로 비로소 진정으로 거대한 의의를 지니게 된다. 칸트의 '초월적 자아의식'은 진정 위대한 인류의 실천적 자아에 관한 일종의 관념론적 예고에 불과했던 것이다. 칸트가 언급한 '초월적 종합 통각'은 사유 안의 형식으로서 모든 곳에 존재하며, 실천적 '자아'가 현실 안에서 세계를 변혁하는 물질적 역량으로서 모든 곳에 존재하는 굴절된 빛에 불과하다. 실천적 '자아'는 현실 속에서 만물을 통일해야 비로소 의식 속에서 만물을 통일하는 사변적 자아를 생산할 수 있다. 그러므로 사변적 '자아'가 아니라 '실천'적 자아이며, 그 어떤 정신적, 사변적 '자아'가 아닌 인민 대중의 집단적, 사회적 '자아'가 비로소 역사의 창조자이고 객관 세계의 개조자이며 과학적 인식의 기초인 것이다. 이것이 바로 대중의 역사를 창조하는 유물론적 '반영론'이며 마르크스주의의 실천론이다. 중국 현대 민가民歌 중에 이런 내용이 있다. "하늘에는 옥황상제가 없고 지하에는 용왕이 없다. 내가 바로 옥황상제이며 내가 바로 용왕이다. 삼산오령三山五嶺을 호령하여 길을 열기 위해 내가 왔다!" 바로 '세 개의 산과 다섯 개의 산맥을 호령'하는 '나'는 역사의 창조자이자 사회적 실천의 주인공이다. 이러한 인류의 총체적 '자아'야말로 비로소 인식론의 진정한 주체인 자아라고 할 수 있다. 이 객관적 자아의 기초 위에서만 인류의 주관적 자아의 모든 능동적 인식의 형식이 비로소 생산될 수 있다. 칸트가 확립하길 요구하는 지성, 판단력, 이성은 확실히 동물이 갖출 수 없는 것이고 인류만이 가질 수 있는 보편 필연적인 것이다. 이것은 역사적으로 실천 안에서만 비로소 생산될 수 있다. 동물적이고 주관적인 오관五官의 감지에서부터 객관성과 능동성을 갖춘 인식 형식에 이르기까지, 그리고 개인의 이른바 '지각판단'에서부터 공동성을 갖춘 '경험판단'에 이르기까지, 이 모든 것은 인류의 물질적 실천을 그 경험적 기초와 전제로 삼고 있다. 여기서 본체론은 비로소 진정으로 인식론과 통일되고, 인류학은 심리학과 진정으로 통일된다. 자아의 참된 유물론적 의의는 바로 여기에 있다. 현대의 과학, 기술, 공업의 기초 위에서 세계를 개조하는 '자아'인 인류의 주체는 날이 갈수록 그 모습을 선명하게 드러낸다. 이와 동시에 개체로서 '자아'의 작용과 의의, 그리고 독특성, 다양성, 풍부함 등의 문제 역시 갈수록 두드러지고 중요해질 것이다.

8 '코페르니쿠스적 혁명'

앞의 과정을 통해 우리는 사유의 능동성을 이용해 모든 것을 포함시키는 것이 칸트에서 피히테, 헤겔에 이르는 길임을 알 수 있었다. 물질적 생산활동의 사회적 실천을 인간과 자연의 통일의 기초로 삼아 논리와 심리를 구축하는 것은 마르크스에서 칸트에 이르는 길이다.

칸트는 '자아의식'을 인식의 주관적 능동성의 축으로 제시하고 구식 유물론의 정태적 반영론을 부정하면서 스스로 이를 코페르니쿠스적 혁명에 비유했다.[85] 코페르니쿠스는 움직이지 않는 별이 운동하고 있는 것은 관찰자(지구상에 있는)가 운동하고 있기 때문이라고 생각했다. 칸트는 시공간, 인과관계 등을 갖고 있지 않은 '물 자체'가 경험적 대상을 갖는 것으로 보이는 것은 인간의 마음이 움직이기 때문이라고 보았다. 칸트는 인식이 대상(자연)을 둘러싸고 회전한다는 것을 '자아의식'을 중심축으로 회전한다는 것으로 바꾸어놓았다. 인간의 인식이 외부 세계를 따라 회전하는 것이 아니라 외부 세계가 인간의 선험적 의식 형식을 따라 회전하게 된 것이다. 이것은 물질 자연을 본체로 하는 시각에서 인간의 정신 의식을 본체로 하는 시각으로의 전환이며, 자연 중심의 체계에서 인간 중심의 체계로 전환하는, 철학에서의 코페르니쿠스적 혁명이다.[86] 또한 이것은 로크와 프랑스 유물론의 인식론을 독일 고전 철학의 관념론적 인식론으로 변혁하는 것이자 관념론적 초월론으로 구식 유물론의 반영론에 반대하는 것이었다.

하지만 앞서 언급했듯 칸트의 초월적 '자아의식'은 반드시 구체적인 '나는 생각한다' 속의 객관적 경험 내용에 의존해야 하고, 또한 '자아의식'은 반드시 '대상의식'과 서로 의존해야만 비로소 존재할 수 있다. 하지만 이러한 '코페르니쿠스적 혁명'은 철저하게 실현되지 못했다. 오직 헤겔의 '절대이념'만이, 비록 이 역시 일련의 과정을 통해 경험 세계의 삼라만상으로 전개되어야 했지만, 그 이념적 발전의 정신적 역정을 완성시킬 수 있었으며, 비로소 자아의식, 즉 자신에 대한 인식에 도달할 수 있었다. 하지만 헤겔은 명확하게 정신과 의식을 제1의 결정적인 것으로 고양시켰다. 칸트의 '코페르니쿠스적 혁명', 즉 유물론에 대한 관념론의 부정은 헤겔에 이르러서야 비로소 완성되었다고 할 수 있다.

모든 것은 그 극점에 이르면 정반대의 경향이 생겨나게 마련이다. 절대적 관념론이 정점에 이르자 그 전복적 과정이 다시 전복되어 일련의 조건을 마련하게 되었고 한층 더 극단적인 유물론의 전야가 도래하기 시작했다. 청년헤겔학파는 바로 자아의식으로부터 헤겔 비판을 전개했다. 청년 마르크스 역시 자신의 박사학위 논문에서, 자아의식에서 출발하여 에피쿠로스의 원자론에 관한 편향적 관점을 비판적으로 고찰하면서도 그것을 중시하고 있다. 본래 자아의식은 당시 헤겔의 학설이 해체하고 있던 중심 의제였다. 마르크스는 한발 더 나아가 청년헤겔학파의 정신적 자아의식에 대한 비판을 진행하면서 사적 유물론으로 나아갔다. "그들은 철학, 신학, 실체, 그리고 모든 잡스러운 것을 '자아의식' 속에 용해시켜버린다. ……'인간'의 '해방'은 이러한 견해에 근거하여 진일보할 수 없다. 진정한 해방은 별다른 것이 아니라 오직 현실세계 안에서만, 그리고 현실적 수단을 통해서만 실현된다. 증기기관, 제니 방적기가 없었다면 공업 노예제는 없어지지 않았다. 개량 농업이 없었다면 농노제는 없어지지 않았을 것이다. 인간이 스스로 먹고 마시고 살고 입는 데 필요한 것을 질적으로나 양적으로나 충분히 공급하지 못한다면, 근본적으로 인간은 해방을 얻지 못할 것이다. '해방'은 일종의 역사적 활동이지 사상적 활동이 아니다."[87] '자아의식'은 헤겔에서 마르크스로, 관념론에서 유물론으로, 사유하는 주체 자아에서 역사적, 물질적, 현실적 주체 자아로의 이동에 있어 핵심적 결절점이 되었다. 포이어바흐의 매개를 통해 마르크스의 헤겔 비판과 개조는 마침내 완성되었던 것이다. 이 과정은 독일 고전 철학의 발전과 해체라는 실제 역사적 맥락에서 봐도, 철학 인식론의 일반 논리로 봐도 모두 마찬가지다. 로크와 프랑스 유물론에서 칸트와 헤겔로의 이동, 그리고 다시 칸트와 헤겔에서 마르크스로의 이동은 매우 깊은 의의를 지니는 인류 인식론사의 변증법이다. 부정의 부정, 물질에서 정신으로, 다시 정신에서 물질로. 이 과정은 전체 근대 철학사의 종결이자 완성이며 나선형의 고양이다. 레닌은 이렇게 말했다. "철학의 원: ……. 근대: 돌바크-헤겔(버클리, 흄, 칸트를 거쳐). 헤겔-포이어바흐-마르크스."[88] 유물론은 정태적 반영론에서 능동적 실천론으로, 로크와 프랑스 유물론의 정태적 자연 관찰, 자연 중심에서 능동적 세계 개조(실천), 역사적 인간 중심으로 전환되었고, 이는 유물론 역사의 발전에 있어 하나의 커다란 비약이었다. 구식 유물론 안에서 인간은 다만 자연의 일부였고 자연에 종속된 존재였다.[89] 마르크스주의의 실천론은 인간의 능동적 작용을 강조했고, 인간은 자연계를 포함한 전체 세계의 주인이 되었다. 이것이야말로 철학에 있어 진정 위대한 '코페르니쿠스적 혁명'의 실현이라 할 수 있다. 이 혁명은 칸트와 헤겔의 고전적 관념론이라는 '코페르니쿠스적 혁명'을 비판하고 나서야 비로소 얻은 것이다. 프랑스 유물론은 인간을 자연에 종속시켰고, 독일의 고전적 관념론은 자연을 인간의 정신에 종속시켰으며, 마르크스의 유물론은 인간이 세계에 대해 능동적으로 벌이는 물질적 개조에 자연을 종속시켰다. 이는 또한 자연 본체론(프랑스 유물론)에서 의식 본체론(독일 고전 유심론)으로의 전환이며, 다시 인류학 본체론(마르크스주의)으로의 전환이다. 특히 인류의 대아大我와 개체의 소아小我는 이러한 각 유파들 사이의 관계라 할 수 있으며, 이 과정 안에서 부단히 발전·변화할 것이고 개체적 자아의 존재 의의, 성질, 권리, 지위 및 풍부함은 날이 갈수록 분명해질 것이다. 마찬가지로 '자아의식'도 더욱 새로운 각성의 의의를 갖게 될 것이다.

이렇게 능동적으로 자연을 개조하는 기초 위에서만 개체로서의 자아가 비로소 자신의 독특한 존재 가치, 특징, 성격을 획득하고 발전시킬 수 있게 된다. 비록 동물 역시 생리적 특징과 기질 및 재능의 차이까지도 가지고 있다고 할 수 있겠지만 진정한 개성 같은 것을 말할 수는 없다. 개성의 풍부함과 다양성은 인류의 총본체總本體, 즉 사회 존재와 사회의식의 발전을 따라 발전하고 확대된다. 이는 피아제가 논증했던, 아동의 개성이 그 사회성과 더불어 발전하고 그 개성적 주관성은 인식의 객관적 사회성과 함께 발전한다는 주장과 마찬가지다. 개성이 억압과 멸시를 당하고 개체의 소아가 총체적 대아 속에 함몰되는 것은 공산주의 도래 이

전인 인류 역사 전반기에 피해가기 힘든, 심지어 반드시 겪어야만 하는 거대한 현상일 것이다. 개성의 상실이 오직 보편적 형식의 기호 체계와 물화된 지력 안에서 비로소 대아의 증거가 될 수 있듯, 소아의 증거는 최초에 각각의 개성과 독특성, 다양성과 풍부함을 갖춘 심미-예술의 구조 안에서야 비로소 표현될 수 있다. 그것은 사회의 각 영역에서 충분히 전개되면서 인류 역사 전반기의 종결을 기다리고 있다. 이 문제는 뒤의 10장 말미에서 다시 논하고자 한다.

전체적으로 보았을 때 앞의 몇 장章은 순차적으로 시공간의 직관과 지성의 범주를 논했고, 이번 장에서는 칸트가 모든 것을 '자아의식'으로 귀결시키고, 헤겔을 거쳐 마르크스가 '자아의식'에서 사적 유물론으로 나아갔음을 논했다. 여기서 인류 주체성의 문화-심리 구조의 객관적 기초, 즉 역사적 총체로서의 인류의 사회적 실천이 규정된다. 이는 또한 인류 주체성의 객관적 측면, 즉 공예-사회 구조의 측면이기도 하다. 인류 주체성의 '자아'는 이 두 측면(공예-사회 구조와 문화-심리 구조)으로 구성된다. 그리고 공예, 사회 물질의 생산이라는 측면은 기초이자 '가장 중요한' 측면이라 할 수 있다. 이는 이 장에서 칸트를 비판하고 전복한 이후에 설명해야 할 문제다.

6장

인식론: (5) 이율배반

1 '초월적 환상'과 변증법

칸트의 '초월적 변증론'은 『순수이성비판』 중에서 비교적 읽기 편한 부분이다. '분석론'은 지식(진리)이 어떻게 구성되는지를 설명한다면, '변증론'은 오류가 어떻게 생기는지를 설명한다. '변증론'은 '초월적 논리'의 두번째 부분이다. 칸트는 지식론의 근본 임무가 인식으로 하여금 그 자신이 도달할 수 없는 영역으로 침범하는 것을 막는 데 있다고 생각했다. 비판철학이 비판으로 불릴 수 있는 이유도 바로 이런 이유에서다. 칸트는 "모든 순수이성 철학의 가장 큰, 그리고 아마도 유일한 효용은 단지 소극적인 것일 뿐이다. 왜냐하면 그 철학은 순수이성을 확대시키는 도구가 아니라 순수이성을 제한하는 원칙이기 때문이다. 그것은 진리의 발견이 아니라 오로지 오류의 방지에 공헌할 뿐"[1]이라고 언급한 바 있다.(표면적으로는 현대 논리실증주의와 언어분석론의 논점과 매우 비슷하다.) '변증론'에서 칸트는 지성에 한계를 설정함으로써 영혼, 자유의지, 신神 같은 형이상학적 실체들이 감성 직관적 경험의 기초를 가지고 있지 않기 때문에, 즉 감성적 경험이 그러한 실체에 대한 어떤 재료도 제공해주지 않기 때문에 지성이 적용될 수 있는 범위를 넘어서고, 그러므로 인식의 대상이 아니라고 주장했다. 영혼, 자유의지, 신을 증명하는 모든 이론적 학설, 즉 당시 유행하던 이른바 '이성 심리학' '이성 우주론' '이성 신학' 등에 대해 칸트는 조목조목 반박과 비난을 가했고, 그러한 학설들은 성립할 수 없다면서 특히 신의 존재에 대한 신학(안셀무스)-철학(데카르트)의 '본체론 증명'과 '우주론의 증명' '자연신학의 증명'에 대해 자세히 논하고 비판했다. 이러한 비판은 종교가 주류적 위치를 차지하고 있던 당시 상황을 고려하면 매우 독특한 의의를 갖는다고 할 수 있다. 앞서 1장에서 설명했듯, 프랑스에서 정치 혁명이 발생함과 동시에 독일에서는 철학 혁명이 발생했다. 이는 17세기 형이상학에 대한 혁명이었고, 또한 신의 존재를 증명하는 신학에 대한 혁명이었다. 엥겔스는 하이네가 독일의 철학 혁명에 주의를 기울인 것에 주목했다. 하이네는 『독일의 종교와 철학의 역사』에서 칸트의 『순수이성비판』을 프랑스대혁명 시기 공포정치 때의 국민의회에 비유했다. 하이네는 로베스피에르가 루이 16세를 단두대로 보냈다면 칸트는 신을 단두대에 보낸 셈이라고 말하면서, 이후 신의 존재를 증명하려는 어떤 이론도 완전히 끝났다고 말한 바 있다. 칸트는 신의 존재를 근본적으로 증명될 수 없는, 순전히 주관적인 신앙의 문제로 보았다. 하지만 우리는 인간이 이지理智를 지니고 있고 인간의 이지가 신앙을 강화시킬 수도 약화시킬 수도 있음을 알고 있다. 교회와 종교의 옹호자들이 각종 방법을 통해 신의 존재를 '논증'하려는 이유도 바로 여기에 있다. 칸트는 신을 인식의 영역에서 축출해버렸고, 객관적으로 신에 대한 신앙을 약화시킬 수 있었다. 아무리 칸트의 진의가 아니었다 할지라도 객관적으로 그의 이론이 종교에 불리하게 작용했던 것은 분명하다. 혁명 시인 하이네는 칸트의 사상이 혁명적이라는 점에 환호를 보냈고, 이런 사안에 촉각을 곤두세우던 가톨릭은 칸트의 사상을 대역무도한 것으로 보았다. 실상 칸트는 이런 인식 불가능한 대상—영혼불멸, 자유의지, 신의 존재—의 존재를 증명할 수는 없지만 그 부재 역시 증명할 수 없다고 생각했다. 이러한 대상들은 신앙의 차원에서 인간의 실제 생활과 도덕윤리에 도움이 된다는 점을 차치하더라도(9장 참조) 지성의 인식이 추구하는 방향성이자 목표였다. 이것들은 '규제원리'(뒤에서 자세히 설명하겠다)로서 인식에 대해 적극적인 의의를 지니고 있었다. 이를 통해 '변증론'은 '분석론'과 마찬가지로 이 두 가지 경향성이 칸트 철학 안에서 매우 심각한 대치를 이루고 있음을 알게 한다. 다만 '변증론'은 '분석론'과 같이 그렇게 직접적으로 모순을 드러내지 않을 뿐이다. 여기서 표출되는 것은 전형적인 절충의 형태다. 왜냐하면 '변증론'은 한편으로는 칸트 인식론 전체의 완성이고. 다른 한편으로는 점차 도덕윤리의 영역으로 나아가고 있음을 보여주기 때문이다. 실상 '변증론'은 사변이성(이론이성)이 실천이성으로 나아가는 과도적 단계인 셈이다.

'초월적 감성론'은 주로 감성을 논하고 '초월적 분석론'은 주로 지성을, '초월적 변증론'은 주로 이성을 논한다. 감성, 지성, 이성은 칸트에서 헤겔에 이르는 인간의 인식 기능에 대한 구분이다. 감성은 감각, 지각 등이 받아들이는 기능이며 시공간의 직접적 형식이다. 이성은 곧 이지, 이해 등의 기능이다. 이성은 독일의 고전 관념론 철학에서 독특한 위치를 차지한다. 이성은 감성과 다르며, 지성과도 구별된다. 이성은 더 근본적이고 한 차원 높은 것을 가리킨다. 때로는 매우 신비한 의미를 지니며, 때로는 지성과 완전히 동일한 의미를 지니기도 한다. 켐프 스미스는 칸트가 사용하는 '이성'에 대해 다음과 같이 설명했다. "이성이라는 단어는 『순수이성비판』에서 세 가지 서로 다른 의미를 갖는다. 책 제목에서는(즉 '순수이성비판'의 '이성') 가장 광범위한 의미로 쓰이며 모든 초월적 요소의 원천으로 존재한다. 이때는 감성적 초월과 지성적 초월을 포함한다. 가장 좁은 의미에서 이성은 심지어 지성과도 구분되고, 영혼으로 하여금 일상적이고도 과학적인 지식에 만족하지 못하도록 함을 가리킨다. 또한 경험 범위 안에서는 영원히 발견할 수 없는 완전성과 무조건적 기능의 요구를 가리킨다. 지성은 과학을 결정하고, 이성은 형이상학을 만들어낸다. 지성은 일련의 범주를 가지며, 이성은 그 이념을 갖는다. 세번째로 칸트는 종종 지성과 이성을 동의어로 사용하는데, 영혼을 두 가지 기능으로 나눈다. 바로 감성과 능동성이다."[2] 칸트의 세 가지 용법 중 세번째, 이성을 지성과 동의어로 보는 것은 우리가 오늘날 사용하는 습관적 용법, 즉 인식을 감성적 인식과 이성적 인식으로 구분하는 것과 상당히 비슷하다. 하지만 칸트에게 중요한 것은 이 세번째가 아니라, 이성이 지성과 다르며 지성과 구분된다는 용법이다. 이 용법은 매우 복잡하고 다양하며 혼잡한 내용을 담고 있는바, 뒤의 9장에서 상세하게 다룰 예정이다. 여기서는 다만 칸트가 인식론 안에서 다루는 '이성'에 대해서만 언급하도록 하겠다. 칸트 인식론의 '이성'이 가리키는 것은 '순수사변이성'이며, 이는 '순수이론이성'으로도 불리고, 윤리학 영역의 '순수실천이성'과 구분된다. '변증론' 안에서 '이성'은 지성과는 다른 종류의 사유 기능 혹은 능력을 가리키는 것이 아니라, 지성과 다른 종류의 사유 대상과 내용을 갖는다는 것을 말한다. 이는 곧 지성의 대상과 내용이 감성적 경험인 데 반해, 이성의 대상과 내용은 감성적 경험이 아닌 지성 자체임을 말하는 것이다. 이성은 감성과 무관하며 단지 지성의 활동 및 사용과 연관된다. 그렇기에 이성 또한 사유에 관한 사유라고 말할 수 있다. "순수이성은 절대로 대상과 직접적으로 연계되어 있지 않다. 다만 지성이 대상에 대해 구성하는 개념과 상관있을 뿐이다."[3] "……이성은 절대로 자신을 경험이나 다른 어떤 대상에 직접적으로 응용하지 않으며 다만 지성에만 적용할 뿐이다. 이성은 개념을 사용하여 지성의 잡다한 지식에 선험적 통일을 부여한다."[4] 순수지성의 개념은 범주이며, 순수이성의 개념은 곧 이념이다. 순수지성의 범주는 감성을 종합·통일하는 기능이 있고, 상상이 감상적 잡다함을 지성에 귀납시키는 궤도를 통과한다. 순수이성의 이념은 그 '규제원리'를 통해 지성에 대한 통일의 기능을 갖는다. 지성은 감성을 통일시키고 이성은 지성을 통일시키는 것이다. 이성은 지성을 통일시키는 기능만을 갖기에 감성과는 무관하며, 따라서 그것은 경험적 통일이 아니라 개념적 통일일 뿐이다. 또한 개념을 응용하여 체계를 구축하는 통일이다. 범주는 감성을 규제하여 경험에 이용하고, 이념은 곧 비경험적인 것을 겨냥한다. 이는 곧 지성을 통일시키는 이성의 이념을 객관적 존재의 대상 혹은 객관적 규정성과 실재성을 갖는 것으로 볼 수 없음을 말한다. 이를 통해 그것이 지성의 범주 및 개념과 매우 다름을 알 수 있다.

이성 개념은 지성 개념과 표면적으로는 구별되지 않는다. 둘은 모두 추상적 개념으로, 앞서 언급한 본질적 층위에서 구별된다. 지성의 대상은 감성적 경험이고, 어떤 감성적 경험도 모두 조건과 한계를 갖는 구체적인 존재이다. 하지만 인간은 모름지기 이렇게 유한하고 조건을 갖는 감성적 경험 대상에 대한 인식에 만족할 수 없으며, 무조건적이고 무제한적인 통일적 총체, 다시 말해 이른바 절대적 총체를 부단히 추구하고 인식하고자 한다. "모든 경험의 절대적 총체 자체는 경험할 수 없는 것이다."[5] 예컨대 세계에 대한 인식은 하나의 총체와 같이 감성적 경험이 부여하거나 제공해줄 수 있는 것이 아니다. 어떤 감성적 경험도 항상 조건과 한계를 갖는다. 지성은 이렇게 조건과 한계를 갖는 감성적 경험에서 출발하여 무조건적이고 제약받지 않는 절대적 총체의 존재 대상을 추론하고 긍정한다. 이것은 곧 지성이 감성적 대상을 초월하는 일종의 확충이라 할 수 있다. 곧 조건적 통일이 무조건적 통일로 확충되고, 제한을 받는 부분이 무제한적 총체로 확대되는 것이다. ……이러한 과정을 거쳐 인간이 경험할 수 있는 범위를 넘어서고 이성의 이념이 생겨난다. 영혼, 자유, 신神 같은 객관적 존재는 존재하지 않지만, 지성이 초경험적으로 무조건적이고 무제한적인 통일을 추구하면서 생겨난 초월적 이념이다. "이성의 개념은 완전성에 관한 것이다. 즉 전부 경험 가능한 집합적 통일성이다."[6] 지성은 경험에 관여하며, 이성은 곧 지성을 통해 일종의 전체적 경험의 완전한 통일체를 추구한다.

칸트는 형식논리를 이용해 비유를 드는데, 판단과 추리를 지성과 이성에 버금가는 것으로 여긴다. 칸트는 각각의 형식논리적 판단이 순수지성의 개념-범주를 포함하는 것과 마찬가지로(4장 참조), 형식논리의 각 3단계(추리)는 곧 순수이성의 개념, 즉 이념을 포함한다고 생각했다.[7] 열두 가지 판단은 열두 개의 범주를 포함하며, 세 종류의 삼단논법식 추리(정언定言추리, 가언假言추리, 선언選言추리) 역시 세 가지의 이성 이념을 포함한다. 정언추리가 최후에 가닿는 것은 그 자신이 술어가 되지 않는 주어, 즉 영혼이다. 그리고 가언추리가 최후에 가닿는 것은 어떠한 것도 조건으로 삼지 않는 전제, 즉 자유이다. 마지막으로 선언추리가 최후에 가닿는 것은 그 자신이 더이상 부분의 종합이 아닌 것, 즉 신이다. 지성 범주는 감성으로부터 획득되는 것이 아니라 오직 판단으로부터만 획득된다. 이성의 이념은 판단으로부터 획득될 수 없고 오직 추리를 통해 획득된다. 판단은 직접적 논단論斷이기 때문에 추리는 크고 작은 전제, 즉 조건을 갖는다. 그러므로 조건을 갖는 것으로부터 부단히 무조건적인 것으로 추적해 들어가는 것은 곧 앞서 서술한 세 가지 이념인 것이다.[8]

칸트는 "모든 초월적 이념은 세 종류를 들 수 있다. 첫번째 종류는 사유 주체의 절대적(무조건적) 통일을 포함하고, 두번째 종류는 현상적 조건 서열의 절대적 통일을 포함하며, 세번째 종류는 일반 사유의 모든 대상 조건의 절대적 통일을 포함한다"[9]라고 말한 바 있다. 여기서 첫번째 종류는 하나의 주관 사유의 절대적 통일(불멸의 영혼)을 추론하고, 두번째 종류는 객관 대상의 절대적 통일(이른바 우주론의 이율배반을 형성)을 추론하며, 세번째 종류는 주관·객관의 모든 조건의 절대적 통일을 추론하는바, 이는 곧 신이다. 이는 실상 "우리가 지성에 대해 유익한 개념적 연계의 주관적 필연성을 물 자체의 규정 속에 들어 있는 객관적 필연성으로 삼는 것"[10]이라고 칸트는 주장했다. 다시 말해 주관적 사유 속에서 (개념의 무한한 이동과 연계를 통해) 추구하는 것을 객관 존재의 사물로 보아 가상적 대상, 즉 이른바 '초월적 환상'을 구성해낸다는 것이다. 이 '초월적 환상'은 논리적 착오가 아니며 논리적 착오는 발견되자마자 곧바로 회피하거나 수정할 수 있다. 또한 '초월적 환상'은 경험적 환상도 아니다. 이 환상은 이성적인 것이기 때문이다. 하지만 달이 차고 해가 기우는 것, 그리고 하늘과 바다가 연결된 것처럼 보이는 경험적 환상은 피할 수 없으며, 감각기관 자체가 필연적으로 만들어내는 것과 마찬가지로 '초월적 환상' 또한 이성이 인식을 진행하면서 필연적으로 생산해내는 것이기도 하다. 그것들은 환상이지만 반드시 생겨난다. 초월적 환상은 우리의 지성에 영향을 미치며 판단 착오를 일으킨다. '초월적 환상'은 곧 지성 자체가 경험적 사용을 초월한 결과이다. 이는 곧 형이상학의 추구가 인간의 심리적 요구이기 때문이고 사유 진행의 불가피한 추세이기 때문이다. 모든 사람의 마음속에는 일종의 형이상학적 경향성이 있으며, 인간은 모두 이러한 경험적 총체에 대한 인식과 파악을 지향한다.

칸트는 가짜를 진짜로 여기고 개념을 사실로 여기며, 주관적 이념을 객관적 대상으로 여기는 이러한 '초월적 환상'이 인식의 진행에 있어 필연적으로 생산된다고 생각했다. 그렇기에 우리의 임무는 이러한 환상을 연구하는 것이고 그 오류와 모순을 폭로하는 것이다. 이렇게 인식과정에서 발생하는 '초월적 환상'의 모순과 오류를 폭로하는 것이 바로 변증법이다. 변증법은 곧 '초월적 환상'의 논리다. 환상이 환상인 이유는 주관(인식)적 필연성을 객관(존재)적 필연성으로 보기 때문이다. 변증법은 이러한 모순을 드러낸다. 칸트는 이에 대해 다음과 같이 말했다. "우리가 관계해야 하는 것은 일종의 자연적이고 불가피한 환상이다. 이 환상은 주관적 원리 위에 자신을 놓고 우리가 마치 객관적인 것처럼 우리를 속인다. ……그러므로 일종의 순수이성적 자연과 불가피한 변증법이 존재한다는 것…… 이것은 인류 이성과 분리할 수 없는 변증법이다."[11]

2 네 가지 '이율배반'

이러한 인식과정 속의 변증법은 두번째 종류의 초월적 이념, 즉 우주론의 네 가지 '이율배반'('이율배반'은 모순대립이라는 의미다. 혹은 '초월적 모순'이라 해도 무방하다) 속에서 충분히 체현된다. 이것은 세 가지 이념 중에서 가장 중요하다. 첫번째 초월적 이념으로서의 영혼의 실체는 앞 장에서 이미 논했고, 세번째 초월적 이념인 신은 9장에서 다시 논할 것이다.[12]

칸트는 말했다. "나는 모든 초월적 이념이 그 이념들과 관련 있는 현상적 종합 속의 절대적 총체 안에 놓여 있는 것을 우주 개념이라 부른다. 이것은 부분적으로는 세계 전체라는 개념이 무조건적 총체성이라는 기초 위에 구축되어 있기 때문이고, 또 부분적으로는 세계 전체라는 개념이 단지 현상의 종합, 즉 경험적 종합과만 연계되어 있기 때문이다."[13] 인간의 인식 가운데 이율배반은 우주의 절대적 총체를 추구하고 추론하기 때문에 생겨난다. 즉 부분적이고 조건적이며 유한한 경험 대상에서 출발해 완전하고 무조건적이며 아무런 제한을 받지 않는 절대적 총체인 우주를 추구하기에, 다시 말해 우주를 하나의 총체(완전하고 무한하며 절대적으로 통일된……)로서 추구하기에 해결할 수 없는 모순이 생겨나고 '초월적 환상'이 생겨나기 때문이다. 이 환상은 감성 경험의 현상 종합에 관계되기 때문에, 칸트는 범주의 네 가지 항목, 즉 양, 질, 관계, 양태를 통해 환상을 표시할 수 있다고 말한 것이다. '양'에 해당하는 것은 시간과 공간이 유한한가, 무한한가에 관한 모순이고, '질'에 해당하는 것은 물질이 무한히 분할될 수 있는가에 관한 모순이다. '관계'에 해당하는 것은 자연의 인과관계와 다른 자유가 있는가이다. 양식에 해당하는 것은 우주 만물의 최후 원인 혹은 근원이 존재하는가이다. 이 네 가지 '이율배반'의 정正명제, 반反명제는 아래와 같다.

첫번째 '이율배반'

정명제	반명제
세계는 시간상의 시초를 가지며 공간적으로 한계를 갖는다.[14]	세계는 시초를 갖지 않으며 공간적 한계도 없다. 시공간에 있어 세계는 무한하다.[15]

두번째 '이율배반'

정명제	반명제
세계 속의 어떤 조합된 실체도 모두 단순한 부분으로부터 구성된 것이며, 단순한 사물 혹은 단순한 부분들로 구성된 사물 이외에 다른 것은 세계에 존재하지 않는다.[16]	세계 속의 조합된 사물은 단순한 부분으로 구성된 것이 아니며, 세계 속에는 어떤 단순한 사물도 존재하지 않는다.[17]

세번째 '이율배반'

정명제	반명제
자연규칙에 근거한 인과관계는 세계의 모든 현상이 그것을 통해 획득할 수 있는 유일한 인과성이 아니다. 이 현상을 해석하기 위해서는 반드시 또다른 인과관계, 즉 자유의 인과관계를 가정해야 한다.[18]	자유는 없으며, 세계 속의 사물은 모두 자연규칙에 근거하여 발생하는 것이다.[19]

네번째 '이율배반'

정명제	반명제
세계의 부분으로서든 세계의 원인으로서든, 이 세계에 속하는 절대적으로 필연적인 존재가 있다.[20]	세계 속이든 세계 밖이든, 세계의 원인인 절대적이고 필연적인 존재는 없다.[21]

칸트는 반증법反證法(상대방의 근거 없음을 증명하는)을 사용하여 이 네 가지 정명제와 반명제가 모두 성립할 수 있으므로 인식이 심각한 모순에 빠지게 됨을 증명했다. 이것은 칸트가 우주 세계를 하나의 통일된 총체로 보고 그에 대한 인식을 추구해 감성적 경험의 범위를 넘어섰기 때문이다. 감성적 직관은 우주 세계를 총체로서 지성에게 현현시킬 수 없다. 이는 곧 감각기관이 전체(혹은 절대적 총체)로서의 우주 세계를 감지할 수 없다는 것과 같다. 감성적 직관이 제공하는 경험 세계는 항상 유한하고 불완전하며 부분적이고 여타 사물의 존재에 연계되어 있기 때문에, 즉 조건을 갖고 있기 때문에, 자연적 인과관계의 지배를 받는다. 이러한 것들을 뛰어넘는 '현상적 종합의 절대적이고도 제약받지 않는 총체'는 경험이 제공해줄 수 없다. 그러므로 앞서 서술한 정명제와 반명제 쌍방은 모두 경험이 증명할 수 없는 것이고, 경험이 제공하는 대상은 두 명제 모두와 서로 상응하지 않고 부합할 수도 없다.(그렇기에 반증법을 통해서만 증명할 수 있다.) 칸트는 경험 범위에 운용되고 우리로 하여금 세계를 인식하게 하는 지성 개념에 대해 말하면서, 우주론의 이념은 지나치게 크거나 지나치게 작다고 말했다. 만약 세계에 시초가 없고 세계를 무한히 나눌 수 있으며 최초의 원인 같은 것도 없다면, 세계는 모든 경험과 지성 개념이 제공할 수 있는 것을 넘어서는 것이므로 지나치게 크다. 만약 세계에 시초가 있고 더이상 나눌 수 없는 단순한 부분으로 구성된 것이며 최초의 원인도 존재한다면, 세계는 지나치게 작은 것

이다. 왜냐하면 지성과 경험은 지속적으로 전진할 수 있고 과학 역시 계속 발견과 발명을 지속할 것이며, 그 어떤 구체적 한계 안에 머무르지 않을 것이기 때문이다. 이는 곧 전자의 세계(시초가 없고 무한히 분할할 수 있는……)는 경험이 영원히 그 증명을 제공해줄 수 없다는 뜻이며, 후자의 세계(시초가 있고 분할할 수 없는……)는 곧 경험에 의해 이미 부정된 것이다.

그렇다면 어떻게 이 모순을 해결할 것인가? 칸트는 이에 대해 "초월적 관념론은 우주론의 변증학을 해결하기 위한 열쇠이다"[22]라고 말한 바 있다. 칸트는 '이율배반'이 초월적 관념론, 즉 불가지한 물 자체와 경험적 인식에 관한 현상계의 구분이 '정확함'을 증명했다고 생각했다. 왜냐하면 물 자체와 현상계의 구분을 통해 보았을 때, 세번째와 네번째 '이율배반'의 정명제와 반명제는 모두 타당하기 때문이다. 물 자체로서 정명제는 신과 자유의지의 존재를 긍정하고 그것들이 인식의 대상도 감성적 직관의 대상도 아닌 도덕 윤리 영역에 속하는 실체임을 긍정한다. 이것은 옳다. 하지만 경험 세계의 현상계로서 반명제 또한 옳다. 왜냐하면 신과 자유의지의 존재를 부정하는 것(즉 자연적 인과관계와는 다른 종류의 인과관계는 없다는 것)은 우리의 감성적 직관 및 경험과 일치하기 때문이다. 감성적인 시공간적 직관과 경험 세계 속에 이러한 초자연적이고 초인과적인 자유, 그리고 만물의 원인으로서의 신이 존재할 여지는 없는 것이다.

칸트는 물 자체 혹은 현상계를 막론하고 첫번째와 두번째 '이율배반'이 모두 틀린 것이라 생각했다. 물 자체의 경우 근본적으로 인식 대상이 아니며, 시공간은 근본적으로 물 자체에 적용되지 않는다. 그러므로 근본적으로 유한과 무한의 문제는 존재하지 않고, 또한 단일 혹은 비非단일(즉 무한히 분할할 수 있는가 없는가)의 문제 역시 존재하지 않는다. 그렇기에 물 자체가 무한히 분할 가능한가 아닌가를 말하는 것은 모두 틀린 것이다. 현상계의 경우 첫번째와 두번째 '이율배반'의 정명제와 반명제 모두 여전히 틀린 것이다. 왜냐하면 현상계에 대한 인식은 우리의 주관적 직관형식을 떠날 수 없고, 앞에서 제기한 바와 같이 현상의 서열로서 경험의 부단한 탐구 안에 존재할 수밖에 없으며, 인간의 경험 인식에 의존할 수밖에 없기 때문이다. 그러므로 경험 인식에 대해 지나치게 크거나(무한한) 지나치게 작은(유한한) 긍정적 결론을 도출할 수 없다. 시공간이 유한하고 물질이 무한히 분할될 수 없으며 경험적 인식에 부합하지 않는다고 말하는 것은, 경험적 인식이 지속적으로 확장되고 연장될 수 있기 때문이다. 시공간이 무한하고 물질이 무한히 분할될 수 있으면서도 경험적 인식에 부합하지 않는 것은 경험이 우리에게 이와 같은 것을 영원히 말해줄 수 없기 때문이다. 그러므로 정명제와 반명제는 모두 경험에 대해 아무런 의의도 갖지 못한다. "세계는 우리의 표상에 대한 탐구의 서열에서 독립해 그 자체로 존재하는 것이 아니기 때문에, 세계 자체의 존재는 무한한 정체도 유한한 정체도 아니다. 세계는 오직 현상 계열의 경험적 탐구 안에만 존재하며 어떤 물체 그 자체로서 마주칠 수는 없다. 그러므로 이러한 계열이 항상 조건을 갖는 것이라면 절대 완성된 계열로서 주어질 수 없다. 세계는 무조건적 정체가 아니고, 또한 무한한 양 혹은 유한한 양으로서의 정체적 존재도 아니다."[23] "……주어진 현상 속의 부분적 수량 그 자체는 유한하지도 무한하지도 않다. 왜냐하면 현상은 그 자체로서의 어떤 것이 아니며 그 현상의 일부분은 우선 분해된 종합의 탐구 안에서 그 탐구를 통해 우리에게 주어지기 때문이고, 그 탐구는 결코 유한하거나 무한한 절대적 완성으로서 우리에게 주어질 수 없기 때문이다."[24] 또한 이 시공간적 수량의 경험적 탐구 자체는 유한히 혹은 무한히 진행된다고 할 수 없고, 다만 끊임없이 진행해나간다고 말할 수 있다. 다시 말해 우리 인식의 부단한 종합 자체는 유한하게 혹은 무한하게 규정할 수 없다. 종합은 이렇게 유한하거나 무한한 절대적 완성체를 갖지 않기 때문이다. 만약 탐구가 무한히 진행될 수 있음을 긍정한다면 이는 곧 시공간이 무한함을 사전에 가정하는 것과 같고 '세계가 무한한 양을 갖는다는 것을 전제로 한다.' 만약 탐구가 유한히 진행될 수밖에 없음을 긍정한다면, '이러한 절대적 한계는 마찬가지로 경험상 있을 수 없고', 경험에 대해서도 지나치게 미미할 뿐이다. 왜냐하면 경험은 여전히 부단하게 지속될 수 있기 때문이다. 그러므로 유한과 무한의 이러한 모순을 해결한다는 것은 곧 경험이 지속적으로 진행될 수 있음을 가리킨다. 이 두 가지 이율배반은 형식논리의 반대 판단이지 모순 판단이 아니다. 즉 둘 다 거짓일 수 있는 것이다. 그러므로 (끝없이 진행되는) 제3의 출로가 있을 수 있다. 이른바 끝없는 진행이란 계속 진행된다는 것이고 그것은 유한하지도 무한하지도 않다.

칸트가 제시한 네 가지 '이율배반'의 정명제와 반명제 쌍방은 칸트 철학의 두 가지 연원과 경향성을 보여준다. 정명제는 전통적 합리론을 나타내며, 신학과 종교에 부합하는 관념론적 노선이라 할 수 있다. 반명제는 경험론적이며, 신학적 교의와 당시 통치계급의 이른바 도덕적 풍모에는 부합하지 않는다. 반명제는 시간과 공간의 무한을 긍정하고 신과 비인과적 자유를 부정한다. 그렇기에 이것은 유물론에 근접한다. 칸트 스스로도 이 두 가지 측면이 고대 그리스의 플라톤 노선과 에피쿠로스 노선 사이의 대립이라고 명확하게 언급하고 있다. "상술한 이율배반은 에피쿠로스주의와 플라톤주의 사이의 대립을 구성한다. 이 두 철학 유형이 논하는 바는 모두 그들이 알고 있던 것을 초월한다. 에피쿠로스주의는 지식을 독려하고 촉진한다. 하지만 실천에 대해서는 편견을 가지고 있다. 플라톤주의는 우수한 실천원리를 제공하지만, 이성의 자연현상에 대한 이상적 해석에는 방임하는 입장을 취해…… 물리物理에 대한 탐구를 소홀히 한다."[25] 칸트 자신은 이 양자 사이의 절충을 추구했으며, 정명제와 반명제 두 측면에 있어서는 때로 반명제에 기울기도 했다. 그리하여 반명제가 경험적 사실에 부합한다는 것을 인정하고, 당시 합리론이 지배하던 철학계에서 반명제를 제대로 평가하지 않는 데 대해 유감을 표하면서 “경험론이 보편적으로 사람들의 환영을 받지 못한다는 것은 실로 놀라운 일”[26]이라고 말하기도 했다. 하지만 칸트는 또한 당시의 종교 교의와 통치 사상을 존중한 나머지 “경험론이…… 직관적 인식 범위 너머에 있는 것까지 결연히 부정한다면 자신 역시 중용의 도가 부족하다는 것을 드러내고 말 터이다. 이러한 착오는 이성적 실천의 이익으로는 메울 수 없는 손실을 입히기에 책망을 받아 마땅하다”[27]라고 말했다. 인식론적 측면에서 말했을 때, 칸트는 에피쿠로스를 숭상했고 에피쿠로스가 결코 추론을 통해 경험의 한계를 넘어서지 않았으며 “고대의 어떤 철학자보다도 더욱 순정한 철학 정신을 가지고 있었다”[28]라고 평가했다. 윤리학적 측면에서 칸트는 플라톤을 더욱 숭상했다. 하지만 전체적으로 본체는 현상보다 우월하고 윤리는 인식보다 우월하다. 그렇기에 체계적으로 볼 때 칸트의 관념론적 정명제가 여전히 우위를 점함을 알 수 있다.

반명제는 사실에 부합하기 때문에 이에 대한 칸트의 논증은 비교적 명확하다. 하지만 정명제에 대한 논증은 그에 비해 졸렬하다. 여기서는 첫번째 ‘이율배반’의 정명제와 반명제, 즉 시공간의 유한성에 관한 논증을 예로 들어보고자 한다.

정명제	반명제
세계는 시간적으로 시초를 갖고 공간적으로는 한계를 갖는다.	세계에 시초는 없으며 공간적 한계도 없다. 시공간에 대해 말하자면 그것은 무한하다.
증명: 만약 우리가 세계에 시간적으로 시초가 없다고 가정한다면, 어떤 주어진 순간에 있어서도	증명: 시초가 있다고 가정해보자. 이른바 시초는 하나의 존재이기

영원은 이미 지나간 것이다. 그렇기에 서로 연속된 사물 상태의 무한한 순서는 세계에 있어 이미 흘러간 것이 된다. 하지만 서열의 무한성은 바로 그것이 연속적 종합에 의해 완성되지 못한다는 데 있다. 따라서 무한한 세계의 서열이 이미 지나갔다는 것은 불가능하다. 그러므로 세계의 시초는 세계 존재의 필요 조건이다. 이것이 증명될 필요가 있는 첫번째 논점이다.

두번째 논점에 관해서는 이와 상반되는 상황을 가정해보자. 세계는 하나의 동시적 사물로 구성된, 무한하게 주어진 정체이다. 그 어떤 직관의 모종의 한계 내에서가 아닌 곳에서 제공되는 양의 크고 작음에 대해 우리는 각 부분의 종합을 통해서만 비로소 그 양의 크고 작음을 상정할 수 있고, 또한 그 양의 총체에 대해 오직 완성된 종합, 즉 단위 자체의 부단한 상호 결합을 통해서만 양의 크고 작음을 상정할 수 있다. 모든 공간을 충만하게 채운 세계를 하나의 정체로 상정하기 위해서는 무한한 세계를 이루는 각 부분의 연속적 종합을 이미 완성된 것으로 보아야 한다. 이는 곧 동시적으로 존재하는 모든 사물을 계산할 때, 무한한 시간이 반드시 경과한 것으로 여겨져야 한다는 것이다. 하지만 이것은 불가능하다. 그렇기에 현실 사물의 무한한 집합은 주어진 정체로 보여질 수 없으며, 또한 때문에, 그 이전에 시간이 있었고 그 시간 속에서 시초는 아직 존재하지 않았다. 그렇다면 반드시 과거의 시간이 있어야 하고, 그 시간 속에서 세계는 아직 존재하지 않는다. 그것은 곧 텅 빈 시간이다. 하지만 어떤 것이 텅 빈 시간 속에서 발생할 수는 없다. 왜냐하면 이 시간의 어떤 부분을 다른 부분과 비교할 때 존재하면서도 존재하지 않는 특수한 조건을 가지고 있지 않기 때문이다. 우리가 이것을 스스로 발생했다고 생각하든, 아니면 다른 어떤 원인에 의해 발생되었다고 생각하든 다 마찬가지다. 세계 속에서 수많은 사물의 계열은 시작을 가질 수 있다. 하지만 세계 그 자체는 시작을 가질 수 없다. 그러므로 과거의 시간적 측면은 무한한 것이다.

두번째 논점에 관해서는 이와 반대되는 가정, 즉 세계가 공간 속에서 유한하며 한계를 갖기 때문에, 세계는 일종의 한계가 없고 텅 빈 공간 속에 존재한다고 가정해보자. 이로 인해 각각의 사물은 비단 공간 속에서 연계되어 있을 뿐 아니라 공간과도 관련되어 있다. 하지만 세계가 절대적 전체이기에 그외에는 직관적 대상이 없다. 따라서 세계와 직관적 대상이 서로 관계된 것은 없으며, 세계와 텅 빈 공간 사이의 관계는 세계가 그 어떤 대상과 맺는 관계도 아닐 것이다. 하지만 동시적으로 주어진 것으로 보여질 수도 없다. 그러므로 세계는 그 공간의 확장과 연속이라는 측면에서 볼 때 무한하지 않고 유한하다. 이것이 두번째 논점이다.[29]

이러한 관련성은 세계를 텅 빈 공간으로 한정하는 것이기에 모두 텅 빈 무無이다. 그러므로 세계는 공간 속에서 한계를 가질 수 없다. 다시 말해 세계는 그 확장과 연속이라는 측면에서 무한하다.[30]

반명제에 관한 증명은 비록 난삽하긴 하지만 경험과 상식에 부합하기에 역시 이해하기 쉽다. 이러한 논증은 간단히 풀어 말한다면 다음과 같다. 세계에 시초가 있다면 시초 이전에 텅 빈 시간이 있어야 하고, 아무런 일도 일어나지 않은 텅 빈 공간은 그 어떤 시각時刻에도 서로 비슷할 것이다. 그렇기에 어떤 시점이 세계의 시작인가를 구분할 수 없다. 따라서 세계에 시초는 없으며 시간은 무한하다. 정명제의 증명은 그렇지 않다. 정명제에서 공간의 유한함은 시간의 유한한 추리에서 나온다. 또한 시간의 유한함은 시간을 서열의 기점으로 하기에 반드시 그 한계를 가질 수밖에 없고(즉 반드시 어떤 기점을 시작으로 삼아야 한다), 그렇기에 시간을 무한에서 추론할 수 있다고 말할 수 없다. 이러한 추론의 의미는 매우 혼란스럽고 모호하다. 왜냐하면 이러한 언급은 뒤로 흘러가는 '흐름'을 현재(시간 계산의 시작점)까지의 완성과 종결로 보기 때문이다. 하지만 이 추론은 분명 성립할 수 없다. 이것은 시간과 벡터의 근본 성질을 완전히 바꿔놓고 미래를 향한 '시작'과 과거를 향한 계열인 '완성'을 완전히 혼동하여 증명의 '시작'을 증명의 전제로 뒤바꾸어놓는 것이다. 실상 현실상의 무한을 수학에서 숫자를 기점으로 하는 무한한 서열과 혼동하는 것이나 마찬가지다.

3 '모순을 피할 수는 없다'

엥겔스는 뒤링이 칸트의 이러한 논증을 '한 자도 빼지 않고' 베꼈다고 비판하면서, 시공간의 "이러한 무한성과 무한 서열의 무한성은 완전히 다른 것이다. 무한 서열의 무한성은 항상 1을 시작으로 하기 때문에 서열의 첫번째 항에서 시작한다. 이 서열의 관념은 우리의 대상에 응용될 수 없다"[31]라고 말했다. 또한 "수학에서 운용되는 무한 서열의 습관이 없다면 모든 착오는 있을 수 없는 것이다. 왜냐하면 수학에 있어 부정확하고 무한한 것에 가닿기 위해서는 반드시 정확하고 유한한 것에서 출발해야 하기 때문이다. 그러므로 모든 수학의 서열은, 정수이든 음수이든 모두 반드시 1에서 시작해야 한다. 그렇지 않다면 계산할 수 없다. 하지만 수학자의 관념상의 필요가 절대 현실에 대한 강제가 되어서는 안 된다"[32]라고도 했다. 현실의 시공간은 본래 어떤 시점과 종점을 갖지 않는다. 칸트는 바로 여기서 분명하게 1에서 시작하는(즉 유한에서 시작하는) 수학 서열의 무한성으로 현실적 시공간의 무한을 대체한다. 그러므로 칸트의 시공간이 유한하다는 논증은 성립할 수 없다.

하지만 중요한 것은 칸트가 무한과 유한 사이의 변증 관계를 제기했고, 또한 이 변증 관계는 이성-사유가 필연적으로 부딪힐 수밖에 없는 모순임을 제기했다는 것이다. 칸트는 이 모순을 주관 인식의 환상으로 보았고, 경험적 허구에 적용될 수 없는 이 환상이 오히려 적극적 의의를 갖는 이성적 이념이라고 보았다. 이것은 철학사에 중요한 영향을 끼쳤다. 헤겔 역시 수차례에 걸쳐 칸트의 '이율배반'을 언급했다. "칸트는 이율배반에 이러한 개념을 부여했다. 즉 그것은 궤변의 유희가 아니라 이성이 반드시 부딪히게 되는 모순이다. 이것은 매우 중요한 관점이다."[33] 이것은 "근대 철학의 발전을 이루어낸 가장 중요한 한 걸음이다. ……하지만 마치 모순이라는 오점이 세계의 본질을 오염시켜서는 안 된다고 주장하는 시각은 이율배반을 모든 사상의 이성, 즉 정신적 본질로 환원시켜버리고 말았다."[34] 헤겔은 칸트가 모순을 이성이 필연적으로 '마주치게 될' 문제로 본 점은 긍정했지만, 모순을 주관적 환상으로 여긴 점에는 반박하면서 다음과 같이 말했다. "이율배반의 진정한, 그리고 적극적 의의는 모든 실재하는 사물에는 상반되는 성분들이 공존해 있다는 데 있다. 그렇기에 하나의 대상을 인식 혹은 파악한다는 것은 대상이 상반된 성분의 구체적 통일임을 의식하는 것과 같다."[35] "우리가 하나의 확정적 시공간을 초월할 수 있다는 주장은 정말로 옳다. 확정적 시공간('지금 여기'와 같이)만이 진실이라는 것도 마찬가지로 옳다." "자유와 필연을 예로 들어 진정으로 말한다면, 지성이 이해하는 자유와 필연은 실상 진정한 자유와 진정한 필연의 추상적 고리를 구성하고 자유와 필연을 둘로 나누는데, 이는 모두 그 진실함을 잃는 것이다."[36] 이러한 언급들은 현실 사물 자체가 모두 모순을 가지고 있기에, 진리는 모순을 회피하거나 철회하는 것이 아니라, 모순의 대립·통일·추이·전화를 파악하는 것, 즉 지성이라는 추상적 개념의 편향된 부단한 지양 속에서 진리를 획득하는 데 있다는 것이다. 헤겔은 인식을 개념의 변증 운동 과정으로 보았는데, 이 과정은 모순의 발전이고 '이율배반'의 전개이다. 헤겔은 "……이성의 이율배반적 성질, 혹은 보다 정확하게 말해, 변증적 성질에 대해 깊이 있게 관찰해보면, 일반적으로 모든 개념이 대립 고리의 통일임을 알 수 있다. ……몇 개의 개념에는 그에 해당하는 수만큼의 이율배반이 존재한다."[37] "칸트는 네 가지 모순을 제기했다. 이는 너무 적다. 왜냐하면 모든 것은 모순을 가지고 있기 때문이다. 모든 개념에서 쉽게 모순을 찾아낼 수 있다."[38] "이율배반의 진정한 해결은 두 종류의 규정이 각자의 편향된 측면에서는 유효할 수 없고 오직 그것들이 지양될 수밖에 없다는 데 있다. 그들 개념의 통일 속에 비로소 진리가 있는 것이다."[39] 이 통일은 개념의 추이 운동을 통해 인식과정 속에서 얻어지는 것이다. 헤겔은 인식이 자신의 운동으로써 자신의 한계를 해결해야 하며 자신의 모순을 해결해야 한다고 말한다.

하지만 어떤 개념과 사물도 모두 모순을 포함한다는 것을 칸트가 모르지는 않았다. 1750년대의 첫 저작[『일반 자연사와 천체 이론』(1755)]에서부터 1760년대 음수를 다룬 저작, 그리고 1780년대 역사를 다룬 저서에 이르기까지 칸트는 사물과 개념이 지닌 모순의 이중성을 매우 중시했다. 모순과 부정에 대해 칸트가 소극적 태도를 보이지는 않았던 셈이다. 이와 반대로 칸트는 모순과 부정의 적극적 의의를 지적하고, 자연계의 척력, 반작용력, 사회의 비사회성과 불화不和 및 경쟁 속의 발전 등을 강조했다. 이 점은 칸트 철학이 헤겔 철학으로 발전하는 중요한 계기가 되었다. 칸트는 '이율배반'을 제기하고, 헤겔은 '이율배반'이 모든 곳에 존재함을 긍정했는데, 이는 개념 자체의 변증법인 것이다. 마르크스는 인간의 이성 인식이 개념을 통해 진행된다는 점을 강조하고 어떤 개념이든 항상 응고되고 경화되어, 부분적이고 추상적이며 편향되게 객관적 현실을 반영하고 파악할 수밖에 없음을 강조했다. 오직 실천을 기초로 하여 개념과 여타 개념 사이의 부단한 연결, 과도過渡, 추이 및 전화의 과정 속에서, 그 편향성과 응고성을 지양해야만 비로소 생동적이고 전면적이며, 구체적으로 객관 세계를 반영하여 객관 세계에 대한 정확한 인식을 얻을 수 있는 것이다. 그리고 이를 통해 주관 인식으로 하여금 객관적 실제에 부합하도록, 즉 진리를 얻을 수 있도록 하는 것이다. 유한과 무한, 연속과 비연속, 인과와 우연, 자유와 필연…… 이러한 '이율배반'은 자연계와 인간의 역사 속에 현실적으로 존재하며, 또한 인류의 주관적 사유의 발전과정 속에도 존재한다. 가장 간단한 기계 운동의 위치 이동에서부터 유기체적 생존의 발전에 이르기까지, 상대론이 제시하는 우주의 거시적 세계로부터 양자역학이 제시하는 미시적 세계에 이르기까지, 그리고 복잡하고 격렬한 사회생활과 계급투쟁에 이르기까지 그렇지 않은 것이 없다. 엥겔스는 다음과 같이 말했다.

> 운동 자체는 곧 모순이다. 심지어 간단한 기계의 이동이 실현될 수 있는 이유는 물체가 동일한 순간에 한 곳에 존재하면서 동시에 또다른 곳에 존재하기 때문이다. 또한 동일한 곳에 있으면서도 동일한 곳에 있지 않기 때문이다. 이러한 모순의 연속적 생산과 동시적 해결이 바로 운동인 것이다.[40]

> 생명은 우선 다음과 같은 데 있다. 생물은 매순간 자기 자신이면서 동시에 자신과 다른 무엇이다. 그러므로 생명 역시 물체와 과정 자체 속에 존재하는 부단한 자생적 생산이자 자생적 해결의 모순 속에 존재한다. 모순이 정지되면, 생명 역시 정지하고 죽음에 이르게 된다.[41]

> 사유의 영역 안에서도 우리는 모순을 피할 수 없다.[42]

> 한편으로 인간 사유의 성질은 필연적으로 절대적인 것으로 보일 수밖에 없다. 다른 한편으로 인간의 사유는 완전히 유한적으로 사유하는 개인 속에서 실현된다. 이 모순은 오직 무한한 전진의 과정 속에서, 최소한 우리에 대해 말한다면 실상 그 한계가 없는 인류 세대의 교체 속에서 비로소 해결된다. 이러한 의의에서 보았을 때 인간의 사유는 지고지상의 것이면서 동시에 지고지상의 것이 아니다. 그 인식 능력은 무한하면서 동시에 유한하다. 그 본성

과 사명, 가능성 및 역사의 최종 목적에 근거해 말한다면 지상의 것이면서 무한한 것이다. 또한 그 개별적 현실과 매순간의 현실에 근거해서 말한다면 지상의 것이 아니면서 유한한 것이다.[43]

4 네 가지 '이율배반'의 특수성

칸트는 초기작부터 줄곧 현실 사물의 모순에 주의를 기울였고, 여러 저작에서 각종 사물의 모순을 언급했다. 하지만 왜 마지막에 변증적 환상으로서의 네 가지 '이율배반'만 언급했던 것일까? 이는 분명 특수한 의의를 지니는 것이며, 네 가지 '이율배반'의 정반正反의 의의는 분명 일반적 개념 모순의 정반과는 다른 점이 있다. 헤겔처럼 네 가지 '이율배반'의 구체적 내용을, 개념의 일반적 대립·통일의 변증법적 해결로 덮어버릴 수는 없다. 우리는 그러한 모순의 특수성을 연구해야 한다. 모순의 보편성을 언급하는 것만으로는 네 가지 모순의 특수성 문제를 해결할 수 없다.

이 책 1장에서 언급했듯, 칸트는 네 가지 '이율배반'이 자신을 독단론의 미몽에서 깨어나게 했고 인류 이성의 추문을 청산하도록 했으며, 초월적 관념론의 비판철학을 추구하고 최종적으로 제기하도록 했다고 말한 바 있다. 이는 곧 물 자체와 현상계의 구분을 통해 네 가지 모순을 해결하고 '초월적 환상'에서 벗어났다는 말이다. 『형이상학 서설』에서 칸트는 이렇게 말했다. "이 순수이성의 초험적 응용의 산물은 더없이 탁월한 기적이며, 마치 강력한 사자使者와도 같이 철학을 독단론의 미몽에서 깨어나게 하고, 철학으로 하여금 이성 자신에 대한 비판이라는 지난한 작업에 종사하도록 자극한다."[44] 또한 『순수이성비판』에서는 다음과 같이 밝혔다. "하지만 이러한 이율배반에 의해 우리는 독단론적인 것이 아닌 일종의 비판적이고 학술상의 이점을 얻을 수 있다. 이 증명은 초월적 감성론 속의 직접 증명에 만족하지 못하는 이들을 설득할 수 있다. 이 증명은 다음과 같은 두 가지 논증하기 어려운 논제를 증명해준다. 세계가 그 자체로 존재하는 총체라면 유한할 수도 무한할 수도 있다는 점. 하지만 이 양자는 모두 거짓이라는 점.(반명제와 정명제의 논증이 보여주듯) 그러므로 세계(현상의 총체)가 스스로 존재하는 정체라는 말은 거짓이다. 이로부터 현상 일반은 우리 표상 밖의 것이 아니다. 이것이 바로 초월적 관념성의 의미다."[45]

칸트의 '비판철학'은 당시의 과학적 성과를 개괄하는 기초 위에서 합리론과의 투쟁 속에 형성된 것이다. 네 가지 '이율배반'은 곧 이러한 개괄 및 투쟁과 직접적으로 연결되어 있다. 우선 시공간의 유한과 무한에 관한 문제는 비단 고대 그리스 이래 철학사에서 오랫동안 이어져온 논쟁적 문제에 그치는 것이 아니었다.(파르메니데스는 공간의 유한함을 주장했고, 원자론, 피타고라스가 주장한 공간은 무한한 것이었으며, 플라톤의 시간은 유한하다고 할 수 있지만 아리스토텔레스의 시간은 그렇지 않은 점 등등) 더욱 중요하면서도 칸트로 하여금 주목하게 한 것은 그 문제가 당시 과학 논쟁의 커다란 화두로 등장했다는 사실이다. 뉴턴은 유한한 세계가 무한한 시공간 속에 존재한다고 주장했고, 라이프니츠에게 세계와 시공간은 모두 무한한 것이었다. 칸트는 수년간 줄곧 이 문제를 연구했고 공간에 관해 여러 편의 논저를 썼으며, '비판철학'에 이르러 비로소 자신이 해결을 보았다고 생각했다. 다음으로 물체를 무한히 분할할 수 있는가의 문제는 고대 그리스의 원자론과 아리스토텔레스, 그리고 뉴턴과 라이프니츠가 짝을 이루어 각각 한편을 이루고 있었다. 세번째와 네번째 '이율배반'은 칸트가 장시간 고심했던 과학과 종교 및 형이상학이 서로 같은가 다른가의 문제라고 할 수 있다.(1장 참조) 이 두 가지 중요한 문제,

즉 유한과 무한, 인과와 자유의 첨예한 모순은 칸트로 하여금 합리론의 초월적 실재성의 교조적 측면을 돌파하고 초월적 관념론의 '비판철학'을 제기하게 했다. 이른바 '초월적 실재성'은, 주로 합리론이 세계(신과 자연계를 포함한)는 여실히 존재하고 이것이 곧 유한과 무한의 문제를 발생시킬 수 있으며, 또한 신과 자유 그리고 자연적 인과관계의 문제를 발생시킨다고 여기는 것을 가리킨다. 하지만 칸트의 초월적 관념론에 근거해서 본다면, 세계는 인간의 인식 대상으로서 단지 현상일 뿐이며, 독립적이고 그 자체로 존재하는 물 자체가 아니다. 따라서 세계의 유한과 무한이라는 것은 단지 우리 인식의 부단한 진전 속에 존재할 뿐이다. 그 자체는 무한과 유한과는 아무런 상관이 없다. 동시에 현상과 물 자체를 나눔으로써 칸트는 인과와 자유의 모순을 해결했다고 생각했다. 현상계는 필연적 인과(기계역학)가 지배하는 영역으로 자유가 존재하지 않는다. 자유는 오직 본체(물 자체)에만 존재하는 것이다. 하지만 이 또한 경험이 증명할 수 없는 것으로, 다만 논리상으로 가능하고 존재할 뿐이며, 현실적으로 가능하거나 존재하는 것이 아니다. 자유는 '생각할 수 있는 것'이지 '알 수 있는 것'이 아닌 것이다. 이렇게 합리론과 같이 인과와 자유를 서로 혼동하는 것이 아니라면 곧 해결할 수 없는 모순에 빠지게 된다.

이를 통해 우리는 칸트의 네 가지 '이율배반'에 대한 제기가 특수성을 가지고 있음을 알 수 있다. 그 특수성은 전체적인 '비판철학'의 구축과 밀접하게 연관되어 있다. 이 네 가지 이율배반을 '해결'하는 것이 칸트의 '비판'의 기본 초석을 이룬다.[46]

과학과 철학에 있어 유한과 무한의 문제는 분명 그 연원이 오래되었지만, 아직까지도 해결되지 못한 상태다. 고대 그리스의 제논이 제기한 '날고 있는 활은 움직이지 않는다' 같은 유명한 역설, 중국 선진先秦 시기에 나온 '한 척尺의 나무 막대기를 매일 절반씩 자르면 영원히 다 자를 수 없다一尺之棰, 日取其半, 萬世莫竭' '극한의 거대함은 외부가 없고, 극한의 작음은 내부가 없다至大無外, 至小無內' 등의 저명한 사상은 모두 이 문제를 논하고 있다. 오늘날 우주가 무한한가 유한한가의 문제, 기본입자는 다시 나눌 수 있는가의 문제도 같은 사안을 다룬다. 인과(필연)와 자유도 마찬가지로 예부터 수없이 논쟁해온 중대한 문제다. 이러한 해결 불가능성이 바로 네 가지 '이율배반'의 특수성이 자리한 곳이며, 일반 모순과 다른 점이다. 네 가지 '이율배반'은 중요한 성질을 가지고 있다.

철학에서 네 가지 '이율배반'을 정확하게 제기하고 해결한 것은 헤겔의 변증법적 공헌이었다. 일반적으로 무한과 유한에 관한 비교적 간단한 시각은 무한을 유한한 양의 부단한 연장 혹은 축적으로 보는 것이었다. 예컨대 1, 2, 3, 4…… 혹은 1, $\frac{1}{2}$, $\frac{1}{4}$, $\frac{1}{8}$…… 헤겔은 이와 같은 무한을 악무한惡無限이라 불렀다. 왜냐하면 이러한 무한은 유한한 것이 영원히 가닿을 수 없는 '피안'이기 때문이다. 예컨대 레닌은 이러한 무한이 "질적으로 유한성과 대립되고, 유한성과 아무런 관계없이 절연되어 있다. ……무한이 거의 유한 위에, 유한 밖에 서 있는 것처럼 말이다"[47]라고 말했다. 뉴턴의 우주관이 바로 이러한 무한이다. 칸트는 이 무한의 곤혹스러움과 결점을 폭로한 것이다. 헤겔은 곧 '진眞'무한으로 이 모순을 해결했다. 헤겔은 무한과 유한이 서로 전화되며 유한 속에 무한이 포함된다고 생각했다. 악무한은 한 가닥의 끝없이 이어진 직선과 같고, 진무한은 하나의 폐쇄된 원과 같이 "시작도 끝도 없다."[48] 현대의 이른바 4차원 구형체의 우주공간 역시 이러한 헤겔식 무한이라 할 수 있다. 하지만 이 '무한'은 우주공간의 반지름과 존재의 시간을 계산해냈으므로, 실제적으로는 여전히 유한한 것이다. 결국 무한과 유한의 모순은 해결되지 못한 것이다.

시공간에 관한 앞의 두 가지 '이율배반'은 칸트가 언급한 이른바 '수학적인 것'으로, 유한과 무한, 나눌 수 있는 것과 나눌 수 없는 것 같은 양量의 문제만을 다룬다. 뒤의 두 가지는 '역학적인 것'으로, 양이 아니라 '존재'를 다룬다. "이성의 역학 개념은…… 양적 대상과 관계된 것이 아니라, 다만 대상의 존재와 상관있을 뿐이다."[49] 존재와 상관적인 것은 곧 인과율이 제시하는 총체적 존재의 본질로서의 객관 세계를 다루는 것이다. 여기서 칸트가 제시하는 제3, 제4의 '이율배반'은 실상 하나의 문제다. 왜냐하면 우주라는 것이 최후의 초자연적 원인과 작용을 가지고 있는가, 즉 자연의 인과와는 다른 자유인自由因을 가지고 있는가의 문제는 결국 최후의 필연적 존재(신)가 있느냐의 문제이기 때문이다.

나는 객관 세계를 존재의 '총체'로 보고 그 원인을 추구하는 것은 필연적으로 신비주의로 기울 수밖에 없다고 본다. 왜냐하면 인간의 인과 범주와 '왜' 등의 개념은 본래 객관적 물질세계에서 유래하는 것이고, 그 자체는 이 객관적 물질세계를 떠날 수 없기 때문이다. 만약 이러한 범주, 개념을 추출하여 그 연원인 총체에 부가하면서, 이 객관적 물질세계 전체가 이렇게 존재하는 원인을 추궁하고 우주세계가 '왜' 존재하는가에 대한 해답을 억지로 구하려 한다면, 그것은 비단 언어 사용의 착오(논리실증주의자가 생각하듯)일 뿐 아니라 실질적으로는 관념론이 개념과 범주를 객관적, 물질적 실천에 의해 필연적으로 따라나오는 '가상의' 문제로 귀결시키지 않고 각종 신비주의를 만들어낸다는 것을 드러내는 일이다. 이에 대해 비트겐슈타인은 "신비로운 것은 세계가 어떻다는 것이 아니라 세계가 이렇게 존재하고 있다는 것이다"[50]라고 말했다. 신비로운 것은 곧 우주세계의 각종 규율, 현상이 아니라 총체로서 우주가 왜 이렇게 존재하고 있느냐 하는 점이라는 것이다. 비트겐슈타인은 이러한 '형이상학'의 문제를 첨예하게 제기한 셈이다. 칸트가 제기하는 제3, 제4의 '이율배반' 역시 마찬가지다.

이를 통해 칸트가 제기한 우주론의 이율배반을 포함한 이성 이념의 핵심이 '총체'에 관한 문제에 놓여 있음을 알 수 있다. 이 문제는 칸트에서 헤겔에 이르는 변증법의 중요한 특징을 구성한다. 앞서 언급했듯 칸트에게 있어 객체적 측면으로서의 총체는 네 가지 '이율배반'을 갖는다. 주체적 측면으로서의 총체, 곧 영혼은 주체·객체의 총체로서 곧 신이다. 영혼과 신은 이율배반이라는 '총체'에 대한 일종의 신비로운 표현방식에 불과하다. 칸트 이후, 헤겔 역시 이 '총체'라는 관념을 강력하게 틀어쥐고, 그것을 변증법과 밀접하게 연계시켜 전대미문의 거대한 의미를 이끌어냈다. 헤겔은 '총체'라는 것이 오직 변증법의 전체 과정 속에서만 비로소 진정으로 존재할 수 있고 인식될 수 있다고 생각했다. 총체는 과정이고 변증법적 발전의 전체 과정이다. 이를 오늘날의 용법으로 바꾸어 말한다면, 하나의 시스템이라 부를 수 있다. 칸트를 시작으로 헤겔에 이르러 완성된 근대의 변증법이 고대의 변증법적 관념(모순, 음양 등)과 다른 점도 여기에 있다. 근대의 변증법이 파악하고 처리하는 것은 총체의 과정이자 역사의 진행이며, 사물 혹은 사상 속에 존재하는 대립된 쌍방을 밝히는 것에 불과하다. 이 또한 고대의 모순 관념과는 다른 헤겔의 변증법적 논리라 할 수 있다. 이 논리 체계 안에서 대립과 통일(모순)은 변증법의 핵심이지만 그 전체는 아니다. 변증법의 전체는 대립과 통일이라는 핵심이 각 범주와 고리의 상호 연계와 과도적 단계를 통과하여 전면적으로 전개되거나 완성되어 하나의 시스템-총체를 구성해내는 것이다. 이른바 부정의 부정이란 바로 이러한 과정의 총체를 개괄한 것이다. 부정의 부정은 헤겔 변증법의 독특한 특징을 구성한다. 이것은 결코 많은 사람이 오해하듯 정반正反의 고착화된 격식이 아니다. 이것은 실질적으로 대립과 통일이 부단한 부정의 과정을 거쳐 발전하는 것이고 하나의 총체적 여정, 즉 시스템 구조의 전면적 전개 과정 속에서 진리의 성과를 획득하거나 달성하는 것을 말한다. 대립과 통일이 전개되어 나오는 역사 형태인 것이다. 마르크스주의는 헤겔의 이 부정의 부정이라는 사상을 매우 중시한다. 모순의 투쟁과 그 해결(대립과 통일)은 곧 부정이며, 부정은 기실 칸트가 중시한 '종합'과 같다. 부정은 간단한 지양이 아니다. 지양은 섭취하고 비판한다. 즉 대상을 먹어 소화시키는 것으로, 그래야만 비로소 진전이 있다. 이것이 바로 변증법적 발전이다.[51] 마르크스는 헤겔의 변증법을 '부정의 변증법'으로 보았다. 엥겔스는 변증법을 규정할 때 "……모순으로부터의 발전, 혹은 부정의 부정—발전의 나선형식"[52]이라고 강조했다. 레닌 역시 "긍정으로부터 부정으로—부정으로부터 긍정적인 것과의 '통일'로—그렇지 않으면 변증법은 곧 텅 빈 부정이, 유희 혹은 회의론이 되고 말 것"[53]이라고 말했다. 이로써 부정의 부정의 요점은 외부 형식의 정반합에 있지 않으며, 특히 그 형식을 반半신비화하거나 고착화하는 데 있지 않음을 알 수 있다. 그 핵심은 진리가 반드시 하나의 시스템의 유기적 구조 안에서 각종 모순 운동의 전체적 과정의 총체를 통해 비로소 획득된다는 데 있다. "현재 진리는 인식과정 속에, 과학의 장기적인 역사적 발전과정 속에 포함되어 있다."[54]

총체와 시스템은 부분 및 사실의 총합보다 크다. 총체는 역사(종縱)와 전체(횡橫)를 통한 이해와 인식에 주목한다. 예컨대 과거와 미래로부터 현재를 파악하는 것은 현재 관찰할 수 있는 사실적 경험을 초월한다. 이는 변증법적 방법이 국부적 사실에만 집착하고 주목하는 것과 구별되며, 또한 미시적이고 세밀한 정밀과학의 방법 혹은 실증주의적인 경험적 방법론과도 구별된다. 변증법은 총체적으로 파악하는 이성적 방법이며, 실증주의는 단면적으로 파악하는 지성의 방법이다. 그것은 모종의 속성·측면·요인을 추출한다. 동시에 변증법은 총체에 주의를 기울이기에 전성설前成說preformation일 수 없다. 여기서 인과는 선형적인 기계적 결정론이 아니며, 시스템의 복잡 구조는 다원적이고 그물망 같은 인과관계를 형성하여 선택의 가능성은 극도로 커진다. 그리고 어떤 선택도 전체 시스템과 구조에 똑같이 영향을 미친다. 따라서 총체의 과정을 기계적인 결정론적 필연으로 생각할 수 없고 반드시 우연성 및 다양한 선택 가능성에 주의를 기울여야 한다.

요컨대 변증법이 '총체'의 관념을 결여한다면 진리의 객관적 규정을 얻어낼 수 없고, 이는 주관적으로 행하는 유희적 모순이 되고 만다. 즉 어떤 모순을 파악하든 간에(모순과 마주치는 현상은 어디서나 일어난다) 그 모순이 '하나가 둘로 나뉘는' 혹은 '둘이 하나로 합쳐지는' 것이라고 대충 얼버무리는 것으로, 이러한 관점은 곧 '공허한 부정'이 되어버리고 만다. 다시 말해 역사적이면서 전면적으로 총체에서 출발하지 않고 임의로 어떤 문제나 단계를 인식 대상으로 삼아버리고 대립과 통일을 말한다면, 변증법은 종종 마술이 되어버리고 만다. 주관적으로 대립면의 통일을 운용하고 그러한 개념의 융통성을 그대로 사용한다면, 이는 곧 절충주의와 궤변론에 다름 아니다. 오직 객관적으로, 즉 "물질 과정의 전체적 성질과 그 통일의 유연성을 반영해야만"[55] 비로소 변증법인 것이다. 그렇기에 레닌은 "진리는 과정"[56]이며, "현실성의 제 계기의 전총체성gesamte Totalität의 전개를 주의 = 이것이 변증법적 인식의 본질"[57]이라고 재차 강조했던 것이다. 또한 오직 그래야만 대립과 통일(모순)이 비로소 일종의 역사적(시간을 경과한) 전개와 해결을 획득할 수 있고, 변증법이 일종의 역사적 성질을 얻게 된다. 헤겔 변증법의 특색과 그 위대한 역사적 감각이 바로 여기에 있다. 인간은 도구를 창조하고, 물질적이고 사회적인 각종 기구를 통해 세계를 정복하면서 상술한 기계적 배치 및 그 부속품으로 함몰되고 말지만, 다시 그런 각종 소외에서 탈출하여 세계의 진정한 주인이 된다. 인류의 자유를 둘러싼 이런 역사적 진행과정은 헤겔이 관념론화한 '부정의 부정' 변증법의 진정한 기초이다.

그러므로 이러한 부정의 부정을 특징으로 하는 헤겔 변증법은 비단 역사관일 뿐 아니라 본체론이고 정신의 외화와 회복의 역사이다. 헤겔의 본체는 곧 절대정신이 자연으로 외화되고 다시 자신으로 돌아가는 복잡다단한 총체적 역정歷程이다. 이 총체적 과정은 진리 자체로 인식되며, 유기적 총체이자 역사의 전체 과정이다. 바로 이러한 외화와 복귀 과정에서 정신은 모든 것을 아우르고 자신으로 하여금 모든 풍부함과 현실성, 심각성을 획득하도록 한다. 총체적 과정의 의의는 실상 여기에 있는 것이다. 다시 말해 칸트에게 '총체'는 단지 통일된 계열로서의 주관적 이념이자 변증법적 환상이다. 헤겔에게 총체는 그런 본체론적 의의를 갖는 객관적 실존의 거대한 힘과 필연적으로 전개되는 역사적 역정을 얻게 된다. 칸트에게 이성 이념은 일종의 주관적 규제 원칙에 불과하다. 반면에 헤겔에게는 능동성과 통섭적 역량을 가진 객관적 원칙이 된다. 칸트에게 이성 이념은 단지 지성(인식)의 통일과 시스템을 보장하기 위한 것일 뿐인 방법론이다. 헤겔에게 이성 이념은 현실(존재)의 통일성과 시스템을 보장해주는 본체론이다. 헤겔의 이념(이성)은 곧 칸트의 이념(이성)을 스피노자화, 즉 실체화한 것인 동시에, 자아가 비아를 구축한다는 피히테의 주장과 같이 칸트의 이념(이성)을 능동화한 것이다. "실체를 주체로, 내부적 과정으로, 그리고 절대적 인격으로 이해한 것. 이러한 이해 방식이 곧 헤겔 방법의 기본 특징이다."[58] 스피노자처럼 모든 것을 실체 속으로 넣어버리는 것이 아니라 주체의 외화와 복귀, 정반합(즉 부정의 부정)의 모든 과정을 부단히 거쳐 변증법적으로 전개해나가는 것이다. 칸트가 주관 이성의 대립면으로 본 자연은 헤겔에 의해 역시 그러한 이성의 여정 속으로 들어가게 되고 그 여정의 고리와 계기가 된다. 인간의 정신은 객관적 창조 역량으로서 자연을 삼키고 개조한다. 헤겔이 보기에 진무한('좋은' 무한)은 오직 인간의 그런 정신 발전 역사 속에 있다. 헤겔의 구체적 보편, 사유와 존재의 동일성 및 주·객관의 통일은 모두 이러한 기초 위에 구축된 것이다. 그렇기에 부정의 부정이라는 헤겔의 역사관을 정신이 세계를 개조하는 본체론이라고도 말하는 것이다. 헤겔은 이렇게 관념론화된 역사적 논리를 통해 칸트의 변증법적 환상론의 초월적 논리를 대체한 것이고, 변증법, 인식론, 논리학, 역사관, 본체론은 헤겔 안에서 전체적 체계로 융합된다. 이러한 체계는 사변 논리의 변증법이 모든 것을 지배하게 만들었고, 결국 칸트가 지적한 경험으로부터의 탈피는 필연적으로 오류 인식의 변증법으로 향하게 된다는 건강하고도 중요한 내용을 상실하게 했다.

이에 대해 마르크스는 "헤겔이 부정의 부정을, 긍정적인 측면에서는 유일한 긍정으로 보고, 부정적인 측면에서는 모든 존재의 진실한 활동과 자아실현으로 인식했다면, 단지 역사운동적이고 추상적이며 논리적이고 사변적인 표현만을 발견했을 뿐이다. 또한 이 역사 과정은 인간의 현실 역사가 아니다"[59]라고 말했다. 인간의 현실 역사는 실천활동의 자연 개조를 통해 자신을 풍부하게 하는 부단한 전진 발전의 과정이다. 이 과정은 종종 왕복과 곡절의 형태를 띤 나선형의 상승 원형圓形으로 표현된다. 사상과 철학에의 반영 역시 그러하다. 이는 또한 레닌이 헤겔의 원형론圓形論 사상을 중시했던 이유이기도 하다. 하지만 마르크스주의의 유물론에 입각해서 보았을 때, 이 부정의 부정이 가지는 '원형' 운동의 기초는 객관적 정신, 자아의식이 아니라, 헤겔의 논리학과 본체론처럼 인류 전체의 사회적 실천일 수밖에 없다. 여기서 중요한 것은 변증법이 주체적 실천 위에 부과되는 추상적인 논리적 틀 혹은 '규율'이 될 수 없으며, 단지 모종의 '규제'적 성격을 지닌 이념적 지침에 불과하다는 것이다. 변증법은 여전히 경험적 근거가 있는 인식 가능성과 조작 가능성이라는 기본 원칙에 복종해야만 한다.

역사적 과정은 객관적 시간 속에서 전개되고 실현된다. 시간을 둘러싼 문제는 현대 철학의 격렬한 논점 중 하나다. 베르그송에서 하이데거에 이르기까지 모든 철학자는 주관적 체험의 시간을 진리로 여겼고 사회적으로 규정되는 객관적 시간을 배제했다. 그렇기에 그들이 이야기하는 '역사'는 실상 비변증법적이었고 객관적 총체의 과정을 방기한 개인적 체험이었다. 총체에 관한 사상에 있어 현대의 구조주의 역시 객관적 총체로서의 역사를 상당히 중시한다. 예컨대 전체는 부분보다 크다고 강조하는 것이 그러한 예다. 하지만 구조주의의 근본 문제 중 하나는 역사적 관점을 결여하고 있다는 것이다. 구조주의는 총체적 역사 관념을 가지고 있지 않으며 단지 비역사적이고 평면적인 총체의 모델이다. 예컨대 피드백, 자아조절, 부분과 총체 사이의 유기적 연계, 정량, 형식화, 수학의 도입 등은 비판적으로 흡수하고 채용할 수 있다. 하지만 구조주의의 철학적 기초는 비역사적 변증법으로, 여전히 초월적 형이상학이다. 오직 과정 속에서 전개되는 변증법만이 비로소 진정 과학적이고 역사적인 구조 분석이다. '서구 마르크스주의', 실천학파의 '마르크스주의'와 그 선구자들 역시 '총체'를 강조했지만, 그들의 '총체' 개념은 이상하리만치 모호했고(루카치), 그들이 '총체'를 사용하여 사적 유물론에 반대한 것은 실상 주관적이고 개인적이며, 문화적이고 심리적인 성질에 따른 것이었다. 결국 이와 같은 관점은 '총체'의 객관적 과정의 함의(9장 참조)를 말살해버렸다. 이 장에서는 총체적 시스템 방법론으로서의 변증법에 대해 기술함으로써 그 역사적 성질을 살펴보았다. 이 성질은 결국 인류 실천의 객관적 현실의 진행과정에서 유래하는 것이었다. 하지만 이러한 변증법의 이른바 '논리와 역사의 일치'는 오히려 종종 역사가 논리에 끌려가는 형국을 만들었고 심각한 현실적 재난을 초래했다. 이 점에 대해서는 반드시 주의를 기울여야 할 것이다.

칸트의 '초월적 변증론' 관련 내용 중에서 변증법적 환상이 제기하는 일련의 '총체'에 관한 문제는 간략하게 여기까지만 언급하기로 한다.

마지막으로 설명해야 할 것은 칸트의 세 가지 이성 이념(영혼, 자유, 신)이 비단 지성이 추구하는 통일과 시스템화의 총체 이념일 뿐 아니라 동시에 인식에 비해 보다 높은 역량과 지위를 갖는다는 점이다. 그것은 인식론 속에 들어 있는 초월적 논리의 환상이자 윤리학 속에 들어 있는 실천이성의 공리이기도 하다. 초월적 환상은 신앙으로 향하는 셈이다. 이 또한 칸트의 인식론으로 칸트의 본체론을 설명하는 것이라 할 수 있다.

칸트의 이성 이념은 본래 '소극적'이면서도 '적극적'인 이중의 작용과 함의를 지닌다. '소극적' 측면은 지성이 초경험적으로 사용될 수 없으며 경험의 범위를 넘어설 수 없음을 경고한다는 의미다. 그리고 '적극적' 측면은 이성 이념이 지성의 통일과 경향성으로서, 현상에서 본체로 넘어가고 이 두 가지 측면 모두 '물 자체'의 문제로 귀결된다는 것이다.

칸트는 "인류의 모든 인식은 직관을 시작으로 하여 직관에서 개념으로 나아가며, 마지막으로 이념에 가닿는다"[60]라고 말했다. 『순수이성비판』이 이성 이념의 네 가지 '이율배반' 및 그와 밀접하게 연계된 초월적 이상(신)에서 '변증론'의 부록(「순수이성 이념들의 규제적 사용에 대하여」와 「인간 이성의 자연스러운 변증성의 궁극적 의도에 대하여」[61])으로 나아갔을 때 이미 인식론의 종결에 다다른 것이고, 다시 '초월적 방법론'의 '법칙' 부분에 이르렀을 때 실상 칸트는 도덕 윤리의 본체론에 관한 자신의 관점을 제기한 것이다. 여기에는 『실천이성비판』의 기본 사상과 『판단력비판』 중 목적론 부분의 기본 사상이 이미 담겨 있었다. 다만 사상을 충분히 전개하지 않았을 뿐이다. 이를 통해 '이율배반' 중 세번째와 네번째 '이율배반'이 물 자체에서 출발해 도덕 본체로 넘어가는 중요한 고리이며, 그것은 물 자체를 자신의 최종 귀착점으로 삼는다는 것을 알 수 있다. 이에 대해서는 다음 장에서 논하기로 한다.

7장

인식론: (6) 물 자체[1]

'자아의식'(이른바 '선험적 종합판단'의 기초)은 칸트 인식론의 중심이다. '물 자체' 학설은 곧 전체 칸트 철학의 중심이며 그 전체를 관통한다고 할 수 있다. 『순수이성비판』 중 '초월적 분석론' 마지막 부분에서 칸트는 '대상은 주체와 현상으로 구분된다'는 내용을 중심으로 한 장章을 특별히 따로 쓰면서 '물 자체'를 다루었다. 하이네는 이 부분이 책의 모든 내용 중에서 가장 중요하다고 생각했다. 실상 이 장을 전후로 한 많은 부분에서 칸트는 '물 자체' 문제를 논하거나 다루고 있다. 예컨대 '초월적 연역'과 '오류추리', 세번째와 네번째 '이율배반', 그리고 '초월적 이상' '변증론 부록' 등이다. 칸트의 '물 자체' 이론은 사실 다른 여러 논점의 기초로 어디서나 나타난다. 그것은 칸트 인식론의 귀속점이며 윤리학으로 통하는 관문이다.

'물 자체'는 칸트 철학 전체에서 중추적인 위치에 있기 때문에 그 내용과 함의 역시 매우 복잡할 수밖에 없다. 인식론에서 '물 자체'는 세 가지 차원의 의미를 갖는다. 첫째는 감성의 원천, 둘째는 인식의 한계,[2] 셋째는 이성의 이념이다. 그리고 마지막에는 이를 통해 '도덕 실체'의 윤리적 영역으로 향한다. 이 세 가지 차원의 의미는 서로 교차되어 있으며, '불가지不可知'라는 총체적 함의 안에서 서로 포함·침투되어 있다. 첫번째 의미와 세번째 의미는

서로 대립하는 측면이고, 두번째 의미는 첫번째에서 세번째로 향하는 중간 단계라고 할 수 있다.[3]

1 감성 원천으로서의 '물 자체'

'물 자체'의 우선적이고 기본적인 함의는 인식 안에 놓인 감성적 재료의 원천이다. 칸트는 '물 자체'가 존재하기에 비로소 대상이 자극을 제공하고, 감각기관이 물 자체와 마주침으로써 비로소 우리의 감각이 만들어진다고 생각했다. '물 자체'는 우리 밖에 존재하며, 우리의 감각과 감성은 물 자체가 우리의 감각기관에 작용함으로써 생겨나는 것이다. '물 자체'가 없으면 감성은 촉발될 수 없고, 경험 재료 역시 제공될 수 없다. 따라서 인식도 시작될 수 없다. 이러한 의미에서 '물 자체'가 가리키는 것은 인간의 의식에 의존하지 않고 독립적으로 존재하는 객관적 물질세계다. 『순수이성비판』 전체를 분석하고 『형이상학 서설』과 『자연과학의 형이상학적 기초』 등을 결합해 칸트의 인식론을 전면적으로 분석해보면 다음과 같은 점을 알 수 있다. '물 자체'는 감성적 경험의 원천으로서 현상계의 기초이며 우리의 의식 밖에 독립적으로 존재한다. 또한 물 자체가 가리키는 것이 버클리가 말하는 신과 같은 정신적인 것이 아니라는 점은 명확하다.

칸트는 『형이상학 서설』에서 자신은 객관 사물의 존재에 대해 "전혀 의심한 적 없"으며, "'초월'이라는 단어는 우리의 인식과 물체 사이의 관계에 대해 말하는 것이 아니라 그것과 인식 능력 사이의 관계에 대해 말하는 것이다. ……실재의 사물(현상이 아닌)을 표상으로 만드는 것은 역시 지긋지긋한 관념론이다"[4]라고 말한 바 있다. 또한 "이 영원한 것에 대한 감지는 오직 우리 밖의 물체를 통해서만 비로소 가능하다. 내 밖의 사물에 대한 표상을 통해서는 가능하지 않다"[5]라고도 했다. 칸트의 '물 자체'라는 단어는 줄곧 복수로 쓰이는데, 이는 실상 공간을 점유하는 물리적 성질을 갖는 각종 물체를 의미하는 것이다.[6] 이 물체들은 감각의 원천으로서 모종의 단일한 정신적 실체를 가리키는 것이 아니다. 복수는 본래 '양'의 범주이고 원천은 '인과 범주'에 속해 현상계에만 쓰일 뿐 '물 자체'에는 쓰이지 않는다. 하지만 칸트는 굳이 그렇게 '물 자체'를 묘사했고 우리는 이를 통해 '물 자체'의 진면모를 확인할 수 있다. 하지만 이것으로는 여전히 '물 자체'의 유물론적 측면을 설명하지 못한다. 왜냐하면 복수로 썼다는 것은 칸트가 이 말을 통해 '타성'적인 물질과 구별하려 했다고 이해할 수 있으며, 또한 다중적 물체(복수)를 '물 자체'로 보고자 했다고 해석할 수도 있다. 마찬가지로 인과가 '물 자체'에 사용되는 것은 윤리학의 자유인自由因으로 해석될 수 있고, 이 자유인은 현상계에 작용할 수 있다.(8장 참조) 그렇기에 나는 '물 자체'에 관한 학설의 관념론적 측면에 있어 더욱 중요한 것은, 전체 인식론의 영역 안에서 지성이 절대 감성을 떠날 수 없고 지성이 경험을 초월하여 사용될 수 없음을 강조한 점이라고 생각한다. 예컨대『순수이성비판』중 지성원리의 '지각 예정' '실체 범주' '경험 사유의 준칙' 등의 부분에서는 이념이 아닌 경험이, 그리고 개념이 아닌 직관이 비로소 지식의 현실성과 진실성을 증명할 수 있음을 강조하고 있다. 또한 이념과 개념이 아닌 경험이 데카르트의 명제 '나는 생각한다, 고로 존재한다'에 대한 칸트의 비판과 질책, 라이프니츠의 합리론에 대한 결연한 반박, 그리고 자신을 버클리 및 피히테와 분명히 구분해줄 것을 요청한 것(5장 참조)을 증명해주고 있다. 이러한 여러 측면이 모두 '물 자체'의 유물론적 측면과 서로 일치한다. 또한 이 관점이야말로 '물 자체'가 지닌 유물론적 측면의 함의가 인식론의 수많은 결절점에서 구체적으로 표현되는 것이라 할 수 있다. 칸트는 '물 자체'가 감성의 원천이라는 것을, 우리의 의식에 의존하지 않고 독립적으로 존재한다는 것을 긍정했다. 칸트는 직관된 감성적 잡다함은 지성의 활동에 의존하지 않고 주어지며 인식의 현실성의 '유일한 표준'이라고 생각했다. 그렇기에 그는 "……한 가지 소홀히 할 수 없는 점이 있다. 즉 직관된 잡다함은 반드시 지성의 종합에 앞서고 독립적으로 주어져야 한다는 점이다"[7]라고 말한 바 있다. 또 다음과 같이 말하기도 했다. "관념론은 사유의 존재 이외에 다른 물체는 없으며, 직관이 감지한 것은 사유 내에서의 표상에 불과하고 외부에는 그에 상응하는 어떤 대상도 없다고 생각한다. 나의 관점은 이와 상반된다. 나는 우리 감각기관의 대상으로서 우리 밖의 물체가 존재한다고 생각하며, 이러한 물체 자체가 무엇인지 우리는 알지 못한다고 생각한다. 다만 그런 물체의 현상, 즉 그 물체들이 우리의 감각기관에 작용할 때 우리 안에서 생산되는 표상만을 알 뿐이다. 따라서 나는 우리 밖에 물체가 존재한다는 것을 인정한다. 이는 곧 그러한 물체가 존재하지만 그 자체가 어떻다는 것은 알 수 없다는 뜻이다. 하지만 그 물체들은 우리의 감성에 작용하여 우리로 하여금 그 물체들을 알게 한다. 나는 이러한 것들을 '물체'라고 부르며, 이 명칭은 비록 우리가 알지 못하는 물체들의 현상을 가리킬 뿐이지만 실재하는 대상이 존재함을 의미한다."[8] 이러한 언급은 비교적 명확하게 '물 자체' 학설의 유물론적 측면을 표현해주고 있다. 선험지성 개념(범주)의 '선先'은 그저 논리의 가능성을 말할 뿐이며, 인식의 현실성은 반드시 감성이 제공해야 한다는 것이다. 이 점은 앞서 4장에서 상세하게 살펴보았다. 칸트가 제기한 '물 자체'의 유물론적 측면 때문에 피히테, 헤겔, 쇼펜하우어를 비롯해 유명, 무명의 수많은 철학자들이 여러 가지 방식으로 이를 기각하려 했다.[9] 어떤 이는 '물 자체'가 인간의 의식에 의존하지 않는 객관 존재로서, 칸트의 철학 체계와 기본 관점에 전혀 필요하지 않은 일종의 군더더기라 생각한다. 또 어떤 이는 칸트가 언급한 '물 자체'는 실상 신, 정신, 의식 혹은 의지이며,[10] 객관적 물질세계를 가리키는 것이 아니라고 여긴다. 철학사를 살펴보면 이런 견해를 쉽게 찾아볼 수 있다. '물 자체'의 유물론적 측면을 기각하기 위해, 칸트 철학을 연구하는 일련의 주석가들은 여러 가지 방식으로 칸트와 버클리를 등치시켰다. 예컨대 문제를 번잡하게 만드는 방식으로, "칸트와 버클리의 관계는 여전히 해결되지 않은 비밀"이라 강조하고, 이 점은 "두 철학자의 관계를 논했던 거의 모든 사람이 지지하는 바"[11]라고 말하는 식이다. 그들은 버클리에 대해 칸트가 보인 분명한 불만과 반박을 버클리에 대한 고의적 곡해로 해석하거나, 칸트가 단순히 2차자료를 읽고 버클리를 오해했다고 보며, 실상 칸트는 버클리와 견해가 같다는 등의 말을 한다. 이러한 관점은 『순수이성비판』이 처음 세상에 나왔을 때부터(예컨대 크리스티안 가르베의 비평) 오늘날에 이르기까지 널리 퍼져 있다. 하지만 나는 이러한 견해에 동의하지 않는다. 칸트의 '물 자체'는 실상 현실적 대상 존재에 가까운 것으로, 칸트와 버클리를 동일시할 수는 없다.

칸트의 '물 자체'는 감성의 원천으로 존재하지만 가장 유명한 특징은 '알 수 없다(불가지 不可知)'는 점에 있다. 바로 이러한 특징 때문에 칸트는 '불가지론자'라 불리게 된다. 칸트의 '물 자체'는 인식 가능한 물질이 아니라 물질 뒷면의(이미지를 활용한 화법으로 표현하자면) 알 수 없는 '본체'이다. 칸트는 물질이 가리키는 것이 현상이고 그것은 공간을 점유하는 외부 감각기관의 대상이라고 생각했다. 또한 물질은 비록 주관 개념으로 귀결될 수는 없지만, '물 자체'와 같다고도 말할 수 없다. 칸트는 이에 대해 다음과 같이 말했다. 공간은 "우리가 그것을 통해 우리의 내부 자연계 밖에 놓인 물체의 형식을 감지하는 것이며, 이러한 물체는 우리가 알 수 없는 것이다. 하지만 우리는 그 현상을 일러 물질이라고 한다."[12] 칸트가 사용하는 '물질'이라는 단어는 '물 자체'가 아니라 질료, 즉 논리판단으로서의 재료와 경험을 구성하는 요소를 가리킨다. 이를 통해 우리는 물질이 아니라 '알 수 없음(불가지)'이야말로 '물 자체'의 가장 본질적인 함의임을 알 수 있다.

'물 자체'의 불가지성에 대한 사상은 그 유래가 매우 깊다. 이는 비단 관념론이 유물론에 반대하는 일종의 무기일 뿐 아니라 동시에 유물론 자신의 내재적 결점이기도 하다.

저명한 유물론적 경험론자인 로크의 '실체' 사상이 바로 그러하다. 로크는 '실체'가 사물의 각종 속성에 대한 기초로서, 인간의 주관적 의식에 의존하지 않고 독립적으로 존재한다고 생각했다. 하지만 이 존재, 즉 '실체' 자체란 결국 무엇인가에 대해 로크는 '우리가 알 수 없는 어떤 것', 즉 불가지한 것이라고 생각했다. 그는 "물질의 실체 혹은 물질이라는 관념은 정신적 실체 혹은 정신이라는 관념과 마찬가지로 절대 우리가 이해하고 인식할 수 있는 것이 아니다"[13]라고 말했다. 18세기 프랑스의 유물론 역시 이러한 관점을 가지고 있었다. 돌바크는 다음과 같이 말했다. "우리는 그 어떤 사물의 실질도 알 수 없다. 실질이라는 단어가 해당 사물의 본성을 가리킨다면 말이다. 우리는 단지 사물이 우리에게 작용하는 방식, 즉 인상, 표상 및 관념을 환기하는 것에 근거하여 사물의 성질을 인식하게 되는 것이다."[14] 이러한 구식 유물론을 대표하는 이들은 모두 물질세계의 '실체' '실질'은 알 수 없다는 사상 혹은 관점을 가지고 있었다. 이는 곧 이러한 관점이 구식 유물론에서 우연히 나타난 과오가 아님을 설명해준다. 유물론은 정태적 감각과 지각에서 출발해 외부 세계의 사물에 대한 인간의 인식이 정태적 감지의 제약을 받는다는 점만을 본다. 예컨대 돌바크는 물체가 우리에게 환기시키는 인상·표상·관념에 근거해서만 물질을 알 수 있으며, 이러한 인상·표상·관념을 떠난 물질 자체가 어떠한가에 대해서, 즉 이 사물의 '실질' '본성'이 어떠한가에 대해서는 알 수 없다고 말한다. 구식 유물론은 정관적 감지에 의한 인상을 이해할 뿐이며, 단순히 감각과 지각에서 출발해 필연적으로 이 같은 결론을 도출하게 된다. 이 결론은 결국 관념론에 빈틈을 보이고 말았다. 버클리는 로크의 감각론에서 출발해 객관 세계는 인간의 감지에 의존한다는 주관 관념론을 발전시켰다. 하지만 유물론과 버클리는 여전히 근본적으로 대립관계이다. 유물론은 설사 '실체'와 '물체의 본성'이 아무리 불가지하다 할지라도 그것들이 인간의 주관적 의식에 의존하지 않고 독립적으로 존재하는 모종의 객관적 물질이라 생각한다. 하지만 버클리는 오히려 세계에 물질이란 없으며, 존재하는 것은 오직 인간의 감지와 그러한 감지를 일으킨 최종 원인, 즉 신뿐이라고 주장한다.

칸트의 '물 자체'는 상대적으로 유물론(로크)에 더 근접해 있지, 버클리와는 다르다. 칸트가 구식 유물론의 중대한 약점을 이용하고 거기에 맞서 자신의 관점을 전개한 것은 버클리와 근본적으로 차별되는 점이다. 버클리는 직접적이고도 간단하게 철저한 주관 관념론과 유신론을 이끌어냈다. 칸트는 간접적이고도 복잡한 방식을 통해 점차적으로 이원론에서 초월적 관념론으로 나아갔다. 이러한 관점 이동은 훨씬 복잡하며, 칸트의 주관 관념론은 버클리에 비해 훨씬 더 치밀하고 중요하며 깊이 있는 것이었다.

2 인식 한계로서의 '물 자체'

칸트의 '물 자체 불가지론'은 곧 '물 자체'는 존재하지만 초험적인 피안彼岸에 속하기에 우리의 인식이 닿을 수 없음을 말한다. 그러므로 '물 자체'의 존재는 인식의 어떤 한계, 인식이 넘을 수 없는 표식을 의미한다. 그리고 이것이 이른바 '본체'이기도 하다. 칸트가 『순수이성비판』에서 매우 중요하게 제기했듯, '본체'라는 단어는 바로 인식에 한계를 규정하여 사용하기 위해서였다. 이 점이야말로 '본체'가 인식론에서 갖는 가장 중요한 함의일 것이다. '본체'는 '현상'과 서로 대립하고 인간은 인식 현상에 한정될 뿐이다. '비판철학' 전체는 바로 이 점을 설명하기 위한 것이다. 칸트는 다음과 같이 말했다. "감성 직관이 물 자체와 감성적 지식을 한정하는 객관적 유효성으로까지 확대되는 것을 방지하기 위해 본성 개념은 반드시 필요하다. 이렇게 잔존하는 사물이면서 감성적 지식이 적응할 수 없는 것을 일러 '본체'라고 한다."[15] 칸트는 이 '본체'라는 개념의 쓰임이, 감성적 경험이 가닿을 수 없고 어떤 재료도 획득할 수 없는 '소극적' 한계를 가리키는 데 있다고 보았다. 하지만 지성은 이 개념을 사용해 감성을 제한할 뿐 아니라 동시에 지성 자신을 제한한다. 즉 실체, 인과 같은 어떤 지성적 범주, 원리도 마찬가지로 '물 자체'에 행사되거나 응용될 수 없다. 왜냐하면 이미 '물 자체'가 감성적 경험의 대상이 아니라면, 지성 범주가 그것에 응용되는 것은 아무런 의미도 없고 어떤 객관적 효력도 갖지 못하며 어떤 인식과 지식도 낳지 못하기 때문이다. '물 자체'는 '본체' 개념으로서 실질적으로 "……경험적 원리의 한계로 작용하고, 그 자신은 그러한 원리의 범주를 넘어서는 다른 어떤 지식 대상을 함축하거나 계시하지 않는다."[16] 이는 곧 칸트의 '물 자체 불가지론'의 소극적 측면으로, 다시 말해 그것이 단지 경험, 인식 한계의 표지로서만 의미를 가질 뿐 긍정적 함의는 갖지 못한다는 것을 말한다. 이것이 '물 자체'의 기본적 함의이기도 하다. 그렇기에 이른바 '물 자체'와 현상계의 구분은 오히려 양자를 구분하여 말하는 것이 아니다. 하나는 알 수 있고 다른 하나는 알 수 없다는 것은 오히려 동일한 대상을 가리키는 것으로, 하나는 인식할 수 있는 것(현상계)이고 다른 하나는 인식할 수 없는 '자체'(물 자체)를 가리키는 것이다.

분석하자면, 칸트의 알 수 없는 '물 자체'는 실상 두 가지 측면을 가지고 있다. 하나는 대상-객체에 속하는 것으로, 앞서 설명한 객관적 물질세계의 본질이다. 이외에 주체적 측면, 즉 '초월적 연역' 중 '초월적 대상'과 대립하는 '초월적 자아'—'초월적 자아'는 '초월적 종합 통일'로서의 '자아의식'이기도 하다—의 측면이 있다. 5장에서 살펴봤듯, 이 초월적 '자아'는 경험 의식 안에서 형식과 기능으로만 나타날 수 있다. 그 자체는 도대체 무엇인지, 즉 인식 주체로서 초월적인 '나는 생각한다' '순수한 자아'는 도대체 무엇인지 역시 알 수 없다. 칸트는 다음과 같이 말했다. "……매우 명확하게, 객관을 인식하기 위해 내가 전제해야만 하는 것 자체를 내가 객관으로 인식할 수 없다는 것……"[17] '초월적 자아'는 시간의 원천이다. 하지만 그 자체는 시간 속에 있지 않다. 그러므로 어떤 경험적 현상의 영역에도 속하지 않는다. 따라서 그것 역시 하나의 '물 자체'다. 엥겔스가 언급했듯, 칸트는 "'자아' 속에서, 마찬가지로 인식할 수 없는 물 자체를 찾아낸다."[18] 이 '인식할 수 없음'은 인식 대상의 '자아'가 아니라 윤리 도덕적 '본체'이다. 이에 대해서는 이번 장의 말미와 뒤의 8~9장에서 상세하게 논하기로 한다.

여기서 주의할 점은, '물 자체'가 감성의 원천이자 인식의 한계, 즉 인식 범위 밖에 독립적으로 존재한다는 것이다. 이러한 의미에서 보았을 때, '물 자체'는 일종의 초험적transzendent 대상이다. 하지만 칸트는 『순수이성비판』의 많은 부분에서 '물 자체'를 '초월적transzendental 대상'과 거의 동일한 의미로 말하고 있다. 하지만 이 둘의 의미는 서로 구별된다. '물 자체'는 칸트의 사유 안에서 인식의 한계라는 차원의 함의로서 여러 가지 용법을 가지고 있다. 하지만 '초험적 대상'과 '초월적 대상'은 그중에서도 가장 중요한 두 가지 용법이다. 또한 이른바 본체론과 인식론의 서로 다른 용법이기도 하다. 인식론에서 중요한 것은 '초월적 대상'이다. 인식할 수 없다는 점에서 양자는 동일하다. 하지만 '초험적 대상'은 인식의 모든 대상을 넘어서는 것이고, '초월적 대상'은 특정한 대상을 넘어서는 것이다. 다시 말해 '초월적 대상'이란 우선 구체적으로 확정될 수 없는 하나의 대상, 즉 어떤 X의 존재를 인식의 전제이자 조건으로 인정해야 한다는 것이다. 아울러 주체의 표상적 잡다함이 의식 안에서 통일되는 근거라는 것도 인정해야 한다. 이 불확정적인 미지의(또한 영원히 알 수 없는) 물체 X가 곧 '초월적 대상'이다. 그렇기에 '초월적 대상'은 주체 인식과 서로 대립되며, 주체의식의 통일의 대상적 근거로서 실제로는 이미 인간의 인식과정 속에 진입해 있다. 이것은 일체의 인식을 넘어서는 '초험적 대상'과는 매우 다른 것이다. '초월적 대상'은 어떤 특정한 경험의 대상이 아니라 그러한 경험을 인식하는 데 필요한 전제이자 조건이다. 이에 대해 칸트는 다음과 같이 말했다. "개념을 통일시키는 것은 곧 X의 대상의 표상이다."[19] "현상은 물 자체가 아니다. 단지 표상일 뿐이며, 따라서 반대로 현상의 대상은 그 자체로 우리의 직관이 될 수 없다. 따라서 현상의 대상은 비경험적 대상이라 할 수 있다. 즉 초월적 대상 = X인 것이다."[20] "현상 일반과 그에 연관된 대상을 일러 초월적 대상이라고 한다. 이는 어떤 물체 일반의 완전히 미확정적인 것에 대한 사상이다. 그것을 본체라 부를 수는 없다. 왜냐하면 나는 그 자체에 대해 일반적 감성의 직관 대상으로서의 의미 이외에는 아무것도 알지 못하기 때문이다. 따라서 모든 현상이 동일하다는 것 외에, 나는 그에 대해 아무런 개념도 갖지 않는다."[21] 이러한 이유에서 '초험적 대상'과는 다른 '초월적 대상'은 인식의 영역 안에서 미확정적이고 인식할 수 없는 어떤 X를 대상의 측면에서 인식을 진행시키는 필요조건으로 긍정할 것을 요구한다.[22]

'초월적 대상'과 '초험적 대상'을 구별함으로써 우리는 '초월적 대상'으로서의 '물 자체'를 통해 칸트가 실제로 가리키고자 했던 것이 주관(초월적 자아)과 객관(초월적 대상)의 두 측면을 모두 포함하는 인류 인식의 필요조건이었음을 알 수 있다. 여기서

'초월적 자아'는 또다른 '초월적 대상'으로서의 물 자체라고 할 수도 있다. 요컨대 이것들은 그 존재를 인식의 조건으로 긍정해야 하면서도 그 자체가 무엇인지 알 수 없는 X라고 할 수 있다. 이 두 가지 X 중 하나는 감성의 원천이고 기초이면서 인식을 진행하는 데 필수적으로 먼저 설정해야 하는 대상이다. 다른 하나는 지성의 원천이고 기초이면서 인식을 진행하는 데 반드시 우선적으로 설정해야 하는 주체이다. 둘 모두 인간의 인식 진행에서 필요조건이며 그 자체로 인간의 경험 범위와 인식의 가능성을 넘어선다. 칸트 인식론의 주제는 본래 '인식은 어떻게 가능한가'이다. 하지만 최종 결론은 두 가지의 인식할 수 없는 X로 귀결된다. '초월적 대상'인 X는 감성적 재료와 그에 상응하는 인식의 대상을 제공하고, '초월적 자아'의 X는 지성의 범주와 통일 종합의 의식을 제공한다. 그리하여 인식이 구성되는 것이다. 하지만 첫번째 X는 어떻게 감성적 재료를 제공하는가? 또한 두번째 X는 어떻게 지성적 범주와 원리를 제공하는가? 전자는 객체 자체와 연관되고 후자는 주체 자체와 연관된다. 이들의 실질과 원천 및 존재는, 칸트가 솔직하게 인정하듯, 그가 대답할 수 없는 문제였다. 이 두 가지 X의 관계는 당연히 X이며 알 수 없는 것이다. 다시 말해 인간 경험의 범위를 넘어선다. 이 두 가지의 대답할 수 없는 초월적 X는 칸트 인식론 전체를 덮는 거대한 그림자로서, 여러 대목에서 일련의 '알 수 없음'을 구성하고 있다. 이는 『순수이성비판』 중 수많은 부분과 여러 핵심 대목에서 찾아볼 수 있다. "……직관된 잡다함은 반드시 지성의 종합보다 앞서서, 그리고 거기서 독립해 주어져야 한다. 이것이 어떻게 발생하는가는 여전히 규정되지 않았다."[23] "우리 지성의 이러한 특성은 범주를 통해서만 비로소 통각의 선험적 통일을 만들어낼 수 있다. 또한 범주가 이렇게 일정한 수에 한정되는 이유를 더욱 상세하게 해석할 수 없다. 이는 우리가 왜 다른 성질의 것이 아닌 이러한 성질의 판단 능력을 가지고 있는가, 혹은 왜 시공간만을 우리의 가능한 직관형식으로 갖는가의 문제를 설명할 수 없는 것과 마찬가지다."[24] "……왜 우리의 외적인 감성적 직관의 초월적 대상은 공간 속의 직관만 주고, 다른 직관의 방식을 주지 않는가와 마찬가지로…… 이것은 우리의 이성이 답할 수 있는 능력을 넘어선다."[25] "외적 직관(즉 공간과 공간 속의 형상, 운동 등의 직관)이 어떻게 사유의 주체 안에서 가능한가, 이 문제에 답할 수 있는 사람은 없다."[26] 칸트는 또다른 곳에서 더욱 명확하게 이야기했다. "우리는 왜 이러한 감성과 지성을 가지고 있는지, 그리고 그것들의 연합이 왜 경험을 가능케 하는지 설명할 수 없다. 마찬가지로 지성의 완전히 서로 다른 연원이 어떻게 결합하는지도 해석할 수 없으며, 그것이 어떻게 경험의 가능성을 일반적으로 보증하는지, 그리고 우리가 현재 실제적으로 가지고 있는 자연에 대한 경험이 어떻게 가능하게 되는지도 설명할 수 없다. 이러한 자연의 경험은 다수의 독특한, 단지 경험적일 뿐인 규칙을 가지고 있다. 이 규칙은 지성이 우리에게 선천적으로 알려줄 수 없는 것이다. 이는 마치 자연이 목적을 가지고 지성에 적응하는 것과 같이 왜 경험을 통하지 않고서 완전히 무지한 자연이 오히려 우리의 지성과 일치하는지를 말하는 것과 같은 것이다"[27] 등등.

하지만 그 지위가 동등하다고 할 수 있는 X, 즉 '초월적 대상'과 '초월적 자아'는 자체의 체계 속에서든 철학사의 발전 속에서든 오래 지속될 수 없었다. 요컨대 하나가 다른 하나를 삼키고, 하나가 다른 하나를 만들어냈다. 항상 이원론은 일원론으로 대체되는 것이다.

칸트 자신은 최후에 다음과 같이 결론을 내렸다. 칸트는 인류가 그 기초와 근원을 절대 탐색하거나 찾아낼 수 없다고 생각했지만, 그가 보기에 완전히 분리된 감성과 지성은 하나의 공통된 근거를 가지고 있을 수도 있었다. 칸트는 서로 대립되는 '초월적 대상'과 '초월적 자아'라는 두 가지 알 수 없는 X가 동일한 것일 수도 있다고 보았다. 인류가 알 수 없는 X를 파악할 수 없고, 그것이 신神-지성직관의 범주(10장 참조)에 속한다 할지라도 말이다. 칸트는 『순수이성비판』의 서론 말미에서 "인류의 지식은 두 가지 원천을 가지고 있다. 바로 감성과 지성이다. 감성과 지성은 대체로 우리가 알지 못하는 공통의 근거에서 유래한다"[28]라고 말했다. 다른 곳에서는 또 이렇게 밝혔다. "……설사 자연의 전부를 알 수 있다 할지라도 우리는 영원히 자연의 그러한 초월적 문제에 답할 수 없다. 왜냐하면 우리의 내적 감각 외에는 우리 자신의 영혼을 관찰할 수 있는 다른 직관이 없기 때문이다. 바로 거기에 우리 감성 능력의 근원적 비밀이 잠복해 있다. 감성과 대상의 관계, 그리고 이러한 (객관적) 통일의 초월적 근거는 결국 내적 감각을 통해 자신을 인식할 수밖에 없고, 그렇기에 현상으로서만 아는 우리가 될 뿐이다. 그것이 너무도 깊이 숨겨져 있기에 현상 이외의 어떤 것을 탐구하는 도구로서 감성을 사용할 수 없다. 우리가 그 비감성적 원인을 찾는 데 아무리 열중한다 해도 말이다."[29] 이는 곧 우리 인식의 기초가 되는 하나의 공통 근원이 존재하지만 인류는 오직 정관적 감성 능력만을 가지고 있기 때문에, 경험을 초월해 이 '비감성적 원인'을 인식할 수는 없다는 점을 칸트가 간파했음을 보여주는 것이라 할 수 있다. 지성직관을 갖춘 신만이 이러한 영혼의 비밀을 획득할 수 있다. 그리하여 칸트는 다시 한번 말했다. "……우리 지성의 기능과 물 자체가 서로 일치하는 근원이 어디에 있는가라는 문제는 여전히 어둠속에 놓여 있다."[30] "만약 우리가 감성과 지성의 근원에 대해 판단하고자 한다면, 그러한 탐색이 인류 이성의 한계를 완전히 넘어선다는 사실을 목도하게 될 것이다."[31]

서로 대립하는 불가지의 X를 특징으로 하는 칸트의 '물 자체' 학설은 계속해서 다양한 비판과 반대에 부딪혔다. 칸트 당대인들에서 피히테와 헤겔에 이르기까지, 그리고 최근의 실존주의에서 칸트학의 여러 연구자에 이르기까지, 이들 모두 서로 대립하는 X를 통일시키거나, 형이상학적 정신의 실체라는 이념적인 것, 혹은 실증적 체계의 심리적 해석이라는 상상적인 것을 이용해 양자의 '공통 근원'을 만들어내고자 했다. 이는 실상 알 수 없는 '공통 근원'을 정신, 의식, 의지 혹은 신앙이라고 부르는 것이다. 실제로 이러한 시도들은 서로 다른 방식을 통해 '초월적 자아'의 X를 이용해 '초월적 대상'의 X를 합병·추론·파생시킨다. 이를 살펴보도록 하자.

처음부터 칸트의 '물 자체'는 당대인들, 예컨대 살로몬 마이몬, 야코비 등에게 힐난과 비판을 받았다. 이들 모두 '물 자체'가 감지의 연원이라는 의미에서 현상계(즉 인간의 인식)의 근거이자 원인이 되지 못한다고 주장했다. 칸트 철학에 의하면 인과는 오직 현상계에만 적용될 수 있고 '물 자체'는 감성의 연원, 즉 감지의 원인으로 존재하므로, 칸트의 이런 주장은 모순이며 말이 통하지 않는다고 야코비는 주장했다. 야코프 프리스는 칸트와 신비주의자 야코비를 한데 묶어 '물 자체'가 신앙의 대상이라고 주장했다.[32] 야코비의 '물 자체'에 대한 이 유명한 논박은 실상 이치에 맞지 않지만(왜냐하면 칸트는 자유인自由因 학설을 제기했고 명확하게 '물 자체와 그 인과성은 알 수 없는 것'이라고 말했기 때문이다) 후대에 지속적으로 수용되었다. 마이몬은 일찌감치 피히테의 전조前兆를 보여주었다.[33] 그렇기에 칸트가 아무리 재차 불만을 표했다 할지라도 당시 그의 추종자들[34]은 모두 칸트의 '물 자체'가 지닌 유물론의 일차적 함의를 부정하고 주체와 '초월적 자아'로부터 객체, '초월적 대상'을 유추해낼 것을 요구했다. 이러한 추세는 피히테에 이르러 매우 분명해진다. 피히테는 "물 자체는 일종의 순수한 허구이며 실재성이 전혀 없고 경험 안에서 출현하지 않는다. 왜냐하면 경험은 별다른 것이 아니라 필연성의 감각에 수반되는 사상이기 때문이다"[35]라고 말했다. 피히테가 보기에, 사유만이 진정한 실재성을 가질 뿐 또다른 실재성은 존재하지 않는다. 그는 칸트의 사상을 '독단론'으로 평가하고 다음과 같이 말했다. "독단론자는 과연 물 자체의 실재성을 보증하고 싶어한다. 이는 곧 물 자체를 모든 경험적 근거의 필연성으로 본다는 것이다." "철저한 독단론자는 필연적으로 유물론자이기도 하다. 우리는 자유와 자아의 독립성을 설정함으로써만 독단론자를 반박할 수 있다. 이런 독립성이야말로 그가 부정하는 것이다."[36] 헤겔은 피히테를 이어받아 비록 철학은 주관적 '자아'에서 출발할 수 없지만, 객관적 '절대이념'을 통해 모든 것을 삼키고 추론하며 또 파생시킬 수 있고, 감성적 원천으로서의 '물 자체'를 철저히 기각시킬 수 있다고 생각했다. 헤겔의 시각에서 '물 자체'는 이성의 시스템과 상호 대립하는 비이성적인 것이며 이성-논리 안에 집어넣어야 하는 것이다. 이러한 사상은 여전히 칸트의 두번째 X, 즉 '초월적 자아'를 발전시킨 것이며, 이를 본체로 하여 첫번째 X, 즉 '초월적 대상'을 삼켜버린 것이다. 칸트의 이 두 가지 X의 통일은 관념론 노선을 철저하게 관철시킨 것이라 할 수 있다.

얼마 지나지 않아 헤겔의 뒤를 이은 쇼펜하우어는 현상세계(인식)와 대립되는 '삶에 대한 의지'를 '물 자체'로 보아, 세계와 인간의 본질을 구성하는 것은 그런 반이성적 의지라고 생각했다. 그는 플라톤과 인도 철학의 이중세계와 칸트가 언급한 '물 자체'와 현상계의 구분을 합쳐놓고, 의지주의에 기반을 둔 반이성적 철학 체계를 구축했다. 피히테, 헤겔, 쇼펜하우어는 칸트 이후 이름을 떨친 철학의 대가들인데, 모두 칸트의 '물 자체' 학설을 비판했다.

이 철학자들을 계승한 것은 칸트 철학에 대한 현대 주석가들의 해석이다. 켐프 스미스는 '감성과 지성이라는 양축은 같은 뿌리에서 나온 것일 수 있다'는 설명을 하면서 다음과 같이 말했다.

"칸트는 때때로 상상력이 바로 그 공동의 근원임을 암시한다. 상상력은 감성에도 속하고 지성에도 속한다. 또한 수동적이기도 하고 능동적이기도 하다. 이렇게 보았을 때 상상은 확실히 미지의 초감각적 역량이자 '영혼의 깊은 곳에 숨겨져 있는 것'이라고 할 수 있다. 이 초감성적인 것은 우리 인류의 서로 다른 각종 기능의 접합점이라 할 수 있으며, 초감성적인 것이 자연과 자유, 기계론과 목적론의 접합점인 것과 같다."[37] 이는 곧 상상력을 감성과 지성의 공동 근원으로 보아야 함을 말하는 것이다.

하이데거 역시 칸트에 관한 연구서를 저술한 바 있다. 그는 '초월적 상상력'을 전체 칸트 철학의 중심으로 보았다. 그것은 감성과 지성 사이의 교량일 뿐 아니라 순수이성과 실천이성의 공동 근원이다. 하이데거는 직관과 사상의 통일은 비단 인식과정에서만 이루어지는 것이 아니라 '초월적 상상'이 구성한 본체론적 종합에서도 일어난다고 보았다. 하이데거는 '초월적 상상'이 탄생시킨 '틀'을 '비판' 전체의 중심으로 보았다. 이 '틀'은 또한 원시적 시간의 초월적 규정에 불과하며 원시적 시간은 직관적 형식일 뿐 아니라, 지성·상상·직관이라는 모든 인식의 전제조건이다. 이것이 바로 '존재'의 최초 명칭이다. 그렇기에 이른바 형이상학의 근본 문제는, 하이데거의 시각에서, '인간 영혼의 기본적 능력의 통일'의 문제다. 세계에 대한 이해는 우리가 이해하는 방식에 의존하며, 또한 대상이 우리(인간)를 위해 존재한다는 것에 대한 이해에 의존한다. 따라서 칸트의 초월적 대상은 상상의 존재물과 등치되며 초시간적인 초월적 자아로서 과거, 현재, 미래의 통일이다.

칸트 철학에 관한 최근의 연구자인 T. D. 웰든은 칸트 철학을 발전시키는 두 가지 방향이 있다고 주장했다. 첫번째는 헤겔이 선택한 형이상학적 태도이고, 다른 하나는 이른바 실증적인 과학적 태도, 즉 경험 심리학을 통해 칸트 철학을 해석하는 것이다. 웰든은 칸트 인식론의 중심 위치를 차지하는 것, 감성과 지성을 연결하고 감정과 지성의 특징을 가지면서도 양자와 다른 것이 바로 '상상력'이라고 생각했다. 웰든은 이 상상력이 곧 직관할 수 있으면서(감성) 종합의 작용도 할 수 있는 중심 고리라고 주장했다. 다만 이 두 기능을 칸트가 혼동해서 명확하게 설명하지 못했을 뿐이라는 것이다. 상상력은 형이상학에서 출발해 해석할 수 있지만 또한 순수하게 심리학적인 경험 규정이라 볼 수도 있다. 웰든은 명확하게 두번째 방식을 주장했던 것이다. 그는 칸트가 제시한 철학적 인식론의 과제를 실증적 심리학의 문제로 환원하려 한 셈이다.[38]

이를 통해 칸트에 관한 다양한 연구 중에서 켐프 스미스, 하이데거, 웰든을 비롯해 현대 철학 모두 '상상력'을 칸트 철학 중 인식론의 핵심으로 내세워, 형이상학 혹은 실증 과학의 상상력에 대한 규정과 해석을 통해 칸트 철학의 불가지론이 내포한 모순을 해소하려 함을 알 수 있다. 이는 곧 불가지의 '물 자체'를 찾고자 하는 것이라고도 할 수 있다. 칸트의 인식할 수 없는 '물 자체'는 이들에 의해 반박되고 소멸된다. 그리고 정신적 '자아'(헤겔)[39]와 '상상력'이 이를 대체한다. 그러면서 앞서 언급했듯 정신은 인식의 근원이자 본체가 되고, 칸트의 두 가지 X는 최종적으로 관념론적 일원론으로 대체된다.

피히테, 헤겔의 이성주의에서 쇼펜하우어, 하이데거 등 현대의 반이성주의로 이어지는 흐름은 명확하게 자아, 절대이념, 삶에 대한 의지, 초월적 상상력을 통해 '물 자체'를 해석하고 규정하면서 칸트 철학에 수정을 가하려 했다. 마찬가지로 논리실증주의의 노선을 따라 칸트가 제기한 '물 자체'의 문제를 폐기하고, 실증적 과학을 통해 그것을 해석하고 해결하려고 한 것도 일종의 수정이라 할 수 있다. '상상론' 외에 논리실증주의에서 말하는 '실증가능성'의 원리도 마찬가지다. 이 '원리'는 인간의 지식은 경험에서 유래하며, 경험은 반드시 일정한 관찰·측량 등과 연계되어 있다고 본다. 이는 곧 과학이 정리한 관측 가능한 세계다. 우리의 관측을 떠난 객관 세계가 도대체 어떠한지, 그리고 우리의 관측을 떠난 객관 세계와 관측 가능한 세계가 서로 일치하는지 여부는 알 수 없고 심지어 그런 객관 세계가 존재하는지 여부 역시 의미 없는 형이상학적 문제일 뿐이다. 이는 분명 칸트 철학의 반복일 뿐 아니라 흄으로의 회귀다.

요컨대 피히테나 헤겔, 쇼펜하우어 모두 정신 혹은 의지를 통해 칸트의 '물 자체' 문제를 해결할 수는 없었다. 켐프 스미스, 하이데거 혹은 논리실증주의 모두 '상상력'을 사용하지만, 본체론적 상상이든 심리학적 상상이든 칸트의 '물 자체' 문제를 해결하지 못했던 것이다. 정신, 의지 혹은 '상상'은 결코 칸트가 제기한 수많은 '불가지不可知' '불가해不可解'의 열쇠가 될 수 없었다.

3 "인간은 마땅히 실천 속에서 자기 사유의 진리성을 증명해야 한다"

그렇다면 무엇이 그 열쇠인가? 무엇이 칸트가 제기한 각종 '불가지'에 대한 진정한 해답인가? 칸트가 몽롱하게 의식했지만 대답할 수 없었던 그 '감성과 지성의 공동 기초'는 무엇인가? 그것은 절대정신도 아니고 '상상력'도 아니다. 상상력이 심도 있게 탐구하고 연구할 만한 과제라 할지라도 '물 자체'와 인식론의 최종적 기초에 대해 답할 수는 없다. 결국 최종적 기초는 여전히 실천일 수밖에 없는 것이다.

실천은 당대 철학에서 유행하는 어휘이며, 이에 관해 논한 사람은 매우 많다. 하지만 무엇이 실천인가? 그것은 어떻게 규정되는가? 실천과 오관의 감지 및 동물적 생활 활동은 어떻게 구별되는가?…… 이 문제들 모두 분명히 해명되어야 한다. 앞서 계속 설명했듯, 실천은 인식의 기초이자 진리의 척도로서 역사적이고 구체적인 것이라 할 수 있다. 감성이나 이성, 시공간 관념이나 수학, 그리고 형식논리나 변증법을 막론하고 이 모두의 기초인 실천은 역사적 구체성을 갖는 객관적인 사회적 실천이다. 나는 '인식이 어떻게 가능한가'의 문제가 오직 '인류(사회 실천)가 어떻게 가능한가'라는 기초 위에서만 구축되어 해명될 수 있다고 생각한다. 역사를 통해 구체적으로 인류 실천의 본질적 특징을 분석해야만 비로소 인류 인식의 본질적 특징에 대해 답할 수 있다. 인식의 주체는 인간이 아니며, 그렇기에 그 출발점은 정관적 감각, 지각이 될 수 없다. 지식의 주체는 사회 집단이기에 출발점은 오직 역사를 통해 구체적으로 규정된 능동적 사회 실천의 활동일 수밖에 없다. 바로 여기서 인간이 가지는 독특한 본질이 생겨나고 자라난다. '인간은 도구를 제작하는 동물이다'와 '인간은 사유할 수 있는(혹은 이성적인) 동물이다'라는 두 가지 유명한 고전적 정의의 비밀은 바로 이 양자가 사회적 실천의 기초 위에서 통일된다는 데 있다. 인간의 인식만이 고유하게 가지고 있는 감성적 능력(시공간 관념)과 이성적 능력(형식논리, 수학, 변증범주)의 근원은 '초월적' 혹은 '불가지'의 것이 아니라, 실천을 통해 오랜 역사적 시간 속에서 생산·구성·반영·축적되어 주체의 인식 구조가 된다. 주체는 실천의 규칙과 형식으로 객체를 인식하고 파악하며 거기에 동화된다. 칸트가 제기한 두 가지 불가지한 X는 마땅히 폐기되어야 하며, 두 개의 X가 서로 교류 없이 병치되어 있는 국면은 통일될 수 있다. 바로 실천을 통해 통일되는 것이다. 실천은 첫번째 X('초월적 대상'으로서의 '물 자체')의 본질을 제시하고 이를 통해 두번째 X(이른바 '초월적 자아'의 '물 자체')를 구성한다. 실천이야말로 '물 자체'('스스로 존재하는 사물')를 '나를 위한 물체(위아지물爲我之物)'가 되게 하며, '불가지'를 알 수 있는 것으로 만든다. 따라서 실천이라는 것은 결코 추상적이고 주관적인 개체의식의 활동에 머물지 않는다.

마르크스는 "인간은 마땅히 실천 안에서 자신의 사유의 진실성을 증명해야 한다"[40]라고 말한 바 있다. 한편 엥겔스는 다음과 같이 말했다. "칸트가 살던 시대에 자연계 사물에 대한 우리의 지식은 확실히 보잘것없었다. 따라서 그는 모든 사물에 대한 얼마 안 되는 지식 이면에 일종의 비밀스러운 물 자체가 존재한다고 추측할 수 있었다. 하지만 그 이해될 수 없는 사물은 이미 과학의 거대한 진보에 의해 점차 이해되고 분석되고 있으며 심지어 새롭게 만들어지고 있다. 그러므로 우리가 만들어낼 수 있는 것에 대해, 우리는 당연히 그것이 불가지한 것이라고 여길 수 없다."[41] 또한 불가지론에 대해서는 다음과 같이 밝혔다. "가장 설득력 있는 반박은 실천, 즉 실험과 산업이다. 이미 우리 스스로 모종의 자연 현상을 만들어낼 수 있고 그러한 자연 현상의 조건에 근거하여 자연 현상을 만들어낼 수 있으며, 자연 현상으로 하여금 우리의 목적을 위해 봉사하게끔 할 수 있다. 그러므로 이는 그 현상에 대한 우리의 이해가 정확함을 증명하는 것이다. 그렇다면 칸트가 손대지 못한 '즉자적 물체'는 완결된다."[42] 마르크스와 엥겔스의 이러한 언급들은 우리가 로크에서 시작해 프랑스 유물론으로, 그리고 다시 칸트에 이르는 사상사적 흐름이 왜 물체의 '실체' '물 자체' '불가지'의 사상을 갖게 되었는지 이해하는 데 있어 상당한 시사점을 던져준다. 인식론적 원인으로 말한다면, 그것은 곧 그러한 사상이 특정한 시대의 산업과 과학 발전 수준(이는 또한 인류의 사회적 실천이 도달한 특정한 역사적 단계에서의 수준이다)의 반영이라는 것이다. 로크는 일찍이 다음과 같이 말한 바 있다. "인간이 자신이 이해하는 이 협소한 사회에서 행하는 통치는 그가 볼 수 있는 사물로 이루어진 광대한 세계 속에서 행하는 통치와 거의 같다. 사물의 세계 속에서 인간이 어떤 기묘한 비책을 빌리던 간에, 손을 통해 만들어낸 재료를 종합하거나 분리하는 범위를 벗어날 수 없다. 인간은 절대 새로운 물질을 만들어낼 수 없으며 현존하는 사물의 원자原子를 없앨 수 없다."[43] 물론 인간은 물질의 형태를 변화시킬 수 있을 뿐이며, 영원히 철학적 의미의 물질을 생성하거나 절멸시킬 수 없다. 또한 영원히 무無로부터 새로운 물질을 창조해낼 수 없다. 하지만 중요한 것은 로크의 사상이 그 시대의 사회적 실천(산업과 과학)의 수준과 한계를 객관적으로 반영한다는 사실이다. 당시에는 분명 새로운 물질을 '창조'해낼 수 없었고, 수중에 있는 재료의 범위 안에서 분리와 조합을 할 수 있을 뿐이었다. 또한 실제 원자를 '소멸'시킬 수도 없었다. 자연계 사물에 대한 인간의 이해는 분명 파편적이고 표면적이었고, 당시의 산업과 과학은 여전히 초보적인 단계에 머물러 있었다. 그렇기에 당시의 유물론이 중시한 것은 관찰일 수밖에 없었고 그 입각점立脚點 역시 관찰과 지각일 수밖에 없었다. 그리고 바로 이것이 철학이라는 영역에서 인식할 수 없는(불가지한) '실체'(로크), '물체의 본성'(돌바크), '물 자체'(칸트)가 생산된 중요한 원인이다. 현대 산업과 과학의 찬란한 진보는 '수중에 있는 현실적 재료를 이용해 분리나 종합을 행하는' 수준을 이미 훨씬 넘어섰다. 비단 원자핵 분해뿐 아니라 물질의 형태 변화를 통해 각종 유기 화합물과 같은 수천 종의 새로운 물품과 물질을 '창조'해낼 수 있다. 가속기加速器를 사용하는 과학 실험과 같은 활동은 일반적으로 감각, 지각을 기초로 하는 개체의 일상 활동과 고전적인 관찰, 귀납 등의 인식론적 방법을 큰 폭으로 넘어섰다. 현대의 산업과 과학기술은 날이 갈수록 더욱 선명하게 사회적 실천의 본성을 드러내고 있고, 물질세계 자체의 역량 이용과 이 세계(예컨대 원자, 중성자 같은)에 대한 능동적 '간섭'을 통해 관찰을 이끌어내고, 인식을 부단히 심화시켜 날이 갈수록 '물 자체'가 '나를 위한 물체'로 변해가는 인식론적 진리를 더욱 분명하게 드러내고 있다. 앞서 엥겔스의 언급은 바로 마르크스가 「포이어바흐에 관한 테제」에서 밝힌 내용, 인간은 반드시 실천 속에서 자기 사유의 객관적 진리성, "즉 자기 사유의 현실성과 능력, 다시 말해 자기 사유의 차안성此岸性"[44]을 증명해야 한다는 것을 구체적으로 설명해준다고 할 수 있다. 이 실천은 사회적 실천, 즉 산업과 과학이다. 그러므로 칸트에 대한 엥겔스의 비판을 통속적으로 해석하여 불가지론에 대한 엥겔스의 비판이 철학적 의의와 가치가 없다고 여길 수는 없다. 앞서 4장에서 이미 엥겔스가 오직 인간의 실천활동만이 원인과 결과의 필연적 객관성을 증명할 수 있음을 강조했다고 설명한 바 있다. 여기서 엥겔스는 또 개체의 감지적 경험이 아니라 인간의 실천활동만이 근본적 차원에서부터 부단히 심화되어가는 인식임을 강조했다. 이 두 가지 논점은 서로 밀접하게 연관되며 실상 하나와 다름없다. 실천은 감지적 경험과 다르며 관찰과도 다르다. 그것은 역사적 총체성을 띤 객관적 특징이다. 감지, 관찰이 아닌 실천(과학 실험과 같은)이 비로소 인식의 출발점이다. 관찰과 감지는 차라리 결과와 검증이라 할 수 있다. 이 또한 이 책에서 강조하듯 물질적 도구를 사용하고 제조하는 사회적 실천에서 출발해야지, 감지적 경험 혹은 언어에서 출발하여 인간의 인식을 논해서는 안 된다는 근본적 관점인 셈이다.

그러므로 인류학의 본체론적 문제를 중시해야 한다. 왜냐하면 그것은 경험이나 언어, 논리를 본체로 하는 것과는 중대한 차이점이 있고, 이 본체론은 인류 본체로서의 세계 현실에 대한 실천 관계를 강조하기 때문이다. 인류학의 본체론은 곧 주체성의 철학이다. 앞서 언급했듯, 본체론은 두 가지 측면으로 나뉜다. 첫번째는 사회적 생산 방식의 발전을 지표로 하는 것으로, 과학과 기술, 산업과 예술의 진보를 특징으로 하는 인류 주체의 외재적인 객관적 진행, 즉 물질문명의 역사적 발전과정을 가리킨다. 또다른 측면은 각종 심리 기능(지력, 의지, 심미審美라는 영혼의 3대

구조와 같은) 및 그 물질화된 형식(예술, 철학과 같은)의 구축과 발전을 성과로 하는 인류 주체의 내재적인 주관적 진전이다. 이는 곧 정신문명이라 할 수 있다. 양자는 첫번째 측면을 기초로 서로 연계·제약·삼투되며, 또한 상대적으로 독립되고 자주적으로 발전·변화한다. 인류 본체(주체성)의 이 두 가지 진전은 '자연이 인간을 향해 생성하는', 즉 자연의 인간화의 두 가지 측면(10장 참조)이자 외재하는 자연계 및 내재적 자연(사람의 신체 자체인 몸과 마음)의 개조 변화를 나타내고 있다. 칸트 철학의 공헌은 바로 이 두번째 측면의 문제를 드러냈다는 데 있으니, 주체 심리의 구조—인식, 윤리, 심미의 초월성(보편 필연성) 문제를 포함하여—를 전면적으로 드러냈다는 것이다. 이 책의 목적은 칸트가 제기한 이 문제의 현대적 의의를 특별히 중시하고, 이 문제에 관한 새로운 방향을 이해하고 해결하는 것이다. 이 점이야말로 이 책이 말하고자 하는 칸트의 '비판철학'에 대한 비판이다.

4 이성 이념으로서의 '물 자체'

칸트의 '물 자체'는 일종의 인식할 수 없는 인식의 한계에 그치지 않는다. '물 자체'가 그저 인식의 한계로만 존재한다면, '물 자체' 자신의 존재를 긍정할 필요가 있는지 여부가 문제가 된다. 칸트는 이에 대해 이른바 '본체(물 자체)'의 존재 가능성과 불가능성은 모두 인식할 수 없고 "이러한 대상은 절대적으로 부정될 수 없으며" 또한 "그러한 대상에 대한 확정적 개념 역시 없다." "그것은 불확정적 태도로 답할 수밖에 없는 문제일 뿐……"[45]이라고 말했다. 하지만 칸트가 지속적으로 주장했듯, 물 자체는 설사 알 수 없는 것이라 할지라도 항상 존재한다. 그리고 이 때문에 세번째 차원의 함의, 즉 '물 자체'는 비록 인식할 수 없지만 사고의 대상으로 존재할 수 있다는 함의를 갖게 된다. 『순수이성비판』 2판 서문에서 칸트는 "우리는 물 자체로서의 어떤 대상도 인식할 수 없으며, 그것을 감성적 직관의 대상, 즉 현상으로서 인식할 뿐"이라고 강조하는 동시에, "반드시 기억해두어야 할 것은 비록 우리가 인식할 수는 없지만 최소한 물 자체로서의 그것들을 사유할 수는 있다는 것"[46]이라고 말했다. 칸트는 우리가 '현상'과 '본체'를 구분할 때, 후자를 단지 지성적 사유의 대상으로 이미 포함하면서 감성적 직관의 대상인 전자와 구별하므로 "후자를 지성적 존재물(본체)로 부른다"[47]라고 주장했다. 이는 곧 '물 자체'가 이지에 의해 긍정되는 사유의 존재물이라는 뜻이다. 이 존재는 현상으로서의 감성적 존재체存在體와 서로 대치하면서도 현상의 기초인 지성적 존재체, 즉 현상과 서로 대치하면서도 현상의 기초인 '본체'이다. 칸트는 여기서 '본체'의 '소극적 함의' 외에도 '적극적 함의'를 제기하고 있다.

'소극적 함의'(또는 '부정적 함의')는 '물 자체'가 감성적 직관의 대상이 아니라 상술한 인식 한계로서의 두번째 차원의 함의를 가리킨다. '적극적 함의'(또는 '긍정적 함의')는 곧 '물 자체'가 일종의 비감성적 직관의 대상일 수 있음을 가리킨다. 그리고 그것이 '그럴 수 있음'이지 '반드시 그러함'은 아니라는 데 주의를 기울여야 한다. 두번째 차원의 함의가 강한 성격의 함의를 갖는다면, 여기서는 약한 함의를 갖게 된다. 이는 곧 일종의 지성적 직관의 인식 대상이 '물 자체'로서 존재할 수 있음을 허락한다는 뜻이다. 하지만 사람은 이러한 종류의 지성적 직관이 없으므로 그것을 사유의 대상으로서, 즉 인간의 지성적 범주를 초경험적으로 대상에 사용하는 것으로 여길 수밖에 없다. 이러한 사용 결과로 아무런 인식도 얻을 수 없다 할지라도, 그것은 인식에 대해 매우 중요한 의의와 작용을 갖는다고 할 수 있다.

칸트는 "만약 우리가 본체라는 단어를 사용하여 하나의 물체가 우리의 감성적 직관의 대상이 아니라 우리의 직관적 방식을 완전히 벗어나는 것을 가리킨다면, 이는 본체라는 단어의 소극적 함의라고 할 수 있다. 하지만 만약 우리가 이 단어를 이용하여 비감성적 직관의 대상을 이해한다면, 그리고 일종의 특수한 직관 방식, 다시 말해 우리가 그 가능성을 가지고 있지 않고 심지어 그 가능성을 이해할 수 없는 지성적 직관을 가정한다면, '본체'라는 단어는 적극적 함의를 갖게 된다"[48]라고 말했다. 칸트는 '물 자체'라는 존재의 인식 가능성을 부정한다. 하지만 그 존재를 사유할 수 있고 가정할 수 있다고는 생각한다. 그러므로 이러한 존재는 감성의 원천을 제공하는 첫번째 차원이 갖는 함의의 존재와는 근본적으로 다르다. 그것은 차라리 첫번째 차원이 갖는 함의의 대립면이다. 또한 두번째 차원의 함의의 인식적 한계가 아니라 그 한계의 지양이다. 그러므로 더이상 감성의 원천을 제공하는 유물론적 '물 자체'(인간에게 의존하지 않는 객관적 물질 존재)가 아니며 순수한 감성적-지성적 인식의 한계로서의 소극적 '물 자체'(그 존재 여부는 알 수 없다)만도 아니다. '알 수 없고 다만 사유할 수 있는 것'이 오히려 적극적으로 존재하는 '물 자체'인 것이다. 이는 곧 지성이 감성적 경험의 영역에서 사용하는 범주 원리(실체, 인과, 현실성 등)를 지성 자신에게 사용할 수 없지만 반드시 그러한 범주를 이용하여 사고(다시 말해 지성 범주의 진행을 초경험적으로 자신에게 사용하는 것)해야 하는 대상임을 말하는 것이다. 여기서 '물 자체'는 지성으로 하여금 영원히 추구하게 하지만 가닿을 수 없는 '적극적' 가정의 대상이 된다. 이 또한 앞 장의 '이율배반'에서 언급한 이성의 이념이기도 하다.

칸트가 '이율배반'과 '초월적 이상' 등을 다룬 부분에서 신, 자유, 영혼 등 이성의 이념을 제기한 것은 그것들이 지성을 통일시키고 인도해 이성의 이념을 추구하도록 하여 경험의 영역 안에 있는 인식으로 하여금 최대한도의 통일과 체계화에 가닿도록 하는 동력 혹은 능력이기 때문이다. 이는 또한 '물 자체'가 인식론에서 갖는 세번째 차원의 함의이기도 하다. 칸트는 다음과 같이 말했다. "……그것들은 탁월한 그리고 결여될 수 없이 필연적인 규제적 사용을 갖는다. 즉 지성을 규제하여 어떤 목표를 추구하게 한다. ……이 점은 하나의 이념이자 상상의 초점일 뿐이며 경험의 범위 밖에 있다."[49] "체계의 통일(단지 이념으로서의)은 단지 일종의 계획적 통일이고 자기 스스로 정하는 것이 아니다. 그것은 하나의 과제로 인식되어야 할 뿐이다. 이러한 통일은 우리가 지성으로 하여금 잡다하고 특수한 사용 속에서 원리를 발견하게 하고 그러한 미결정된 사례들에 주의를 기울여 그 사례들을 일관되게 만드는 데 도움이 된다."[50] 칸트는 마치 화학자가 모든 소금을 산과 염 두 종류로 환원시키고 더욱 근본적인 동일 물질을 구하는 것, 그리고 이른바 '절약의 원리'(신학과 스토아학파의 '기본적 항목에 첨가를 해서는 안 된다는 원리'에서 유래한)*가 모두 이상적인 이론 개념을 통해 사람들로 하여금 자연을 더욱 심도 있게 연구하게 하는 것이 매우 유용한 것과 마찬가지로, 신과 같은 이성의 이념 역시 그와 같다고 생각했다. 예컨대 이성의 이념인 신(그리고 영혼, 자유)이 '만약' 존재하여 세계 최고의 원인으로서 세상 만물의 목적성을 드러내고 경험에 관한 가장 거대한 체계의 통일을 달성한다고 가정한다면, 신이 존재한다는 것은 자연을 연구하는 데 유익할 것이다.[51] 이것은 지성이 감성에 작용하여 인식을 구성하는 '구성의 원리'와 구별되는 '규제의 원리'다.

이른바 '규제'를 '구성'이라는 개념과 비교해서 말한다면, '구성'은 지성이 감성에 작용하여 지식을 구성하는 것을 말한다. 하지만 '규제'는 이성이 지성을 안내하여 규범으로 인도하는 것을 말한다. 칸트가 '범주'와 '이념'을 나누고, '구성의 원리'와 '규제

* 이에 대한 자세한 사항은 임마누엘 칸트, 『순수이성비판 2』, 백종현 옮김(아카넷, 2013), 817쪽 주 419 참조.

의 원리'를 구분한 것은 '비판철학'의 가장 중요한 기본 사상이라 할 수 있다. 여기서 '범주'와 '구성의 원리'는 감성적 경험에 적용되어 지식을 구성하는 과학 원리다. 반면 '이념'과 '규제의 원리'는 규범적 인식을 규제하며, 그 자체로는 감성적 경험이 지식을 구성하는 데 작용하지 않는다. 이것은 과학의 원리가 아니라 매우 중요한 방법론적 철학 원리다. "……이념은 지식에게 주어진 유일한 통일성이다. 이 통일성이 없다면 우리의 인식은 지리멸렬하게 분해될 것이다."[52] "범주와는 다르게 이성의 이념은 지성의 경험적 사용에 대해 아무런 쓸모도 없다. ……이성의 이념이 요구하는 것은 다만 경험의 총화 속에서 사용되는 지성의 완정성이다. ……이성은 지성의 완정성을 하나의 객체에 대한 인식으로 설정한다. ……하지만 이 객체는 단지 하나의 이념일 뿐으로, 객체를 사용하여 지성적 인식으로 하여금 최대한 이념, 즉 객체로서의 이념에 접근하도록 하고 완정성을 얻게 할 뿐이다."[53] 그렇기에 칸트는 '규제의 원리'와 이성의 이념과 같이 인식에 도움이 되는 것을 제시하는 동시에 구체적인 과학 연구를 그것들로 대체할 수는 없다고 강조했다. "연구 영역 내에서, 만약 물질적 기계성의 보편적 규칙 안에서 원인을 탐구하는 대신에, 그 원인 탐구를 직접 최고 지식의 신비로운 명령에게서 구하려 한다면…… 그것은 우리의 원인에 대한 탐구를 매우 쉬운 일로 바꾸어놓을 것이다. 그렇기에 이는 우리로 하여금 이성의 노력을 이미 완성한 것으로 간주하게 하여 실상 이성의 사용을 방기해버리는 것이 될 뿐이다."[54] 칸트는 "비록 목적론적으로 연계된 시스템이 통일된 규제의 원리를 가지고 있지만", "우리가 확정적으로 무엇을 할 수 있는 것은 여전히 보편 규칙을 준수하기 때문이며 물리와 기계의 연계에 대한 탐구를 견지하기 때문"[55]이라고 생각했다.

이로써 칸트가 강조하는 이성의 이념이 '규제'의 원리일 뿐 '구성'의 원리가 아니며, 이성의 이념과 감성적 직관형식 및 지성 범주의 원리를 구분하기 위해 그가 신을 포함한 모든 이성의 이념이 인식도 과학도 아님을 분명히 하고 있다는 것을 우리는 알 수 있다. 칸트는 "체계적 통일의 이념은 규제 원리로서만 작용하며 우리가 자연의 보편적 규칙에 근거하여 사물의 연계 안에서 그러한 통일을 찾을 수 있도록 안내해준다"[56]라고 말했다. 따라서 과학이 찾고자 하는 것은 여전히 자연의 인과 결정론의 연계일 뿐이다. '최고 존재자의 이상(신)' 역시 이성의 규제 원리에 불과하다. 이 규제는 우리로 하여금 세계의 모든 연결을 마치 모든 이유를 충족하는 필연적 원리에서 산출되어 나오는 것처럼 보게 한다. 하지만 그 어떤 이성의 '이념'도 가정된, '마치' 존재하는 것 같은 최후의 원인 혹은 최고의 지혜로서 경험적 탐구를 규제할 뿐이지, 그러한 탐구 자체를 대체할 수 없고 그 최후의 원인, 최고의 지혜로부터 경험 세계의 지식 혹은 경험 지식으로서의 현실의 원천이나 기초를 연역하거나 직접적으로 논증할 수 없다. 칸트는 자신의 과학 연구와 논문에서 이 원칙에 충실했다. 「달의 화산에 대하여」(1785)에서 그는 "과학이 신에게 호소하여 절망 속에서 해석하게 해서는 안 된다"라고 했고, 총체로서의 자연을 논할 때는 "어떤 신의 안배를 가정할 수 있다. 하지만 최대한 원거리에서 자연의 원인을 찾는 책임을 배제할 수는 없다"라고 했다. 그러므로 한편으로 칸트는 "세계는 현상의 총화이며 그렇기에 현상에 대한 모종의 초월적 근거가 있어야 한다"[57]라고, 즉 감성이 가닿을 수 없는, 오직 순수한 지성으로부터 사유하는 모종의 초험적 대상으로 현상세계의 근거를 삼아야 한다고 주장한다. 이것이 바로 세번째 차원의 함의에서의 '물 자체', 곧 이성의 이념이다. 하지만 다른 한편으로 칸트는 상술한 현상세계의 초월적 근거 또한 실체가 아니며, 이렇게 가정된, '마치' 존재하는 것 같은 최고 원인을 실체화할 수 없다고 생각했다. 그러므로 '물 자체'라는 것의 '적극적 함의'의 존재는 다만 '이념' 속 대상일 뿐이지 실재적 대상이 아니다. "왜냐하면 이러한 성질을 가진 자연 위에 있는 존재자가 있음을 증명할 아무런 이유도 없기 때문이다."[58] 여기에 이르러서는 칸트가 언급했던 '물 자체'와 현상계 사이의 대립이, 불가지의 객관적 물질세계와 지성의 범주가 감성적 재료에 작용하는 현상세계 사이의 대립이 아니라, 무조건적이고 무제한적인 절대적 총체인 이성의 이념과 지성 및 감성의 조건적이고 유한한 경험 사이의 대립으로 변한다. 이것은 또한 우리로 하여금 최대한 경험의 통일성, 체계성, 질서, 완전함에의 이상 및 요구와 유한한 현실적 경험 사이의 대립을 부단히 찾게 한다. 이는 바로 과정 자체 속의 목표와 현상태 사이의 대립이기도 하다. 이것이 '물 자체'에 관한 세번째 차원의 함의의 핵심이 놓여 있는 곳이다.

칸트는 여기서 경험적 지식의 통일과 목적으로서의 이성의 이념을 제기하는데, 실상 이는 관념론적 방식을 통해 세계의 통일성 문제를 제기한 것이라 할 수 있다. 칸트에게 이러한 통일성은 세계의 물질성에 있지 않고 모종의 가정된 이성적 이념의 존재에 놓여 있다. 세계의 물질성을 다루는 자연과학의 탐구가 오히려 그 초월적 이념의 '규제' 아래에서 진행될 것을 요구하는 것이다. 이로써 총체적인 이성의 이념('물 자체')과 유한한 경험적 지식(현상계) 사이의 대립은 곧 절대적 진리와 상대적 진리 사이의 대립이기도 하다는 것을 알 수 있다.

그렇기에 칸트의 '물 자체'는 최후에는 현상계 삼라만상의 통일성의 근거이자 과학적 추구의 목표로 출현한다. 그는 인식의 부단한 전진과 지식의 체계적 통일을 신, 자유, 영혼과 같은 이성 이념의 '규제'라고 말한다. 이러한 이념은 바랄 수는 있지만 닿을 수 없고, 사유할 수 있지만 알 수 없다. '물 자체'로서의 절대 진리는 여전히 인식이 영원히 가닿을 수 없는 피안인 것이다.

인식 영역 내에서 '물 자체'가 갖는 세 가지 차원의 함의는 대체적으로 이와 같다.

헤겔은 칸트의 '물 자체'의 각 측면에 대해 비판을 가했다. 앞에서 언급한 것처럼 초월적 자아를 이용해 '물 자체'를 삼키는 것이 바로 세번째 차원의 주된 내용이었다. 헤겔은 칸트의 이 주관성의 이념을 예리하게 비판하면서, 칸트의 '물 자체'는 일종의 공허한 추상이자 추상적 사유의 산물이라고 지적했다. 헤겔이 보기에 '이념'은 반드시 개념과 객관성의 통일이어야 한다. 이 '이념'은 헤겔의 『논리학』에서 최고의 '총체적 이념'이다. 또한 이념은 본질의 여러 범주(실체, 인과, 상호작용 등)에 있어서 한 차원 높은 인식 단계다. 그러므로 이념은 인식의 경향성, 목적, 그리고 영원히 가닿을 수 없는 '피안'이 아니라 현실과 개념(인식)의 일치이자 통일이다. 게다가 이념은 구체적인 진리이기도 하다. 칸트와는 상반되게, 헤겔은 인간의 인식이 객관 진리를 획득할 수 있다고 강조했다. 헤겔의 관점에 의하면 이 진리는 바로 신에 대한 인식이며 절대이념의 자아인식이다. 헤겔은 칸트가 제시한 '물 자체'의 불가지론을 비판하고, 이성의 이념이 알 수 있는 것임을 강조했다. 하지만 이 '앎'(인식)은 신에 대한 '앎'에 불과하다. 그러므로 레닌이 제기하듯, "칸트가 지식을 얕잡아보았던 것은 신앙을 위한 토대를 마련하기 위해서였다. 헤겔이 지식을 추앙한 것은 지식이 신에 관한 지식이라고 우기기 위해서였다."[59]

칸트의 '물 자체'에 관한 세번째 차원의 함의는 중요한 문제이며 다양한 학파의 철학자들이 이에 대해 저마다 의견을 내놓았다. 헤르만 코엔, 파울 나토르프 등 신칸트주의자들은 이 세번째 차원의 함의에 주목하여 '물 자체'가 무한함을 경험하는 한계 개념에 불과하다는 관점을 과장한다. 그들은 감각 재료 이후에는 '물 자체'라는 것이 존재하지 않으며, '물 자체'는 우리의 인식이 부단히 전진하는 무한한 목표에 불과하다고 주장한다. '물 자체'는 수학에서 말하는 '무한한 점'과 같이 어떤 고정된 존재가 아니고 그저 지시적 방향에 불과하다. '물 자체'는 인식으로 하여금 끊임없이 운동하여 자신에게 접근하게 하지만 영원히 '물 자체'에 가닿을 수는 없다. 이렇게 신칸트주의자들은 감성적 원천이라는 '물 자체'의 첫번째 차원의 함의를 완전히 폐기하고, 두번째와 세번째 차원의 함의를 함께 놓고는 '물 자체'를 그저 사유 자체가 가지는 일종의 요구와 규정이라고 파악한다. C. S. 퍼스가 칸트의 변증론에 흥미를 느끼게 된 것도 칸트의 변증론이 '규제성의 원리'에 근거하여 가장 기본적인 과학 규칙을 모두 가정에 불과한 것으로 파악했기 때문이다. 이러한 관점들은 '물 자체'에 관한 세번째 차원의 함의가 이끌어낸 결론이라 할 수 있다.

칸트가 '물 자체'는 알 수 없지만 존재한다고 주장한 것은 곧 감성 재료가 영원히 제공될 수 있고(첫번째, 두번째 차원의 함의), '물 자체'는 이성 이념으로서 부단히 지성을 인도하여 지식을 추구하게끔 하며(세번재 차원의 함의), 또한 지식이 영원히 진행될 수 있게 한다는 것을 의미한다. 이 관점은 '물 자체'가 알 수 있는 객관 세계이며, 그러므로 경험과 지식에는 한계가 있을 수 있음을 긍정하는 것보다 더욱 중요한 의의를 갖는다. 정관적인 유물론은 곤란해질 수밖에 없다. 실천론의 관점에서 본다면, 인류의 실천과 산업 자체는 부단히 발전·변화하고 새로운 대상과 과제를 무궁무진하게 제공함으로써 사람들이 그런 새로운 대상과 과제를 인식하고 해결할 것을 기다리고 있기 때문이다. 인류의 사회적, 역사적 영역은 더욱 그러하다. 객관 세계는 비단 존재being할 뿐 아니라 생성becoming되는 것이기에 인식에 한계는 없다. 그러므로 인간은 항상 상대적 진리에서 절대적 진리로 접근해가며 그런 과정 자체를 모두 소진할 수 없다. 물 자체와 마찬가지로, 하나의 절대적 진리의 객관적 존재를 설정하고, 인간의 인식이 그 존재에 끊임없이 근접해갈 수 있으며 상대적 진리의 총화 속에서(대대로 이어지는 세대의 연속적 계열 안에서) 계속 접근해간다고 설정하는 것은 의미가 있다. 실천 자체는 현실의 물질적 활동이며 지식의 통일성과 의식의 통일성을 구축한다. 실천은 인식(상대적 진리)을 위해 절대적 진리를 부단히 추구하고 거기에 끊임없이 접근해간다. "인간은 주관적 이념에서 '실천'(과 기술)을 통하여 객관적 진리에 도달한다."[60] "인간은 자신의 실천으로 자신의 관점, 개념, 지식, 과학의 객관적 정확성을 증명한다."[61] 실천을 통해 인간은 진리의 인식을 획득할 수 있다. 전망할 수는 있지만 가닿을 수 없고, 사유할 수는 있지만 알 수 없는 '물 자체'(이성 이념)는 실천을 통해 인간에게 부단히 인식된다. 본체로서의 존재는 여전히 알 수 없다 할지라도 칸트의 '물 자체'의 첫번째(감성의 원천으로서의), 세번째(절대적 진리로서의) 차원의 함의는 오히려 유물론적 실천론의 기초 위에서 통일될 수 있다.

5 인식론에서 윤리학으로

칸트의 '물 자체'는 감성의 원천에서 지성의 한계로, 다시 '규제' 원리로서의 이성 이념으로 복잡한 변화의 과정을 거친다. 그리고 마지막으로 인식론의 범위로 뻗어나가 도덕 실체에 가닿은 후 실천이성의 영역에 진입한다.

칸트는 다음과 같이 말했다. "……이성이 없으면 지성의 일관된 운용도 없다. 지성의 일관된 운용이 없다면 경험 진리에 관한 충족 표준도 없다."[62] 감성의 통일은 지성에 의존하고, 지성의 통일은 이성에 의존한다. 이성의 이념과 초월적 이상(신)은 진리의 최후 표준과 인식의 영원한 지향점이 된다. 이렇게 모든 것은 초월적 진리성으로 통일된다. '규제 원리'로서의 이성 이념은 지성을 인도하여 경험 지식의 최대한도의 통일성을 추구하는 '적극적' 기능만 가질 뿐이며 감성적 경험계에 사용될 수는 없다. 그러므로 이러한 의미에서 모종의 소극적 한정으로서의 함의가 보류되었다고 말할 수 있다. 비록 그 함의가 매우 편진한 것이라 할지라도, 칸트가 염두에 두던 적극적인 '본체'는 아니며 '본체'의 진정성에 대해 적극적인 내용적 규정을 갖고 있는 것도 아니다.

칸트는 이 진정한 적극적인 '본체'가 인식이 아니라 인간의 실천이성일 뿐이며, 과학 지식의 도덕과는 다르다고 생각했다.[63] 앞서 설명했듯 칸트가 말하는 '본체'의 적극적 함의는 '알 수 없고 다만 사유할 수 있는' 대상이다. 여기서 '사유'는 인식이 아니며 사유의 대상은 감성적 직관에 의해 실증될 수 없다. 그렇기에 사유의 존재는 신앙에 의해서만 보증될 수 있음을 함축하고 있다. 칸트의 '물 자체'는 이 사유의 대상에 의해서 자연스럽게 신앙의 대상이 된다. 이는 또한 인식론의 초월적 이념과 이상으로부터 윤리학의 실천이성으로 진입하게 된 것이기도 하다. 칸트는 이것이야말로 진정 '물 자체'의 '본체' 자신이라고 생각했다. 자유, 영혼, 신 등의 이성 이념은 오직 실천이성의 영역 안에서만 비로소 본래 면모의 실체를 갖게 된다. 이 실체는 비록 시종일관 경험적 현상계의 인식 대상일 수는 없지만, 경험적 현상계에 작용할 수 있을 뿐 아니라 모든 경험적 자연계의 경향성이자 귀결점이다.[64] 본체로서의 초감성적 세계 및 현상계와 대치되는 감성적 세계[65]의 경우 초감성적 세계는 김성적 세계에 비해 더 고차원일 뿐 아니라 이 감성적 세계에 작용하기도 한다. 칸트는 『판단력비판』에서 목적론을 사용하여 기계적 통치를 받는 자연과 도덕적, 문화적 인간을 연계하고, 문화적 인간, 즉 도덕적 인간이 자연의 최종 목적이라 주장했다.[66] 『순수이성비판』의 '초월적 방법론'에서도 그는 다음과 같이 말했다. "분명히 자연은 우리를 위한 총명한 준비, 즉 우리의 이성적 구조 안에 있으며 그 최종적 경향성은 분명 도덕적인 것을 지향하고 있다."[67] 자연의 최종 목적은 인간의 세계이고 자연을 초월한 도덕적 인간이다. 칸트의 '물 자체'는 인식론의 이성 이념에서 시작해, 이렇게 최후에는 윤리학적 도덕 실체로 변화한다. 지성을 인도하여 사유 안에서 경험을 통일시키지만 현실적 존재가 없는 목적 개념은 실천을 지배하고 현실 속에서 경험에 영향을 미치는(도덕행위) 실체적 존재로 변화한다. 인식할 수 없고 실제적 용도도 없으며, 객관적이고 유효한 성질도 없는 비경험적 제한 설정(인식론 세번째 차원의 함의)이 막대한 현실적 유용성과 객관적 유효성을 가진 적극적 규정(윤리학적 함의)으로 변해 신앙(종교)과 미학으로 다시 한걸음 내딛는다. 이성 이념은 인식의 영역 안에서 감성적 경험과 현상세계에 작용할 수 없지만, 실천의 영역 내에서는 비단 감성적 경험의 세계에 작용할 뿐 아니라 이 세계의 입법자이자 명령자로 기능한다. 칸트는 "……이념은 능히 그리고 반드시 감성세계에 영향을 미치며 감성세계와 이념을 일치시킬 수 있다. 그러므로 도덕세계의 이념은 객관적 유효성을 갖는 것이다"[68]라고 말했다. 여기서 현상의 근거이자 원인으로서의 '본체'는 B의 원인으로서의 A라는 현상계와 인식론상의 의미가 아니라 도덕이 인식보다 높고, 실천이성이 이론이성보다 우월하다는 의미를 갖는다.(8장과 9장 참조) 그렇기에 칸트는 『순수이성비판』의 마지막 부분에서 재차 다음과 같이 말했다. "이성은 자신의 커다란 관심을 끄는 대상을 예감한다. 하지만 이성이 순수사변의 경로에 근거하여 접근할 때 그 앞에는 아무것도 없다. 아마도 이성에게 남겨진 또다른 경로, 즉 이성의 실천적 사용 안에서만 기대할 만한 비교적 바람직한 성취가 있을 것이다."[69] "심지어 이성이 경험계를 초월하려는 거대한 시도가 실패한 이후에도 우리의 실천이라는 관점에서 보았을 때, 여전히 우리를 만족시킬 여지는 남아 있을 것이다."[70] 이성은 사변의 영역 안에서 신, 자유, 영혼과 같은 절대적 실체를 향한 인식을 찾기 위해 노력한다. 하지만 가닿지 못하고 실패한다. 그래도 실천의 영역 안에서는 성공할 수 있다. '물 자체'는 사람들로 하여금 부단히 노력하여 추구하게 하는 대상이자 과제로서, 인식론에서 윤리학으로 전환되면서 더욱 중대한 함의를 갖게 된다. 칸트는 한편으로는 신을 떠나보내면서(인식의 영역 안에서 신의 존재를 증명할 수 없음을 선언하고) 다른 한편으로는 신에게 접근해간다.(실천의 영역 안에서 신의 필연적 존재를 선언한다.) 『순수이성비판』의 2판 서문은 이를 분명하게 밝히고 있다. “나는 신앙을 위한 자리를 마련하기 위해 지식을 폐기해야만 했다.”[71] ‘본체’로서의 ‘물 자체’가 인식론에서 ‘소극적 함의’(인식할 수 없는 한계)를 갖는 것은 바로 ‘본체’가 윤리학에서 갖는 ‘적극적 함의’를 위해서다. 다시 말해 본체가 실천 속의 주재자主宰者가 되게끔 하려는 것이다. ‘비판철학’의 전체 체계는 이러한 도덕적 실천으로 넘어와 신앙에 도달한다. ‘비판철학’ 인식론의 이원론과 초월적 관념론은 최종적으로 윤리학의 초월적 관념론으로 귀속된다. 칸트의 ‘물 자체’ 학설은 ‘비판철학’ 전체의 중심축으로서 과학과 도덕, 인식과 행위, 자연과 인간을 서로 분리시킨다.

실존주의와 논리실증주의라는 현대 철학의 두 주류적 흐름은 칸트의 이러한 분리를 발전시킨 것이라 할 수 있다. 카를 야스퍼스는 신앙이 인간 존재의 절대적 본질이라 여겼고, 이 본질은 영원히 인식으로 대체할 수 없다고 생각했다. 이 본체론적 학파의 칸트 연구자들은 하이데거의 강렬한 영향 아래에서 칸트의 ‘자아의식’은 결코 순수논리적인 것이 아니라 『실천이성비판』의 도덕윤리적 ‘자아’이며,[72] ‘자아’의 의의는 자유의지, 자유선택, 그리고 자신과 외부 세계의 관계를 자유롭게 결정하는 것 등이라고 강조했다. 이렇게 ‘초월적 자아’는 ‘초월적 대상’을 집어삼키고, 본체론의 반이성주의적이고 신비로운 의의를 갖게 되는 것이다. 또 다른 한편으로, 논리실증주의 역시 윤리와 도덕이 인식과 과학의 영역에 속한다는 것을 부정한다. 이 학파의 영향을 크게 받은 연구자들은 칸트의 ‘물 자체’와 현상의 구별이 두 종류의 서로 다른 실체 사이의 구별이 아니라 그것을 말하는 방식의 구별, 즉 두 종류의 언어 사이의 구별이라고 주장한다. 한 언어는 과학 인식의 영역에 사용되고, 다른 한 언어는 실천과 윤리의 영역에 사용된다. 되풀이하자면, 칸트의 공헌은 바로 과학 언어가 영향을 미칠 수 있는 범위와 대상이 무엇인지를 명확히 했다는 데 있다.[73] 실상 본체와 현상이 서로 다른 두 종류의 화법 혹은 세계라는 것은 칸트 스스로 이미 오래전에 말했던 것이며,[74] 논리실증주의와 실존주의는 여기에 무언가 특별히 신선한 것을 제기하지 못하고 있다. 문제의 실질은 인식 주체로서의 인간과 실천 주체로서의 인간의 관계가 도대체 어떤가에 놓여 있다. 칸트는 관념론적 방법을 통해 이 문제를 제기해야 한다는 점을 인식했지만 결국 해결하지 못했다.(스스로도 해결하지 못했다는 것을 알고 있었다.) 칸트는 재차 그 해결의 곤란함을 표현했다. 플라톤식 해결(두 가지 세계) 혹은 아리스토텔레스식 해결(하나의 세계의 두 종류의 각도, 즉 두 종류의 언어) 모두 출로가 아니었다. 어떤 이는 칸트의 "물 자체 개념이 지속적으로 변화하고, 문제에 따라 전진하고 발전하는 의미를 얻고자 노력했기 때문에", 여러 가지 모습으로 변화하는 그리스 신화 속 바다의 신[포세이돈] 같은 모습이 되었다고 말한다.[75] 이러한 변화의 움직임은 앞서 말한 바와 같이 감성의 원천에서 인식의 한계로, 이어 이성 이념으로, 그리고 다시 도덕 실체로 진입해 들어간다. 객관적으로 말해 피히테와 헤겔의 방향으로 나아가는 것이다. 어떤 이들은 칸트의 『유고』에서 '초월적 대상'으로서의 '물 자체'는 이미 중요하지 않으며, 두드러지는 것은 오히려 사유와 행동으로서의 자아가 모든 것을 구축한다는 점이라고 말한다. '물 자체'는 사유가 스스로를 객체화하여 구축하는 것으로 설정한 대상이 된다. 이것은 당연히 '자아가 비아非我를 건립한다'는 피히테의 사상이다. 하지만 칸트는 만년에 다시 공개적으로 피히테의 그러한 사상과 경향성에 극렬하게 반대하면서 자신의 이론에 아무런 변화도 없음을 강조했다.[76] 많은 사람이 칸트의 이 모순적 태도에 당혹감을 느꼈고, '물 자체'에 대한 칸트의 주장에 변화가 있는지 없는지 단정하지 못하고 있다.[77] 내가 보기에 칸트는 이원론적 사상을 변화시키지 않았다. 다시 말해 의식에서 독립된 외부 실재이면서도 감성에 작용하는 '물 자체'에 대한 사상을 결코 포기하지 않은 것이다. 하지만 실천과 인식의 관계를 해결할 수 없었기 때문에 사상 발전의 논리가 오히려 그를 피히테와 헤겔로 이끌었던 것이다.

또한 헤겔이 절대적 관념론을 사용해 물 자체를 삼켜버리고 실천철학에 대한 비판에 직면하게 된 이후에야 비로소 칸트가 제기한 문제는 진정한 해답을 얻게 된다. 도덕 실체 및 이성 이념으로 존재하는 '물 자체'는 오직 사회적 실천의 기초 위에서 자연과 사회에 대한 인류의 인식과 파악, 그리고 인간 주체의 자유의지와 자각적 활동(9장, 10장 참조) 속에서 비로소 심도 있는 이해를 얻을 수 있다. 칸트의 '물 자체'는 최종적으로 사회윤리의 근본 문제와 연결된다. 비트겐슈타인은 다음과 같이 말한 바 있다. "나는 있을 수 있는 모든 과학적 문제가 해답을 얻을 수 있다 할지라도 우리의 생명에 관한 문제는 여전히 건드릴 수 없다고 생각한다. 당연히 여타의 문제는 남겨지지 않을 것이다. 이것이야말로 해답이다."[78] 비트겐슈타인은 철학의 임무가 사상에 한계를 정해주고 무엇이 말할 수 없는 것인지 밝혀주는 데 있다고 생각했다. 그는 전통 철학이 언어를 오용하여 철학 역시 과학적 명제로서 논했고, 그로 인해 아무런 의미 없는 '헛소리'가 되어버렸다고 생각했다. 하지만 비트겐슈타인은 형이상학에 반대하지 않았고 그것을 예술, 종교, 시詩 등의 영역으로 '쫓아내버렸다.' 그리고 이들 영역이 전시하는 것은 매우 중요한 '생명'의 신비로움이지만 그 신비는 말로 표현할 수 없는 것이고 과학적 인식의 대상도 아니라고 주장했다. 비트겐슈타인의 관점은 근본적으로 흄, 칸트와 아무런 차이도 없다. 차이점이 있다면 비트겐슈타인의 철학 전체가 이런 관점으로부터 직접적으로 유아론과 신비주의로 귀결된다는 점이다. 그가 최종적으로 강조하는 것은 '무위無爲'다. "어떤 것도 그 본래 상태가 되도록 하라." "말할 수 없는 것에 대해서는 침묵해야 한다."[79] 이 현대 철학의 대가는 사회의 규칙과 객관적 전망에 대한 전형적인 태도를 심각하게 드러내면서 그런 문제를 회피하고 '논하지 말 것'을 요구했다. 비록 그가 후기에 언어와 사회생활 사이의 밀접한 관계, 언어적 사회성의 실천 본성을 강조했다고는 하지만 언어 앞에서 멈춰 섰을 뿐이다. 실천철학은 여기서 한발 더 나아가 인류학적 역사본체론의 새로운 길 위에 올라설 것을 요구하고 있다.

8장 윤리학: (1) 도덕명령

1 경험론적 행복주의에 대한 반대

윤리학은 칸트 철학의 또다른 측면이다. 사상 발전의 과정에서 칸트는 뉴턴에서 루소로, 자연철학과 그 철학적 의미의 탐구에서 인간 정신세계의 탐구로 전향했다. 칸트가 '비판철학'을 구축할 때 인식론부터 착수하기는 했지만 이미 윤리학을 인식론보다 높은 위치에 두고 있었다.

칸트 철학의 주안점이 인식론인가 윤리학인가의 문제는 줄곧 논쟁거리였다. 예컨대 대륙(서유럽)의 본체론 학파와 영미권에서 큰 영향을 끼친 카시러로 대표되는 신칸트주의의 분기가 이를 반영한다. 고트프리트 마르틴이 말했듯, "신칸트주의는 철학의 체계를 잡는 작업을 인식론에 한정시켰다. 그리고 그 한계를 칸트 철학과 그 해석으로 확대시켰다. 본체론 학파는 이러한 제한에 반대한다. 철학이 인식론 안에서 자신을 끝까지 탐구할 수 있다는 관점에 반대하고 칸트 철학의 그러한 점에 특히 반대했다."[1] 영미권에서 루이스 화이트 벡 등의 연구자들도 칸트 철학의 윤리학을 강조한다. 나는 이 책에서 본체론 학파에 찬성하고 있으며, 칸트의 개인 주관설*에 대해 윤리학이 분명 인식론보다 고차원에 있다고 생각한다.

앞에서 살펴보았듯, 인식론 안에서 칸트의 '물 자체'는 감성의 원천이었고 인식의 한계이자 이성 이념이었다. 그리고 가닿을 수 없는 '피안'에 위치해 있었다. 그러나 칸트는 도덕적 실천의 영역 안에 있는 이 '피안'이 오히려 현실에 작용할 수 있는 '차안此岸'이라고 생각했다. 지식을 '제한'하는 것은 도덕을 '고양'하기 위해서다. 피안에 가닿기 어렵다는 것은 차안이 그 무엇보다 '존엄'하다는 의미다. 순수이성은 객관적 경험세계 안에서, 그리고 인식론 안에서 무한하고 완벽하며 통일된 이상을 실현시켜 신, 자유 및 영혼불멸의 존재를 논증할 수 없다. 그렇기에 주체의 정신세계와 윤리학 안에서 자신을 실현시킨다. 이론이성의 '비판'은 '인식은 경험을 떠날 수 없다'는 점을 강조한다. 실천이성의 '비판'은 '도덕(원칙)은 반드시 경험에서 이탈해야 한다'는 점을 강조한다. 이론이성은 현실적 응용 안에서 순수하지 않지만 책 제목에 '순수'라는 개념을 명기해놓았다. 실천이성은 응용 안에서 순수함을 요구하지만 책 제목에 '순수'라는 개념을 써넣지 않았다. 이러한 형식적 대칭에 근거해 말한다면, 마땅히 '이론이성비판'과 '실천이성비판'이 되어야 한다. 혹은 '순수이론이성비판'과 '순수실천이성비판'이 되어야 한다. 하지만 이론이성은 경험의 범위를 초월할 수 없고, 만약 초월한다면 검토와 비판을 받아야 한다. 바로 이것이 『순수이성비판』의 주된 논지다. 실천이성의 임무는 바로 순수이성이 실천의 능력을 가지고 있으며 자신의 범위를 넘어서지 않는다는 문제를 논증하고 밝히는 것이었다. 그러므로 칸트는 이를 '실천이성비판'이라고만 부른 것이다.[2] 실상 『순수이성비

* 칸트 철학에서 '주관'은 두 가지 차원의 의미를 갖는다. 우선 인식론적 차원에서 '주관'은 '지성'과 그것을 가능케 하는 '초월론적 주관'에 관한 것이다. 다른 한편, '주관'은 단순히 지성적 사유주관으로만이 아니라 의지적 행위 주체로도 존재하는데, 이 경우에는 그 자체가 무엇인가에 대한 지적 욕구를 제쳐두고 행위의 절대적 주체로 활동한다. 본문에서 말하는 '개인 주관설'은 이 두 내용을 모두 포괄하는 것이다.

판』은 주로 인식론을 다루지만 칸트 윤리학의 기본을 이루는 주요 내용을 포함하며, 그렇기에 이론이성이라는 말 대신 실천이성과 비대칭적 명칭(순수이성)을 사용하는 것이 더욱 적합하다고 해야 할 것이다.

이론이성과 실천이성은 서로 완전히 떨어져 있기는 하지만 여전히 동일한 '순수이성'이며, 이 '순수이성'의 서로 다른 두 측면이라 할 수 있다. 이에 칸트는 "……오직 한 종류 그리고 동일한 이성이 있을 수 있다. 다만 응용에 있어 분리되었을 뿐이다"[3]라고 말한 바 있다. 이들은 모두 자신의 영역, 즉 인식과 윤리 안에서 보편 필연적인 선험원칙을 규정하며 본질적으로는 공통된 것이다. 하지만 그 서술에 있어 이론이성은 감성에서 지성을 거쳐 다시 이성으로 나아가는 반면, 실천이성은 정반대로 원리(도덕명령[4])에서 선악 개념으로, 다시 감성정감으로 나아간다. 이를 표로 나타내면 다음과 같다.

순수이성
- 이론이성: 감성 ⟶ 개념 ⟶ 이성
  (시공간 직관) (범주) (이율배반 등)
- 실천이성: 이성 ⟶ 개념 ⟶ 감성
  (도덕명령=자유) (선악) (도덕감정 등)

칸트는 다음과 같이 말했다. "현재의 경우 우리는 원리에서 출발하여 개념으로 나아가고 이어서 다시 감각으로 나아간다. ……이와 반대로 사변의 측면에서는 부득이하게 우선 감각에서 출발하여 원리에서 멈추게 된다."[5] 왜 이렇게 서로 다른가? 윤리학이 우선적으로 고찰하는 것은 이성과 의지의 관계이고, 칸트는 윤리학이 어떤 경험적 제약도 받지 않고 각종 감각적 경험을 완전히 벗어날 것을 요구했으며, 따라서 [윤리학 연구는] 이론이성이 반드시 이성과 대상의 관계, 그리고 감성적 경험의 제약을 연구해야 하는 것과는 다르기 때문이다. 이는 또한 서두에서 이미 밝힌 바이기도 한데, 하나(이론이성)는 경험과의 연계를 요구하고, 다른 하나(실천이성)는 경험으로부터의 이탈을 요구한다. 하지만 '이론이성'에 있어 칸트는 '선험적 종합판단은 어떻게 가능한가'라는 문제를 제기하고, 지식의 보편 필연적인 객관적 유효성을 탐구하여 그것을 주관적 경험 습관 혹은 '지각판단'과 구별할 것을 요구했다. '실천이성'에 있어서도 칸트는 보편 필연적으로 유효한 성질을 담보하는 객관적 도덕명령을 추구하고 이를 그 어떤 종류의 '주관준칙Maxime'과도 구분할 것을 요구했다. 인식론에 있어 칸트가 '선험적 종합판단'의 경험적 존재를 전제(수학, 물리학 같은)로 하여 그것이 어떻게 가능한가를 탐구했다면, 윤리학에 있어 칸트는 우선 자유를 보편 필연적인 도덕명령으로 긍정하고 비록 자유가 초경험적인 것이라 할지라도 그것이 일상적인 도덕적 경험 속에서 광범위하게 드러나고 존재하기 때문에 그 성질과 표현을 논증할 수 있다고 주장했다. 이를 통해 우리는 경험적 현상 안에서 일종의 선험적 보편원칙을 추구하고 양자가 여전히 동일한 것임을 알 수 있다. 인식론과 윤리학에 관한 칸트의 저작들을 나란히 놓고 보면, 아래와 같은 흥미로운 대칭을 발견할 수 있다.

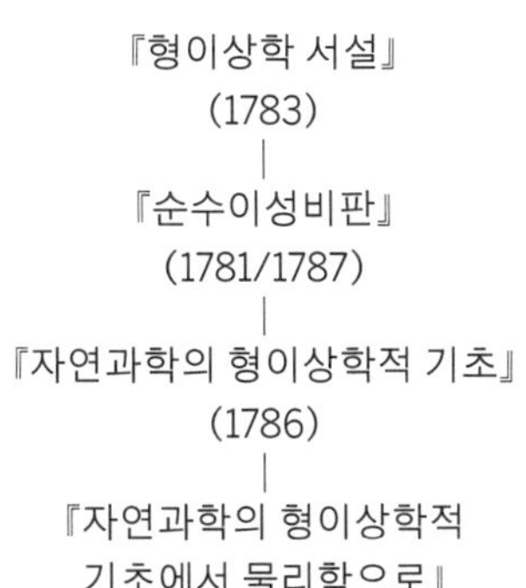

인식론	윤리학
『형이상학 서설』 (1783)	『윤리형이상학 정초』 (1785)
『순수이성비판』 (1781/1787)	『실천이성비판』 (1788)
『자연과학의 형이상학적 기초』 (1786)	『윤리형이상학』 (1797)
『자연과학의 형이상학적 기초에서 물리학으로』 (미완성)	『실용적 관점에서의 인간학』 (1798)

이는 또한 칸트 철학이 추상에서 구체로 나아가는 전체적 과정이기도 하다. 인식론과 윤리학 두 항목의 앞에 자리한 두 저서는 모두 기본원리, 즉 초월철학 혹은 비판철학을 논한다. 그리고 각 항목의 뒤에 자리한 두 저서는 모두 그 초월원리가 어떻게 현실생활에서 응용되는가를 논한다. 예컨대 『윤리형이상학』은 보편이성의 도덕명령을 인간에게 응용하고, "경험으로 알게 된 인간의 특수한 본성을 대상으로 하여 보편적 도덕원칙의 응용을 드러낸다." 이는 곧 실천이성의 분석이 경험적 개괄의 중개, 인식론에 해당되는 『자연과학의 형이상학적 기초』와 마찬가지로, '순수한 것'이 아니라 그 안에 법학과 심리학 등 일반적인 내용도 포함하고 있음을 말하는 것이다. 『실용적 관점에서의 인간학』에 이르러 이 특성은 더욱 두드러진다. 이 책은 구체적인 종족과 개인을 다루는 등 한발 더 나아가 여러 경험적 내용의 구체적 개괄과 서로 연계되어 있다. 그렇기에 앞의 두 책[『윤리형이상학 정초』와 『실천이성비판』]이야말로 보편원리로서의 선험적 도덕명령을 제기하고 논증한다고 할 수 있다. 이 두 책은 인식론의 전기前期를 이루는 두 저서(『형이상학 서설』과 『순수이성비판』)와 함께 칸트 '비판철학'의 기본 저작을 구성한다.

『윤리형이상학 정초』는 대체로 『형이상학 서설』에 상응하며 기본적으로 분석법, 즉 일상적 도덕경험에서 출발해 그 초월적 전제를 추적하는 방법으로 쓴 책이다. 『실천이성비판』은 『순수이성비판』에 상응하며 종합적 방법, 즉 초월적 원리의 분석에서 출발한다. 『윤리형이상학 정초』에 담긴 내용이 『실천이성비판』에 비해 더 통속적이고 잡다하기 때문에, 후대 사람들의 주목을 더 많이 받았다.(이는 『형이상학 서설』과 『순수이성비판』의 경우와는 정반대 상황이다.) 하지만 쇼펜하우어나 J. R. 실버처럼 『실천이성비판』이 『윤리형이상학 정초』에 비해 훨씬 저열하다는 관점은 성립할 수 없다. '인간은 목적이다'라는 중요 사상이 아직 명확하게 논술되지 않았다는 점을 제외하면, 『실천이성비판』의 내용과 구조는 『윤리형이상학 정초』에 비해 더욱 치밀하고 힘이 있다. 이번 장에서는 『실천이성비판』을 중심으로 하되 『윤리형이상학 정초』를 참조하여 논의를 진행해나갈 것이다.

앞서 저술의 형식적 측면에서 대조해보았는데, 그 내용에 있어 인식론의 상황과 서로 대응하여, 칸트 윤리학의 비판은 전통적인 합리론과 경험론을 겨냥하고 있다. 하지만 인식론이 주로 합리론을 겨냥하는 것과는 달리, 윤리학은 경험론을 주된 대상으로 삼는다. 이는 [윤리학의 상황이] 인식론의 상황과 다르기 때문인데, 칸트는 윤리도덕의 영역 내에서 경험론의 위해가 가장 크며, 그것이 '도덕성을 뿌리째 뽑아버리고' 도덕이 도덕이게끔 하는 특징을 말소시켜버린다고 생각했다. 또한 신을 숭상하는 합리론 학파의 윤리학이라 할지라도 최종적으로는 경험의 수준으로 떨어지게 된다고 생각했다. 그렇기에 칸트는 우선적으로 각종 경험론과 명확히 선을 그어야만 한다고 요구했던 것이다. 칸트는 다음과 같이 말했다. "여기서 첫번째 문제는 이것이다. 순수이성 스스로 의지를 결정하기에 충분한가, 아니면 경험에 의해 제약되는 조건하에서만 비로소 의지를 결정하는 동기가 되는가?"[6] 다시 말해 윤리학에서 철저하게 연구해야 할 문제는 바로 근본적으로 도덕을 결정하는 것이 경험인가 이성인가 하는 점이다.

『윤리형이상학 정초』는 경험론과 합리론이라는 두 유파의 도덕이론을 각각 '행복에서 도출되는' 경험원리와 '충만에서 도출되는' 이성원리의 두 종류로 나누었다. 더 나아가 『실천이성비판』에서는 이 둘을 통째로 '실질적' 도덕원리에 포함시켰다. 그리고 모든 '실질적' 도덕원리는 다음 표와 같다.[7]

도덕원리 안에서 실천의 실질적 동기

주관적	외재적: 교육(몽테뉴), 사회조직(맨더빌) 내재적: 자연감정(에피쿠로스), 도덕감정(허치슨)
객관적	내재적: 완전함(볼프와 스토아학파) 외재적: 신의 의지(크루지우스와 신학적 도덕론자)

칸트는 이 내용을 비평하면서 이렇게 말했다. "위쪽에 나열된 각 항은 모두 경험에 근거한 것으로 분명 보편적 도덕원리로는 부족하다."[8] 왜냐하면 이것들은 외재적 습관, 교육, 정부, 입법제도 등에 의해 결정되거나, 아니면 인간 자체의 일반적인 자연적 천성, 즉 쾌락, 고통 등의 본능적 수요, 생리적 욕구 등에 의해 결정되거나, 아니면 모종의 특수한 도덕적 감정(영국의 섀프츠베리와 허치슨 등은 사람에게 내재하는 '제6의 관능', 즉 공리를 추구하지 않는 도덕감, 미감 같은 것이 있어 아름다움과 추함, 선과 악을 직접 분별하고 판단할 수 있다고 생각했다)에 의해 결정되기 때문이다. 칸트가 보기에 이 모든 것은 도덕원리를 직간접적으로 경험(도덕감정 역시 감성적 경험일 뿐이다)에 귀결시키고, 일종의 주관적이고 임의적인 것으로 만들어버려, 도덕원리가 보편필연적인 객관적 유효성을 갖지 못하게 한다. 또다른 측면에서, 아래쪽에 열거된 합리론은 비록 '완전함'과 같은 일종의 객관적 보편성을 요구하긴 하지만, 칸트는 이것이 아무런 규정성도 갖지 못한다고 생각했다. 도덕의 완전함이란 곧 도덕적 완전함으로 도덕을 규정하는 것으로, 아무런 의의도 없고 공허한 동어반복에 불과하다. 이른바 '완전함'은 일반적으로 어떤 목적의 완성이나 달성을 가리키며, 그렇기에 인류의 내재적 성질로 말하자면 일반적 재능 혹은 기교의 충만한 발전을 가리킨다.[9] 그리고 "재능 혹은 재능에 대한 배양이 의지 추동의 원인이 될 수 있는 까닭은 생활에 이익이 되기 때문일 뿐이다."[10] 이는 여전히 경험적 행복으로 귀결될 뿐이다. 심지어 신의 의지를 도덕원리로 삼는 것도 마찬가지로 "우리가 신의 의지에 부합하여 행복을 얻을 수 있기를 기대하기 때문이다."[11] 신을 믿는 것은 복을 구하는 것일 뿐이다. 요컨대 칸트는 이 모든 합리론의 객관적 도덕원리가 여전히 최종적으로는 경험론적인 주관적 행복으로 환원된다고 생각했다. 그러므로 비판의 날은 경험론만 겨누면 되었고, 특히 공개적인 경험론으로서의 행복주의를 겨냥하면 되는 것이었다. 『순수이성비판』에서 자주 찬양의 대상이 되었던 에피쿠로스는 여기서 주요한 비판의 대상이 된다. 하지만 에피쿠로스는 칸트가 차용한 명목상의 표적에 불과했고, 그의 화살이 겨누는 대상은 사실 행복주의를 제창하고 있던 프랑스 유물론이었다. 『참회록』과 『윤리학 강연록』에서 칸트는 앞서 실질적 원리를 비판할 때와 유사한 표를 제시하는데, 여기서 에피쿠로스의 자리를 차지하는 이는 바로 윤리학의 측면에서 프랑스 유물론을 대표하는 엘베시위스였다. 이를 통해 칸트가 에피쿠로스에 대한 반박이라는 외투를 걸치고 있었지만, 실제로 철학적 투쟁을 통해 반박하려고 했던 대상은 프랑스의 유물론이었음을 알 수 있다.

프랑스 유물론은 감각론에서 출발해, 이른바 선과 악, 좋음과 나쁨은 결국 감각을 물질적 기초로 하는 쾌락 혹은 고통일 뿐이라고 주장했다. 고통을 제거하고 쾌락을 추구하는 것이 결국 인간의 '본성'이며 이것이 인간에겐 이익이기도 하다. 인간이 악을 행하는 것은 그런 악과 나쁜 일이 이익이 되기 때문이다. 여기서 인간이란 구체적이고도 현실적인 개인을 가리킨다. 그러므로 윤리도덕은 개인의 이해관계로 귀결되어야만 한다. 돌바크는 "인간은 본질상 자기 자신을 사랑하며 자신을 보존하기를 원한다. 그리하여 자신의 생존 자체가 행복한 일이 되도록 하는 조치를 강구한다. 그러므로 이익 혹은 행복에 대한 욕구는 인간의 모든 행동의 유일한 동력"[12]이라고 말했다. 도덕이란 별다른 것이 아니라 서로 이어져 있는 인간의 공통 이익에 불과하다. 엘베시위스는 "이익은 우리가 각종 행위에 대해 내리는 판단을 지배한다. …… 그것을 도덕 혹은 죄악으로 본다……"[13]라거나 "만약 미덕을 사랑하는 것이 별다른 이익이 되지 않는다면 미덕이라는 것은 결코 없을 것"[14]이라고 말한 바 있다. 프랑스 유물론자들이 보기에 개인의 이익을 기초로 하는 사회의 공공이익이 바로 도덕원칙이다.

프랑스 유물론은 사람들로 하여금 모든 종교와 영혼 같은 허구의 것을 던져버리고 현실생활의 이익을 기점으로 삼아, 자연과학과 마찬가지로 엄격한 인과관계를 갖는 윤리의 과학을 건립할 것을 요구했다. 엘베시위스는 말했다. "실험 물리학을 구축하듯 윤리학을 구축해야 한다."[15] 이들은 감각기관의 생리적 감수성을 기초로 삼고 고통과 쾌락, 행복, 이익에서 출발해 도덕원칙을 구축한다. 이것이 곧 경험론적 행복주의의 도덕이론이다.

칸트는 이러한 이론에 반대하고, 행복에는 객관적 기준이 없다고 강조했다. 어떤 종류의 행복, 쾌락, 소망을 막론하고, '저급'이든 '고급'이든, 그리고 감각에 의한 것이든 이지에 의한 것이든, 모두 경험을 통해 마음대로 비교할 수 있고 임의로 선택할 수 있다. "동일한 사람이, 사냥 기회를 놓치지 않기 위해 다시는 구할 수 없을, 배울 것이 많은 책을 읽지 않은 채 돌려줄 수도 있고, 식사시간에 늦지 않기 위해 근사한 강연 도중 떠날 수도 있고, 도박장에 앉기 위해 보통 때는 매우 높이 평가하던 이성적 대화의 즐거움을 포기할 수도 있고, 심지어는 수중에 희극 관람권을 살 돈밖에 없어서 평소 기꺼이 적선해주던 가난한 사람을 물리칠 수도 있다."[16] "그렇기에 그 사람의 행복 개념 역시 자신의 필요에 따라 정해지는 것이다."[17] 한 사람이 행복이라 생각했던 것을 다른 사람은 완전히 반대로 생각할 수도 있다. 행복에 대한 욕구와 이해, 그리고 행복을 향유하는 방식은 사람마다 다르고 시대에 따라 다르다. 따라서 여러 우연한 경험적 조건에 의해 영향받고 결정되기에, 보편 필연적인 객관적 내용과 공통의 표준은 근본적으로 가질 수 없다. 더 나아가 칸트는 행복이란 결국 동물의 생존 본능에 불과하다고 지적한다. [경험론의] 행복주의에서 말하는 이른바 '고통을 제거하고 쾌락을 추구하는' '인간의 본성'은 실상 동물적 본성 혹은 인간의 동물성에 불과하다는 것이다. 아무리 수준 높은 행복과 쾌락이라 할지라도 결국은 그러한 동물적이고 자연감성적인 경험의 기초 위에 구축될 뿐이다. 그렇기에 행복 추구에 있어서는 본능이 이성보다 더욱 믿을 만하다. 우리는 종종 스스로 고통을 감내하는 인간이 오히려 무지몽매하게 자기 스스로 만족하는 사람보다 행복과 기쁨을 얻지 못하는 사례를 목도할 수 있다. 그러므로 행복 추구를 보편 필연적인 도덕명령과 윤리적 본질로 삼더라도 그것이 객관적인 보편적 유효성을 가지지 않는다면 행복 추구는 성립하지 않는 것이다. 행복과 쾌락, 재능, 건강, 재산, 권력 등이 모두 행복의 요소이자 표지로 보일 수 있지만, 칸트는 이런 것들이 윤리도덕과는 무관하다고 보았다. 재능, 인품과 덕성, 행복은 그 자체로 성립하는 자신만의 고유한 가치를 가지지 않는다. 그렇기에 결코 도덕적 선 자체라고 할 수 없다.

칸트는 경험의 제약을 받거나 경험과 관계된 어떤 '실질적' 원리도 보편 필연적인 도덕의 표준이 될 수 없다면, 오직 형식—'보편입법의 형식 자체가 되는'—만이 도덕명령의 최고 원리가 될 수 있다고 생각했다. '입법형식'은 도덕명령 그 자체가 되며 '실질적' 도덕원리가 가지는 이러저러한 경험적 성질과 감각의 내용을 폐기시켜버린다. "오직 의지의 자율*만이 준칙의 단순한 입법형식을 자기명령의 의지로 삼을 수 있다. ……의지의 자율이 명령의 실질에 의존하지 않기 때문에 오직 명령만을 그 동기로 할 뿐이다. 하지만 하나의 명령 안에는, 실질을 제외하고, 입법형식만 존재할 뿐 다른 것은 없다."[18] 칸트는 이 명제를 위해 반복해서 논증을 수행한다. 이 논증은 경험론적 행복주의의 여러 측면과의 대치를 축으로 전개된다. 이를 대체적으로 나열해보면 다음과 같이 정리할 수 있다.

* 뒤의 4절에서 자세히 논하게 될 '의지의 자율'은 '자유'와 더불어 칸트 윤리학의 핵심을 구성하는 주요 개념이다. 일반적인 개념 사용에서는 '자유'와 '자율'이 명확하게 구분되지 않지만, 칸트의 용법에서는 양자가 서로 미묘하게 구분된다. 이에 대한 자세한 설명은 사카베 메구미 외 엮음, 『칸트 사전』, 이신철 옮김(도서출판b, 2009), 309쪽 참조.

행복주의	칸트
주관준칙	객관명령
경험적	선험적
행복	도덕
실질적	형식적
인성	이성
가언명령	정언명령
욕망	의무
효과	동기
도구	목적
타율	자율
필연적 인과	자유의지
현상계	본체

경험론적 행복주의는 도덕을 쾌락 추구로 귀결시키고 이것이 인간의 '본성'이라고 주장한다. 하지만 칸트가 보기에 '인간의 본성'에 호소하는 자연적인 것, 사회적인 것, 선천적인 것, 후천적인 것 등 그 어느 것도 보편 필연적인 도덕명령을 확립시킬 수 없다. 오직 인성을 초월하는 순수이성에 호소해야만 비로소 보편 필연적인 것을 구축할 수 있다. 왜냐하면 행복은 각자 다를 수 있고 도덕은 가격을 매길 수 없기 때문이다. 도덕명령은 이성을 가진 자라면 누구나 적용할 수 있는 원리로, 감성적이고 육체적인 존재인 인간에게 있어 무조건적이고 강제적이며 반드시 복종해야 하는 '절대명령'이다. 이는 인간의 이익과 행복을 기초로 하는 조건적이고 상대적인 '가언명령'과는 근본적으로 다르다. 칸트는 다음과 같이 말했다. "만약 어떤 행위가 선하고 다른 무언가를 얻기 위한 수단이었다면 그 명령은 곧 가언적이다. 만약 어떤 행위가 그 자체로 선해 보이고 이성과 일치하는 의지 원칙이 필요로 하는 것을 위한 것이라면 그 명령은 절대적이다."[19] 예를 들어 우리가 어떤 사람에게 어렸을 때 근검절약해야 하는 것은 늙어서 고생을 면하기 위해서라고 말하거나, 또는 사람들의 칭찬을 얻거나 물질

적 이익을 얻거나 정신적 만족을 얻기 위해 어떤 행위를 해야 한다고 말한다면, 이러한 행위의 원칙은 조건을 갖는 '만약 ~라면 ~이다'라는 식의 '가언명령'일 뿐이라고 칸트는 주장한다. 어떤 경험적 요구, 정감, 소망도 포함되어 있지 않은 것을 전제 혹은 조건으로 하여 그렇게 행위하는 것이야말로 비로소 무조건적이고 선험적이며 순수이성적인 '절대명령'이라 할 수 있다. 가언명령은 인간의 주관에 의해 결정되기 때문에 집행하고 복종하지 않아도 된다. 예컨대 늙어서 춥고 배고파진다고 해도 현재 근검절약하기를 원하지 않거나, 이득될 것이 없다 해도 그렇게 행동하는 경우가 무조건적 명령이며, 이는 복종 혹은 집행을 '해야만 한다(혹은 필수적으로 해야 한다)'는 것을 요구한다. 설사 현실에서 실현되지 않더라도, 혹은 아직 그것을 따르는 사람이 없더라도, 객관적으로 보편적이고 유효한 도덕원리로서의 성격을 잃지 않는다. 그렇기에 절대명령은 그러한 힘을 갖게 되는바, 칸트는 이런 절대명령이 경험, 감각기관, 개인의 행복이 아니라 순수이성에서 유래한다고 생각했다. 이것이 바로 순수이성의 실천적 역량인 셈이다.

따라서 도덕명령의 근원으로서의 실천이성은 인식론적 의미의 추상적 원리나 법칙이 아니며 사람들의 실제 행동에 근거가 되는 그 원리의 의지로 표현된다. 이러한 이유에서 칸트는 종종 실천이성과 의지를 등치시켜 사용했던 것이다. 칸트에게 의지의 근원은 이성에 있으며, 그렇기에 이 의지 역시 이성적인 것이다. 이는 이후 쇼펜하우어가 주장했듯 우주 본체로서 맹목적이고 신비로우며 실제로는 생물학적 성질을 갖는 '삶에 대한 의지'와 같은 것이 아니다. 칸트가 제시하는 의지는 생물학적 성질을 초월하는 인간의 특징이 놓여 있는 곳이다. 윤리학에서 칸트가 수행한 이른바 '코페르니쿠스적 혁명'은 바로 도덕의 기초를 경험의 외재적 대상(물질)으로부터 선험적 주체(사람)의 의지로 전이시켜놓은 점이다. 『윤리형이상학 정초』 1장에서 칸트는 "선의지善意志 외에, 이 세계의 내부와 외부를 막론하고 무조건적 선이라 칭할 만한 것은 없다"[20]라고 말했다. '선의지'란 무엇인가? 바로 인간의 순수이성에서 유래하는 도덕명령에 대한 절대적 복종이다. 칸트는 이 선의지의 형식 안에서 체현되는 도덕명령을 탐구할 때에만 비로소 윤리의 실질을 이해할 수 있다고 생각했다.

'선의지'를 이해하기 위해서는 '의무'라는 개념을 논해야 한다. '의무'는 '선의지'를 포함하며, 행복주의로 귀결되는 '욕망' '취미'와는 대립되고 구별된다. '의무'는 곧 해야만 하는 일을 하는 것이며 '절대명령'을 집행하는 것이다. '의무'를 위해 일을 행하는 의지가 곧 선의지다. 하지만 '의무'에 부합하거나 그것과 일치하는 일을 행하기만 하는 것은 선의지가 아니다. 칸트는 다음 예를 들어 설명한다. 한 상인이 높은 가격을 부르지 않고 공정하게 거래하는 것이 의무 때문이 아니라 자신의 장기적 이익을 위해서라면, 아무리 '의무'와 부합하거나 일치한다 할지라도 그것은 도덕적인 것이 아니다. 또한 생명을 보존하는 일은 일종의 '의무'이긴 하지만 동시에 자연적 필요성이기도 하며, 대다수 사람이 생명을 귀하게 여기는 것은 이 자연적 필요성 때문이다. 그러므로 이 또한 도덕적 의무라고 할 수 없다. 하지만 고통과 재난이 인간의 삶을 극도로 피폐하게 하더라도 여전히 강건하게 살아남아 절대 자살하지 않는다면, 이는 '의무'를 위한 것이긴 하지만 '의무'에 부합하기 위해 생존하는 것만은 아니다. 따라서 이는 도덕적 가치가 있다고 할 수 있다. 또 동정심(사랑)으로 인해 사람들을 자애롭게 대하거나, 어떤 목적을 위해 좋은 일을 하거나, 좋은 결과를 만들어내기 위해 어떤 행위를 하는 것 등은 모두 '의무' 자체를 위한 것이 아니다. 그렇기에 이 모두는 도덕이라고 할 수 없다.

이를 통해 우리는 도덕윤리에 있어 이른바 '의무'라는 것이 어떤 취미, 소망, 효과와 무관할 뿐 아니라 오히려 이런 것들과 대립하고 상충한다는 것을 알 수 있다. 아울러 이러한 성질이야말로 도덕윤리의 숭고한 본질을 더욱 분명하게 보여준다는 것도 알 수 있다. 그러므로 도덕명령은 사람에 대해 모종의 강제적 성질을 갖는 '절대명령'이며 인간만이 특별히 가진 의지다. 이 의지의 특징은 인간이 이성적 존재로서 반드시 자신의 생물학적 존재, 즉 소망과 행복의 측면에 대해 절제하고 억제하여 극복할 수 있다는 것이다. "자연 만물은 모두 법칙에 근거해 활동한다. 오직 이성적 존재자만이 법칙에 대한 개념에 근거해 행위한다. 다시 말해 원칙에 근거해 행동한다는 것이다. 이는 곧 하나의 의지가 있다는 의미다."[21] 도덕의 근원은 인성人性, 예컨대 애증이나 행복 등에 있지 않다. 오히려 도덕이 도덕일 수 있는 것은 그와 반대로 도덕이 줄곧 자각적으로 행복, 애증, 생명을 희생하여 이해와 효과에 신경쓰지 않고 자연적 필요와 욕구 및 소망에 굴복하지 않기 때문이다. 이는 동물의 생존 본능 혹은 어떤 향락적 쾌락과도 다르며, 감성적이고 육체적인 존재로서의 인간을 희생하고 표출되는 이런 도덕은 사람으로 하여금 탄복하고 앙망하게 하며 경외심을 불러일으킨다. 자신의 육체적 생명을 희생하는 것은 프랑스 유물론자들이 생각하듯 정신적인 명예나 쾌락, 만족을 위한 것이 아니다. 또한 신학자나 합리론자가 생각하듯 신의 은총이나 보답을 위해서도 아니다. 그것은 다만 '마땅히' 복종하거나 집행해야만 하는 도덕적 명령에 따르고 그 명령을 실행하기 위해서일 뿐이다. 여기서 어떤 경험적 희로애락, 이익과 욕망, 그리고 목적과 효과 모두 버려져야 한다. 칸트가 치밀하게 파악하고 드러내기 위해 가장 노력을 기울인 부분이 바로 이러한 도덕행위 및 도덕의식의 일반적인 형식적 특징이다. 이는 칸트 윤리학 전체에서 가장 핵심적인 부분이기도 하다. 스스로 분명하게 밝혔듯 칸트는 루소에게서 보통 사람을 존중해야 한다는 가르침을 얻었다. 실상 철학, 이성이라는 것은 고매한 학문이 아니라 정욕과 욕망을 억제하는 도덕, 즉 의지를 가리킨다. 칸트가 보기에 인간은 자각적으로 스스로를 억제하며, '하지 않음이 있음(유소불위有所不爲)'이라는 말이 그러한 의지를 가장 잘 표현해준다고 할 수 있다. 동물은 그러한 의지가 없으며, 신은 그러한 의지가 필요 없다.(통제할 정욕이 없으므로) 오직 감성적 육체를 가진 인간의 행위만이 그러한 의지를 드러내며, 이는 곧 순수이성이 가진 실천의 힘을 충분히 증명하는 것이라 할 수 있다. 도덕은 환상이 아니라 인간이 준수하고 매일매일 마주치는 수많은 사실에 다름 아니다. "……모든 사람의 마음속에는 이러한 형이상학이 포함되어 있다. 비록 줄곧 모호한 상태 속에 있긴 하지만 말이다."[22] 칸트는 추상적이고 보편적인 형식 안에서가 아니더라도 오히려 생활의 응용 속에서 그러한 형이상학을 결정적 표준으로 삼을 수 있다고 생각했다.[23] 칸트는 천성에 따르는 내재적 도덕감각론에 반대했지만, 사람마다 '배우지 않고도 능히' 그 논의 체계의 진정한 기초인 도덕을 판별해낼 수 있다고 생각했다. 이는 실상 내재적 감각론에 근접한 것이다. 다만 다른 점은 내재적 감각론이 도덕에 대한 판단 능력을 올바른 지성과 능력으로 환원시킨 반면, 칸트는 오히려 그것을 초감성적 이성으로 환원시켰다는 것이다. 개체, 올바른 지성, 본능, 인성, 자연 감정이 아니라 자각적, 보편적, 객관적 이성이 칸트에게서 더욱 두드러진다. 행복주의와 비교하여 칸트는 더욱 확실하면서도 추상적으로 도덕과 비도덕의 형식상 특징과 차이점을 파악하여, 자신의 모든 추론의 기초를 구성하고 있다. 『실천이성비판』의 마지막 부분인 방법론(실제적으로는 도덕교육론)과 결론에서 칸트는 이 점을 재차 드러낸다.

> 도덕이 그렇게 큰 가치를 갖는 이유는 그만큼 큰 희생이 따르기 때문이지, 어떤 이익을 가져오기 때문이 아니다. 앙망하는 마음, 심지어 그렇게 앙망하는 인물을 배우려는 시도 모두 완전히 도덕원리의 순수성에 의존하고 있

다. 그리고 우리가 다른 사람들에게서 행복을 구성하는 모든 것이 행위의 동기 밖으로 배제되었다고 볼 때에야 비로소 그러한 순수성이 의심 없이 표현되어 나올 수 있다. 이를 통해 도덕이 순수형식으로 표현될수록 사람의 마음에서 더욱 고무적인 역량을 가질 수 있음을 알 수 있다.[24]

……이러한 인격 중 도덕명령은 동물성으로부터, 심지어 전체적인 감성세계로부터도 독립된 일종의 생명을 드러낸다. 이것은 최소한 그러한 명령이 우리에게 지정해준 목적을 갖는 운명으로부터 추론되어 나온다. 이 운명은 현재 삶의 조건과 한계에 제한되지 않고 무한하게 확장된다.[25]

2 '보편적 입법형식'

그렇다면 칸트의 이러한 형식적 도덕원리, 도덕명령, 절대명령은 도대체 무엇이란 말인가? 칸트는 가장 기본적인 조건을 다음과 같이 규정한다. "순수한 실천이성의 기본 법칙은 다음과 같다. 무엇을 하든지 간에 항상 너의 의지가 따르는 준칙이 동시에 영원히 보편적 입법의 원리가 되게 하라."[26] 『윤리형이상학 정초』에서는 이를 더욱 통속적으로 기술한다. "……의지를 단적으로, 아무런 제한 없이 선하다고 일컫기 위해서는, 법칙의 표상이 그로부터 기대되는 결과를 고려하지 않고서도 의지를 규정해야만 한다. 그러나 어떤 종류의 법칙이 실로 그럴 수 있는가? 의지에서 복종할 만한 모든 특정한 명령의 충동을 제거하고 나면 오직 행위와 명령의 보편적 일치만이 남게 되고 오직 그것만이 의지에게 하나의 원칙을 제공하게 된다. 이는 곧 내가 반드시 그렇게 행위해야 한다는 것이 나로 하여금 나의 준칙이 보편명령이 되는 것을 원하게 하는 것이다."[27] "그러므로 오직 하나의 절대명령만 있을 뿐이다. 네가 보편명령이 되길 원하는 그러한 준칙에 근거하여 행동하라는 명령 말이다."[28] 여기서 '준칙'은 실질적 경험원리를 가리키며, 도덕적인 것이 돼야 하고, 반드시 '그것이 보편적인 것이 된다'라는 입법형식 아래에서 비로소 가능해지는 것이다. 어떤 논리의 추리가 반드시 그 논리의 형식(예컨대 삼단논법의 형식)에 부합해야만 추리의 정확성을 보장할 수 있는 것처럼, 어떤 도덕 준칙도 반드시 이 '입법형식'에 부합해야만 도덕적인 것임을 보증할 수 있다. 이를 통해 도덕명령, 절대명령은 어떤 경험준칙도 반드시 보편적 유효성을 요구하고 있음을 알 수 있다. 칸트는 항상 선험형식을 이용하여 경험내용을 규정하며, 이를 통해 보편적 도덕명령은 입법형식이 된다. 칸트가 보기에 인간의 행위가 도덕적인 것이 되는 이유는 그 행위가 보편적 원칙이 되어 스스로 모순되지 않는가에 의해 결정되기 때문이다. 칸트는 『윤리형이상학 정초』에서 몇 가지 예를 드는데, 그에 앞서 자신의 원칙을 다음과 같이 수정한다. "마치 너의 행동준칙이 의지를 통해 보편적 자연명령이 되는 것과 같이 행동하라."[29] 뒤이어 네 가지 유명한 예가 나온다. 첫번째는 어떤 사람이 고통 때문에 절망하고 자신의 생활에 별다른 흥미를 느끼지 못하여 자살을 생각하고 있다면 이는 도덕적인가 하는 것이다. 이에 대해 칸트는 자살이라는 행위의 준칙이 보편명령, 즉 보편적 자연규칙이 될 수 있는가를 보아야 한다고 주장했다. "우리는 즉시 다음과 같은 점을 알 수 있다. 만약 하나의 자연 체계가 본래 전적으로 생활을 촉진하는 감정을 사용하여 자신의 생활을 사멸시키는 것이 하나의 정해진 규칙이라면, 자연 체계 자신은 스스로 모순적이기에 하나의 자연 체계로서 존재할 수 없다. 따라서 상술한 준칙은 보편적 자연규칙이 될 수 없다."[30] 두번째 예는 어떤 사람이 갚을 수 없음을 분명히 알면서도 돈을 빌리고 갚겠다고 약속하는 거짓말을 한다면 이는 도덕적인가라는 질문이다. 이에 대해 칸트는 "이것은 절대로 보편적인 자연규칙이 될 수 없다. 그렇지 않다면 스스로 모순적이기 때문"[31]이라고 말했다. 이는 곧 [채무자의] 약속이 스스로 모순되는 결과를 초래하기 때문에 도덕적일 수 없다는 것이다. 세번째 예는 인간이 자신에게 주어진 재능을 발휘하지 않고 향락만을 추구하는 것이고, 네번째는 불쌍한 사람을 보고서도 자신의 능력을 발휘해 도와주지 않고 수수방관하는 예이다. 이러한 행위들은 모두 비도덕적인데, 보편적인 자연규칙이 될 수 없기 때문이다. 세번째 예의 경우 자연규칙, 즉 천부적으로 주어진 소질을 낭비한다는 상황을 상정할 수 있지만, 칸트는 이것이 결코 이성적 존재자가 원하는 바는 아니라고 생각했다. 네번째 예는 비록 인류의 생존을 부정하는 것은 아닐지라도 보편적 자연규칙으로서는 스스로 모순된다. 왜냐하면 인간은 항상 다른 사람의 도움을 필요로 하기 때문이다. 만약 다른 사람을 돕지 않는 것이 모든 사람이 준수하는 보편적 규칙이라면, 자기 자신도 다른 사람의 도움을 얻지 못하게 될 것이다.

칸트가 제시하는 이러한 몇 가지 예는 후대의 주석가들과 비평가들이 수많은 논문을 통해 갖가지 주장을 내놓게 되는 주제가 된다. 예컨대 칸트가 요구하는 보편적 일관성이 순수형식논리에 있어서 그 자체로 모순이 아닌가 하는 점은 항상 논의되는 문제다. 최소한 첫번째 예와 세번째 예는 분명 순수한 논리적 모순의 표준에 부합하지 않는다. 하지만 만약 순수한 논리적 모순이 아니라면 어떻게 보편적 표준으로서의 실질적이고 경험적인 것들을 추가시키지 않을 것인가? 이에 대해서는 가장 많이 논의되는, 거짓말에 관한 두번째 문제를 다룬 공리주의자 존 스튜어트 밀의 말을 들어보자. "인간의 말을 믿을 수 있다는 것이 특별히 현재 사회의 모든 행복의 중요한 기초인 것은 아니다. ……그렇기에 우리가 눈앞의 이익을 위해 최대의 이익을 해친다면 그것은 이익이 아니다."[32] 곧 눈앞의 이익을 위해 거짓말을 하는 것이 비도덕적인 이유는 사회 최대의 근본 이익에 부합하지 않기 때문이라는 말이다. 이러한 공리주의, 즉 행복주의적 도덕관은 당연히 칸트의 관점과는 완전히 상반된다. 칸트는 거짓말을 비도덕적이라 생각했는데, 왜냐하면 그것이 보편적인 자연규칙으로서 스스로 모순적이기 때문이다. 즉 두번째 예에서 본 것처럼 채무자에게 채무의 상환을 약속하고도 상환하지 않는 것은 보편적인 규칙으로서는 자기모순에 빠져들 수밖에 없다. 하지만 이것이 진정으로 순수논리적 모순인가? 분명 아니다. 이 예는 다른 세 가지 예와 달리 순수논리적 문제가 아니다. 칸트는 여기서 실상 자각하지 못한 채 암묵적으로 실질적인(심리학적이며 목적론적인) 원리에 빠져들고 있다. 예컨대 왜 천부적 재능을 발전시키지 않거나 자살을 하려고 하는가의 문제가 비도덕적인가? 칸트는 이에 대해 명확한 설명을 하지 않는데, 이는 실상 목적론적인 실질 원리가 암묵적으로 작용한다는 것을 가리킨다.(10장 참조) 보편입법의 도덕명령 자체가 '보편적 자연규칙'으로 바뀐다는 주장 역시 이러한 문제점을 지닌다. 칸트는 말끝마다 "책임의 기초는 반드시 인성 혹은 인간이 처한 세상 속에서 구해져서는 안 된다. 그것은 다만 순수이성의 개념 속에서 구해질 뿐"[33]이라고 강조하고 일체의 경험적인 실질 원리와 명확히 선을 그으라고 요구했다. 하지만 실상 근본적으로 그렇게 하지 못했고 그렇게 할 수도 없었다. 칸트의 도덕명령은 본래 절대적으로 초경험적인 것이며, 또한 어떤 자연규칙의 형식적 규정도 넘어서는 것이었다. 하지만 칸트는 그 초경험적 도덕규칙으로 하여금 구체적인 사회 현상이나 문제를 소극적으로 다루게 하는 데 그치며, 불가피하게 순수하지 않은 형식적 규정을 암묵적으로 받아들인다.

따라서 앞의 네 가지 예는 칸트 주석가들과 연구자들을 오늘날까지도 미혹에 빠뜨리고 명확한 이해를 어렵게 해 결국 온갖 변호와 해석이 난무하게 되었다. 하지만 그 원리를 적절하게 설명하기는 여전히 쉽지 않다. 내가 보기에 이 네 가지 예의 의의는 어떻게 칸트의 도덕명령과 일치하는가에 있지 않고, 어떻게 그것과 일치하지 않는가에 있다. 즉 이러한 예들이 그 형식주의적인 치명적 약점을 폭로한다는 데 있다. 『실천이성비판』은 오직 이론만을 논하고 있고 『윤리형이상학 정초』와 같은 '통속적' 해석에 비해 그 모순이 더욱 불분명하다. 이외에도 칸트는 '의무'로 제시한 네 가지 예를 대타對他적인 것, 대자對自적인 것, 완전한 것, 불완전한 것의 네 종류로 나누었다. 이른바 완전한 것은 예컨대 거짓말하지 않음, 자살하지 않음 등처럼 부정적 형식이다. 불완전한 것은 재능을 발전시킴, 다른 사람을 도움 등처럼 긍정적 형식이다. 현대적 언어를 사용해 표현하자면, 전자는 강한 명령이고 후자는 약한 명령이다. 대타적인 것은 거짓말하는 것과 남을 돕는 것이고, 대자적인 것은 곧 자살과 천부적 재능의 발전을 말한다. 칸트는 가언명령과 절대명령을 의문시되는 것, 사실적인 것, 자명한 것과 기교적 규칙, 명철한 충고와 도덕명령 등으로 다시 나누었다. 이들은 모두 형식적 분류로서 세부 내용이 매우 번잡하지만 그 핵심 내용과는 별다른 상관이 없다.

요컨대 칸트의 도덕법칙이 강조하는 것은 곧 '의지를 세우는 일'이다. 즉 의지를 세우는 동기가 반드시 보편화되어야 한다는 것이다. 칸트의 윤리학이 동기론이며 비효과론이라고 말하는 것은 흔히 운위되듯 칸트의 동기론이 좋은 동기에서 출발해야 함을 말하는 것이 아니다. 이러한 주장은 칸트가 결단코 배척하고자 한 '실질적' 원리다. 칸트가 말하는 바는 다만 보편입법 동기의 형식이다. 즉 자기 행위의 준칙이 보편적으로 입법할(보편적인 객관적 효과를 가질) 수 있음을 믿기만 하면 그것이 곧 도덕적이라는 것이다. 도덕은 어떤 실제적 기능과 효과 때문에 성립하는 것이 아니다. 또한 '타인에 대한 사랑'이나 '신에 대한 경배' 등의 동기에서 출발하는가의 문제도 아니다.

이렇게 순전히 형식적인 동기론은 당연히 매우 공허하다. 따라서 어떤 이는 칸트의 형식적 동기론이 기껏해야 필요조건일 뿐 충분조건은 아니라고 말한다. 이러한 원리만으로는 문제를 해결하지 못한다. 그리하여 칸트는 뒤이어 윤리학의 핵심이 되는 두번째 조항을 제기했다.

3 '인간은 목적이다'

두번째 조항은 "이러한 행동이 자기 자신에 대한 것이든 다른 사람에 대한 것이든 어떤 상황에서도 인간을 목적으로 삼아라. 절대 도구로 삼아서는 안 된다"[34]이다. 칸트가 보기에 인간은 "객관적 목적이다. 인간의 존재는 곧 목적 자체이며 그것을 대체하여 그저 도구로서 이용될 수 있는 것은 없다. 그렇지 않다면 우주 안에는 결코 절대적 가치를 가지는 사물이 없게 될 것이다. 만약 모든 가치가 조건적이고 우연한 것이라면 이성의 최고 실천원리 같은 것은 없게 될 것이다. ……만약 최고의 실천원리 혹은 인간의 의지에 대한 절대명령이 있다면, 그것은 반드시 의지의 객관적 원칙을 구성할 것이며 보편으로서의 실천 법칙을 제공할 것이다. ……이 원칙의 기초는 목적 그 자체로서 존재하는 이성적 자연이다."[35] 칸트는 이성을 가진 인간이 절대명령에 복종하는 데에는 객관적 근거가 있다고 생각했다. 왜냐하면 절대명령에 복종하는 선한 의지는 어떤 주관적 목적과도 무관하고, 그 주관적 목적은 행위자의 자연적 경향 및 욕망과 연결되어 있고 가치를 가지며, 그 가치는 상대적인 것이기 때문이다. 선한 의지는 객관적 목적과 상관적이고, 이 객관적 목적은 곧 이성을 가진 존재 자체로서의 인간이다. 그리고 이것이야말로 절대적 가치를 갖는다. 절대명령과 이성적 존재자로서의 의지 사이에 존재하는 이러한 선험적 종합의 관계는 '의무'를 가능한 것으로 만든다. 다시 말해 인간이 인간을 초월하는 절대명령에 반드시 복종하는 것은 목적으로서의 인간과 도덕명령이 일종의 필연적인 선험적 종합의 관계를 가지고 있기 때문이다.

칸트의 도덕명령은 본래 한 개의 조항으로 되어 있는데, 제1조항에서 제2조항으로의 이동, 그리고 이 둘 사이의 관계가 서로 일치하는가 등의 문제는 상당히 애매하고 논쟁적인 문제로서 여기서 자세히 언급하지는 않겠다. 왜냐하면 중요한 것은 다만 칸트의 극단적으로 추상적인 형식주의적 도덕명령이 종국에는 인간을 둘러싸고 회전하는 문제일 뿐이기 때문이다. 인성을 초월한 '절대명령'의 형식은 최종적으로 '인간은 목적이다'라는 일정한 내용의 원칙으로 확정된다. 그 결과 인간이 '절대명령', 도덕명령의 근거가 된다. 실상 칸트는 인간이 감성적, 육체적 동물로서 상대적 가치만을 가질 뿐이라고 생각했다. 하지만 이성적 존재로서의 인간은 그 자체가 목적이다. '인간은 목적이다'는 이렇게 어떤 경험적 조건에도 보편적으로 유효하게 적용되는 선험원리, 즉 도덕명령이다. 절대명령이 요구하는 보편입법이 가능한 것은 목적으로서의 인간이 모두 평등하고, 그러므로 보편적 유효성을 지니기 때문이다. 인간은 오직 인간에 대해서만 도덕 의무를 지니며, 동물 혹은 신에 대해서는 그러한 의무를 갖지 않는다. 또한 칸트는 자살, 거짓말, 재능의 방기, 남을 돕지 않음 등을 통해 이러한 행위들이 모두 '인간은 목적이다'라는 법칙을 위반했다고, 즉 자신(자살, 자포자기) 혹은 타인(거짓말, 사기)을 단순히 도구로 볼 뿐이라고 주장했다. 물품은 가격을 갖지만 인간만이 인격을 갖는다는 점을 칸트는 강조했다. 인간은 누군가에게 쓸모가 있기 때문에 가격이 매겨질 수 없다. 자연적 존재로서의 인간은 동물에 비해 우월하지 않고 동물보다 더 높은 가치를 갖는다고 말할 수도 없다. 하지만 본체적 존재이자 실천이성(도덕)의 주체인 인간은 일체의 가격을 초월한다.[36] 또한 인간은 내재적 목적과 무관하다는 듯 자신의 자연적 존재를 도구로 삼아서는 안 된다. 인간의 가치는 손익과 기능을 통해 계산할 수 없으며, 어떤 물질적 재산, 진귀한 보물도 인간의 존재와 비슷해질 수 없다. 설사 그 기능과 손익에 의해 그런 재산과 보물이 잠시 더욱 중요해질 수는 있다 해도 말이다. 공리주의자 밀은 야만인 박해와 학살이 도덕에 부합한다고 주장했는데, 이는 그 목적이 '진보적'이고 수단이 그 목적을 위해 효과적으로 쓰일 수 있기 때문이었다. 칸트 역시 동일한 문제를 거론했다. "[야만인을 상대하면서] 폭력을 사용할 충분한 이유가 있어 보인다. 왜냐하면 인류에게 이롭기 때문이다. …… 하지만 이런 좋은 동기도 여전히 그 수단이 정당하지 못하다는 오점을 씻어낼 수는 없다."[37] 칸트가 보기에 [야만인 박해와 학살은] '인간은 목적이다'라는 원칙에 부합하지 않는다. 그러므로 비도덕적이다. 이를 통해 우리는 '인간은 목적이다'라는 칸트의 명제가 어떤 공리주의적 의의도 포함하고 있지 않으며, 순수이성의 추상 규정을 드러내는 데에서 출발한다는 것을 확인할 수 있다.

하지만 칸트의 이 윤리학적 명제의 중요성은 바로 다음과 같은 사실에 있다. 칸트의 윤리학적 명제는 결코 '순수'하지 않고 오히려 한 사회의 시대적 요구와 동향을 강렬하게 제시하며, 프랑스혁명 시대의 과제와 목소리를 반영하고 있다는 것이다. 칸트는 '인간'이 곧 순수이성의 목적이라는 기치를 내걸면서 실제적으로는 봉건주의를 향해 '독립' '자유' '평등'을 소리 높여 요구했던 것이다. 당대 통치계급인 군주와 제후는 하층민을 한낱 풀, 가축, 도구와 마찬가지로 보았고, 칸트가 제시했듯 심지어 개인의 사소한 업무 혹은 취미를 위해 전쟁을 일으키고 인민을 죽일 수도 있었다. 또한 사병도 도구처럼 쓰였다. 칸트는 이러한 상황에 한탄하며 다음과 같이 말했다. "수많은 통치자들은 자신들의 인민이 마치 자연 왕국의 일부분인 것으로 생각한다." 즉 이성적 존재자인 인간을 자유-목적의 왕국의 구성원이 아니라 자신의 욕망을 위한 도구로만 본 것이다.[38] 이러한 역사적 배경하에서 칸트는 '인간은 목적이다'라는 이론을 제기했던 것이다. 그것은 인권과 민주라는 실질적 내용을 갖는다. 다음 장에서 칸트의 정치적 관점을 논할 때 이 문제를 다시 언급하게 될 것이다.[39]

도덕명령의 제1조항은 두 가지 함의를 가질 수 있다. 만약 '너의 행위가 보편입법의 원칙이 되게 하라는 원칙'에 근거해 행동한다면, 이 원칙은 곧 윤리적 행위의 전제가 되며, 그 자체로 윤리적 행위를 초월한다.(객관적 함의) 또다른 함의는 '너의 행위가 보편입법의 행위가 되도록 의지를 세우라'인데, 그렇다면 이 원칙은 윤리학 자체에 속하지 윤리학을 초월하는 것이 아니다.(주관적 함의) 칸트는 이 두 가지 함의 혹은 화법을 엄격하게 구별하지 않았지만, 도덕명령이 인류의 순수이성을 초월한다고 본 그의 기본 사상으로 볼 때, 전자의 함의에 더욱 경도되어 있었을 것이다. 마찬가지로 '인간은 목적이다'라는 명제 역시 총체로서의 인간과 개체로서의 인간이라는 두 가지 함의를 갖는다. 비록 잠재적인 역사 관념으로서 첫번째 함의가 실상 더 중요하다 해도(10장 참조) 칸트가 윤리학 저작에서 가리키는 것은 분명 후자이다. 그러므로 이 두 가지 도덕명령, 즉 첫번째 함의에서의 첫번째 조항과 두번째 함의에서의 두번째 조항은 모종의 모순을 갖게 된다. 즉 인간과 무관한 순수이성의 도덕명령으로서의 본질적 특징은 인간에게 무조건적 복종을 요구하고, 인간은 여기서 도덕명령의 '도구'가 된다고 할 수 있다. 하지만 도덕명령의 원칙은 또한 인간이 목적일 것을 요구한다. 이 두 가지 측면 가운데 한 측면만 강조하게 되면 극단적으로 모순되는 결론이 도출된다. 어떤 이들은 전자에 치중하여 칸트가 군국주의자, 전체주의자이며 인간과 무관한 순수이성의 도덕명령에 절대적으로 복종할 것을 요구했다고 주장한다. 반면 다른 이들은 칸트를 자유주의자, 개인주의자로 여기면서 인격의 독립을 강조한다.[40] 실상 칸트 자신은 제3조항의 도덕명령을 통해 이 두 가지 측면을 결합하고자 했다.

4 '의지의 자율'

제3조항. "……의지에 관한 세번째 실천원칙(보편적 실천의 원리와 어울리는 최고의 조건)은 다음과 같다. 이성을 가진 모든 존재자의 의지는 보편입법의 의지가 된다."[41] 이것이 바로 칸트의 저 유명한 '의지의 자율'이다. 이는 곧 자신이 자신을 위해 입법한다는 의미다. 다시 말해 '나는 이렇게 행위해야만 한다'라는 수동성을 '나는 스스로 뜻을 세워 이렇게 행동한다'라는 자각으로 바꾸는 것, 즉 복종에서 능동적 태도로의 변화이다. 칸트는 다음과 같이 말했다. "현재 자연스러운 결론은 이렇다. 목적들의 순서에 있어서 인간(이성을 가진 존재 모두와 더불어)은 목적 자체다. 이는 곧 어떤 이도(심지어 신도) 그 자신만을 수단으로 쓸 수 없다는 말이다. 그 자신은 영원히 하나의 목적이다. 그렇기에 우리 자신을 화신化身으로 삼는 인간의 본질은 우리에게 있어 반드시 신성한 것이다. 그러므로 이 같은 결론을 도출할 수 있는 것은 인간이 도덕명령의 주체이고 이 명령 자체가 신성하기 때문이다. ……이 도덕명령은 인간의 의지의 자율 위에 세워진다. 이 자유의지로서의 의지는 동시에 그의 보편법칙이 반드시 부합할 수밖에 없는, 그가 본래 복종하던 것에 근거한다."[42] 칸트는 『실천이성비판』의 '분석편' 원리 부분에서 네 가지 '정리定理'를 제시한다. 이 정리는 1) 비경험 2) 비행복 3) 비실질 4) 비타율로 이어지고, 이는 곧 긍정적 도덕명령인 1) 선험성 2) 의무성 3) 형식성 4) 자율성으로 이어진

다. 여기서 칸트 윤리학의 원리는 그 정점에 도달한다.

이른바 '자율'은 '타율'에 상대되는 말이다. '타율'은 의지가 다른 요소들에 의해 결정되는 것을 가리키며, 이 요소들은 앞서 칸트가 열거한 '실질적 동기들', 즉 환경, 행복, 양심(내재적 감각), 신의 뜻 등이다. 이러한 것들은 칸트가 보기에 모두 의지 행위를 외재적 요소인 '타율'에 복종시키는 것이지, 자신에게서 도출되는 '자율'이 아니다. 그렇기에 도덕적이지 않다. 이른바 '도덕적 양심'을 통해 말한다면, 어떤 특수한 도덕 감정에서 출발하는 것은 감성을 이용해 도덕을 분별·판단·규정하는 것이고 그 결과는 여전히 모든 도덕을 만족·쾌락·행복으로 귀결시키는 것이다. 그러므로 이것은 '자율'적이지 않고 여전히 '타율'적이다. 아무리 이 '타율'이 천성적 '양심'일지라도 말이다. 칸트는 인간의 자율의지가 정욕(동물성)의 노예도 신의 도구도 아니라고 주장했다. 다시 말해 쾌락·행복·욕망의 충동에 종속되지도 않고 신의 뜻, 하늘의 명령, 양심의 지배도 받지 않는다는 것이다. 인간은 (복종만 아는) 물체도, (입법만 아는) 신도 아니다. 인간은 자신의 입법에 복종하는 주인이다. 도덕명령은 절대적 복종인 동시에 자신 스스로의 입법이다. 도덕명령은 인간을 목적으로 하며 보편적 유효성을 갖는다. 이것이 바로 '의지의 자율'이며 자유이다. 칸트는 이 도덕명령의 세 가지 공식이 동일한 것이라고 밝혔다. 서로 다른 각도에서 하나의 중심을 가리킨다는 것이다. 그 중심이 곧 '자유'다. 칸트의 도덕명령에 대한 수많은 분석과 논증은 결국 '자유'라는 개념에 집중된다. 칸트 윤리학의 자유와 그 인식론적 필연은 서로 대치되는 두 측면이고, 이성이 자연입법에 부여한 것은 자연적 필연이며, 이성이 자신의 입법에 부여한 것은 인간의 자유다. 자유는 순수이성이 윤리 도덕에서 표현된 것이다.

초감성적, 초경험적 도덕명령의 이성적 역량은 보편 필연적인 절대명령(제1조)이며 그 본질은 자유다. 인간의 목적은 도구가 아니고(제2조) 이성적 존재로서의 인간은 자유롭다. 의지의 자율(제3조)은 그러한 자유의 직접적 표현이다. "이 자유라는 개념은 의지의 자율을 해석하는 열쇠다."[43] 『윤리형이상학 정초』는 분석의 방법을 통해 일상 도덕에서 출발하여 최종적으로는 3장에서 다루는 '자유' 개념으로 귀결된다. 종합의 방법으로 쓰인 『실천이성비판』은 단도직입적으로 서문과 머리말에서 다음과 같이 밝힌다. "자유는 순수이성의 체계에 있어 '모든 건축물의 초석'이며 영혼불멸, 신의 존재 등 '여타 모든 개념'의 근거이다."[44]

앞의 두 장에서 우리는 이미 『순수이성비판』에 제시된 자유에 대한 논설, 즉 '자유'는 이론이성 속에서 가닿을 수 없는 피안의 개념이라는 언급을 살펴보았다. 자유는 감성 경험이 소유하거나 증명할 수 없는 것이다. 육신을 갖는 자연현상으로서의 인간 역시 필연적 인과법칙의 연결고리에 영원히 예속되어 있으며, 따라서 자유 역시 그러하다. 하지만 또다른 측면에서 칸트는 자유와 필연이라는 이율배반 속에서 이것이 본체 이념으로서 자유의 가능성을 완전히 부정하는 것은 아니라고 설명했다. 이제 『실천이성비판』에서는 모든 경험적 욕망, 감성적 요소의 도덕 영역을 벗어나 자유가 출현하고 이것이 곧 '의지의 자율'이다. "여기서 비판철학 속의 미로를 처음으로 설명하게 된다. 어째서 우리가 사변 속에서 각종 범주를 초감성계의 객관적 실재성에 사용하는 것을 부정하면서도 순수이성의 대상 측면에서는 또다시 그러한 실재성을 승인하는가의 문제 말이다."[45] 이는 다시 말해 도덕명령 속에서 이론이성의 영역에서는 긍정할 수 없었던 실재적 자유를 긍정하게 된다는 것이다. 하지만 이 자유는 도덕행위의 경험적 사실로부터 추출 혹은 추론되어 나오는 것이 아니다. 경험적 사실은 다만 필연적 인과관계를 추출하고 추론할 따름이다. 도덕 행위의 경험적 사실은 다만 자유의 실재성을 실증할 뿐이다. 즉 자유는 비단 인간과 무관한 선험 이성에 그치는 것이 아니라 일상생활의 수많은 도덕적 사실 속에서 실재적으로 체현되고 전시된다. 바로 선의지, 즉 도덕명령에 대한 절대적 복종 행위 속에서 무엇과도 비교할 수 없는 '자유'의 존엄성이 드러난다. 그러므로 한 측면에서 자유는 절대명령의 근원이자 근거이고 도덕명령의 기초이자 전제이다. 또다른 측면에서 도덕명령은 자유가 체현되어 나오는 경로다. 자유는 도덕을 떠나서는 영원히 인간에게 감지될 수 없다. 이 때문에 자유는 비로소 현상세계에 현실적인 인과 작용을 일으킬 수 있고, 그것은 "감성세계의 자연법칙으로 완전히 귀결될 수 없는 일종의 원인을 갖는다."[46] '원인'은 본래 인식론의 범주이다. 경험적 제약을 받지 않는 '원인'은 이론적으로나 인식론적으로나 아무런 의의도 없는 공허한 개념으로, 이에 대해서는 앞에서 이미 여러 차례 언급했다. 하지만 여기서는 중대한 의의를 갖는다. 즉 '본체원인'인 자유는 실천에 있어 실재성을 가질 수 있다. "자유의지를 갖는 존재자라는 이 개념은 곧 본체원인*이라는 개념이다."[47] 이것은 경험적 제약을 받지 않지만 오히려 현실적 작용을 일으킨다. 인식론에서 현상계에만 적용되던 인과 범주가, 여기 윤리학에서는 본체에 이용될 수 있는 것이다. 이것은 일종의 비非인식 대상의 본체원인이며, 또한 원인과 결과의 제한을 넘어서는 인간의 자유인自由因, 즉 도덕적 측면에서 의지의 자율이다. 전체 '비판철학'에서 도덕은 인식보다 높고, 실천이성은 이론이성에 선행한다. 인식할 수 없는 본능이 현상계에 작용하고 이성적 존재자로서의 자유인(본체)은 자연적 인과 존재자로서의 인간(현상)보다 우월하다. 모든 원리가 이와 같다. 인간 행위 속의 '자유의지'는 자각적으로 결정하고 선택하며, 이는 곧 도덕이

* 한국어판에는 '예지체적 원인叡智體的 原因'으로 번역되어 있다. 『칸트 사전』에 따르면 Noumenon은 '예지체' 또는 '본체'로 번역되며 지성에 의한 사고의 산물 Gedankenwesen이라 할 수 있다. 사카베 메구미 외 엮음, 『칸트 사전』, 이신철 옮김(도서출판b, 2009), 281쪽 참조.

인식보다 우월하고 본체가 현상보다 우월함을 의미한다. 이른바 원인과 결과를 초월하는, '불가능함을 알지만 행한다'라는 이성적 요구에 부합하는 것도 이와 같다. 이것이 칸트의 비판철학에서 가장 중요한 사상이라 할 수 있다. 이는 비단 피히테가 강조한 '자아는 행위 속에서 비아非我를 구축한다'는 관점, 그리고 헤겔이 강조한 '이념은 과정 속에서 세계를 산출한다' 등의 기본 관점을 선도하는 작용을 했을 뿐 아니라 후대 윤리학에 대해서도 그러한 도덕적 본질의 특징 문제를 첨예하게 제시했다.

『순수이성비판』에서 일련의 개념이 종종 다중적 함의를 지니듯, 칸트가 여기서 사용하는 '의지' '자유' 등의 기본 개념 역시 최소 두 가지 함의를 지닌다. 『윤리형이상학』에서는 '의지'의 두 가지 함의를 명확히 제시한다. 하나는 Wille로, 실천이성 자체를 가리킨다. 다른 하나는 Willkür로, 행위의 자각적 의지를 가리킨다. 전자는 보편입법의 의지이고, 후자는 개체가 집행하는 의지다. 전자는 있는데 후자가 없는 것은 입법만 있을 뿐 집행이 없는 것과 같기에 공허하다. 후자만 있고 전자가 없는 것은 곧 도덕적 의의를 잃는 것이어서 성립할 수 없다. 오직 Willkür가 Wille를 법령으로 받아들여 집행할 때에만 비로소 의지가 성립된다. 하지만 칸트는 『실천이성비판』과 『윤리형이상학 정초』 등에서 이렇게 엄격하게 구분하지 않았고, 이 두 가지 측면의 의미는 줄곧 겹쳐 있었다. 마찬가지로 '자유' 개념 역시 전체적 도덕명령과 개체적 의지 행위라는 두 가지 측면의 함의를 가진다.[48] 본래 『순수이성비판』에서 '자유'는 두 가지 측면의 함의를 갖는데, 한편으로는 인식할 수 없는 물 자체로서 자연적 인과를 초월하고(소극적 함의), 다른 한편으로는 현상을 넘어서는 본체로서 자연적 인과와는 다른 자유인自由因, 즉 본체원인이 된다.(적극적 함의) 이 두 측면은 『실천이성비판』과 『윤리형이상학 정초』에서 서로 교차해 나타난다. 도덕명령으로서의 자유는 자연적 인과를 초월하는 선험적 성질의 것임을 강조한다. 그리고 개체 행위로서의 자유는 자신이 주동적으로 결정한다는 특징을 강조하는데, 이는 곧 경험적인 자연적 인과의 계열 속에서 자유로서의 본체원인이 효과를 만들어낸다는 것이다. 그렇기에 도덕명령으로서의 자유는 실천이성 자체이자 순전히 형식적인 것으로, 감성적 경험과는 아무런 관계도 없고 어떤 현실성도 갖지 않는다. 개체 행위로서의 자유는 현실적 능동성으로 나타나고, 감성적 경험에 작용하여 현실성을 갖는다. 하지만 그 본질은 앞의 [선험적] 측면에 놓여 있다. 이 선험적 보편 추상의 원칙은 뒤의 측면인 경험적 개체의 행위에 적용되고 이것이 비로소 '의지의 자율'인 것이다. 이 두 측면을 종합하면, 자유 혹은 의지의 자율은 여전히 순수이성 자체가 가진 선험적 실천 능력(즉 보편적 형식을 가진 도덕명령)이 절대적이고도 필연적으로 개체의 행위 안에서 자신을 위해 입법하는 것이라 할 수 있다.

이를 통해 칸트의 윤리학이 아무리 자유라는 도덕명령을 초감성적 존재의 순수이성이라 말한다 할지라도 결국에는 감성적 존재자인 인간 세계에 적용된다는 것을 알 수 있다. 만약 인간이 신이라면 모든 행위는 '반드시' 도덕적일 수 있으며, '반드시 ~해야 한다'라는 당위의 문제는 존재하지 않는다. 절대명령에 복종하여 의무를 집행하는 것인 '당위'는 바로 인간이 감성적 세계에 속해 있는 존재로서 '반드시'('필수적으로') 본체 세계의 명령을 수행해야 하며, 이것이 비로소 도덕의 문제임을 설명해준다. 앞서 언급했듯 도덕은 자유(이성)에서 유래한다. 하지만 또한 "도덕만이 비로소 우리에게 처음으로 자유의 개념을 발견하게 한다."*[49] 보편과 개체, 선험과 경험, 이성과 감성은 이론이성

* 『실천이성비판』 한국어판(백종현 역)에는 "윤리성이 우리로 하여금 처음으로 자유의 개념을 발견하게 하며"로 번역되어 있다. 도덕과 윤리성의 구분에 대해서는 『칸트 사전』 302~303쪽 참조.

에서는 서로 완전히 갈라지지만, 실천이성에서는 오히려 시종일관 서로 교차되어 얽혀 있다. 칸트는 순수이성 자체가 실천의 역량을 가지고 있고, 그 역량은 보편적, 선험적 이성에서 유래한다고 말했다. 하지만 실천은 오히려 감성적 경험을 포함하는 육체인 개체에 의존해야만 비로소 순수이성으로 하여금 객관적 실재성을 얻을 수 있게 한다. 이것이 바로 상술한 두 종류의 서로 다른 함의와 그것들이 서로 혼재되어 함께 사용되는 근본 원인을 드러나게 하는 것이다. 인식론에서 칸트는 선험 범주가 경험을 벗어날 수 없다고 강조했다. 그러나 그 결과는 오히려 경험을 초월하는 변증법적 환상을 지향했다. 하지만 윤리학에서 칸트는 도덕명령이 반드시 경험을 초월해야 한다고 강조했지만, 그 결과는 오히려 감성적 경험의 개체 행위로 귀착되었다. 칸트의 이러한 심각한 모순은 피히테, 셸링, 헤겔을 거치면서 일종의 관념론적 해결을 얻게 되고, 이에 대해서는 다음 장에서 역사관을 다룰 때 다시 논하기로 한다.

주의할 점은 칸트가 언급하는 자유가 결코 현실 속에서 자연적 인과관계를 초월하는 자유는 아니라는 점이다. 이론이성의 대상인 어떤 행위, 즉 사유와 인식의 대상 모두 그 인과성의 문제를 탐구하는 것, 즉 그 일이 발생한 원인과 규칙을 탐구하는 것이다. 사실에 대한 표현 혹은 예측은 엄격한 인과율의 규정과 지배를 받으므로 자유라는 것을 말할 수 없다. 이는 또한 프랑스 유물론이 강조하는 측면이기도 하다. 프랑스 유물론은 인간의 모든 행위가 기계적이고 필연적으로 인과관계의 제약을 받는다고 생각하고 근본적으로 어떤 자유도 없다고 생각했다. 돌바크는 한 사람이 다른 사람에 의해 창문 밖으로 내던져진 것은 스스로 뛰어내린 것과 마찬가지로 완전히 필연적인 것이라고 주장했다. 의지라는 것도 똑같이 필연적 인과 법칙의 제약을 받는 셈이다. 칸트는 만약 이러한 관점에 근거한다면 모든 도덕과 법률 등이 아무런 의의도 갖지 않는다는 결론에 다다른다고 비판했다. 왜냐하면 [그런 관점에서는] 어떤 부도덕한 행위를 책임지는 것이 돌에 맞아 다친 사람에 대한 책임을 돌에게 묻는 것과 마찬가지가 되기 때문이다. 칸트는 어떤 범죄를 저지른 사람이라도 자신의 행위가 인과율의 지배를 받았기 때문이라고 주장할 수 있다는 점을 예로 들어 그런 관점에 반박한다. 즉 범죄 행위가 객관적 원인에 의해 변호될 수 있다는 것이다. 모든 부도덕 혹은 범죄는 환경·조건·개성·습관 등에 의해 결정되기에 자신은 아무런 책임도 없게 된다. 그렇다면 모든 형벌과 책임은 존재할 필요가 없어진다. 자유에 관한 칸트의 이론은 이러한 기계적 유물론과 싸우기 위한 것이다. 칸트가 보기에 인식의 객관적 대상으로서 모든 행위는 확실히 원인을 가지고 있다. 그리고 시간 속에서 진행되기 때문에 인과율의 지배를 받는다. 하지만 칸트는 이성을 가진 주체로서 동일한 행위 사이에도 커다란 차이가 존재하게 되는바, 도덕명령에 복종했는가 그렇지 않았는가의 문제가 존재한다고 강조한다. 인간은 어떤 행위를 할 때, 정신을 잃은 상황만 아니라면 모두 자각적 의지의 지배를 받으며, 여기서 바로 '의지의 자율'과 만나게 되어 결정과 선택의 자유를 갖게 된다. 해도 되고 하지 않아도 된다. 이렇게 해도 되고 저렇게 해도 된다. 아무리 최종적 행위의 원인을 인과율 속에서 찾을 수 있다 할지라도, 결정과 선택의 순간은 자유롭다. 그리고 도덕명령에 준할 것인가 아닌가를 결정하고 선택할 수 있다. 그렇기에 그는 자신의 그러한 행위에 도덕적 책임을 지게 되는 것이다. 왜냐하면 상황이 어떻든 간에, 그리고 내재적 혹은 외재적 조건의 제약과 압박에 상관없이, 그는 도덕적 행위에 근거해 일을 행할 것을 결심할 수 있기 때문이다. "그는 자신이 어떤 일을 행해야 한다고 자각하기 때문에 그 일을 할 수 있다. 또한 스스로 자신이 본래 자유였음을 경험할 수 있다."[50] 인간은 기계와 다르고 자연계, 동물과도 다르다. 맹목적으로 혹은 기계적으로 인과율의 지배를 받지 않는 것은 인간의 행위가 자각적 의지를 경유하여 선택하고 결정한 것이기 때문이다. 또한 의지는 자신의 행위에 대한 선택이며 자유로운 선택은 곧 문제의 핵심이 된다. 이 또한 자유이다. 칸트는 인간이 감성적 현상계의 존재로서 시간적 조건에 속해 있고, 임의의 행위·활동·의지는 자연적, 기계적 계통의 한 부분에 불과하며 엄격한 인과율의 규칙을 준수한다고 강조한다. 하지만 동시에 인간은 본체적인 이성적 존재로서 자신이 시간적 조건에 속하지 않음을 의식할 수 있고, 그의 동일한 행위·활동·의지는 단지 이성의 자아입법에 복종할 뿐이라는 점도 강조한다. 도덕은 인식보다 우월하고, 본체는 현상보다 고차원적이다. 자유는 원인으로서 자연에 간섭할 수 있다. 그러므로 칸트는 나는 '할 수 있다'가 나는 '해야 한다'이기 때문이라는 점을 강조한다. '할 수 있음'은 자연의 인과에 속하고, '해야 함'은 자유에 속한다. 칸트가 언급하는 이러한 자유는 경험 심리학의 내용과 의의를 전혀 포함하고 있지 않다. 그 어떤 경험적 심리와 의식도 시간 속에서 자연적 인과의 지배를 받는다. 이것은 칸트가 제시하는 초시간적이고, 일체의 인과율과도 완전히 분리된 선험적 자유가 아니다. 이러한 자유는 곧 칸트 도덕윤리학 전체에서 최고의 원리라 할 수 있다.

5 '칸트는 오직 선의지만 말할 뿐이다'

칸트 스스로 인정했듯 현상과 본체, 필연과 자유의 관계를 앞에 설명한 것처럼 안배하여 해결하는 것은 "여전히 어렵고 맹백하게 서술하기 힘들다."[51] 칸트는 이에 대해 더 나은 해결 방법은 없다고 생각했다. 하지만 경험과 인과를 완전히 초월한 자유가 그 자유에 기반한 도덕명령과 의무 위에 건립된다는 것은 모종의 신비스러운 의미를 갖게 될 뿐 아니라 충분한 구체적인 내용도 결여하는 것이었다. 헤겔은 칸트 윤리학의 이러한 결함을 날카롭게 비판한 바 있다. 헤겔은 칸트가 "제기한 의무와 이성이 서로 부합하여 일치한다는 점은 매우 소중한 것"[52]임을 말하면서, 칸트가 도덕명령의 기초로서 이성적 자유를 제시한 것을 긍정했다. "……이 원칙의 건립, 즉 자유를 인간이 의존하여 그것을 중심으로 선회하는 주축이자 최후의 정점으로 보아 다시는 그 위에 어떤 것도 더할 수 없게 한 것은 여전히 매우 커다란 진보이다. 이로써 인간은 자신의 자유를 위반하는 그 어떤 것도 인정할 수 없게 되었고 그 어떤 권위도 인정할 수 없게 되었다."[53] 하지만 "……이러한 자유는 무엇보다 공허하며 다른 모든 것에 대한 부정이다. 구속력이 없고, 자아는 다른 것을 받아들일 아무런 의무도 없다. 이렇게 자유는 확정적이지 못하다. 그것은 의지와 자유 자체가 동일한 것, 즉 의지가 자신 안에 있는 것이다. 하지만 그러한 도덕률의 내용은 무엇인가? 여기서 우리가 보게 되는 것은 또다시 공허한 내용이다. 왜냐하면 도덕이라는 것이 동일함, 자아일치성, 보편성 이외에 아무것도 아니게 되기 때문이다."[54] 헤겔은 칸트의 윤리학을 '공허한 형식주의'로 칭하면서 다음과 같이 말했다. "……어떤 내용이 아니라 의무를 위해 의무를 다한다는 것은 형식적 동일함이다. 이것은 바로 형식적 동일함이 일체의 내용과 규정을 배제해버리는 것이다."[55] 칸트가 언급하는 도덕명령과 절대명령의 보편성(무모순성)은 헤겔이 보기에 내용을 결여하고 있기 때문에, 헤겔은 이를 두고 "아무것도 존재하지 않는 곳에는 모순 또한 존재하지 않을 수 있다"[56]라고 비꼬아 말한다. 헤겔은 칸트의 선험적 본체, 자유, 형식을 경험적 현상계, 필연, 내용과 관념론적으로 결합해 소통시키려 한다. 다시 말해 헤겔은 칸트의 초시간적 선험 도덕원리의 규정을 시간을 내포하는 경험적 윤리현상, 즉 가정·시민사회·국가 등과 관념론의 절대이념의 논리 규범 안에서 연합해 통일시키려 한 것이다. 헤겔은 칸트가 틀어쥐고 있던 도덕의 특징을 던져버리고 오직 역사적 관점에서만 윤리 도덕을 조망하여, 칸트의 내재적 도덕 정신을 외재적 윤리 규범으로 변화시켰다.

관념론에 근거한 헤겔의 칸트 비판은 이후의 다른 수많은 비평가들보다 탁월한 것이었다. 이 비평가들은 칸트에 대해 형식주의자가 아니라고 변호하는 데 급급할 뿐이었다. 실상 칸트 형식주의의 근본은 구체적으로 각종 윤리 규범을 언급하지 않았다는 데 있지 않다. 칸트는 『윤리형이상학』에서 법 권리와 윤리에 대한 구체적인 설명과 규정을 숱하게 해두었으며, 이를 응용도덕론 혹은 실질적 윤리학이라 불렀다. 칸트 형식주의의 핵심은 도덕명령의 기본 규정이 사회역사적 조건을 벗어나 구체적인 내용을 추출해내고 일반적인 형식이 되었다는 데 있다. 그리고 자살·거짓말 등을 실질적 사례로 들어 그 점을 증명해낸다. 하지만 칸트는 서로 다른 윤리가 서로 다른 종족 문화 속에서 상대적 성질을 갖는다는 등의 사실을 모르지 않았다. 『실용적 관점에서의 인간학』 등의 논저 역시 경험을 중시하고 숙지하고 있던 칸트가 그러한 사실을 너무도 잘 알고 있었음을 증명한다. 그가 구체적인 사회의 시대적 내용과 시공간의 경험적 조건을 떠나 보편형식을 추상해낸 것은 바로 자각적 인성 능력이라는 인류학 본체론의 중대한 문제를 돋보이게 하기 위해서였다. 역사적 구체성을 띤 사회도덕은 확실히 종종 서로 다르거나 대립하고, 개체의 자연 존재와 집단의 이익 요구 사이에서 모순이 발생할 때 모든 계급과 집단은 자신의 전체 이익을 위해 일반적으로 개체를 희생하여 계급과 집단을 보호할 것을 요구한다. 혁명가는 혁명 사업을 위해 불 속에 뛰어들고 죽더라도 개의치 않는다. 현대의 파시스트와 종교 근본주의자 역시 '살신성인'이라는 도덕적 교훈을 내세워 구성원들을 구속하고 모종의 의무를 요구한다. 그리하여 그 교의를 위해 순교하는 충직한 구성원들마저 생겨나게 된다. 칸트가 언급한 '보편적' 입법형식은 구체적 사회투쟁 속에 놓인 외재적 윤리규범처럼 분명

'공허한' 것이며 어떤 구체적인 역사적 규정성을 갖고 있지 않다. 하지만 칸트의 공헌과 그 윤리학의 중요성은 오히려 다음과 같은 점에 있다. 형식주의의 방식으로 보편 필연성(즉 객관적 사회성)을 띤 문화-심리 구조의 문제를 제기했다는 것. 이 구조는 오직 인류에게만 속한 것으로 문화를 통해 역사적으로 축적되어 형성된다. 이것은 인식의 시공간적 직관과 지성의 범주로 표현되며, 또한 여기서 언급되는 자각적 도덕명령으로 표현된다. 이러한 측면은 헤겔, 마르크스 및 마르크스주의자들 역시 소홀히 했다. 헤겔과 마르크스는, 내가 인식론 부분에서 밝혔듯, 칸트가 제시한 보편성을 갖는 인성 능력, 즉 인류의 문화-심리 구조를 보지 못했다. 칸트 윤리학의 '형식주의'도 마찬가지다. 이성의 내화內化와 달리, 여기서 제시되는 것은 이성이 감정을 절대적으로 주재하는 '이성의 응집'이다. 인류학 본체론은 칸트의 이 같은 중대한 공헌을 긍정한다. 하지만 칸트와는 달리, 인류학 본체론은 이러한 심리 구조가 선험적 이성이 아니라 인류의 장구한 역사적 축적과 침전을 통해 조성되었다고 여전히 주장하며, 이는 또한 '경험이 선험적인 것으로 변하고, 역사가 이성을 구축하며, 심리가 본체가 되는 것'이라고 할 수 있다. 그것은 인류의 내재적 심리 본체를 구성하고, 마찬가지로 인류의 역사적 과정을 통해 구성된 외재적 공예工藝[공업과 예술]-사회 본체와 서로 대응한다.

이와 동시에 또다른 측면에서, 칸트 도덕법칙에 내용이 없다고 한 헤겔의 지적에 대해 말해야겠다. 마르크스와 엥겔스는 칸트가 "프랑스 부르주아 계급의지의 물질적 동기를 갖는 규정을 '자유의지', 스스로 존재하고 스스로 행하는 의지, 인류 의지의 순수한 자아 규정으로 변화시켰고, 그렇기에 그러한 의지를 순수한 사상적 수준에서의 개념적 규정과 도덕적 가설로 변화시켰다"[57] 라고 언급한 바 있다. 칸트가 이토록 장엄하게 말한 도덕명령, 절대명령, 자유의지 등은 바로 프랑스 부르주아 혁명의지가 독일에서 나타난 추상적 판본인 셈이다. 예컨대 칸트 윤리학의 핵심 명제인 '인간은 목적이다'는 심리형식이 아니라 루소 사상의 독일화를 압축적으로 대변하는 것이다. 또한 헤겔은 다음과 같이 언급했다. "루소는 이미 자유를 제기하여 절대적인 것으로 삼았다. 칸트 역시 동일한 원칙을 내세웠지만 주로 이론적 측면에서 처리했다. ……(프랑스인은) 매우 실제적으로 현실세계의 의무를 중시했다. ……독일에서는…… 오직 이론적 측면에서 그것이 발휘되었을 뿐으로…… 사유로 하여금 두뇌 속에서 자유롭게 활동을 진행하도록 했다."[58] 요컨대 프랑스는 정치 혁명을, 독일은 철학 혁명을 수행한 셈이다. 루소의 자유와 의지는 인간의 감성 및 정감과 직접 관련되어 있다. 칸트의 자유와 의지는 곧 완전히 인간을 초월한 순수이성이지만 오히려 더욱 건강한 이상성과 보편성을 가지고 있다. 만약 루소의 『사회계약론』과 칸트의 『실천이성비판』을 대조한다면 이러한 전화와 두 나라의 서로 다른 특징을 명확하게 확인할 수 있다. 루소는 『사회계약론』에서 인민이 통치에 반대할 수 있는 자유 권리를 강조하고, 공공계약의 기초 위에서 모든 사람이 평등한 공화정체共和政體의 수립을 요구했다. "우리 모두는 자신의 신체와 모든 역량을 총체적 의지의 최고 지시 밑에 둔다."[59] "인간이 사회적 계약에 의해 잃게 된 것은 천부적 자유이자…… 무제한의 권리이다. 그가 얻게 된 것은 공민적 자유이다." "……정신적 자유를 더해야 한다. 이러한 자유가 있어야만 비로소 인간으로 하여금 진정 자신의 주인이 되게 할 수 있다. 왜냐하면 단순한 욕망의 충동은 여전히 노예적인 것이고, 자신이 제정한 법률에 복종해야 비로소 자유인 것이다."[60] 인민의 입법, 자신 스스로에 대한 복종, 노예상태에 대한 반대와 평등의 요구. 루소의 이런 기본 관점이야말로 칸트가 언급한 '보편입법' '인간은 목적이다' '의지의 자율'의 진정한 배경이자 내재적 함의이다. 하지만 프랑스에서 감각론적 행복주의를 제창한 백과전서파의 유물론자이든 올바른 지식과 올바른 능력을 갖춘 자연인을 제창한 루소이든 간에, 모두 당시의 격렬한 계급투쟁 속에서 도덕윤리의 문제를 정치적 과제로 결집시켰다. 이는 게오르기 플레하노프가 "그들 나라에서 도덕은 모두 정치로 변하고 만다"[61]라고 언급한 바와 같다. 그러나 독일에서는 상황이 정반대였다. "……연약하고 무력한 독일 시민은 '선의지'만을 가지고 있다. 칸트는 오직 선의지만을 말한다. 설사 이 선의지가 전혀 효과가 없다 하더라도 그는 스스로 만족한다. ……칸트의 이 선의지는 독일 시민의 연약함과 억압당하고 빈곤에 시달리던 당시 상황과 완전히 부합한다."[62] 도덕이 정치에 종속된 것이 아니라, 반대로 정치가 도덕의 일부분이 된 것이다. 루소가 언급한 '공공의지'(정치)는 보편적 입법형식(도덕)이 되었고, 루소가 언급한 '인민의 입법' '공민적 자유'(정치)는 '의지의 자율'이 되었다.[63] 마르크스는 이에 대해 다음과 같이 말했다. "18세기 말 독일의 상황은 칸트의 『실천이성비판』에 완전히 반영되어 있다."[64] 정치 혁명의 선도 역할로서의 철학 혁명은 프랑스와 독일 양국에서 커다란 차이를 보인다. '프랑스혁명에 대한 독일의 이론'으로서 칸트 철학은 윤리학에서 더욱 전형적이고 두드러진다. 아마도 마르크스가 말한 것과는 상반되게, 낙후되고 빈곤하며 행동이 결여되었기 때문에, 선혈이 낭자하고 더럽고 추악한 혁명의 현실이 생략 혹은 여과될 수 있었을 것이다. 그리고 [그런 현실이] 우수한 인물의 두뇌 속에서 광명과 이상으로 충만하고 숭고한 도덕이론으로 승화·정화될 수 있었을 것이다. J. G. C. 키제벨터는 당시 칸트가 『이성의 한계 안에서의 종교』를 자신에게 보내준 데 대한 감사 서신에서 다음과 같이 말했다. "……의무와 각종 권리(예컨대 재산권)의 체계를 연역하는 데 있어 이렇게 곤란함에 부딪히고 있고 이전의 어떤 체계에 의해서도 해결되지 않고 있습니다. 그러므로 모든 사람이 당신의 도덕체계, 특히 프랑스혁명 이후 새롭게 제기된 수많은 문제에 대한 도덕체계를 보고 싶어할 것입니다. 저는 프랑스혁명이 기초로 삼고 있는 근본적 원칙의 이성에 대해 당신이 하고 싶은 말이 많으리라 생각합니다." 칸트는 종교에 관한 저술 이후 다시 『만물의 종언』『영구평화론』『학부 간의 논쟁』『윤리형이상학』 같은 일련의 중요 논저들을 집필하여, 자신의 철학 혁명이 바로 "프랑스혁명이 기초로 삼고 있는" 이성원칙의 정수이자 승화이며, 현실을 도피하거나 현실에서 벗어나지 않았다는 점을 완전하게 설명해낸다. 비록 칸트가 자신의 도덕철학을 저술한 때는 프랑스혁명 이전이었지만 말이다.

6 선악 개념과 도덕 감정

만약 '참됨'(대상과 인식의 부합)이 칸트 인식론, 즉 『순수이성비판』이 탐구하고자 한 문제였다면 '선함'(도덕명령과 행위의 부합)은 칸트 윤리학, 즉 『실천이성비판』의 과제였다고 할 수 있다. 도덕명령은 다만 초감성적 순수형식으로, 현실에 관여하기에 선악의 문제를 갖는다. 그래서 칸트는 선악을 실천이성의 대상(즉 객체) 개념이라고 한 것이다. 이 대상(객체)은 시공간 속의 자연사물과 인과 등이 아니라 "자유에 의해 가능한 결과로서의 객관이라는 표상을 의미한다. 그러므로 실천적 인식 그 자체의 대상이라는 것은 단지 의지의 그것에 의해 그 대상이나 그 반대의 것이 현실화될 터인 그 행위와의 관계 맺음을 의미한다."[65] 이는 곧 선악은 결국 자유가 인간의 행위를 결정할 때 만들어지는 효과이고, 대상(객체)은 주로 행위 자체를 가리키며, 그다음에야 비로소 행위가 만들어낸 결과를 가리키게 된다는 것을 말해준다. 여기서 문제는 선악 개념, 즉 행위의 선악은 어디에서 유래하는가이다. 칸트는 선악이 현실적 경험에 대한 비교·개괄·취사에서 유래하는 것이 아니라 오직 선험 이성, 도덕명령에서 유래한다고 생각했다. 우선 도덕명령이 있고 난 이후에야 비로소 선악 개념이 있는 것이지 그 반대는 아닌 것이다. "선악 개념은 도덕명령 이전에 선행적으로 결정되지 않는다. ……오직 도덕명령 이후 그에 근거해 결정된다."[66] "선(하나의 대상으로서의)의 개념이 도덕명령을 결정하고 그것을 가능케 하는 것이 결코 아니다. 오히려 도덕명령이 우선 선의 개념을 결정하고 그것을 가능케 한다.(절대적으로 선이라 칭해지는 것에 대해 말한다면 그렇다.)"[67] 이는 만약 선악 개념이 도덕명령보다 앞서는 것이라면 필연적으로 경험적 행복주의로 귀결되기 때문이다. 다시 말해 선악이 최종적으로 다시 쾌락이나 고통 같은 감각적 경험과 연결되어, "유쾌함을 불러일으키는 수단을 선이라 칭하고, 불쾌함과 고통의 원인을 악이라 칭하게 되기 때문이다."[68] 그러므로 선악은 복福(쾌락)과 화禍(고통)가 아니며, 사물의 대상이나 성질에 속하지도 않는다. 선악은 우선 행위 자체에 속하며, 이는 객체(현실 대상)로서의 행위가 도덕명령을 체현하는가에 관한 것이다. 칸트의 윤리학이 반복해서 논증하는 것이 바로 이러한 이치다. 칸트는 고대 그리스의 스토아학파 철학자가 했다는 말을 예로 들어("어떤 이가 지독한 통풍痛風이 시작될 때 미친 듯이 외쳤다. '고통, 네가 얼마나 나를 괴롭히든 간에, 나는 영원히 너를 악惡이라 부르지 않겠다.' …… 그는 정확히 말했다. 그는 확실히 환란을 느꼈고 그의 외침은 그러한 고통의 일면을 토로했다. 하지만 그는 결코 자신이 그러한 병 때문에 사악함에 빠졌다고 말할 아무런 이유도 가지고 있지 않았다. 왜냐하면 고통은 추호도 그의 인격적 가치를 낮추지 않았기 때문이다"),[69] 행위의 선악과 경험적 기쁨·고통은 근본적으로 다르다는 점을 증명했다.

요컨대 칸트가 보기에, 인간은 감성을 갖춘 현실적 존재로서 그 자연적 생존과 발전을 위해 행복을 추구해야 하는 측면이 있다. 그러므로 그의 이성이 화복禍福을 위해 고찰하는 것 역시 필요하다. 하지만 인간은 결국 단순한 생물학적 존재가 아니다. 의지가 자신의 행위를 어떻게 결정하는가가 도덕명령에 복종하는 것인지, 아니면 자연적 필요에 의한 고통, 쾌락, 화복에 따르는 것인지가 곧 인간과 동물을 구분하고 자유의지와 자연적 인과관계의 지배를 구분하는 결정적 관건이 되는 것이다. 칸트는 이에 대해 다음과 같이 말했다.

> 인류는 감성적 세계에 속한다는 측면에서 여전히 필요를 가진 존재자다. 그리고 이러한 범위 안에서 그의 이성은 감성에 대해 일종의 거부할 수 없는 사명을 갖는다. 즉 감성적 측면의 이익을 고려해야 하고, 눈앞의 행복과 미래의 행복(만약 가능하다면)을 추구하기 위해 자기 스스로 일련의 실천 준칙을 세워야 한다. 하지만 인류는 또한 전적으로 동물적이지는 않기에…… 이성을 (감성적 존재자인) 자신의 수요를 만족시키기 위한 도구로 사용하지 않는다. 왜냐하면 인류에 대한 이성의 용도가 짐승에 대한 본능의 용도와 같다면, 비록 인류에게 이성이 주어져 있다 해도 그의 가치를 순수한 동물 위에 둘 수 없기 때문이다. 인류의 이성이 동물의 본능과 같은 위치를 차지한다면, 이성은 다만 자연적으로 인류를 무장시키는 특수한 방식에 불과할 것이며, 동물이 천성에 기대어 달성하는 그런 목표를 이루는 데 그칠 것이다. 인류는 더욱 높은 목표를 달성하지 못할 것이다. 당연히 인류는 그러한 도구를 갖춘 이후 어느 정도 이성을 필요로 할 테고 시시각각 자신의 화복을 고려하게 될 것이다. 하지만 인간이 가진 이성에는 이러한 용도를 넘어 더 높은 수준의 용도가 있다. 이성이 그 자체의 선 혹은 악을 고려할 수 있을 뿐

아니라(오직 그 어떤 감성적 이익의 영향도 받지 않는 순수이성만이 이러한 측면을 판단할 수 있다), 그러한 선악의 평가를 화복에 대한 고려에서 완전히 분리하고 전자를 후자의 최고 조건으로 삼는 것이 바로 그것이다.[70]

이렇게 길게 칸트의 글을 인용한 것은, 이 대목이 매우 드물게 대중적이고도 명확하게 설명하고 있어 별다른 서술이 필요 없는 데다, 다음 장에서 설명하려고 하는 '최고선'의 문제, 예컨대 인간이 도덕명령을 따르면서도 생활의 행복을 추구하는 모순의 문제를 비교적 밀도 있게 암시해주기 때문이다.

칸트는 선악이 화복과 완전히 구분되는 것이 바로 인간과 짐승의 구분이라고 보았다. 이를 통해 비단 '선'만이 아니라 '악' 역시 감성적 경험의 자연 속성이 아님을 알 수 있다. '선'은 도덕명령에 대한 복종이고, '악'은 곧 의도적으로 도덕명령의 위반을 선택하는 행위다. 칸트는 이에 대해 다음과 같이 말했다. "인간이 악하다는 것은 다음과 같이 해석될 수 있을 뿐이다. 도덕명령을 의식했지만 그에 위배되는 원칙을 선택했다. 그러므로 인간의 본성은 본래 악하다. ……하지만 이것은 자연적 속성이 아니다."[71] '악'은 인간의 반사회적 개체 성향이다. 이에 대한 내용은 다음 장에서 칸트의 역사관을 다룰 때 다시 논하기로 한다. 여기서 주의할 점은 칸트가 도덕·선행이 행복·쾌락과 아무런 상관도 없다고 강조했기 때문에, 심지어 행복·쾌락을 폄하하여 도덕·선행의 광채를 돋보이게 한다는 점이다. 중국 유가儒家의 송명이학宋明理學(신유학新儒學)은 '천리天理'를 선으로 하고, 이른바 '인욕人慾'을 악으로 한다. 또한 '천리'로서의 선과 감성적 행복으로서의 '인욕'은 서로 무관할 뿐 아니라 심지어 적대적이라고 강조한다. 이것은 칸트의 심리적 형식과 비슷하다. 하지만 구체적으로 그 사회적이고 시대적이며 계급적인 내용은 서로 다르다. 정주이학程朱理學은

'천리'(도덕명령)를 삼강오륜의 질서와 동일시하며, 봉건제도의 사회적 표준은 '천리'의 선의 구체적 내용을 구성한다. 하지만 칸트는 오히려 '자유' '평등' '인권'을 도덕명령의 진정한 핵심으로 삼는다.[72]

칸트 철학의 독일적 특징은 그 칼끝을 프랑스 유물론의 행복주의, 경험주의 및 신비주의와의 타협에 겨누었다. 칸트는 "형태 없는 천국에 대한 현실적인, 그러나 또한 비감성적인 직관을 도덕 개념 운용의 기초로 삼는"[73] 신비주의가 비록 "초월적 영역에까지 마음대로 유랑하지만", 철저하게 "도덕성을 뿌리뽑는" 행복주의적 경험론과 비교한다면 "신비주의는 도덕명령의 순수성 및 숭고함과 서로 융합될 수 있다"[74]라고 생각했다.

인식론에서 칸트는 '형식(초월)적 관념론'을 '실질적 관념론'과 구별했다. 윤리학에서 칸트는 '형식적 합리론'을 '실질적 합리론'과 구별했다. 이는 곧 이성의 기치를 높이 들어 경험론에 반대한 것과 동일한 논리였다. 하지만 칸트는 인식론에서는 감성에서 출발해 지성의 개념(범주)으로, 그리고 다시 이성으로 나아갈 것을 요구했다. 하지만 윤리학에서는 먼저 이성(도덕명령=자유)에서 출발해 개념(선악)으로, 그리고 다시 감성, 즉 도덕 감정으로 나아갈 것을 요구했다.[75] 도덕명령은 객체 개념에서 선악으로 표현되고, 도덕명령의 주관적 경험 심리에 대한 영향은 곧 도덕 감정이다. 선악이 도덕명령에 앞설 수 없는 것처럼, 그리고 도덕명령이 반드시 선악에 앞서야 하는 것처럼, 칸트는 도덕 감정이 도덕명령에 앞설 수 없고 도덕명령이 반드시 도덕 감정에 앞서야 한다는 것은 곧 의지의 동기인 도덕명령이 영혼 속에 비로소 도덕 감정을 만들어내는 것임을 강조했다. 앞서 선악과 화복의 구분을 요구한 것과 마찬가지로, 칸트는 여기서 동정·양심 등을 포함하는 여타 감정과 도덕 감정을 구별해야 한다고 강조하는 것이다. 동정·양심 등의 여타 감정은 겉보기에는 도덕 감정과 비슷한 것 같지만 그렇지 않다.

칸트는 인간의 선호와 증오, 감성의 충동이 모두 감정 위에 세워지는데, 결국 모두 이기심에 다름 아니라고 생각했다. 또한 이러한 이기심은 '자애' '자만' 등으로 구분될 수 있다. 칸트는 이러한 것들이 도덕 감정일 수 없다고 주장했다. 그러므로 "주체는 도덕으로 기우는 그 어떤 감정도 미리 가지고 있지 않다."[76] 도덕명령은 바로 이러한 '자애' '자만' 등의 감정을 억눌러야 하는 것이다. 그런 연후에야 비로소 또다른 종류의 이성적 원인에서 만들어지는 적극적 감정이 생겨날 수 있다. "이러한 감정은 곧 도덕명령에 대한 존경의 감정이라 부를 수 있다. ……또한 도덕 감정이라고도 부를 수 있다."[77] 이러한 도덕 감정은 이성적 판단 위에 구축되며, 객관적 도덕명령이 일체의 주관적 감성충동보다 훨씬 우월하다는 것을 깨달아 만들어지는 존경의 마음이다. 따라서 그것은 천성적 감각, 양심이 아니며, 자연적인 정욕의 충동도 아니다. 그것은 인간 심리에 미치는 도덕명령의 영향이자 결과이다.

그리하여 '존경'이라는 도덕 감정의 특징은 근본적으로 쾌락적인 것이 아니다. 오히려 그 반대로 약간의 고통을 가지고 있으며 강제성에 의한 불쾌함을 포함한다. 왜냐하면 이 감정은 각종 이기심과 자만심을 억제하고, 도덕명령 앞에서 스스로 부끄러워하는 것이기 때문이다. 또다른 측면에서 존경이라는 도덕 감정이 불쾌함을 포함하는 이유는 그 신성한 도덕명령이 자신보다, 자신의 천성보다 우월함을 알게 되어 감탄과 찬미의 감정이 생겨나고, 동시에 자신을 강제하면서 스스로를 이롭게 하는 마음, 이기심, 자애, 자만심을 억제하여 도덕명령에 복종할 수 있게 하기 때문이다. 그리고 이와 동시에 '자신 역시 마찬가지로 매우 고매함'을 느껴 일종의 자부심을 가지게 된다. 칸트는, 한편으로는 각종 이기심의 감정을 억제하여 생겨나는 불쾌함과 고통이 있지만 동시에 그로 인해 자부심과 고상함을 느낄 수 있는, 이 두 종류의 소극적이면서도 적극적인 상반된 심리 요소가 바로 도덕 감정의 특징을 구성한다고 생각했다. 그것은 자연 상태의 좋고 싫음이 아니라 의식을 갖춘 이성적 감정이다. 경험론이 이지理智를 감정의 노예로 본 것과는 상반되게, 칸트에게 있어 인간의 도덕행위를 지배하는 것은 이성이지 그 어떤 정욕도 아니다. 또한 도덕의 연원이자 근원이 되는 것도 인성(자연적 천성)이 아니라 이성이다. 그렇기에 인간의 도덕 감정은 이성이 인성(자연적 천성)을 이기는 것이고, 감정에 있어 도덕이 정욕을 이겨서 생겨난 것이라 할 수도 있다.(프랑스 유물론에서는 실상 인성이 곧 자연성이다.)

신은 이러한 도덕 감정을 가지고 있지 않으며 필요로 하지도 않는다. 오직 유한한 이성적 존재자인 인간의 마음속에만 그러한 도덕 감정이 존재한다. 오직 인간만이 자신을 강제하여 도덕명령에 복종시킬 필요를 가지기 때문이다. 동시에 그러한 감정을 존중하는 것 역시 인간에게만 적용될 뿐 사물에게는 적용되지 않고, 인간의 인격에만 해당될 뿐 인간의 다른 무엇에는 해당되지 않는다. 사물 역시 위대함, 다채로움, 광활함으로 경탄과, 공포 혹은 사모의 감정을 불러일으킬 수 있다. 인간 역시 재능, 지식, 용감함, 영예, 지위로써 그러할 수 있다. 하지만 인간의 도덕적 품격만이 그러한 도덕 감정에 대한 '존경'을 불러일으킬 수 있다.

"어떤 이가 내가 사랑하고 두려워하며 찬미하고 심지어 경이로워하는 대상이 될 수 있다. 하지만 그러한 이유로 내가 존경하는 대상이 될 수는 없다. 그의 유머 감각이 탁월하고 용감함이 비할 데 없으며, 체력 또한 남보다 월등히 뛰어나고 권세가 높다는 것이 내 마음속에 어떤 감정을 불러일으킬 수는 있다. 하지만 내 마음속에서 그에 대한 존경의 마음은 좀처럼 생겨나지 않는다. 퐁트넬은 '지위가 높은 사람 앞에서 비록 내 몸은 고개를 숙여 인사하고 있으나 내 마음은 결코 그렇지 않다'라고 말한 바 있다. 나는 여기에 한마디 덧붙이고자 한다. 만약 내가 어느 가난한 평민의 인품이 단정하고 스스로 남보다 못한 것을 부끄러워할 줄 아는 것을 직접 보게 된다면 내 마음은 그를 향해 경의를 표할 것이다. 내가 원하든 그렇지 않든, 내가 얼마나 당당하게 나를 내세우든, 그리고 그로 하여금 내 우월한 지위를 허투루 보지 않도록 내 머리를 아무리 높이 쳐든다 해도 말이다. 이것은 무엇 때문인가? 내가 그의 모범적인 모습을 나와 비교해보고, 하나의 법칙의 준수, 그러니까 그 법칙의 실행 가능성이 그의 행실을 통해서 내 앞에서 입증되고 있음을 볼 때, 그의 모범적인 모습이 내 앞에서 내 자만을 타도하는 하나의 법칙을 제시하기 때문이다."[78]

칸트는 설사 표면적으로는 그러한 존경의 마음을 표현하지 않는다 할지라도 "심적으로 그러한 감정을 느끼지 않는 것은 불가능하다"[79]라고 주장한다. 왜냐하면 이 경외스럽고 존경스러운 도덕 감정은 바로 도덕명령, 절대명령, 그리고 의무의 비할 데 없는 숭고함에서 유래하기 때문이다. 칸트는 한발 더 나아가 인간의 도덕 '의무'에 찬탄하면서 다음과 같이 말했다. "……너[의무]는 결코 사람을 미혹하지 않고 그에게 아부하지도 않는다. 다만 사람의 복종만을 요구한다. 하지만 너는 보기만 해도 압박을 느끼고 두려움이 생기게 하는 것을 가지고 사람을 위협하지 않는다. ……다만 하나의 명령만 제시할 뿐이다. 이 명령은 곧 자연스럽게 사람의 마음속으로 들어간다. 일체의 좋음과 나쁨이 어떻게 암암리에 방해를 하던 간에, 모두 침묵으로 일관할 뿐이다! 아, 너의 존귀함은 어디에서 오는가? ……이것은 별다른 것이 아니라 바로 인격이며 또한 모든 자연적인 기계적 작용을 벗어난 자유와 독립이다."[80]

이 구절은 건조하고 추상적인 어조로 이루어져 있는 칸트의 비판철학 중에서 보기 드물게 감정적이고 호소력 짙은 대목이다.[81] 여기서는 구체적으로 어떤 특정한 내용을 통해 그러한 감정을 언급하지는 않지만, 세속적 권위에 대한 멸시와 자유 독립에 대한 추구를 표현하고 있으며 혁명시대의 정신을 반영하고 있다.

혹자에 따르면 칸트가 윤리학을 강연할 때 청중을 눈물짓게 했고, 칸트가 강연하는 도덕명령과 도덕 감정에 관한 내용은 사람들을 감동시켰다고 한다. 『실천이성비판』은 [프랑스혁명이 일어난] 1789년 바로 전해에 출판되었고, 당시는 불처럼 들끓는 혁명투쟁의 현실이 막 시작되려던 시점이었다.

칸트 윤리학의 중요한 공헌은 도덕이 감성적 인간의 행복, 쾌락 및 이익(항상 개체의 존재를 그 현실적 기초로 하는)에서 유래하는 것이 아니라 그러한 경험적 감성의 수준을 넘어서는 선험적 절대명령에서 유래하며, 인간은 이에 복종하여 행동한다는 주장을 명확하게 견지했다는 점이다. 앞서 언급했듯, 이는 실상 도덕이 총체적인 인류 사회의 존재가 개체에게 요구·구제·명령하는 자각적 의식임을 나타낸 것이다. 감성적 개체의 행복·이익과 대립하고 충돌하는 상황에서 도덕의 역량은 더욱 선명하게 나타난다.

이는 매우 심도 있는 사상으로서 윤리도덕의 본질적 특징의 소재를 제시해준다. 문화인류학과 민속학의 관점에서 보면, 금기는 원시적 형태의 도덕명령이라 할 수 있다. 저명한 고고인류학자 리처드 리키는 유인원에서 인류로 이어지는 전화의 관건이 된 것은 음식과 일의 분배라고 보았다.[82] 이는 실상 중국의 순자荀子가 말한 주장, 즉 '예禮'가 인간과 동물을 나누는 경계선이며, 이는 곧 분쟁을 막고 공유를 위한 것이라는 주장과 일맥상통한다.[83] '예'는 곧 초기의 윤리도덕이라 할 수 있는 이른바 '극기복례克己復禮'가 아닌가? 아동 심리학의 관점에서 볼 때, 사회의 명령(보편성·이성)에 따르고, 자연적 수요(개체성·감성)를 억제하며, 물욕(음식과 같은)에 따라 움직이지 않는 것이 바로 도덕의지를 세우고 도덕 감정을 배양하는 시작이 된다. 리키와 순자는 경험적 사실을 통해 칸트가 제기한 선험적인 도덕적 본성 및 인성적 능력과 관계된 심리 구조의 구성을 논증한 셈이다. 이는 또한 당연히 윤리 절대주의, 윤리 상대주의의 각종 문제와 연관되며, 이는 다음 장에서 논하기로 한다.

9장

윤리학: (2) 종교, 정치, 역사관

1 실천이성의 '이율배반'과 '최고선'

8장에서 살펴보았듯, 칸트가 보기에 도덕법칙이 절대명령인 까닭은 인간이 이성적 존재여서가 아니라 감성적인 생물학적 존재로서 실천이성을 통해 자연적 정욕을 구속해야 할 필요가 있기 때문이다. 하지만 또다른 측면에서 행복 추구, 즉 자연적 정욕의 만족 역시 인간의 '본성'이다. 그러므로 행복을 돌보는 것도 인간에게 주어진 일종의 의무이며, 실천이성은 인간이 행복을 방기할 것을 결코 요구하지 않는다. 이 두 측면의 모순과 해결이 『실천이성비판』 변증편의 주요 내용을 구성한다.

인식론에 있어서 이론이성은 인식 범주로서 경험을 넘어설 수 없다. 그렇지 않으면 변증법적 환상이 발생하여 이율배반의 상황에 빠지게 된다. 하지만 이러한 초월은 불가피한 것이기도 하다. 윤리학에 있어서 실천이성은 도덕법칙으로서 경험에 침투할 수 없으며, 경험에 침투하게 되면 또한 이율배반의 상황을 낳게 된다. 왜냐하면 경험과 인간의 자연적 존재라는 성질 사이에는 상호 연관관계가 있기 때문이다. 하지만 도덕법칙의 경험 속 진입도 불가피하기는 한데, 그렇지 않으면 도덕법칙이 인간에게 아무런 의미도 갖지 못하고 객관적 현실성도 가질 수 없기 때문이다. 도덕법칙과 실천이성이 반드시 인간의 몸에서 현실화되어야 하지만, 인간은 오히려 감성적 자연 존재다. 그렇기에 행복과 덕행 사이의 이율배반이 발생하는 것이다. 칸트는 '최고선'을 통해 이러한 이율배반을 해결하려 했다. 당연히 여기서 말하는 '행복'이란 인간의 감성적 자연 상태와 연관된 심신의 쾌락 등의 생존 상태를 가리킨다.

칸트는 이론이성이 무조건적 총체를 추구하기 위해 이념을 갖고, 마찬가지로 실천이성도 무조건적 총체를 추구하기 위해 '최고선'을 갖는다고 생각했다. 이른바 '지상至上의' '무조건적' 선은 덕행과 행복을 모두 포함한다. 덕행은 다만 '최고의 선'이자 행복을 숭상하는 가치로서 행복과의 통일을 최고의 조건으로 한다. 하지만 덕행은 '최고선'의 한 측면에 불과하며, 아직 '최고선'이라 할 수 없다. '최고선'은 반드시 행복을 포함한 무조건적 총체여야 한다. '최고선'이야말로 윤리학 최후의 목표이며, '유한한 이성적 존재자'(즉 인간)가 추구하고자 하는 대상이다.

실천이성은 도덕과 행복의 통일을 추구한다. 하지만 경험은 이 둘 사이의 필연적 관계를 제공해줄 수 없다. 둘 사이의 관계는 선천적 분석도, 후천적 종합도 아니다. 왜냐하면 도덕과 행복의 관계가 분석적인 것이라면 그것은 곧 논리적으로 동일한 관계라는 말인데, 그렇다면 덕德이 곧 행복이고, 행복이 곧 덕이어야 한다. 다시 말해 '덕의 수행'과 '행복 추구'는 동일한 일이 되어야 한다. 이것은 실증할 수 없는 선험적 추론일 뿐이다. 만약 덕의 수행과 행복 추구가 동일한 일이 되는 것이 종합적인 것이라면, 다시 말해 인과율에 의한 것이라면, 하나가 다른 하나를 발생시켜야 한다. 이것은 보편 필연적 유효성을 결여한 경험적 귀납이기 때문에 성립할 수 없다. 고대 그리스의 스토아학파와 에피쿠로스학파는 도덕과 행복에 있어 이런 두 종류의 관점을 대표한다. 스토아학파는 덕행이 곧 행복이며, 행복은 주체가 자각적으로 행하는 덕행에 불과하다고 생각했다. 그러므로 덕행을 '최고선'이라 본 것이다. 에피쿠로스학파는 행복을 '최고선'으로 보았다. 이에 따르면 덕행은 행복을 얻는 수단에 불과하다. 스토아학파와 에피쿠로스학파는 모두 덕행과 행복을 동일한 일로 보거나, 양자 사이에 인과 관계가 있다고 보았다. 하지만 칸트는 이러한 관점을 틀렸다고 보았다. 경험적 원칙에서 출발해 행복에서 도덕을 도출하는 데 대해 칸트가 결연히 반대한 것은 앞 장에서 이미 상세하게 설명한 바 있다. 또다른 측면에서 칸트는 덕행에서 행복을 도출하는 관점 역시 반대했다. 왜냐하면 행복은 객관적 인과의 규칙에 의해 발생하는데, 도덕법칙은 이와 완전히 다른 것으로 행복의 존망에 간여할 수 없기 때문이다. 칸트는 행복과 도덕이 서로 위배되고, 양자가 함께 가는 것이 아니라는 사실을 경험 속에서 충분히 확인할 수 있다고 지적했다. 덕을 갖춘 이라고 해서 반드시 행복하지는 않으며, 행복을 향유하는 자가 많은 악행을 저지르기도 한다. 그러므로 한편으로는, 에피쿠로스와 같이 행복 위에 보편 필연적 도덕을 구축할 수도 없고, 행복을 도덕의 경험적 전제로 삼을 수도 없다. 그러나 또다른 측면에서, 스토아학파와 같이 행복을 도덕의 필연적 성과로 볼 수 없고, 덕행을 행복의 이성적 근원이라 볼 수도 없다. 양자는 현실세계 속에서 연계되거나 결합될 수 없는 것이다. 만약 양자를 연결하여 결합한다면 이성의 이율배반이 발생하고 만다. 이에 대해 칸트는 다음과 같이 말했다.

> ……혹자는 행복을 추구하고자 하는 욕망을 덕행 준칙의 추동 원인이라 보고, 혹자는 덕행 준칙을 행복의 발생 원인이라 본다. 첫번째 주장은 결코 가능하지 않다. 왜냐하면 (분석론에서 증명했듯) 의지의 동기를 개인 행복의 추구에 놓는 그러한 준칙은 완전히 비도덕적이기 때문이다. 그렇기에 어떠한 덕행의 기초도 될 수 없다. 하지만 두번째 주장 역시 불가능하다. 왜냐하면 의지가 결정된 이후의 결과라는 관점에서 바라본다면, 현실세계의 모든

실천적 측면의 인과관계는 의지의 도덕적 의향에 준거하는 것이 아니라, 자연법칙에 대한 인식에 근거하는 것이고 그러한 지식을 이용하여 자신의 행복에 가닿고자 하는 물리적 능력에 기대는 것이기 때문이다. 이로 인해 우리는 매우 엄격하게 도덕법칙을 준수해야 하며, 또한 이러한 이유에서 행복과 덕행이 현실세계에서 필연적으로 결합하여 우리가 이른바 '최고선'이라 일컫는 것에 부합할 수 있다고 기대해서는 안 된다.[1]

플레하노프가 지적했던 대로, 프랑스 유물론에서 "새로운 도덕은 육체의 지위를 회복시켰고, 정욕을 정당한 것으로 새롭게 긍정했으며, 사회로 하여금 사회 구성원의 불행을 책임질 것을 요구했다. ……프랑스 유물론은 지상에 천국을 세우기를 희망했고 이것이 혁명적 측면이었다."[2] 이와는 완전히 상반되게, 칸트에게 있어 도덕과 행복은 서로 관여하지 않으며 천국에 세워지는 것이 아니라 행복의 향유를 천상으로 이동·기탁하는 것이다.

도덕과 행복의 완전한 분리에서 나오는 이율배반에 이르기까지 칸트는 자신이 주장한 도덕법칙의 순수성에 충실했다. 하지만 또한 현실생활에서 세속적 행복을 추구하는 문제를 회피할 수 없었다. 앞 장에서 살펴본 대로, 칸트는 일찍이 자신의 몸과 마음, 재능과 지혜, 그리고 다른 사람을 돕고자 하는 마음을 발전시키는 것을 도덕적 의무의 예증으로 제시했다. 구체적인 경험적 제재들과 비교적 많이 연계된 『윤리형이상학』에서 이 점은 더욱 명확하게 드러난다. 『실용적 관점에서의 인간학』에서 칸트는 '형체계形體界의 선善'*을 제기하고, 이를 자연적 선(도덕적 선, 즉 선의

* 『실용적 관점에서의 인간학』 한국어판에서 '형체계의 선'이라는 개념은 찾을 수 없다. 다만 이 책의 앞뒤 맥락을 고려할 때 『실용적 관점에서의 인간학』 A242~245 부분에 나오는 '물리적 좋음'과 '도덕적 좋음'의 구별을 참조할 수 있다. 칸트에 따르면, 전자는 육체와 관련된 쾌락을, 후자는 정신적 덕성을 의미한다. 칸트는 이 둘 사이의 관계를 서로 투쟁하는 관계로 규정하고 그러한 투쟁을 통해 품위 있는 행복의 향유가 가능해진다고 언급한다.

지와 구별되는)이라 보았다. 이는 실상 도덕법칙의 순수한 형식 아래로 실질적 도덕원리를 밀어넣은 것이며, 칸트는 이를 인류학의 행복 원리라 불렀다. 다시 말해 인간의 몸과 마음, 재능과 지혜, 그리고 다른 이를 돕는 마음을 발전시켜 행복하게 하는 것은 인류의 자연적 존재의 목적이며 그 자체로 일종의 선이라는 것이다. 그러므로 이를 통해 실질적으로 두 종류의 선이 있음을 알 수 있다. 하나는 형식, 즉 도덕법칙, 도덕적 선이다. 이는 칸트 윤리학의 핵심이자 주제이다. 이 선은 순수이성에서 유래한다. 다른 하나는 실질, 즉 행복이다. 이는 칸트가 명확하게 밝히지 못한 측면으로, 인류 역사에 대한 칸트의 특정한 관점에서 유래한다. 이 측면은 후대 칸트 연구자들이 대부분 소홀히 하거나 경시했지만 철학사의 발전이라는 관점에서 중요한 의의를 갖는다. 이 측면이야말로 잠재적으로 칸트가 제기한 이율배반을 헤겔의 심오한 역사적 감각을 갖춘 변증법으로 바꿔놓는 것이며, 주관적 환상을 객관적 논리로 변화시키는 것이다. 이는 이번 장의 후반부에서 논하기로 한다.

칸트는 『순수이성비판』 마지막 절의 제목을 '순수이성의 최종 목적의 규정근거로서 최고선의 이상에 대하여'라 붙이고 다음과 같이 언급했다. "사변적 이성과 실천이성을 포함하여, 나의 이성이 관심을 두는 것은 다음 세 가지 문제로 개괄할 수 있다. 1. 나는 무엇을 인식할 수 있는가?(~할 수 있는kann) 2. 나는 무엇을 행해야만 하는가?(~해야만 하는soll) 3. 나는 무엇을 희망해도 좋은가?(~해도 좋은darf)"[3] 첫번째 문제는 순수 이론적인 것, 두번째 문제는 순수 실천적인 것, 세번째는 실천적인 동시에 이론적인 것이라고 칸트는 생각했다. 첫번째는 인식론의 문제이고, 두번째는 윤리학의 문제다. 세번째는 종교가 해결해야 하는 문제다. 칸트는 "모든 희망이 행복을 지향한다"[4]는 점을 인정한다. 또한 윤리학이 행복을 추구하는 것이 아니라 "종교가 더해진 이후에야 비로소 우리는 언젠가 자기 스스로 덕을 수양하는 노력 정도에 따라 행복을 누리게 되리라 희망할 수 있다”[5]라고 생각했다. 그래서 『실천이성비판』 안에 행복이 포함되고, 덕행과 행복이 서로 통일되는 ‘최고선’이 최종적으로 칸트 윤리학 전체의 귀속점이 된다. 그리고 이 귀속점은 곧 종교를 지향한다. ‘최고선’ 개념은 존 실버가 주장하듯 칸트 윤리학의 중심이 아니다.[6] 칸트 윤리학의 중심은 여전히 추상적 형식의 도덕법칙이다. ‘최고선’ 개념은 실질적으로는 종교적 성질을 지니며, 내가 보기에 그 중요성은 칸트 윤리학과 칸트 사상의 전체 발전과정에서 나타난 모순, 즉 초감성적 순수이성에서 점차 감성적이고도 현실적인 인류의 활동과 그 역사적 탐구로 진입해 들어가는 과정에서 필연적으로 마주칠 수밖에 없는 모순을 폭로했다는 데 있다. 칸트는 이 모순을 해결하기 위해 신앙과 종교로 회귀했다. 하지만 이 모순 자체는 헤겔을 경유하여 역사적 해결로 나아갔다.

칸트는 덕행과 행복의 관계가 후천적 종합(분석편에서 증명했던)도 아니고, 선천적 분석(스토아학파와 에피쿠로스학파가 동일성의 규칙에 근거해 양자 사이의 통일을 시도했던)도 아니며, 이 둘은 다만 ‘최고선’ 안에서 선험적으로 종합될 수밖에 없다고 생각했다. 칸트는 『순수이성비판』에서 본체와 현상의 구분을 통해 자유의 필연적 이율배반을 해결했다. 여기서 칸트는 똑같이 그러한 구분을 통해 [덕행과 행복 사이의] 이율배반을 해결하려 한다. 다시 말해 행복은 결코 덕행을 낳지 못한다. 하지만 덕행이 행복을 낳지 못한다는 것은 다만 감성세계의 인과 형식에 대해서만 그럴 뿐, 초감성적 세계의 본체 안에서는 행복을 낳을 수 있다는 것이다. “왜냐하면 나는 내 존재 역시 지성 세계 속 하나의 본체로 사유할 권리가 있고, 도덕법칙 안에서 내 (감성적 세계 안에서의) 원인에 관한 순수 지성적 결정의 원칙을 가지고 있기 때문이다. 그러므로 의지의 도덕은 하나의 원인으로서 불가능하다고 할 수 없다. 또한 행복(감성적 세계 속 하나의 결과로서)과 직간접적인, 그리고 확실히 필연적인 관계를 발생시킬 수 있다."[7] 이러한 결합은 감성적 세계에서는 드물게 일어난다. 오직 초감성적 지성 세계 혹은 본체 속에서만 그러한 결합과 통일이 진정으로 가능해지는 것이다. 여기서 칸트는 '최고선'을 실현시키는 필요조건으로서 실천이성의 '공리', 즉 영혼불멸과 신의 존재를 제기하기 위해 다시금 이론이성에 대한 실천이성의 우월함을 강조한다.

칸트는 인간의 도덕행위가 의지의 자유, 그리고 인간이 신성함과 영혼불멸에 가닿는다는 점을 전제로 하고, 인간이 '최고선'을 얻는다는 것은 곧 신의 존재를 전제로 한다고 주장한다. 그렇기에 이론이성에서 축출당하는 무엇이 실천이성에서는 오히려 환대받게 된다. 또한 이론이성의 이율배반 안에서 가능성만 있던(즉 증명할 수도 부인할 수도 없는) 환상적인 무엇이 실천이성에 이르러 현실성을 갖춘 필요한 무엇이 된다. 아무리 그러한 현실성이 여전히 감성적인 경험적 현실, 즉 감성적 경험으로 실천이성의 '공리'를 실증할 수 없음을 가리키는 것이 아니라 할지라도 말이다. 하지만 칸트는 이것들이 모두 사람의 실천 행위 속에서 필수적인 실천의 신념이라 생각했다. "인류의 지성은 영원히 그것[실천이성의 '공리']의 가능성의 기초를 탐색해낼 수 없다. 또한 어떠한 궤변도 극히 평범한 사람으로 하여금 그것이 진정한 개념이 아니라는 확신을 갖게 할 수 없다."[8] 칸트가 이렇게 일반인의 신앙 관념에 호소하는 것은 실상 종교로의 회귀이다. 다시 말해 칸트는 이론적으로 증명될 수 없는 환상의 이념임을 알면서도, 오히려 그런 신앙 관념에 호소하는 것이 도덕의 전제로서 실천에 있어 객관적 현실성을 향유한다고 주장한다. 또한 그러한 신앙이 지식이 될 수 없음을 알면서도, 오히려 그것이 일종의 '필요' 위에 구축되어야 한다고 주장하면서 그 신앙의 확실성이 어떠한 지식에도 뒤지지 않는다고 주장하는 것이다. 칸트 스스로 말하듯, 이는

"비단 사변이성의 무능력을 보충하는 일뿐 아니라 종교적 측면에서도 매우 유용하다."[9]

도덕의 완벽함을 추구하려면 영원히 불멸하는 '공리'가 반드시 있어야 한다.[10] 그리고 도덕과 행복의 통일, 즉 '최고선'의 첫번째 원소(도덕)에서 두번째 원소(행복)로 가닿는 데에는 반드시 신적 존재의 '공리'가 있어야 한다. 이는 곧 세속적인 사람이 행복을 추구하려면 행복을 보위하는 덕행이 있어야 함을 말하는 것이다. 오직 덕행만이 인간에 걸맞는 행복을 줄 수 있으며, 이는 신의 손을 통해서만 비로소 실현 가능하다. 신의 존재야말로 행복과 도덕이 서로 어울리는 원인이다. 본래 윤리학은 도덕법칙만 말할 뿐 행복을 배척한다. 오직 종교만이 인간으로 하여금 언젠가는 자신의 덕행에 근거해 행복을 누릴 수 있음을 희망하게 한다. 이러한 행복은 종종 현세에서 획득할 수 없고 미래의 천국을 향해 나아갈 뿐이다. 이 모든 것은 신의 존재를 믿을 때에만 비로소 가능하다. 요컨대 도덕과 행복의 통일은 유한한 감성세계에서 실현될 수 없으며, 이론이성으로 인식하고 해답을 얻을 수 있는 것도 아니다. 그러므로 그러한 통일을 '최고선'에 기탁할 뿐인데, 이 '최고선'은 오히려 신의 존재에 대한 신앙에 의존할 때에야 비로소 보증된다. 따라서 이 '공리'를 '최고선'이 가능한 조건으로 가져야만 하는 것이다. "실천이성을 위해 요구되는 신앙을 곧 공리라 부른다."[11] 그리하여 신의 존재가 곧 '순수실천이성의 신앙'이 되는 것이다. 실천이성 전반에 대한 칸트의 연구와 비판은 여기서 끝나고 이후로는 완전히 종교로 진입하게 된다. 칸트 스스로 말했듯, "이렇게 해서 도덕법칙은 순수실천이성의 대상이자 종국의 목적인 최고선이라는 개념을 통과하여 종교에 이르게 된다."[12] 즉 기독교의 교의에 다다르는 것이다. "이렇게 도덕은 불가피하게 종교로 향한다. 그리고 도덕이 스스로 인류 밖에 존재하는 힘을 가진 도덕 입법자의 이념으로 확대하는 과정을 거치게 된다. 왜냐하면 도덕 입법자의 의지가 동시에 최종 목적이며, 또한 최종 목적이어야 하기 때문이다."[13] 헤겔과 마찬가지로 칸트도 기독교를 높게 평가했다. 그는 고대 그리스의 도덕론과 기독교를 비교한 후, 기독교가 더 높은 수준의 도덕을 갖추었고 '총명'(에피쿠로스)과 '지혜'(스토아학파)보다 한 단계 높은 '성스러움'을 갖추었다고 주장했다.[14] 『순수이성비판』에서 칸트는 인식과 신앙, 의견의 구별을 논한 바 있다. 그리고 『논리학 강의』에서 인식은 객관적으로 유효한 필연성을 가지고, 의견은 주관과 객관의 측면에서 모두 충분하지 못한 우연성을 가지며, 신앙은 객관적 측면에서는 불충분하지만 주관적 측면에서는 충분한 우연성과 당위성을 가지기에 주관적 구속력을 가진다고 주장했다.

헤겔은 한발 더 나아가 절대적 관념론의 입장에서, 주관적 구속력만을 갖는 칸트의 도덕-종교적 신앙론에 불만을 나타냈다. 그는 '최고선'에서 출발해 신의 도덕-종교관을 설정하는 데 불만을 느낀 것이다. 헤겔은 칸트가 '최고선'을 사용하여 도덕형식과 자연욕망 사이의 모순을 조정하려 한 것은 완전히 현실성을 결여했다고 보았다. "이러한 공리는 여전히 모순을 있는 그대로의 모습으로 존재하게 하고 일종의 추상적 당위만을 제기하여 모순을 제거하려 할 뿐이다. ……이렇게 신은 단지 하나의 공리이자 하나의 신앙, 하나의 가상일 뿐이다. 이는 주관적인 것일 뿐 그 자체로 진리가 아니다."[15] 결국 헤겔은 칸트가 주장한 "도덕은 순전히 도덕 자체를 위한 것이며 또한 도덕법칙을 중시한다"라는 주요 사상과 '공리'가 서로 모순된다는 것을 확인한 셈이다.[16] 헤겔은 칸트가 종교와 신앙을 주장한 데 반대하는 것이 아니라, 칸트가 언급하는 신이 그 자체로 충분하지 못하고 그저 주관적인 신앙 차원의 존재에 그치지 않았는지 의심하는 것이다. 헤겔은 신의 존재가 주관적 신앙의 영역 안에만 머무르지 말고 진정한 객관적 현실성을 갖출 것을 요구했다. 헤겔은 야코비와 칸트를 비교하면서 무한, 보편, 무규정성을 통해 신을 규정할 경우 여전히 무엇이 신인가에 대해 답할 수 없다고 보았으며, 일종의 무규정적 직접성(즉 신앙)을 가지고 (칸트가 시종일관 견지하는) 인식될 수 없는 신을 숭배하는 것은 구체성과 객관성을 결여한 공허한 사상이라고 생각했다. 그렇기에 "……종교의 본질은 특히 무엇이 신인가를 아는 것이다."[17] 정치적 관점과 마찬가지로 헤겔의 종교관은 칸트보다 보수적이다. 그가 주장하는 절대이념으로서의 신은 주관적 신앙이 아니라 객관 세계의 삼라만상을 주재하는 존재다. 헤겔은 칸트가 내세운 순형식의 도덕법칙과 신의 존재 설정 사이의 내재적 모순을 강조하고, 칸트가 할 수 있었던 모든 것을 관념론적 입장에서 비판했다.[18]

2 종교적 관점

이제 칸트 윤리학 안에서 설정된 신의 존재에서 종교에 관한 칸트의 주요한 관점들로 옮겨가보자.

이때 우선 주의할 점은 칸트가 자유, 불멸, 신을 실천이성의 3대 '공리'로 보았다 할지라도, 자유는 불멸이나 신과는 상당한 차이점이 있다는 사실이다. 자유와 도덕법칙은 둘이면서도 하나인 셈이다. 앞 장에서 언급했듯, 자유는 도덕법칙이 존재하기 위한 선험적 기초이다. 하지만 신에 대한 신앙 등은 도덕법칙이 존재하기 위한 기초가 아니다. '최고선'과 천국에서의 행복을 향한 인간의 추구는 인간의 선한 행동을 추동하는 원인이 될 수 없다. 그러한 것들은 도덕법칙이 아니다. 도덕법칙과 신앙심은 결국 별개이지 동일한 것일 수 없다. 칸트는 이에 대해 다시 한번 설명했다. "……도덕학의 원리는 신학에서 유래한 것이 아니다.(그렇기에 일종의 타율도 아니다.) 그것은 순수이성 자체의 자율이다. 왜냐하면 그러한 도덕학은 신과 신의 뜻에 대한 지식을 그 명령의 기초로 삼지 않기 때문이다."[19] 칸트는 신에 대한 신앙이 인간에게 강제되는 외재적 명령일 수 없고, 단지 그로 인해 도덕을 '촉진'할 수 있다고 보았다. 신앙은 이성의 '자발적 결정'에 부합하는 것이었다.[20] 그러므로 종교는 "외재적 의지에서 유래하는 일종의 임의적이고도 우연한 명령이 아니라 모든 자유의지 자체의 본질적 명령이다. 하지만 그 명령은 반드시 최고로 신성한 계율로 여겨져야만 할"[21] 뿐이다. 이렇게 칸트는 한편으로는 현실과 타협하면서도, 종교를 도덕과 동일시하고 전통 기독교에 대해 개량과 수정을 가했다. 당시 유럽에서 종교는 민감한 정치적 문제였다. 부르주아계급의 반反봉건 운동은 대부분 종교에 대한 개입을 통해 시작되었다. 칸트는 의식적으로 "종교 문제를 계몽의 중심"[22]으로 놓았고, 이는 정치적 관점 및 태도와 밀접한 연관이 있었다. 종교와의 이런 관계는 칸트 '비판철학'의 중요한 사상적 배경이라 할 수 있다.

프리드리히 파울젠은 일찍이 "어떤 측면에서 말한다면, 칸트는 루터의 완성자라 할 수 있다"[23]라고 말했다. 루터의 종교개혁은 외부에 존재하는 교회를 마음속의 신앙으로 대체한 것이었다. 여기서 더 나아가 칸트는 순수한 도덕법칙으로 기독교를 대체하려 했다. 칸트에게 있어 신앙은 도덕의식의 기초 위에 세워지는 것이지, 그 신앙의 기초 위에 도덕법칙이 구축되는 것이 아니었다. 칸트는 사력을 다해 각종 전통 신학에 맞섰고 '도덕적 신학'만이 있을 수 있다는 의견을 제시했다. "……신학에 있어 오직 사변적인 방식으로 이성을 사용하는 것은 완전히 무효이다. 또한 그 본질은 허구적인 것이다. 자연에 대한 연구에서 이성 사용의 원리는 결코 어떠한 신학에도 가닿을 수 없다. 그렇기에 유일하게 가능한 이성 신학은 도덕법칙의 기초 위에 구축되거나 도덕법칙의 인도를 받는 신학을 추구해야 한다."[24] 다시 말해 이성은 어떤 곳에서도 신을 찾을 수 없고, 신과 신학은 도덕행위에만 존재한다. 이 '도덕적 신학'은 신학적 도덕론이 아니다. 왜냐하면 신학적 도덕론은 우선 신의 존재를 도덕의 전제로서 긍정하기 때문이다. "이와 반대로, 도덕적 신학은 곧 최고 존재자의 존재에 대한 확신이고 그러한 확신은 그 자신을 도덕법칙의 기초 위에 구축하기 때문이다."[25] 도덕법칙은 종교와 신에게 자신에 대한 보증을 요구하지 않는다. 하지만 종교와 신은 모두 도덕명령에 의존하여 존재해야 한다. 중세에는 선이 곧 신의 의지라 생각했고, 도덕의식 위에 있는, 혹은 심지어 도덕과 무관한 외재적 권위(신)에 대한 믿음과 복종을 요구했다. 칸트 윤리학은 바로 이 점에 반대한다. 전통적 관념 안에서 상벌을 행할 수 있는 신은 칸트가 강조하는 자유의지와 분명히 모순되었다. 칸트는 신의 존재를 설정했지만 그가 말하는 신은 도덕의 화신에 불과하다. "만약 도덕이 그 명령의 신성함 속에서 가장 위대한 존경의 대상 하나를 승인한다면, 종교의 수준에서 그것은…… 숭배의 대상이다."[26] 이 때문에 칸트는 모든 종교가 도덕과 의무를 일종의 신의 뜻으로 보는 것에 불과하다고 생각했다. 칸트는 만년에 재차 강조했다. "도덕은…… 인간 위에 있는 또다른 존재자를 통해 인간의 의무를 승인받으라고 요구하지 않는다. 또한 도덕법칙을 떠난 또다른 동기를 통해 그의 의무를 수행하라고 요구하지도 않는다."[27] "인간 이외의 최고 존재자가 진정으로 존재한다고 말하는 것이 아니다. 왜냐하면 이러한 이념은 이론이 제공해줄 수 없고 다만 실천의 원리가 주관적으로 제공해주기 때문이다."[28] "자유 이념 이외에 그 어떠한 이념적인 객관적 실재성도 증명할 수 없다. 왜냐하면 자유는 도덕법칙의 조건이고 그 실재성은 [자명한] 공리axiom이기 때문이다. 신 이념의 실재성은 오직 도덕법칙을 통해 증명되며, 따라서 단 한 종류의 실천적 의의만 존재한다. 이는 곧 신이 그렇게 행동하는 것과 같다. 말하자면 이 이념은 그렇게밖에 증명되지 않는다."[29] "신은 우리 외부의 존재가 아니다. 다만 우리 안에 있는 일종의 사상이다. 신은 자아입법의 도덕적 실천이성이다."[30] 칸트는 『실천이성비판』의 맺음말에서도 이렇게 말했다. "나를 항상 놀라게 하는 것은 찬란하게 빛나는 하늘의 별과 내 안의 도덕법칙이다." 이 문구는 칸트의 묘비에도 새겨져 있다. 자연계의 인과관계가 엄격하게 가리키는 이념의 목적(이에 대해서는 다음 장에서 상술한다)과 인간의 마음속에 들어 있는 엄격한 도덕법칙, 바로 이것들이 칸트가 가장 존경하는 위대한 대상들이며, 칸트가 더할 나위 없이 경이로움과 감탄을 느끼며 숭배하는 '신'인 것이다.

칸트의 이론 안에서 도덕과 종교가 둘에서 하나로 변한다 할지라도(도덕은 곧 종교이며, 종교는 곧 도덕이다), 칸트는 본인의 종교적 감정을 통해 종교가 도덕과 완전히 같아질 수는 없음을 깊이 깨닫고 있었다. 종교는 도덕이 가질 수 없는 특수한 감정적 특징과 힘을 가진다고 보았던 것이다.[31] 이에 대해 칸트는 더이상 이론적 설명을 하지 않는다. 하지만 시종일관 자신의 그런 입장을 유지하면서도 종교를 부정하는데, 이는 결코 우연이 아니다.

앞서 보았듯, 칸트는 종교를 보호하려 했다. 그리고 종교에 대해 인간이 필요로 하는 주관적 신앙으로 보아 그 존재를 보류하고 긍정하려 했다. 칸트는 한 편지에서 "……나는 기독교와 가장 순수한 실천이성 사이의 결합이 가능하다고 믿는다"[32]라고 썼다. 이론상으로 종교가 도덕과 같을 수는 있지만, 실천에 있어서는 여전히 독립적 가치를 지닌다. 하지만 설사 종교의 독립적 존재를 인정한다 해도 상당한 수정과 개량이 필요하다. 칸트의 '도덕적 신학'은 종교에 대한 평가에 구체적으로 사용될 때 여전히 이중성을 드러낸다. 한편으로 그는 프랑스 유물론자들처럼 불같이 화를 내며 종교를 핍박하거나 비판·타도하려 하지 않는다. 다른 한편으로 전통적 종교의 일련의 교의 등에 대해서는 개혁과 수정을 강력하게 요구한다. 요컨대 '이성적 종교'를 제기하는 것이다. 이미 신이 단순히 인간의 마음속에서 체험될 수 있는 도덕법칙이라면, 기독교의 전통적 교의에서 나타나는 각종 기적·계시·은총 등 자연을 초월하는 신비는 신의 존재를 증명할 수 없을 뿐 아니라 특기할 만한 도덕적 가치도 전혀 없을 것이므로 근본적으로 믿거나 전파하지 말아야 한다.

이른바 '삼위일체' '예수의 부활' '최후의 심판' 같은 기독교의 기본 교의는, 칸트가 보기에 이성 신앙의 범위를 넘어선 것이었다. "부활과 금욕은…… 순수한 이성적 종교에 사용될 수 없다. ……그것들은 인간의 감성적 표상 방식에 매우 적합하다. ……신체는 여전히 죽어 없어지고…… 인간은 정신적으로 행복을 누린다. 이러한 가설들이 더욱 이성과 일치한다."[33] 예수의 부활은 믿을 수 없고 영생불멸하는 것은 정신뿐이라는 말이다. 이른바 '최후의 날', 즉 모든 것이 시간을 갖지 않는 영원 속에서 끝난다는 것 역시 불가사의하고 공포스러우며 경험을 넘어서는 신비로운 일이다. 칸트는 중국의 노자 철학이 최고선을 허무 속에 설정해놓고 "자신을 깜깜한 방에 가두고 눈을 감은 채 그러한 허무를 체험하며"[34] 실상 시간이 없다면 인간이 신의 심연에 의해 삼켜진 종말 역시 상관없다고 말하는 것이다. 기독교는 '원죄'를 매우 중시한다. 하지만 칸트는 오히려 다음과 같이 말했다. "인간 악의 근원을 설명하는 데 있어 가장 알맞지 않은 것은 바로 최초의 부모가 우리에게 악을 물려주었다고 생각하는 것이다. 왜냐하면 우리 스스로 한 것이 우리에게 귀속되지 않는다는 것이 아니라 우리가 그것에 책임을 질 수 없기 때문이다."[35] '삼위일체'에 관하여 칸트는 두 개의 존재를 믿든, 열 개의 존재를 믿든 도덕적 실천에 있어서는 아무런 의미의 차이도 없다고 생각했다. 그렇기에 『성서』도 신화의 외피를 벗어던지고 도덕적 관점에서 해석되어야 하며, 보편적으로 유효한 성질을 갖는 이성적 의의를 발굴해내야 한다고 여겼다.

칸트는 각종 신비로움에 대해 단호히 반대하는 태도를 취했고, 그러한 신비는 내재적 미혹함이거나 외재적 주술로서 도덕법칙과 이성 신앙의 범위를 넘어선다고 생각했다. 그는 신앙을 도덕 위에 놓는 것은 미신적이기는 하지만 종교적인 것은 아니라고 말했다. 만약 덕행이 신의 숭배에 굴종하는 것이라면, 신은 곧 하나의 우상이 될 것이고 종교는 맹목적 숭배가 되고 만다. 칸트는 순수한 도덕적 신앙이 역사적으로 구축된 교회 법규에 대한 신앙보다 우위에 놓여야 한다고 주장하고, 이성이 성숙하고 그 순수한 도덕적 의의를 잘 파악할수록 교회 법규는 필요 없다고 생각했다. 이를 통해 교회란 인류가 아직 미성숙한 시기에 종교 교육을 해나가기 위한 수단이고, 인간이 성숙되는 시기에 이르면 종교는 점차 필요하지 않게 되며, 심지어 거추장스러운 존재가 되고 만다는 것을 알 수 있다. 실상 종교는 이미 은혜를 추구하고 신의 환심을 사려는 은밀한 수단으로 변해버리고 말았다. 이는 도덕을 훼손하는 것이다. 칸트는 아동이 종교적 의식에 익숙해지지 못하도록 하는 교육 방식에 찬성했으며,[36] 신학이 철학보다 높은 지위를 차지하고 철학을 지배하는 데 반대했다. 또한 '시녀'인 철학이 신학이라는 주인 앞에서 혹은 그뒤를 따라가면서 불을 밝혀주는 문제적 현상을 재차 제기했다.[37] 심지어 칸트는 세상의 왕과 제후들이 백성들이 자신들을 공경하며, 마치 신의 뜻처럼 자신들의 명령에 순종하는 것에 기뻐하고, 그럼으로써 통치가 용이해지기 때문에 "신을 숭배하는 종교의 개념이 도덕적 종교 개념을 대체한 것"[38]이라 말하기도 했다.

또한 칸트는 자신의 네 가지 범주(양, 질, 관계, 양태)를 교회에도 적용한다. 예컨대 '질'은 곧 순수한 도덕성을 강조하는 것이지 미신이나 광신이 아니다. '관계'는 구성원의 자유를 강조하는 것으로, 자발성이 지속되는 정신성의 연합이다. 교회는 인간 윤리 도덕의 결합체이지 강제와 맹목적 복종이 아니다. "신앙을 도덕보다 위에 놓는 것은…… 종교가 아니라 미신이라 부를 수 있다. 이는 하늘의 계시를 거부하는 것이라 할 수 있다." "만약 덕행이 신에 대한 숭배에 굴종한다면 신은 하나의 우상이 되고, 종교는 맹목적 숭배로 변질된다."[39] 칸트 자신은 평생 교회에 가지 않았고 각종 종교 의식을 매우 싫어했다. 그리고 이렇게 분명히 당시의 종교적 교의, 교회 및 신학과 이질적인 이론을 선전했기 때문에 당국의 경고를 받기에 이르렀다.[40] 결국 이성 종교에 관한 칸트의 저작들은 출판이 금지되었다. 종교에 대한 철학적 탐구가 정치적 결과를 야기한 것이다.

이러한 정황을 통해 칸트가 분명히 '도덕적 종교'의 기치 아래 각종 유신론, 신인동형론神人同形論에 반대하고, 신을 실체적 존재로 대하거나 종교가 인간을 절대적 권위에 복종시키는 데 반대했음을 알 수 있다. 또한 외부의 절대적 권위를 내부의 신앙법칙으로, 종교적 교의를 도덕적 교의로 변화시킬 것을 요구했다는 것도 알 수 있다. 칸트의 윤리학은 인간이 오직 자신이 세운 도덕에만 복종할 것을 선전했다. 또한 인간은 자유롭고 그 자체가 목적이며, 신의 도구가 아님은 물론이거니와 어떠한 도구도 될 수 없다고 선포했다. 이는 칸트의 종교관과 완전히 일치한다. 이러한 종교관과 윤리관은 장기간 중세 봉건시기를 통치해온 교회와 신학에 대한 이반이자 반항이었고 프랑스혁명 시대에 대한 호응이자 반영이었다.

또다른 측면에서 칸트는 무신론과 범신론에 반대하고, 스피노자와 같이 신을 자연적 인과율의 지배를 받는 물질적 실체로 귀결시키거나 그에 등치시키는 데에도 반대했다. 칸트는 일찍이 기도를 통해 신에게 영향을 미치려는 것은 부도덕한 일이며, 자기 스스로 충실한 사람은 적극적으로 신의 존재를 인정하지 않을 수도 있다고 주장했다. 하지만 신의 존재를 인정하지 않는다면 왜 기도를 해야 하는가? 종교가 곧 도덕이라면 왜 종교가 필요하단 말인가? 분명 칸트의 사상 안에서 종교와 도덕은 완전히 등치되지 않는다. 종교는 '나는 무엇을 기대하는가'와 '최고선'과 연계되어 있고 여전히 도덕보다 우위에 있다. 칸트는 이성 신앙이 없다면 미신이나 무신론을 믿을 수 있다고 말한 바 있다.[41] 이렇게 도덕적 종교의 가능성을 보류해놓은 것은 무신론에 반대하기 위해서다. 프랑스 유물론이 종교를 결연히 방기한 이후, 칸트는 비록 이미 도덕이 되어버렸지만 종교적 성질을 가진 신을 믿어야 한다고 변함없이 강변했다. 그러므로 칸트의 철학은 비록 구교의 반대에 부딪혔지만 신교에게선 환영을 받았다. 에두아르트 첼러는 칸트의 철학이 50년 사이에 독일의 많은 신학자가 지지하는 철학이 되었다고 말한 바 있다. 프랑스혁명이 실패한 이후, 왕정복고의 정세 속에서 칸트 철학이 다시 그 지위를 회복한 것도 바로 그러한 이유에서였다. 칸트 철학은 프랑스 유물론이 그 지위를 통째로 흔들어놓은 종교를 다시금 통치자 마음속의 옥좌에 올려놓았던 것이다.

파울젠은 이렇게 말했다. "칸트의 도덕은 기독교의 종교적 언어를 사변적 언어로 번역해놓은 것에 불과하다. 즉 이성으로 신을 대체하고 도덕으로 십계명을 대체하며, 이성의 세계를 통해 천국을 대체했다."[42] 이렇게 칸트의 철학은 비록 종교를 도덕화했지만 동시에 도덕도 종교화했다. 이 때문에 마르크스가 마르틴 루터를 비판한 논리를 빌려 칸트를 비판할 수 있을지도 모른다.

> 그는 권위에 대한 신앙을 부셔버렸지만 오히려 신앙의 권위를 회복시켜놓았다. 그는 성직자를 평신도로 만들어놓았지만, 또한 평신도를 성직자로 만들어놓았다. 그는 인간을 외재적 종교에서 해방시켰지만 종교를 인간의 내적 세계로 만들어놓았다. 그는 육체를 구속에서 해방시켰지만 인간의 마음에 족쇄를 채워놓았다.[43]

하지만 '도덕적 종교'의 측면은 중요하며, 오늘날에도 중대한 의의를 갖는다고 할 수 있다. 게다가『순수이성비판』에서 '최고 존재자'가 이론이성의 전진을 인도하는 규칙을 가리킨다는 점은 주목할 만하다. 또한『실천이성비판』에서 '최고 존재자'는 그러한 도덕적 신념이고 인간의 활동을 촉진하는 실천적 태도이자 작용의 힘이라는 점,[44] 그리고 경험 없는 증명이 오히려 인간이 반드시 필요로 하는 요구라는 점도 주목할 만하다. 이렇게 '최고 존재자'의 '공리'는 인간이 자연의 총체(인식)와 전체적 도덕행위를 탐구하는 최종 목표이자 근본 동기가 된다. 이 공리가 없다면 인식과 윤리는 모두 상상하기도 완성하기도 어려워진다. 이 공리는 한편으로 과학이면서 다른 한편으로 종교이다. 한편으로 입법형식의 도덕이면서 다른 한편으로 도덕과 행복의 통일인 최고선이다. 한편으로 도덕이상인 '최고선'은 본래 행복을 필요로 하지 말아야 하고, 도덕법칙 자체는 절대명령이어야 한다. 하지만 다른 한편으로 감성적 존재로서 인간의 행복은 물리치기 어려운 것이고 행복에 대한 기대는 인지상정이다. 하지만 행복 추구의 어려움으로 인해 '하늘에서 내려준 행복'에 기댈 수밖에 없다. 그렇기에 한편으로 도덕은 반드시 행복을 완전히 배제해야 하지만, 다른 한편으로 도덕의 최고 개념, 즉 최고선은 반드시 행복을 포함해야 한다. 이것은 첨예한 모순이고, 그 모순의 근원은 물질적 실천의 힘이 결여된 데 있다.

칸트의 종교관은 그의 정치관과 밀접하게 연관되어 있다. 종교는 당시 철학과 정치의 매개 고리였고, 칸트의 정치관 또한 그의 종교관과 철학사상의 본질적 내용이자 현실적 주해에 해당된다고 할 수 있다.

3 법 권리와 정치에 관한 관점

칸트는 일찍이 프랑스혁명에 열렬한 관심을 표했고, 수많은 독일인이 프랑스혁명에 대한 관심에서 멀어질 때 오히려 계몽의 관념을 충실하게 이행했다. 그렇기에 칸트를 '최후의 자코뱅파'라 부르기도 하는 것이다. 하지만 1장에서 지적했듯, 실제로 칸트는 급진적 폭력혁명을 지지한 자코뱅파가 아니었으며 낙후된 독일의 상황에서 변혁을 요구하는 개혁파에 속했다. 대단히 추상적인 윤리도덕학설 또한 그러한 정치적 입장과 관점의 표현이라 할 수 있다. 따라서 칸트의 정치적 입장과 관점을 제쳐두고 그의 철학과 윤리학의 진정한 함의를 명료하게 이해할 수는 없다. 실상 칸트는 '비판' 시기에 수많은 정치 관련 논문을 썼을 뿐 아니라 『윤리형이상학』에서는 법 권리와 정치 이론을 머리말의 첫 단락에서 다룬다. 그는 법 권리 이론을 '정치의 윤리학'이라 부르고, 이것이 정치의 보편 필연적인 선험원칙이라고 보았다. 칸트는 법이 정치에 적응하는 대신 정치가 법에 적응해야 하며, 정치의 근본이 법에 있다고 주장했다. 여기서 칸트가 말하는 법은 구체적인 법이 아니라 법이 법이게끔 하는 근본 조건, 즉 법의 철학적 관점을 가리킨다.

칸트는 법 권리가 도덕의 외형적 덮개이고 사회생활 및 정치생활 속에서의 '보편 필연'이라 보았다. 그러므로 법 권리의 이론은 칸트 윤리학의 일부분을 차지한다. 자기 스스로에 대한 의무는 도덕이론이고, 다른 사람에 대한 의무는 법 권리의 이론인 것이다. 칸트는 도덕적 명령이 내재적이고 자각적이라면, 법은 외재적이고 강제적이라고 보았다. 또한 도덕은 내재적 동기를 다루는데 비해, 법은 내재적 의도가 어떠한가는 묻지 않고 외재적 행동에만 관여한다. 일례로 칸트는 내가 생각 속에서 다른 사람의 자유를 고려하지 않고 심지어 침해하려는 것은 윤리학적 측면에서

부도덕한 일이지만 법학적 측면에서는 가능한 일이라고 말한 바 있다. 하지만 이 또한 윤리학의 일부인 까닭은 자유와 관련 있기 때문이다. 도덕은 긍정적인 것으로 인간의 행위를 추동한다. 하지만 법은 부정적인 것으로 인간의 행위를 제한한다. 하지만 법의 제한과 강제는 이성의 자유를 확충한다. 칸트는 여기서 강제와 자유가 완전히 일치한다고 주장했다. 왜냐하면 인간은 어떠한 구속도 받지 않는 자유를 스스로 방기하고 집단적 의의와 권력을 가지는 법(법은 군주나 어떤 개인이 임의로 규정한 것이 아니다)에 복종하기 때문이다. 이렇게 함으로써 개인은 진정한 자유를 획득하고 다른 사람에게 침해받지 않는다. 또한 사람들은 저마다 자유로우며 다른 사람의 자유를 침해하지 않는다.[45] 칸트는 이렇게 말했다. "사람들은 실상 야만적이고 무질서한 자유를 포기했다. 하지만 법률에 의탁한 상태, 즉 법 권리에 의해 국가 안에서 완전하고도 줄어들지 않는 자유를 획득했다."[46] "그러므로 법 권리는 이러한 조건들의 총화이고, 그 안에서 각각의 개체적 의지는 자유의 보편적 법칙에 의거해 타인의 의지와 서로 협조할 수 있다."[47] 법 권리와 정치에 대한 칸트의 기본 논점은 개인의 자유와 타인의 자유가 평화롭게 공존하고 서로 연계되어 통일된 정치제도를 건립한다는 것이었다.

여기서 칸트가 홉스 및 루소와 일치하는 점은, 원시인과 같이 아무런 제한도 없고 서로의 권리를 침범하며 분란이 그치지 않는 상태(홉스)는 진정한 자유의 상태가 아니며 각자가 자신에게 주어진 일정한 자유를 방기한 것이라고 여겼다는 점이다. 또한 법률 아래에서 자원해 연합할 때 비로소 진정한 자유를 얻을 수 있다고 생각(루소)한 점에서도 일치한다.[48] 그리고 칸트가 홉스 및 루소와 다른 점은, 개체 사이의 계약을 통한 연합을 생각하지 않았고 개체의 이익에 기반해 법률, 정부, 국가를 구성해야 한다고 보지 않았다는 점이다. 인간은 처음부터 사회성을 갖추고 있기에 사회성을 선험적 이념 규정으로 보아야 한다고 칸트는 생각했다.(이에 대해서는 뒤에 다시 설명한다.) 칸트는 국가와 법은 반드시 선험적인 이성의 원리 위에 세워져야 하고, 경험은 사람들에게 무엇이 법 권리인지 말해줄 수 없다고 주장했다. 법 권리의 일반 원리는 "모든 개인 의지의 자유와 타인의 자유가 공존하는 것이다."[49] 즉 앞서 언급했듯 일정한 자유를 제한하여 완벽한 자유를 획득하는 것이다. 비록 사람들이 자원하여 법을 세워 규정을 만들어냈다지만, 이는 개인 사이의 사회적 계약 관계가 아니라 일종의 선험적인 이성의 산물이며 이성의 실천 이념이다. 칸트는 시민 입법의 정치체제를 구축해낸 원시적 계약을, 사적인 개인의 의지를 연결하여 만들어진 공공의 의지로 가정하는 것이 반드시 사실일 필요는 없다고 생각했다. 그런 가정은 역사적으로 증명될 수 없다. 다만 의심의 여지 없이 실천의 현실성을 가진 이성 이념일 뿐이다.[50] 그러므로 루소에게 있어 모호했던 '공공의 의지'는 칸트의 경우 다수의 의지와는 다른 이성의 의지를 명확하게 가리킨다. 그 '보편 필연성' 역시 이성의 의지에서 유래하는 것이지, 경험에서 유래하는 것도 아니고 경험적 행복으로 환원될 수도 없다. 행복은 각자 다르지만 자유·평등·독립은 오히려 보편성을 갖는다. 매우 적은 자유가 주어지는 국가에서도 사람들이 행복할 수 있다는 사실을 통해 칸트는 자유가 행복에서 유래하는 것이 아니라 그 자체의 이성적 근원을 갖는다고 생각했다. 이러한 관점은 이후 헤겔에게 커다란 영향을 끼친다. 즉 국가가 계약에 근거해 건립된 것이 아니라 이성을 기초로 하며, 이념 발전의 특정한 단계가 되는 것이다. 헤겔은 "국가 안에서 생활한다는 것은 인간의 이성이 규정하는 것"이라고 말한 바 있다. "국가는 객관적 정신이기 때문에 개체 자체는 국가의 성원이 되었을 때에 비로소 객관성·진리성·윤리성을 가질 수 있다."[51] 홉스, 로크, 루소가 제기한 사회계약론과 자연법학설을 개체를 초월한 선험적 이성론으로 바꾸어놓은 것은 칸트가 출발점이기는 하지만 실제로는 헤겔이 진행시킨 것이다. 이러한 관점은 루소 등에 비해 더욱 역사주의적 정신을 갖추고 있으며, 국가의 기원을 개인적 계약의 산물로 보는 유치한 관점을 폐기시킨 것이라 할 수 있다. 이것은 국가가 어떤 발전의 필연적 단계라는 점에 주목한다. 하지만 또다른 한편에서 로크 등이 주장하는 천부인권설에 근간을 둔 뚜렷한 개인주의는 권력의 집중을 강조하는 애매한 총체주의로 대체된다. 이로부터 군국주의로 나아가 프로이센 왕조에 복무하는 국가관이 탄생되며, 헤겔의 법철학 역시 일정 정도 그러한 경향성을 띤다고 할 수 있다. 이는 또한 '자아의식'을 실체화한(5장 참조) 철학 체계의 필연적 추론 결과이기도 하다.[52]

하지만 칸트는 헤겔과 다르다. 칸트는 여전히 '인간은 목적이다'라는 명제를 견지하는 개인주의자이자 계몽주의자였고, 내재적 도덕 정신을 강조했다. 반면 헤겔은 오히려 절대적 정신을 강조하는 총체주의자였고 포스트계몽주의자였으며, 외재적 윤리규범을 강조했다. 칸트가 이상성이 돋보인다면, 헤겔은 현실성이 돋보인다고 할 수 있다. 칸트는 천부인권설을 포기하지 않았고 보호하려 했다. "시민의 상황은 순수하게 입법의 상태로 보았을 때 다음 세 가지 원칙 위에 구축된다. 1. 사회 속의 모든 구성원은 인간으로서 모두 자유롭다. 2. 사회 속의 모든 구성원은 신민으로서 다른 구성원들과 마찬가지로 모두 평등하다. 3. 공화를 정체政體로 하는 사회의 모든 구성원은 시민으로서 모두 독립적이다."[53] 칸트는 루소의 민주 사상을 매우 중시해 이를 견지했다. 그는 봉건적 특권에도 절대군주에도 반대했다.[54] 그리고 이론적으로는 계몽 전제주의에 반대하고 심지어 '인민을 자식처럼 사랑하는' 통치적 정치에도 반대했다. 그는 이러한 것들을 자유에 대한 방기로 보았다. 칸트는 한 사람에 의한 입법에 반대하고 대중이 아무런 권한도 갖지 못하는 정치체제에 반대하면서 대의제를 주장했다. 또한 루소가 제기한 '스스로 제정한 법에 따르는 것이 비로소 자유이다' '모든 시민은 평등하다' 같은 관점을 적극적으로 선전했다. 자연지리에 대한 강의에서도 칸트는 왕위의 계승, 국가 간 분쟁 같은 주제를 다루지 않고 생산·풍습·무역·상업과 같이 더 오래 지속되는 현상을 많이 다루었다. 이는 모두 칸트의 사상 속에 녹아들어 있던 반봉건적 계몽의 측면을 드러내는 것이라 할 수 있다.

당연히 칸트는 명확한 개량주의자였다. 그는 한 개인이 법에 대한 충성심을 가지고 있어야만 비로소 자유를 가질 수 있다는 점을 강조하고 현존하는 법률·질서·제도에 대한 복종을 피력했다. "최고 입법권에 대한 모든 반항…… 폭력에 호소하는 모든 반역은 공화정체 안에서 가장 크고 엄중하게 다루어야 할 범행이다. 그런 것이 공화정체의 기초를 파괴하기 때문이다. 그에 대한 금지는 절대적이다."[55] 설사 국가의 영수가 계약을 파기하고 전제정치를 행한다 할지라도, 신민에게는 여전히 반항할 권리가 없다. 공화는 결코 민주와 같지 않다고 주장하면서 칸트는 이 양자가 서로 뒤섞여서는 안 된다고 생각했다. 공화는 정권의 방식이고 민주는 통치의 방식에 속한다. 행정과 입법은 서로 분리되거나 합일되고, 각각 공화와 전제로 불린다. 칸트는 바로 이 정권의 방식이 중요하다고 보았다. 한 개인이나 소수, 다수가 정권을 장악하는 체제는 각각 군주제, 귀족제, 민주제로 불린다. 이들은 통치의 방식이다. 칸트는 대의제를 기반으로 하는 공화정체를 주장했다. 하지만 공화는 군주제적 통치와도 공존할 수 있다. 계몽군주가 공화체제를 실현하고 '공공의지'를 체현하며 입법과 행정을 분리할 수만 있다면 좋다는 것이다. "하나의 국가는 공화체제를 통해 자신을 통치해나갈 수 있다. 현재 군주제적 통치 방식을 취하고 있다 할지라도 말이다."[56] 하지만 칸트가 보기에 민주는 오히려 전제적 폭정을 불러오며, 진정한 '공공의지'에 부합할지 보장할 수 없다. 총체적으로 보았을 때, 칸트의 정치사상은 반봉건적이고 대의제를 강력히 주창하며, '혁명을 진화로 대체하기 위해 노력해야 한다'고 주장한다. 기본적 요구는 삼권분립과 인민입법이고, 구체적 실천 방안에서는 점진적 개량을 주장하면서 폭력혁명에 반대한다. 그러므로 칸트의 정치관은 현존하는 법률, 질서 및 군주제를 부정하지 않고 보존한다는 전제하에서 개혁을 요구하는 것이다. "어떠한 질서하에서 개혁의 진전을 기대할 수 있는가? 답은 아래에서 위로의 진행이 아닌 오직 위에서 아래로의 진행에 기대는 것이다."[57] 그리고 칸트는 그 희망을 교육에 걸었다.

칸트 윤리학의 '자유의지'는 법 권리와 정치에 적용된다. 언론의 자유를 주장하지만 조반造反[저항]의 자유를 주장하는 것은 아니다. 소극적 억제의 자유를 주장하지만 적극적 반항의 자유를 주장하진 않는다. 평화로운 투표의 자유를 주장하지만 폭력혁명의 자유를 주장하진 않는다. 신민으로서 반드시 복종해야 하고, 학자로서 비평의 자유를 누릴 수 있다. 이 모든 것은 오늘날의 관점에서 봐도 별로 문제삼을 것이 없고, 어쩌면 혁명 사상보다 더 건강하고 견실하다고 할 수 있다. 이른바 평등도 마찬가지다. 칸트는 스스로 다음 사실을 인정한다. "이 일반적 평등은 사람들이 소유한 재산의 양과 정도에 따라 지극히 커지는 불평등과 공존하고 있다."[58] 다시 말해 정치적 평등(투표)이 곧 경제적 평등은 아니다. 독립에 대해 칸트는 '적극적 시민'과 '소극적 시민'을 분류한다. 전자는 경제적으로 타인에게 '의지하지 않고' 독립적으로 존재하는 사람을 말한다. 그렇기에 정치적으로 비로소 시민의 권리를 갖게 되는 것이다. 후자는 노동자, 하인, 하녀, 학생, 가정교사, 농노 등으로, 대다수가 착취당하고 억압당하는 사람들이다. 이들은 다른 사람에 기대어 생활하고 그들의 보호를 필요로 하며 자신이 진정으로 원하는 것을 표현할 수 없기에 "시민의 독립성"[59]을 갖추고 있지 않다. 따라서 정치적 평등(투표)은 일정한 시기에 한정될 뿐이다. '독립' '자유' '평등'은 계몽의 언어이고, 여전히 시대의 흔적을 지니고 있다. 현대의 보통선거권은 사회 발전과 장기간의 투쟁을 통해 점차 실현된 것이다. 칸트가 윤리학에서 주창한 '인간은 목적이다'라는 명제의 구체화 역시 그러하다. "사생아는 법률 밖에 있다.(혼인은 일종의 법률적 규정이기에) 그렇기에 법률의 보호를 받지 못한다. 법으로 금지된 물품의 밀수와 마찬가지로 사회는 그 존재를 무시할 수 있다. 사생아는 근본적으로 존재의 자리에 들어서지 말아야 하기 때문이다."[60] 또한 칸트는 법률의 결정으로 한 사람이 생명을 보존한다 할지라도, 또다른 사람(국가 혹은 또다른 시민)이 임의로 처분할 수 있는 단순한 도구가 될 수도 있다고 생각했다. '인간은 목적이다'라는 명제는 현대 자본주의 사회의 산파 역할을 했다. 인간은 상품, 화폐, 혹은 도구일 수 있다. 이 명제는 오직 자본주의 사회에서 비로소 가장 충분하고 보편적인 발전을 이룰 수 있었다. 이는 역사의 아이러니다. 하지만 전통적 봉건주의에 비해 자본주의 사회가 결국 큰 폭의 진보를 이루었다는 것은 분명하다.

칸트의 법 권리 이론 안에는 예컨대 소유권(재산)을 본체(시민사회의 법률적 인가)와 현상(경험상의 점유)으로 구분하거나, 형벌에 의한 보복에 대해 설명하는(형벌은 사람을 도구로 삼지 않으며 사회적 공리를 위한 것도 아니다. 그것은 다른 사람의 자유를 침범한 이가 응당 받아야 할, 자기 자신의 자유에 대한 동등한 박탈이다. 살인자가 죽어야 하는 것은 살인자가 사회에 해가 되거나 위험하기 때문이 아니라 그가 다른 사람에게 범했던 것과 똑같은 침범, 즉 보복을 받아야 하기 때문이다) 관점 등이 포함되어 있다. 이러한 관점들은 헤겔의 영향력 있는 이론에 직접적으로 영향을 미치게 된다. 요컨대 칸트는 프랑스혁명 전야의 사상적 혼란기에 처해 있었고 루소의 진보적 사상에 영향을 받으면서, 혁명적 부르주아계급의 정치 이론을 개량주의적 도덕 체계로 번역해놓았던 것이다. 칸트의 법 권리와 정치관은 그 추상적인 선험적 도덕 체계에서 추론된 것이다. 동시에 그러한 선험적 체계의 시대적 내용이기도 하다.

4 역사 이념

칸트의 윤리학은 비단 종교관, 정치관뿐 아니라 역사관과도 밀접한 관계가 있다. 또한 이 역사관은 정치관의 귀결점이기도 하다.

앞서 살펴봤듯, 칸트는 『순수이성비판』에서 '나는 무엇을 알 수 있는가' 등의 '3대 문제'를 제기했다. 만년에 칸트는 여기에 또 하나의 문제를 추가했다. 바로 '인간은 무엇인가'[61]라는 문제다. "첫번째는 형이상학으로 답해야 할 문제이고, 두번째는 도덕으로 답해야 할 문제이며, 세번째는 종교로 답해야 할 문제다. 네번째 문제는 인류학으로 답해야 한다. 결국 이 모든 것은 인류학의 문제라 할 수 있다. 왜냐하면 앞의 세 문제도 최후의 문제와 연관되어 있기 때문이다."[62] 칸트가 강의를 시작한 지 20년이 지난 만년에 출판된 『실용적 관점에서의 인간학』은 대부분 일반적이고 심리학적인 경험담을 다루고 있고 역사관과의 내재적 관계는 불명확하다. 하지만 주목할 점은 칸트가 자연과학에서 윤리학으로 나아갔고, 그의 윤리학과 미학, 목적론(제3비판)이 정치·역사·종교에 관한 논저들과 같은 시기에 쓰였다는 점이다. 이는 곧 칸트가 갈수록 구체적인 측면에서 현실 존재로서의 인간의 각종 문제를 고찰했음을 나타내는 것이라 할 수 있다.[63] 그리고 그 안에 중요한 인류 역사의 문제가 포함되어 있다. 이 문제는 더이상 인식론과 윤리학의 추상적 형식이 아니고 3대 비판서가 빠트리고 있지만 이후 헤겔이 비약적으로 발전시키는 중요한 사상을 포함하고 있다. 내가 보기에 이 사상이 칸트 철학의 전체 체계와 맺고 있는 관계, 그리고 이 사상이 점하는 위치 등의 문제는 매우 중요하다. 칸트는 '인간이란 무엇인가(또한 인간이 인간인 이유)'의 문제에 대해, 실제로는 이미 인식, 도덕, 그리고 심미(다음 장에서 살펴볼 것이다)의 관점에서 보편 필연적인 인성의 능력(즉 문화-심리 구조)에 대해 답한 바 있다. 그는 더 나아가 그러한 답들과 인류 역사를 이어놓았지만, 바로 여기서 '선험'과 '경험'이라는 넘어서기 힘든 균열과 모순에 부딪히게 된다. 어떤 이는 칸트의 역사관을 제4의 비판이라 부르기도 한다. 하지만 칸트 본인은 그런 제4의 비판을 가지고 있지 않았고 그럴 수도 없었다. 칸트의 역사관이 선험과 경험 사이의 균열과 모순을 해결하기 위한 매우 훌륭하고 중요한 맹아를 지니고 있었다 할지라도, 그 비판은 칸트 철학 전체의 지양이며 이원론적 모순의 해결일 수밖에 없기 때문이다.

칸트의 역사관은 주로 「세계 시민적 관점에서 본 보편사의 이념」이라는 글에서 두드러지게 나타난다. 이 글은 세계 역사의 진행에 대한 철학적 고찰이며, 각종 충돌과 희생, 빈번한 투쟁과 복잡하고도 긴 여정 이후, 인간의 모든 재능이 충분히 발휘되는 아름다운 미래사회로 역사가 나아갈 것이라고 주장한다. 이 미래사회 역시 시민사회이고, 국가 안에서의 생활은 행복하고 자유롭다. 국제관계도 영원히 평화롭게 하나로 융화된다. 이것이 바로 칸트가 제시하는 미래의 풍경이다. 이 글은 낙관적인 계몽주의 정신으로 충만해 있기에 오늘날의 독자들도 납득하기 어려운 것이 사실이다. 다만 칸트가 초기작부터 부단히 차용해온 모순적 관점을 더욱 발전시키고 있다는 점에 주목할 필요가 있다. 칸트는 인류의 진보, 문명의 발전은 모두 물질적인 경제 이익의 모순과 충돌을 거쳐 이루어진다고 강조한다. "……인간은 사회화의 경향을 갖고 있다. 왜냐하면 사회적 상황 속에서 인간은 자신을 인간 이상으로, 즉 자신의 자연적 소질 이상의 것을 계발해야 한다고 느끼기 때문이다. 하지만 인간은 또한 자신을 개체화하려는 강렬한 경향성도 가진다. 왜냐하면 인간은 사물이 자신이 원하는 대로 배치되기를 원하는 비사회적 본성도 동시에 지니고 있기 때문이다. 그렇기에 비사회적 본성은 모든 측면에서 저항을 불러일으킨다. ……바로 이러한 저항이 그의 모든 능력을 일깨워 그로 하여금 자신의 타성을 극복하고 영예·권력·재산에 대한 갈망을 통과해 지위를 추구하게 한다. ……야만에서 문명으로의 첫번째 발걸음은 이렇게 시작된다. ……만약 이렇게 저항을 불러일으키는, 사랑할 수 없는 비사회적 본성이 없다면(인간은 이기적 요구에서 그러한 특징을 발견한다), 처음부터 모든 재능은 화해, 안일함, 만족, 그리고 우애로 가득한 아르카디아[이상향]식 전원생활 속에 매장되어버리고 말 것이다. 만약 사람들이 자신들이 키우는 양떼처럼 성질이 온순하다면 그 가축보다 더 높은 가치의 존재로 발전할 수 없다. ……이렇게 비정한 명예와 이익을 둘러싼 각축, 그러한 갈망의 정복, 그리고 권력을 향한 탐욕스러운 욕망 같은 것들이 없다면 인류의 우수한 자연적 소질은 모두 영원히 잠들어버려 발전하지 못할 것이다. 인간은 평화로운 상태를 원하지만, 자연은 종족에게 무엇이 유리한지 알고 있다. 자연은 불화를 발전시킨다."*

칸트의 윤리학은 본래 인간을 둘러싸고 회전한다. 칸트는 '인간은 목적이다'라는 명제를 제시했다. 여기서 다시 '인간이란 무엇인가'라는 중요한 문제가 제기된다. 인간이란 무엇인가? 칸트의 '인간'은 자연인(루소)이 아니고 원시 상태의 개체도 아니다. 루소가 인간의 자연 상태에서 출발한다면, 자신은 문명인에서 출발한다고 칸트는 말한다. 하지만 이 문명인은 어떤 경험적 집단, 계급을 가리키는 것이 아니다. 그것은 선험적 자아이고, 이 자아

* 「세계 시민적 관점에서 본 보편사의 이념」의 한 대목으로, 한국어판의 번역을 참조해 다시 옮겼다. 임마누엘 칸트, 『칸트의 역사철학』, 이한구 편역(서광사, 2009), 29~30쪽 참조.

는 실제로 생물학적 성질을 초월하는 인류학적 함의를 지닌다. 칸트는 인간이 선험적으로 함께 연합하는 사회성을 가지고 있고, 동시에 개체의 욕구와 소망을 추구하는 비사회성도 있다고 생각했다. 이 비사회성은 곧 '악惡'이다. '악'은 인간의 자연적 욕망이 아니고, 개인의 이익을 추구하여 보편적 입법을 위반한 개체성이다. 이른바 인성(본체)의 근본악이란 그런 열등한 근본 성질을 가리킨다.[64] 하지만 바로 이 '악'은 역사의 발전과 인류의 진보를 추동하고, 인간의 총명함과 지혜 및 각종 능력이 타인과의 경쟁·대항·충돌 속에서 부단히 발전하게 한다. 칸트는 숲속의 나무를 예로 든다. 울창한 삼림 속에서 각각의 나무는 햇볕을 받기 위해 서로 경쟁하며 자라나야 비로소 높이 곧게 솟은 나무가 될 수 있다는 것이다. 만약 이 나무가 텅 빈 광활한 땅에서 홀로 태어났다면 가지도 마음대로 뻗고 줄기도 굽어서 키도 왜소해질 것이다. 그러므로 한편으로 인간의 자연적 재능은 그 종족 안에서만 발전할 수 있지, 개체로 인해 결정되는 것이 아니다. 또다른 측면에서 그 재능은 타인과의 경쟁을 통해서만 비로소 발전할 수 있다. 애덤 스미스 등이 제시한 인간과 마찬가지로 칸트는 경쟁이 사회적 기초이고 그것이 문명과 진보를 촉진한다는 점을 긍정했다. 시민사회는 곧 경쟁사회인 것이다.[65] 또한 시민사회는 자본주의 사회이기도 하다. 칸트가 진정한 공업사회를 보지 못했고 당시 사회가 아직 농업을 기초로 했다 할지라도, 칸트의 사상은 이미 부르주아 계급의 새로운 요구와 자본주의 자유경쟁의 기본 특징을 예고하고 있었다. 칸트는 막 도래할 사회제도를 예찬했고, 그 미래를 낙관적으로 예측했다.

한편 '악'이 개체성과 주관성을 지닌다는 것은 헤겔의 사상이기도 하다.

> 인간은 자신의 목적을 추구한다. ……인간이 자신의 목적을 극단적으로 추구하고, 인간의 인식과 의지가 자신

만을 알며, 그 협애한 자아가 보편을 떠나게 되면 인간은 곧 악에 빠진다. 이 악은 주관적인 것이다.[66]

주지하듯이 악이 역사의 발전을 추동한다는 명제는 엥겔스가 칭송한 바 있는 헤겔의 유명한 사상이다. 헤겔의 사상은 직접적으로 칸트에게서 유래한다. 칸트와 헤겔의 사상 모두 부르주아 계급의 자유경쟁적 사회제도를 현실의 근원이자 기초로 삼는다.

칸트는 "자연의 역사는 선에서 시작한다. 그것은 신의 일이기 때문이다. 자유의 역사는 악에서 시작한다. 그것은 인간의 일이기 때문이다"[67]라고 말한 바 있다. 여기서 '선에서 시작한다'는 말은 곧 대자연이 인간 종족으로 하여금 날이 갈수록 나쁜 상태에서 좋은 상태로 변해가게 만든다는 것을 가리킨다. 다시 말해 대자연이 처음부터 목적을 갖고 계획적으로 인류라는 종족을 부단히 전진시켰다는 것이다. 그리고 '악에서 시작한다'는 말은 개체로서의 인간이 이성의 각성 아래에서 『성서』에 그려진 대로 무지몽매하고 순박한 '낙원 생활'에서 이탈하도록 유혹되어 자신의 선택을 시작하고 자신의 이익을 위해 분투하며 "자신의 자유를 오직 자기 자신만을 위해 사용하기 때문에"[68] 우려와 공포, 고뇌를 갖게 되는 것이다. 그러므로 자유의 역사는 악에서 시작해, 세계의 역사라는 우둔하고 유치하며 공허한 한 편의 레퍼토리를 연출해낸다고 말할 수 있다. "[인간 종족의 번식과 번영이 막 시작되는] 이 시대의 전개와 함께 인류의 불평등이 시작되고, 그것은 매우 악한 일이라 할 수 있다. 하지만 동시에 선의 풍부한 원천이기도 하다."[69] 그 안에서 합리적 계획을 알아챌 수 없는 듯하지만, 실제로는 거기에 이성의 규칙이 숨어 있다. 인간 활동의 결과는 인간의 기대가 의식할 수 없다. 사람들은 화목을 요구하지만 그 결과는 서로간의 대립과 투쟁이다. 각 개체는 행복을 추구하지만 갖가지 어려움에 둘러싸이고, 생명은 유한하며 행복은 구하기 어렵다. 하지만 화목과 행복은 오히려 무의식중에 종족을 발전시키고 대립과 투쟁, 불행은 무의식중에 후대를 위해 행복을 창조한다. 또한 전쟁이 인류에게 막대한 손해와 죄악을 가져왔듯 "문명을 갖춘 민족에게 가장 큰 재난은 바로 전쟁이다."[70] 하지만 전쟁 또한 진보에 필요한 수단이 되기도 한다. 그렇기에 칸트는 "인류 문명의 현 단계에서 전쟁은 문명의 발전을 촉진시키는 불가결한 수단"[71]이라 말하기도 했다. 『판단력비판』에서 칸트는 명확하게 밝혔다. "인간에게 전쟁은 무의식적 거동擧動이다. ……하지만 최고 지혜의 측면에서는 매우 깊은 곳에 숨겨져 있고 매우 먼 곳을 바라보는 심원한 기획이라 할 수 있다."[72] 표면상 인류의 활동과 행위는 매우 유치하고 혼란스러우며 무의식중에 놓여 있다. 하지만 총체적으로 바라보면, 오히려 일종의 규칙과 목적을 발견할 수 있다. 일찍이 칸트는 인간이 아무리 현재를 증오한다 할지라도 과거의 원시적 상태로 되돌아가는 것을 진정으로 원하지는 않는다고 말한 바 있다. 그는 과학, 문화, 교육, 그리고 정체政體의 혁신과 진보를 강조하고 역사의 방향성이 내적으로는 입헌공화정체로, 외적으로는 국제적 영구평화라는 이상적 경지로 나아갈 것이며, 이 추세야말로 인간의 도덕적 특질이 외재화된 것임을 강조했다. 자연은 인간에게 이러한 이성을 부여했고, 자연의 목적은 곧 그 이성을 실현하는 데 있다. 그러므로 역사는 이성을 향해 나아가는 것이다. "총체로서의 인류 종족의 역사는 자연의 숨겨진 계획, 즉 완전한 입헌정치제를 인류가 그 자연적 재능을 전면적으로 발전시키는 유일한 상태로서 수립하고, 또한 이러한 목적에 완전히 부합하게 국가 간의 외재적 관계로 나아가는 것을 실현하는 것이라 할 수 있다."[73] "……보편적이고 영구적인 평화의 수립은 순수이성 범위 안에 있는 법 권리 이념의 일부분일 뿐 아니라 이성의 최고 목표라 할 수 있다."[74] 이 '영구평화'는 한 국가가 다른 국가를 병탄하여 세계 통일을 이루는 식으로 수립할 수 없다.("어떤 국가도 무력을 통해 다른 국가의 체제와 정권에 간섭할 수 없다"[75]라는 것이 '영구평화론'의 논점 중 하나다.) 영구평화는 각국이 모두 똑같이 공화정체를 건립하고("모든 국가의 체제는 반드시 공화제여야 한다"[76]) 협상을 통해 국제법을 정립해야 비로소 얻을 수 있다. 그렇기에 각국 내부의 공화정체와 계몽된 시민은 국제적 영구평화의 전제조건이다. 왜냐하면 오직 인민만이 전쟁을 원하지 않기 때문이다.[77] 동시에 국제무역의 경제적 이익은 각국으로 하여금 부득이하게(도덕적 동기에 의해서는 아니지만) 숭고한 평화를 서둘러 추진하게 하고, 전쟁 위험성이 있는 지역에서 이른바 '평화연맹'을 통해 전쟁을 멈추게 함으로써 전쟁 발발을 저지한다. 국가의 대외정책과 대내정책은 서로 연계되어 있다. 칸트가 200년 전에 주장한 이런 관점은 매우 탁월했다고 볼 수 있다.

칸트의 역사관은 '비사회적 사회성'에서 시작해 '영구평화'로 끝난다. 이는 곧 '악'에서 시작해 '선'으로 끝난다고도 할 수 있다. 경험적 현상인 역사는 본체의 도덕을 가리키고, 도덕적 인간은 인류 역사의 총체적 목표가 된다. 무엇보다 중요한 것은, 다른 수많은 도덕윤리학자들과 달리 칸트는 이 목표가 주로 개체의 도덕적 수양을 통해서가 아니라, 역사의 발전 및 정체政體의 부단한 개선으로 도덕을 날이 갈수록 완전하게 함으로써 가닿을 수 있다고 주장했다는 점이다. 행복은 시종일관 역사가 사용하는 수단에 불과하고, 역사의 진보는 근본적으로 행복을 표준으로 삼아 측정할 수 없는 것이다.

그러나 칸트의 역사관과 형식주의적 도덕 이념 사이에는 여전히 커다란 격차가 존재한다. 비록 『판단력비판』(상세한 내용은 다음 장에서 논의한다)에서 '자연의 최종 목적은 문화적이고 도덕적인 인간이다'라는 관점을 통해 도덕과 역사를 연결하려 했고, 시간 속에서 진행되는 인과적 관계의 자연과 비시간적 도덕을 목적론적 이념 안에서 통합하려 했지만, 도덕은 본체에 속하고 역사는 현상에 불과하다. 아무리 칸트가 도덕과 정치 사이의 모순과 통일 등의 문제를 제기했다 할지라도[78] 도덕과 역사의 관계에 대해 칸트는 진정으로 명확하게 처리하거나 해석하지 못했고 양자가 드러낸 일련의 모순이 오히려 더욱 도드라지게 된다. 칸트가 바라는 공화적 정치체제는 도덕으로 건립될 수 없고, 도덕은 오직 좋은 정치체제에서만 비로소 발전할 수 있다.[79] 외재적 행위의 합법성은 내재적 도덕에 의해 결정되지 않고 오히려 악으로 악을 제어하는 것이고, 본래 비도덕적인 사람은 법의 강압하에서 완전하게 좋은 시민이 될 수 있다. '영구평화'의 실현은 '우리의 도덕적 의무'이지만 그것은 여전히 역사적 발전에 의존한다. 역사는 도덕을 향해 나아간다. 하지만 알 수 없는 본체로서의 도덕은 그 인과관계에 있어 영원히 가닿을 수 없는 피안이다. 순수이성은 선이자 자유다. 하지만 진정으로 거기에 가닿으려 한다면 악을 통해야 한다. 『영구평화론』에서 전쟁의 긍정적 작용과 이른바 '자연의 절묘한 안배'는 매우 빈번하게 언급된다. 그렇게 엄중하고 절대적으로 언급되었던 도덕명령이 역사 속에서는 실상 별다른 작용을 하지 못하고, 현실 속에서 작용하는 것은 바로 도덕의 이면, 즉 악이다.

칸트는 확실히 역사의 진보를 강조했고, 인류가 원시인의 상태에 만족할 수는 없으며 그런 상태로 되돌아가기를 원치 않는다고 지적했다. 또한 그는 인류의 문명과 미래에 대한 낙관적 기대와 신념으로 가득차 있었다. "총체적으로 보아 인류의 천직은 영원히 멈추지 않는 진보이다."[80] "인류 종족에 대해 말한다면, 그 역사는 나쁜 쪽에서 좋은 쪽으로의 전진이다."[81] "각양각색의 불신자들이 있다 할지라도, 가장 엄격한 이론에 있어서 여전히 성립할 수 있는 명제가 있다. 즉 인류는 줄곧 개선을 향해 전진해왔다는 것이다."[82] 하지만 다른 측면에서 이 모든 것은 여전히 확증할 수 없다. 앞서 살펴본 대로 역사에 대한 칸트의 관점과 이론 및 전망은 모두 자기 스스로 인정한 것이고, 경험을 통해 실증될 수 없는 목적론적 이념에 불과하다. '인류는 영원히 존재할 수 있다' '자연의 숨겨진 계획' 등의 언급도 다 마찬가지다. "진보의 문제는 경험을 통해 직접적으로 해결될 수 있는 것이 아니다."[83] 칸트는 경험과학의 측면에서 어떤 행성이 우연히 지구와 충돌해 지구를 파괴할 가능성을 배제할 수는 없다고 주장한 바 있다. 그렇기에 칸트는 사회의 진화 혹은 퇴화를 경험으로는 증명할 수 없고, 그렇기에 상술한 모든 역사관은 윤리학에서의 신, 영혼 등과 마찬가지로 결코 객관적 규칙일 수 없으며, 주관적 이념, 즉 경험을 통해 증명될 수 없다고 생각했다. 칸트에게 도덕의 이념은 역사의 이념보다 높은 위치에 있었다. 즉 역사가 도덕에 종속되어 있는 것이다. 칸트는 명확하게 인간 능력의 독립성, 숭고성, 절대성으로서의 도덕을 기대하고 강조했다. 하지만 철학적 관점을 통해 그 도덕과 자신의 역사관을 하나로 엮을 수는 없었다. 칸트의 3대 비판서가 집중적으로 논하는 것은 보편 필연성을 갖는 '선험적' 인성 능력이다. 그런데 역사, 정치, 인류학 등에 대한 칸트의 많은 논저는 모두 경험적 묘사를 통해 서술된다. 실상 이 선험과 경험 간의 복잡한 관계, 특히 내재적인 인성 능력과 외재적인 역사적 경험의 구분 및 관련성 등은 철학의 철저한 정리와 처리를 거친 것이 아니다. 칸트의 역사관은 인류(개체가 아닌)와 역사(경험적 사실이자 비선험적 원리)를 기초로 삼아 경제적 이익, 생산방식, 점유재산으로서의 토지를 둘러싼 충돌과 전쟁(구약의 「창세기」에서 농부인 형 카인이 양치기인 동생 아벨을 죽인 이야기를 칸트는 토지에 대한 이런 관점에서 설명한다)이 종족의 발전과 문명의 진보를 추동한다고 주장하며, 이 과정에는 모종의 합법칙성이 포함되어 있어 이를 통해 도덕 본체에 가닿을 수 있다고 본다. 이 관점의 복잡성과 모순은 다음과 같은 점에 있다. 칸트는 이 모든 충돌과 전쟁이 규제적 성격의 목적론적 이념으로서, 인간의 마음을 고무시키고 영구적 평화를 쟁취한다고 강조한다. 하지만 이런 관점은 결코 구조적인 과학적 인식이 아니며 보편 필연성을 갖는 선험적 원리도 아니다. 그러나 칸트는 역사학의 뉴턴을 기대하고 있기도 하다. 하지만 이런 기대는 결국 '비판철학'의 체계를 파괴해버릴 것이고, 선험이성을 방기한 채 경험적 인류학(역사)에서 출발하는 것이었다. 이는 당연히 칸트가 받아들일 수 없는 것이다. 칸트의 목적론적 관념(자세한 사항은 뒤의 6절에서 논한다)은 매우 중요하며, '인간이란 무엇인가'에 대한 역사적 해결을 지향한다. 다만 칸트 스스로 말했듯, 그가 양피지로 된 고문서에 자신을 파묻지 않았다는 점은 안타까운 일이다. 칸트는 자연과학자들처럼 역사를 연구하지 않았다. 그의 역사관에는 중요한 내용들이 담겨 있지만 체계적 철학이 형성되어 있지는 않다. 체계화는 오히려 칸트가 만들어놓은, 주관 이념을 객관화한 관념론 체계를 헤겔이 완성함으로써 이룩되었다.

앞에서 살펴본 대로 프랑스 유물론은 계몽된 부르주아계급의 개인주의에서 출발해 도덕·정치·역사의 기초가 최종적으로 개인의 감성적 행복 위에 건립된다는 점을 강조했다. 그리고 역사의 전진을 인간 행복의 증진과 결부시켜 판단했다. 또한 자연과학의 인과관계를 이용해 역사를 해석하고 규정했다. 칸트는 도덕명령으로서의 초경험적 '이성'을 내세워 인간이 추상적 이성에 종속될 것을 요구했다. 이 '이성'은 이미 계몽주의가 말하는 이성, 즉 인간의 이지理智와는 완전히 다른 것으로, 인간(개체)을 넘어서는 객관적 의의를 갖는다. 개인을 기초로 하는 도덕관(로크, 루소, 프랑스 유물론)이 애매하고 총체적인 '이성'을 기초로 하는 관점으로 바뀐 것이다. 감성적이고 구체적인 개인은 비개체적이고 심지어 반개체적인 '이성' 안에서 소멸되고 만다. 그러므로 더 이상 감성적 개체가 실현된 인간이 아니라, 감성적 개체를 초월한 '이성'이 세계 역사의 주체가 되는 셈이다.

인식론의 상황과 마찬가지로, 관념론은 칸트에서 전환점을 이루기 시작해 헤겔에 이르러 완성된다. 헤겔은 칸트의 도덕명령, 즉 실천 능력을 가진 순수이성을 절대적 이념으로 바꿔놓았고, 칸트가 제시한 도덕의 '당위'에 본체론적 의의를 부여했다. 또한 칸트의 비역사적이고 정태적인 '명령'을 역사성을 가진 운동의 고리로 변화시켜놓았다. 이것은 칸트의 본래 의도를 위반한 것이다. 칸트의 경우 이성과 서로 대치되는 자연(인과)은 통째로 이성 안으로 삼켜져, 이성이 외화된 낮은 단계가 되었다. 하지만 헤겔에게 중요한 것은 주관적으로 어떻게 자신의 뜻을 세울 것인가의 문제가 아니라 객관적으로 어떻게 실현할 것인가의 문제다. 중요한 것은 바랄 수는 있어도 가닿을 수 없는 역사의 '이념'—영구평화와 같은—이 아니라, 눈앞에 놓인 현실 속의 윤리적 시민사회와 국가 등의 역사적 필연성(합리성)을 논증하는 것이다. 헤겔이 보기에, 모종의 사회적 행위·제도·윤리 안에서 구체적으로 실현되지 않는다면, 다시 말해 일정한 역사적 단계에 놓여 있는 국가·문화·법률 안에서 실현되지 않는다면, 도덕이라는 것은 추상적이고 아무런 의의도 갖지 못한다. 이성은 자유일 뿐 아니라 자연과 인과의 기초다. 따라서 헤겔은 형식적 도덕이론을 논하지 않았고, 칸트가 제시한 인성 능력, 목적으로서의 인간, 영구평화 같은 매우 중요한 관념과 위대한 이상을 무시했다. 그리고 윤리학을 철저하게 논리-역사(자연과 사회현상을 포함한)의 변증법으로 귀납시켰다. 칸트와 달리 헤겔은 세계 역사 활동의 기초가 도덕의 기초보다 우위에 있다고 생각했다. 이는 곧 역사가 도덕에 속하지 않고 도덕이 역사에 속한다는 의미이며,[84] 도덕형식과 의지의 심리에 관한 독립적 의의와 절대적 가치를 떨쳐버렸다는 의미다. 그렇기에 인간의 자유는 의지의 선택에 달려 있는 것이 아니라 필연(인과 규칙)에 대한 인식과 복종에 달려 있는 것이다. 헤겔이 보기에, 칸트의 자유는 추상적이고 텅 빈 자유에 불과하며 구체적인 역사적 현실성을 상실한 것이었다. 헤겔은 진정한 자유란 그러한 주관적 의지의 단편성과 임의성, 우연성을 극복하고 초월한 것이라고 생각했다.

인간이 목적임을 강조한 칸트의 역사관에는 이미 사람이 역사의 도구에 불과하다는 사상적 맹아가 담겨 있었다. 『판단력비판』에서도 유기체를 예로 들어 국가를 언급했고, 그렇기에 국가의 모든 구성원은 목적이자 도구라고 주장했다. "전체의 이념에 의해 국가 구성원의 지위와 기능이 결정되어야 한다."[85] 이는 곧 개체로서의 구성원이 전체 국가에 의해 결정된다는 의미다. 하지만 칸트는 근본적으로는 개인주의를 견지했다. 헤겔에 이르러 개체는 갈수록 총체적 이성의 도구가 되어갔다. 또한 인류 역사 발전이라는 총체적 방향성 안에서 인간과 그 인간의 윤리도덕을 파악하고 규정하고 이해하려는 시도들이 증대되어갔다. 칸트는 도덕의 자연적 인과성을 부정했지만, 헤겔은 다시 인과로 돌아간 것이다. 그러나 헤겔은 프랑스 유물론과 같이 개체의 감각적 경험의 기초 위에 구축된 자연의 인과 규칙이 아니라 총체적 이성의 기초 위에 구축된 역사의 인과로 되돌아갔다.

칸트에서 헤겔에 이르기까지, 프랑스 유물론에 대한 독일 관념론의 부정은 윤리학 영역에서도 완성되었다. 이 부정은 결코 도태가 아니며 나선형 모양으로 앞으로 뻗어가는 과정이었다. 독일의 고전 관념론은 '총체'적 '이성'을 사용해 프랑스 유물론의 개체적 감성을 대체했고, 이는 철학사와 정치사상사에서 매우 중요한 발전이었다. 왜냐하면 여기서 이른바 '총체'적 이성이란 실상 관념론에 의해 추상화된, 생물학적 종족성을 초월한 인간의 사회적 생존을 가리키기 때문이다. 칸트가 주관적 도덕형식을 통해 이를 제시했다면, 헤겔은 객관적인 역사의 형식을 통해 이를 제시했다. 양쪽 모두 분명 이전의 유물론이 주장하던 자연적 생물성과 개체성(이 둘은 동일한 것이다)이 아니었다. 그러므로 인식론의 상황과 마찬가지로, 칸트와 헤겔은 프랑스 유물론의 대립면인 동시에 거기에서 위로 상승하는 나선형의 고리이기도 하다. 칸트와 헤겔은 관념론적 방식을 통해 인간의 사회성, 즉 비개체적이고 비자연적인 특징을 드러냈다. 그렇기에 윤리의 영역은 자연성질(행복과 같은)과 자연규칙(기계역학과 같은)이 규정하고 해석할 수 없고, 반드시 사회역사적 규칙에 의해 규정되고 해석되어야 한다. 이것은 헤겔에게 있어 절대정신의 논리다.

이렇게 계약론을 필두로 하는 영국과 프랑스 부르주아계급의 개인주의, 자유주의, 계몽주의는 선험적 이성을 기치로 내세운 총체주의, 전체주의, 역사주의로 전환된다. 이는 매우 중요한 역사적 전환이며, 칸트는 이러한 전환의 축 위에 서 있었던 셈이다. 한편으로 그는 전자[개인주의, 자유주의, 계몽주의]와 후자[총체주의, 전체주의, 역사주의] 사이의 매개자였고, 다른 한편으로는 이 두 가지 요소가 그의 윤리·정치·역사 사상 안에서 서로 교차하고 있었다.

칸트에게 이러한 문제는 결국 다시 칸트 철학의 중심, 즉 물자체의 문제로 돌아가는 것이었다. 7장에서 설명한 대로, 칸트는 인식론에 있어 일련의 '알 수 없음(불가지不可知)'을 제시한 바 있다. 이를 통해 인식, 즉 이론이성의 최종적 연원과 본질, 기초는 알 수 없다고 주장했다. 이는 실천이성에 대해서도 마찬가지다. 다시 말해, 칸트는 도덕명령의 근원·본질·기초, 즉 왜 인간은 자유로운가, 왜 도덕이 필요한가 등의 문제 역시 알 수 없다고 생각했다. 그는 이에 대해 여러 차례 자신의 견해를 밝혔다.

> ……절대명령 혹은 도덕규칙에 있어, 그 가능성은 매우 심오한 난제다. 그것은 선험적 종합실천의 문제다. 이 사변명제의 가능성은 매우 이해하기 힘들기에, 그 어려움이 실천명령에 있어서도 덜하지 않음을 추측할 수 있다.[86]

……이러한 가설(자유) 자체가 어떻게 가능한지는 어떤 인간의 이성으로도 인식할 수 없다.[87]

만약 순수이성이 어떻게 실천적인 것이 되는가를 해석하려 한다면, 이는 곧 자유가 어떻게 가능한가를 해석하려는 것과 같다. 이 문제는 이성이 자신의 한계를 넘어선 것이다.[88]

순수이성이 어떻게 실천적일 수 있는가, 이는 인류 이성의 능력을 넘어서는 것이고, 그러므로 이를 설명하려는 시도는 모두 헛수고일 뿐이다.[89]

비록 도덕명령의 실천에 있어서 그 무조건적 필연성을 이해할 수 없지만 우리는 오히려 그것이 이해할 수 없다는 것을 이해한다.[90]

이 도덕명령의 의식, 바꿔 말해 자유의 의식이 어떻게 가능한가에 대한 진일보한 설명을 얻기는 힘들다.[91]

하나의 명령 자체가 어떻게 직접적으로 의지의 동기가 될 수 있는가(모든 도덕의 본질이 바로 여기에 있다)의 문제는 인류의 이성이 해결할 수 없는 문제다. 이는 곧 자유의지가 어떻게 성립할 수 있는가의 문제와 같다.[92]

인식론과 대응하여, 윤리학의 측면에서 칸트 철학은 여전히 불가지론이라는 기본적 특징을 상실하지 않았다. 칸트 자신이 언급하듯, 도덕명령을 인식할 수 없다는 것은 좋은 일이지, 나쁜 일이 아니다.[93] 하지만 결과적으로는 인식과 윤리 두 측면의 공통 근원으로서 '순수이성'의 본질이 무엇인지 알 수 없다는 것이다. 다시 말해 순수이성이란 도대체 무엇인가? 그것은 어떻게 생겨났고 어떻게 가능한가? 왜 순수이성이 있는 것인가? 등의 문제는 근본적으로 해답을 구할 수 없다는 뜻이다. 칸트는 이론이성과 실천이성을 비교한 뒤 다음과 같이 말했다.

> 이러한 비교는 당연히 사람들로 하여금 언젠가는 모든 순수이성 능력의 통일(이론과 실천의 두 측면을 겸비)을 통찰할 수 있고, 하나의 원리로부터 모든 결론을 도출할 수 있으리라는 기대를 갖게 한다.[94]

혹자는 말한다. "순수이성은 실천적인 것으로 인정되었다. 하지만 순수이성과 실천이성의 관계는 여전히 불가사의한 비밀이다."[95] 또다른 이는 '하나의 원리'를 통해 칸트가 가리키는 것이 곧 '이성' 혹은 '순수이성'이라고 주장한다.[96] 하지만 내 견해는 다르다. 칸트가 말하는 것은 바로 이성 혹은 순수이성이 무엇인지 알 수 없다는 점이다. 결국 칸트는 언젠가(그는 실상 불가능하다고 여겼다) 이 '이성'의 비밀을 발견할 수 있다고 기대했던 셈이다.

앞 장에서 계속 설명했듯, 칸트 철학의 실질은 초월적 이성이 최상위에 위치하여 인간의 인식과 윤리를 결정한다는 것이다. 인식론에서 초월적 자아는 의식의 형식으로서 모든 경험적 인식 안에서 자연의 입법자가 되고 지식을 가능케 한다. 윤리학에서 초월적 자아는 이성적 존재로서 모든 윤리적 행위에 있어 절대명령의 근거를 이루고 도덕을 가능케 한다. 초월적 자아는 본래 알 수 없는 X(물 자체)이고, 그 실제적 근원은 순수이성에 있다. 앞서 살펴본 것처럼, 순수이성은 계몽주의의 이성과 다르고, 이전 합리론의 이성과도 다르다. 이 독특한 순수이성은 칸트 철학에서 우선적으로 수립된 것이라 할 수 있다. 칸트에 이어 헤겔은 한발 더 나아가 이 본체로서의 '이성'을 사용해 모든 것을 삼켜버리고 모든 것을 추론해냈다. 이 이성은 일체의 것을 주재하고 지배하며 인식한다. 그 자체가 모든 것인 셈이다. 하지만 이 '이성'의 정확한 함의는 도대체 무엇인가? 이 문제는 줄곧 관념론의 짙은 안개 속에 갇혀 있었다. 헤겔의 이성은 실상 규칙, 진리, 본질, 행위, 사유, 통일의 힘, 사물의 기초 등 다방면에 걸친 내용을 포함하고 있다. 또한 주체이자 객체이며, 많은 모호한 설명이 혼재되어 있다. 때에 따라 특정한 함의가 드러났다가 또다른 함의가 돌출되기도 하여 매우 신비롭게 보이기도 한다. 일찍이 쇼펜하우어가 언급했듯, 칸트의 '이성'은 다양한 함의를 지닌다. 또한 가깝게는 브랜드 블랜샤드가 『이성과 분석』이라는 저서에서 이성이라는 단어의 다양한 함의를 열거하고, 이성은 "수많은 것을 의미한다"[97]라고 말한 바 있다.

이 책에서 나는 칸트에서 시작된 독일 고전 철학 속의 '이성'이 주로, 기본적으로 추상화된 인간의 사회본체라는 관점을 견지한다. 독일 고전 철학에서 '자아' '이성'은 모두 개체와 자연을 초월한 모종의 사회적 의미를 지니며, 그렇기에 현상적 본체, 과학, 인식의 윤리, 종교보다 더 우월한 위치에 놓여 있다는 불가지의 '물 자체'는 실상 관념론적 추상의 방식을 통해 해석된 것이었다. 물 자체가 가리키는 것은 자연 존재가 아닌 사회적 존재인 인간이고 관념론화된 사회적 존재로서의 인간의 능동성이다. 인식론에서 칸트는 인간 인식의 능동성을 강조했고(초월적 통각), 윤리학에서는 인간 행위의 능동성(의지의 자율)을 강조했다. 헤겔의 경우 이 능동성은 관념론의 형식을 근간으로 하는 주체·객체의 동일성에 관한 변증법을 통해 출현한다. 이 능동성은 중세의 신을 대체했고 세계의 주인이 되었다. 헤겔은 칸트의 알 수 없는 '물 자체'에 포함된 감성의 근원, 지성의 근원, 그리고 도덕법칙을, 총체적인 역사의 발전을 기초로 하는 주체·객체의 변증법적 통일에 관한 절대적 이념 안에서 완전히 통일시켜, 거기서 일체의 물질과 정신을 추론해낸다. 따라서 알 수 없는 '물 자체'와 순수이성은 관념론적으로 신비화된 인류의 역사로 귀결된다. 칸트가 제시한 명제 '인간은 목적이다'에서 '인간'은 자연생물로서의 개체가 아니며, 어떤 전체로서의 사회도 아니다. 그것은 총체로서의 인류 역사다.

칸트가 역사 이념 안에서 제기한 문제와 헤겔의 관점을 서로 연결해 비교해보면, 이는 더욱 분명해진다. "……개별 인간, 심지어 전체 민족조차도 각자 서로 다른 모순된 경로에 의존해 자신의 목적을 추구할 때, 부지불식간에 자신들이 알지 못하는 자연의 의도에 기대어 앞으로 나아간다는 것을 알지 못한다. 그들은 무의식적으로 이 목표를 추진해나간다. 설사 그들이 이런 사실을 안다 할지라도, 이 목표의 실현은 조금도 그들의 흥미를 끌지 못한다."[98]

이것이 바로 앞에서 상세하게 언급한, 칸트의 '숨겨진 자연의 계획'이다. 헤겔은 칸트의 이 사상을 더욱 발전시켜, 칸트의 주관적 '이념'을 객관적 이념(정신)으로 바꿔놓았다. "특수한 것들 사이의 투쟁…… 보편 이념은 여기에 휩쓸려 들어가지 않는다. …… 보편 이념은 열정으로 하여금 자신에게 복무하게 한다. ……열정은 손해를 입고 재난에 부딪힌다. — 이것이 바로 이성의 간계다. ……특수한 것은 보편적인 것에 비해 보잘것없고, 별다른 가치를 지니지 않는다. 각 개인은 희생되고 방기된다."[99]

"……앞서 서술한 개인과 민족의 각종 생활력은 한편으로는 당연히 그 자신의 목적을 추구하고 만족시키는 것으로 표현된다. 하지만 동시에 더욱 숭고하고 광대한 목적의 수단이자 도구로 표현되기도 한다. 이 목적에 관해 각 개인과 민족은 아무것도 알지 못한다. 하지만 각 개인과 민족은 무의식중에 목적을 실현한다. ……이것이 바로 이성의 세계 통치이며 또한 세계사의 통치다."[100] "역사 속에서 본래 얻으려 했던 결과, 즉 그들이 인식하고 욕망했던 결과 외에 통상적으로 부가적인 결과가 만들어진다. 그들은 자신의 이익에 만족한다. 하지만 현재 그들의 의식 속에, 또한 그들의 의도 속에 없던 어떤 것이 그 행동 속에서 완성되는 것이다."[101]

하지만 헤겔에게 이성은 절대정신 자체이고, 그것은 역사적 과정을 통해 인간의 욕망과 이해관계의 충돌에 기대어 자신을 실현한다.

마르크스와 엥겔스는 이런 헤겔의 사상을 매우 중시했다. 『자본론』에서 인간이 노동수단(도구)을 노동대상에 사용하여 자신의 목적을 달성한다고 언급할 때 마르크스는 헤겔의 다음 말을 주석에서 인용한다.

> 이성은 강한 힘을 가졌으며 교활하다. 이성은 사물 자체의 성질에 근거해 상호작용과 영향관계를 발생시킬 때, 그 과정에 직접 간여하지는 않으면서도 자신의 목적만을 실현할 수 있는 매개적 활동이기 때문에 교활한 것이다.[102]

또한 엥겔스는 다음과 같이 말했다. "사람들은 각자 자신이 자각하는 목적을 추구함으로써 자신의 역사를 창조한다. ……하지만…… 역사 속의 활동에서 그 수많은 희망은 대부분의 경우 기대했던 결과를 결코 얻지 못한다." "헤겔로 대표되는 역사철학은 역사적 인물의 표면적 동기와 진정한 동기 모두 역사적 사변의 최종적 원인이 결코 아니며, 그러한 동기의 이면에는 더욱 탐구해야 할 별도의 동력이 있다고 생각했다. 하지만 역사철학은 역사 자체 내에서 그러한 동력을 찾는 것이 아니라 외부에서, 철학적 이데올로기에서 그러한 동기를 역사 속에 주입시킨다는 것이다."[103]

5 '인간의 실천으로 이해된 선善'

칸트는 역사적 과정의 관건을 개체에서 종족으로, 주관적 의식에서 객관적 '섭리'(자연의 숨겨진 계획)로 이동시켰다. 칸트를 이어받아 헤겔은 인류 전체의 위대한 역사적 감각에 대한 자신의 변증법적 영혼을 구성했다. 하지만 그의 역사관에는 실제적인 물질적 기초가 결여되어 있었다. 포이어바흐는 감성적 현실에서 출발하여 헤겔을 비판했지만 그러한 총체적 역사관을 결여하고 있었고, 그가 실패할 수밖에 없었던 이유는 앞서 5장에서 밝혔듯, 그가 (칸트에서 헤겔에 이르는) 총체적 이성에 기반한 보편성을 개체적 감성에 기반한 보편성으로 대체하려 했기 때문이다. 포이어바흐가 이해한 감성은 여전히 프랑스 유물론의 정태적 관점, 즉 개체적 동물성의 범위를 넘어서지 못했고(역사를 결여한 보편성) 감성을 실천, 즉 주체의 현실적 능동성으로 이해하지 못했다. 그렇기에 역사적 관점(주체 실천 활동의 총체)에서 헤겔을 비판할 수 없었다. 마르크스는 헤겔 역사관의 의의를 충분히 인정했고, 인류의 실천이라는 유물론의 근본적인 관점에서 거꾸로 선 헤겔의 절대적 관념론을 비판했다. 또한 마르크스는 외부 혹은 철학적 이데올로기로부터 역사를 움직이는 동력을 역사에 부과하지 말고 인류 사회 자체 안에서 역사 발전의 동력·원인·규칙을 탐구해야 한다고 강조했다. 따라서 추상적 '이성', 선험적 '자아', 혹은 '절대이념' '목적으로서의 인간'을 막론하고 이 모든 것은 반드시 역사성을 지닌 구체적인 사회생활로 환원되어야 하는 것이다. 이것이 바로 마르크스가 발견한 생산력과 생산관계, 물적 토대와 상부구조의 모순적 운동이다. 몇몇 동물도 고도로 조직화된 집단생활과 단체활동을 하고, 심지어 전문화된 분업·협력 활동도 한다. 하지만 이런 동물들은 도구를 제작해 생산하는 근본적인 기초 활동을 하지 못하기 때문에 인류와 같은 사회를 구성하지 못하고 사회의식과 기호 언어를 갖지 못한다. 인류 사회가 홉스, 루소가 언급한 자연인이나 어떤 동물 개체 및 집단조직과 다른 주요 원인이 바로 여기에 있다. 인간은 도구의 제작과 사용을 근본 기초이자 주축으로 삼고 있기에 비로소 원시적인 동물의 집단조직(유인원)을 인간의 사회조직으로 변화시킬 수 있다. 또한 언어의 발명, 특히 사회의식을 통해 인류 사회를 점진적으로 형성해나간다. 이후 자연의 생물학적 규칙이 아니라 사회의 규칙이 인류 집단의 발전을 지배하게 된다. "물질생활의 생산방식이 사회생활, 정치생활, 정신생활 전반의 과정을 제약한다."[104] "사람은 우선 먹고 마시고 살고 입는 것이 필요하고, 그 이후에야 정치·과학·예술·종교 등에 종사할 수 있다. 그러므로 직접적인 물질적 생활 재료의 생산, 곧 한 민족이나 한 시대의 일정한 경제발전 단계가 곧 인간 생활의 기초라 할 수 있다."[105] 광대한 인민은 물질 생산의 주요 책임자이다. 인민대중은 사회 실천의 주체이다. "사회생활은 본질적으로 실천적인 것이다."[106] 사회적 생산을 기초로 한 실천 활동이 근본적으로 역사의 전진과 시대 발전을 추동한다. 실천철학의 근본 관점에서 출발해야만 비로소 독일 고전 철학이 찬미하는 '이성'의 미로를 열어젖히고 비판적으로 사고할 수 있다. 그렇기에 사회적 실천은 비단 인식의 근본 기초일 뿐 아니라 윤리·도덕·정치·역사의 근본 기초이다. 앞 장에서는 바로 이러한 기초로부터 칸트의 인식론을 비판했고, 마찬가지로 이러한 기초 위에서 칸트의 윤리학을 비판적으로 고찰했다.

레닌은 『철학 노트』에서 다음과 같이 헤겔의 말을 발췌해 인용한다.

> 개념 속에 포함되어 있고, 개념과 동등하고, 그리고 개개의 외적 현실성의 요구를 자기 내에 내포하고 있는 이 규정성은 바로 선善이다. 선이 절대적이라는 가치를 가지고서 등장하는 이유는, 그것이 개념의 자기 내적 총체성

이고 동시에 자유로운 통일과 주관성의 형식을 갖춘 객관적인 것이기 때문이다.[107]

레닌은 이에 대해 주석에서 다음과 같이 비판한다.

실질: '선은 외부의 현실성에 대한 요구'라는 말은 곧 '선'이 (1) 인간의 실천=요구, (2) 외부적 현실성으로 이해된다는 것이다.[108]

레닌은 다시 헤겔의 말을 발췌해 인용한다.

선의 주관성과 유한성은 곧 객관적 현실, 즉 선의 물질적 세계가 자기 스스로의 길을 가고 있다는 것을 전제로 한다. 그러므로 선의 전제로서의 객관 세계라는 측면에서 보았을 때, 선의 현실 자체는 장애에 부딪히고, 심지어 해결할 수 없는 문제에 직면할 수도 있다.[109]

이에 대한 레닌의 주석은 다음과 같다.

객관 세계가 '자기 스스로의 길을 가고 있다'는 것은 인간의 실천이 그러한 객관 세계를 대면하고 있다는 것이다. 그렇기에 목적을 '실현'할 때 '곤란함'에 부딪히고, 심지어 '해결할 수 없는 문제'에 부딪힐 수도 있는 것이다.[110]

결국 '선'이라는 것은 칸트가 언급한 것처럼 인간을 초월한 '순수이성'에서 유래하는 것도 아니고, 헤겔의 '절대이념'에서 유래하는 것도 아니다. 그것은 실천에서 유래한다. '선'은 역사적 총체로서의 인류의 사회적 실천의 근본적 성질이다. 다시 말해 사회적 실천(인류의 존재와 발전의 기초) 자체는 '본체적 선'이고, 여타의 선 모두 여기서 파생되는 것이다. 그러므로 사회적 생존을 보호하고 역사의 발전을 추동하는 사회적 실천(생산 등)이야말로 비로소 윤리도덕의 근원일 수 있다. 이러한 기초 위에서 역사를 통해 축적된 인성 능력의 이성적 응결이 곧 선의 주관적 심리의 담지체인 셈이다. 따라서 윤리도덕과 그 법칙·요구·명령의 내용은 모두 역사적으로 구체적인 것이고 반드시 일정한 역사적 발전의 기초 위에 놓여야 한다. 추상화되어 도덕적으로 악한 탐욕, 권력 등으로 평가된 수많은 특성도 모두 일정한 객관적 역사 단계, 특정한 계급 이익, 사회적 조건 아래에서 분석되고 측정되며 평가되어야 한다. 앞서 언급했듯, 칸트와 헤겔 모두 '악'이 종종 역사를 추동하는 역량이라는 것을 간파했다. 추상적 도덕에 의해 악으로 평가되었어도 구체적인 역사 상황에서는 반드시 그렇지 않을 수 있다. 신흥 지주나 부르주아계급 및 그 대표자들이 권세와 이익을 추구해 통치 권력을 얻으려 할 때, 이들의 행동은 종종 도덕적으로 악한 것으로 평가되었지만 오히려 역사의 진보를 추동한 측면이 있다. 인류의 역사는 이러한 '역사의 이율배반' 안에서 전진하고 발전한다.[111] 통치계급은 종종 구제도에 대한 모든 반역을 악이라 일컫고 추상적 도덕의 가르침을 선이라 말한다. 수많은 윤리도덕 이론이 선과 악을 초역사적인 선험적 성질로 규정한다. 실상 인류의 역사적 투쟁 발전과 이른바 선악(내용)은 우선 물질적 생산활동의 모순과 발전이라는 기초 위에 세워지는 것이다.

마르크스는 개인의 주관적 의지를 전이의 축으로 삼지 않는 인류 사회 발전의 물질적 역사를 발견해냈고, 역사적 사건과 인류 행위의 객관적 근거를 매우 중시했다. 또한 역사와 현실의 발전에 있어서 그 인과관계를 냉정하게 평가했으며, 동시에 인간의 능동성도 매우 중시하고 높이 평가했다. 역사적 인과관계가 자연적 인과관계와 다른 가장 큰 이유는 인간의 활동이 의식적이고 목적을 가지고 있기 때문이다. 그렇기에 한편으로 역사의 진행과정은 자연적 인과관계와 같이 인간의 주관적 의지에 기대지 않고 전이되는 객관적 성질을 갖는다. 또다른 측면에서 인간은 사유를 거쳐 모종의 목적의식을 갖는 활동을 진행하기도 하며 그렇기에 자유롭다. 총체적으로 말해 일련의 인간 활동이 아무리 곤란함에 부딪히고 때로는 실패한다 하더라도, 장기적 측면에서는 여전히 주관적으로 역사를 창조하는 셈이다. 인간 활동은 도덕적 측면에서 선의 긍정적 가치를 갖는다.

마르크스는 다음과 같이 말했다.

> 투쟁이라는 것이 매우 순조로운 성공의 기회라는 조건하에서만 시작한다면 세계 역사의 창조는 매우 쉬운 일일 것이다.[112]

시시때때로 벌어지는 성공과 실패(국지적 인과 규칙)에 굴종하지 않고, 사회발전의 총체적 추세를 기초로 '투쟁과 승리에 나서는' 윤리정신의 고양이야말로 사적 유물론 윤리학의 원칙이라 할 수 있다.

전체와 개체의 관계도 마찬가지다. 개체적 인간이 목적이라는 것, 그리고 개성의 자유와 발전 등을 아무리 강조한다 할지라도 인간은 결국 객관적 역사의 지배를 받을 수밖에 없고, 역사와 시대를 완전히 벗어나려 애쓰는 것은 머리를 잡아채 지구를 떠나려 하는 것과 마찬가지로 이루어질 수 없는 일이다. 자유의 왕국인 공산주의가 도래하기 이전에 종족으로서의 인간, 즉 총체의 발전과 개체의 발전은 때로 첨예한 대립 관계에 놓이기도 하고 후자를 희생하여 앞으로 나아가기도 한다. 이 점을 자각하고 적극적으로 역사의 발전을 촉진해나가는 태도와 행동을 취하는 것이야말로 도덕적 선이라 할 수 있다. 마르크스는 다음과 같이 언급한 바 있다. "[데이비드 리카도는] 생산을 위한 생산을 요구했다. 이것은 맞는 말이다. 리카도에 대한 감상주의적 비판자들처럼 생산이 목적 그 자체가 아니라고 단언한다면, 이는 생산을 위한 생산이 인류의 생산력 발전을 의미할 뿐임을, 또한 그것이 목적 자체로서의 인류 본성의 풍부함이라는 것을 잊은 것이다. 만약 시스몽디처럼 인간의 복리와 이 목적을 대립시킨다면, 이는 곧 인간 복리의 보증을 위해 종족의 발전은 마땅히 억제되어야 한다고 강조하는 셈이다. 예컨대 전쟁중에 인간이 결국 모두 죽어버릴 것이기에 어떠한 전쟁도 하지 말아야 한다는 주장은 종족으로서의 인간의 재능 발전을 이해하지 못하는 것이다. 물론 처음에는 수많은 개별 인간이나 특정한 계급의 희생을 대가로 치러야겠지만 결국 그러한 대항을 극복할 수 있을 것이고 모든 개체의 발전과 그 목적이 일치하게 될 것이다. 그렇기에 개성의 비교적 고급 단계로의 발전은 오직 개인과 역사의 희생을 통해 얻어진다. ……인류 역시 동물계와 마찬가지로, 종족의 이익은 항상 개체 이익의 희생에 기대어 자신의 길을 열어간다."[113] 이러한 주장은 칸트가 자신의 역사 관련 논문에서 언급한 것과 궤를 같이한다.

인류의 자유의 왕국, 즉 공산주의의 실현을 위해 인간과 개체의 자각적 희생을 도구로 삼는 것은 맹목적 복종이다. 역사의 객관적 과정을 보지 못하고 '목적으로서의 인간' '개성의 자유'만을 말하는 것은 공상적 환상에 불과하다. 인류 사회 발전의 총체적 과정을 인식하고 자신의 행동을 능동적으로 선택하고 결정해야만 비로소 역사적이고도 구체적으로 정초된 진정한 개성적 자유라 할 수 있다. 칸트의 '자유의지' '목적으로서의 인간'은 이러한 유물론 역사관의 기초 위에서 진정으로 깊이 있는 역사적 내용을 갖춘 주관적 윤리의 역량이 될 수 있다.

6 사회이론 영역에서의 칸트주의

앞서 4장에서 1930년대 자연과학의 영역인 인과성 이론에서 나타난 칸트주의적 경향을 간단히 살펴보았다. 여기서는 최근 사회이론 영역에서 보이는 칸트주의적 경향을 다루어보고자 한다. 하지만 그 영역이 매우 광대하고 문제도 복잡하며, 관련 인물과 학파 역시 다양하다. 그렇기에 여기서는 스케치하듯 간략하게 해당 영역에 대해 논평하려 한다. 주관적 능동성과 객관적 역사성 사이의 변증법적 통일이 부족하기 때문에 각 유파의 철학자들은 서로 다른 방식을 통해 자신의 주장을 형이상학적으로 과장하고, 다른 유파의 주장은 말살해버리려 한다. 헤겔이 강조한 것은 주로 도덕윤리의 객관적 성질과 필연적 규칙에 대한 인식과 복종이다. 이에 비해 칸트가 강조한 것은 '정신기계'가 아니며, 그는 인간 행동의 주관적 책임과 자유선택을 강조했다. 헤겔이 강조한 것이 효과·논리·결과라면, 칸트가 강조한 것은 동기·의지·자유다. 칸트의 윤리학이 이상적 주관주의에서 흘러나오는 것이라면, 헤겔의 변증법은 용속한 객관주의에서 흘러나오는 것이다.(아무리 헤겔 본인이 숙명론자라고 해도, 그 역시 개인의 활동과 의지를 강조한다.)

19세기 후반 서유럽의 역사학파는 윤리도덕을 민속학과 사회학에서 연구했고, 이는 실상 헤겔의 객관주의를 발전시킨 것이었다.(물론 헤겔 사상을 직접적으로 받아들인 것은 아니었으며, 종종 실증론을 통해 헤겔에 반대하는 모습을 보이기도 했다.) 그들은 도덕과 윤리를 일정한 사회역사적 환경의 인과관계로 귀결시키고 거기에 종속시켰다. 이는 곧 신비주의적 색채를 띤 헤겔의 역사관을 실증과학적 상대주의로 변화시킨 것으로, 이후 갈수록 광범위한 영향력을 행사하게 되는 윤리 상대주의로 발전했다. 루스 베네딕트 등이 세계에는 보편 필연적 윤리규범 혹은 도덕명령이 없다고 생각했듯, 윤리 상대주의와 문화 유형학은 민족과 문화마다 서로 다른 도덕적 표준을 가지고 있고 그들 사이에는 어떠한 우열도 없으며, 저마다 상대적으로 합리적이라고 주장한다. 원시부족이 인간의 머리를 제물로 바쳐 제사를 지내는 것도 당연한 도덕이고, 중세시대의 금욕주의적 도덕, 현대사회의 성행위 규칙 모두 각 사회의 생활과 질서에 부응하는 것이며, 이 모두 역사적이고도 구체적인 합리성에 부합한다고 보는 것이 문화 상대주의의 입장이다. 이러한 문화 상대주의는 정치적으로 약소민족의 문화전통과 도덕적 가치를 보호하고, 식민문화의 현대화적 경향성을 억압한다.(물론 개혁과 진보의 반동작용 역시 억제한다.) 하지만 이론적 측면에서는 매우 얕은 수준으로, 이 학파는 윤리학을 민속학으로 귀결시키고 도덕행위의 공통된 주관성을 완전히 방기해버린 채, 인류의 역사적 성과로서 도덕규범이 지니는 연속성과 보편성의 형식적 의의를 무시해버린다. 그 결과 행위주체의 자유로운 선택과 능동적 역량(즉 인성 능력)이라는 기본적 실질을 잃어버리고 만다. 이는 본래 철학과 윤리학이 이론적으로 논증해야 하는 문제다.

헤겔과는 반대로, 쇼펜하우어와 니체는 칸트의 주관주의를 발전시켰고, 맹목적인 '삶에의 의지' '디오니소스 정신'이 역사를 결정하는 역량이라 보았다. 니체는 자신이 주장하는 정신이 쇼펜하우어의 의지와 같은 것이며, 칸트의 신앙과도 같다고 말했다. 쇼펜하우어와 니체는 칸트의 실천이성과 절대명령을 반이성적인 것으로 완전히 바꾸어버렸다. 또한 실존주의는 유물론이 인간을 물체로 보는 데 반대하고 자유로운 선택과 자기책임을 강조했으며, 결정론에 맞서 '목적으로서의 인간'을 강조해 주체로서의 인간의 윤리적 본질을 두드러지게 했다. 하지만 실존주의 또한 역사적이고도 구체적으로 형성된 객관적 규정성을 상실해버렸기 때문에 실제 생활에 있어서 공허한 담론 혹은 만용으로 흘러버리고 말았다. 여기서 칸트 이후 윤리학의 주요한 발전에 대해 간략하게 되짚어보자.

칸트에게 반대했던 경험론적 행복주의는 다시 제러미 벤담과 존 스튜어트 밀로 회귀한 이후, 통속적인 '최대 다수의 최대 행복' '공리주의'를 구호 삼아 오랜 기간 (특히 영미권에서) 사회학과 윤리학을 지배하는 주요 사상이자 학파가 되었다. 밀은 행복이 도덕의 표준이라 생각했다. "효용이 곧 도덕의 기초를 이루는 신조임을 인정해야 한다. 다시 말해 최대한의 행복을 추구하는 행복주의는 행위의 '옳음'이 그 행위가 증진시키는 행복과 정비례한다고 주장한다. 그리고 행위의 '옳지 않음'은 그것이 만들어내는 불행의 정도와 비례한다고 주장한다. 행복은 쾌락과 고통의 해소를 가리킨다."[114] 하지만 밀은 최종적으로 인간 마음속의 사회적 감정('양심' '미덕')을 도덕행위의 추동력이자 도덕이론의 기초로 삼았다. 이는 곧 프랑스 유물론의 객관적 이익이란 관점을 주관적 감수성으로 전환시킨 것이다. 이후에 등장하는 '신실재론新實在論New Realism' 학파는 이러한 주관 관념론적 전환을 더욱 명료화한다. 랠프 페리는 이렇게 말한다. "사물들은 그 필요에 의해 가치를 생산한다. 사물들은 더 많이 필요해질수록 더 가치 있게 된다."[115] "가치가 발견될 때 비로소 사물은 모종의 욕구나 흥미와 관련을 맺게 된다."[116] 이는 곧 도덕적 가치와 선이 사물 자체에 속하는 것이 아니라 인간의 욕망, 필요, 바람, 쾌락, 행복과의 '관계', 즉 인간의 주관적 바람과의 관계 속에서 존재한다는 것을 말한다. 이 관점은 사회 영역의 도덕 선악의 문제를 경험적 심리로 귀결시킨다.

서구의 현대 윤리학은 심리주의에 대한 반대를 출발점으로 한다. G. E. 무어는 무엇보다 선이 일종의 객관적 성질을 갖는다고 주장한다. 선은 '정의할 수 없는 것', 즉 다른 것을 통해 규정할 수 없는 것이다. '황색'이라는 성질을 인식할 때 다른 무엇을 통해 그 성질을 규정하고 지시할 수밖에 없는 것과 마찬가지다. '선'은 직관을 통해 인식되어야 하는 것이다. 하지만 선은 자연적 성질의 것도 아니다. 선은 수학적 분석이나 경험적 귀납을 통해 도출될 수 없으며 선험적 종합을 통해서만 인식된다. 하지만 무엇을 통해 선을 직관할 수 있는가? 결론적으로 말한다면, 칸트가 반대했던 섀프츠베리 등의 내재적 도덕감각론으로 되돌아갈 수밖에 없을 듯하다. 이후 앨프리드 에이어를 거쳐 아이버 리처즈 등의 영향과 함께, 1940년대에 이르러 찰스 스티븐슨, R. M. 헤어 등을 필두로 하는 분석철학의 윤리학이 잠시 득세하는 듯했지만 이내 퇴조기를 맞는다. 이들의 특징은 윤리언어에 대해 매우 자세한 분석을 진행하는 것인데, 그 결과 윤리언어는 과학언어와 다르다는 결론이 도출되었다. 언어들은 저마다 다른 용법과 용도를 가지며, 사실을 진술하는 데 쓰이는 언어가 곧 과학과 일상생활을 서술하고 설명하는 언어에 해당된다고 할 수 있다. 또다른 종류의 언어는 행동을 지칭하는 언어인데, 이것이 바로 도덕윤리의 언어다. 이 언어는 묘사하는 대신 의미를 지니며, 비논리적이지만 추론의 성격을 갖고 있고, 진술을 하는 것이 아니라 영향력을 만들어낸다. 또한 이 언어는 감정·태도·명령·요구·충고·평가·격려 등을 표현한다. 이것들은 각각 감정주의(스티븐슨), 직관주의(윌리엄 로스, 해럴드 프리처드), 명령주의(헤어)로 분류되고, 이 가운데 누구는 도덕윤리의 언어가 객관적 성질을 갖는다고 하고, 다른 누구는 주관적 태도를 가리킨다고 한다. 하지만 이들은 일반적으로 인식(과학)과 행동(윤리)의 구분을 강조한다. 그렇기에 실질적으로는 흄으로의 회귀라 할 수 있고, 또한 칸트의 노선을 취한다고도 할 수 있다. 헤어처럼 내용에는 아무런 주의를 기울이지 않고 오직 윤리언어의 무모순성과 보편성을 도덕적 표준으로 삼아야 한다고 주장하는 이들은 표면적으로는 정확하지만 그 실질에 있어서는 이해가 많이 부족한 형식을 통해 칸트 윤리학의 기본적 특징을 표현해낸 것이라 할 수 있다. 만약 벤담과 밀이 프랑스 행복주의의 재현이라 한다면, 무어에서 시작되는 현대 부르주아계급의 윤리학은 칸트주의의 부활이라 할 수 있다. 존 롤스에 이르러 이런 부활의 움직임은 비로소 깊이 있는 현실적 내용과 의의를 가지게 되었다.

비트겐슈타인의 사유는 더욱 깊이가 있다. 그는 일상생활에서의 도덕적 차원(상대적 가치)과 '초자연적인' 선험적 절대 가치를 구분하고, 후자야말로 윤리학의 대상이 될 수 있다고 주장한다. 후자는 이해하기 어렵고 말로 표현할 수 없으며, 어떠한 사회역사적 제약도 받지 않는 신비로운 것이다. 왜냐하면 세계와 생활의 존재 자체가 신비로운 것이기 때문이다. 이 관점은 하나의 문제를 제기하는데, 곧 윤리도덕이 역사적 연속성과 모종의 전 인류적 보편성을 갖고 있는데도, 어떤 초경험적인 신비한 성질 또한 나타낸다는 점이다. 윤리 상대주의는 상대적인 것 안에 들어 있는 절대적인 것을 중시하지 않는다. 하지만 아무리 인류가 지정학적으로나 민족적으로나 문화적으로나 상이하다 할지라도, 결국은 객관적 역사 과정에 근거해 갈수록 서로 접근해가게 된다. 현실생활의 방식도 공통적으로 물질문명의 발전에 관한 객관적 역사 과정에 근거해 서로 근접해가고 점차 융합되며, 그러한 공통의 생활방식은 전체 인류의 문명과 자산을 통해 이룩된 물질적 유산을 축적하고 보존한다. 그렇다면 윤리도덕의 영역 안에 축적되고 보존되어 내려오는 인류 공통의 정신적 규범과 규칙이 존재하지 않는다고 할 수 있는가? 앞 장에서 언급했듯, 윤리규범과 도덕적 표준은 한 시대의 계급 성질을 반영하면서 사회 변화와 함께 달라지기에 추상적 보편도덕이라는 것이 있을 수 없다. 하지만 내용적 측면에서 말한다면, 오히려 그러한 이유 때문에 모종의 공통적이거나 거의 같은 보편적 형식을 갖게 된다. 그리고 그러한 형식은 언어 외적인 조건에서 서로 비슷할 뿐이다. '거짓말하지 말

것' '자살하지 말 것' '나태하지 말 것' '다른 이를 도울 것' 등 칸트가 제기한 명제들은 역사적 구체성을 띤 사회 계급적 내용에 있어서로 매우 다르지만, 형식으로서의 도덕적 보편성은 여전히 각 사회를 통해 받아들여져 전수되어왔다. 그렇다면 보편성을 갖춘 형식이란 도대체 무엇인가? 나는 그것이 문화-심리 구조에 해당된다고 생각한다. 칸트 자신과 칸트 연구자들이 아무리 도덕형식의 비심리적이고 선험적인 형이상학적 성질(8장 참조)을 강조했다 할지라도, 그들이 말하는 심리는 결국 동기·쾌락·욕구·정감 등 경험적 내용이다. 또한 이 책에서 주목하는 사안은 오히려 의지의 구조와 이성의 응결체로서의 심리형식인 도덕규범이다. 그리고 도덕규범은 문화-심리 형식으로서 계승적 성질을 갖는다. 아마도 그런 도덕규범이 비트겐슈타인에 의해 신비화된, 영구성과 '절대적 가치'를 갖는 개체의 경험일 것이다. 또한 아마도 그 도덕규범은 칸트가 언급하는 형식적 보편성으로서의 절대명령이 지닌 중요한 측면, 즉 주체성의 주관적 측면에서의 의지구조와 이성의 응결체이자 '인간이 인간일 수 있는' 인간 능동성의 중요한 측면일 것이다.

19세기부터 칸트주의는 노동운동의 사회이론에서도 나타나기 시작했다. 1870년대 오토 리프만이 '칸트로 돌아가자'는 구호를 외친 이후 신칸트주의는 하나의 사조가 되었다. 자연과학의 발전으로 헤르만 헬름홀츠, 헤르만 코엔 등 더욱 많은 학자들이 칸트의 인식론으로 회귀했다. 하지만 동시에 코엔 같은 이는 칸트가 독일 사회주의의 진정한 창시자이고, 칸트의 절대명령은 오직 사회주의 사회에서만 실현될 수 있으며, 그때 착취가 사라지고 인간은 더이상 도구가 아닌 목적이 된다고 주장했다. 제2인터내셔널을 이끈 지도자들도 사회민주당은 칸트의 윤리학을 실현하는 정당이며, 사회주의는 일종의 윤리사상으로 악의 근원인 착취를 증오의 대상으로 본다고 주장했다. 예컨대 막스 아들러를 대표로 하는 오스트리아 마르크스주의Austro-Marxism는 칸트 철학이 현대 사회주의의 근원이라 선전하면서, 사회주의는 우선적으로 '윤리적 필요성'을 갖는다고 주장했다. 사회주의의 경제계획은 도덕명령의 표현이고 그렇기에 칸트식 신앙 안에서 혁명의 역량을 흡수해야 한다는 것이다. 제2인터내셔널의 주도자 중 한 명인 에두아르트 베른슈타인은 이렇게 말한 바 있다. "전통적 교의를 비판하기 위해서는 반드시 칸트가 필요하다. ……이 표면상의 유물론은…… 잘못된 이데올로기를 도입하고 있다는 것, 그리고 이상을 경시하고 물질적 요소를 무소불위의 발전 역량으로 보는 것은 자기기만임을 지적해야 한다."[117] "윤리적 요소는 이전보다 독립적 활동의 여지를 더욱 광범위하게 갖고 있다."[118] "나는 실제로 사회주의의 승리가 그 '내적인 경제적 필연성'에 의해 결정된다고 생각하지 않는다. ……나는 사회주의를 위해 순수한 유물론적 논증을 제공하는 것이 불가능하며 또한 불필요하다고 생각한다."[119]

카를 카우츠키와 플레하노프는 이러한 베른슈타인의 관점을 비판하고 일종의 숙명론적 객관주의를 개진했다. 그들은 프롤레타리아의 윤리사상, 도덕감정은 "과학적 사회주의와 무관하다"고 생각했다. 카우츠키는 이렇게 말했다. "과학적 사회주의는 사회적 유기체의 운동과 진화를 과학적으로 연구할 뿐이다. ……도덕 이상의 영향력이 가끔씩 마르크스의 과학 연구 안으로 난입하는 경우가 있지만, 과학적 사회주의자는 이를 최대한 피하려 한다. 왜냐하면 과학 안에서, 도덕을 목표로 삼아 과학에 부과할 때 도덕 이상은 곧 착오적 연원이 될 수 있기 때문이다. 과학은 오직 필연성을 갖춘 인식만을 다룬다."[120] 이렇게 '과학'을 강조하는 시각은 종종 실증주의로 향하게 된다. 카우츠키는 스스로 철학은 자신의 강점이 아니라고 말하면서, 철학적 문제에 있어 다윈주의를 통해 마르크스주의를 대체하려고 했다. 또한 윤리학에 있어서는 인간의 도덕을 동물도 가진 '사회적 욕구'로 귀결시켰다. "집단을 이루는 동물의 세계도 인간의 세계와 마찬가지로 일종의 감정·의지·행동이 존재한다. 인류가 가지고 있다고 공인된 도덕감정, 의지, 행동은 동물 집단의 경우에도 완전히 동일하게 지니고 있다."[121] 카우츠키는 칸트를 '비판'하면서 이렇게 물었다. "어미새와 원숭이가 생명의 위험을 무릅쓰고 자신의 새끼를 보호하는 의무감은 어디에서 오는가? 야생마가 자신이 이끄는 무리를 보호하기 위해 늑대와 싸우는 의무감은 어디에서 오는가?"[122] 카우츠키는 이러한 의무감이 모두 '사회적 욕구'에서 유래한다고 생각했다. 이렇게 카우츠키는 인간 도덕의 의식적 '자율'이라는 근본 특징을 완전히 말살하고 그것을 동물도 똑같이 지닌 일종의 본능으로 간주해버린 것이다. 이러한 '과학적 사회 욕구'의 이론은 칸트의 주관주의를 비판한다는 명목하에 칸트 이전으로 후퇴하고 말았다. 인류의 윤리도덕이 확실히 사회생물학적 진화의 연원을 가지는 것은 사실이지만, 그것은 결국 동물의 본능과는 다른 자각적 의지의 행위이기 때문이다. 인간의 윤리도덕은 역사(인류 전체의 측면에서)와 교육(개체의 측면에서)을 통해 배양되고 형성되는 것이지, 자연적 진화의 산물이 아닌 것이다.

칸트의 윤리학 문제 주변에는 위와 같이 현실적인 문제와 연관된 복잡한 관계가 존재한다. 또한 이렇게 추상적이고 오래전에 구축된 칸트 철학은 오늘날에도 여전히 다양하게 변화된 모습을 통해 우리에게 영향을 미치고 있다. 현재까지 지속적으로 제기되는 수많은 이론들 역시, 그 제기하는 문제와 이론 자체로 말한다면, 실질적으로 칸트 철학의 범위를 벗어나지 못하고 있다. 그렇기에 이 책에서는 자연과학 영역 안에서의 칸트 인식론과 마찬가지로 칸트주의의 윤리학이 종종 수많은 이론적 영역에서 직간접적으로 모습을 드러낸다고 본다. 문제는 롤스와 같이 이론적 구축의 성공 사례가 될 것인가, 아니면 마르크스주의 속의 주관주의·의지주의·윤리주의 사조와 같이 심각한 실패 사례가 될 것인가이다. 서구에서 이 문제는 마르크스와 엥겔스를 서로 대립시키고 분할하는 중요한 기준이 되었다. 마르크스가 구조주의적 다원론에 근거한 주체적 실천의 변증법을 주장했다면, 엥겔스는 경제 결정론에 근거한 일원론이자 객관적 진화론을 주장하는 실증주의라 할 수 있다. 청년 마르크스와 만년의 마르크스를 대립시키고 구분하는 중요한 논리 중 하나는 만년의 마르크스는 실증주의자이지만 청년 마르크스는 변증론자이자 인도주의자라는 관점이다. 또한 이러한 관점은 청년 마르크스가 특히 엥겔스와 대립각을 세워 역사적 결정론에 반대하고,[123] 만약 역사를 생산방식의 내재적 모순이라 말한다면 이는 인간의 혁명적 능동성을 폐기하는 것이라는 시각을 견지한다. 또한 역사에 대한 인과적 필연성을 강조하는 것은 인간의 자유를 말살하는 것이며 '물체를 볼 뿐 사람을 보지 못하는' 관점이라고 본다. 역사의 필연성을 강조하는 관점은 기계론이자 숙명론이며 실증주의이지, 변증법이 아닌 것이다. 여기서 '변증법'은 이른바 인간의 비판적 실천활동인데, 중요한 것은 이런 주장을 펴는 이들이 그러한 활동에 대해 객관적 분석과 엄격한 규정을 부여하지 않는다는 점이다. 그들이 주장하는 '실천활동'은 모든 것을 포함하지만, 그 실천활동의 기초적 지위에 있어 사회적 생산을 중시하지 않는다. 이러한 변증법은 결국 주관주의적인 것이 되고 만다. 일련의 마르크스주의자 중 '실천학파' '실천론자'가 실천은 곧 일체의 비판활동이며 변증법이라고 주장하는데, 그들은 인간의 개체적 정신을 강조할 뿐 물질생활의 진보를 강조하지 않는다. 그들은 역사적으로 구축된 기본적 실천활동의 관점에서 구체적으로 인간 소외의 발생과 극복을 연구하지 않고, 주관주의적으로 인간의 개체적 자유와 해방을 요구할 뿐이다. 또한 그들은 문화비판으로 물질적 실천을 대체하고 이데올로기적 '각성'이 현실경제의 개혁보다 우선한다는 점을 강조한다. 루카치[124]에서 마르쿠제와 사르트르[125]에 이르기까지, 이러한 주관주의·의지주의·반역사주의는 1960~70년대에 한 시대를 풍미했고 당시 학생운동의 특징과도 일치하는 면이 있었다. 이는 곧 20세기 자본의 통치에 따른 소외 현상에 대한 극렬한 반항이었고, 비약적인 속도로 발전하던 과학기술에 대한 낭만적 항의였다. 이러한 이론의 주창자들은 우선 인간의 실천활동이 반드시 일정한 사회관계를 구성하는 생산적 활동이라는 점과 오직 그러한 실천의 기초 위에서만 모든 것이 발생한다는 점을 소홀히 했다. 따라서 그 기초의 객관적 인과관계를 과학적으로 연구해야 한다. 이 연구가 바로 '실천학파'라 불리는 이들이 가장 싫어하는 사적 유물론이다. 그리고 이는 중국 밖의 상황이기도 하다. 중국은 1950년대 후반 이후 '문화대혁명'에 이르러 '좌경左傾' 사조가 최고조에 달했고, '사람은 대담함을 품고 대지는 대량생산을 품는다'(1958년 '대약진운동')에서 '영혼의 깊은 곳에서 혁명을 폭발시키자'('문화대혁명')에 이르기까지 문화비판, 계급적 각성, 정신의 추구, 도덕제일주의 등의 다양한 관점과 이론 및 행동이 중국 전역을 휩쓸었다. 이러한 관점들은 현대 서구 마르크스주의 사조와 많은 부분 비슷한 점이 있다. 그러므로 객관적 사회 조건이 서로 다르다 할지라도, 서구의 일부 사상가들이 여전히 만년의 마오쩌둥 학설을 그람시와 비교·대조하는 것은 결코 우연이 아니다. 이론의 총체적 경향성이란 측면에서 마오쩌둥과 그람시 등은 서로 근접해 있으며, 모두 주관주의에 근거한 윤리적 공상空想을 표현하고 있다. 이는 일종의 왜곡된 칸트주의라 할 수 있다.

'서구 마르크스주의'는 총체성을 강조하고 현대 자본주의 사회에 대한 전면적 비판과 부정을 강조한다. 어떤 이는 일상생활에 대한 비판이 곧 사회 변혁의 관건이 된다고 주장하고, 또 어떤 이는 철학적 측면에서 사상이 반드시 선행되어야 하며 문화혁명과 이론비판이 더욱 중요하다고 주장한다. 이들은 모두 프락시스Praxis(실천)의 개념을 즐겨 사용하면서 이것으로 인간의 모든 활동을 포괄하려 한다. 바로 이것이 내가 이 책에서 도구의 제작과 사용으로 실천의 기본적 함의를 한정하고, 이를 통해 실천철학과 사적 유물론을 통일시켜야 한다고 거듭 주장하는 이유이다.

나는 엥겔스의 공헌이 바로 여기에 있다고 생각한다. 확실히 마르크스는 철학에서 사적 유물론으로 나아갔고, 엥겔스는 경제학에서 시작해 마르크스와 동일한 목표를 향해 나아갔는데,[126] 둘의 기질과 성격, 학술적 기초와 흥미 및 재능은 서로 달랐다. 그렇기에 두 사람이 이론적 경향성에서 서로 다른 모습을 보인 것도 이상한 일은 아니다. 하지만 두 사람의 이론적 차이를 지나치게 과장하는 것도 역사적 사실에 부합하지 않는다. 왜냐하면 사적 유물론이라는 철학의 핵심을 창조하고 발전시키며 견지해나가는 데 있어서 두 사람의 견해는 완전히 일치했기 때문이다. 결국 엥겔스야말로 마르크스가 동의를 표한 수많은 이론적 작업을 해낸 사람이라고 할 수 있을 것이다. 이후 엥겔스는 실천을 '실험과 산업'으로 한정하고, 「원숭이에서 인간으로의 전환과정에서 노동의 역할」 같은 글을 쓰기도 했다. 그렇기에 나는 Praxis가 아니라 Practice야말로 마르크스 철학의 기본 범주라고 생각한다.*

* 아리스토텔레스는 『니코마코스 윤리학』에서 '테오리아Theōria' '프락시스Praxis' '포이에시스Poēsis'라는 세 가지 개념을 제시한다. '테오리아'는 '관상觀想', 즉 지켜본다는 것을 의미하고, '포이에시스'는 '제작' 혹은 '노동'을 의미한다. 그리고 이러한 관계 속에서 '프락시스'는 '테오리아'보다는 열등하지만 '포이에시스'보다는 우월하다. '테오리아'는 대상과 거리를 두고 그 본질을 파악하는 행위이고, '포이에시스'는 대상에 작용하지만 결과의 선악을 묻는 개념이며 자연과의 관계와 그 물질적 조건들의 모든 제약에 종속된 '필요한 행위'이다. 이에 비해 '프락시스'는 행위 자체의 선악을 묻는 개념이고 그 속에서 인간은 자신의 완성에 도달하고자 한다. 그렇기에 '프락시스'는 목적 지향적 행위를 가리키는 개념이자 윤리적 성격을 띤 개념이라 할 수 있다. 바로 앞 문단에서 리쩌허우는 "도구의 제작과 사용으로 실천의 기본적 함의를 한정하고, 이를 통해 실천철학과 사적 유물론을 통일시켜야 한다고 거듭 주장"한다. '테오리아' '프락시스' '포이에시스' 사이의 개념 구분에 근거할 때, 리쩌허우는 결국 '프락시스'의 목적 지향적 성격을 탈각시킨 물질적 측면에 방점을 둔

그리고 실천철학과 사적 유물론 사이의 통일은 또한 이 Practice 위에서 구축된다고 생각한다.(5장 참조) '서구 마르크스주의'를 연구하는 여러 학자들은 마르크스와 엥겔스를 분열시키고, 마르크스의 초기 사상과 후기 사상을 분리하는데, 이것은 실질적으로 실천철학과 사적 유물론을 분열시키는 것이다. 이런 관점은 중국에서 잊지 말아야 할 뼈아픈 교훈이 되었다. 사적 유물론은 곧 실천론이며, 양자는 분리될 수 없는 것이다. 그렇다면 양자를 분리하고 난 뒤의 결과는 어떠했는가? 그 결과는 사적 유물론의 실천론을 방기하는 것이었고 종종 주관적 의지론으로 나타났다. 우리가 실천에 대해 적지 않은 이야기를 나누었던 1958년의 '대약진운동'은 분명 위대한 실천이었지만, 역사의 규칙을 위반하는 것이었다. 그 결과 수천만 명에 이르는 인민이 아무런 죄도 없이 죽음을 맞았다. 철학적 명제는 겉보기에 현실과 멀리 떨어져 있는 듯하지만, 실상 매우 중요한 현실적 의의를 갖는다고 할 수 있다. '문화대혁명'은 이에 대한 또하나의 침울한 실제 사례일 것이다.

카우츠키의 다윈주의, 플레하노프의 프랑스 유물론,[127] 그리고 오늘날의 '서구 마르크스주의' 등은 모두 서로 다른 방식이긴 하지만, 일정한 의미와 정도에 있어서 목적의식을 가지고 세계를 변화시키는 주체적 실천의 자유로운 활동으로서의 인간을 사회적 성질을 갖는 객관적 역사와 서로 분리시켜버렸다. 이들은 인간의 주관적 의지에 근거하지 않는 역사의 객관적 진행과정과 수억의 민중 및 개인이 자유롭게 창조하는 역사 사이의 복잡한 변증법적 관계를 구체적으로 탐구하지 않았다.

앞서 언급했듯, 객관적 진행과정이라는 측면에서 보았을 때

Practice야말로 마르크스 철학의 기본 범주라고 주장하는 셈이다. 다시 말해 리쩌허우는 목적론적 성격을 갖는 Praxis가 아닌, 물질적 측면에 방점을 둔 개념으로서—'포이에시스' 개념과 유사한—Practice 개념을 내세우고 있는 것으로 보인다.

인간의 모든 행동은 사실 인과 범주에, 그리고 논리적으로 필연적 관계에 속해 있다. 하지만 주관적 측면에서 보았을 때는 인간의 도덕과 윤리를 충분히 발휘해야만 비로소 더욱 효과적이고도 자각적으로 세계를 인식하고 개조할 수 있다. 인간의 어떤 행위와 그에 수반되는 선택은 모두 인과관계를 통해 사전에 예측할 수 있고 사후에 설명할 수 있다. 하지만 이와 마찬가지로 중요한 것은 인간이 행동과 선택을 할 때 의식적이고 목적성을 띠며, 복종하거나 저항하면서 어떤 인과적 자유를 결정 혹은 선택하는 것이 도덕적 자율이라는 점이다. 그러므로 인간은 스스로 주동적으로 역사를 창조하며 자신의 선택과 결정에 도덕적 책임을 진다. 칸트는 주체와 객체 사이의 이런 모순적 관계를 제시했고, 주체적으로 그 뜻을 확립하는 도덕의 절대적 가치를 두드러지게 해 철학적 윤리학의 중심 과제를 구성해놓았다. 마르크스의 철학적 관점에서 보았을 때 사회는 객체일 뿐 아니라 주체이다. 사회 또한 주체일 뿐 아니라 동시에 객체이기도 하다. 그러므로 객관주의일 수도 주관주의일 수도 없다. 또한 주체의 능동적 활동을 중시하는 실천의 관점을 사적 유물론과 분리하거나 대립시킬 수도 없다. 역사는 우연적 측면(우연적 필연이 없다는 것은 해석할 수 없는 신비다)을 지니며, 인간 역사의 발전 그 자체로서의 총체, 특히 경제발전에 대해 말한다면 오히려 객관적인 역사 법칙을 찾을 수 있다. 이러한 역사적 진행과정을 떠나 인간의 실천을 공허하게 논한다면 이는 실상 실천을 경험적, 심리적 요구 위에 구축하는 셈이다. 이로써 경제(생산방식과 현실적 일상생활)가 아니라 심리가 역사의 동력이 된다. 사적 유물론은 사회, 특히 경제발전의 객관적 역사를 제시했다. 이로써 심리적 측면의 주관적 능동성, 즉 '인성 능력'의 의의가 감소하는 것이 아니라 더욱 두드러지게 된다. 왜냐하면 그 기초[경제발전의 객관적 역사] 위에서 자유와 필연, 주관적 능동성과 객관적 역사성이 비로소 현실적 통일을 이루기 때문이다. 자유는 더이상 칸트가 주장한 초인과적 도덕의지가 아니며, 헤겔의 경우처럼 인과의 필연성에 대한 인식도 아니다. 자유는 이제 역사적 책임감을 지닌 자각적 행동이고 이것이야말로 진정한 윤리적 자유라 할 수 있다. 마르크스가 강조하는 것은 바로 주관적 능동성과 역사적 객관성, 혁명성과 과학성, 그리고 주관적 노력과 객관적 현실을 중시하는 정신 사이의 통일이다.

전체적으로 보아 칸트의 윤리학은 보편성·숭고성·절대성을 갖춘 이성이 응집된 문화-심리의 선험적 형식을 제기한다고 할 수 있다. 칸트의 저작은 진정 위대하고 특별하다. 칸트의 윤리학은 현실과 역사에 적용되었을 때 매우 복잡한 모습을 드러낸다. 나는 이 책에서 한편으로 상술한 주관주의·윤리주의·의지주의가 가져온 (최소한 중국에서의) 재난을 강조하고 그에 합당한 평가를 내리고자 했다. 하지만 다른 한편으로 여기 6절('사회이론 영역에서의 칸트주의')은 그 시작부터 칸트인가 헤겔인가의 문제를 제기하고, 주관주의적 사조를 배제한 이후 오늘날의 중국에서 보편성과 필연성을 고양한 칸트의 윤리학이 필요함을 말하고자 했다. 이러한 보편성과 이상성은 경험적 근거를 가진 조작 가능성과 인식 가능성을 지닌 것으로, 초월적 환상, 즉 이념적 추론에 근거한 유토피아적 신앙이 아니다. 감성적이고 개인적인 기초 위에 구축된 보편성, 예컨대 칸트가 제기한 형식(공화정체), 인권(목적으로서의 인간), 이상(세계평화)은 프로이센 국가(주권)를 절대정신(이성)의 최종적 윤리 근거로 삼은 헤겔의 관점보다 더욱 중요하다. 여기서 탐구할 만한 가치가 있는 문제는 칸트, 괴테와는 다르게 피히테, 셸링, 헤겔에서 니체, 베버에 이르기까지, 그리고 다시 하이데거, 슈미트에 이르기까지 이 모든 사상가가 한 시대를 풍미한 낭만주의적 성격을 지니고 있었고, 독일의 사상적 성과물이 아무리 풍성하다 할지라도, 이 책 1장에서 서술했듯, 독일이 분산되고 연약하며 낙후된 상황에서 강대하고 부강하며 통일된 상황으로 변화해가는 과정에서, 영국과 프랑스로 대표되는 자본주의 체제와 그 체제의 용속함에 대한 불만과 분노로 인해, 독일 민족의 문화적 특수성으로 현실생활에 저항하고 자본주의 체제의 용속함을 넘어서는 보편성을 제시하려 했지만 결국엔 오히려 반이성적 광풍의 길로 들어섰다는 점이다. 히틀러의 출현이(하이데거, 하이젠베르크, 슈미트 등 다수의 지식인을 포함하여) '전 국민적 추앙'을 받은 것은 결코 우연이 아니다. 나는 이 현상이 쉽게 지나쳐버릴 수 없는 독일 사상사의 엄중한 교훈이라 생각한다. 다른 사상가들과 비교하여 말한다면, 경험을 떠나지 않은 인식론과 자유로운 개체(목적으로서의 인간)의 고양, 그리고 인류 이상(영구평화)의 윤리학과 정치철학을 강조한 칸트가 훨씬 건강하다 할 수 있다. 실천철학,[128] 즉 인류학적 역사본체론의 기초 위에서 칸트를 계승하고 발전시킬 필요가 있는 것이다.

10장

미학과 목적론

1 『판단력비판』

인식론(참됨)과 윤리학(선함)은 칸트 철학의 양대 축이다. 인식론은 자연적 인과관계의 현상계를 논하고, 윤리학은 '자유의지'의 본체계를 논한다. 현상과 본체는 곧 필연과 자유, 인식과 윤리이며, 칸트에게 있어 이 양자는 서로 나뉘어 대립한다. 하지만 앞서 언급했듯, 사변이성(인식)은 비록 윤리의 영역에 가닿을 수 없지만 실천이성(윤리)은 인식의 영역에 작용하려 한다. 이 작용관계를 실현시키려 한 칸트는 양자 사이의 매개를 사고하고 탐구하게 되었다. 그리고 이 매개는 칸트 '비판철학'의 종착점이 된다. 9장에서 언급한 바 있는 "찬란하게 빛나는 하늘의 별과 내 안의 도덕법칙", 즉 자연과 자유의 양대 영역이 서로 소통하고 통일되는 것은 오히려 『판단력비판』에서다.

칸트는 『판단력비판』의 서문에서 "나는 이로써 모든 비판 작업을 종결한다"[1]라고 언급했다. 앞의 두 비판서에 비해 『판단력비판』에 대한 후대 연구자들의 연구는 매우 부족하다고 할 수 있다. 현재까지 앞의 두 비판서에 대한 논저는 셀 수 없이 많지만, 세번째 비판서에 대한 연구는 이론적 탐색에서 고증과 주석 연구에 이르기까지 매우 부족한 실정이다. 실상 『판단력비판』은 칸트 철학의 전체 체계에서 매우 중요한 위치를 차지한다. 루소와 헤겔의 중간에 위치한 전체 칸트 철학의 진정한 핵심과 출발점 및 기초는 사회성을 갖춘 '인간'이다. 그것은 루소, 스피노자, 프랑스 유물론의 '자연'과 구별되고, 중세 이후의 '신'과는 더욱 다르다. 또한 이후 헤겔이 개체(인간)를 완전히 함몰시켜 얻은 '절대이념'과도 구분된다. 칸트의 '인간'은 사회성(비록 여전히 추상적이긴 하지만)을 '선험적' 본질로 한다.(9장 참조) 하지만 그것은 여전히 감성적 개체인 자연적 존재다. 인식론에서 '인간'은 바로 그러한 존재이기 때문에 오직 감성적 직관을 가질 뿐 지성적 직관은 갖지 못한다.(지성적 직관은 오직 신만이 갖는다.) 이로부터 인식의 보편 필연성은 어디에서 유래하는가라는 근본 문제가 도출된다. 윤리학에서 '인간'은 바로 그러한 존재이기 때문에 감성과 정욕을 가진 존재이지 순수한 이성만을 가진 '천사'가 아니다. 그리고 이로써 '응당' 복종해야 하는 도덕명령이라는 근본 문제가 나타나는 것이다. 이를 통해 '인간'이라는 개념을 둘러싸고, 칸트가 언급하는 이성과 감성의 관계는 실상 총체와 개체, 사회(보편 필연)와 자연(감성적 개체)의 관계라는 것을 알 수 있다. 칸트가 해결하고자 하는 인식과 윤리의 이분법적 대치는 이 근본적 관계를 해결하려는 것이다. 인식과 윤리의 이런 이분법적 대치는 앞의 두 비판서 각각의 자체 문제이기도 하고. 두 비판서 사이의 문제이기도 하다. 이 문제가 칸트로 하여금 세번째 비판서를 쓰게 했던 것이다. 또한 세번째 비판서는 '인간'을 중심으로 하는 특징을 가장 명확하고도 깊이 있게 드러냈다. 칸트가 만년에 제기한 '인간이란 무엇인가'라는 물음에 대한 답안이 실상 여기에 놓여 있는 것이다.

칸트는 자연과 사회, 인식과 윤리, 감성과 이성의 대치를 해결하고 양자를 통일하는 최종 방안으로, 양자 사이에 놓이는 일종의 과도적 단계와 이를 실현할 교량을 찾고자 했다. 과도적 단계 자체는 곧 역사적 과정이라 할 수 있다. 즉 자연적 인간에서 도덕적 인간으로의 전환이다. 하지만 칸트에게 그러한 구체적인 중개 혹은 교량은 인간의 특수한 심리적 기능이 되었다. 그것이 바로 '판단력'이다. 칸트는 '판단력'이 일종의 독립적 능력이 아니며, 지성처럼 개념을 제공하지도, 이성처럼 이념을 제공하지도 않는다고 말했다. 판단력은 다만 보편과 특수 사이에서 관계를 찾는 심리적 기능일 뿐이다. 칸트는 판단력을 두 종류로 나누는데, 하나는 『순수이성비판』에서 말하는 '판단력'으로, 어떤 특수한 사물이 보편규칙에 속하는가를 판별하는 능력이다. 여기서 보편규칙이란 이미 정해진 기성의 것이다. 문제는 특수한 사례에 대한 보편규칙의 구체적 인용인데, 이를 '규정적 판단력'이라 부른다. 칸트는 이것이 '천부적 능력'이며 '스스로 단련할 수 있을 뿐 배우고 익힐 수 없는 것'이라 말한다. 또한 이 능력은 종종 박학다식한 사람들에게서 확인되고, 추상적 보편규칙(가르칠 수 있는)에 대해서는 매우 잘 이해하지만 구체적으로 응용할 수는 없고, 이것이 그러한 보편규칙에 속하는지의 여부는 판단할 수 없다고 말한다. 즉 판단을 내릴 수 없고 그러한 규정적 판단력이 부족한 것이다. 이 판단력은 오직 실생활과 실제 사례를 통해 기를 수밖에 없다.[2] 또다른 판단력은 '반성적 판단력'이라 부른다. 이는 '규정적 판단력'과 상반되게, 특수한 것이 확정된 것이고 문제는 보편을 찾는 일이다. 이것이 바로 심미적인* 목적론적 판단력이다. 이 판단력은 보편적 개념·규칙으로 특수한 사실을 판단하는 것이 아니라, 특수한 사실·감수성에서 출발해 보편을 찾는 것이다. 이렇게 반성적 판단력이 규정적 판단력과 다른 것은, 심미가 인식과 다른 것과 같은 원리다.[3] 이 능력은 좀더 천부적인 것에 속하며 배워서 키우기는 어렵다. 칸트는 다음과 같이 말한다. "판단력은 이

* 칸트의 원어는 ästhetisch이고, 국내에서는 흔히 '감성적' 혹은 '미학적'으로 번역된다.

중적이다. 즉 규정적이거나 반성적이다. 전자는 일반에서 특수로 이동하고, 후자는 특수에서 일반으로 이동한다. 후자는 오직 주관적 유효성만을 가진다. 왜냐하면 그것이 향해가는 일반은 경험적 일반, 즉 논리적 비유일 뿐이기 때문이다."[4] 칸트는 이러한 '반성적 판단력'만이 지성(이론이성, 즉 인식)과 이성(실천이성, 즉 윤리)을 연합시킬 수 있다고 생각했다. 반성적 판단력은 지성적 성질도 가지고 있고 이성적 성질도 가지고 있다. 또한 지성 및 이성과는 다른 성질도 가지고 있다.

『판단력비판』의 서론에서 칸트는 자신의 전체 철학을 개괄하면서 판단력비판의 지위를 명확하게 밝힌다. "자연이라는 감성적 영역과 자유라는 초월적 영역 사이에 메울 수 없는 간극이 나타난다. 이성적 사변의 운용을 통해 앞의 영역에서 뒤의 영역으로의 이동이 일어나기는 불가능하다. 양자는 마치 두 개의 세계와 같다. 앞의 세계는 뒤의 세계에 절대로 영향력을 행사할 수 없지만, 뒤의 세계는 반드시 앞의 세계에 영향을 미쳐야 한다. 자유라는 개념은 곧 자유의 명령이 제공하는 목적을 감성세계 안에서 실현시켜야 하며, 그러므로 자연은 반드시 다음과 같이 사유되어야 한다: 자연의 형식의 합치성은 최소한 자유 명령이 자연 안에서 목적을 실현하는 가능성과 일치해야 한다. 그렇기에 자연계의 기초인 초감성적인 것과 자유 개념 안에 실천적으로 포함되는 것이 서로 통일되는 근거가 있어야 한다. 이와 같은 근본 개념이 비이론적으로, 비실천적으로 인식된다 할지라도, 그로 인해 자신만의 독특한 영역을 갖지 못할지라도, 그것은 앞의 원리에 근거한 사유 양태와 뒤의 원리에 근거한 사유 양태의 이동을 가능케 한다."[5]

『순수이성비판』은 지성의 선험적 범주와 원리를 연구했고, 여기에는 그런 범주와 원리의 '구축'과 '규제'라는 두 가지 작용도 포함되었다. 『실천이성비판』은 이성의 실천 중 선험원리, 즉 도덕명령을 연구했다. 그렇다면 『판단력비판』이 연구하려 했던

'반성적 판단력'의 선험원리는 또 무엇이란 말인가? 칸트는 이것이 자연의 합목적성이라 생각했다. "이 자연적 합목적성의 초월적 개념은 자연의 개념도 아니고 자유의 개념도 아니다. 왜냐하면 그것은 대상(자연)에게 어떤 것을 부과하지 않고, 다만 일종의 특수한 경로를 표현할 뿐이다. 이 경로는 서로 연계되어 있는 경험이 반드시 그 안에서 진행되어야 하는 기반으로서의 모든 자연이라는 대상을 반성한다. 그러므로 그것은 판단력의 주관 원리(공리)다."[6] "비록 지성이 이러한 대상들에 대해 선험적으로 무엇을 규정할 수는 없지만, 반드시 경험의 규칙을 탐구해야 하고 이 규칙에 대한 반성의 기초로서 선험원리를 설정해두어야 한다. 이 규칙에 근거해 비로소 인식 가능한 자연의 질서가 가능해진다."[7] 이는 곧 지성의 범주를 사용해 자연을 인식하는 것이며, 이때 자연은 양量의 무한정한 축적에 불과하다. 그리고 지성과 자연 사이에는 유기적 인과관계가 존재하는데, 결과는 원인에 의해 결정되지만, 결과는 원인에 영향을 미치거나 그 원인을 결정할 수 없다는 것이다. 자연을 부분과 전체, 부분과 부분 사이의 내재적 상호연관의 관계, 즉 원인이 결과를 결정할 뿐 아니라 결과에 영향을 미치는 원인과 결과 사이의 상호작용으로 이해하기 위해서는 '목적'이라는 이념이 필요하다. 다시 말해 결과를 위해 원인이 있다는 것은 마치 인간이 B를 창조하기 위해 A가 있는 것과 같다. 이것이 곧 '목적'인 셈이다. 어떤 자연사물(동식물과 같은)과 전체 자연계를 유기적 시스템으로 이해하기 위해서는 이러한 자연 합목적성의 이념이 필요하다. 하지만 자연 합목적성, 즉 자연을 하나의 유기적 시스템으로 본다고 할 때 자연 자체에서 경험적 실증을 찾아낼 수는 없다. 또한 자연 합목적성이라는 이념은 자연 대상 안에 객관적으로 갖추어져 있는 것이 아니라 다만 인간이 자연을 인식하기 위해 취해야 하는 일종의 주관적 선험원리에 불과하며, 주관적 측면에서 자연을 인식하는 전제조건에 해당된다고 할 수 있다. 다시 말해 대상을 목적이 있는 것으로 설정할 뿐이지, 대상 자체가 확실히 목적을 가지고 있다고 긍정하는 것은 아니다. 그러므로 자연의 합목적성은 자연 자체의 원리도 아니고 행위를 결정하는 도덕명령도 아니다. 그것은 자연을 탐구하고 경험을 통일하는 데 반드시 필요한 규제규범이다. 그것은 지성적인 것(인식)도 아니고 이성적인 것(도덕)도 아니다. 다만 반성적 판단력의 선험원리에 불과하다. 자연 합목적성은 인식과 도덕이라는 양대 영역을 소통시키는 규제규범으로서의 선험원리이며, 또한 현상에서 본체로, 자연에서 인간(윤리)으로의 이동이다. 칸트는 심미와 예술 안에서 현상(자연)이 본체(윤리)를 드러낸다는 것의 의의가 '미美는 도덕의 상징이다'라는 명제에 있다고 보았다. 그리고 자연 안에서 그러한 의의는 곧 윤리적인 인간 존재가 갖고 있는 전체적인 자연적 경향성에 있다고 보았다.

칸트는 목적론적 판단력을 네 종류로 나눈다. 1. 심미적 판단과 같은 형식적이고 주관적인 판단. 2. 수학명제, 즉 원과 삼각형 사이의 관계와 같이 형식적이고 객관적인 판단. 3. 인간이 가진 수 없이 다양한 목적과 같은 실질적이고 주관적인 판단. 4. 자연 목적과 같은 실질적이고 객관적인 판단. 여기서 목적은 다시 외재적인 것과 내재적인 것으로 나뉜다. 외재적 목적은 그 자체 이외의 것이고 상대적 목적이다. 반면 내재적 목적은 그 자체 안에 있으며 이른바 '절대적 목적'이다. 그 자체가 원인이자 목적인 것이다. 즉 원인과 결과가 피드백되는 유기체 안에 존재하는 셈이다. 그 부분과 전체, 부분과 부분은 서로 의존하며, 각각이 번갈아 원인과 결과로 바뀌기도 한다. 이렇게 해서 생물이 자신을 부단히 조절하고 환경에 적응하는 자기조직적인 유기적 시스템, 즉 생명이 구성된다. 예술작품의 구조 역시 이 같은 비기계적 특징을 가지고 있다. 칸트가 언급하는 목적은 주로 내재적 목적, '통일된 시스템'을 가리킨다. 그렇기에 앞의 네 가지 판단 중 감성적 자연과 이성적 자유를 연접시키는 것으로는 오직 첫번째 판단과 네번째 판단, 즉 심미적 판단이 표현하는 주관적 합목적성과 자연계의 유기체가 표현하는 객관적 목적성만이 가능하다. 이러한 이유로 『판단력비판』이 '심미적 판단력'과 '목적론적 판단력'으로 나뉘게 된 것이다. 심미적 판단력은 대상의 어떤 형식에만 관계하는데, 이러한 형식들은 인간 주체의 심리적 기능(지성과 상상력)에 부합하기 때문에 사람들로 하여금 주관적 정감을 통해 어떤 합목적적 만족*을 느끼게 한다. 하지만 어떠한 확정적 목적(개념)도 없고 또한 그것이 드러나지도 않기 때문에 일종의 '무목적적 목적성'은 '형식적 합목적성' 혹은 '주관적 합목적성'으로 불리게 된다. 목적론적 판단력은 주로 자연계의 유기체적 생명(동식물)의 구조와 존재가 통일된 시스템을 갖추고 있음을 가리킨다. 이는 마치 모종의 '목적'에 부합하는 듯한데, 이것이 바로 '객관적 목적성' 이다. 심미적 판단력은 자연적 합목적성을 갖는 심미(정감)적[8] 표상이고, 목적론적 판단력은 자연적 합목적성의 논리(개념)적 표상이다. 주의할 점은 여기서 말하는 객관적 합목적성의 '객관'이 인식론 속의 객관적 경험 판단처럼 대상 자체가 분명히 목적을 갖는다고 말하는 것이 아니라는 점이다. 그 '객관'은 다만 대상이 목적을 갖고 있는 것처럼 설정할 뿐이다. 마찬가지로 주관적 합목적성의 '주관' 역시 인식론에서 말하는 주관적 지각판단처럼 단지 개인의 주관적 감각일 뿐이며 보편 필연성이 없다고 말하는 것이 아니다. 정반대로 주관적 합목적성의 주관은 보편 필연성을 요구한다. 이 보편 필연성은 어떠한 개념 및 객관적 대상의 존재를 다루는 것이 아니라 단지 객관적 대상의 형식과 주관적 감수성(쾌함 혹은 불쾌함의 감정)만을 다룬다. 이러한 반성적 판단력이 곧 심미적 판단이다.

* 칸트의 원어는 Wohlgefallen이고, 리쩌허우의 중국어 원문은 '유쾌愉快'이다. 『판단력비판』 한국어판에서는 이를 '흡족'으로, 『칸트 사전』에서는 '만족'으로 옮겼다. 이 책에서는 어감상 '만족'으로 옮긴다.

심미적 판단에 대한 비판은 『판단력 비판』의 첫 부분이다. 이 부분은 지知, 정情, 의意라는 심리 기능의 삼분법을 그대로 사용한 매개적 연결고리로서 앞의 두 비판서 사이의 교량에 해당된다고 할 수 있다. 또다른 측면에서 이 부분은 상대적이고 독립적인 내용과 가치를 갖는다. 칸트는 이 부분을 통해 철학적으로 일련의 미학에 관한 근본 문제를 제기하고 논증했으며, 심리적 측면에서 심미에 관한 수많은 기본적 특징을 다루었다. 비록 구체적인 예술작품에 대한 칸트의 심미적 감상이 높은 수준은 아니었다 해도,[9] 심미적 경험의 형식적 특징을 정확히 파악해 심도 있는 분석을 진행한 탓에 칸트의 이론은 예술에 정통한 많은 평론가를 뛰어넘을 수 있었다. 『판단력비판』은 근대 유럽의 예술 사조에 매우 큰 영향을 미쳤기에 아주 중요한 미학 저작이라 할 수 있다. 미학사에서 확고한 지위를 차지하는 이 책은 헤겔의 『예술철학』을 훨씬 뛰어넘는 저작이라 할 만하다.

2 '미의 분석'

칸트 사상에 나타나는 방법론상의 기본 특성은 본질적 의의를 갖는 경험적 특징을 놓치지 않고 분석하는 데 능하다는 점이다. 인식론에서 칸트는 기하학의 공리, 뉴턴 역학 같은 수학과 물리학의 보편 필연성을 특징으로 하여 '선험적 종합판단은 어떻게 가능한가'라는 명제를 제기했다. 또 윤리학에서는 도덕행위의 특징을 파악하여 행복 추구와는 구별되는 '실천이성'을 제기했다. 그리고 미학에서는 심미의식의 심리적 특징을 파악하여 미에 대한 분석을 제시했다. 칸트의 전체 철학에서 심리학적 성분은 매우 많고 심미 분석에 있어서는 더욱 그러하다. 비록 칸트가 심미 분석이 심리학의 경험적 해석과는 다르다고 강조했지만, 실상 『판단력비판』의 심미적 판단력 부분의 내용과 성질은 주로 심미에 관한 심리가 만들어내는 구조적 형식의 분석에 관한 것이다.

칸트의 심미적 판단력은 일반적으로 말하는 감상, 품평, 취미에 관한 것이다. 칸트는 "취미판단은 곧 심미적인 것"[10]이라고 말했다. 앞서 언급했듯, 판단력이 지성과 연계되어 있다면, "취미판단 안에는 항상 지성과의 상관성이 내포되어 있다."[11] 그러므로 인식론 안에 있는 지성의 네 가지 범주(양·질·관계·양태)를 사용해 심미적 판단력을 고찰하고 미에 대한 분석을 진행할 수 있다. 그래서 칸트는 심미를 네 가지 계기로 나누어 설명했다. 1. '질': "취미는 다만 완전히 비공리적인 쾌 혹은 불쾌를 통해 대상을 판단하는 능력 혹은 대상을 표상하는 방법이다. 이때 만족의 대상은 미美이다."[12] 2. '양': "미는 개념을 필요로 하지 않으며 보편적으로 사람에게 만족을 선사한다."[13] 3. '관계': "미는 대상의 합목적적 형식이고, 그것이 감지될 때에는 아무런 목적도 생각나지 않는다."[14] 4. '양태': "미는 개념에 근거하지 않고 필연적으로 만족을 생산하는 대상으로 인식된다."[15]

첫번째 범주인 '질'은 주로 심미적 만족과 여타의 만족을 구분해야 한다는 것을 가리킨다. 칸트는 취미판단으로서의 심미적 만족이 한편으로는 먹고 마시는 등의 동물적 욕망, 그리고 본능이 충족되었을 때 느끼는 감각적 만족과는 다르다고 강조했다. 이러한 동물적 본능과 감각적 만족은 생리적 측면에 바탕을 둔 일정한 자연적 수요와 관련 있을 뿐이다. 다른 한편으로, 심미적 만족은 좋은 일을 하고 나서 느끼는 정신적 만족과도 다르다. 이 순수이성적인 정신적 만족은 일정한 윤리도덕과 연계될 뿐이다. 생리적 만족과 도덕적 만족은 모두 대상의 존재와 관련 있고, 심미적 만족과 불만족은 긍정과 부정으로서(질의 범주. 자세한 내용은 4장 참조) 대상의 형식과 연관 있을 뿐이다. 즉 어떤 대상의 실용적 용도나 존재 가치가 아니라 단지 대상의 외적 표상(형식)이 사람으로 하여금 만족과 불만족을 느끼게 하는 것이다. 그렇기에 칸트는 심미라는 것이 어떠한 이해관계(모든 도덕적, 생물학적 관계를 포함하여)도 초탈한 것임을 인정한다. 심미는 대상에 대해 아무것도 원하는 것이 없는 '자유로운' 만족이다. 예컨대 예술품을 감상함으로써 생기는 만족과 예술품을 소유함으로써 생기는 만족은 근본적으로 다른 것이다. 오직 전자만이 심미적인 것이라 할 수 있다. 이는 또한 인간의 본능을 충족시키는 예술이 진정으로 사람에게 심미적 만족을 선사하는 예술과 다른 것과 같다.

칸트의 철학 체계에 의하면 감성적이면서도 이성적인 사람이 비로소 심미적 만족을 향유할 수 있다. 그리고 이를 통해 심미적 만족이, 감성과 이성이 서로 통일된 존재 본질로서의 인간을 충분히 체현한다는 것을 알 수 있다. 심미는 반드시 대상의 일정한 형식과 관련 있어야 하며, 대상의 형식에서 생겨나는 감성적 만족이 주체의 순이성적 의지에 의해서만 생겨나는 것은 아니다. 따라서 그것은 반드시 일정한 감성적 대상과 연계되어야만 한다. 또한 심미는 대상의 감성적 형식과만 연계되기 때문에 대상의 감성적 존재와 연계될 수 없다. 그러므로 주체가 가진 욕망의 감성이 아니라 주체의 이성적 존재와 연관될 뿐이다. 하지만 주체의 이성적 존재와 연계된다 할지라도 심미는 반드시 주체의 감성적 형식, 즉 심미적 감수성에 적용되어야 한다. 심미는 결국 이성과 연계된 감성적 만족인 셈이다. "쾌적함Angenehm, 미, 선은 표상의 쾌/불쾌*에 대한 감수성의 세 가지 서로 다른 관계를 가리킨다. 이를 통해 우리는 서로 다른 대상과 그것들을 표상하는 방법을 구분해낼 수 있다. ……쾌적함은 비이성적인 동물에도 적용될

* '쾌/불쾌'의 독일어 원어는 lust/unlust로 만족wohlgefallen 및 쾌적함angenehm과 구분되는 개념이다. 『칸트 사전』에 따르면 '쾌/불쾌'는 외적인 대상에 의해 발생되면서도 그 대상의 객관적인 성질에 관한 것은 아니어서 어떠한 인식의 요소도 될 수 없는 주체의 심적 상태의 변양을 나타낸다.

수 있다. 하지만 미는 오직 인간에게만 적용된다. 인간은 동물적이면서도 또한 여전히 이성적인 존재인 것이다. 즉 이성(영혼)적일 뿐 아니라 동물적이다. ……선은 일반적으로 이성적인 존재에게 적용된다."[16] "자연적 욕망의 대상, 그리고 이성의 명령이 우리에게 부과하는 대상 모두 우리로 하여금 자유롭게 쾌함을 주는 대상을 형성할 수 없게 한다."[17] 욕망에서 비롯되는 쾌적함(동물적인), 윤리적 선(이성)은 모두 대상적 존재(동물이 먹고 마시는 대상으로서든 아니면 도덕행위의 대상으로서든 상관없이)와 주체적 존재(감성적 생존으로서의 동물적 존재와 도덕행위로서의 이성적 존재를 막론하고)에게 타의적으로 결정되어 강제된다. 오직 대상의 형식만 다루고 그로써 주체로 하여금 일종의 이익을 추구하지 않는 자유를 갖게 하는 것이 비로소 심미적 만족이라 할 수 있다.[18] 다시 말해 존재 자체가 아니라 대상과 주체의 존재형식이 심미라는 특수한 영역을 구성한다. 미의 분석에 관해 칸트가 제기한 '첫번째 요점'은 실상 우리가 처음부터 논해왔던 인간과 자연의 근본 문제, 즉 주체와 객체의 상호대립으로서의 인간과 자연, 그리고 주체 내부에서 인간(이성)과 자연(감성)의 통일의 문제인 셈이다. 그러므로 이는 미학의 문제이면서 중대한 철학적 문제이기도 하다.

이전 두 비판서의 분석편에서 제시된 범주표의 순서에 의하면 본래 양이 우선하고 질이 그다음에 위치한다. 하지만 『판단력비판』에서는 별다른 논증 없이 '질'을 첫번째에 위치시킨다. 후대 연구자들과 주석가들도 이것이 무슨 의미인지에 관해 별다른 설명을 내놓지 못했다. 나는 이 문제 자체가 앞서 서술했던 중요한 의의를 가지고 있기 때문에, 칸트가 스스로 세워놓았던 규칙을 특별히 파기한 것이라고 생각한다. 칸트의 『판단력비판』이 헤겔의 『예술철학』에 비해 미학적으로나 철학적으로나 그 영향력이 훨씬 광범위한 것은 근본적으로 이러한 원인에 기인한다. 하지만 전통 미학 내부에서 서로 대립하던 인간과 자연, 이성과 감성, 윤리와 인식을 통일시키려 했던 칸트의 시도는 실현될 수 없었다. 이 문제는 뒤에서 더 자세히 다룰 것이다.

두번째 범주인 '양'은, 주로 미가 개념에 근거하지 않고도 보편적으로 만족을 불러일으킬 수 있음을 가리킨다. 심미는 논리적 인식 속의 개념 판단과 마찬가지로 일종의 보편 필연적 유효성을 요구한다. 하지만 개념 인식의 보편성은 객관적이고, 심미판단이 요구하는 보편적 유효성은 주관적이다. 바로 이 주관적인 보편적 유효성이 취미로서의 심미를 기타 감각기관에 의존하는 주관적 판단과 구별시켜준다. 주관적 판단은 보편적 유효성을 요구하지 않는다. 예컨대 당신이 어떤 사과가 맛있다고 말하고, 나는 배가 맛있다고 말하거나 그 사과가 맛이 없다고 말하는 것은 모두 가능하고 논리적으로 배치되지 않으며 그러한 판단의 통일이 요구되지 않는다. 다시 말해 당신의 판단이 반드시 보편적 유효성을 가져야 한다고 요구하지 않는 것이다. 심미적 판단은 그렇지 않다. 어떤 예술작품이 아름답다거나 아름답지 못하다고 하는 것은 한 사물의 진위 판별과 마찬가지로 보편적 유효성이 요구된다. 입맛은 별달리 논쟁할 것이 없지만 취미에는 우열의 구분이 있다. 심미는 비록 단칭적이지만('논리의 양의 범주로 말한다면 모든 취미판단은 단칭판단單稱判斷이다') 오히려 보편성을 필요로 한다.("취미판단 자체는 심미의 양적 보편성을 갖는다. 곧 모든 사람에 대해 유효하다는 것이다."[19]) 이러한 이유에서 칸트는 심미를 '판단'이라 부른 것이다. 이렇게 해서 심미가 판단이라는 단어와 연결된 것은 미학사에서 매우 독특한 발전이라 할 만하다.

판단이 먼저인가, 아니면 만족이 먼저인가? 만족에 의해 판단하는가, 아니면 판단에 의해 만족이 발생하는가? 이것이 심미에 관한 문제의 핵심이다. 칸트는 "이 문제의 해결이 심미적 판단력에 대한 비판의 열쇠"[20]라고 했다. 만약 만족이 우선하고 만족에 의해 판단이 생산된다면, 이 판단은 단지 개체적이고 경험적이며 동물적인 것으로서 일종의 감각적 만족에 불과하기 때문이다. 예컨대 만족스럽게 먹었기 때문에(만족이 우선) 그 대상이 맛있는 것이고, '진실하고 아름다운 것'이라면(판단이 만족에 비해 차등적인 위치를 차지) 이는 심미적인 것이 아니다. 여기서 말하는 '진실하고 아름다운 것'은 단지 본능과 욕망을 만족시키는 감각적 쾌함에 불과하므로 미감美感이라 할 수 없다. 오직 판단이 우선하고 판단에 의해 만족이 생겨날 때 비로소 보편성을 갖는 것이며, 이때 심미적이라고 말할 수 있게 된다. 만족은 일종의 주관적인 심리적 감정으로서, 그 자체로는 보편성을 보증할 수 없기 때문이다. 심미적 보편성은 오직 판단에서 비롯되는 것이다. 하지만 심미판단은 논리판단과 다르다. 그 보편성은 개념에서 취해질 수 없고, 개념은 심미를 이끌어내거나 심미적 만족을 만들어낼 수 없다. 한 사람이 하나의 대상(예를 들어 한 송이 꽃)에 대해 아름다움을 느꼈을 때, 그는 '이 꽃은 정말 아름답다'라고 심미판단을 내린다. 이 판단은 표면적으로 보았을 때 논리판단과 매우 비슷하다. 마치 미가 이 한 송이 꽃의 객관적 속성임을 인식하는 것처럼 보이는 것이다. 또한 일반적 논리판단과 마찬가지로, 심미판단은 마치 이 사람이 사용한 것이 일반적 지성의 개념에 불과하지만 다른 사람들이 그에게 동의해줄 것을 요구하고, 이 판단이 보편적 유효성을 가질 것을 요구하는 것처럼 보인다. 하지만 실상은 그렇지 않다. 앞서 언급했듯, 심미판단은 사람의 주관적 만족에 불과하고 근본적으로 논리적 인식이 아니다. 당신이 꽃에 대해 아름답다고 느낀 바를 다른 사람에게 똑같이 느끼라고 강제할 수는 없다. 아무리 수많은 말로 설득한다 해도, 상대방이 표면적으로, 또 사유의 측면에서 당신의 판단에 동의한다 해도 상대방이 그 꽃을 아름답다고 느끼는지, 그 꽃에 대해 긍정적 심미판단을 내릴 것인지, 즉 그 꽃에 대해 심미적 쾌함을 느낄 것인지는 여전히 의문으로 남는다. 분명 이론적으로, 또 사유의 측면에서 누군가를 설득해 아름다움을 느끼게 할 수는 없다. 그렇기에 여기서 칸트가 강조하는 것은, 예컨대 모든 사람이 그 꽃을 아름답다고 느끼는 것과 같은 심미판단이 요구하는 보편성은 근본적으로 논리판단과 같은 객관적 인식의 보편성과 다르다는 것이다. 논리적 인식은 순수하게 지성의 기능이고 범주와 개념에 의해 결정된다. 하지만 심미판단은 그렇지 않다. 아무리 보편적 유효성을 요구한다 해도 심미판단은 여전히 사람의 주관적 감성 혹은 감수성의 상태에 불과할 뿐 범주와 개념을 통해 직접적으로 규정될 수 없다. 심미판단은 개념을 포함하지만 개념의 활동과는 다르다. 그것은 여러 가지 심리적 기능이 함께 작동한 결과다. 이에 대해 칸트는 "이러한 판단을 심미적이라 부르는 까닭은, 그 결정 근거가 개념이 아니라 여러 심리 기능 활동의 조화로운 감정이기 때문"[21]이라 말했다. 또한 "이러한 표상이 포함하는 각종 인식의 기능은 여기서 자유로이 활동하고 있다. 그렇기에 이 표상 속의 심정은 반드시 이미 정해진 어떤 표상을 일반 인식의 제諸 표상의 기능이 가진 자유로운 활동의 감정에 연계시켜야 한다"[22]라고도 말했다. 이는 곧 심미판단은, 일반적 논리판단과 같이 확정적인 지성의 범주(예컨대 인과 등)를 가지고 상상을 규제·구속하여 그것으로 하여금 일정한 개념에 부합하게 함으로써, 추상적인 지성적 인식을 낳게 하는 것이 아니라는 뜻이다. 그리고 상상력과 지성(개념)은 조화로운 자유의 운동 속에 놓여 있어, 감성을 초월하면서도 거기서 완전히 떨어져나오지 못하고, 개념을 향하면서도 확정되지 못한 개념으로 남게 된다. 칸트는 심미적 만족이 만들어지는 원인이 여기에 있다고 보았다. "상상력이 자유롭게 지성을 불러일으키고 지성이 개념의 도움을 받지 않고서도 상상력을 규칙에 부합하는 운동 속에 놓을 때, 표상은 사상으로서가 아니라 심정적 합목적성의 내재적 감각으로서 자신을 표출한다."[23] 이것을 비로소 심미적 만족이라 할 수 있다. 이를 통해 심미적 만족은 인간의 수많은 심리적 기능(주로 상상력과 지성)이 칸트가 언급한 '자유'라는 조화로운 상태 속에서 만들어낸 결과임을 알 수 있다. 즉 양자(상상력과 지성) 사이의 관계는 딱딱하게 굳어 고정된 것이 아니라 비확정적 운동 속에 놓여 있다. 이것은 또한 반성적 '판단'의 구체적 함의이기도 하다. 그렇기에 심미적 쾌함은 어떠한 감각기관의 쾌락(판단을 갖지 않는)과도 다르고, 어떠한 개념적 인식(반성적 판단이 아닌)과도 다르다. '이 꽃은 향기롭다' '이 꽃은 아름답다' '이 꽃은 식물이다'라는 명제는 각각 (보편성을 갖지 않는) 감각기관의 판단, (주관적 보편성의) 심미판단, (객관적 보편성의) 논리판단에 속한다. 즉 첫번째는 쾌함이고, 두번째는 심미이며, 세번째는 인식이다.

앞서 살펴본 심미의 '질'적 특징은 '이해관계를 갖지 않으면서도 만족을 생산한다'는 것이다. 이제 언급하려는 '양'의 특징은 '무개념적이면서도 보편성을 갖는다'는 것이다. 일반적으로 말해, 만족은 항상 인간의 이해관계와 연관되어 있다. 또한 보편성은 항상 개념과 연관되어 있다. 심미는 이와 상반된다. 이러한 심미의 특성은 심미에 관한 심리적 형식의 특수성을 뚜렷하게 제시한다. '질'이 인간과 자연의 관계 문제를 두드러지게 한다면, '양'은 이 문제의 심리적 측면을 표현한다. 전자는 철학적 성격이 강한 문제라 할 수 있고, 후자는 심리학적 성격이 강한 문제, 즉 심미의 심리적 기능은 도대체 무엇이고 그 특성은 어디에 놓여 있는가에 관한 문제다. 그리고 그 특성은 바로 예술의 창작과 감상을 구성하는 핵심이자 관건이다. 상상력과 지성은 비확정적인 자유로운 운동 속에 놓여 있다. 중국의 고대 예술론이 종종 이러한 관계를 논하는데, 『창랑시화滄浪詩話』[송나라 엄우嚴羽의 시론서詩論書]에 나오는 표현 "이치의 길을 넘어서지 말고, 말의 그물에 떨어지지 말아야 한다不落言筌, 不涉理路" 등이 말하는 바가 모두 이러한 이치와 특징에 해당한다. 또한 이 문제는 이후 제기된 형상사유(예술 창작)와 심미적 감수성(예술 감상) 등에 관한 문제라고도 할 수 있다. 예술의 기본 특징에 관한 문제인 셈이다.

세번째 범주는 '관계'다. 본래 목적 혹은 합목적성은 일정한 개념을 근거로 한다. 그것은 기능과 같이 외재적일 수도, 윤리적 선과 같이 내재적일 수도 있다. 앞의 두 가지 범주에 있어서 심미는 윤리·기능·욕망의 쾌함과는 무관했고, 또한 명확한 개념의 논리적 운동도 갖지 않았다. 그렇기에 어떤 특정한 목적과도 무관했다. 하지만 다른 측면에서 보았을 때, 상상력과 지성이 어떤 미확정적 개념으로 나아가는 자유로운 조화로서의 심미는 합목적적 성질을 갖는다. 그것은 어떤 구체적인 객관적 목적이 아니고 주관적 측면에서의 일반적 합목적성이다. 그래서 구체적 목적을 갖지 않는 일반적 합목적성이라 부른다. 이러한 합목적성은 대상의 형식과 연계될 뿐이어서 일종의 형식적 합목적성이다. 그렇기에 목적을 갖지 않는 합목적성의 형식이라고도 부른다. 칸트는 한 마리 말을 예로 들면서, 유기적으로 조화를 이룬 말의 각 부분들의 구조는 사람으로 하여금 그 말이 생존 등에 필요한 특정한 객관적 목적을 갖추었다고 느끼게 하지만, 이는 목적 없는 목적성이 아니라 목적을 가지고 있기에 심미판단이 아니라고 말한 바 있다. 하지만 한 송이 꽃을 보는 것은, 식물학자가 그 조직구조의 각 부분들이 지닌 특정한 목적의 기능을 아는 경우를 제외하면, 감상자로서는 그런 특정한 객관적 목적을 알 필요도 없고 또 알 수도 없다고 칸트는 주장했다. 꽃의 감상이 불러일으키는 것은 단지 감정적으로 느끼는 만족의 주관적 합목적성에 불과하다. 다시 말해 대상(꽃)의 형식(외재적 형상)이 인간의 여러 심리적 기능의 자유로운 운동에 완전히 부합할 때, 그 대상의 형식이 심미적 합목적성을 구성하는 것이다.

이러한 합목적성이 바로 특정하고도 구체적인 객관적 목적을 갖지 않는 주관적 합목적성의 형식이며, 이때 비로소 심미판단이라 할 수 있다. "비록 그 가능성(하나의 대상, 마음상태, 행동을 가리키는)이 반드시 어떤 목적 표상을 전제로 하지 않는다 할지라도 하나의 대상, 마음상태, 심지어 행동도 합목적적이라 칭해질 수 있다." "……그러므로 목적을 갖지 않는 목적성도 있을 수 있는데, 우리가 그 형식의 원인들을 의지로 귀결시키지 않고, 그 원인들을 하나의 의지에서 이끌어냄으로써만 그 가능성에 대한 설명을 이해할 수 있는 한에서 그러하다. 그런데 우리가 사물에 대해 관찰하는 것(그 가능성에 관해)이 항상 이성적 관점에서 사물을 인식해야 한다는 말은 아니다. 우리는 최소한 형식에 근거하여 사물을 모종의 목적으로 귀결시키지 않고서도 일종의 합목적성을 관찰할 수 있다."[24] '관계'의 범주가 논리인식의 중심인 것과 마찬가지로, 이 '목적을 갖지 않는 합목적성'이 칸트의 '미의 분석'의 중심이다. 철학적으로 말한다면, 목적과 '목적을 갖지 않는 목적성'은 확실히 다르며, 후자는 내재적으로 각 부분이 서로 의존하는 유기체적 조직의 총체적 함의를 갖는다. 그리고 외부적으로는 어떤 특정한 목적에 속하지 않는 광범위한 가능성의 함의를 갖는다. 그것은 확실히 일종의 독특한 '관계'를 구성하며, 실상 인간과 자연의 통일에 관한 독특한 형식이다.(뒤에 다시 자세히 설명할 것이다.)

미학의 차원에서 말한다면, 이른바 '이해관계를 갖지 않는 만족의 발생' '개념이 없으면서도 인식으로 향하는 것' 역시 '목적 없는 목적성'의 뜻이라 할 수 있다. 즉 목적(이익·개념)을 갖지 않으면서도 합목적성(윤리·인식·감성 모두 연결되어 있는)을 갖는다. '이해관계 없음' '개념 없음'이라는 두 가지 중요한 심미적 심리의 특징은 영국의 경험론 미학이 이미 제기했던 것으로,[25] 칸트는 이전 학자들이 경험적 묘사의 수준에서 제기했던 심미에 관한 심리적인 형식적 특징들을, '목적 없는 목적성'이라는 철학적으로 매우 수준 높은 차원에서 집중적으로 드러내고 결론지었던 것이다. 그리고 이 주제를 미에 관한 분석의 중심 항목으로 삼아 『순수이성비판』『실천이성비판』과 연계시켜 자신의 철학 체계를 완성한 것이다. 이 세번째 범주 안에서 칸트는 '미의 이상'이라는 문제, 즉 이상과 목적의 관계로서의 미를 제기함으로써 그러한 핵심 문제를 더욱 두드러지게 했다. 이 핵심 문제는 뒤에서 기계론과 목적론을 다룰 때 더욱 분명하게 인식될 것이다.

네번째 범주는 '양태'다. 앞서 보았듯, 심미는 인식이 아니고 개념구조를 갖지도 않는 '명확히 말할 수 없는 지성적 규칙의 판단'이다. 하지만 그러면서도 '보편적 유효성'을 갖고 전달될 수 있는 가능성을 요구한다. 그렇다면 이 요구는 어떻게 달성할 것인가? 다시 말해 심미판단은 도대체 어떻게 가능한가? 그것은 비단 가능성과 현실성일 뿐 아니라 필연성(양태의 범주)을 요구한다. 그렇다면 그 근거는 무엇인가? 이 필연성은 개념인식에서도, 경험(인식론에서 이미 밝힌 것처럼 경험은 필연을 제공해줄 수 없다)에서도 유래할 수 없다. 그렇다면 어떻게 얻어지는가? 칸트는 결국 선험적 '공통감'을 필요조건으로 가정한다. "오직 공통감을 가정하는 전제하에서만(이것은 모종의 외재적 감각이 아니라 모든 인식 기능의 자유로운 활동의 효과를 가리킨다) 우리는 심미판단을 내릴 수 있다."[26]

칸트는 '사람의 마음은 모두 같고, 그 마음의 이치 역시 같다'(여기서 '이치'도 말로 표현할 수 없는 것이다)라는 선험적 '공통감'을 심미판단이 가지는 보편 필연성의 최종 근거로 설정한다. 중요한 것은 칸트가 이 '공통감'을 '인류의 집단이성', 즉 사회성과 연계시킨다는 것이다. "하지만 공통감 안에는 반드시 모든 인류의 공통감각의 이념이 포함되어 있어야 한다. 이 공통감은 또한 판단기능으로, 공통감의 판단과 인류 전체의 이성을 비교함으로써 개인의 주관적 상황(자칫 객관적인 것으로 오인되기 쉽고 판단에 영향을 미치는)에서 비롯되는 환각을 피하기 위해 선험적으로 모든 타인의 사상 속 표상상태를 고려한다."[27] "미는 오직 경험적으로 사회 속에서 흥미를 불러일으킬 뿐이다. 만약 우리가 사회적 충동이 인간의 자연적 경향성임을 인정하고, 인간이 사회에 적응하고 사회를 향한다는 것, 즉 사회성은 사회적 존재인 인간이 필요로 하는 것임을, 그리고 그것이 인간의 특성에 속한다는 것을 인정한다면 우리는 불가피하게 취미가 우리의 감정을 다른 모두에게 전달할 수 있게 해주는 모든 것을 판정하는 능력이라고 볼 수밖에 없다."[28] 칸트는 또 '무인도에 홀로 떨어진' 사람이 '오직 자기만을 위해' 주변 환경과 자기 자신을 치장하지는 않는다는 것을 예로 들어 심미의 '공통감'을 설명한 바 있다. 분명 칸트는 심미현상과 심리형식의 근저에서 심리와 사회, 감각기관과 윤리, 즉 자연과 인간의 교차를 발견한 것이다. 이 '공통감'은 자연의 생리적 성질이 아니라 사회성을 갖춘 것이다. 칸트가 이를 앞 장에서 역사 이념을 언급할 때 제시했던 선험적 사회성과 연계시킨다면, 여기서 말하는 사회성은 더욱 구체적임을 알 수 있다. 이제 사회성은 단지 선험적 이념에 그치지 않고 감성적인 것이기도 하기 때문이다. 감성은 항상 육체를 가진 개체(인간)와 연계된다. 감성은 곧 개체의 소유(인간의 자연성)이기도 하고, 일종의 선험적 이념(인간의 사회성)이기도 하다. 그것은 개체의 감성적 자연 안에서 사회성을 갖춘 이성적 인간을 드러낸다. 칸트의 이런 보편적 인성론은 프랑스 유물론이 주장하는 자연 인성론과 다르고, 개체와 감성을 말살시키는 경향성을 지닌 헤겔의 정신 인성론과도 다르다. 칸트의 인성론은 자연과 인간, 감성과 이성이 감성적 개체 안에서 통일될 것을 요구한다. 이 점은 매우 중요하다. 칸트는 철학적으로 높은 수준의 관점에서 심미의 근원을 사회성으로 귀결시킨다. 칸트의 이러한 관점은 이전 철학자들에 비해 비약적으로 발전한 것이라 할 수 있다.

요컨대 미학사의 관점에서 볼 때, 미에 대한 칸트의 분석은 그의 인식론 및 윤리학과 마찬가지로, 한편으로는 영국의 경험론적 미학이 심미를 감각적 만족으로 보는 것(버크 등)에 반대하고, 다른 한편으로는 유럽 대륙의 합리론적 미학이 심미를 '완벽함'이라는 개념에 대한 모호한 인식으로 보는 것(볼프, 바움가르텐)[29]에 반대함으로써, 이 두 관점을 절충·조화시키려 했던 것이다. 이는 곧 칸트가 두 유파의 미학 관점을 조화·종합시키려 할 때, 자기 인식과 윤리가 상충하는 철학 체계의 양극단 사이에 심미판단이라는 과도적 교량을 설정해놓았다는 것을 의미한다. 이 심미판단이라는 교량 안에서 '미의 분석'과 '숭고의 분석', 그리고 '형식 속의 미'와 '미는 도덕의 상징'이라는 명제가 교량의 양끝을 이루게 되며 그 교량을 건너는 두 발이 되는 것이다. 다시 말해 과도적 과정 속에 다시 과도적 과정이 존재하는 것이며, 칸트 미학 안에서 이 과도적 교량은 서로 복잡하게 연계되어, 미에서 숭고로의 이동, 순수한 미에서 의존적인 미*로의 이동, 그리고 형식적인 미에서 예술적인 미로의 이동으로 표현된다.

3 '숭고의 분석'

숭고(혹은 장엄의 미)는 심미현상의 일종이다. 폭풍우, 큰 강의 물줄기, 거친 파도, 황량한 사막, 호방한 모습, 천재적 광기…… 이러한 대상들과 대면할 때 심미적 심리의 구조적 형식 안에는 어떤 특수한 현상이 자리잡게 된다. 즉 만족 속에 고통이 담겨 있

* 칸트의 원어는 각각 pulchritudo vaga와 pulchritudo adhaerens이다. 『판단력 비판』 한국어판에서는 이를 각각 '자유로운 미'와 '부수적인 미'로 옮겼으며, 리쩌허우의 원문에는 '순수미純粹美'와 '의존미依存美'로 되어 있다. 이에 대해서는 뒤의 4절에서 자세히 논의된다.

거나 고통 속에 쾌함이 담겨 있는 상황. 유럽에서는 고대 로마의 롱기누스부터 프랑스 고전주의 사상가 니콜라 부알로에 이르기까지, 숭고는 주로 문장의 스타일을 가리키는 개념이었다. 18세기 영국에 이르러 숭고는 자연현상 묘사에 쓰이기 시작했지만 모두 경험적이고 심리적인 묘사에 그쳤다. 예컨대 어떤 이(버크 같은)는 이 감정이 공포를 포함한다고 보았고, 어떤 이는 처음에 억압되었다가 이후 다시 고양되는 감정이라고 주장했다. 칸트는 이렇게 표면적인 경험적 묘사를 철학적 수준으로 끌어올려 논증하고[30] 숭고를 심미적 현상으로서 매우 주목받는 개념으로 만들었다. 특히 이러한 관점은 당시 막 부흥하던 유럽 낭만주의의 거대한 사조에 부합했으며 후대 예술에 중요한 영향을 끼쳤다. 칸트는 '숭고'의 대상이 가진 특징을 '무형식無形式'으로 보았는데, 이는 그 대상의 형식이 무규칙적이고 무제한적이라는 의미다. 광폭함과 황량함은 그 넓이가 '끝이 없는' 광대함(하늘 위의 별, 넓은 바다, 높은 산 등)으로 표현되는데, 이는 '수량적 숭고'라 할 수 있다. 혹은 힘의 측면에서 '비교할 수 없는' 위력으로 표현되기도 한다. "기발하게 높이 솟아 마치 위협하는 것 같은 암석, 번개와 천둥소리와 함께 몰려오는 하늘 높이 솟아오른 먹구름, 엄청난 파괴력의 화산, 폐허를 남기고 가는 태풍, 파도가 치솟는 대양, 힘차게 흘러내리는 긴 폭포 같은"[31] 현상들은 곧 '힘의 숭고'이다.(수량적 숭고와 힘의 숭고는 실상 그 성질이 동일하다. 칸트는 자신이 좋아하던 수학과 역학의 이분법에 기초한 '건축술'을 즐겨 끌어들였기에 이렇게 둘로 나누었을 뿐이다.)

칸트는 자연 대상의 거대한 크기가 상상력(표상직관에 대한 감성의 종합 기능)이 감당할 수 있는 범위를 초월하기 때문에, '수량적 숭고'가 사람의 마음속에서 대상을 총체적으로 파악하는 '이성 이념'에 대한 요구를 일깨운다고 주장했다. 하지만 이 이성 이념은 명확한 내용과 목적을 갖지 않고 주관적 합목적성의 확정되지 못한 형식에 불과하며, 그렇기에 심미판단 능력의 범위에 속하게 된다. '수량적 숭고' 안에서 심미적 심리의 감수성이 가지는 모순은 더욱 분명해진다. 즉 한편으로 상상력은 자연 대상에 적응할 수 없어 공포를 느끼게 되고, 다른 한편으로 이성 이념(인간의 윤리적 능력)을 일깨워 대상을 장악하고 극복할 것을 요구한다. 따라서 대상(자연)에 대한 공포와 회피하는(부정적인) 고통은 자신(인간)에 대한 존엄尊嚴과 용기의(긍정적인) 쾌함으로 전환된다. 칸트는 만약 미가 상상력과 지성의 조화로운 운동이고 비교적 평온하고 안정적인 심미적 감수성을 만들어내는 것이라면 '질'적 요소가 더욱 주목받아야 한다고 생각했다. '숭고'는 상상력과 이성의 상호 투쟁이고, 격동적이고 강렬한 심미적 감수성을 만들어낸다. 그렇기에 '질'적 요소가 더욱 분명하게 드러나는 것이다. 이는 또한 감성 안에서 이성 이념을 실현하는 것이고 도덕, 윤리 및 인간의 실천이성 역량을 드러내는 것이다. 칸트는 다음과 같이 말했다. "자연의 힘은 거스를 수 없으며, 우리로 하여금 자연 안에 존재하는 생물로서의 유약함을 느끼게 한다. 하지만 동시에 우리가 자연에서 독립해 있고 자연의 능력보다 더욱 우월함을 인식하게 한다. ……그러므로 개체는 반드시 자연의 통치에 굴복해야 하는데도, 우리의 인성은 굴종을 면하게 된다. 이렇게 우리의 심미판단 안에서 자연이 공포를 불러일으키기 때문에 숭고로 판단되는 것이 아니라, 자연이 우리의 힘(자연적인 것이 아닌)을 일깨우기 때문에 숭고한 것으로 판단되는 것이다. 자연의 힘은 우리 마음속의 수많은 것들(재산, 건강, 생명)을 보잘것없어 보이게 하며, 자연의 힘(앞의 것들은 의심의 여지 없이 자연의 힘에 복종한다)이 우리를 절대 통치하지 못할 것이라고 여기게 한다. ……자연에 비해, 영혼은 자신의 사명이 더욱 숭고하다고 느끼게 된다."[32] "그렇기에 자연의 숭고함에 대한 감정은 우리 자신의 사명에 대한 존경이고, 절취의 방법을 통해 우리는 이 숭고함을 자연의 대상으로 옮겨놓게 되는 것(우리 자신의 인성 이념에 대한 경외가 대상에 대한 경외로 바뀌는 것)이다."[33] 다시 말해 자연계가 가진 막대한 크기와 힘, 즉 거대한 자연이라는 대상은 상상력을 통해 인간의 윤리도덕 정신의 힘과 자연 사이의 투쟁을 일깨우고, 인간의 윤리도덕 정신이 자연 대상을 압도하고 극복할 때 일종의 만족이 생겨나는 것이다. 이 만족은 인간 자신의 윤리도덕적 역량 및 존엄한 승리에 대한 기쁨이자 만족이며, 이것이 바로 숭고라 할 수 있다. 자연이 아무리 인간의 자연적 존재와 거기에 딸린 것들(생명·재산 등)을 파괴할 수 있고 그러한 것들은 자연의 위력 앞에 무릎을 꿇을 수밖에 없다 할지라도, 인간의 정신·도덕·윤리를 압도할 수는 없다. 오히려 인간은 자연에 도전하려 하고, 숭고는 이렇게 윤리와 도덕을 갖춘 정신적 힘이 자연의 힘과 벌이는 격렬한 투쟁 속에서 불러일으켜지는 감정이자 감수성이라 할 수 있다. 하지만 이 감정은 또한 진정한 도덕 감정이 아니다.(8장 참조) 이것은 여전히 자연 경관에 대한 취미판단이다. 자연의 힘(크기든 힘이든)은 그 존재로 사람을 위협하는 것이 아니라(예컨대 사람이 폭풍우 속에서가 아니라 외부에서 폭풍우를 감상하는 것) 그 무형식의 형식(무규칙성 혹은 측정 불가능한 막대함)으로 사람을 위협한다. 그러므로 자연의 힘은 심미의 범위에 포함된다. 그것은 여전히 주관적 합목적성의 형식이지 윤리적 행위가 아니다. 하지만 이러한 심미적 감수성과 취미판단은 윤리도덕을 향하게 되고 점차 거기에 접근한다. 비록 심미판단 능력이라는 총체적 매개의 범주 안에서 이루어지긴 했으나, 칸트가 '미의 분석'에서 '숭고의 분석'으로 옮겨간 것은 이미 첫번째 걸음에서 두번째 걸음으로 발걸음을 옮긴 것이다. 다시 말해 인식기능(상상력과 지성)의 자유로운 활동에서 윤리 이념의 숭고로 발걸음을 내딛은 것이며, 객체 대상에서 주체의 정신으로, 자연에서 인간으로 발걸음을 내딛은 것이다. 여기서 '인간'이란 이미 개체의 감성에 편중된 자연이 아니라 이성의 힘(윤리도덕)을 갖춘 사회를 더욱 중시하고 두드러지게 하는 것을 의미한다.

칸트는 이성 이념과의 관계 때문에 숭고에 대한 심미적 감수성이 반드시 일정한 문화적 수양과 '여러 가지 이념'을 가져야 한다고 생각했다. "폭풍우가 몰아치는 바다는 본래 숭고의 대상이 된다고 할 수 없다. 그것은 다만 무서운 풍경일 뿐이다. 오직 영혼이 여러 가지 이념으로 충만할 때에야 비로소 직관이 감정 자신의 숭고함을 불러일으킨다. 이는 영혼으로 하여금 감성을 버리고 보다 높은 목적성을 가진 이념과 관계하게 하기 때문이다."[34] "실상 도덕 이념의 발전이 없다면, 문화적 훈련을 받은 사람에게 숭고한 것이 교양 없는 사람에게는 그저 무서운 것이 되고 만다."[35] 숭고함을 감상하기 위해서는 황야, 하늘, 폭풍, 폭우 등에 심미적 감수성이 생겨나야 하고 주관적 측면에서 더 많은 기초와 조건이, 더 높은 도덕 수준과 문화 수준이 감상자에게 필요하다. 요컨대 미에 대한 감상은 대상의 형식에만 주의를 기울이면 된다. 하지만 숭고에 대한 감상은 대상의 '무형식'(즉 형식적인 미에 부합하지 않는 형식)을 통해 이성 이념, 즉 주체의 정신이 세계 속에서 갖는 윤리적 힘을 일깨워야 하는 것이다. 그렇기에 숭고는 미에 비해 더욱 강한 주관적 성질을 갖는다. 미는 객관적 형식의 어떤 특성(예컨대 조화로움)에 의존한다. 하지만 숭고는 객관적 '무형식', 즉 형식적인 미에 대한 결여와 훼손을 통해 주체 이성을 고양시키고, 그렇기에 객관적 '무형식'의 형식 안에서 느끼게 되는 것은 이미 객관적 자연이 아니라 주관적 정신 자신이 되는 것이다. 객체와 주체, 인식과 윤리, 자연과 인간이 칸트 철학 안에서 본래 분할·대립되어 있었다면, 여기서는 마침내 서로 연계하고 교차하게 된 것이라 할 수 있다. 칸트는 숭고의 대상이 오직 자연에만 속하는 것[36]은 바로 숭고의 본질이 인간의 정신에 있음을 설명하기 위한 것이라고 생각했다. 이를 통해 미의 분석과 마찬가지로 숭고 역시 객체인 대상에 속하지 않고 주체의 영혼에 속함을 알 수 있다. 이러한 관점은 전前비판기의 칸트가 미와 숭고를 모두 객관적 대상의 자연적 속성 및 자연적 관계로 본 것과는 상이하다.[37] 하지만 이는 후퇴가 아니라 전진이다. 비록 관념론적으로 표현되기는 하지만, [『판단력비판』에 이르러 칸트는] 숭고와 미가 인간과 맺는 관계에 주목했던 것이다.

칸트의 '숭고 분석'은 '미의 분석'과 마찬가지로 심리적 특징에 대한 현상학적 묘사에서 관념론적인 철학적 규정으로 이어진다. 칸트에게 숭고와 미는 모두 객관적 존재가 아니라 주관적 의식의 작용이다. 미와 숭고 모두 객관적인 것이 아니라 주관적인 것이다. 또한 객관적 사회성을 갖춘 것이 아니라 주관적 사회(의식)성만을 갖춘 것이다.

4 '미의 이상' '심미 이념', 그리고 예술

미에서 숭고로의 이동은 인식에서 심미 영역의 윤리로의 이동이라 할 수 있으며, '순수한 미'에서 '의존적인 미'로의 이동은 그러한 이동의 또다른 형태라 할 수 있다. 숭고를 언급하기 이전에 칸트는 미의 분석에 있어 '순수한 미'(자유로운 미)와 '의존적인 미'를 구분한 바 있다. '순수한 미'는 꽃, 새, 조개껍데기, 자유롭게 그린 그림, 액자나 벽지 위의 낙엽 무늬, 그리고 제목이나 가사가 없는 음악 등[38]으로, 순수한 형식적인 미다. 이것들은 칸트가 정의한 아름다움을 위한 아름다움이라는 기준을 충분히 체현하고 있으며, 미에 관한 칸트의 분석 중 몇 가지 요점, 즉 이해관계가 없고 개념을 갖지 않으며 아무런 목적도 없다는 등의 특성에 가장 잘 부합한다. 원칙대로라면, '순수한 미'는 칸트가 주장하는 미의 이상일 것이다. 하지만 흥미롭게도 칸트는 '순수한 미'를 미의 이상으로 보지 않았다. 오히려 '의존적인 미'가 '미의 이상'이라고 주장했다. '의존적인 미'는 일정한 개념에 의존하거나 조건을 갖춘 미를 가리키며, 인식할 수 있는 내용적 의의를 가지고 있다. 그렇기에 추구할 수 있는 지성적 개념과 목적을 지닌다. '의존적인 미'는 모든 예술과 일부 거대한 자연물의 미를 포함한다. 즉 순수한 선線 같은 형식이 아니면서도 미적 감정을 불러일으키는 대상, 예컨대 인체, 정원, 말, 건축물 등이 모두 '의존적인 미'에 속한다고 할 수 있다. 이러한 미는 목적 개념을 전제로 하기에 그 제약을 받으며, 도덕적이면서 공리적인 사회의 객관적 내용을 갖는다. 예를 들어 인체와 말이 의존적인 미를 갖는 까닭은 형체를 통해 그 형체가 구축하는 객관적 목적을 떠올릴 수 있기 때문이다. 이것은 심미적 만족일 뿐 아니라 이지理智 혹은 도덕이 더해진 만족이다. 그리고 여기에서 "취미와 이성이 통일된다. 즉 미와 선이 통일되는 것이다."[39] 칸트는 이것이 심미에 무해할 뿐 아니라 오히려 유익할 수 있다고 생각했다. 요컨대 형식적 측면에만 주목한다면 '순수한 미'의 심미판단이 형성되는 것이고, 그 목적을 고려한다면 '의존적인 미'를 형성하는 것이다. 그렇기에 하나의 대상은 서로 다른 두 각도에서 감상함으로써 심미적 감수성이 완전히 달라질 수 있다. 선線이나 그림('순수한 미')처럼 순수한 형식에 대한 감상이 될 수도 있고, 내용에 대한 감상('의존적인 미')에 간여할 수도 있는 셈이다. 하지만 칸트는 이 가운데 후자를 미의 이상으로 보았다.

『순수이성비판』에서 칸트가 언급한 이상은 이성 이념의 형상을 가리켰고, 이상과 이성 이념은 불가분의 관계였다. 또한 『판단력비판』에서 칸트는 "이념은 본래 하나의 이성 개념을 뜻하며, 이상은 한 이념에 부합한 것으로서의 개별적 존재자 표상을 뜻한다"[40]라고 말했다. 이성 이념은 본래 어떠한 감성 혹은 지성 개념도 표현할 수 없는 것이다.('인식론' 참조) 하지만 이성 이념은 미에 관한 이상의 개별적 형상을 통해 표출되며, 그 형상은 비확정적인 이성 이념의 최고 표현이라 할 수 있다.

이른바 미에 관한 이상은 우선 경험성에 기반한 일반적 표준과는 구별된다. 경험성에 기반한 일반적 모델이란 일정한 범위 내의 공통 표준을 가리키며 일종의 평균값이다. "……상상력은 다수의(대략 모든 사람의) 형상을 서로 비교하여…… 평균값을 내놓는 것이다. 가장 큰 체격과 가장 작은 체격의 양극단에서 같은 거리에 있는 것이 아름다운 남자의 형상이다."[41] '하나를 보태면 너무 길고 하나를 빼면 너무 짧다.' 미에 대한 이런 경험적 표준은 상상력이 가닿는 형상의 표준이며 상대적 성질을 갖는다. 서로 다른 민족이 상이한 시기에 상이한 미인의 표준을 갖는 것처럼 서로 다른 민족은 서로 다른 경험적 표준, 즉 서로 다른 미의 표준을 갖는다. 이러한 경험적 표준은 도덕 이념에 관계하지 않고 완전히 경험에 근거한다고 할 수 있다. 미의 이상과 이러한 경험적 표준은 서로 다른 것이다. 왜냐하면 미의 이상이 그렇게 명확하고 확정적인 이성 이념은 아니라 해도 그렇다고 경험적 표준도 아니며, 개별적 형상 속에서 드러나는 모종의 이성 이념이기 때문이다. 오직 인간만이 이런 이성 이념을 드러낼 자격을 갖추고 있다. 칸트는 꽃봉오리, 풍경, 물체 같은 것들이 어떤 '미의 이상'을 갖추고 있다고 말하기는 어렵다고 생각했다.

이성 이념이 자연의 인과범주 안에 있지 않고 과학적 인식의 대상도 아니며, 경험 범위의 바깥에 있는 도덕적 실체라는 점은 앞 장에서 이미 논한 바 있다. 칸트는 미의 이상에 대해 다음과 같이 말했다. "미의 이상은…… 오직 인간의 형체에 대해서만 기대할 수 있다. 최고의 목적성인 이념 안에서 미의 이상은 우리의 이성과 결합된 도덕적 선과 연계되어 있으며, 이상은 도덕에서 표현되는 것이다."[42] "미의 이상에 근거한 평판은 단순한 취미판단이 아니다."[43] 다시 말해 미의 이상은 더이상 순수한 미가 아니고 순수한 심미도 아닌 것이다. 그것은 부분적으로 이지理智를 갖춘 취미판단이다. 칸트는 예술에 앞서 '미에 대한 지성적 관심'을 논하면서 이렇게 말했다. "……비단 자연 산물의 형식만이 아니라 그 현존이 사람들을 만족하게 한다."[44] "그렇기에 영혼이 자연미를 사색할 때 이는 동시에 자연에 대해 흥미를 느끼는 것이라는 점을 발견하지 않을 수 없다. 이러한 흥미는 도덕에 근접해 있다."[45] 결국 칸트는 대자연을 감상할 때 갖게 되는 특유의 심미적 만족이 형식에 대한 심미적 감수성에 그치지 않는다는 것을 예리하게 통찰해낸 셈이다. 자연미는 형식미에 그치지 않고 자연 존재 자체에 대한 지성적 감수성, 즉 대자연이 가진 합목적성의 객관적 존재에 대한 찬양의 관념 역시 포함한다. 이것은 심미의 주관적 합목적성의 형식을 초월하여 자연의 객관적 합목적성을 향하게 된다.(자세한 내용은 뒤에서 다시 설명한다.) 그리고 자연의 객관적 합목적성은 도덕 본체로 통하는 교량이다. 『판단력비판』은 본래 감성적 자연(뉴턴의 자연 인과율 법칙에 근거한) 안에서 감성적 자연을 초월한, 즉 윤리도덕과 연계되어 있는 매개를 찾으려 한 것이다. 이 매개는 심미판단(주관적 합목적성)에서 최종적으로 도덕의 주관적 유비類比로 귀결된다. 이는 곧 지성의 범주가 구축되고 감성화되어 인식이 되는 것(4장 참조)과 같으며, 도덕 이념이 '상징'을 통해 감성화되어 심미가 되는 것과 같다. 칸트는 이에 대해 "취미는 결국 도덕 이념의 감성화를 (도덕과 심미에 관한 반성의 유비를 통해) 판단하는 능력으로 귀결된다"[46]라고 언급했다. 즉 자연 경관은 일정한 이성 관념에 유비되어 미가 되는 것이다. 그렇기에 칸트는 "미는 도덕의 상징"[47]이라는 유명한 정의를 내놓았다. 백색이 순결함의 상징인 것이 그런 예다. 중국 고대 예술에서 소나무, 국화, 대나무, 매화의 사군자四君子가 도덕적으로 고상한 정결함을 상징하는 것은 미에 대한 칸트의 정의와 거의 일치한다.

칸트가 보기에 예술의 본질은 여기에 있다. 예술은 '의존적인 미'이지 '순수한 미'(형식미)가 아니다. 예술은 미와 같지 않으며, '무목적의 목적성'이라는 미의 형식 안에서 이성을 표현하고 '미의 이상'을 제공하는 것이다. 칸트는 심미에 대한 분석에서 '미의 이상'을 제기하고, 예술의 창조 안에서 '심미 이념'을 제기한 바 있다. 실상 이 양자는 동일한 것으로, 전자는 주로 감상과 '취미판단'의 측면에서, 후자는 주로 창작 심리, 이른바 '천재'의 측면에서 제기한 것이다. 그리고 둘 모두 도덕으로의 이동을 가리킨다. "심미 이념이라는 것은 수많은 사상을 불러일으키지만 그럼에도 어떠한 특정한 개념도 그것에 완벽히 가닿을 수 없는, 따라서 어떠한 언어로도 온전히 이를 수 없고 설명할 수 없는, 그러한 상상력의 표상을 뜻한다."[48] "여기서 상상력은 창조적인 것으로, 지성의 이념(이성)을 활동시키게 되고, 이는 곧 하나의 표상 안에서 파악되고 명확하게 이해되는 것 이상의 것을 사유하도록 하는 것이다.(물론 이러한 일은 본래 대상 개념에 속한다.)"[49] 심미 이념은 유한한 형상 안에서 무한한 이성의 내용을 드러내는 것이다. 그것이 이념인 까닭은 인식 대상이 아니기 때문이고, 지성의 범주와 개념이 그것에 완전히 다다르고 적용되는 것이 아니라, 자연의 인과관계를 넘어서는 초경험적인 도덕의 세계이기 때문이다. 또한 심미 이념을 이성 이념으로 볼 수 없는 것은 그 심미 이념이 이성 이념처럼 개체와 총체, 상상(감성)과 지성을 나누지 않기 때문이다. 그것은 유한한 형상(감성) 안에서 무한(이성)을 드러내는 것이며, 어떠한 확정적 개념을 표현하거나 궁구하는 것이 아니다. 일반적 이성 이념은 초경험적이지만 여전히 확정적 개념이다. 하지만 심미 이념은 이와 다르다. 심미 이념은 '의미가 무궁한 것'이다. 다시 말해 확정적 개념으로 궁구할 수 있는 것이 아니다. 중국 예술에서 종종 언급되는 표현들, '언어는 다했어도 그 의미는 다함이 없다言有盡而意無窮' '영양이 뿔을 나무에 걸은 것처럼 자취를 찾을 수 없다羚羊挂角, 無迹可求'* '맛은 짠맛, 신맛의 바깥에 있다味在鹹酸之外'† '의미는 붓보다 앞서 있고, 정신은 언어 바깥에 있다意在筆先, 神余言外'‡ '형상은 사유보다 크다' 등은 모두 이러한 의미라 할 수 있다.[50] 칸트는 예술이 죽음·사랑·평온 등 구체적인 경험의 이미지 안에서 자유·영혼·신 등 초경험적인 이성 이념(도덕)을 드러내고 '제2의 자연'을 만들어낸다고 생각했다. 이 '제2의 자연'은 예술적 표현이 그 목적을 직접적으로 드러내는 것이 아니라, 마치 자연과도 같이 무목적성의 합목적성을 통해 심미적 감수성을 일으킨다는 것을 가리킨다. 하지만 동시에 인위적인 예술작품임을 앎으로써 그러한 감수성은 지성적 목적의 흥미를 갖게 된다. 이는 진정한 자연미와 형식미를 감상하는 것과는 다르다. 예술의 창작도 마찬가지다. 칸트는 다음과 같이 말했다.

> 상상력의 그 같은 표상들을 이념이라 부를 수 있는 까닭은 한편으로는 그 표상들이 최소한 경험의 한계 너머에 있는 어떤 것에 이르려 애쓰고, 이성 개념들(지성적 이념들)의 표상에 접근하고자 하며, 이러한 이성 이념들에게 객관적이고 현실적인 외양을 부여하기 때문이고, 다른 한편으로는 더욱 중요하게도 내적 직관들로서 그러한 이념들에는 어떠한 개념도 온전히 적합할 수가 없기 때문이

* 『창랑시화滄浪詩話』에 나오는 말로 전후의 시구를 옮겨 보면 다음과 같다. "성당盛唐의 여러 시인은 오로지 흥취에 주력하여, 그들의 시는 영양이 뿔을 나무에 걸은 것처럼 자취를 찾을 수 없다. 그래서 그들 시의 절묘함은 투철透徹영롱玲瓏하지만 가까이 다가설 수가 없다. 마치 공중의 소리와 같고 외형 속의 색깔과 같으며 물 속의 달과 거울 속의 허상과도 같아서, 언어는 다했어도 그 의미는 다함이 없다." 곽소우郭紹虞, 『창랑시화』, 김해명·이우정 옮김(소명출판, 2001), 66쪽 참조.

† 진정한 맛은 '짠맛' '신맛'의 범위를 벗어나 있다는 뜻.

‡ 중국 청나라 때 진정작陳廷焯이 지은 사화집詞話集 『백우재사화白雨齋詞話』에 나오는 말.

> 다. 시인은 눈으로 볼 수 없는 이성 이념, 즉 천당·지옥·영원·창조 등을 감성에 실현하고자 시도한다. 또한 죽음과 질투, 각종 패악·사랑·영예 등의 경험적 사례들을 경험의 경계를 넘어서, 최고의 것에 이르려 이성의 선례를 좇으려고 열망하는 상상력을 매개로, 자연에서는 실례를 볼 수 없을 만큼 완벽하게 감성화하고자 시도한다.[51]

이러한 관점은 결코 이성 이념 등의 개념에 이미지라는 외투를 더하기 위함이 아니다. 오히려 반대로 이미지라는 것이 비확정적 개념에 더 가까움을 말하는 것이고, 이는 곧 예술이 과학적 사유와 다른 점이다. 칸트는 이를 가리켜 '천재'라 불렀던 것이다. 과학에는 '천재'가 없다. 오직 예술 창작에만 '천재'가 존재한다.[52] 왜냐하면 과학은 지성적 인식이고 일정한 범주를 가지고 원리를 이끌어내며, 배우고 가르칠 수 있는 일정한 규범과 법칙을 갖기 때문이다. 누구라도 이러한 원리를 따르기만 하면 성과를 낼 수 있다. 하지만 심미 이념의 표현인 예술은 '법칙 없는 법칙'을 가지며 무목적적 합목적성을 지닌다. 그것은 가르칠 수 없고 배울 수 없으며 고정된 법칙과 공식이 없다. 오직 한 사람의 예술가에게 기대어 이성적 내용을 가지면서 또 개념을 통해 인식하고 표현할 수 없는 것을 포착하고 표현할 수 있는 것이다. 이렇게 해서 심미 이념을 구성하고 미의 이상을 창조하는 것이다. 또한 이 과정은 범례적이면서도 독창적인 작품이 된다. 칸트는 이 모방할 수 없는 독창성과 보편적 의의를 갖는 범례성이 '천재'의 양대 특징이라고 보았다. 일반적 이성 이념은 인식할 수 없지만 사유할 수 있고 말로 표현할 수 있다.(6장과 7장 참조) 하지만 심미 이념은 인식할 수 없는 것이고, 또 사유하거나 말로 설명할 수 없는 것이다. 그것은 다만 느끼고 상상할 수 있을 뿐이다. 그리고 이러한 감성 안에서 '초감성적 기체基體'를 드러낸다. 여기가 바로 '천재성'이 자리하는 곳이다. 그렇기에 칸트가 언급한 '천재'는 이후의 낭만주의에서 강조하는 초인적이고 천부적이며 신비한 능력이 아니다. 칸트는 주로 예술의 창작과정에서 '무법칙의 법칙', 즉 '무목적의 목적성'의 심미적 형식을 통해 도덕 이념의 창조 능력, 말하자면 예술 창조의 독특한 심리적 기능을 가리키고 있는 것이다. 하지만 칸트는 취미가 천재보다 더 중요하다고 생각했다. "만약 한 작품 안에서 두 가지 성질이 싸우고 있고 그중 하나를 희생시켜야 한다면 천재를 희생시키는 편이 낫다."[53] 왜냐하면 취미가 다루는 것은 미를 위한 미의 형식(즉 앞의 미의 분석에서 언급한 조건들)이고, '천재'가 다루는 것은 주로 이념의 내용이기 때문이다. 만약 전자가 없고 심미적 형식이 결여되어 있다면, 예술작품이 되는 것은 근본적으로 불가능하다. 하지만 후자가 없더라도 생명의 힘과 내재적 정신이 결여된 용속한 예술작품은 여전히 존재할 수 있다. 하지만 다른 한편으로 칸트는 '천재'가 가리키는 것이 형식적 기술의 숙달은 아니더라도, 형식적 기술은 천재를 연마·통제·훈육하여 '천재'로 하여금 예술작품을 만들게 하는 중요한 조건이라고 주장했다.

예술은 목적 개념을 그 기초로 하여 이성 이념을 요구하고, '천재'의 예술 창작을 통해 심미에 관한 취미 형식을 획득하려 한다. 그러므로 예술은 순수한 심미적 활동이 아니다. 하지만 또한 인식(과학적 사변)도 아니고 공예[54](실천활동)도 아니다. 이 양자는 확정된 목적이 있고, 외재적으로 확장된 목적을 위한 것이지(예컨대 공예품이 이윤을 위한 제품인 것과 마찬가지로), 그 자체로 만족스럽고 자유로운 놀이를 만들어내는 것이 아니다. 즉 무목적의 목적성이 아닌 것이다. 한편으로, 심미로서 예술의 목적은 그 자체의 외부에 있지 않고 자신 스스로의 완전함이 곧 목적이다. 다른 한편으로, 예술은 인간의 정신을 고양시키는 외재적 효용과 목적을 분명히 가지고 있으며, 이것 역시 외재적 목적을 위한 것이다. 예술은 비록 이성의 목적 개념을 그 기초로 하지만, 어떠한 실재적이고도 구체적인 목적을 갖지 않는다. 그것은 형식미('단순한 미')에 속하지 않지만, 미의 형식은 예술에 있어 여전히 필요한 것이다.[55] 예술은 반드시 자연을 향하게 되어 있고 인위적인 흔적을 드러내지 않는다. 즉 그 목적이 무목적의 목적성 안에서 드러나되 적나라하게 드러나지 않아야 비로소 성공한 것(미)이라 할 수 있다. 예술의 내용은 반드시 도덕적인 것(이성 이념)이어야 하지만, 그 형식은 반드시 심미적인 것(무목적의 목적성)이어야 한다. 여기서 예술은 여전히 자연과 인간(윤리), 규칙(형식)과 자유('영혼'), 심미(합목적성을 가진 형식)와 이성(목적 개념), 취미와 천재, 판단과 상상의 대립적 통일체인 것이다. 칸트에게 있어 예술과 심미의 근본 특징은 이러한 자유로운 통일에 있다. 이른바 '자유로운 놀이' '상상력과 지성의 자유로운 운동' '무목적의 목적성' 등은 모두 과학, 공예, 기술, 도덕 등 인류의 여타 활동 및 심리적 기능과는 구분된다. 이러한 것들은 칸트가 심미판단력의 분석론에서 집중적으로 논증하고자 한 것이기도 하다. 칸트가 말하는 예술·심미의 이런 심리적 특징은 중국 고대 문예에도 다수 나타나는데, 다만 그런 철학적 수준에까지 고양되지 않았을 뿐이다.

칸트 사상 체계의 건축적 구조에 대한 필요 때문에, 심미 분석론 이후 칸트는 심미판단력의 변증론을 진행시킨다. 여기서 칸트가 제기하는 취미의 '이율배반'은 다음과 같다. 한편으로 취미는 개념에 기초해 있지 않다. 왜냐하면 개념에 기초할 경우 논증을 통해 취미에 대한 논쟁을 판정할 수 있기 때문이다.(정명제) 하지만 다른 한편으로 취미는 반드시 개념에 기초해야 하는데, 그렇지 않을 경우 반드시 취미에 대한 판단에 동의할 것을 다른 사람에게 요구할 수 없기 때문이다.(반명제) 칸트가 보기에 경험론 미학은 개념을 부정하고 미가 감각기관에서의 만족이라고 주장하는 데 반해, 합리론 미학은 미가 감성인식의 개념 안에서 완벽하다고 주장한다. 심미를 순수하게 주관적인 것으로 보든지(경험론 미학), 순수하게 객관적인 것으로 보는 것이다.(합리론 미학) 이들의 주장은 모두 '이율배반'을 해결할 수 없다. 칸트가 '이율배반'을 '해결'하는 방법은 매우 간단하다. 그는 정명제가 가리키는 '개념'을 확정적 논리 개념으로 보고, 반명제가 가리키는 '개념'을 상상력이 향하는 비확정적 개념으로 본다. 이렇게 되면 정명제와 반명제는 모두 타당한 것이 된다. 그러므로 심미는 주관적 감각기관의 만족도 아니고 객관적 개념 인식도 아니다. 그 '이율배반'의 해결은 '초감성적 세계'를 가리키게 되는 것이다.(이에 대해서는 뒤에서 자세히 논한다.)[56]

하지만 여기서 제기되는 '이율배반'은 제1비판과 제2비판에서 제기된 '이율배반'만큼의 중요성을 지니고 있지는 않다. 왜냐하면『판단력비판』에서 제기되는 '이율배반'은 칸트 미학의 진정한 모순을 충분히 드러내지 않기 때문이다. 진정한 모순은 오히려 '순수한 미'와 '의존적인 미', 미와 숭고, 심미와 예술, 취미와 천재 같은 형식과 표현의 대치 속에서 더욱 심각하게 폭로된다. 한편으로 미를 위한 미의 핵심은, 칸트의 분석이 제시하듯, '비공리非功利' '무개념' '무목적의 목적성'에 있다. 이는 또한 '순수한 미', 심미, 그리고 취미의 본질적 특징이다. 하지만 다른 한편으로 진정 더 높은 심미적 의의와 가치를 지니는 것은 일정한 목적·이념·내용을 가지고 있는 '의존적인 미', 숭고, 예술, 그리고 천재다. 후자야말로 자연(감성)이 윤리(이성)로 이동할 수 있게 한다. 칸트 미학은 결국 형식주의와 표현주의 사이의 첨예한 모순을 통일시키려 했지만 진정으로 해내지 못한 채 종결되고 만다.

칸트 미학에서 형식주의와 표현주의라는 두 가지 요소 및 측면은 후대에 지대한 영향력을 행사하고 수많은 계승자를 배출한다. 형식주의적 요소와 측면은 '예술을 위한 예술' '의미 있는 형식' '거리두기 효과' 등 현대의 각종 형식주의를 이끌었고, 표현주의적 요소와 측면은 낭만주의·표현주의·반이성주의 등을 이끌었다. 19세기의 셸링과 헤겔, 그리고 낭만주의 운동의 광풍은 모두 '무한이념'의 내용을 고양시키는 것이 전형적인 특징이며, 이러한 운동을 통해 숭고·천재 등의 개념이 중심 의제로 자리잡았다. 다른 한편으로, 요한 헤르바르트, 베른트 알로이스 치메르만, 에두아르트 한슬리크 등은 칸트의 형식주의적 측면을 발전시켜, 미를 선線과 음향의 관계 및 운동으로 귀결시켰다. 20세기 미학이론에서 표현을 중시하는 유파와 형식을 중시하는 유파 역시 칸트 미학의 이 두 가지 측면이 발전한 결과라 할 수 있다. 칸트가 언급한 표현 혹은 이성 이념은 현대에 이르러 반이성적인 '성욕'(프로이트), '경험'(듀이), '집단무의식의 원형'(융) 등으로 변모해 나타나고, 예술은 기존의 심미적 특징을 완전히 상실하게 된다. 또한 칸트가 언급한 형식(비공리, 무개념) 혹은 심미의 심리적 특징은 현대에 이르러 예술의 본질로 변하게 된다. 예컨대 '심리적 거리psychial distance'(에드워드 벌로), '의미 있는 형식significant form'(클라이브 벨, 로저 프라이) 등의 관점은 예술을 심미와 완전히 등치시킨다. 그리고 이 두 가지 측면에서 형식주의가 더욱 두드러지게 된다. 그렇기에 일반적으로 칸트 미학을 형식주의 예술의 근원으로 삼는 것이다.

요컨대 칸트 미학은 일련의 중요한 문제를 제기한 것이라 할 수 있다. 심미적 심리에서 예술 창작에 이르기까지, 미의 분석에서 심미적 이념에 이르기까지, 숭고의 심리적 특징에서 유비의 의의[57]에 이르기까지, 그리고 이미지가 사유보다 더 위대하다는 생각에서부터 선이 색채보다 더 중요하다는 생각[58]에 이르기까지 이 모든 관점은 심미와 예술의 특징에 연계된다. 바로 이러한 이유에서 그토록 추상적이고 건조한 칸트의 이론이 미학사와 문예사조에서 보기 드문 영향력을 발휘했던 것이다.

5 유기체 조직

심미판단력은 일종의 주관적 합목적성일 뿐이다. 칸트는 예술과 자연을 비교할 때, 결국 예술이야말로 인간의 산물이며 그 합목적적 형식은 인간의 창조물이라고 주장했다. 하지만 자연미는 그렇지 않다. "자연미는…… 자연의 객관적 목적성이라 볼 수 있다. 여기서 자연은 인간을 전체 시스템의 한 항목으로 삼는다."[59] 앞에서 언급한 대로, 자연미에 대해 우리는 형식적 감상에서 출발해 실질(존재)적 놀라움으로 진입할 수 있었다. 다시 말해 주관적 심미판단에서 객관적인 목적론적 판단으로 진입할 수 있었던 것이다. 이는 결국 자연의 형식과 우리의 주관적 만족을 연계시킬 뿐 아니라 자연의 존재 자체에 객관적 목적이 있다고 보는 것이다. 따라서 '목적론적 판단력'을 다룬 장의 서두에서 칸트는 다음과 같이 지적했다. "자연에 대해 우리가 크게 경탄하는 근거"는 바로 "우리의 쓸모와는 아무런 상관도 없고 오직 사물 자체에 속할 뿐인 것이 여전히 목적을 가지고 있으며 마치 우리를 위해 특별히 마련된 것처럼 보인다는 것이다."[60] 일반적으로 『판단력비판』의 두 부분['주관적 합목적성'과 '객관적 합목적성']은 서로 연계되어 있지 않다고 여긴다. 하지만 실상 칸트 자신은 이 둘을 연계하고 연접하려 했다. 그리고 그 연접의 지점은 자연미가 최후에 '도덕의 상징'을 목적으로 한다는 것, 즉 자연 자신이 목적을 가지고 도덕적 인간을 향하며 자연계는 도덕적 인간을 그 최종 목적으로 한다는 데 놓여 있다.

이 장의 시작 부분에서 논했듯, 칸트는 목적을 두 종류로 나누었다. 상대적/외재적 목적과 내재적 목적. 전자는 한 사물의 존재가 다른 사물의 목적을 위한 것이라고 보는 관점이다. 이전의 목적론에서 쥐의 목적은 고양이에게 잡아먹히는 것이고 동식물은 인간의 이익을 위해 존재한다고 보았던 것이 그런 예다. 이 '외재적 목적성'은 "한 사물의 여타 사물에 대한 적응성"[61]을 말한다고 할 수 있다. 칸트는 이러한 외재적 목적론에 반대하고 자연의 내재적 목적을 중시했다. 그 구체적인 사례가 바로 동식물의 유기체 조직이다. 칸트는 일찍이 자연계에는 기계적 인과관계 외에 또다른 종류의 관계가 존재한다는 점에 주목했다. 이 또다른 종류의 관계는 비기계적인 생명의 특징을 지니며, 이것은 뉴턴 역학이 주장하는 기계적 인과 규칙으로 설명할 수 없다. 『일반 자연사와 천체 이론』에서 칸트는 조그마한 모충毛蟲이 광대하고 무한한 천체의 체계보다 더욱 복잡하며 설명하기 어렵다고 말한 바 있다. 30여 년 후, 동식물의 환경 적응 특징 및 인간 종족에 대한 연구 등에서 칸트는 자신의 관점을 견지했을 뿐 아니라, 또다른 뉴턴이 나타나더라도 기계역학의 규칙을 이용해 유기체적 생명 현상을 해석할 수는 없다고 더욱 확신하게 되었다. 칸트는 유기체적 생명 현상이 기계적 인과관계의 목적 관념을 통한 해석과는 완전히 다르다고 보았다. "하나의 사물이 자신의 원인인 동시에 결과라면 그것은 자연목적이라 할 수 있다."[62] 그런 자연목적의 대표적인 예가 바로 유기체인 생명이다. 유기체적 생명에는 크게 세 가지 특징이 있다. 첫번째는 각각의 부분이 전체와 관련을 맺는 상황하에서만 존재할 수 있다는 것이다. "하나의 사물이 자연목적이 되기 위해서는 우선 사물의 각 부분(존재적 측면과 형식적 측면에 상관없이) 모두가 전체와 관계를 맺어야 한다."[63] 이는 마치 손이 신체에서 잘려나가면 더이상 손이 아니게 되는 것과 마찬가지다. 두번째 특징은 각 부분이 서로 원인과 결과가 되고 또한 수단과 목적이 된다는 것이다. "두번째로 요구되는 것은 각 부분을 하나의 통일된 총체가 되게 하여, 그것들이 서로 원인이자 결과가 되도록 한다는 것이다."[64] 세번째 특징은 유기적 생명체가 스스로 조직하는 기능을 가지고 있으며 자기 재생산이 가능하다는 것이다. 이 점은 세 가지 특징 중 가장 중요하다. 왜냐하면 인간 기술과 예술의 산물인 시계 역시 앞의 두 가지 특징을 가지고 있기에 이 둘만으로는 유기체적 생명을 설명하기에 부족하기 때문이다. 오직 "각 부분이 다른 부분을 만들어내고" "이렇게 해야만 하나의 산물이 비로소 자연의 목적이라 불릴 수 있다. 왜냐하면 그것이 유기적이고 또한 부단히 스스로를 유기화하는 중에 있기 때문이다."[65] 그렇기에 그것은 인공적 산물과 같이 외부적 차원에서 자신을 조직하는 것이 아니라 자기 스스로 생장·발전할 수 있다. 이 같은 이유로 유기적 생명체는 시계와 같은 기계적 운동의 인과관계와 다르고, 마찬가지로 시계처럼 외부 설계자와 제조자에 의해 만들어지는 것도 아니다. 예를 들어 나무는 그 종류나 각각의 개체와 상관없이 모두 자기 스스로를 생산한다고 칸트는 말한다. 또한 나무의 잎은 서로 의존하며 생존을 이어나간다. "잎은 나무의 산물이기도 하지만 반대로 잎이 나무를 유지해주기도 한다."[66] 따라서 각 부분의 합 이상인 총합이 오히려 하나의 통일된 시스템으로서 각각의 부분을 결정한다. 여기서 이 사항은 매우 중요한 의의를 갖는다. 기계역학 역시 작용과 반작용을 언급한다. 하지만 기계역학은 목적으로서의 전체 시스템이라는 관념을 갖지 않고, 또한 왜 자연 대상의 부분과 부분, 전체와 부분 사이에 상호연계가 존재하는지, 왜 부분은 전체를 전제로 하며 전체에 의존하는지를 설명하지 못한다. 칸트는 시스템 전체로서의 목적이라는 관점을 통해 사물을 관찰·연구했고 이 방법은 자연의 오묘한 곳까지 깊이 있게 연구하는 데 매우 큰 도움을 주었다. 우리는 왜 파도(무생물)가 해변에 와서 부딪히는지 묻지 않는다. 그것은 아무런 과학적 의미도 갖지 않는 형이상학적 질문이기 때문이다. 하지만 새의 날개(생물 유기체)가 왜 그 위치에 있고 동식물의 어떤 부분이 왜 그렇게 만들어져 있는지, 즉 어떤 목적을 가지고 있는지 물을 수 있다. 이러한 질문은 과학 탐구의 발전을 가져온다. 예컨대 새의 날개가 비행(목적)의 편의를 위한 것이고, 동식물에겐 쓸모

없는 부분 없이 모두 나름의 쓰임이 있음을 밝히는 것이 그러하다. "유기체는…… 우선 목적 개념, 즉 실천의 목적 개념이 아닌 자연의 목적 개념에 객관적 실재성을 마련해주고, 그렇게 함으로써 자연과학에 일종의 목적론적 기초를 마련해준다."[67] 이러한 유기체의 특징은 단순한 기계 작용으로는 부족한 경험의 영역을 보충해준다. 기계적 관계만을 사용해서는 유기체적 현상을 진정으로 이해할 수 없고 목적론적 원리를 부가해야만 자연의 인과관계를 발견·인식·탐구하는 데 큰 도움이 된다. 하지만 이 목적론적 원리는 경험에서 도출되지 않으며, 근본적으로 자연 자체에서 제공되거나 발견되는 원리가 아니다. 『순수이성비판』에서 칸트는 이미 '총체'는 경험이 실증할 수 없는 이념에 불과하다고 강조한 바 있다. 요컨대 유기체의 전체 시스템을 이해하는 것도 주관적 이성 이념인 것이다. 전체 시스템으로서의 '목적성'은 하나의 '유비'에 불과하며, 칸트의 용어를 빌리자면, 규제의 원리일 뿐 구조적 원칙이 아니다.(6장 참조) '전체 시스템으로서의 목적성'은 반성적 판단력(규정적 판단력이 아닌)의 선험적 원리인 것이다.[68]

6 기계론과 목적론의 '이율배반'

이제 우리는 목적론적 판단력의 '이율배반'에 관한 변증론에 도달하게 되었다. 칸트는 다음과 같이 말했다.

> 판단력의 첫번째 준칙은 정립명제이다. 즉 모든 사물과 그 형식의 산출은 기계적 규칙에 근거해 가능하다고 판정되어야 한다.
>
> 판단력의 두번째 준칙은 반反정립명제이다. 즉 어떤 사물들의 산출은 단순히 기계적 규칙에 근거해 가능하다

고 판정될 수 없다.(그에 대한 판단은 전혀 다른 인과 규칙, 즉 목적인目的因들의 법칙을 필요로 한다.)

만약 탐구를 위한 규제적 원칙들을 이제 대상을 가능케 하는 구성의 원리로 전환시키면 다음과 같을 것이다.

정립명제: 모든 사물의 판단은 오직 기계적 규칙에 근거해서만 가능하다.

반정립명제: 어떤 사물의 판단은 기계적 규칙에 근거해서는 불가능하다.[69]

이후 칸트는 한발 더 나아가 철학사에 존재하는 일련의 목적론적 관점을 회고한다. 그는 자연의 목적이 아무런 의도도 갖지 않는다고 보는 관점을 합목적성 관념론이라 부르고, 자연의 목적이 의도를 갖는다고 보는 관점을 합목적성 실재론이라 부른다. 전자의 예로는 에피쿠로스, 데모크리토스, 스피노자가 있다. 후자의 예로는 물활론物活論과 유신론有神論이 있다. 칸트는 에피쿠로스 등이 자연 자체의 운동 규칙을 이용해 모든 사물을 해석했고, 스피노자는 전체 자연 속의 무한한 실체로서의 초감각적인 원시적 존재를 사용해 모든 사물을 필연적으로 규정했다고 보았다. 그러므로 합목적성은 곧 자연의 우연성(에피쿠로스) 아니면 초자연적 숙명론(스피노자)인 것이다. 전자는 '생명이 없는 물질'이고 후자는 '생명이 없는 신'이라 할 수 있다. 이렇게 목적이 원인이나 필연과 등치되면, 이는 실상 기계론이라 할 수 있다. 또다른 종류인 자연적 물활론과 초자연적 유신론은 어떠한 경험적 근거로도 증명할 수 없다. 칸트는 물질이 생명을 갖는다고 말하는 것은 물질의 기본 특징, 즉 타성惰性과 직접적으로 모순된다고 생각했다. 또한 영혼을 가진 신이 물질을 설계하고 제조했다는 주장 역시 말이 되지 않는다고 보았다. 설마 자연이나 신이 우리의 감상을 위해 화려한 꽃봉오리, 정확히 좌우 대칭을 이루는 눈꽃 등을 제공했단 말인가? 이러한 목적론적 실재론은 칸트가 동의할 수 없는 것이었다. 칸트가 철학사로 되돌아간 것은 자신이 내세운 '판단력'의 '이율배반'을 더욱 강조하기 위해서일 뿐이었다. 다시 말해 기계론과 유신론을 막론하고 목적론을 객관적 존재의 원리로 보는 관점에서는 기계와 목적이 병존할 수 없고, 하나가 참이면 나머지 하나는 반드시 거짓이어야 했다. 그렇기에 이러한 이율배반은 해결 불가능했다. 결국 기계론에 머물거나 물활론, 유신론에 머물러야 하는데, 양쪽 모두 성립하지 않는 관점들이었다.

칸트는 '이율배반'을 '판단력'의 문제로 봐야만 해결이 용이하다고 보았다. 왜냐하면 앞에서 언급한 정립명제와 반정립명제를 모두 규제 원리로 삼아야만 양자가 병존할 수 있고, 정립명제와 반정립명제 쌍방이 '실제로 아무런 모순도 포함하지 않기' 때문이다. 이제 사람들은 이 두 가지 원리를 동시에 사용하여 자신을 인도하고 연구를 진행할 수 있다. "반드시 항상 자연의 기계적 원리에 근거해 반성해야 하며, 그러한 조건하에서 최대한도로 연구를 진행해야 한다. 왜냐하면 이러한 원리를 연구의 근거로 삼지 않고서는 자연에 관한 진정한 지식을 얻을 수 없기 때문이다."[70] 하지만 이것이 어떤 때에 어떤 대상 혹은 전체 자연에 대해 두번째 준칙을 사용해 반성하는 것, 즉 목적론을 통해 고찰하는 것을 방해하는 것은 아니다. 설사 방해한다 해도, 첫번째 준칙(기계론)이 그러한 판단에 있어 이미 실패했다고 말하는 것은 아니다. "오히려 반대로 사람들은 그러한 기계론적 원리를 최대한 준수하는 것으로 규정되어 있다."[71] 이는 곧 칸트가 자연계에는 오직 기계적 인과관계만 존재하고 자연계의 모든 오묘한 신비를 탐구하고 제시하려면 여전히 기계적 인과 규칙을 사용할 수밖에 없으며, 자연 사물 혹은 자연계 자체에서 진정으로 어떤 목적을 찾아내기는 불가능하다고 생각했음을 의미한다. 목적론의 원리는 사물을 이해(사유)할 수 있는 것으로 변화시킬 뿐, 인식(사유와 인식의 구별은 6장과 7장 참조)할 수 있는 것으로 변화시킬 수는 없다. 사물을 인식하기 위해서는 반드시 기계적 인과 규칙을 통해 해석해야 한다. 그러므로 기계론과 목적론은 주관에 관한 두 종류의 관점으로서 동시에 사용이 가능하고 서로 모순되지 않는다. 요컨대 하나의 사물을 탐구함에 있어, 그 사물이 어떤 목적을 가지고 있다고 보는 동시에 그 목적이 반드시 기계적 규칙 안에 체현된다고 보는 것이다. 칸트는 목적론의 원리가 객관적 구축의 원리로 존재할 수 없고 오직 주관적 규제의 원리로만 존재할 수 있으며, 비록 규제의 원리라 해도 기계론적 원리(이것은 규제할 수 있고 동시에 구축할 수도 있다)를 배제하는 것은 아니라는 점을 반복해서 강조한다. 예컨대 심장은 혈액순환(목적)을 위한 것이고, 이는 규제의 원리, 즉 심장박동에 대한 연구에 쓸모가 있을 뿐이다. 하지만 정말로 이 관점에 근거해 심장박동을 설명할 수는 없다. 심장의 박동과 혈액의 관계는 여전히 일종의 기계적인 관계인 것이다.

틀림없이 칸트는 유기체의 본질과 특징을 기계역학의 규칙을 통해 모두 밝혀낼 수 없음을 매우 예리하게 간파했다. 또한 유기체의 본질과 특징을 해석하기 위해서는 초감성적 목적 원리를 가정해야 하고 이는 경험을 통해 증명되거나 경험이 제공해줄 수 없다는 것도 알아냈다. 칸트는 유기체의 본질과 특징을 반성적 판단력의 규제적 원리인 주관의 범주 안에 놓을 수밖에 없었던 것이다. 다시 말해 한편으로는 유기체가 기계론으로 해석될 수 없고 반드시 목적론을 사용해야 함을 인정하면서도, 다른 한편으로는 목적론이 일종의 규제 원리에 불과할 뿐 유기체를 구체적으로 해석할 수는 없다고 생각했던 것이다. 유기체를 해석하기 위해서는 여전히 기계론이 필요했다.

이 문제는 오늘날의 자연과학, 특히 생물학 내에서 상당히 열띤 논쟁이 진행중인 난제다. 어떤 이들은 현대의 산업기술과 통제론 등의 영향을 받아 모든 사물과 생명현상은 물리-화학의 과정과 규칙을 통해 충분히 해석될 수 있다고 주장한다. 반면에 다른 이들은 그것이 불가능하다고 본다. 전자는 후자를 물활론, 신비주의라 비판하고, 후자는 전자를 환원론, 기계주의라 비난한다. 환원론과 반反환원론은 오늘날에도 여전히 첨예한 논쟁거리인 것이다. 이 논쟁은 200여 년 전 칸트가 제기한 문제의 재현이 아닌가?[72] 생명의 기원과 특징은 현대 자연과학의 첨예한 문제다. 칸트의 목적론은 유기체를 범례로 하여 이 문제의 철학적 성격을 더욱 두드러지게 한다. 현대의 구조주의는 피드백 이론, 자기조직 이론, 전체가 부분의 총합보다 더욱 크다는 등의 원리를 이 중대한 문제에 대한 해결 방향으로 내놓은 바 있다. 하지만 그 해결책의 구체적인 경로와 답안은 여전히 생물학자들의 상당한 노력을 기다리고 있다. 무기물의 세계에서 유기적 생명현상을 합성해내는 것은 모든 신비주의를 철저하게 반박하는 가장 유력한 근거이다.

기계역학에서 생명현상, 다시 사회현상에 이르는 물질의 운동과 이 운동의 서로 구별되는 질적 특징을 고차원의 단계에서 저차원의 단계로 환원시키기는 불가능하다. 하지만 문제는 이 환원 불가능한 고차원의 질적 특징이 도대체 무엇인가라는 데 있다. 그것은 어떻게 얻어지며, 어떻게 구성되는가? 분명 그것은 어떤 신비한 '목적'이 아니며, 저급한 단계의 각종 질료 사이의 어떤 특수한 형식 구조 안에서 찾을 수 있다. 그렇기에 과학계에서 환원론파는 신비한 '활력' '연소燃素' 등을 맹신하는 반환원론파에 비해 더욱 건강하고 풍부한 성과를 내고 있다. 여기서 다루는 근본 문제는 재료로서 한 단계 낮은 물질적 운동이 어떤 형식구조 안에서 자신보다 한 단계 높은 차원의 물질운동을 어떻게 산출해내는가이다. 구조적 상이함은 질적 차이를 만들어낼 수 있다. 그러므로 여기서 중요한 결절점은 구조, 예컨대 생물 자체의 자기 조절, 시스템 기제 같은 특정한 구조이다. 이 문제는 철학 및 과학의 방법,

그리고 각 부문의 구체적인 과학을 통해 탐구해볼 가치가 있다. 칸트는 객관적인 구조적 규칙을 주관적 목적론의 규제 원리로 대체하려 했고, 이것이 바로 방금 언급한 문제를 제기한 것이라 할 수 있다. 심미판단력이 미학과 예술만이 갖는 일련의 고유한 내용과 문제(심미의 심리적 특징, 예술 창작의 특징, 미의 이상과 전형, 그리고 예술의 분류 등)를 갖는 것과 마찬가지로, 목적론적 판단력은 진화론적 예측을 포함하여 유기체에 관한 그 자체로서의 고유한 내용과 문제를 포괄한다고 할 수 있다.

7 인간은 자연의 '최종 목적'이다

아무리 칸트가 과학 문제 자체에 관심이 있었다 해도, 『판단력비판』은 그처럼 독립적 의의를 갖는 과학 문제를 제기하기 위해 쓴 것이 아니었다. 칸트는 인식과 윤리, 즉 이전의 두 비판서를 소통시키고 자연과 인간을 연계시키기 위해 이 책을 썼다. 심미판단력은 자연형식의 합목적성과 인간의 주관적인 심미적 만족을 서로 이어주고, 목적론은 자연이 가진 객관적 목적과 도덕적 인간을 서로 이어준다.

칸트는 한편으로는 목적론만 사용할 뿐 기계론을 배제한 채 자연 사물을 탐구하고 해석하는 데 반대했다. 기계론을 사용하지 않으면 "초경험적 해석의 미망에 빠져들게 되고, 자연지식이 거기까지 우리를 따라오지 못하면 이성은 곧 시적 몽상의 유혹에 빠지게 되는데, 이는 피해야 하는 일이다."[73] "또다른 측면에서…… 자연형식의 가능성에 대한 이성적 탐구 안에서, 목적성은 자신이 의심의 여지 없이 또다른 인과에 속한다는 것을 드러내는바, 이러한 상황에서 목적원칙을 배제하고 단순한 기계론을 쫓고자 하는 것은, 이성을 공상에 빠지도록 만들고 불가사의한 자연 능력이라는 환영 가운데서 헤매도록 만들 수밖에 없으니, 이는 기계론적 원칙을 전혀 고려하지 않고 오직 자연 형태에만 기대어 해석함으로써 이성을 환각에 빠지게 하는 것과 같다."[74] 요컨대 한 사물이 왜 존재하는가를 물을 때 곧 목적론에 관한 문제를 갖게 되는 것이다. 목적에 대한 해석을 찾으려는 것은 불가능한 시도다. 자연의 유기체가 그렇고, 전체 자연은 더욱 그렇다. 유기체가 목적론의 범례로 존재하는 것은 그 유기적 조직이 사전에 준비된 설계와 원칙을 암시하기 때문이며, 자연은 유기체가 아니라 전체로서 존재한다. 하지만 전체 목적론 자체는 일종의 유비이기 때문에 전체 자연의 질서 있는 조직과 진화는 일종의 초감성적인 이지적 존재자를 암시(증명이 아닌)한다고 할 수 있다. 『순수이성비판』의 인식론에서 칸트는 종종 인간이 가지고 있지 않은 '이지적 직관'을 언급한다. 이 초경험적 가설은 이른바 '본체'의 피안에 속하는 것이다. 그리고 『판단력비판』에서 칸트는 그러한 이지적 직관에서는 기계론과 목적론이 서로 통일된 것일 수 있다고 생각했다. 다시 말해 자연존재와 그 유기적 규칙은 알 수 없는 초감성적 세계에 속하는 것이다. 그곳에서 목적론과 기계론은 합쳐져 하나가 된다. 칸트는 이에 더하여 이른바 세계원인, 그리고 전체 자연의 '최종 원인' '최종 근거' '원시적 이지理智' '비필연적 존재' 등의 관념을 제기하는데, 이는 곧 목적론적 관점에서 보았을 때 전체 자연이 어떤 설계자를 가정하고 있으며, 그렇기에 목적론은 자연을 탐구하는 규제적 규칙에 불과한 것이 아니라 모종의 '초감성적 기체基體'를 가리킨다는 의미다. 이에 대해 칸트는 다음과 같이 말했다. "우리는 자연의 수많은 특수한 규칙을 구성하는 최종적인 내재적 근거를 통찰할 수 없다. ……우리는 결코 우리의 인식을 자연의 가능성에 관한 내재적이고 완전하고도 충분한 원리로까지 확대시킬 수 없다. 이러한 원리는 초감성적인 것이다."[75] "만약 우리가 자연 사물과 세계를 지성적 원인, 즉 신의 산물로 보지 않는다면…… 우리는 목적성을 이해할 수 없다."[76] 비록 이 모든 것이 반성적 판단력의 주관적 범위 안에 있고 객관적 규정이 아니라 해도, "이것이 지성적 존재자의 존재를 증명하는가? 결코 아니다! ……지성적이고 근원적인 하나의 존재자가 있다는 것은 객관적으로 증명될 수 없고, 일종의 명제로서 자연 속의 목적에 대한 반성 안에서 우리 판단력의 사용을 위해 주관적으로 입증할 수 있을 뿐이다."[77] 이는 분명 칸트 철학 안에서 매우 모호하고, 신앙으로 향하는 '신비주의' 경향성을 보이는 부분이다. 또한 인식에서 윤리로 이동하는 부분이기도 하다.

칸트는 자연의 객관적 목적의 진정한 방점이 유기체에 놓여 있지 않다는 점을 강조했다. 유기체는 단지 자신의 논점인 자연현상을 강조하기 위한 것이며, 더욱 중요한 것은 전체 자연이 왜 존재하는가라는 대주제다. 무기물에서 생명현상(유기체)으로, 거기서 다시 인간으로 변하는 것, 자연이 인간을 향해 생성된다는 것은 마치 모종의 목적, 즉 최종 목적을 가지는 것처럼 보이는바, 이것이 가장 핵심이다.

칸트는 형형색색의 자연 생명이 어떻게 목적에 부합하든, 얼마나 절묘하게 합리적이든 상관없이, 인류가 없다면 아무런 의미도 목적도 없다고 생각했다. "인류가 없다면 이 모든 창조는 다만 낭비이자 헛수고이며, 아무런 최종 목적을 갖지 않는 것에 불과하다."[78] 결국 인간이야말로 자연이 부단히 창조하는 최종 목적인 것이다. 여기서 가리키고 있는 인간은 인식하는 인간이 아니다. 세계는 인간의 숙고 대상으로서 의미를 갖는 것이 아니다. 또한 여기서 말하는 인간은 자연적 인간, 즉 행복을 추구하는 인간이 아니다. 칸트는 인간이 항상 행복을 자신의 주관적 목적으로 삼는다 할지라도, 행복은 세계를 창조하는 최종 목적이 아니라고 주장했다. 천지는 어짊을 모르고, 만물을 자신의 제물로 여긴다天地不仁, 以萬物爲芻狗. 자연이 인간에게 베푸는 행복은 동물의 경우와 다른 특별한 편애나 은총이 아니며, 이는 각종 자연재해가 증명한다.

자연이 인간을 향해 생성한다는 칸트의 주장(전체 자연의 최종 목적으로서의 인간)이 가리키는 것은 이른바 '문화-도덕적 인간'이다.

자연의 최종 목적이 문화적 인간이라는 말은 여러 가지 차원의 의미를 갖는다. 우선 문화적 인간은 자연적 욕망의 속박에서 벗어난 독립된 인간을 가리킨다. 또한 자신의 자유의지에 근거해 자연을 이용하고 자신의 목적을 실현하는, 즉 자연을 이용하는 기술을 안다는 점에서 문화를 가진 인간을 말한다. "이성적 존재자가 스스로 목적을 선택하는 능력(그러므로 자유 안에 있다)을 산출하는 것이 곧 문화이다. 그렇기에 인류라는 종족에 대해 말한다면, 우리가 자연의 최종 목적으로 귀결되는 이유는 오직 문화(행복이 아니라) 때문일 수밖에 없다."[79] 하지만 모든 문화가 자연의 최종 목적이 되기 위한 조건을 갖추고 있지는 않다. 문화가 최종 목적일 수 있는 이유는 그것이 도덕과 연관을 맺고 간접적으로 도덕을 촉진하기 때문이다. 앞 장에서 칸트의 역사관을 다룰 때 언급했듯, 칸트는 자연이 인간과 인간, 국가와 국가 간의 투쟁과 전쟁을 통해 인류와 사회를 발전시키고 자신이 숨겨놓은 목적을 실현해 문화와 재능을 최고도로 발전시켜놓는다고 생각했다. 예컨대 과학과 예술(문화)은 인간의 도덕적 진보를 가져올 수는 없다 하더라도(루소) 사회로 하여금 더욱 풍부한 교양을 갖추고, 인간으로 하여금 문명을 이루게 한다. "이렇게 [과학과 예술은] 감각의 전횡을 극복하는 데 커다란 공헌을 한다. 이로 인해 주재자로서의 인간이 준비되며 그곳에는 오직 이성의 통치만이 존재한다. 자연에 의해, 혹은 인간의 이기심에 의해 재난이 닥칠 때, 영혼의 능력이 강화되고 공고해져 그런 재난에 굴복하지 않고 더 높은 차원의 목적이 우리에게 숨겨져 있음을 느끼게 하는 것이다."[80] 요컨대 문화는 인간의 정신적 소질을 제고할 수 있으며, 그렇기에 이성의 도덕적 역량을 고양시키는 데 도움이 된다. 칸트가 보기에 본래 생명의 가치와 목적은 무언가의 향유(행복)에 있지 않고 무언가를 행하는 데(도덕) 있으며, 또한 인간이 자연적 연쇄 고리의 일부분이 되지 않는 데 있다. "선의지는 오직 인간 존재만 가질 수 있는 절대 가치다. 그런 선의지와 연계될 때에만 비로소 세계 속의 존재는 최종 목적을 가질 수 있다."[81] 그러므로 자연의 최종 목적은 도덕적 인간 혹은 인간의 도덕이며, 이것이야말로 '본체론적 관점에서 본 인간'인 것이다. 이렇게 도덕명령에 복종하는 인간만이 감성을 초월하는(즉 자유) 능력을 가진 자연 존재물이라 할 수 있다. 도덕 본체로서 인간의 자연존재는 무조건적 목적 자체이고 현상계로서 전체 자연의 최종 목적이자 귀결점이다. 자연이 왜 존재하며, 어떤 목적을 위해 존재하는가 같은 문제는 더이상 존재하지 않는다. 왜냐하면 인간의 자연존재 자체가 목적이자 본체이며 '초감성적 기체基體'이기 때문이다. 따라서 현상이 본체의 피안과 차안의 심연 사이에 도달함으로써 [인식에서 윤리로의] 이동이 완성된다.

이로써 우리는 칸트 목적론의 끝이자 전체 칸트 철학의 결말에 도달하게 되었다. 칸트가 뉴턴(자연인과)에서 루소(도덕)로 나아가는 개괄적인 결말이 이렇게 완성되는 것이다.

칸트의 목적론은 과학이 아니다. 왜냐하면 어떤 객관적 원리를 제공하지 않으며 직접적으로 인식을 구성하지도 않기 때문이다. 하지만 그렇다고 신학도 아니다. 칸트가 보기에 목적론에서 신학을 이끌어내는 것은 오류이거나 곡해이다. "자연신학은 자연의 목적론에 대한 일종의 곡해이다."[82] 왜냐하면 자연의 목적으로부터 각종 생명현상의 정령들 혹은 최고 수준의 지혜로운 존재, 원시적 원인, 설계자의 존재를 추출해내는 것은 경험적으로 증명할 수 없는 심령학을 초래하기 때문이다. 이러한 방법으로는 칸트가 필요로 하는 도덕적 신을 얻어낼 수 없다.

하지만 다른 측면에서 철학사의 다양한 목적론을 언급할 때, 칸트는 유신론에 매우 공감하는 모습을 보였고, 유신론이 다른 이론들보다 우월하다고 주장했다. 또한 칸트는 자연신학에도 공감했으며, 그것이 비록 도덕적 신학은 아니더라도 각종 신학의 준비 혹은 '서곡'이 될 수는 있다고 보았다. 앞서 9장에서 살펴보았듯, 칸트는 신학 도덕론에 반대하고 도덕적 신학을 주장했다. 실상 칸트가 여기서 말하는 신학은 일종의 사회적 함의를 지닌다. 왜냐하면 칸트에게 과학과 인식은 모두 자연, 그리고 자연 대상과 물리세계를 가리키기 때문이다. 인간의 본질로서의 이성은 칸트에게 초감성적이고 초자연적인 도덕이다. 7장과 9장에서 설명한 대로, 이 불가지한 본체 세계는 칸트 도덕의 신학적 기초가 되고, 목적론은 자연현상을 도덕적 신학에 이어주는 교량이었다. "다시 말해 도덕명령에 복종하는 이성적 존재자의 실존이야말로 세계 존재의 최종 목적이라 볼 수 있다."[83] "그러므로 우리 앞에 도덕명령과 일치하는 최종 목적을 수립하기 위해서는 반드시 도덕의 세계원인(세계의 창조자)을 가정해야 한다. 도덕명령이 필수적이라고 한다면, 도덕의 세계원인 역시 동일한 정도와 근거에서 필수적이다. 다시 말해 신이 있다는 것을 인정해야만 하는 것이다."[84] 즉 세계의 상위에 존재하는 도덕의 입법자를 인정하는 것이 바로 칸트가 말하는 도덕적 신이다.[85] 이는 도덕 목적론을 통해 규정되는 신으로, 칸트가 반대하는 자연 목적론을 통해 규정되는 신과는 다르다.

『실천이성비판』에서는 덕성과 행복의 상호 결합에 의한 '최고선'을 통해 신을 설정할 것을 요구했다. 『판단력비판』에서는 도덕 자체를 위해 그러한 설정이 반드시 필요하다. 전자는 여전히 모종의 객관적 성분을 갖는 것이고, 여기서는 반성적 판단력으로서의 목적 안에서 신이 완전한 주관적 설정, 즉 인간의 주관적 필요에 의해 설정되는 것이다. 바로 이것이 『순수이성비판』에서 설정된 신과 매우 다른 점이며, 『실천이성비판』의 신과도 다른 점이다. 신은 인식(자연의 규제 원리를 탐색하는)을 위한 것도, '최고선'(후천적 행복)을 위한 것도 아니다. 오직 행위를 위한 것일 뿐이다. "이성의 실천적인, 즉 도덕적인 사용을 위해 필요하다."[86] 『판단력비판』에서 신은 최종적으로 명확하게 객관적 존재의 성질을 완전히 상실한 것으로 변하고, 순전히 사람들의 주관적 신앙의 산물이 된다. 칸트 '비판철학'의 전체 체계는 신의 존재를 증명할 수 있다는 데 대한 비판에서 시작해 최종적으로 신의 존재가 주관적 신념으로서 필요하다는 주장으로 점차 완성되어가는 셈이다. 그렇기에 어떤 이들은 신이 완전히 주관적인 도덕적 이상이 되었으며, 이는 칸트가 결국엔 신을 버렸음을 보여주는 것이라고 말한다. 칸트의 말을 빌리자면 도덕, 즉 실천이성의 필요에 의해 사람들은 주관적 측면에서 신을 믿을 것을 반드시 요구하게 된다는 것이다. 교회와 종교를 비웃고 맹렬히 비판했던 볼테르도 신은 없지만 인간이 신을 만들어내야 한다고 주장했다. 프랑스대혁명의 급진파 로베스피에르가 혁명의 흐름 속에서 사람들이 섬겨야 할 신을 만들어낼 필요가 있었던 것도 그 본질은 마찬가지다. 도스토옙스키는 자신의 소설에서 이 점을 분명하게 밝힌 바 있다: 신이 없다면 어찌할 것인가? 모든 이가 악행을 저지를 것이다. 이 모든 것은 결국 신을 통해 사회를 관리할 필요가 있음을, 주관적 신앙과 숭배의 대상을 통해 인간의 도덕과 행위를 조직·조정·통제·속박·규제할 필요가 있음을 말하는 것이다. 신의 존재를 증명하고 신의 세계 창조를 믿는 유신론은 실상 간접적으로 이러한 목적을 위한 것에 불과하다. 칸트의 도덕 신학은 증명할 수 없지만 믿어야 하는 신이 사실은 일련의 가상에 불과함을 드러낸 것이며, 이 문제를 가장 직접적으로 폭로한 것이라 할 수 있다.

칸트는 인식과 윤리, 자연과 인간을 소통시켜 판단력비판을 제기했고 그 결과 다시 신의 품으로 돌아가게 되었다. 인간과 자연의 현실적 통일이라는 측면에서 칸트는 앞으로 몇 걸음 나아가지 못했다. 목적론은 비록 인간이 외재적, 내재적 자연을 도구로 사용하여 각종 목적을 실현한다고 말했지만, 그것을 철저하게 설명해내지는 못했다. 칸트는 인식론에서 자연을 위해 입법을 하는 인간의 주관적 능동성을 더욱 많이 언급했지만, 『판단력비판』에서는 그러한 흔적이 잘 드러나지 않는다. 『판단력비판』에서는 오히려 인간의 사회적 실천에 관계된 주관적 능동성을 고양시켜야 한다고 언급했고, 그렇기에 자연이 인간을 향해 생성되어야 한다는 근본 관점이 드러났다. 실상 어떤 목적론이 아니라 적자생존의 우연성이 초래한 종족의 진화가 인류를 만들어내고, 인류는 도구의 사용과 제작을 통해 자유를 확대시켜 여타 생물 및 종족의 진화론적 규칙을 파괴해버렸다. 그리고 이를 통해 자신만의 독특한 생존과 번식 및 발전의 길을 향유하게 된다. 자연이 인간을 향해 생성된다는 말의 함의는 바로 여기에 있다.

'자연이 인간을 향해 생성된다'는 것은 매우 의미심장한 명제다. 그리고 이 문제는 미학의 본질적인 부분이기도 하다. 자연과 인간의 대립·통일의 관계는 심미에 관한 심리현상에 역사적으로 축적된다. 이는 인간이 동물과 달리 인간일 수 있는 구체적인 감성적 성과이며, 자연의 인간화와 인간의 자연화가 집중적으로 표현된 것이다. 그러므로 유물론적 실천의 관점에서 보았을 때, 인식과 윤리, 자연과 인간, 총체(사회)와 개체를 소통시키는 데 있어 신과 목적론은 필요하지 않다. 필요한 것은 오직 미학뿐이다. 진眞, 선善, 미美에서 미는 진과 선의 통일이며, 진과 선의 상호작용을 통해 형성된 역사적 성과다. 미는 예술 감상이나 예술 창작의 문제에 불과한 것이 아니라 근본적으로 '자연의 인간화'라는 철학적, 역사적 문제다. 미학이 예술 원리나 예술 심리학에 그치지 않는 이치가 바로 여기에 있다.

칸트 역시 이 문제를 간파했지만 주관적인 관념론적 해결책을 내놓았고 심미를 주관적 합목적성의 형식으로 보았다. 하지만 이러한 방식으로는 '자연이 인간을 향해 생성된다'라는 거대한 난제를 해결할 수 없었고, 그렇기에 목적론에 비해 그 중요도가 떨어질 수밖에 없었다.[87] 하지만 철학 자체와 철학사의 발전이라는 관점에서 보았을 때, 칸트의 미학은 목적론에 비해 더욱 중요하다고 할 수 있다.

칸트의 주관 관념론적 미학은 이후 실러에 의해 객관화의 과정을 거친다. 실러 역시 자연과 인간, 감성과 이성이라는 철학적 과제에서 출발해 칸트 미학을 수정했다. 그렇기에 실러도 심미-예술의 문제만이 아니라 사회적이고 정치적인 내용까지 두루 다루었다. 칸트는 자연과 인간을 심미의 '주관적 합목적성'이라는 틀 안에서 해결했고, 실러는 이를 '감성충동'과 '이성충동'이라는 틀로 대체했다. "첫번째 '충동'은 그 대상이 절대적 실재성을 가질 것을 요구하고, 단순히 형식적일 뿐인 것을 세계로 만들어냄으로써 그 내부에 잠재된 능력을 표출시킨다. 두번째 '충동'은 대상이 절대적 형식성을 갖출 것을 요구하고, 그 안에 포함되어 있는 단순히 세계일 뿐인 것을 해소해버린다."[88]* 감성충동은 "우리 내부의 필연을 현실로 전환시키고", 이성충동은 "우리 밖에 있는 실재를 필연적 규칙에 복종시킨다."[89] 이는 곧 한편으로는 이성의 형식(윤리적 인간)으로 하여금 감성적 내용을 획득하게 함으로써 현실성을 갖추게 하는 것이고, 다른 한편으로는 복잡하고 정리되지 않은 감성세계(자연 사물)로 하여금 이성의 형식을 획득하게 함으로써 인간의 필연에 복종시키는 것을 말한다. 실러에게 있어 자연과 인간의 상호작용과 전환은 비교적 현실적인 방식을 갖추기 시작했다. 하지만 실러는 여전히 칸트를 계승하여 이른바 '심미적 교육'을 통해 '자연적 인간'을 '도덕적 인간'으로 승

* 실러의 이 글 한국어판(『미학 편지』, 안인희 옮김, 휴먼아트, 2012)에는 '감성충동' '이성충동'이 각각 '감각충동' '형식충동'으로 옮겨져 있다.

화시키려 했다. 그렇기에 아무리 칸트를 현실과 사회라는 차원으로 끌어당기려고 했어도, 실러는 현실생활과 사회의 물질적 실천을 이해하지 못했고, 세계를 개조하는 실천을 교육을 통해 개괄·대체하려 했던 것에 불과하다. 이는 결국 실러가 역사적 관념론자였음을 보여주는 것이다. 헤겔에 이르러 실체화된 절대이념이 모든 것의 귀결점이 되었다. 헤겔에게 자연과 인간은 정신이 부단히 상승하는 역사적 단계 안에서 통일되는 것이었고, 자연계의 유기체는 절대이념의 한 고리에 불과했다. 따라서 인간과 자연의 심오한 관계는 헤겔 미학에서 별로 중요한 자리를 차지하지 못했다. 헤겔에게 "미는 곧 이념의 감성적 현현이다."[90] 결국 헤겔이 주목한 것은 정신과 이념이 역사적으로 어떻게 실현될 것인가의 문제뿐이었다. 여기서 자연은 이념을 실현하는 재료에 불과하다. 만약 역사의 총체적 변증법이 헤겔 철학의 강점이라 한다면, 개체와 감성이 그 안에 함몰되는 것이 헤겔 철학의 약점이라 할 수 있다. 그렇다면 개체·자연·감성을 중시하는 계몽주의적 특징은 오히려 칸트에 의해 보존되고 유지되었다고 해야 할 것이다. 칸트와 헤겔 사이의 이러한 차이는 미학에서 가장 두드러지게 나타난다. 역사로서 총체는 개체보다 우월하고, 이성은 감성보다 우월하다. 하지만 역사의 성과로서 총체와 이성은 반드시 감성적 개체 안에 축적되고 보존되어야 한다. 심미현상의 심오한 의의가 바로 여기에 있다.(이에 대해서는 뒤에 다시 설명한다.) 헤겔의 미학은 칸트나 실러의 미학과는 다르다. 헤겔의 미학은 주로 예술이론이 되었고, 사변적인 예술철학사 혹은 예술에 관한 철학적 사변의 역사에 불과했다. 하지만 칸트의 미학은 그렇지 않다. 괴테가 칸트 미학에 대해서는 극찬을 아끼지 않고 동감을 표한 데 비해, 헤겔 미학에 불만을 품었던 것은 우연이 아니다.[91] 괴테는 감성·자연·현실을 중시했고, 그렇기에 헤겔 철학과 같이 감성적 현실을 무시하고 매몰시켜버리는 시각에는 유보적인 태도를 취했다.

자연과 인간을 통일시키려 한 칸트와 실러의 미학적 시도를 진정으로 계승한 이는 헤겔이 아니라 포이어바흐라고 봐야 할 것이다.

포이어바흐는 감성이 응당 가져야 할 위치를 회복시켰다. 그는 자연과 인간을 감성으로 통일시켰다. "'예술이 감성 사물 안에서 진리를 표현한다'는 말을 정확하게 이해하고 표현한다면 '예술은 곧 감성 사물의 진리를 표현한다'가 될 것이다."[92] 하지만 포이어바흐에게 이른바 '감성 사물의 진리'는 여전히 공허한 '사랑'에 불과하다. '사랑'은 분명 감성적인 것이다. 하지만 포이어바흐의 이 감성은 역사적이고도 구체적으로 규정된 것이 아니라 시대와 사회를 초월한 추상적 개념일 뿐이다. 루쉰魯迅이 언급한 대로, "사람이 살아남을 수 있어야 사랑도 아름다울 수 있는 것이다."* 생활의 실천은 여러 가지 역사적이고도 구체적인 내용을 갖는다. 앞에서 살펴보았듯, 포이어바흐는 감성적 인간만을 알았을 뿐 실천적 인간을 알지 못했다. 실천적 인간은 결코 자연적 감성에 머무르는 존재가 아니다. 실천적 인간은 구체적인 현실 활동, 즉 일정한 역사적 내용을 갖는 사회적, 시대적 인간이다. 포이어바흐는 이 점을 깨닫지 못했고, 실천의 기초 위에서 자연과 인간, 감성과 이성의 역사적 통일이라는 관계를 이해할 수 없었다. 그렇기에 인간(이성)과 자연(감성)의 통일로서의 진실한 기초가 무엇인지도 이해할 수 없었던 것이다. 결국 포이어바흐와 그 계승자인 러시아의 니콜라이 체르니셉스키[93] 역시 칸트에서 시작된 독일 고전주의 유심론의 미학을 철저하게 비판할 수 없었다.

* 루쉰, 『루쉰 전집 2』, 루쉰전집번역위원회 옮김(그린비, 2014), 360쪽.

8 '인간은 미의 척도에 근거해 생산한다'

칸트가 제기한 '자연이 인간을 향해 생성된다'라는 명제와 자연계의 최종 목적은 도덕-문화적 인간이라는 명제는 실상 인류의 실천을 통해 자연이 인간에게 복종하는 것, 즉 자연의 규칙이 인간의 목적을 위해 복종하는 것을 말한다. 다시 말해 인간은 실천을 통해 자연을 장악하고 인간의 목적에 복종시키는 것이다. 이는 또한 자연 대상의 주체화(인간화)이며 인간 목적의 대상화라 할 수 있다. 자연은 인간을 위해 존재함으로써 비로소 그 의의와 가치를 갖는 것 같다고 칸트가 말한 것은 곧 인간이 전체 자연의 인과적 필연을 이용해 그 자체로 비자연적인 목적과 성과를 실현한다는 뜻이다. 그리고 주체(인간)와 객체(자연), 목적과 규칙이 서로 의존하고 침투하며 전환하는 것은 완전히 인류가 세계를 개조하는 장기적인 역사적 실천의 기초 위에서 구축된다.

여기서 우리는 칸트의 철학을 신앙으로 향하게 한 '신비한 무엇'으로 되돌아가야 한다. 칸트는 『순수이성비판』에서 종종 인간이 가질 수 없는 직관적 지성 혹은 '지성직관'을 언급한 바 있다. 이는 곧 인간의 지성과 직관(감성)이 근본적으로 분리되어 있다는 의미다. 지성은 보편적인 측면에서 공허한 것이지만 주체 자신에서 유래하고, 직관은 구체적인 측면에서 수동적인 것이지만 감성 대상에서 유래한다. 인간이 인식을 진행하기 위해서는 양자를 결합해야 한다. 이것은 이미 우리가 익히 알고 있는 칸트 인식론의 기본 명제다. 하지만 칸트는 이 기본 명제를 강조할 때 양자를 결합하는 능력, 즉 이성과 감성, 보편과 특수, 사유와 존재가 합치되어 지성직관 혹은 직관지성을 결코 배제하지 않는다는 점을 재차 언급한 바 있다. 지성직관 혹은 직관지성에 있어서 본체와 현상계 사이의 구별은 없는 것이다. 그리고 그러한 능력에 있어서 인간이 인식할 수 없는 '물 자체'도 존재하지 않는다. 칸트가 자신의 비판서에서 이른바 '영혼과 지성의 세계' 혹은 기계론과 목적론이 '초감성적 기체基體' 안에서 동일하다는 점 등을 부단히 제기한 것은 모두 이러한 문제를 언급한 것이라 할 수 있다.

그렇다면 지성직관 혹은 직관지성이란 도대체 무엇인가? 칸트는 왜 그의 인식론의 기본 명제와 대립되는 지성직관 혹은 직관지성이라는 개념을 재차 제기하려 했던 것일까? 신앙적 경향성을 제거해버린다면, 칸트가 제기하는 것은 실상 사유와 존재의 동일성 문제임을 알아챌 수 있다. 칸트는 '물 자체'를 중심 고리로 삼아 이원론 체계를 통해 그러한 동일성을 제거해버렸기 때문에, 물 자체는 알 수 없는 것이 되었고 인식은 존재로 전화될 수 없었다. 그러므로 오직 신비로운 '영혼과 지성의 세계'에서 그 동일성을 구할 수밖에 없었다. 그곳에서만, 즉 칸트가 언급한 지성직관 안에서만 양자는 동일한 것일 수 있었다. 이로써 사유는 존재가 되고 가능성은 현실이 되며, 보편적인 것이 특수한 것이 되고 이성이 감성일 수 있으며, 본체가 현상이 되고 '당위'가 곧 '사실'이 되며, 목적론이 곧 기계론이 될 수 있게 된다. 사유는 비단 인식의 존재일 뿐 아니라 존재를 창조한다. 이러한 동일성은 당연히 매우 신비한 성질을 갖는다.

칸트 이후, 피히테가 이러한 직관지성을 중심으로 사변적 형이상학을 새롭게 구축했다. 또한 셸링은 더욱 직접적으로『판단력비판』에서 제기된 유기체의 특징과 지성직관을 확장시키고, 자연과 사유를 하나의 객관적인 원시적 힘으로 귀결시켜 '동일성의 철학'을 구축했다.[94] 헤겔이 최종적으로 절대이념의 이른바 '구체적 보편'으로서의 모든 모순을 소멸시켜버리고, "최고의 진실 안에서 자연과 필연, 영혼과 자연, 지식과 대상, 규칙과 동기 사이의 대립은 존재하지 않게 된다. 요컨대 일체의 대립과 모순이, 그것들이 어떠한 형식을 취하든지 간에, 모두 소멸하게 된다"[95]라고 주장한 것도 동일성에 대한 사유에서 도출된 것이다. 하지만 칸트가 제기한 동일성은 피히테와 셸링을 거쳐 헤겔에 이르면서, 이동하고 전화하는 역사적 고리의 변증법으로 전개된 이후, 존재로 전화하는 사유는 심오한 의의를 얻게 되었다. 사유와 존재의 동일성이라는 명제는 독일 고전 철학의 중대한 주제이자 정수가 되었던 것이다. 하지만 사유와 존재는 관념론적 사유와 정신으로 통일되었고, 상술한 형이상학적인 절대적 통일 속으로 소실되어버렸다.

마르크스는 독일 고전 철학이 제기한 사유와 존재의 동일성 문제를 뒤집어 유물론적 해답을 내놓았다. 마르크스주의는 인간의 물질적 실천으로부터 사유와 존재, 정신과 물질의 상호 전환을 이야기한다. 인간의 실천은 객관적인 자연의 규칙을 이용해 자신의 의식과 목적을 현실로 변화시킨다. 그리고 사유를 존재로 만들어 전체 자연에 자신의 흔적을 남겨놓는다. 이에 대해 레닌은 "인간의 의식은 객관 세계를 반영할 뿐 아니라 객관 세계를 창조한다"[96]라고 말한 바 있다. 인간의 활동은 의식적이며 목적을 갖는다. 인간은 자연적 규칙을 이용해 자신의 목적을 실현한다. 이러한 목적은 종종 한계를 갖게 마련이고 그러한 한계는 자연에 의해 초래된 것이다.(예컨대 생존의 유지) 하지만 중요한 것은 "목적이 수단과 객관성의 결합을 통해" 유한한 목적을 훨씬 초월한 결과와 의의를 만들어낸다는 점이다. 레닌은 헤겔의 말을 빌려 이렇게 말했다. "수단은 외재적 합목적성의 유한한 목적보다 훨씬 우월하다. ……도구는 보존되지만 직접적 향유는 잠시일 뿐이고 잊힐 수 있다. 인간은 자신의 도구에 의해 외부 자연계의 힘을 지배하지만, 자신의 목적에 대해 말한다면 오히려 자연계에 복종하게 된다." 레닌은 이에 대해 "헤겔이 품고 있는 사적 유물론의 맹아"[97]라고 재차 언급한다. 인간은 자연 안에서의 생존, 즉 목적을 위해 세대를 이어가며 분투하는 사회적 실천의 과정에서 유한한 목적보다 더욱 중요한 인류 문명을 만들어냈다. 인간이 도구를 제작하고 사용하는 것은 자연적 규칙에 복종하는 종족의 생존을 유지하기 위해서지만, “목적이 수단과 객관성의 결합을 통해” 유한한 생존과 목적을 초월하는 불멸의 역사적 성과를 남기게 된 것이다. 이러한 성과의 외재적이고 물질적인 측면이 바로 다양한 사회적 생산방식에서 전개되어 나온, 원시 인류의 석기에서 현대의 대공업에 이르는 과학기술문명이다. 이는 곧 예술-사회의 구조적 측면이다. 또한 그 성과의 내재적이고 심리적인 측면은 내화·응결·축적되어 지력, 의지 및 심미적 형식구조가 된다. 이는 바로 문화-심리의 구조적 측면이 된다. 서로 다른 시대에 전개된 각종 과학과 예술은 그 문화-심리의 구조적 측면이 물질화된 형태를 취한 것이라 할 수 있다. 개인의 생명과 인간의 생존을 유지하는 목적은 유한하고 자연계의 규칙에 복종하는 것이다. 하지만 인류의 역사, 사회적 실천 및 성과는 자연계를 초월하여 오랜 시간 지속된다.

칸트는 사유와 존재의 동일성을 없애버리는 ‘영혼과 지성의 세계’를 제시했고, 그 동일성을 사멸시키는 헤겔의 절대이념은 신비로운 관념론적 성질을 지닌 것이었다. 이것은 이후 신앙, 목적론, 종교, 신으로 귀결되었다. 사유와 존재의 동일성에 관한 문제에서 마르크스주의가 자연의 인간화를 그러한 동일성의 위대한 역사적 성과이자 인간의 본질이 놓인 지점이라 본 것은 심오한 사적 유물론과 실천론 철학에 의한 결론이며, 이는 곧 마르크스주의가 심미 영역을 지향하고 있음을 나타내는 것이라 할 수 있다.

신 혹은 종교가 아니라 실천적 인간, 그리고 집단적 사회를 구성하는 수많은 대중의 실천의 역사가 자연을 인간의 자연으로 만드는 것이다. 이 과정을 통해 비단 외재적 자연계가 인간의 세계에 복종할 뿐 아니라, 육체적 존재로서 인간 자체의 자연(오감에서부터 각종 물질적 필요에 이르기까지) 역시 동물적 본능을 초월해 인간적(즉 사회적) 성질을 갖게 된다. 이는 곧 인간이 자연존재의 기초 위에서 초생물적 성질을 만들어낸다는 것을 의미한다. 심미는 그러한 초생물적 수요와 향유(칸트는 이를 '판단력'이라 부른다)이고, 그것은 인식 영역 안에서 초생물적 신체(부단히 발전하는 도구)와 언어, 사유, 즉 인식능력(칸트는 이를 '지성'이라 부른다)을 만들어내며, 윤리 영역 안에서 초생물적 도덕(칸트는 이를 '이성'이라 부른다)을 만들어내는 것과 같다. 이는 오직 인간만이 가진, 동물과 구분되는 사회적 산물이자 특징이다. 인성 역시 이러한 생물성과 초생물성의 통일이라 할 수 있다. 차이가 있다면 인식 영역 혹은 윤리 영역에 속한 초생물성은 항상 감성 안의 이성으로 표현되는 데 비해, 심미 영역에서는 축적된 감성으로 표현된다는 것뿐이다. 인식 영역과 지적 능력의 구조 안에서 초생물성은 감성적 활동으로 표현되고 사회적 제약은 이성으로 내화된다. 그리고 윤리와 의지의 영역 안에서 초생물성은 이성의 응축과 감성의 강제로 표현되는데, 이는 실상 감성에 대한 초생물성의 우월성을 표현하는 것이라 할 수 있다. 하지만 심미 영역에서는 이와 다르다. 여기서 초생물성은 이미 감성 안으로 용해되어버린다. 그 범위는 극도로 광대하며 일상생활의 감성적 경험 안에서도 존재할 수 있다.[98] 그리고 그 실질은 일종의 유쾌한 자유로운 감정이다. 그렇기에 밥을 먹는 일은 배고픔을 채우는 것만이 아니라 일종의 미식美食이 되고, 남성과 여성은 교배를 하는 것이 아니라 사랑을 하게 되는 것이다.[99] 또한 세상을 돌아보며 여러 가지를 느끼고 싶은 욕구는 다양한 예술적 욕구가 된다. 감성 안에 이성이 스며들고, 개성 안에 역사가 자리하며, 자연 안에 사회가 충만하게 된다. 감성 안에 감성만 있는 것이 아니고 형식(자연) 안에 형식(자연)만 있는 것이 아니다. 이것이 바로 미의 기초라 할 수 있는, 자연의 인간화라는 명제의 심오한 함의다. 즉 총체·사회·이성은 결국 개체·자연·감성에 스며들게 된다. 마르크스는 이렇게 말했다. "구식 유물론적 시각의 출발점은 시민사회였다. 하지만 새로운 유물론적 시각의 출발점은 인류사회 혹은 사회화된 인류이다."[100] 마르크스주의 유물론은 구식 유물론과는 다르다. 마르크스주의 유물론의 이상은 전 인류의 해방이고, 이 해방은 비단 경제적, 정치적 요구뿐 아니라 더욱 심각한 의미를 포함하고 있다. 그중에는 인간을 모든 소외된 상태에서 해방시켜야 한다는 요구도 담겨 있다. 미는 모든 소외의 대립물이다. 실러가 '유희활동'을 심미와 예술의 본질로 보았을 때, 이는 미를 소외의 대립물로 보는 시각을 예고한 것이라 할 수 있다. 인간은 유희 안에서 진정으로 자유롭고, 개체로서의 인간은 오직 자유롭고 창조적인 노동과 사회활동 안에서 비로소 아름다울 수 있다.

그러므로 미학적 각도에서 보았을 때, 나는 여러 사람이 이야기하듯 칸트→헤겔→마르크스의 공식이 아니라 칸트→실러→마르크스의 공식이 되어야 한다고 생각한다. 이 계보를 관통하는 것은 감성에 대한 중시, 그리고 감성을 떠나지 않는 성격과 능력의 특징을 주조하고 개조하여 감성과 이성의 통일을 이야기한다는 점이다. 감성을 떠나지 않는다는 것은 현실생활과 역사적으로 규정된 구체적인 조건을 떠나지 않는 개체를 말하는 것이기도 하다. 물론 칸트에게 이러한 감성은 추상적 심리에 불과하고 실러의 경우에도 추상적 인간일 뿐이지만, 실러는 인간과 자연, 감성과 이성이 감성의 기초 위에서 통일된다는 문제를 제기했고, 심미에 대한 교육을 자연적 인간이 자유로운 인간으로 상승하는 경로로 보았다. 하지만 실러의 이러한 시각은 여전히 관념론적 유토피아의 추구에 다름 아니다. 왜냐하면 실러는 진정한 역사적 관점을 결여하고 있기 때문이다. 그에 비해 마르크스는 노동, 실천, 사회적 생산에서 출발해 인간의 해방과 자유로운 인간을 논했고, 교육학 역시 이러한 사적 유물론의 기초 위에 구축했다. 마르크스의 시각이야말로 근본적인 문제 해결 방향을 제시한 것이라 할 수 있다. 그러므로 마르크스주의 미학은 의식 혹은 예술을 출발점으로 삼은 것이 아니라, 사회적 실천과 '자연의 인간화'라는 철학적 문제에서 출발한 것이라 할 수 있다. 나는 마르크스가 언급한 '자연의 인간화'가 여러 미학 관련 연구들이 오인하듯 의식, 예술 창작, 감성을 말하는 것이 아니라 노동과 물질 생산, 즉 인류의 기본적인 사회적 실천을 언급하는 것임을 여러 차례 강조한 바 있다.[101] 마르크스는 "사회는 인간과 자연의 완전한 본질적 통일체"[102]라고 했으며, "이른바 세계사는 인간이 노동을 통해 만들어낸 역사, 자연이 인간을 향해 생산된 역사일 뿐"[103]이라고 말했다. 그는 또한 다음과 같이 언급하기도 했다. "산업은 인류가 자연 및 자연과학에 대해 맺고 있는 현실적이고도 역사적인 관계다. 만약 산업을 인간의 본질적인 힘이 현현한 것이라 볼 수 있다면, 우리는 자연의 인간적 본질 혹은 인간의 자연적 본질을 이해할 수 있을 것이다."[104] 이는 곧 인간이 산업과 과학을 통해 자연을 인식하고 개조하며, 구체적으로는 자연과 인간이 사회적이고 능동적인 실천 활동을 통해 대립을 거쳐 통일됨을 말한다. 이는 결코 자연에서 인간으로 나아가는 기계적 진화론이 아니며, 자연에서 도덕으로 나아가는 신비로운 목적론도 아니다. 마르크스의 관점을 유물론적 측면에서의 통일성, 즉 인간이 능동적으로 자연을 개조하는 실천론으로 보는 것이 문제에 대한 정확한 답일 것이다. 오랜 세월에 걸친 사회적 실천을 통해 자연은 인간화되고, 인간의 목적은 대상화된다. 자연은 인간에 의해 통제되고 개조되며 정복되고 이용되어 인간에게 순종하는 자연이 되고, 인간의 "비유기체적 신체"[105]가 된다. 이 과정을 거쳐 인간은 자연을 장악하고 통제하는 주인이 되는 것이다. 자연과 인간, 진리와 선, 감성과 이성, 규칙과 목적, 필연과 자유는 여기서 진정한 모순의 통일을 달성하게 된다. 진리와 선, 합법칙성과 합목적성은 비로소 서로 침투하고 융합하여 일치를 이루게 된다. 이로써 이성은 감성 안에 축적되고, 내용은 형식 안에 축적되며, 자연의 형식은 자유의 형식이 되는 것이다. 이러한 변화 또한 미라고 할 수 있다. 미는 진리와 선의 대립·

통일이다. 즉 자연적 규칙과 사회적 실천, 객관적 필연과 주관적 목적 사이의 대립·통일인 셈이다.[106] 심미는 이러한 통일이 주관적 심리에 반영된 것이다. 그리고 그 심미 구조는 사회적이고 역사적인 축적의 결과이며, 심리의 여러 기능(지각·이해·상상·정감 등)의 결합으로 표현된다. 또한 각각의 요소가 이루어내는 서로 다른 조직과 결합은 서로 다른 특징을 갖는 심미적 감수성과 예술적 풍격風格을 형성한다.[107] 그 구체적 형식은 이후 화학의 이중나선Double Helix 형태 혹은 모종의 수학적 방식과 구조를 빌려 정확하게 표현되었다.[108] 고전 철학의 어휘로 표현하자면, 진리와 선의 통일이 객체인 자연에 대한 감성적 자유의 형식으로 표현된 것이 미이고, 주체 심리의 자유로운 감수성(시각·청각·상상력)으로 표현된 것이 심미라 할 수 있다. 형식미(우아한 미)는 이러한 통일 속의 모순이 조화된 상태이고, 숭고는 이러한 통일 속의 모순이 충돌하는 상태라 할 수 있다. (칸트 미학이 주장하는 것처럼) 숭고의 근본 기초는 자연에 있지도 않고 영혼에 있지도 않다. 그것은 인류의 실천에 놓여 있다. 그렇기에 위대한 예술작품은 종종 숭고를 미학적 특징으로 삼는다. 즉 복잡하고도 격렬한 인간의 투쟁을 그 특색으로 하는 것이다. 지사志士와 의인, 그리고 수억 대중은 용감하게 나아가 투쟁하고, 불굴의 의지로 용감하게 희생한다. 이러한 것이야말로 예술이 표현하고자 하는 사회적 숭고함이다. 자연미의 숭고함은 인류의 사회적 실천이 자연을 역사적으로 정복[109]한 이후, 그에 대한 감상(정관靜觀)의 과정 속에서 자연 자체가 격정을 불러일으키는 대상이 되는 것을 말한다. 그러므로 실상 자연 대상 자체나 인간의 주관적 영혼이 아니라 사회적 실천의 역량과 성과가 숭고함을 드러내는 것이다. 미(우아한 미와 숭고)는 객관적 사회성을 갖는다. 그리고 예술미는 그 표현인 셈이다. 인간의 창조적 활동(합목적성과 합법칙성의 통일)에서 인간의 예술 향유 및 자연 감상은 모두 그러한 미의 객관적 존재와 심미적인 주관적 만족을 포함하는 것이다. 특히 계급 간의 대립, 착취와 억압이 철저하게 소멸된 이후, 인간이 더이상 동물적 생존을 지속하기 위해 노동하지 않고, 더이상 각종 소외를 불러일으키는 힘과 요소에 통제되고 지배되어 노동하지 않는, 다시 말해 생존권, 금전과 허영 등을 위해 노동하지 않을 때, 그리고 동시에 기계와 기술의 부속품이 되어 단조로운 노동을 하고, 그에 예속된 지위(생활·노동·심리를 포함하여)에 속하지 않게 될 때, 그제야 인간의 창조성과 개성의 풍부함을 체현하는 노동력과 여타의 실천활동은 대규모의 미적 형식을 통해 표출될 것이다. 이때에 이르러 '인간은 목적이다'라는 명제의 과학적 함의가 진정으로 나타날 것이며, 인간의 존재 자체도 근본적 변혁을 맞이할 것이다. 사회적 재산과 부의 창조는 단순히 노동 시간을 통해서가 아니라 자유로운 시간을 통해 계산될 것이고, 예술적이고 과학적이며 창조적인 자유로운 노동은 사회 발전의 지표이자 척도가 될 것이다. 인간은 내부적 측면에서든 외부적 측면에서든, 그리고 사회적 측면에서든 자연적 측면에서든 모든 측면에서 완전히 새로운 성질을 갖게 될 것이다. "자유시간(한가로운 휴식시간이든 고차원의 활동에 종사하는 시간이든)은 이를 점유하는 인간을 완전히 다른 주체로 변화시킬 것이다. 이렇게 완전히 다른 주체가 된 이후, 인간은 직접적인 생산과정에 참여하게 될 것이다. 현재 성장과정에 있는 사람이라면 자유시간은 교육을 받는 시간이고, 성인의 경우에 자유시간은 실험과학에 종사하여 물질적 측면에서 창조·발명·실습을 통해 과학을 대상화하는 시간이라 할 수 있다."[110] 원시사회에서는 극소수의 주술사가, 자본주의 사회에 이르러서는 지식인 계층이 점유하던 시간과 지위 및 역할이 미래 사회에서는 중요한 지위를 차지하는 보편적 노동 형태가 될 것이다. 그러한 상태가 사회적으로 보편적이고도 주요한 노동의 형태가 되었을 때에야 비로소 공산주의도 도래할 수 있다. 그러므로 배부르게 생활을 향유하는 것이 공산주의가 아닌 것이다. 공산주의는 마르크스가 일찍이 언급했듯, 역사 이전 시기에 존재했던 필연의 왕국과는 다른 자유의 왕국이다. 비단 사람을 빈곤에서 구해내는 것만이 공산주의가 아니다. 공산주의는 인간을 모든 소외 상태에서 해방시키고 계급의 낙인, 생산의 도구, 기술의 부속품 혹은 판매되는 노동력의 속박에서 해방시키는 것을 포함한다. 또한 공산주의는 인류 사회의 발전과 경제의 부단한 성장이 현실화되는 객관적 추세이고 동시에 수억의 민중이 분투하여 얻어내고자 하는 미적 이상인 것이다.

이를 통해 칸트가 객관적 미와 주관적 심미의식의 근본 기초 전체를 신비로운 "초감성적 기체基體"[111]로 귀결시키려 한 것이 실제로는 인간과 자연(외재적 자연과 내재적 자연을 모두 포함하여) 모두의 온전한 승리임을 알 수 있다. 이것이야말로 '자연이 인간을 향해 생성되는 것'이며 인간만이 가진 감성적 대상과 의식이 되는 것이다. '자연이 인간을 향해 생성되는 것'은 사회적 산물이며 역사적 성과이다. 만약 원시인의 석기石器에서 현대의 대공업에 이르는 물질문명이 인간과 자연이 하나가 되는 것을 가리키는 척도이며, 그것이 자연과 인간의 현실 역사 사이의 관계를 가리키는 것이라면, 미와 심미 역시 그러한 점을 나타내는 징표라고 해야 할 것이다. 다만 다른 점은 미와 심미가 주체와 객체에게 감성적 측면에서 주어진 직접적 형식 안에서 드러난다는 점, 그리고 인간만이 지닌 외부적 물질형식인 산업과 서로 대응된다는 점이다. 산업(광의의 산업)과 문명(사회적, 시대적 문명)이 인류 역사의 첫머리를 여는 심리학적 척도라 한다면, 미와 심미(예술)는 그 역사를 마무리짓는 산업과 문명의 척도라 할 수 있다. 미의 본질과 인간의 본질은 이렇게 서로 밀접하게 연관되어 있다. 인간의 본질은 자연적 진화에 기반한 생물학적인 무엇이 아니며, 또한 어떤 신비한 이성의 산물도 아니다. 인간의 본질은 실천의 산물이다. 미의 본질 역시 마찬가지다.

미의 본질은 인류의 실천이 세계를 생산한다는 것을 가리킨다. 마르크스가 말한 대로, "동물은 자신이 속한 종種의 척도와 수요에 따라 생산한다. 하지만 인간은 그 어떠한 종의 척도로도 생산할 수 있으며 어디서나 내재적 척도를 대상에 적용할 수 있다. 그러므로 인간은 미의 척도에 근거하여 생산하는 것이다."[112] 칸트와 실러의 미학이 인간과 자연, 이성과 감성의 통일을 언급했다고는 하지만 그러한 통일을 사유와 존재의 동일성, 인간을 향한 자연의 생성, 자연의 인간화 같은 근본적인 철학적 과제로서 사적 유물론의 측면에서 설명하지는 못했다. 그렇기에 미의 본질을 정확하게 설명할 수도 없었다.

오늘날 과학기술이 무서운 속도로 발전하고 자동화와 컴퓨터의 쓰임은 날이 갈수록 확대되며, 기계가 부단히 인간의 각종 능력과 기능을 대체하고 있다. 이렇게 인간의 손과 두뇌가 계속 확장됨에 따라 과학기술이 보조 역할에 머무는 것이 아니라 갈수록 물질 생산이라는 중요한 임무를 떠맡는 추세 속에서, (기술이 인간을 지배하고 통제하리라는) 비관주의가 오랫동안 유행하기도 했다. 또한 각종 새로운 학설들은 심리 분석이 사적 유물론을 대체할 것이라 주장하고, 자신들의 혁신성을 강조하면서 현대 산업기술을 떠받치는 '이성의 통치'에서 해방되어 나올 것을 주장한다. 물질문명과 소비생활이 매우 빠른 속도로 발전하면서, 개인의 고독감과 우울, 무료함과 초조함, 목적의 상실과 공포가 날이 갈수록 증대되고 있다.(현대 예술은 추醜의 형식을 통해 그러한 심리와 정서를 반영하고 있다.) 종교의 쇠락으로 인간이 정신적으로 의탁할 수 있는 대상이 사라졌고, 과학기술의 발달로 사람들이 노동과 생활 사이에서 느끼는 친밀한 유대관계가 갈수록 옅어졌다. 인간은 오늘날 다양한 형태의 소외 상태에 놓여 있는 것이다. 인간의 노동과 생활, 생산과 소비, 욕망과 향유, 수요와 의식, 정감과 사유 등이 모두 기술 시대에 의해 소외되어버리고, 기술이 이를 지배하고 통제하는 것 같다.(자본주의 이전 시대에는 현실적으로나 정신적으로나 소외 현상이 정치 및 종교의 형태로 적나라하게 표현되었고, 인간이 만들어낸 권력과 우상이 잔혹하게 인간 자신을 노예로 만들어버렸다.) 그렇기에 루소가 제기한 매우 오래된 문제(문명과 과학·도덕 사이의 '이율배반')가 다시 새로운 형태로, 하이데거와 사르트르, 마르쿠제에 의해 부단히 제기되는 것이다. 인간과 자연이라는 이 오래된 문제는 총체(사회)와 개체(자연)의 새로운 관계라는 문제를 새롭게 제기한다.[113] 앞 장에서 언급했듯, 헤겔의 총체적 사유에 의해 함몰되었던 개체 의식은 현대적 생활조건하에서 급속히 고개를 들고 발전하고 있다. 개인 존재의 거대한 의의는 날이 갈수록 두드러지며, 뼈와 살을 가진 자연적 존재물로서 개체는 특정한 상태와 조건 속에서 자기 자신의 독특함과 유일함(임종을 앞두고 존재의 진정한 깊이를 느끼는)을 더욱 강렬하게 느낀다. 그리고 이때 비로소 그 유일무이함이 진정한 '존재'임을 의식하고 '익명성'과 '중성적 인간'으로부터, 즉 개체의 존재 의의를 상실한 사회적 총체로부터 해방되어 나올 것을 요구하게 된다. 이로써 '점유'가 '존재'를 삼키지 못하게 되는 것이다. 이러한 실존주의의 흥미진진한 주제, 그리고 마르쿠제 등이 강조한 이른바 '일차원적 인간'은 현대의 기술적, 물질적 소외화의 힘과 통제로부터 해방을 요구한 것이고, 이러한 주장은 모두 현대 자본주의 사회 속 인간과 자연, 사회와 개체의 거대한 모순과 분열을 철학적 방식으로 표현한 것이다. 이 모순과 분열의 근원은 특정한 사회적 조건 속에서의 계급적 착취와 통치에 있지, 빠르게 발전하는 과학기술과 물질문명 자체로 귀결되어서는 안 된다. 마르틴 부버는 이러한 관점에서 자아와 사물의 관계에 반대하고, 인격체인 타자와 자아 사이의 관계야말로 인간의 진실된 존재임을 강조했다. 고대 중국 철학이 강조한 '천인합일天人合一' '도(이치)는 일상생활 속에 있다道在倫常日用之中' 같은 사상은 모두 개체와 신의 관계를 말하는 것이 아니라 세속적인 삶 속에 놓여 있는 인간관계, 그리고 인간과 자연의 화해야말로 진정한 존재임을 가리키는 것이라 할 수 있다. 물론 이것은 고대 농경사회의 생산 기초 위에서 만들어진 사상이다.[114] 실존주의가 드러내는 개체의 진실한 존재와 그 존재의 상실 및 추구는 결국 자본주의가 고도로 발달한 현대에 인간관계가 소원해지고 인간 사이에 정감이 사라지며 개체의 생활과 심리가 단일화되는 상황에서, 소외의 극복을 모색하고 생명의 진실한 가치, 즉 개체 존재의 풍부한 의의를 추구할 것을 주장하는 것이다. 본래 자연 상태의 생명 존재는 독특함과 유일함을 갖지 않는다. 그것은 인간 역사에서 구체화된 사회적 내용과 가치다. 개체의 자연성 안에 극도로 풍부한 사회성이 충만해 있는 것, 이것이야말로 진정한 개성의 의의라 할 수 있다. 현대 철학은 비관주의적 형식을 통해 자연과 인간, 사회와 개체의 필연적 통일이라는 시대적 과제를 표현했다. 하지만 전 세계가 진보하면서 심미와 예술의 영역에서 가장 두드러지게 나타나는 개성과 독특함, 풍부함과 다양성이 전체 사회의 각 방면에서 충분히 드러나고 발전할 것이다. 이렇게 개성과 개체의 잠재력이 여러 측면에서 다양하게 발전하는 것이 바로 미래 사회의 커다란 특징이다.

마르크스는 다음과 같이 말했다. "공산주의는 사유제私有制, 즉 인간의 소외화를 적극적으로 지양하는 것이다. ……그것은 인간이 사회로서의 자신, 즉 인간적인 인간으로의 복귀이며, 이 회복은 완전한 것이자 발전과정에서 얻은 모든 풍부함을 자각적으로 보류하는 것이다. 이러한 공산주의는 완성된 자연주의 = 인본주의다. 공산주의는 인간과 자연, 인간과 인간 사이의 대립이 진정으로 해결된 것이다. 존재와 본질, 대상화와 자아 긍정, 자연과 필연, 개체와 종족 사이의 투쟁이 진정으로 해결된 상태다. 공산주의는 역사적 미로의 해결이고, 스스로가 그러한 문제의 해결임을 알고 있다."[115] "자연과학은 스스로를 인간의 과학에 속하게 할 것이다. 마찬가지로 인간의 과학도 자연과학에 속하게 되어 하나의 학문이 존재하게 될 것이다."[116] 여기서 말하는 '인성' '인본주의'는 구체적으로 사회적, 역사적 성질을 가지고 있고 자연과 초자연을 모두 포함하는 것으로 이해해야 한다. 그렇기에 과거의 모든 인성론 및 인본주의(자연적이고 추상적인 인성론)[117]와는 구분해야 한다. 오직 인간의 자연화 및 자연의 인간화라는 사적 유물론에 대한 이해의 기초 위에서만 위 문제의 이론적 '해답'을 구할 수 있다. 그 해답은 별다른 것이 아니라 마르크스와 엥겔스가 말하는 "모든 사람의 자유의 발전이 모든 사람의 자유의 발전의 조건이 되는"[118] 미래 사회다. 이렇게 충분히 발전한 개체 자체는 바로 인간과 자연, 사회와 개성이 고도로 통일된 상태에 다름 아니다.

인류는 필연의 왕국에서 자유의 왕국, 즉 미의 세계로 나아간다. 그러한 세계는 오직 사람들이 본래 존재하던 혹은 이제 그 양태를 바꿔버린 착취와 억압을 전복한 이후, 그 착취와 억압의 다종다양한 경제적, 정치적, 기술적, 심리적, 이데올로기적 영향력과 그 양상 및 잔존물을 모두 없애버린 이후 비로소 등장할 수 있다. 미란 본래 인류의 오랜 역사적 실천과정에서 산출된 것이다. 모든 인류 역사는 아무리 어렵고 고통스러우며 오랜 투쟁의 과정을 거칠지언정, 결국에는 미의 세계를 쟁취할 수 있다는 것을 우리에게 가르쳐준다.

이 책을 마무리하면서 나는 칸트 철학이 결국 제기하는 바는 '인간이 인간일 수 있는 이유', 즉 '인간이란 무엇인가'라는 대명제大命題라고 생각한다. 앞에서 제기한 '3대 문제'('나는 무엇을 인식할 수 있는가' '나는 무엇을 해야 하는가' '나는 무엇을 희망할 수 있는가')는 모두 최종적으로 '인간은 무엇인가'라는 물음으로 귀결된다. 이 위대한 문제에 대해 칸트는 인식·도덕·심미라는 세 가지 측면을 통해 문화-심리 구조, 즉 '보편 필연적' 인성 능력(인성의 주요한 특징과 골간을 이루는 부분)이라는 위대한 해답을 내놓았다. 하지만 '보편 필연적' 인성 능력이 어떻게 가능한가의 문제를 '순수이성'으로 귀결시킨 것은 문제 해결이 되지 못했다. '인간은 무엇인가'는 여전히 과제로 남아 있는 것이다. 그렇기에 이 문제는 '경험이 선험이 되고, 역사가 이성을 구축하며, 심리가 본체가 되는' 인류학의 역사본체론을 제기함으로써 진일보한 탐구를 해야 하는 주제라 할 수 있다.

초판 후기

나는 본래 미학과 중국사상사를 연구하던 사람이기에 이 책을 쓰게 된 과정을 간략히 설명할 필요가 있을 것이다.

칸트 철학에 대해서는 일찍부터 흥미가 있었지만 좀처럼 이를 연구하고 비평할 계획은 세우지 못했다. 1972년 [허난성 신양시 북부의] 밍강明港 간부학교 생활이 마무리될 즈음 책 읽을 짬이 났는데, 당시 곁에 두고 있던 『순수이성비판』을 여러 차례 반복해서 읽었고 몇 가지 관점을 제기할 수 있겠다는 생각이 들었다. 같은 해 가을, 베이징 간부학교로 돌아왔을 때, '사인방'[문화대혁명을 주동한 장칭江青, 야오원위안姚文元, 왕훙원王洪文, 장춘차오張春橋]의 횡포는 날로 심해졌고 문화적 공간이라 할 만한 곳은 전혀 존재하지 않았다. 야오원위안이 권력을 틀어쥐고 있는 상태에서 나는 미학을 공부할 수 없었다. 또한 당시는 '유법투쟁儒法鬪爭'*이 강요되던 터라, 중국사상사에 대해서도 공부할 수 없었다. 그저 멀리 비켜서서 이 책의 저작에 몰두하며 분노를 글

* 1970년대 초 중국에서 전개된 '비림비공批林批孔'(린뱌오林彪와 공자孔子를 비판함) 운동의 연장선상에서, 중국사를 '유가儒家'와 법가法家'의 투쟁으로 해석한 논리. 여기서 유가는 '봉건 지주의 보수적 사상'이라 비판하고, 법가는 '신흥계급의 혁신적 사상'으로 높게 평가함으로써, 문화대혁명의 사회개혁과 계급투쟁을 옹호하려는 마오쩌둥과 사인방의 정치적 의도가 담겨 있었다.

로 삭일 수밖에 없는 상황이었다. 몸과 마음에 모두 병이 들고, 때로는 멈추었다가 집필을 계속해나가면서 1976년 대지진* 즈음엔 책을 완성하느라 씨름하고 있었다. 천막 아래에서 지진을 이겨내며 책을 저술하는 것도 또다른 재미가 있었다. 하지만 '사인방'의 파시스트 정권 아래에서 현실적으로 어려운 여건에 처해 있었고, 그 지난한 역사적 흐름 속에서는 일반 서적을 읽는 것조차 매우 힘든 일이었다. 반드시 읽어야 하는 책도 보지 못하고 있었다. 이 어려운 시절에 여러 동지가 격려를 해주었고 책을 빌려주었으며, 깊은 정과 성의 있는 우정을 보여주었다. 이 기회를 빌려 깊은 감사의 말을 전한다.

이 책이 완성되기까지 오랜 시간이 걸렸지만 본격적으로 연구하고 저술한 시간은 매우 부족했다. 내용, 문체, 논증, 자료 등 모든 부분에서 부족한 면이 있다. 『순수이성비판』의 문체 자체가 중복되고 건조하며 난해한데, 이 모든 난점이 이 책에도 그대로 옮겨 붙고 말았다. 또한 어떤 부분은 간략하게 논하는 데 그쳤고, 어떤 부분은 충분히 언급하지 못하고 말았다. 이러한 문제들은 이후 기회가 있다면 당연히 수정하고 보완할 것이다. 중국에서는 최근까지 칸트를 전문적으로 다룬 서적이 없었고, 외국에서도 실천의 관점에서 칸트를 분석한 서적을 아직 보지 못했다. 이 책은 이와 관련된 몇몇 문제를 제기하고 여러 고견을 듣고자 했을 따름이다.

1976년

베이징 허핑리 9단지 1호에서

* 1976년 7월 28일, 중국 허베이성河北省 탕산唐山에서 발생한 진도 7.8의 대지진을 가리킨다. 이 지진으로 24만 명이 사망했다.

재판 후기

이 책의 초판은 3만 부를 인쇄했다. 당시엔 그것으로 끝이라고 생각했다. 최소한 10년간은 수정 재판을 내기 어렵다고 봤다. 하지만 갑자기 책이 빠르게 팔려나가기 시작했고, 지금 이렇게 재판을 내게 되었다. 또한 청년 독자들의 열정에 가득찬 편지를 받았을 뿐 아니라, 내가 알지 못하는 논자들이 쓴 상당히 수준 높으면서도 칸트를 다루지 않는 논문들이 학술지 『중국사회과학』에 실리고 그 논문들이 이 책의 몇몇 부분을 인용하는 것을 주의 깊게 지켜보았다. 솔직히 말해 이러한 현상을 접하면서 나는 남몰래 기뻐했다. 이 책이 대단하다고 느껴서가 아니라, 이 책의 출판을 방해했던 사람들에게 보기 좋게 한 방 먹인 셈이었기 때문이다. 루쉰이 말했듯, 그러한 방해에는 술수가 있게 마련이고, 때로는 실제 효력을 발휘할 때도 있다. 내가 살면서 이런 어려움을 겪은 지도 이미 오래되었지만, 그럴 때마다 말을 적게 하고 언행을 조심하는 등 마음의 번뇌를 삭인 일이 한두 가지가 아니었다. 작은 일들일 수도 있지만, 때로는 숨이 막힐 정도로 힘들었다. 아마 이후에도 이 책을 통해 얻은 큰 행운을 다시 만나기는 어려울 것이다. 그렇기에 이 책의 재판을 발행하면서 다소 마음이 편치 않다고 한다면, 그것은 우선 스스로 경각심을 일깨우고자 함이고, 다음으로는 내 젊은 친구들을 지지하고 사랑한다는 말을 전하고 싶었기 때문이리라. 어떤 의미에서든 학문의 길은 평탄치 않고 온갖 잡다한 일이 방해하기 마련이다. 하지만 마르크스가 인용했던 다음 문구가 이 상황에 대한 좋은 답변이 될 것이다. "제 갈 길을 가라, 남이야 뭐라든!"*

본론으로 돌아가자. 내가 미국에서 어느 교수와 학술서적 출판에 대해 이야기할 때, 그 교수는 중국에서 철학 관련 서적이 그렇게 많이 출판된다는 사실에 놀라움을 금치 못했다. 물론 중국은 사람이 많다. 하지만 인구 대비 책 종수를 따져봐도 분명 놀라운 수치였다. 그때 나는 독일의 노동자 계급이 실무적인 일에 몰두하고 있음에도 오히려 이론적 문제에 대한 관심을 소중히 간직하고 있었기에 독일 고전 철학의 계승자가 될 수 있었다던 엥겔스의 말†을 기억해냈다. 오늘날 중국, 특히 청년 세대는 이론적 열정과 철학에 대한 흥미를 가지고 있고, 이 또한 주목할 만한 시대적 풍경이자 중국의 장점이다. 이론에 대한 강렬한 흥미와 연구 열정이 있어야만 비로소 용속함에서 빠져나올 수 있고 멀리 내다보며 미래를 지향할 수 있는 법이다. 또한 그렇게 될 때 인민과 조국의 사회주의 사업을 위해 봉사할 수 있게 된다.

나 역시 '문화대혁명' 시기에 기본 이론에 대한 관심을 유지하고 강화해왔기에 이 책을 쓸 수 있었다는 점을 기억해주기 바란다. 여러 동지들이 이 책을 저술할 때의 상황에 대해 묻곤 한다. 초판 후기에서 간단히 언급하긴 했지만 여기서 좀더 자세히 보충하기로 한다.

내가 칸트에 관한 책을 쓰게 된 이유는, 초판 후기에서 언급했듯, '피난'을 위해서였다. 마냥 시간을 낭비할 수는 없고 내가 본

* 마르크스가 좌우명으로 삼던 단테의 말로, 『자본론』 서문 끝에 인용되어 있다.

† 엥겔스의 글 「포이어바흐와 독일 고전 철학의 종말」에 나오는 말. 『칼 맑스 · 프리드리히 엥겔스 저작 선집 6』, 박종철출판사 편집부 옮김(박종철출판사, 2004), 289쪽 참조.

래 하던 일이 허락되지 않던 상황에서 비림비공批林批孔 운동*이 선험론을 허락한 것을 기회 삼아 칸트를 연구할 수 있었다. 일설에 의하면 외국의 어느 장군은 『순수이성비판』을 몸에 지니고 다니면서 읽었다고 한다. 나는 간부학교에서 퇴근할 때, 많은 책을 휴대하지는 못하고 몇몇 책만 가지고 다닐 수 있었다. 그러다 우연찮게 『순수이성비판』을 골라 읽게 되었다. "너무 두껍지 않아 자주 볼 수 있는 책이었다."(『나의 길을 간다走我自己的路』) 또 어려운 환경 속에서 어려운 책을 읽어야겠다는 생각도 있었다.

"1972년 [밍강] 간부학교에서 돌아온 뒤, 나는 그곳에서 작성한 노트를 이용해 정식으로 이 책을 쓰기 시작했다. 그때 나는 장칭 등의 무리가 반드시 무너질 것이라 굳게 믿었지만 그렇게 빨리 현실이 되리라고는 생각하지 못했다. 따라서 저술 당시 이렇게 빨리 출판되리라고는 예상하지 못했다."(『나의 길을 간다』) 어차피 서둘러 출판할 생각이 없었기에, 글의 논조 역시 당시의 유행을 따를 필요가 없었다. 해방[1949년] 이후 칸트를 연구하고 소개한 논저가 적지 않았지만, 당시 칸트를 우스갯거리로 만들어 부정하는 것은 마르크스주의의 '정설'이 되어 있었다. 반면에 일부에서는 칸트의 저작을 지나치게 떠받들어, 너무나 심오하고 어려우며 도저히 이해할 수 없는 책으로 묘사했다. 이러한 상황을 지켜보면서 나는 좀더 대중적으로 칸트 철학을 소개하는 책이 있어야 한다고 생각하게 되었다. 또한 수년간 지속된, 칸트를 멸시하

* '비림비공批林批孔'은 '린뱌오林彪를 비판하고 공자孔子를 비판한다'는 뜻으로, 중국 공산당 이인자였지만 권력 중심에서 밀려난 뒤 쿠데타를 모의하다가 죽은 린뱌오를 비판하기 위해 벌인 운동에서 출발했으나, '수정주의'와 '우경 기회주의'를 방지하기 위한 마오쩌둥의 정치적 선동으로도 평가된다.(사실상 '공자'는 마오쩌둥의 후계자 자리를 놓고 '사인방'과 경쟁하던 저우언라이周恩來를 겨냥한 것이다.) 이후 '사인방' 중 한 명이자 마오쩌둥의 부인인 장칭의 개인적 권력욕에 의해 이 운동의 본질이 변질되고 결국 '프롤레타리아트 독재에 대한 이론 학습' 운동으로 전환된다.

고 부정하려는 경향을 바꿔보고자 했던 것도 이 책을 쓰게 된 동기 중 하나였다.

하지만 나는 독일어를 잘 알지 못했다. 1950년대 베이징 대학 재학 시절과 졸업 이후 독일어를 잠시 공부하긴 했지만, 기껏해야 사전을 찾아 엥겔스의 저작을 읽는 수준이었다. 실상 독일어를 하지 못했던 것이고 그마저도 이미 오래전에 깨끗이 잊어버린 상황이었다. 예전에 러시아어를 열심히 익혔으나 다 까먹은 것처럼 말이다. 그렇기에 나는 칸트 영역본에 기대어 연구를 진행할 수밖에 없었다. 하지만 동시에 '한번 시작하면 깊은 바닷속으로 들어가는 것과 같다一入門深似海'라는 말도 잘 알고 있었다. 칸트와 관련된 외국 문헌들, 예컨대 독일, 프랑스, 영국의 중요한 학술 저작은 이미 헤아릴 수 없이 많았다. 고증과 주석, 해설을 해놓은 저작과 논문만 보는 데도 상당한 시간이 필요했다. 나 역시 기꺼이 그 방대한 심해에 빠져들어 일생을 마치고자 했다. 혹자는 반평생을 들여야 칸트의 저작 하나 혹은 거기서 제기된 문제 하나를 겨우 "진정으로 이해할 수 있다"라고도 말한다. 외국에는 『순수이성비판』의 일부분을 연구한 대작도 많지 않은가? 그러한 책들이야말로 진정한 칸트 전문서이고, 그 저자들이야말로 진정한 칸트 전문가라 할 수 있을 것이다.

하지만 나는 처음부터 그런 전문서를 쓸 계획이 없었고, 칸트 전문가가 되려고 하지도 않았다. 그렇게 할 수 없었고 하고 싶지도 않았다. 나의 목적은 다만 공백을 채우는 것뿐이었다. 중국 내에서 오랜 시간 칸트를 연구한 이가 없는 상황에서, 내 능력이 닿는 선에서 이해하고 이를 바탕으로 칸트를 소개하는 기초 작업을 하고자 했을 뿐이다. 그렇기에 초판 후기에 이 책을 일러 '문외한의 외도'라는 표현을 썼다. 이후 편집부의 친구가 겸양의 말은 빼자고 했지만, 실상 그 말은 겸양의 표현이 아니라 진심이었다.

하지만 나로 하여금 이런 '외도'를 하고 싶게 만든 데에는 앞서 밝힌 원인 말고도 또다른 중요한 원동력이 있었다. 바로 당시 마르크스주의 철학에 대해 품고 있던 열정과 관심이었다. 마르크스주의가 망가질 대로 망가진 상황에서 나는 칸트 철학 연구와 마르크스주의 연구를 연결하고픈 희망을 품었다. 마르크스주의 철학은 본래 칸트와 헤겔로부터 변화되어온 것이다. 그렇기에 칸트를 어떻게 현대 자연과학 및 서구 철학과 연계시키고, 또한 칸트를 어떻게 비판하고 지양하여 일련의 이론적 문제를 이해할 것인가는 마르크스주의 철학을 견지하고 발전시키는 데 매우 중요한 의미를 지닌다고 할 수 있었다. 물론 이 책에서 그런 문제들을 모두 전개할 수는 없었고 다만 소극적으로 제기할 수 있었을 따름이다. 하지만 설사 한두 마디라 해도 그러한 문제들에 대한 주의를 환기할 수 있다면 그 자체로 의미 있다고 생각했다. 최근 주관주의, 주의주의主意主義, 윤리주의 사조들이 유행하고 있다. 이들 사조의 사회적 배경과 계급적 기초는 모두 다르고, 이론적으로도 많은 차이가 존재한다. 하지만 이상하게도 이들에게 공통적 경향성이 보인다. 이른바 '혁명적 문화비판' '자발적 계급의식' 등의 구호 아래, 마르크스주의는 결국 억지스러운 주관적 이론이 되고 말았다. 내가 이 책에서 거듭 '실천'을 강조하고, 도구의 사용과 제작이 실천을 규정한다는 점과 사적 유물론 및 '서구 마르크스주의'에 대한 비판을 강조한 이유가 바로 여기에 있다. '대약진운동' 시기에 나온 '대범한 마음을 가지고 있으면 대지는 대량생산으로 보답한다人有多大膽, 地有多大産' 등의 구호에서부터 '문화대혁명' 시기에 나온 '영혼 깊은 곳에서 혁명을 폭발시켜라' '하나는 둘로 나뉜다一分爲二'* 등의 용속한 철학 명제가 변증법이 되었던

* 하나(동일자)에 내포된 모순이 둘로 나뉜다는 변증법의 기본 원리를 가리킨다. 이 말은 마오쩌둥이 1957년 모스크바에서 행한 연설에 등장하며, 이후 '문화대혁명'을 대표하는 '투쟁철학鬪爭哲學'의 기본 테제로 작용한다. '문화대혁명'이 절정에 다다른 후, 질서와 정돈이 강조되면서 이 테제는 '둘이 하나로 합쳐진다合二而一'라는 새로운 테제로 전환된다.

과거의 착오들, 그리고 '수박 한 조각 먹는 것도 실천이다', '투쟁'과 '혁명'이 철학의 모든 것이라는 등의 주장은 이론적 고찰이 필요한 문제들 아니었던가? 이 모든 주장은 곧 칸트에 대한 비판적 독해를 통해 나온 것들이었고, 객관적으로 허용되는 범위 내에서 저마다의 의견을 표현한 것들이었다. '칸트에 대한 해설과 평가'라는 두 가지 측면에 있어서 '해설'이 '평가'보다 훨씬 많은 비중을 차지하지만, 당시 내가 오히려 중요하게 생각하던 바는 '평가'였다고 할 수 있다.

나는 이 책이 출간되고 일 년이 조금 지난 뒤, 중국에서 '실천은 진리를 검증하는 유일한 표준'이라는 명제를 놓고 대토론이 벌어질 줄은 전혀 생각하지 못했다. '실천'이 마르크스주의 철학 안에서 차지하는 중요성이 마침내 전면적으로 등장하게 된 것이다. 가장 기본적인 개념, 예컨대 '실천' '진리' '표준' 등의 개념이 명확하게 해명되지 않는 등 이 논쟁의 학술적 수준에 대해 내가 그동안 유보적인 입장을 취했던 것은 사실이다. 하지만 이는 부차적인 문제다. 더욱 중요한 것은 이 논쟁이 지닌 정치적 의의와 사상해방운동에 미친 영향이다. 물론 이러한 문제는 이 책이 감당할 사안은 아니다.

이 책에는 몇 가지 결점이 있다. 초반 후기에서 나는 차후의 '수정 및 증보'를 약속했다. 하지만 1976년에 이 책을 출간한 이후, 나는 '미학과 중국사상사'라는 본래의 영역으로 되돌아갔고, 칸트라는 위대한 인물과 다시 만날 수 없었다. 이전의 업적은 이미 빛이 바랬지만 새로운 지식을 얻지 못한 상태가 계속되었다. 그리고 오늘에 이르기까지 별다른 진전을 보지 못하고 있다. 물론 그간 미국에서 본 홍콩과 타이완 '대가'들의 칸트 관련 저작을 몇 권 읽었고, 미국에서 이 책을 이미 읽었거나 읽지 못했던 화교 및 비화교 학자들과의 교류도 있었다. 이러한 과정을 통해 내게 '외도'의 여지가 남아 있다는 생각을 하게 되었고 이 책의 재판을 내는 데 동의할 수 있었다. 나는 이미 중국 내에서 독일어에 능통하고 독일 고전 철학을 전문적으로 연구하는 몇몇 학자에게 간곡히 가르침을 청했지만 그들 모두 겸손하게 거절했다. 하지만 초판 후기에서 밝힌 대로 나는 이 책이 '내용, 문체, 논증, 자료'의 모든 면에서 부족하다는 사실을 알고 있고, 오류도 있을 수 있다고 본다. 하지만 당장은 시간과 역량이 부족하여 '해설'에 관한 부분에서 몇 자밖에 손대지 못했고, 초판 후기에서 했던 약속을 지키지 못했다. 독자들에게 양해를 구한다.

뉴욕에서 만난 어느 저명한 화교 출신 교수는 하버드 대학 박사가 이 책을 독일어로 번역하고 싶어한다는 말을 전하면서, 그렇지만 먼저 영문으로 번역하는 것이 낫겠다는 의견을 피력한 바 있다. 그리고 '해설' 부분은 고칠 필요가 없고 '평가' 부분만 고치면 좋겠다는 의견도 내놓았다. 또한 그 교수는 이 책에서 '평가' 부분이 지나치게 간략한 점이 아쉽고, 특히 내가 '서구 마르크스주의'를 단칼에 평가절하해버린 것은 합당치 않다는 의견도 제시했다. 이는 물론 그분 혼자만의 의견이 아니었다. 하지만 이번 재판에서 '평가' 부분은 별로 고치지 않았다. 두 가지 이유가 있는데, 첫째, 할 말은 참 많지만 대부분 칸트에 관한 것이 아니어서 마음대로 다른 이야기들을 풀어놓을 수는 없기 때문이다.(이미 칸트를 벗어나는 이야기를 너무 많이 해놓았지만) 이 책은 분명 칸트에 관한 책이고 할 말은 다른 곳에서 해야 할 터다. 둘째, '서구 마르크스주의'를 비롯하여 칸트에 대해 내놓은 모든 평가를 그대로 견지하고 싶었기 때문이다. 나는 '서구 마르크스주의'를 일괄적으로 평가절하하지 않았다. 서구 마르크스주의는 현대 서구 자본주의와 인간 본성의 문제를 폭로하는 데 많은 공헌을 했다. 하지만 전체적 사조에 있어 착오가 있었다고 생각한다. 내가 보기에 '실천' 개념에 대한 서구 마르크스주의의 규정, 해설 및 고양의 방식은 기본적으로 주관주의, 의지주의, 윤리주의다.

물론 '평가' 부분에 아무런 수정도 없었던 것은 아니다. 그중 가장 중요한 점은, 초판에서 도구의 사용·제작·혁신으로서 실천의 기초적 의의를 강조한 것은 물질 생산이 사회적 존재의 근본이며 문화활동의 기초라는 점, 그리고 동시에 마르크스주의의 실천철학이 곧 사적 유물론이라는 점을 부각하기 위해서였다면, 재판에서는 이런 기본 관점을 유지함과 동시에 정신문명의 구축도 마르크스주의 철학의 중요 문제라는 데 초점을 맞추었다는 점이다. 마르크스주의는 비단 혁명의 철학일 뿐 아니라 구축의 철학이기도 하다. 정신문명의 구축은 문화-심리 구조의 문제, 문화의 비판적 계승의 문제, 역사적 축적의 문제, 인성의 문제, 주체성의 문제 등을 다룬다. 이 모든 문제는 마르크스주의 철학의 과학적 지도를 받아야 한다. 마르크스주의 철학 자체 역시 이러한 과제들을 제기하고 탐구하고 연구하는 과정에서 현대의 자연과학과 사회과학의 성과들을 결합시킨다. 또한 각종 오류를 범하고 있는 인문학적 이론들을 비판하는 과정에서 마르크스주의 철학은 지속하고 발전한다. 이러한 측면에서 칸트 철학이 제시하는 여러 문제 및 관점은 여전히 참고할 만한 가치가 있다. 이미 초판에서 여러 차례 피아제를 언급해가며 나의 이러한 견해를 피력한 바 있다. 다만 재판에서 더욱 명확하고 분명하게 드러냈을 뿐이다. 정신문명의 구축은 오늘날 일상적으로 논하는 문제가 되었다. 하지만 어떻게 진정으로 철학적 관점을 통해 그 심각한 의미를 이해하고 발굴할 것인가, 그리고 어떻게 구체적으로 작금의 과학 및 사회 발전 방향과 연계할 것인가의 문제는, 설사 이론적 측면에서라 할지라도 매우 어렵고 복잡한 연구 과제일 것이다.

최근 중국에서 수많은 사람이 피아제를 인정하고 연구하기 시작했고, 또 몇몇은 '서구 마르크스주의'를 진지하게 소개·연구하고 있다. 그리고 어떤 친구들은 포퍼, 쿤, 라카토스, 와토프스키 등의 과학철학에 주목한다. 개별적으로 폴라니에 관심을 갖기 시작한 이들도 있다. 나는 이러한 현상들을 지켜보면서 기쁜 마음을 금할 길이 없다. 칸트 철학에 대한 태도에 큰 변화가 일어난 것이다. 물론 이들 사이에 다양한 의견과 논쟁이 존재한다. 예컨대 문화인류학, 해석학, 일상언어철학에 관계된 여러 측면과 문제라든가 데리다, 레비스트로스, 푸코, 하버마스 같은 인물들을 접해본 이는 매우 적다. 하지만 최근 몇년 사이 확실히 일정한 진보가 있었다고 생각한다. 나는 칸트 철학에 관한 것이든, 이 책에서 제기한 문제·인물·학설에 관한 것이든, 이 책의 수준을 훨씬 넘어서는 훌륭한 논저들이 앞으로 더욱 많이 지속적으로 출현하리라고 본다.

이런 점을 나는 매우 기쁘게 생각한다. 나의 보잘것없는 외도는 이제 일단락을 고했다. 물론 나중에 시간이 허락된다면 칸트와 관련된, 그리고 이 책에서 제기한 여러 문제에 대해 다시 연구하고 싶다.

초판 후기에서 본래 공자진龔自珍의 시를 한 수 인용하려 했지만 가까운 친구의 의견을 받아들여 결국 빼버렸다. 나는 어려서부터 공자진의 칠절七絶[한 구절이 일곱 자의 한자로 된 시 형식]을 좋아했는데, 거의 편애하다시피 했다. 초판에서 인용하려 한 시도 그중 하나다. 재판 때 다시 인용하려 했지만 생각을 바꿔 역시 그만두려 했다. 굳이 일부러 사람들의 원망을 사서 고생할 필요가 있겠는가? 한데 이후 기회가 생겨 공자진의 시를 적어놓게 되었다. 초판에 실으려 했던 시는 아니며, 서로 무관한 이 시 두 편으로 책을 마치고자 한다.

누군가를 그리워한 것 같지도 않고 참선을 한 것
　　같지도 않건만
꿈에서 돌아오니 촉촉이 젖어오른 맑은 눈물 자국
화병의 꽃 변함없고 향로의 향기도 잔잔한데
그새 6년 전 내 동심을 찾아다녔어라

不似懷人不似禪，夢回淸泪一潸然.
瓶花帖妥爐香定，覓我童心念六年.

「낮잠에서 깨어나, 창연하게 시를 짓다午夢初覺, 悵然詩成」

옛사람 글 만드니 귀신이 밤에 울고
지금 사람 글을 아니 온갖 근심 몰려드네
나, 귀신 두려워 않고 근심치도 않으니
가을 밤 푸른 등불 아래서 신령스러운 문자 깁노라
古人製字鬼夜泣，今人識字百憂集.
我不畏鬼復不憂，靈文夜補秋燈碧.

『기해잡시己亥雜詩』 중에서

1983년 9월 가을
베이징 허핑리 9단지 1호에서

출판 30주년 수정 6판 후기

『비판철학의 비판』은 1976년 10월 원고를 완성해 출판사에 보냈고 1979년 3월 인민출판사人民出版社에서 출간되었으며, 1984년 같은 출판사에서 재판이 간행되었다. 1994년에 3판이 안휘문예출판사安徽文藝出版社에서, 1996년에 4판이 타이완의 삼민서국三民書局에서 나왔고, 5판이 천진사회과학출판사天津社會科學出版社에서 출간되었다. 이번에 삼련서점三聯書店에서 나오는 판본은 6판이라 할 수 있다. 이 6판은 원고 완성 시점부터 헤아려보면 30주년이 되는 해에 출판되는 셈이다.

매 판본마다 조금씩 고친 부분이 있다. 예컨대 재판 후기에서 밝혔듯 '해설' 부분에는 별다른 변동이 없고, '평가'에만 약간의 수정이 있었다. 이후 출판된 판본들도 마찬가지다. 이 책은, '철학은 곧 인식론'이라는 명제와 기존 칸트 연구의 전통 안에서 쓰였다. 칸트의 첫번째 비판서[『순수이성비판』]를 다룬 부분에 가장 많은 공을 들였고, 그래서 해당 부분이 전체 10장 중 절반인 5장이나 차지한다. 하지만 이후 이 방면의 문제를 다시 연구하지 않았고, 평가 부분에 약간의 수정을 가했을 뿐 대체로 이전과 유사하다고 할 수 있다. 미학 관련 부분과 칸트의 일생을 다룬 부분 역시 약간만 수정했다. 윤리와 역사 및 역사관에 관한 부분은 단어 하나하나부터 중심 내용에 이르기까지 모두 약간의 변동이 있었다.

예컨대 '고별혁명告別革命'* 물 자체, '칸트인가 헤겔인가' 등의 문제를 다시 제기한 측면에서는 칸트로의 회귀가 더욱 명확해졌다고 할 수 있다. 하지만 이러한 변화는 초판에서 제시했던, 도구의 사용과 제작으로 실천을 규정하는 것을 기초로 삼는 인류학 본체론과 모순되지는 않는다. 이 변화는 인류학 본체론과 '경험이 선험이 되고, 역사가 이성이 되며, 심리가 본체가 되는' 문화-심리 구조(인성 능력)의 주제를 더욱 두드러지게 한다. 하지만 이전 저작의 재판인데다 수정의 폭이 너무 커도 좋지 않다고 판단되어 최대한 본래의 면모를 유지하려 애썼다. 타이완 판본의 서문에서 언급했듯 "이전의 모양새를 보존하여 그 전후 맥락을 볼 수 있는 것이 가장 좋다." 왜냐하면 그러한 이전의 모양새에서 글을 쓸 당시의 상황을 읽어낼 수 있기 때문이다.

1950년대에 함께 철학을 공부했던 동료 저우리추안周禮全은 내게 한 권의 인문과학 서적이 20년 동안 그 생명력을 유지할 수 있으면 그것으로 충분한 것이라고 말해준 바 있다. 나는 항상 이 말을 기억하고 있었고 그러한 목표를 위해 분투했다. 하지만 '문화대혁명' 기간에 쓴 이 책이 30년 동안이나 생명력을 유지해 이렇게 6판에 이르리라고는 생각지도 못했다. 타이완과 중국 본토 모두에서 해적판이 돌아다닌다고 하니 책 판매도 괜찮은 모양이다. 분명 기쁜 일이다. 하지만 세월은 빠르게 흘러가고 몸은 갈수록 쇠약해져, 나는 벌써 일흔이 넘는 나이가 되었다. 더이상 무엇을 할 수 없게 된 것이다. 아마도 이번 판본이 마지막 수정본일 것이다. 본래는 주석을 좀더 규범에 맞게 다는 등 더 세밀하고 철저하게 만들고 싶었지만, 기력이 마음을 따라주지 못해 해내지 못하고 말았다.

칸트는 사교와 연회, 대화에 능해 스스로 즐겁게 지냈다고 한

* 리쩌허우와 류짜이푸劉再復의 대담집 제목이기도 한 '고별혁명'은 이제 '혁명의 시대'는 가고 '개량의 시대'가 도래했다는 함의를 지니고 있다.

다. 하지만 나는 이러한 방면의 능력이 부족해 다른 사람들이나 바깥세상과 좀처럼 능동적으로 연락하지 못하고 지낸다. 당시 고독하게 책을 썼을 때를 떠올려보면 지금도 격세지감이 느껴진다. 시대적 배경, 생활의 양태, 사회상황, 학술적 환경, 사상적 분위기 등 모든 면에서 오늘날의 중국은 당시와는 완전히 달라졌다. 다만 내 마음과 생활만 시종일관 단조롭고 고독한 상황에 놓여 별다른 변화가 없을 뿐이다. 특히 지난 15년 동안은 외국에서 타향살이를 했다. 재판 후기에는 공자진의 시 두 편을 인용했는데, 이번에도 내가 매우 좋아해 여러 번 사용한 적이 있는 두 개의 시구로 책을 마치고자 한다. 이 시구들이 나 자신과 이 책에 매우 잘 어울린다고 생각하기 때문이다.

> 새벽 서광이 비쳤다가 곧 저녁이 됨을 슬퍼하며
> 인생이 오래도록 고생스러움에 감격하노라
> 悲晨曦之易夕，感人生之長勤
>
> 도잠陶潛의 시

> ‘텅 빔’을 살펴 ‘있음’을 찾아내고
> 고요함을 두드려 소리를 구한다
> 課虛無以責有，叩寂寞而求音
>
> 육기陸機의 시

2006년 7월
미국 콜로라도 주 볼더에서

부록

마르크스와 칸트를 따라 앞으로 나아가다

『비판철학의 비판』(30주년 수정 6판)에
관한 인터뷰—질문자 슈웨이舒煒

슈웨이: 『비판철학의 비판』이 1976년 완성되어 1979년 초판이 나온 이후, 비교적 중요한 수정본은 1984년 인민출판사에서 펴낸 판본이라 하겠습니다. 이후 몇몇 판본에서 단어나 표현의 수정이 약간 있었습니다. 이번에 삼련서점에서 간행한 '30주년 수정 6판'은 그 정도 수정에 그치지 않은 것 같습니다. 이번 수정본의 요점은 무엇인가요?

리쩌허우: '요점'은 칸트의 마지막 질문 '인간이란 무엇인가'를 더욱 선명하게 드러낸 점이라 할 수 있겠습니다. 이번 수정본은 '문화-심리 구조' 안의 주체(인식·도덕·심미)를 '인간이 인간일 수 있는 이유'인 '인성 능력'(인성의 주요 특징과 골간)으로 더욱 분명하게 규정하여 칸트를 해설했습니다. '인간은 무엇인가'라는 질문은 여전히 해답을 얻지 못하고 있고, '인성'은 동서고금을 막론하고 매우 자주 쓰이지만 여전히 매우 불명확하고 모호한 개념이지요. 그래서 앞서 언급한 방식으로 '인성'을 규정한 것이 가장 중요한 부분이라 생각하고 있습니다. 물론 인성은 이와는 다른 내용과 부분도 포함하고 있습니다. 다음으로 이 책 전체에서 가장 많이 수정한 부분은 9장인데, 그 이유는 칸트가 제시한 '고별혁명', 언론 자유, 점진적 개량, 영구평화론 등에 대한 찬성의 입장을 더욱 분명히 하고 싶었기 때문입니다. 또한 '칸트인

가 헤겔인가' '칸트로의 회귀' 등의 문제를 다시 제기한 것은 칸트가 인류학의 각도에서 보편성과 이상성을 추구한 것이 헤겔과 최근 유행하는 관점들이 주장하는, 특수하고 현실적인 것을 강조하는 반反보편성의 관점보다 더욱 장구한 생명력을 지닌다고 생각했기 때문입니다.

1983년에 쓴 재판 후기에서 밝혔듯, 저는 칸트 전문가가 될 수 없고 되고 싶지도 않습니다. 이 책의 근본 의도는 칸트를 전문적으로 다루는 것이 아니라 칸트와 마르크스의 결합을 통해 제 자신의 철학을 초보적으로나마 제시해보는 것이었습니다. 이번 수정본에서 이 점을 더욱 분명히 하고자 했지만 결국 칸트를 다루는 책이기에 충분히 그러지는 못했지요. 이에 관한 사항은 저의 다른 책들에서 이미 이야기했다고 할 수도 있겠네요.

선생님의 책은 비록 칸트를 중심으로 하고 있지만, 동시에 독일 고전 철학에 대한 전반적인 이해가 스며들어 있습니다. 특히 칸트-헤겔-마르크스라는 중심축에 대한 파악은 1980년대 학계에 엄청난 영향을 끼쳤습니다. 제 기억에 상하이 푸단 대학의 셰샤링謝遐齡 박사가 쓴 『칸트의 본체론에 대한 지양康德對本體論的揚棄』(1987)이 선생님의 주제를 이어받은 듯한데, 이 책은 칸트가 제기한 '자아' 관련 학설에 있어 '소아小我'와 '대아大我'의 구별을 매우 자세하게 분석하고, 마르크스의 사적 유물론 노선을 칸트의 학설에 투사할 것을 강조했습니다. 하지만 1980년대에 적지 않은 소장학자들이 선생님께서 역사적, 인류적 실천을 포함한 '대아'를 통해 감성적 '소아'를 억압하거나 없애버렸다고 통렬하게 비판했습니다. 현재 선생님은 이 문제를 어떻게 생각하고 계신지요?

『비판철학의 비판』에서 제시한 '대아'와 '소아'에 관한 학설은 제가 『역사본체론歷史本體論』에서 다룬 바 있습니다. 당시 저는 이렇게 썼습니다. "인간은 '개체는 전체를 위해 존재한다'라는 명제에서 '전체는 개체를 위해 존재한다'라는 명제로 발전한다. 후자를 강조하고 전자를 부정하는 것은 비非역사적이고, 전자를 강조하고 후자를 부정하는 것은 반反역사적이다. 자유주의는 '전체는 개체를 위해 존재한다'에 편중되어 있고 심지어는 이 명제를 선험적 원리(예컨대 천부인권설 같은)로 여기기도 하는데, 이는 비역사적인 것이다. 집단주의는 '개체는 전체를 위해 존재한다'라는 명제에 편중되어 있는데, 이는 오늘날 중국에서 반현대화의 조류로 나타난다고 할 수 있다. 그렇기에 이는 '반역사적인 것'이다.(서구에서는 이러한 반역사적 흐름이 나타나지 않았다.)"(『역사본체론』, 삼련서점, 2002, 67쪽) 마르크스는 "모든 개인의 발전은 모든 인간의 자유가 발전하는 조건"(『공산당 선언』)이라고, 또 "개성의 상당한 발전은 개인을 희생시키는 역사적 과정을 통해서만 가능하다. ……종족의 이익은 항상 개인적 이익의 희생에 기대어 자신의 노선을 열어간다"(『잉여가치론』)라고 말했습니다. 이러한 측면에 대해 칸트는 역사가 "인류 종족의 모든 원시적 소질로 하여금 충분히 발전된 보편적 공민公民[계몽된 시민]의 상태를 얻게 하고", 또다른 측면에서 여기에 이르려면 '반사회적 사회성' '대항' '충돌' '전쟁' '허영' '탐욕' '권력욕' 등을 거쳐야 하며, 그 목표는 당연히 개체(소아)의 희생을 포함해야 비로소 실현될 수 있는 것이자 장기간에 걸친 역사적 과정을 통해 이룩되는 것이라고 말한 바 있습니다. 이 점에서 칸트와 헤겔, 마르크스는 서로 일치합니다. 다만 헤겔과 마르크스는 보편적 공민의 상태를 얻게 하는 과정을 불변의 객관법칙(이른바 '논리와 역사의 일치')이라 보았지만, 칸트는 그 과정이 인간의 마음을 고취시킬 수는 있어도 결코 과학적 목적론의 이념이 될 수는 없다고 본 것입니다. 굳이 비교하자면 저는 칸트가 더 정확했다고 봅니다. 안타깝게도 이번 수정본에서는 이 문제를 충분히 논하지 못했습니다.

칸트에서 시작된 독일 유심론 철학은 현대 철학 사상의 정점이라 하겠습니다. 『비판철학의 비판』은 현대적인 문제들에 대한 중국 학술계의 사유의 깊이를 대표한다고 할 수 있지요. 최근 30년 사이 유럽과 미국 학계에서 칸트-헤겔에 대한 관심도가 꾸준히 높아지고 연구 성과도 많아졌는데, 이는 곧 독일 유심론으로 돌아가 현대적인 문제들을 다시 깊이 있게 탐구하려는 노력의 일환이라 할 수 있습니다. 좀더 구체적으로 말하자면 유럽과 미국 학계의 여러 칸트 연구 경향과 선생님께서 30년 전에 내놓은 사상 노선이 알게 모르게 호응관계를 맺고 있는 셈인데요. 이러한 동향에 대해 어떻게 생각하시는지요?

이 문제는 좀 자세하게 말하고 싶군요. 저는 분명 최근 서구의 칸트 연구 '노선'이 제가 30년 전에 『비판철학의 비판』에서 제기한 관점과 상당히 근접한다는 점을 매우 흥미롭게 지켜보고 있습니다. 이러한 변화는 전통적으로 칸트의 선험주의, 개체주의, 이성주의, 그리고 제1비판과 제2비판을 강조하던 시각이 경험주의, 집단주의, 감성주의, 제3비판 및 정치·역사·종교와 관련된 칸트의 학설로 이동하고 있음을 말해줍니다. 또한 칸트의 인류학과 역사학을 중시하고 이에 근거해 칸트를 해독하는 쪽으로 방점이 이동하고 있음을 말하는 것이기도 하지요. 몇년 전에 저는 최근 미국에서 가장 저명한 칸트 연구자인 폴 가이어와 앨런 우드의 저작을 읽었습니다.(Paul Guyer, *Kant on Freedom, Law and Happiness*, Cambridge, 2000 및 Allen Wood, *Kant's Ethical Thought*, Cambridge, 1999.) 그러고 나서 매우 놀랄 수밖에 없었는데, 그 이유는 우드의 책에 나오는 한 절節의 제목이 '칸트의 사적 유물론Kant's Historical Materialism'이었기 때문입니다. 우드는 여기서 "칸트의 역사 이론은 원형적 마르크스주의proto-Marxism"라고 말합니다.(245쪽) 우드는 칸트가 계급투쟁과 사유재산 및 국가 폐지 등의 사상을 가지고 있지는 않았다면서도 이렇게 주장하지요. "[칸트는] 마르크스와 마찬가지로 역사의 기초가 사회적 생산력의 발전이라고 이해했고, 인민의 집단적 역량은 역사에 따라 변화하면서도 독특한 생존방식을 만들어낸다고 보았으며, 그렇기에 인류 역사는 특정한 생활양식을 만들어내는 통치 형태와 서로 호응하는 각기 다른 단계를 거친다고 생각했다. 또한 마르크스와 마찬가지로 칸트는 역사가 투쟁과 충돌의 장이면서 동시에 불평등과 억압이 심화되는 장이라고 보았다. 마르크스의 이론처럼 칸트는 이러한 충돌의 근원이 경제적 이익과 관련하여 적대적 관계를 맺고 있는 집단 사이의 투쟁 때문이라고 보았다. 여기서 서로 다른 인간 집단은 곧 인류 경제 발전의 서로 다른 단계를 대표한다고 할 수 있다."(244쪽)

앨런 우드는 『카를 마르크스』라는 책도 썼는데, 마르크스주의가 '개인'의 차원도 고려하고 있다는 데 동감하는 모습을 보여줍니다. 폴 가이어의 경우 그런 모습을 보이지는 않지만, 전통적 칸트 연구자들이 대부분 『윤리형이상학 정초』『실천이성비판』 등을 근거로 삼아 이성, 개체, 절대규칙 같은 내용만 다루고 감성과 관련된 칸트의 많은 논설을 소홀히 다루는 데 대해 불만을 품고 있습니다. 가이어는 자기 책의 서두에서 "이성은 단지 일종의 도구에 불과하다"라는 칸트의 문장을 인용하는데, 이는 절대규칙이 그 자체로 목적이 아니며, 도덕·자유·행복 모두 인류와 밀접한 연관을 맺고 있고 결코 차등적이고 종속적인 것이 아님을 강조한 것이지요. 책의 말미에서 가이어는 이렇게 강조합니다. "자유는 어쩌면 도덕률의 의식을 경유해 인간의 이성을 통해 이해되는 것일 뿐 아니라 자연에 대한 경험, 예술적 천재, 그리고 인류 역사를 경유해 인간의 감성을 통해 감지되는 것인지도 모른다."(434쪽) 우드와 가이어의 관점은 30년 전 『비판철학의 비판』에서 제가 제기한 보편 필연성이나 객관적 사회성, 그리고 이성이 사회를 경유해 만들어낸 것이 결코 불변하는 선험적인 것이 아니라는 명제, 또한 심미와 감성, 역사를 강조한 전반적 사상 노선과 상당히 합치됩니다.

200년 전 현대화의 길목에서 현대 사회에 걸맞은 도덕을 구축하기 위해서는 중세 종교와 신학의 통치를 벗어날 필요가 있었고, 칸트는 종교 및 신학과 마찬가지로 신성한 순수이성을 사용하여 신을 대체하고 독립적이고 자주적인 자유의지를 통해 전근대적 권위에 대한 굴종에 대항하려 했습니다. 이러한 사상은 곧 현대화가 필요로 하는 개인의 자유에 길을 터준 것이라 할 수 있습니다. 하지만 니체는 신의 죽음을 선언했고, 현대화의 추악한 면모는 날이 갈수록 드러나고 있지요. 게다가 자유주의, 개체주의 등의 사조가 포스트모더니즘에 의한 허무주의의 길을 열어젖혔습니다. 수많은 칸트 연구자가 여전히 선험, 개체, 이성과 관련된 각종 자질구레한 문제에 얽매어 있지만 이러한 변화를 피할 수는 없었지요. 존 롤스는 『도덕철학사 강의』에서 칸트의 목적의 왕국은 곧 공화국 사이의 연맹에 의한 영구평화라고 말했고, 가이어는 칸트가 언급한 최고선이 자아 중심적인 개인적 행복이 아니라 전체 인류의 행복이라고 말한 바 있습니다. 또한 로저 설리번은 "도덕규칙의 형식적 권위와 보편성은 우리로 하여금 그 도덕규칙이 마치 신의 뜻이자 경외로운 것이라고 생각하게 한다. 칸트에게는 이것이 곧 종교의 본질이다"라고 말했지요. 『비판철학의 비판』 초판에서도 제3비판에서 말하는 신은 단지 인간의 주관적 신념에 불과하고, 신(각종 '초험적인 것'과 '선험적인 것' 등을 포함하여)은 실상 인간을 둘러싸고 회전하며, 인간 생존의 연속성이야말로 더욱 근본적이라고 피력했습니다. 이러한 관점들은 모두 '인간이란 무엇인가', 즉 인간을 그 근본으로 하는(인류 생존의 연속성을 근본으로 하는) 인류학적 시각이라 하겠습니다. 이 인류학적 시각은 역사적 시각이기도 합니다. 칸트는 자신의 역사관을 언급하는 글에서, 개별 주체의 차원에서 보았을 때 역사는 매우 혼잡스럽지만, 전체로 놓고 보면 그러한 자유의지의 행위 안에 일종의 규칙성과 매우 완만하고도 긴 발전과정이 내포되어 있다고 밝혔습니다. 이것이 바로 '대자연의 숨겨진 기획'입니다. "대자연이 인간으로 하여금 해결을 강요하는 가장 큰 문제는 보편적 법치에 의한 공민사회의 구축"이고, 이로써 공화국 사이의 연맹을 통한 '영구평화'에 도달할 수 있다는 것이지요. 칸트는 머지않아 개인의 도덕이 아니라 각 민족의 상업정신과 금전적 이익을 통제하는 것이, 전쟁을 사라지게 하고 평화를 실현시키는 근본 동력이 되리라고 말했습니다. 이러한 주장은 모두 오늘날의 현실과 직접적으로 연결시킬 수 있습니다. 또한 선험에서 경험으로, 개체에서 인류로, 경험 및 행복과 무관한 순수이성(예컨대 세 가지 도덕규칙과 같은)에서 인류 본체, 역사적 진전, 세계 평화 및 집단의 행복(그리고 우선적으로 인류의 물질적 생존의 측면에서의 행복)으로 나아가는 변화가 자연스럽게 종전의 칸트 연구와는 다른 '방향성'을 제시해줄 수 있다고 봅니다. 『비판철학의 비판』이 30년 전에 제기했던 문제, 예컨대 초판에서 강조했던 마르크스의 '자연의 인간화', 그리고 도구의 사용과 제작을 통해 제기한 '인식이 어떻게 가능한가라는 문제는 인류의 존재가 어떻게 가능했는가를 통해 답할 수 있어야 한다'라는 명제는 인류학의 새로운 방향성이 될 수 있을 겁니다.

최근 유럽과 미국의 헤겔 연구는 칸트와 헤겔이 근본적인 철학의 문제에서 서로 연계되어 있다는 점에 특히 주목하는데, 현재 헤겔 연구에 매우 큰 영향을 끼치고 있는 로버트 피핀과 테리 핀카드 등이 그러한 예라 할 수 있습니다. 이들은 칸트의 '초월통각' '자아의식'이 헤겔 유심론의 핵심을 관통한다는 것을 특별히 강조합니다. 이는 '자아의식'에 관한 선생님의 관점과 일치하는데요. 이 지점이 이 책에서 가장 중요한 부분이기도 합니다. 선생님께서는 해당 부분에서 특별히 '주체성'의 문제를 제기했고 이에 대한 논문도 몇 편 발표하셨지요.

한발 더 나아가 말한다면, 현대 사상사에 있어 이른바 '코페르니쿠스적 혁명'은 인류의 주체적 지위를 극단적인 위치까지 고양시켰습니다. 하지만 동시에 인간과 자연 사이의 대치를 극단적으로 밀어붙였고 실질적으로 현대 세계의 온갖 심각한 분열과 긴장, 충돌, 혼란을 선명하게 드러내는 결과를 초래하고 말았지요. 예컨대 선생님께서 제시하신 자연과 자유의 단절, 역사적 진보와 윤리 이념 사이의 이율배반, 공리와 도덕 사이의 대립·충돌 등이 그러합니다. 이런 사상적 배경하에서 선생님께서는 '구축의 철학' '과학과 도덕, 물질문명과 정신문화, 집단적 보편성의 제약과 개체의 다양한 잠재력 등을 서로 통일시키는' 주장을 제시했습니다. 또한 이번 수정본에서 특별히 '인간이란 무엇인가'라는 문제는 실상 전체 칸트 철학의 참된 핵심이며 칸트 철학의 근본 취지는 '문화-도덕적 인간'이라는 주장을 다시 꺼내셨는데, 이러한 관점은 현재에도 깊이 음미해볼 가치가 있는 것 같습니다.

독일 고전 철학은 본래 중국 학계에서 줄곧 주목하던 중요 영역이었습니다. 한데 최근 10년 동안 경제학 등의 사회과학 영역과 포스트모던 및 각종 '포스트 사조'의 범람 속에서 독일 고전 철학은 전문가들만의 '밥그릇'이 되고 말았습니다. 더이상 중국 학계의 보편적 관심사가 아니게 된 셈이지요. 이번 수정본에서 선생님께서는 독일 고전 철학의 관심사를 다시 되새길 것을 강조하셨는데요, 겨냥하는 바가 있는지요?

저는 칸트 전문가가 아닙니다. 칸트는 제 '밥그릇'이 될 수 없지요. 덕분에 말할 수 있는 자유는 더 커졌다고 해야 할까요? 저는 칸트-헤겔-마르크스로 이어지는 이 전통이 제기한 인류(그리고 개체)의 운명에 관한 문제가 오늘날 학계의 스타들을 포함해 후대 학자들이 제기한 문제나 논점보다 더욱 충실하고 중요하다고 생각합니다. 제가 지난해에 말했듯 푸코와 데리다는 마르크스에 훨씬 미치지 못합니다. 칸트에는 더더욱 미치지 못하지요. 칸트가 추구했던 보편성은 초월적 이성의 형식주의 때문에 인류의 생존과 발전이라는 현실적이고도 물질적인 근거를 결여하고 있었습니다. 그래서 결국 절대정신을 통해 특수한 현실성을 추구했던 헤겔이 나타났고, 프로이센 왕국을 최고의 윤리가 실현된 단계로 보는 관점이 등장한 것입니다. 최근 들어 일국一國 체제를 넘어선 세계화의 추세는 칸트가 추구한 보편성을 해독하는 진실한 기초가 될 수 있습니다. 그리고 법치를 기초로 한 세계 시민사회와 개인 소질의 자유로운 발전은 세계의 미래에 관한 이상적 전망이 될 수 있겠고요.

제가 말한 역사와 윤리의 이율배반 역시 이러한 역사적 과정을 통해 제기한 것이고, 대아와 소아의 문제처럼 칸트-헤겔-마르크스의 전통을 이어받은 것입니다. 하지만 저는 여기에 중국의 전통을 결합해 두 가지 점을 보충하고 싶습니다. 하나는 '도度의 예술'입니다. 이는 이율배반의 비극이라는 과정 속에서 능동적으로 서로 다른 시기, 차원, 측면에 적합한 '도度'를 장악하는 것을 말합니다. 이를 통해 효율과 공평, 방임과 통제, 경제발전과 환경오염 등의 문제에 대처하고 이를 처리할 수 있습니다. 다른 하나는 '태상입덕太上立德'*의 중국 전통을 융합해 칸트로 돌아가 도덕만이 갖는 절대적 가치를 드러내는 것입니다. 이는 헤겔과 마르크스처럼 도덕을 역사로 귀결시켜버리는 윤리적 상대주의와는 다릅니다. 개체적 소아 역시 여기서 자신을 마음껏 발휘할 수 있습니다.

앞서 제가 겨냥하는 바가 있는지 물었는데, 모든 것을 파괴해버리는 특징을 가진 포스트모던 사조를 겨냥했다고 할 수 있겠습

* 『좌전左傳』에 나오는 말로, '삼불후三不朽'(썩지 않는 세 가지) 가운데 "가장 으뜸은 덕을 세우는 일"이라는 의미다. 입덕立德 외에 나라를 위해 공을 세우는 일(입공立功), 언어(작품)로 후세에 이름을 남기는 일(입언立言)이 '삼불후'에 속한다.

니다. 하지만 계몽을 포기하고 플라톤같이 고전 세계로 회귀하는 서구의 보수주의, 중국의 삼강三綱*이나 옛것에 집착하는 국수주의에는 찬성하지 않습니다. 저는 여전히 구축의 철학을 견지하고 있으며, 계몽이성을 계승하고 중국의 전통을 결합하여 병폐를 제거하고 싶습니다. 그리고 역사적 태도를 통해 인류의 광명과 자유로운 개체의 자유를 얻기 위해 노력할 것입니다. 이것이 제가 말하는 '인류의 시각, 중국의 시선'입니다.

'문화-도덕적 인간'이라는 독일 고전 철학의 중심 관심사로부터 우리는 또다른 문제를 이끌어낼 수 있겠는데요. 칸트가 제기한 '도덕적 신학, 이성적 종교'라는 관점은 홍콩과 타이완의 신유가新儒家(예컨대 머우쭝싼牟宗三 같은)에 지대한 영향을 끼쳤고, 머우쭝싼은 칸트의 철학을 매우 중시했습니다. 그는 도덕형이상학과 도덕을 지고의 가치로 보는 사상을 펼쳤고, 자연과 자유의 분리·대립을 겨냥하여 '심체心體'가 곧 '성체性體'임을 강조했습니다. 이는 도덕질서와 우주질서의 원만한 융합을 역설한 것이었지요. 선생님께서는 칸트 철학에 대한 비판적 해석을 통해 역사적 (생산) 실천을 강조하는 한편, 정감-직관에도 주목했습니다. 또한 심미적 경계境界를 통해 조화와 융통을 강조했는데, 이는 칸트 철학 및 중국 전통에 대한 해석에 있어 홍콩과 타이완의 신유가와는 매우 다른 관점이며, 신유가에 대한 비판이라고도 할 수 있겠습니다. 선생님께서는 이러한 사상을 바탕으로 '서체중용西體中用' '유학의 제4기 발전' 등을 논하셨습니다. 물론 선생님의 관점은 소장학자들에게 비판받기도 했는데요. 예컨대 류샤오펑劉小楓은 절대적이고 초월적인 '구원'의 신성神性을 제기하면서 홍콩과 타이완의 신유가가 주장하는 도덕이상이 실질적으로는 역사이성이고,

* 유학의 세 가지 강령, 즉 군위신강君爲臣綱, 부위자강父爲子綱, 부위부강夫爲婦綱.

선생님께서 주장하는 심미적 경계는 실질적으로 세속적 고통을 외면하고 심미를 명분으로 '소요逍遙'의 길로 들어선 것이라 비판한 바 있습니다. 이러한 문제들에 대해 선생님께서는 어떤 생각을 가지고 계신지요?

저는 상당한 노력을 기울여 칸트의 3대 비판서를 번역한 머우쭝싼이 칸트 철학의 기본 개념을 완전히 오해하거나 의도적으로 왜곡하고 있다는 사실에 매우 놀랐습니다. 예컨대 '지적 직각智的直覺'*과 '내재적 초월內在超越'이 그러하지요. '내재적 초월'에 대해서는 제가 「유학 4기를 말함」이라는 글에서 논했으므로 여기서 더 말하지 않겠습니다. '지적 직각'에 대해서는 『실용이성과 낙감樂感문화』라는 책에서 언급한 바 있는데, 그때 저는 이렇게 썼습니다. "칸트는 신비주의를 배척했고, 신이 있어야만 비로소 본체와 현상을 가리지 않는 지적 직각이 있다고 보았다. 머우쭝싼은 인간에게도 그러한 지적 직각이 있다고 강조한다. 칸트는 인식론을 말한 것인데, 머우쭝싼은 그런 인식론을 윤리학, 즉 도덕형이상학에 투입시킨 것이다. 그렇기에 머우쭝싼에게 지적 직각은 인식과 논리에 관한 이성의 문제가 아니라 도덕-종교의 최저선에 관한 신비로운 경험의 문제가 된다."(『실용이성과 낙감문화』, 삼련서점, 2005년, 96쪽) 칸트는 도덕적 신학을 강조하기는 했으나 신학도덕론에는 강력하게 반대했습니다. 또한 이성규칙의 도덕과 종교적이고 신비적인 경험을 혼동하는 것에도 반대했지요. 이는 제가 종교적 도덕과 현대사회의 도덕을 구분할 것을 강조하는 원인 중 하나이기도 합니다. 전자는 사적 신앙(개인 도덕)으로, 신비한 경험과 교감할 수 있다고 봅니다. 하지만 후자는 공공이성(공적 도덕)으로, 어떠한 종교 및 신비한 경험과도 무관해야 합니다.

* 대상을 감성에 의하지 않고 직접적으로 인식하는 예지적 능력.

“권리가 선에 우선하고, ‘선’(서로 다른 종교나 문화는 ‘선’에 관한 서로 다른 관점이나 규칙을 갖는다)이 지도를 할 수는 있지만 현대적 의미의 ‘권리’를 구축할 수는 없다”라고 제가 말한 것은 이런 의미에서입니다. 이는 머우쭝싼과 같이 개인 도덕과 공적 도덕을 혼동하고 ‘내성內聖’이 ‘외왕外王’을 연다*는 전통적 관점을 고수하는 것과는 크게 다릅니다.

중국에는 무巫의 전통이 있습니다. 그렇기에 ‘하나의 세계’와 ‘천인합일天人合一’의 사상이 있는 것이고, 이는 육체와 영혼이 분할된 두 개의 세계를 강조하는 관점과는 다르지요. 또한 무巫의 사상은 생生을 즐거워하고 존중합니다. 이 세계에 ‘원죄’가 존재하기에 반드시 구원과 속죄를 구해야 한다고 생각하지 않습니다. 중국 전통은 현세계의 현실적 고난을 매우 중시하고 ‘민포물여民胞物與’[모든 인류가 나의 동포이며 만물이 나와 함께한다], ‘구민수화救民水火’[백성을 홍수와 화재 같은 커다란 재난으로부터 구해냄], ‘선천하지우이우先天下之憂而憂, 후천하지락이락後天下之樂而樂’[천하 사람들의 근심에 앞서 내가 먼저 근심하고, 이 세상의 온갖 즐거움은 모든 사람이 즐거워한 뒤에야 즐기리라]과 같이 지상에 이상적인 대동사회를 구축할 것을 희망합니다. 이는 개인의 영혼불멸, 정신적 초월만을 추구하는 속죄와는 다릅니다.

제가 주장하는 ‘밥 먹는 철학吃飯哲學’은 바로 ‘정신적 생명’ ‘영혼의 구원’ ‘심성의 초월’을 내세우면서 현실의 물질생활을 경시·멸시·무시하는 사상을 겨냥하는 것입니다. 그래서 일부러 ‘밥 먹는’ 같은 용속하고 저속한 용어와 개념을 사용하여 자극을 주려 한 것이지요. 제가 비트겐슈타인을 ‘활용’한다고 말한 적 있는데, 비트겐슈타인 철학의 요점은 곧 언어의 활용이 그 사용중에

* ‘내성’은 내면적 수양, ‘외왕’은 왕의 정치를 펼치는 것이다. 즉 내적 수양을 통한 왕도정치의 실천을 의미한다.

이루어진다는 것*입니다. '밥 먹는 철학'은 제가 제시했던 '서체중용'('중체서용中體西用'을 겨냥한), '유학 4기'('유학 3기'를 겨냥한)와 마찬가지로 자극을 일으켜 중요한 함의를 드러내려는 것이라 할 수 있습니다. 요컨대 생명은 무엇보다 인간의 물질생활, 즉 의식주衣食住의 일상생활을 말하며, 인간은 반드시 먼저 살아 있고 물질적 생명을 갖추어야만 비로소 정신적 생명과 영혼의 구원 등을 얻을 수 있다고 봅니다. 중국 전통에 비추어볼 때 '정신적 생명' '영혼의 구원'은 반드시 신이나 어떤 종교에 귀의하는 것이 아니라 심미적인 천지天地의 경계境界를 통해 이루어진다고 할 수 있지요. 이러한 경계는 '미로써 선을 쌓음以美儲善' '할 수 없음을 알면서도 행함知其不可而爲之' '살신성인하여 의를 취하고 생을 버림殺身成仁 捨生取義' 등 거대한 도덕적 심성과 희생정신에 의한 것으로 감성적 쾌락과는 완전히 다르며 정감 없는 소요는 더더욱 아닌 것입니다. 칸트는 문화-도덕적 인간을 통해, 저는 문화-도덕-심미적 인간을 통해 '인간이란 무엇인가'라는 과제에 답하고 있는 셈입니다.

제가 이해한 바로는 선생님께서 30년 전에 내놓으신 『비판철학의 비판』, 「공자 재평가」(1980) 등 중국고대사상사론 관련 논문, 그리고 『미의 역정美的歷程』(1981) 등은 서로 밀접한 연관관계가 있고, 하나의 사상 체계를 이루는 듯합니다. 그리고 칸트 철학에 대한 선생님의 '비판'은 중국 사상 전통에 대한 독특한 해석과도 연관이 있어 보이고요.

최근 선생님께서 내놓으신 '역사본체론' '실용이성과 낙감문화' '무사巫史 전통' '정본체情本體' 등의 주제는 더욱 풍부한 관점을 담고 있습니다. 한편으로는 서구 사상의 문제를 비판적으로 파

* 언어를 사용하는 데 있어 어떤 초험적 법칙이 있는 것이 아니라 사용중에 규칙이 생긴다는 의미.

악하고, 다른 한편으로는 중국 전통, 중국 문명의 미래와 대면하여 창조적 사유를 발전시켜나가고 계신 듯합니다. 선생님께서는 '비판'과 '창조'를 특별히 강조하시는 건가요?

맞습니다. 회의, 비판, 창조, 구축 같은 측면들은 상부상조한다고 할 수 있지요. 칸트의 비판철학은 보편 필연적인 과학과 도덕을 구축하여 철학의 기초를 쌓으려는 시도였습니다. 저의 '비판철학의 비판'이 어떤 기초를 쌓았다고 감히 말할 수는 없겠지만 그러한 목표를 위해 노력해왔습니다. 제가 제기한 여러 개념은 바로 그런 기초를 이루는 철학적 시각에 관한 것들이라 할 수 있습니다. 비록 상세히 설명하지 못하고 논지가 간략하여 명확하게 드러내지는 못했지만, 그럼에도 불구하고 여전히 논증되는 바가 있을 것입니다. 그렇기에 제가 말하고자 한 주요 논지를 제 나름대로는 명확하게 드러냈다고 생각합니다.

『독서讀書』 2007년 1호

주

1장 사상의 기원과 발전과정

1. 학교에서 봉급을 받지 않고 수강생에게 직접 수강료를 받는 강사.
2. 칸트는 인문과학에도 매우 능통했으며 세계 각국의 풍토와 민족성에 대해서도 상당한 이해를 갖추고 있었다. 예컨대 그의 저작에는 중국의 노자 철학과 '동수무사童叟無欺'['아이와 어른 모두 속이지 않는다'는 뜻으로 공정한 매매를 가리키는 용어]라는 상호까지 언급되어 있다.
3. 1794년 10월 12일 칸트가 프리드리히 빌헬름 2세에게 보낸 변론 서신.
4. 임마누엘 칸트, 『칸트 전집』(康德, 『康德全集』) 12권, 과학원판, 401쪽.
5. 모제스 멘델스존에게 보낸 1766년 4월 8일자 서신.
6. 1765~1766년경에 행한 강연.
7. 칸트는 1759년 10월 28일 J. G. 린트너에게 보낸 서신에서 이렇게 썼다. "나는 매일 강의실 구석에 앉아 강의를 반복하고 똑같은 말을 읊어댈 뿐이다. 보다 고차원적인 욕구가 종종 나를 자극하고 이렇게 협소한 영역을 넘어서고 싶다. 하지만 실상 빈곤의 목소리가 행하는 위협은 줄곧 나를 곧바로 고단한 업무로 돌아가게 한다." 칸트는 매주 28시간 진행되는 강의와 토론의 무미건조한 상황에 결코 만족하지 않았다. 하지만 당시의 상황은 그로 하여금 자신의 욕구를 결국 교실 안에서의 '고단한 업무'로 돌아가게 했다.
8. 프리드리히 엥겔스, 「독일의 상황」, 『마르크스·엥겔스 전집』(恩格斯, 「德國狀況」, 『馬克思恩格斯全集』) 2권, 1957년, 633~634쪽. [MECW (Marx/Engels Collected Works) 6권 17쪽]
9. 엥겔스, 「독일의 헌법 문제」, 『마르크스·엥겔스 전집』 4권, 1958년, 52쪽. [MECW 6권 80쪽]
10. 카를 마르크스, 「법 역사학파의 철학 선언」, 『마르크스·엥겔스 전집』 1권, 1956년, 100쪽. [MECW 1권 206쪽]
11. 이러한 관점이 주류적 지위를 점하고 있다. 하지만 칸트의 철학에 완전히 정치적

우화의 색을 입히는 경향도 존재한다. 예컨대 한스 자너는 『칸트의 정치사상 *Kant's Political Thought*』(1967)이라는 저서에서 다음과 같이 언급했다. "시작부터 칸트의 철학은 전체적으로 보아 정치 철학이라고 볼 수 있다." 자너에 따르면 칸트의 정치사상은 그의 형이상학의 핵심이며 칸트가 철학화하고자 하는 주제이다. 그의 형이상학은 정치사상을 위한 준비에 불과하며 정치(대항에서 평화로 나아가는)는 칸트의 모든 저작을 채우고 있다. 여기서 칸트의 철학은 다만 그의 정치사상에 대한 색인으로 규정된다. 이러한 관점은 새로운 듯하지만 실제에 부합하지는 않는다.

12. 칸트, 「문제에 답함: 계몽이란 무엇인가」(「回答一個問題: 什麼是啓蒙」)(이하 「계몽이란 무엇인가」).[「계몽이란 무엇인가에 대한 답변」, 『칸트의 역사 철학』, 이한구 편역(서광사, 2012), 13, 16쪽]
13. 이에 대한 자세한 내용은 9장 참조.
14. 칸트, 『학부들의 논쟁』(『系科之爭』) 3편.[『학부들의 논쟁』, 오진석 옮김(도서출판b, 2012)]
15. 같은 글.
16. 칸트의 『윤리형이상학』 중 법의 형이상학적 원리 A를 볼 것. 이에 대한 자세한 내용은 뒤의 9장 참조.[『윤리형이상학』의 중국어판 제목은 '도덕형이상학 道德形而上學']
17. 칸트, 「계몽이란 무엇인가」.[『칸트의 역사 철학』, 이한구 편역(서광사, 2012), 19~20쪽 참조]
18. 칸트, 『속설에 대하여』(『論俗諺: 道理說得通, 實際行不通』) II.[『속설에 대하여』, 오진석 옮김(도서출판 b, 2011)]
19. 같은 글.
20. 『학부들의 논쟁』 3편.
21. 같은 책 2편.
22. 마르크스·엥겔스, 「독일 이데올로기」, 『마르크스·엥겔스 전집』 3권, 1960년, 213쪽.[MECW 5권 195쪽]
23. 엥겔스, 「포이어바흐와 독일 고전 철학의 종말」, 『마르크스·엥겔스 전집』 4권, 1972년, 210쪽.[MECW 26권 357쪽]
24. 장자크 루소, 『인간 불평등 기원론』(『論人間不平等的基源和基礎』).[『인간 불평등 기원론』, 주경복·고봉만 옮김(책세상, 2011)]
25. 폴 앙리 돌바크, 『사회체계』(『社會體系』) 2부.
26. 『윤리형이상학』 중 법의 형이상학적 원리 A 및 뒤의 9장 참조.
27. G. W. F. 헤겔, 『칸트 철학 논술』(黑格爾, 『康德哲學論述』), 상무인서관, 1962년, 18쪽.(원문은 『철학사 강연록』(『哲學史講演錄』) 3부에 실려 있다.)
28. 헤겔, 『법철학 원리』, 상무인서관, 1962년, 323쪽.[『법철학』, 임석진 옮김(한길사, 2008), 541쪽]

29. 볼프 본인은 비록 자신의 철학이 '라이프니츠-볼프'로 함께 일컬어지는 것을 거부했지만 그는 분명 라이프니츠의 철학을 체계화한 사람이었다. 그의 엄격한 합리론 철학은 당시 독일에서 지배적 위치를 차지했고 그 영향 또한 매우 컸다. 칸트가 형이상학의 독단론을 언급할 때 마음속으로 겨냥한 이가 바로 볼프였다. 독단론은 교조론 혹은 교조주의로도 불린다.
30. 엥겔스, 「대륙 사회주의 개혁 운동의 진전」, 『마르크스·엥겔스 전집』 1권, 1956년, 588쪽. [MECW 3권 404쪽]
31. 바뤼흐 스피노자, 『이지 개선론』(『理智改進論』). [『지성 개선론』, 강영계 옮김(서광사, 2015)]
32. 스피노자, 「에티카」, 『16, 17세기 서유럽 각국의 철학』(「倫理學」, 『十六, 十七世紀西歐各國哲學』), 상무인서관, 1975년, 299쪽 참조. [『에티카』, 강영계 옮김(서광사, 1990)]
33. 고트프리트 라이프니츠, 「신新 인간이지론」 서문, 『16, 17세기 서유럽 각국의 철학』(「人類理智新論 · 序言」, 『十六, 十七世紀西歐各國哲學』), 상무인서관, 1975년, 504쪽 참조.
34. 존 로크, 「인간지성론」, 『16, 17세기 서유럽 각국의 철학』(「人類理智論」, 『十六, 十七世紀西歐各國哲學』), 상무인서관, 1975년, 366쪽. [『인간지성론 1, 2』, 정병훈·이재영·양선숙 옮김(한길사, 2014)]
35. 같은 책, 367쪽.
36. 같은 책, 375쪽.
37. 조지 버클리, 「인간 지식 원리」, 『16, 17세기 서유럽 각국의 철학』(「人類知識原理」, 『十六, 十七世紀西歐各國哲學』), 상무인서관, 1975년, 543쪽. [『인간 지식의 원리론』, 문성화 옮김(계명대학교출판부, 2010)]
38. 같은 책, 541쪽.
39. 데이비드 흄, 「인간 이지 연구」, 『16, 17세기 서유럽 각국의 철학』(「人類理智研究」, 『十六, 十七世紀西歐各國哲學』), 상무인서관, 1975년, 634쪽 참조. [『인간의 이해력에 관한 탐구』, 김혜숙 옮김(지만지, 2012)]
40. 같은 책, 642쪽 참조.
41. 칸트가 합리론과 경험론의 대표 저술들을 어느 정도 수준에서 파악하고 이해했는가는 지금까지도 논란의 대상이다. 현재 수많은 칸트 연구자는 칸트가 버클리의 주요 저작을 읽지 않았으며, 라이프니츠의 『신新 인간이지론』도 매우 늦게 알았다고 주장한다.(라이프니츠의 책이 뒤늦게 출판되었기 때문에) 헤르만 데 플레스하우버 같은 학자는 심지어 흄이 칸트에게 아무런 영향도 끼치지 않았다고 주장한다.
42. 요한 고트프리트 헤르더, 『인간성의 진전에 관한 통신』 중 79번째 서신. 칸트는 수업에서 자주 바움가르텐의 저서를 교과서로 사용했으며 바움가르텐의 『형이상학』은 칸트가 다년간 사용한 교과서였다. 하지만 이러한 사실이 칸트가 바움가르텐의 관점에 동의했다는 의미는 아니다.

43. 빌헬름 빈델반트, 『철학사』 6편 1장. 여기서 말하는 독일 대중철학자는 모제스 멘델스존 등을 가리킨다.
44. 칸트 철학 사상의 발전에 대해서는 현재까지 수많은 논쟁이 존재하며(예를 들어 흄의 영향과 그 시기에 관한), 여기서 이에 대한 상세한 토론은 생략한다.
45. 이 논저는 칸트 사상의 특징을 최초로 보여주는 글이기 때문에 매우 중요하다. 우선 칸트는 창조적인 연구 태도로 전통과 권위에 도전했다. 그는 서문에서 편견과 '전통적 위인들'이 지배적 위치를 차지하고 있기 때문에 자신의 사상을 발표하여 과학을 촉진시킨 '무명의 저자'들이 종종 '박학'한 큰 인물들에 의해 경시받고 있다고 언급한다. 하지만 그는 "아무리 유명한 인물들이라 해도 그들의 명제가 거짓이라 여겨진다면 어떠한 명제도 취하지 않는다", "수많은 위대한 인물들이 내놓은 무효한 진리들에 대해 나의 영혼은 우선 개방적인 태도로 대한다"(1장 55절)라고 밝힌다. 그다음 특징은 자연과학의 탐구에 있어서 철학적 의의와 문제에 상당히 주목하고 있다는 점이다. 칸트는 "능동적인 힘 혹은 동력이 기계학과 물리학에서 중요한가 그렇지 않은가의 문제는 말하지 않겠다. 하지만 형이상학의 문제에서 이는 매우 중요하다"라고 말한다. 왜냐하면 그것은 물질, 정신, 영혼, 신, 실체 등등의 주제와 연관된 문제이기 때문이다. 세번째로 칸트는 만약 서로 다른 의견을 가진 쌍방이 각자의 의견을 견지한다면 진리는 종종 그 가운데에 있다고 주장한다. "이것이야말로 진리를 발견하는 규율이다."(2장 20절) 실상 여기에는 일종의 절충적 의미가 녹아들어 있다. 마지막으로 가장 중요한 특징은 자신의 첫 논저에서 칸트가 모순(그리고 반대편 명제를 통해 논증하는 것)을 매우 중요시한다는 점이다. 이러한 몇 가지 특징은 이후 칸트의 저작들에서 다시 나타난다.
46. 예컨대 『기하학과 결합된 형이상학의 자연철학에서의 사용, 그 일례로서의 물리적 모나드론』(1756년).
47. 칸트, 『불에 관한 성찰의 간략한 서술』(1755년).
48. 칸트, 『작년 서유럽 지진의 원인을 논함』(1756년).
49. 칸트, 『운동과 정지에 관한 새로운 학설』(1758년).
50. 엥겔스, 「자연변증법」, 『마르크스·엥겔스 전집』 20권, 1971년, 366쪽. [MECW 25권 323쪽] [『자연변증법』, 한승완·이재영·윤형식 옮김(새길아카데미, 2012년)]
51. 엥겔스, 「반뒤링론」, 『마르크스·엥겔스 선집』 3권, 1972년, 96쪽. [MECW 25권 53쪽]
52. 같은 책, 63쪽. [MECW 25권 24쪽]
53. 칸트, 『신의 현존재 논증의 유일하게 가능한 증명근거』(1763년).
54. 1763년 투고문. [리쩌허우는 '투고문應征文'이라고만 표기했는데, 1763년에 발표된 칸트의 글 두 편 『신의 현존재 논증의 유일하게 가능한 증명근거』와 『부정량의 개념을 세계지世界知에 도입하는 시도』 가운데 전자를 가리키는 것으로 보인다.]

55. 1763년 투고문.
56. 같은 글.
57. 멘델스존에게 보낸 1766년 4월 8일자 서신.
58. 칸트의 어느 강연에서 이 점은 더욱 분명하게 드러난다. 예컨대 칸트는 이렇게 말한 바 있다. “규칙이란 우선 학생으로 하여금 감각을 비교하여 경험적 판단을 내릴 수 있게 훈련시키는 것을 말한다. 갑자기 하늘에서 뚝 떨어지듯 판단을 내릴 수는 없다.”
59. 카시러는 이를 루소의 영향이라고 보았다. 『루소, 칸트, 괴테』 참조.
60. 칸트, 『형이상학의 꿈에 의해 해명된 시령자의 꿈』.
61. 1763년 투고문.
62. “섀프츠베리, 허치슨, 흄 등은 도덕원리에 대한 아주 거대한 진보를 이루어냈다.”(『1756~1766 칸트의 강의록』)
63. 『칸트 전집』 20권, 과학원판, 58쪽.
64. 같은 책, 44쪽.
65. 『순수이성비판』, A840=B868. [A는 독일 초판본, B는 독일어 2판, 숫자는 쪽수] 여기서는 란공우藍公武가 번역한 상무인서관판(1960년) 570쪽을 참조했다.
66. 물론 루소의 영향을 받아들여 ‘비판철학’에 이르는 과정에는 수많은 곡절이 있었으며 루소의 주장을 그대로 옮겨 ‘비판철학’을 완성한 것은 아니었다.
67. 칸트, 『형이상학 서설』 §50. [『형이상학 서설』, 백종현 옮김(아카넷, 2012), 261~262쪽]
68. 크리스티안 가르베에게 보낸 1798년 9월 21일자 서신.
69. 이에 대한 자세한 내용은 6장 참조. 매우 복잡한 문제이지만 대략적인 내용은 뉴턴이 제시한 물 자체의 객관 존재로서의 절대 공간이 이러한 이율배반을 초래하게 된다는 것이다.
70. 라이프니츠와 클라크 간의 논쟁은 칸트가 이율배반으로 인해 독단론의 미망에서 깨어난 것과 밀접한 연관이 있다.
71. 9장 참조.
72. 괴테가 칸트를 매우 좋아한 것은 바로 이러한 이유 때문이다. 괴테는 칸트의 저서가 매 페이지마다 광명으로 가득차 있다고 말했다.
73. 예컨대 칸트가 루소의 『에밀』에 열중한 것은 사실이지만 그는 여전히 미래의 교육 문제가 해결되지 않았다고 생각했다.(『에밀』을 읽은 후 얼마 지나지 않아 발표한 미와 숭고에 대한 논문을 보라.) 칸트는 분명 루소의 영향을 받아 자신의 윤리학을 정립했지만 윤리 문제에 있어 온전히 이성을 주요 원칙으로 삼았으며 감정적 요소를 철저히 배제했다. 이것은 루소와 완전히 다른 점이다.(자세한 내용은 8장 참조)
74. 칸트, 『형이상학의 꿈에 의해 해명된 시령자의 꿈』.
75. 칸트, 『미와 숭고의 감정에 관한 고찰』.

76. 예컨대 칸트는 경험적 질료와 논리적 형식이라는 두 가지 측면을 통해 사상을 구성한다는 람베르트의 관점에 찬성했다.
77. 당시 칸트는 이미 그 원형을 잃어버린 라이프니츠를 주로 볼프 철학을 통해 이해하고 있었다.
78. 1768년 출판된 라이프니츠와 클라크(뉴턴의 관점을 대표하는)의 서신집을 보면, 양쪽이 매우 첨예한 논쟁을 벌이고 있었음을 확인할 수 있다. 이러한 대립은 칸트로 하여금 제3의 입장을 취하도록 했다.
79. 플레샤우버는 이러한 이유로 논문 『감성계와 지성계의 형식과 원리』가 '비판철학'과 상반된다고 주장한다. 하지만 이는 지나치게 과장된 관점인데, 왜냐하면 비판철학은 실상 칸트가 이미 도달한 탁월한 경지에 만족하지 않고 더욱 노력하여 이룩한 진일보한 결과이기 때문이다.
80. 2장 참조.
81. 『순수이성비판』 1판과 2판 사이의 차이는 줄곧 논쟁의 대상이었다. 일반적으로 1판은 관념주의적 성격이 강하다고 평가된다. 쇼펜하우어에서 하이데거에 이르는 철학자들은 1판을 더욱 중시했다.
82. 칸트는 교육 문제를 매우 중시했다. 그는 라틴어로 된 책을 반복적으로 학습하는 전통 교육제도에 반대했으며 고대 경전을 지나치게 존중하고 "맹목적으로 고대 경전의 가르침에 복종"하는 것에도 반대했다. 또한 청년들로 하여금 모방과 관습에 속박되지 말아야 한다고 주장하기도 했다. "고대에 대한 과대평가는 곧 지성을 아동 시기로 퇴보시킨다는 의미다. 이는 자신의 재능 활용을 소홀히하는 것이기도 하다." 이렇게 말하면서 칸트는 실생활의 유용한 기술을 습득하고 신체를 단련해야 한다고 주장했다. 또한 훌륭한 학생은 강의를 필기하지 말아야 하며 강의록은 별 의미가 없다고도 했다. 이러한 면모에는 칸트의 계몽주의 정신이 반영되어 있다. 칸트의 『교육학 강의』는 상당히 풍부한 경험을 담고 있으며 처음부터 끝까지 그의 윤리학 원리에 따라 쓰인 저서이다. 예컨대 아동의 자제력과 독립심을 중시하는 점은 칸트의 식견을 잘 보여주는 지점이라 할 만하다.(나는 유아 교육에서 중점을 두어야 할 세 가지 기본 능력이 주의력, 억제력, 독립심이라고 생각한다.)
83. 칸트의 『유고』(「자연과학적 형이상학의 기초에서 물리학으로」 등을 포함한 칸트 말년의 글들)에 관해 어떤 이들은 '비판철학'과의 명확한 단절을 강조하면서 칸트가 낭만주의적인 절대적 관념주의로 나아갔다고 주장한다. 반면 다른 이들은 만년의 철학도 기본적으로 '비판철학'과 일치한다고 본다. 나는 기본적으로 후자에 동의하지만 이 문제는 좀더 깊은 논의가 필요한 주제라 할 수 있다. 7장 참조.
84. 이는 곧 칸트의 사상적 발전과정을 합리론에서 경험론으로, 다시 한 단계 높은 합리론으로의 이동으로 보는 관점이다. 하지만 칸트가 경험론 시기(1760년대)를 거친 후 다시 한 단계 높은 합리론으로 돌아갔다고 보는 것은 그리

정확한 관점이 아니다. 실상 합리론에 대한 칸트의 증오는 '비판시기'에 더욱 두드러진다. 칸트의 철학을 '정-반-합'의 과정으로 보는 시각은 헤겔식 사유체계로, 사상에서 사상으로의 발전을 삼단계로 규정짓는 인위적인 구분법이다. 에드워드 케어드의 『칸트의 비판철학』 등이 그런 사례다.

85. 엥겔스, 「독일의 상황」, 『마르크스·엥겔스 전집』 2권, 634쪽. [MECW 6권 17쪽]

86. 『괴테와 에커만의 대화록』 1827년 4월 11일자. 괴테는 칸트를 매우 높게 평가했다. "나(에커만)는 괴테에게 당신이 생각하는 가장 위대한 근대 철학자는 누구인지 물었고 괴테는 칸트야말로 가장 우수한 철학자라고 답했다."(1827년 4월 11일자) 또한 괴테는 "칸트는 『순수이성비판』을 저술함으로써 위대한 업적을 남겼다"(1829년 2월 17일자)라고 썼다. 반면 괴테에 대한 헤겔의 찬사에도 불구하고, 괴테는 헤겔을 진심으로 좋아하진 않았다.(같은 대화록 참조) 괴테는 칸트와 마찬가지로 경험과 현실을 중시했으며, 사유가 모든 것을 결정하고 심지어 신의 존재를 논증하는 데 반대했다. 이를 통해 괴테는 더욱 풍부한 고전주의 정신과 계몽주의 정신을 체현해냈다. 괴테는 프랑스의 유물론적 태도에 적대감을 표했고 돌바크의 『자연의 체계』를 매우 낮게 평가했다. 괴테와 칸트는 확실히 유사한 면이 있었다.

87. 엥겔스, 「시와 산문 속의 독일 사회주의」, 『마르크스·엥겔스 전집』 4권, 1958년, 256쪽. [MECW 6권 259쪽]

88. 한스 자너는 『칸트의 정치사상』에서 대립(모순의 통일)이 칸트의 모든 작품의 주제라고 강조한다. 자너의 견해에 따르면 칸트는 수많은 대립을 이야기했고 자신의 동시대인들과 충돌하면서 자신 자신의 모순과도 충돌했다. 하지만 당시의 심각한 시대적, 계급적 모순에 대해서는 언급하지 않았다.

89. 블라디미르 레닌, 「유물론과 경험비판론」, 『레닌 선집』(列寧, 「唯物主義與經驗批判主義」, 『列寧選集』), 2권, 1972년, 200쪽. [V. I. 레닌, 『유물론과 경험비판론』, 박정호 옮김(돌베개, 1992)]

90. 칸트에 대한 영국 정통 경험론자들의 반대는 매우 격렬하며 루소와 논리실증주의가 이에 속한다. 실용주의자 윌리엄 제임스는 이렇게 밝혔다. "요컨대 철학적 진보의 진정한 길은 칸트를 경유해서가 아니라 그를 피해서 지금 우리에게로 이어지는 것이다. 철학은 그를 완전히 피해갈 수 있으며, 보다 직접적으로는 노련한 영국 노선을 통해 자신을 더욱 풍부하게 구축할 수 있다."

91. 이외에도 루이스 화이트 벡은 『루이스의 칸트주의』라는 책에서 현대의 칸트 비판자들을 '분석론적 비판자'와 '실재론적 비판자'로 구분한 바 있다. 전자는 칸트가 주체적이고 능동적으로 현상과 대상을 구성하는 것을 강조했다는 데에는 동의하지만, 보편 필연적인 규칙과 인식이 있다는 데에는 반대한다. 이것은 경험론적 논리실증주의에 기반한 칸트 '비판자'들의 관점과 엇비슷하다고 할 수 있다. 후자는 지성의 초험적 응용을 주장하면서 감각의

독립적 대상을 증명할 필요가 없기에 인식은 감각 재료에서 출발하는 것이 아니며, '진리에 대한 판단은 독립적이고 형이상학적인 실재 대상에 관한 것이지 그러한 대상들이 감성적으로 주어지는가의 문제와는 상관이 없다'고 주장한다. 이것은 합리론과 엇비슷한 관점이라고 할 수 있다.

92. 벡, 『실천이성비판 주해』 서문.
93. A. J. 에이어의 언급. M. Cornforth, *Marxism and the Linguistic Philosophy*, 204쪽에서 재인용.
94. 「칸트와 현대철학」, 『칸트 연구』(「康德與現代科學」, 『康德研究』) 1974년 제1기.
95. 벡, 『칸트 철학 연구』, 110쪽.
96. 장 피아제, 『발생적 인식론』 서문.
97. 존 듀이 역시 비슷한 언급을 한 바 있다. 하지만 듀이는 객체가 경험을 떠나 존재할 수 있다는 것을 부정하고 행동과 조작의 개념을 확대했다. 이에 대해서는 2장 참조.
98. 피아제, 『발생적 인식론 원리』 서문, 3장. 이런 시각은 당시 신칸트주의가 기성 지식이란 없으며 인식이란 부단한 창조의 무한한 과정이라고 강조하고 철학은 일종의 인식론이며 방법론이라고 주장한 것과 상당히 근접한 관점이다. 하지만 신칸트주의는 실증적인 자연과학 이론의 기초가 없었다.
99. 같은 책, 서문. 비록 피아제는 인식론은 마땅히 철학과 갈라져야 하며 하나의 과학, 즉 실험과 실증과학을 기초로 하는 과학(그는 이것을 실험철학이라 불렀다)이 되어야 한다고 주장했지만 존재와 의식, 객체와 주체라는 철학적 문제를 회피하지 않았다.
100. 피아제, 『구조주의』 7장.
101. 『철학 백과전서』 6권, 1972년 미국판, 306쪽.
102. 여기서 역사는 곧 인류 총화로서의 역사를 말한다. 피아제는 수많은 사회적, 역사적 문제를 논했으며 과학사도 저술했다. 하지만 그는 결코 총체적 관점에서 아동의 인식과정 등과 인류 총화로서의 역사를 연결하지 않았으며 후자가 전자에 삼투되거나 지배적인 작용을 미친다고 생각하지 않았다.
103. 데이비드 루빈스타인, 『마르크스와 비트겐슈타인』(1981, 보스턴) 참조.

2장 인식론 (1)

1. 칸트는 1783년 8월 16일 멘델스존에게 편지를 보내 통속성 문제를 언급했다. 이때 칸트는 다시 한번 "『순수이성비판』을 좀 가볍고 통속적으로 만들고 싶다"고 말하며, 1783년 8월 7일 가르베에게 보낸 편지에서는 "시작할 당시에는 통속적으로 쓸 수 없었다"고 말했다. 또한 『순수이성비판』 서문에서도 "시간이 지나면서 좀더 통속적으로 될 테지만 처음 시작은 그렇지 못했다"고 밝힌 바 있다.
2. 이에 대한 유명한 일화가 있다. 어떤 이가 칸트 저작의 어려움을 호소하며

칸트의 글을 읽을 때는 손가락이 부족하다고 했다. 이에 칸트가 놀라서 이유를 묻자 그의 대답은 이랬다. "내가 어려운 부분을 손가락으로 짚어가며 읽는데 열 손가락을 다 사용했는데도 당신이 써놓은 문장은 하나도 채 끝나지 않았다."

3. 『순수이성비판』의 구조형식과 그 내용의 관계에 대해서는 논쟁도 있었다. 파이힝거, 켐프 스미스 등은 이 책이 수년에 걸쳐 쓴 일련의 노트를 서둘러 조합해 완성한 것으로, 쓰인 시점에 따라 여러 부분으로 나눌 수 있고 따라서 수많은 모순이 존재한다고 주장했다. 특히 '분석론' 중 '범주의 초월적 연역'에 관한 매우 중요한 부분은 전혀 다른 시기에 쓰인 상이한 논리가 서로 맞붙어 있다는 것이었다. 이러한 이유 때문에 『순수이성비판』은 매우 이해하기 어렵다. 이 책의 문장들은 따로 떨어져 각자 독립되어 있어 상호 연관성이 떨어진다. 또한 혹자는 '분석론'의 요약 부분이 매우 산만하다고 지적한다.(워드) 이러한 견해가 이른바 '조합설' 혹은 '다원론'(A. C. 유윙)이다. 비교적 최근에는 페이턴 등이 이러한 견해에 반대하고 '총체론'을 제기하여 이 책이 일관되고 내적으로 통일되어 있다고 주장했다. 페이턴에 따르면 워드 등이 제기하는 '다원론' '중복설'은 같은 주제에 대한 몇 가지 중복된 서술을 가리킨 것에 불과하다. 나는 후자의 관점이 좀더 사실에 가깝다고 본다. 칸트 스스로 밝혔듯 표면적으로 보이는 모순들은 그 관념을 총체적으로 잘 파악한다면 곧 없어질 수 있다. 또한 칸트는 "각 구절마다 옳고 그름을 따지지 말고"(서문), 책을 편향되게 인용하지 말 것을 주문했다. 하지만 일부 학자들처럼 이 책에 존재하는 수많은 모순을 완전히 지워버리고, "『순수이성비판』의 각 구절은 모두 '범주의 초월적 연역' 그 자체와 책의 다른 부분과 완전히 일치한다"(펠릭스 그라예프, 『칸트의 이론철학』 서문)라는 식으로 주장하는 것 역시 대단히 극단적이고 편향적인 해석이라고 봐야 할 것이다.

4. 헤겔의 저작 역시 읽기 어렵기로 악명이 높다. 하지만 다른 점이 있다. 헤겔의 경우 각 구절을 이해하기는 어렵지만 각 단락의 전체적인 의미는 이해하기 쉽다. 칸트를 읽을 때는 정반대다. 각 구절과 구문은 그리 어렵지 않지만 전체 문단과 단락의 뜻을 파악하기는 어렵다. 그래서 읽을 때 상당한 노력이 필요하다.

5. 페이턴은 시간 부족 외에도 연구 과제 자체가 어렵고 새로웠기 때문이라고 주장한다.

6. 켐프 스미스 등의 시각.

7. 볼프가 이 같은 체계화의 습관을 가지고 있었다고 한다. 칸트는 볼프를 계승한 것이다. 중세 스토아학파적인 이런 분과分科 성향은 아리스토텔레스 철학에서 보이는 이론철학과 실천철학의 구분으로까지 거슬러올라간다. 이론철학은 형이상학으로도 불리며 그 아래로 본체론(존재의 문제), 이성 심리학(심리와 영혼의 문제), 이성 신학(신의 존재와 속성 문제)으로 나뉜다. 실천철학은 윤리학, 경제학, 정치학으로 나뉜다. 계몽주의자인 볼프는 신학과 본체론(일반 형이상학으로서 존재의 문제를 연구하는)을 정식으로 분리했다. 원리론과

방법론, 분석론과 변증론 등을 구분하는 방식 역시 아리스토텔레스의 전통에서 시작된다.

8. 『형이상학 서설』 §4.
9. 『순수이성비판』, Axii(중국어판: 란공우藍公武 옮김, 상무인서관, 1960년, 3쪽) 참조.
10. 베이컨과 데카르트를 시작으로 하는 근대 철학은 줄곧 인식론을 중시했다. 하지만 칸트 이전에는 인식론과 본체론이 서로 얽혀 있었고 분리되지 않았다. 일반적으로는 인식론이 본체론에 속하는 것으로 인식되었다. 칸트는 이러한 상황을 완전히 변화시켰다. 이전의 본체론은 부정되었고 인식론이 독립을 선언했다. 칸트 이후에는 본체론이 오히려 인식론에 속하는 것으로 인식되었고, 그렇기에 본체론은 인식론으로부터 도출되기에 이르렀다. 마찬가지로 헤겔의 경우에도 논리학과 인식론은 동일한 것이었다. 이는 곧 [헤겔에게 있어] 논리와 역사, 인식론과 본체론이 서로 일치한다는 의미다.
11. 하이데거 등은 "『순수이성비판』과 인식론은 아무런 관계가 없다"(『칸트와 형이상학의 문제』)고 주장하고 『순수이성비판』은 본체론을 기술한 것이라 생각했다. "칸트의 최종적 의도는 본체론을 향해 있으며 일종의 존재에 관한 학설이다."(고트프리트 마르틴, 『칸트의 형이상학과 과학이론』(1953)) 하이데거는 칸트를 빌려 자신의 철학적 관점을 기술했고 이는 신칸트주의 철학자인 카시러의 반발을 불러일으켰다. 하이데거는 '초월적 상상'을 강조하고 『순수이성비판』을 주체(인간)의 현상학으로 파악해 심리학에서 형이상학적 본체론으로 자신의 사상을 발전시켰다. 이에 비해 카시러는 '지성의 기능'을 강조하여 『순수이성비판』을 객관적 현상학으로 보고 문화-역사적 기호학으로 자신의 사유를 진행시켰다. 결국 둘은 서로 다른 관점에서 칸트 철학을 해석한 셈이었다. 하이데거는 칸트의 인식론을 근본적으로 배제했고, 카시러는 칸트 인식론의 유물론적 성분을 배제했던 것이다.
12. 『순수이성비판』, A15=B29(중국어판 44쪽) 참조.
13. 같은 책, A51=B75(중국어판 71쪽).
14. 같은 책, A1(중국어판 30쪽) 참조.
15. 같은 책, B1(중국어판 27쪽). 괴테의 말을 빌려 좀더 간단히 표현할 수도 있겠다. "경험은 경험의 절반일 뿐이다."
16. 『형이상학 서설』 §18. [『형이상학 서설』, 백종현 옮김(아카넷, 2012), 188쪽] 이른바 '경험적 판단', 즉 '지각판단'에 대한 내용은 뒤의 5장 참조.
17. 이 책에서는 2판 서론의 의미, 즉 '감성적 재료'라는 의미에서만 '경험' 개념을 사용한다. 또한 '지식'이라는 개념을 지성이 감성적 재료에 작용하여 생긴 결과물이라는 의미의 '경험'을 대신하여 사용한다.
18. 칸트의 학설이 전혀 독창적이지도 타당하지도 않다고 주장하는 러브조이는 분석판단과 종합판단의 구분, 그리고 선험적 종합판단 등은 모두

라이프니츠에서 유래하며, 칸트는 여기에 전혀 공헌한 바 없다고 주장한다. 하지만 이는 사실과 부합하지 않는다.

19. 일부에서는 칸트가 주어-술어 판단만 언급할 뿐 여타의 판단 형식은 제기하지 않았다고 비판하며 칸트의 관점이 편향적이라 주장한다. 또한 '포함' '포괄'의 개념은 주어로 쓰일 때 상당히 혼란스러운 개념이며 공간적 형상에 대한 비유일 뿐이라는 주장도 존재한다. 하지만 이러한 비판은 그 요점을 제대로 짚지 못한 것이다. 문제의 본질은 그러한 것이 아니기 때문이다. 이는 현대 논리학에서 분석과 종합의 구분이 주어-술어 판단에만 국한되지 않는 것과 같다.

20. 이는 당연히 비非형식논리의 엄격한 의미에서 말하는 것이다. 이를 통해 칸트가 형식논리를 타파하면서 시작하고 있음을 알 수 있다. 칸트의 형식논리 타파는 헤겔 철학의 전범이 되었으며 중요한 철학적 의의를 갖는다.

21. '분석판단'이 형식논리의 모순율을 통해 규정될 수 있는가에 대해서는 수많은 논쟁이 존재한다. 현대 철학은 모두 엄격한 정의를 통해 분석명제를 논한다. 벡은 칸트의 분석판단을 약정적으로 보는 데 반대했으며 엄격한 정의를 통해 칸트의 분석판단을 논하는 데 반대했다. 실상 칸트가 논하고자 했던 것은 비형식논리의 문제였다. 페이턴이 언급했듯 "형식논리와 종합판단의 가능성은 전혀 상관이 없다."(허버트 제임슨 페이턴, 『칸트의 경험 형이상학』 1권 35장 2절) 이에 대해서는 뒤에 상술한다.

22. 이 두 가지 동일시는 완전하지 않다. 어떤 학자는 분석과 종합의 구분은 명목적인 것일 뿐, 선험과 경험의 구분이야말로 인식론적인 것이라고 주장한다.

23. 라이프니츠(합리론)와 흄(경험론)은 모두 분석은 선험적이고 종합은 경험적이라고 보았다. 하지만 라이프니츠가 분석을 통해 참된 지식을 얻을 수 있고 종합은 우연적이며 참된 지식을 얻을 수 없다고 본 반면, 흄은 정반대로 경험을 통해서만 지식을 얻을 수 있다고 주장했다는 점에 둘의 차이가 있다.

24. '보편'과 '필연'의 관계에 대해 프리처드는 『칸트의 인식론』(1909)의 2장에서 보편과 필연은 결국 동일한 것이라고 주장했다. 레닌은 『철학 노트』에서 라이프니츠에 관한 포이어바흐의 저서 일부분을 인용하면서 "칸트와 라이프니츠, 필연성과 보편성은 불가분의 관계"라고 했다. 해당 대목을 다 옮기면 다음과 같다. "그렇기에 『신新인간지성론』(라이프니츠)의 기본 사상은 『순수이성비판』의 기본 사상과 같다. 다시 말해 보편성 및 그와 불가분의 관계인 필연성은 이성 고유의 본성 혹은 표상 능력 본질의 고유한 본성을 표현한다. 따라서 그 원천은 감각기관 혹은 경험에서 유래할 수 없다. 요컨대 외부에서 유래할 수 없는 것이다."

25. 『형이상학 서설』 §2. [『형이상학 서설』, 백종현 옮김(아카넷, 2012), 131~132쪽]

26. 분석판단과 달리 종합판단은 논리적으로 '직선은 두 점 사이의 가장 짧은 선이 아니다'라는 명제를 배제하지 않는다. 그렇기에 어떤 이들은 칸트가

비非유클리드 기하학을 배제하지 않았으며 오히려 그것을 예고했다고 주장한다. 하지만 칸트가 비유클리드 기하학을 예고했다는 말은 사실에서 벗어난 것이다.

27. 『형이상학 서설』 §2. [『형이상학 서설』, 백종현 옮김(아카넷, 2012), 133쪽]
28. 『순수이성비판』, B17(중국어판 37쪽) 참조.
29. 이 관점은 현재까지도 과학자들과 철학자들이 승인하거나 강조하는 바이다. 예컨대 질량 불변, 상대성, 인과 개념 등이 그렇다. 자세한 내용은 4장 참조.
30. "인간으로 하여금 영원히 형이상학적 탐구를 포기하게 하는 것은 마치 오염이 두려워 호흡을 포기하는 것과 같다. 세계에는 항상 형이상학이 있어왔고 모든 사람, 특히 사유하는 사람은 모두 형이상학을 가지고 있기 때문이다. 또한 공인된 표준이 없기 때문에 자신만의 유형을 가지고 형이상학을 주조할 수 있다. 지금까지 형이상학이라 불린 것은 어떠한 비판적인 영혼도 만족시킬 수 없었다. 하지만 그러한 이유로 형이상학을 포기하는 것도 옳지 않다. 그렇기에 순수이성비판 자체는 여전히 필요한 것이다."(『형이상학 서설』) [『형이상학 서설』, 백종현 옮김(아카넷, 2012), 315~316쪽]
31. 칸트가 『순수이성비판』의 축약판으로 쓴 책이 『학으로서 출현할 수 있는 장래의 모든 형이상학을 위한 프롤레고메나』[약칭 『프롤레고메나』. 한국어판 제목은 『형이상학 서설』]이다. 이른바 '미래의 형이상학'이 무엇인지 칸트는 명확하게 밝히지 않았고 이는 연구자들의 논쟁거리가 되었다. 어떤 학자는 칸트가 도덕 형이상학을 다루었을 뿐 과학 혹은 인식론에 관한 형이상학은 다루지 않았다고 말한다. 또 어떤 학자는 칸트의 '비판철학' 자체가 칸트의 형이상학으로 이것이 곧 "경험대상을 가능케 하는 초월적 개념과 원리의 체계"라고 말한다.(그레거) 칸트는 형이상학에 관한 글을 쓰고 싶다고 수차례 밝혔으며 그의 비판은 그 명확한 기초를 다지기 위한 '서론'에 불과했다. 하지만 당시 사람들이 칸트가 서론만 썼을 뿐 철학 체계를 완성하지는 못했다고 했을 때 칸트는 매우 분노하여 『순수이성비판』이 곧 완전성을 갖춘 순수철학이라고 주장했다.(1799년 8월 7일 피히테에게 보낸 공개서한) 여기서 주의할 점은 칸트가 사용한 '형이상학'이라는 단어는 다른 이들의 용례와는 다른 함의를 지니고 있었다는 것이다.
32. 『순수이성비판』, A12~13=B26(중국어판 42쪽) 참조.
33. 같은 책, A11=B25(중국어판 42쪽).
34. 같은 책, A14=B28(중국어판 43쪽).
35. '아 프리오리a priori'는 통상 선천적 종합판단에서 보듯 '선천적'으로 번역된다. 하지만 칸트가 여기서 무無시간적으로 앞서 존재하는 발생학의 의미(예컨대 의학, 생리학에서 말하는 '선천적'의 의미)에서 사용할 때, 이 말은 인식의 선험적 구조를 가리킨다. transzendental 역시 선험으로 번역되는데, 이는 곧 선험적 구조가 경험에 사용되어 지식을 성립하게 하는 인식론의 문제를 가리키는 것이다. [1970년대 중국에서는 a priori를 '선천先天'으로,

transzendental은 '선험先驗'으로 주로 번역했고 리쩌허우도 이 책을 쓰면서 이와 같은 역어를 따랐다. 하지만 이는 오늘날 통용되는 칸트 용어의 역어와 차이가 있어 혼선을 가져올 수 있기에 이 책에서는 a priori는 '선험적', transzendental은 '초월적', transzendent는 '초험적'으로 옮겼다.]

36. '순수한'이라는 단어에는 두 가지 의미가 함축되어 있다. 하나는 선험 중의 한 종류, 즉 순수하지 않은 선험적 지식에 상대되는 의미이고, 다른 하나는 선험이라는 개념과 동일시할 수 있는 의미다. 순수하지 않은 선험적 지식이란 개념 사이의 관계를 구성하는 선험을 말한다. 하지만 개념 그 자체는 여전히 경험적인 것이다. 예컨대 '모든 변화는 원인을 갖는다'의 경우, '변화'라는 개념은 경험적인 것으로 순수하지 않은 선험에 속한다. 순수선험은 비단 개념 사이의 관계를 말할 뿐 아니라 개념 그 자체 역시 비경험적인 경우를 말한다. 하지만 칸트는 종종 이 양자를 엄격하게 구분하지 않았다. 그 때문에 '순수'와 '선험'은 동의어로서 존재한다.

37. 『형이상학 서설』 부록.
38. 『순수이성비판』, A5=B9(중국어판 32쪽) 참조.
39. 『형이상학 서설』 부록.
40. 『순수이성비판』, B166~167(중국어판 118쪽) 참조.
41. 『형이상학 서설』 §36, §38.
42. 헤겔, 『정신현상학』(『精神現象學』, 賀麟·王玖興 譯), 상무인서관, 1962년, 상권, 167쪽. [『정신현상학 1』, 임석진 옮김(한길사, 2009)]
43. 헤겔, 「철학전서: 논리」 §41, 『소논리』(「哲學全書: 邏輯」 §41, 賀麟 譯 『小邏輯』), 상무인서관, 1962년, 131쪽 참조. [『헤겔 논리학』, 김계숙 옮김(서문문화사, 1997)]
44. 같은 책, 130쪽 참조.
45. 포이어바흐, 「미래철학원리」 §53, 『포이어바흐 철학 저작 선집(상)』(「未來哲學原理」 §53, 『費爾巴哈哲學著作選集(上)』), 삼련서점, 1962년, 183쪽 참조.
46. 같은 책 §41, 173쪽.
47. 엥겔스, 「자연변증법」, 『마르크스·엥겔스 전집』 20권, 572쪽. [MECW 25권 509~510쪽]
48. 마르크스, 「포이어바흐에 관한 테제」, 『마르크스·엥겔스 전집』 1권, 18쪽. [MECW 5권 8쪽]
49. 같은 곳.
50. 슈테판 쾨르너 역시 절대적인 '선험적 종합'이 없다고 주장한다. 그것은 과학의 진보에 따라 상대적인 것이 된다.(『칸트』, 1장) 분석철학은 언어의 측면에서 모든 경험적 명제(즉 과학지식)가 오류 가능성을 갖는다는 점을 강조한다.
51. 『순수이성비판』, Bxiii(중국어판 10~11쪽) [『순수이성비판 1』, 백종현 옮김(아카넷, 2012), 180쪽] 참조.

52. 토머스 쿤, 『과학혁명의 구조』(『科學革命的結構』) 13장. [『과혁혁명의 구조』, 김명자 옮김(까치, 2007)]
53. 콰인 등은 이미 이러한 구분에 반대한 바 있다. W. V. O. 콰인, 「경험주의의 두 도그마」 참조.
54. 칸트, 『논리 강의』(『邏輯講義』) §37 참조.
55. 엥겔스, 「자연변증법」, 『마르크스·엥겔스 전집』 20권, 557쪽. [MECW 25권 495쪽]
56. 칸트, 「논문」(「論文」).
57. 칸트, 『논리 강의』 §36.
58. 같은 글.
59. 같은 글, 서론 VIIIc5.
60. 같은 글.
61. 아리스토텔레스와 라이프니츠가 개념이 판단에 우선한다고 생각한 것과 달리, 칸트는 판단(종합)이 개념(분석)에 우선한다고 생각했다. 4장 참조.
62. 칸트는 『논리 강의』에서 다음과 같이 밝혔다. "분석적 방법과 종합적 방법은 서로 대립된다. 전자는 기존의 조건과 근거에서 출발하여 원리를 향해 나아가는 반면, 후자는 원리에서 출발하여 결론으로 나아가거나 간단한 것에서 복잡한 것으로 나아간다. 전자는 추적법이라 부를 수 있고 후자는 전진법이라 부를 수 있다. 또한 분석법은 발견의 방법이라 부를 수 있으며 대중화를 위해서는 분석법이 더 적합하다. 하지만 과학의 목적과 인식계통의 탐구를 위해서는 종합법이 더 적절하다."(§117)
63. 여기서의 언급은 마오쩌둥이 중국 해방 전쟁의 형식을 비유한 것을 빌려 쓴 것이다. 그러나 현대의 대규모 산업은 오히려 이미지에 기탁하는 방법을 통해 대상에 대한 소화를 표현하고 상품의 실천적 종합의 거대한 힘을 생산해낸다.
64. 『순수이성비판』에서 '반성 개념의 혼란'이라는 부분을 통해 라이프니츠를 비판한 대목 참고. 여기서 칸트는 수량의 같고 다름은 개념의 같고 다름이 아니며, 그것은 감각기관과 연관되어 있고 비형식논리에 의해 증명된다고 주장했다.
65. 버트런드 러셀, 『철학에서 과학적 방법론의 한 영역인 외부 세계의 지식』(1914). 러셀은 『인간의 지식: 그 범위와 한계』(1948)에서 과학이 추론하는 일련의 전제가 경험에서 얻을 수 없는 '설정'임을 인정했지만 그것을 생물학 혹은 심리학으로 환원했다. 이런 점에서 그는 여전히 칸트가 아닌 흄에 가깝다고 할 수 있다.
66. A. J. 에이어, 『언어, 진리, 그리고 논리』(1936).
67. A. T. 개스킹, 「수학과 세계관」, 폴 베나세라프, 힐러리 퍼트넘 편, 『수학철학 선집』.
68. 다비트 힐베르트, 「무한에 대하여」.

69. 직관주의는 논리주의와 형식주의를 비롯한 수학철학의 3대 유파 중 가장 진리에 근접해 있다고 할 수 있다. 예컨대 브라우어르는 구조의 구축이 수학 안에서 거대한 본질적 의의를 지니며, 또한 수와 사회, 인과 관계와 시간 관계 등과 연관관계를 갖고 있다고 주장한다.
70. 여기서 형식주의는 수학을 무모순적 게임으로 본다는 점에서 역시 같은 종류의 오류라고 할 수 있다. 폴 코언은 이렇게 말했다. "형식주의적 관점에 따르면 수학은 반드시 종이 위의 부호를 가지고 진행되는 순형식적 게임으로 인식되어야 한다. 그리고 이러한 게임은 불일치성을 초래하지만 않는다면 그것으로 된 것이다."(『집합론과 연속체 가설』 서문) 논리실증주의와 상당히 근접한 견해라 할 수 있다. 로빈슨도 이와 비슷했지만 힐베르트는 그렇지 않았다. 현대의 극단적인 형식주의는 힐베르트보다도 칸트에게서 더 멀리 떨어져 있다.
71. 쿠르트 괴델, 「칸토어의 연속체 문제란?」, 『수학철학 선집』. 이외에 베스의 관점 역시 매우 모호하긴 하지만 참고할 만하다. 그는 수학의 요소 안에 원시적 감성 경험에서 생산되어 나오는 '제2의 대상'이 있다는 문제를 제기했다. 이는 곧 감성적 대상 사이의 초감각적 지식의 관계가 수학 요소의 관계로서 존재하느냐의 문제를 제기한 것이다.(E. W. 베스, 『수학의 사상』(1965) 참조)
72. 브랜드 블랜샤드, 『이성과 분석』(1962) 10장.
73. 예컨대 헤겔은 기하학에 관해 다음과 같이 말했다. "종합적 방법의 가장 찬란한 범례는 바로 기하학이다. ……이 추상적 대상의 또다른 측면은 공간이며 그것은 비감성적인 감성적 대상이다.(직관은 자신의 대상으로 제고된다.) 이러한 직관은 직관적 형식이지만 여전히 직관이다."(『논리학(하)』(『邏輯學』 下卷), 상무인서관, 1976년, 516쪽)
74. 에른스트 카시러, 『실체와 기능』(1910) 1장.
75. 예컨대 '무한'이라는 개념은 현실세계의 사물과 대상의 무한(무한히 큼, 무한히 작음)을 가리키는 것이 아니다. 그것은 우선 인간(인류)이 무한히(인류가 존재하기만 한다면) 조작을 계속해나갈 수 있음을 가리킨다. 또한 무한은 최종적으로 인류의 사유 안에 반영되어 수학의 불가결한 기본적 개념이 된다. 인류가 무한하게 조작을 해나갈 수 있는 것은 바로 인간을 포함한 우주의 객관 세계가 무한한 원인임을 믿기 때문이며, 그렇기에 무한이라는 수학적 개념이 객관 세계에 적용될 수 있는 것이다.
76. 1955년 중국에서 벌어진 형식논리의 기본 규율에 대한 토론에서 어떤 유파는 그것이 단지 사유와 언어의 천부적 본성이라 주장했고, 다른 유파는 그것이 객관 세계의 상대적 안정성의 반영이라 주장했다. 전자는 관념론, 후자는 정태적 유물론이라 할 수 있다. 당시 필자는 이른바 '객관 세계의 상대적 안정성'이라는 것은 오직 실천활동 자체가 요구하는 상대적 안정성을 통해서만 사유의 기본적 규율의 반영이 될 수 있다고 생각했다. 이러한 기능적 매개가 없다면 사유의

형식과 구조인 형식논리의 기본 규율이 어떻게 얻어지는가를 이해할 수 없다. 실천이 요구하는 상대적 안정성이 마침내 사유의 규율로 변화되는 것은 또한 모종의 총체적인 원시적 사회 이데올로기의 무질서한 활동(예컨대 무속 제례와 같은)을 거쳐야만 고정되고 형성되는 것이다. 이 점은 매우 중요하다고 할 수 있다.

77. 장 피아제, 『발생적 인식론』.
78. 같은 책.
79. 피아제, 『구조주의』(1968) 2장.
80. 존 듀이, 『논리: 탐구의 이론』(1938).
81. C. I. 루이스, 『지식과 가치의 분석』(1946).
82. 4장 참조.
83. 레닌, 『철학 노트』(列寧, 『哲學筆記』), 1974년, 190~191쪽. [『철학 노트』, 홍영두 옮김(논장, 1989)]
84. 칸트 연구자들의 성향은 지금까지 두 가지로 나뉜다. 주류적 성향은 칸트를 철저히 관념론적으로 해석하여 인간의 주관적 능동성을 완전히 정신적인 힘으로 보는 것이다. 또다른 연구자들은 실재론적 해석을 주장하기도 하는데, 알로이스 릴이 최초라고 할 수 있다. 하지만 대부분은 구식 유물론 수준에 그치고 만다. 요컨대 인간 실천의 능동성을 이해하지 못하면 칸트가 제기한 인식의 능동성을 해석할 수 없다.

3장 인식론 (2)

1. 켐프 스미스는 이에 대해 다음과 같이 밝힌다. "문장 전반부의 '대상'은 직관적 대상을 가리킨다. 하지만 문장 후반부의 '대상'은 직관의 원인을 가리킨다. 칸트의 견해에 따르면, 양자는 동일할 수 없다. 인간의 마음에 영향을 미치는 대상은 독립적으로 존재하며, 직관의 직접적 대상은 일종의 감성적 내용이다. ……이를 통해 '대상'이라는 한 단어가 같은 문장 안에서 완전히 다른 두 가지 함의를 지니고 있음을 알 수 있다."(켐프 스미스, 『칸트의 순수이성비판 주해』(1918), 80쪽) 또한 페이턴은 다음과 같이 말하고 있다. "예컨대 '대상'이라는 단어를 칸트는 최소한 네 가지 함의로 사용했다. ……'대상'은 물 자체를 가리키기도 하고 현상을 가리키기도 한다. 그리고 현실적 대상은 감각에 의해 제공된 재료와 사상이 부여한 형식으로 구성된다. 칸트는 이를 '대상'이라 불렀다. ……그렇기에 칸트는 대상이 알 수 없는(불가지한) 것인 동시에 알 수 있는 것이라고 말했다. '대상'은 우리의 사상에 의존하지 않고 주어진 것이다 또한 '대상' 없음 역시 우리의 사상에 근거하지 않을 수 있다."(허버트 제임슨 페이턴, 『칸트의 경험 형이상학』, 1권, 서문 §9) "의심의 여지 없이 상황은 매우 복잡하다. 칸트 자신과 칸트 해석자들을 막론하고 너무 복잡하다. 결국 매번 '대상'이라는 개념의 용법을 반복하여 사용하기가 매우 어렵게 되었다."(같은 책, 17장 주석) 그밖에 H. A. 프리처드, 『칸트의 인식론』, 15쪽도 참조.

2. 『순수이성비판』, A19=B33(중국어판 47쪽) 참조.
3. 같은 책, A20~21=B34~35(중국어판 48쪽) 참조.
4. '순수직관'과 '직관형식'의 같고 다름에 대해 칸트 주석가들은 일찍이 대논쟁을 벌였다. 예컨대 직관적 형식을 진행시키는 것과 사물의 형식을 직관하는 것은 서로 구별된다. 하지만 칸트는 종종 양자를 구분하지 않고 사용한다. 감각적 요소를 배제하는 '순수직관'은 감각적 지각sense-perception이 아니다. 하지만 그 자체로는 경험으로부터 독립적으로 존재할 수 없고 오직 경험적인 직관 형식으로만 존재한다. 그러므로 이 또한 '직관형식'일 수 있다. 여기서 이에 대해 더 상세히 다루지는 않겠다. [직관에 해당하는] 독일어 Anschauung는 피동적, 정태적 함의를 갖는다. 영어와 불어의 intuition은 중국어로 직관直觀으로 번역되는데, 모두 능동적 의미를 가지며 그 구별이 모호하다. 그렇기에 일부에서는 perceive라는 단어로 옮기기도 한다.(예컨대 에드워드 케어드 같은 경우)
5. 아이작 뉴턴, 『자연철학의 수학적 원리』(1687).
6. 『순수이성비판』, A23=B37~38(중국어판 49쪽) 참조.
7. 이 책에서는 Vorstellung을 때에 따라 표상 혹은 관념으로 번역한다.(엄격히 말해 양자 모두 적당하진 않다.)
8. 『순수이성비판』, A23=B38(중국어판 49쪽) 참조.
9. 같은 곳(중국어판 50쪽).
10. 같은 책, A24=B39(중국어판 50쪽) 참조.
11. 어떤 이는 이러한 이유로 공간에 대한 칸트의 첫번째 증명이 플라톤의 이념에서 유래했으며, 두번째 증명은 아리스토텔레스와 원자론자의 실재설實在說에서 유래했다고 주장한다. 즉 공간이 공간을 이루는 사물보다 우선한다는 것이다. (고트프리트 마르틴, 『칸트의 형이상학과 과학이론』)
12. 『순수이성비판』, A24=B39(중국어판 50쪽) 참조.
13. 『형이상학 서설』 §13.
14. 『순수이성비판』, 같은 곳 참조.
15. 같은 책, A34=B50(중국어판 57쪽) 참조.
16. 같은 책, A26=B42(중국어판 52쪽) 참조.
17. 같은 책, A35=B51(중국어판 58쪽) 참조.
18. 같은 책, A28=B45(중국어판 54쪽) 참조.
19. 같은 책, A28=B44(중국어판 53쪽) 참조.
20. 같은 책, A36=B52(중국어판 58쪽) 참조.
21. 같은 책, A41=B58(중국어판 61쪽) 참조.
22. '초월적 실재론'은 유물론과는 다르다. 칸트가 보기에 라이프니츠의 관념론도 '초월적 실재론'에 속한다. 하지만 유물론 역시 '초월적 실재론'의 범주에 속한다고 볼 수 있다.

23. 파울 카루스, 『칸트와 스펜서』(1904).
24. 버트런드 러셀, 『서방철학사』(罗素, 『西方哲學史』) 3권 3편 20장. [『서양철학사』, 서상복 옮김(을유문화사, 2009)] 이하 모두 같은 곳에서 인용.
25. 칸트, 『자연과학의 형이상학적 기초』(1786).
26. 혹자는 푸른색 안경을 쓰고 사물을 보는 것을 예로 들어 칸트를 설명하기도 한다. 푸른색 안경을 쓰고 사물을 보면 모든 것이 푸르게 보일 것이다. 하지만 서로 다른 정도와 형태의 푸른색은 여전히 사물 자체가 결정하는 것이다. 각종 구체적인 시공간의 관계 역시 사물 자체가 제공하는 셈이다.(페이턴, 『칸트의 경험 형이상학』 1권 6장 참조)
27. 시간과 공간이 대상 존재(물 자체)의 객관적 형식임을 칸트가 증명하지 못했다는 점은 이전부터 줄곧 지적되어온 문제이다. 왜냐하면 직관형식 역시 직관 대상의 형식으로 증명될 수 있으며, 실상 '초월적 관념성' 또한 '초월적 실재성'일 수 있기 때문이다.(슈테판 쾨르너, 『칸트』 2장 참조) 그렇기에 칸트가 억지로 시간과 공간을 대상('물 자체')에 속하지 않고 주체에 속하는 것으로 본 것은 완전히 그의 철학 전체, 즉 '본체(도덕)'가 '현상(과학)' 보다 우위를 점하는 체계에 의해 결정된 것이라 볼 수 있다. "지식의 비판적 한도(특히 현상에 제약을 가하는 시간과 공간)는 모종의 기본적인 형이상학적 신념이 결정하는 것이다."(하인츠 하임죄트)
28. 에른스트 마흐, 『인식과 오류』(1905).
29. 에른스트 마흐, 『감각의 분석』(1886).
30. 로크, 『인간지성론』.
31. 이 문제를 파악하고 있던 버클리는 다음과 같이 논증한다. 이른바 제2성질(소리, 색, 향, 맛, 따뜻함)이 물질의 객관적 속성이 아니라 주체의 감각기관이 구축하는 경험적 감지라면, '제1성질' 역시 언제 그렇지 않은 적이 있었다는 말인가? 시각과 청각, 촉각과 미각 등 각종 감각기관은 또 어떤 본질적인 차이를 갖는단 말인가? 감각기관의 반영은 항상 주체의 감각기관에 의존하고 또한 그것에 의해 제약된다. 그렇기에 '객관적으로' 세계를 인식하는 것은 불가능하다. 반대로 이른바 객관 세계라는 것은 단지 인간의 주관적인 경험적 감지일 뿐이다. 버클리의 저명한 기본 명제가 '존재는 감지되는 것이다'인 것은 그 때문이다.
32. 칸트가 로크의 관점을 직접적으로 계승했고 로크가 제시한 '제1성질'을 현상으로 귀결시켰다는 점에서, 버클리가 주장한 '제1성질'의 '제2성질'로의 귀속과 비슷한 것은 사실이다. 하지만 칸트는 "현상 사물의 존재를 제공하는 것이 그러한 이유로 사라지지는 않는다"고 강조한다.(『형이상학 서설』 §13 부록 2) [『형이상학 서설』, 백종현 옮김(아카넷, 2012), 172쪽] 다시 말해 이는 '물 자체'의 존재를 강조한 것이며, 따라서 버클리의 주장과는 다르다.(7장 참조) 칸트는 사람들이 자신을 버클리와 동일시하는 데 격분했고, 이에 대해 "용서할

수 없는 오해다. 이는 마치 내 학설이 감성계의 모든 사물을 단순한 가상으로 본다는 것과 같다"고 말한 바 있다.(같은 책, 부록3) [한국어판 『형이상학 서설』, 179쪽] 그밖에 칸트는 『판단력비판』에서 객관적 감각과 주관적 감각을 분리한 다음, 전자가 녹색 초원이라면 후자는 녹색 초원이 마음에서 불러일으키는 유쾌함과 같다고 주장했다. 전자는 지각과, 후자는 감정과 연관시킨 것이다. 이것은 대체로 섀프츠베리, 허치슨이 말하는 '제3성질'과 같은 것이다. 칸트 철학에서 영국 경험론의 영향은 매우 분명하게 나타나며, 이 점에 유념해야 한다.

33. 엥겔스, 「반뒤링론」, 『마르크스·엥겔스 선집』 3권, 91쪽.
34. 알베르트 아인슈타인, 「상대론의 의의」, 『아인슈타인 문집』(愛因斯坦, 「相對論的意義」, 『愛因斯坦文集』) 1권, 쉬량잉 許良英, 판다이녠 范岱年 옮김, 상무인서관, 1976년, 156쪽.
35. 앙리 베르그송, 『시간과 자유의지』(柏格森, 『時間與自由意志』) §79, §80, §81. [베르그송/니체, 『시간과 자유의지/자라투스트라는 이렇게 말했다』, 정석해 외 옮김(삼성출판사, 1993)] '시간' 문제에 대한 베르그송의 가장 큰 공헌은 뉴턴이 제시한 정적이고 무한하며 나눌 수 없고 실체와 아무 관계도 없는 텅 빈 상자와 같은 시공간관을 극복해냈다는 데 있다. 그는 시간의 매 순간이 실제 사물의 분할할 수 없는 개체의 성질을 가지고 있음을 강조했다. [베르그송에 따르면] 시간은 영화의 한 장면(한 장면은 한 순간에만 존재하며 서로 배척하면서 연속된다. 다시 말해 서로 분할된 각 장면은 서로 분할·격절되어 공간화된 것이라 할 수 있다)이 아니라 영화 그 자체(나란히 연결된 것이 아니라 뒤의 장면이 앞의 장면을 포함하고 서로 인과관계를 맺고 있는 것이다)이다. 물론 베르그송은 관념론적 관점을 통해 이를 증명한다. 아인슈타인은 과학적으로 시공간이 물질(실체)의 존재(운동)와 불가분의 관계라는 것을 증명했다.
36. 알베르트 아인슈타인, 레오폴트 인펠트, 『물리학의 진화』(愛因斯坦, 英菲爾德, 『物理學的進化』).
37. 아인슈타인, 『협의와 광의의 상대론에 관한 간략한 설명』(愛因斯坦, 『俠義與廣義相對論淺說』).
38. 칸트의 시공간관과 현대 물리학과의 관계에 대해서는 카시러의 『실체와 기능』, C. B. 가넷의 『칸트의 공간철학』 참조. 카시러는 칸트와 아인슈타인의 견해가 서로 모순 없이 일치한다고 보았다. 가넷은 『순수이성비판』 중 감성론과 분석론 부분에서 시공간관이 서로 다르다고 보고, 분석론의 시공간관은 현대 물리학에 부합하는 반면, 감성론의 경우엔 그렇지 않다고 보았다.
39. 엥겔스, 「반뒤링론」, 『마르크스·엥겔스 선집』 3권, 77쪽. [MECW 25권 36~37쪽]
40. "치명적인 오류는 다음과 같다. 모든 경험에 선행하는 논리적 필연성을 유클리드 기하학의 기초로 보고, 공간 개념이 거기에 속한다고 보는 것이다.

이러한 치명적 오류는 다음과 같은 사실에 의해 발생된다. 다시 말해 유클리드 기하학의 공리를 구축하는 근거의 경험적 기초가 망각된 것이다."(아인슈타인, 『물리학과 실재』)

41. 엥겔스, 「반뒤링론」, 『마르크스·엥겔스 선집』 3권, 78쪽. [MECW 25권 37쪽]
42. 하지만 각종 기호 연산의 형식적 계통이 최종적으로는 여전히 유클리드 공간, 즉 인류의 일상적인 실천활동의 공간과 완전히 분리되는 것은 아니라 할지라도 기호 연산 자체는 유클리드 공간 안에 존재한다.

4장 인식론 (3)

1. 『순수이성비판』, A50=B74(중국어판 70쪽).
2. 같은 책, A51=B75(중국어판 70~71쪽). 1789년 5월 26일 M. 헤르츠에게 보낸 편지에서 칸트는 다음과 같이 말했다. "순수이성의 이율배반은 매우 훌륭한 시금석을 제공해준다. 이 이율배반은 우리로 하여금 다음 사실을 믿게 한다: 인간의 이성과 신의 이성을 동일하게 볼 수 없고 범위 혹은 정도의 차이만 있을 뿐이다. 인간의 이성은 신의 이성과 다르며, 그것은 사유의 능력만 있을 뿐 직관의 기능은 갖고 있지 않다. 인간의 이성은 근본적으로 다른 기능(감수성)의 도움에 의존한다. 혹은 더 정확히 말하자면 재료에 의존해서만 인식을 형성할 수 있다."
3. 같은 책, A271=B327(중국어판 229쪽).
4. "사유에 기대어…… 우리의 모든 감각적 경험은 질서를 만들어낼 수 있다. 이는 우리를 감탄하게 하는 사실이긴 하지만 우리가 영원히 이해할 수 없는 사실이기도 하다. 세계의 영원한 비밀은 바로 그 세계의 이해 가능성에 있는지도 모른다. 만약 그러한 이해 가능성이 없다면 실재하는 외부 세계에 대한 가설은 아무런 의미도 없을 것이다. 이것이야말로 칸트의 위대한 인식 중 하나이다." (아인슈타인, 『물리학과 실재』) "이것은 마치 우리가 사물 안에서 형식을 발견하기 전에 인간의 두뇌가 먼저 독립적으로 형식을 구축해낼 수 있어야 한다고 말하는 것과 같다. 케플러의 놀라운 성취는 그가 진리에 관한 매우 미묘한 예를 다음과 같이 실증해냈다는 점이다. 지식은 경험으로부터 얻을 수 없으며, 다만 이지의 발명과 관찰한 사실 양자 사이의 비교를 통해서만 얻어진다는 것이다.(아인슈타인, 『케플러』) 아인슈타인은 칸트의 선험적이고 불변하는 범주에 대해서는 반대했지만, 인식론에 대한 여러 기본 관점에 있어서는 오히려 칸트에 매우 근접해 있다. 이에 대해서는 뒤에 상술한다.
5. 칸트가 말하는 형식논리는 실질적으로 그 기본 규율, 즉 동일률同一律, 무모순율(일반적으로 '모순율'이라 불리는), 배중률排中律을 가리킬 뿐이다.
6. 이러한 관점은 헤겔 논리학의 시작을 알리는 것으로, 칸트의 『논리 강의』를 참조할 수 있다. 이 저서는 실상 전통적 형식논리와 근대 인식론의 혼합물이라 할 수 있을 것이다.

7. 『순수이성비판』, A68=B93(중국어판 81쪽).
8. 이 점은 일련의 논리학과 심리학의 문제를 건드리고 있다. 칸트는 『논리 강의』에서 '개념을 명확하게 하는 것'(분석)과 '하나의 명확한 개념을 만들어내는 것'(종합)을 구분하여 서로 다름을 밝히고 있다. 그가 언급하는 형식논리는 명제논리가 아니라 판단논리다.
9. 『순수이성비판』, A69=B94(중국어판 81쪽).
10. 여기서 '무한적'이란 주어가 한계 없는(비봉쇄적인) 종류에 속한다는 의미다. 'S는 비非P이다'가 그런 예다. 칸트 스스로 해석하고 있듯 "무한판단이란 비단 주어가 목적어의 범위에 속하지 않는다는 것뿐 아니라 주어가 목적어의 외부 어딘가에 존재한다는 것을 가리킨다. 어떠한 사물도 A 혹은 Ā(비非A)일 수 있으며, '인간의 영혼은 불멸하지 않다' '어떤 이는 학자가 아니다'와 같이 '어떤 대상이 Ā'라고 말할 수 있다. 이러한 판단을 무한판단이라 한다. 왜냐하면 A의 범위를 넘어서기 때문이다. ……그것은 실상 범위가 없는 것이다."(『논리 강의』 §22 주I) 일련의 중역본들은 '부정적不定的'으로 번역하는데 이는 오류이다.
11. 『순수이성비판』, A70=B95(중국어판 81쪽). [백종현이 옮긴 한국어판에서는 이 '양태' 항목이 '미정, 확정, 명증'으로 번역되어 있다.]
12. 빌헬름 빈델반트의 다음과 같은 언급은 참고할 만하다. "종합의 개념은 『순수이성비판』을 『논문』과 구별시켜주는 새로운 요소이다. 『순수이성비판』에서 칸트는 『논문』에서 주장했던 감수성과 능동성의 상응적 특징에 근거하여 완전히 분리되었던 감성형식과 지성형식의 공통 요소를 발견한다."(『철학사』 6편 1장)
13. 『순수이성비판』, A79=B104~105(중국어판 86쪽).
14. 볼프는 칸트의 범주표가 형식논리로 얻어질 수 있는 것이 아니라 자아의식에서 점진적으로 추출된다고 생각했다.(P. R. 볼프, 『칸트의 인지활동 이론』(1963)) 마르틴 역시 칸트가 형식논리를 분석적인 것으로 보았다면, 종합형식으로서의 범주가 어떻게 형식논리의 판단으로 얻어질 수 있는가의 문제는 판단으로부터 그 답을 얻을 수 없다고 생각했다.(고트프리트 마르틴, 『칸트의 형이상학과 과학이론』) 하지만 내 관점은 다르다. 칸트가 형식논리의 판단을 어째서 진리를 인식하는 필수 요건으로 사용했는가에 대해서는 『논리 강의』의 언급을 통해 그 유래와 의도를 알 수 있다. 칸트는 어떤 인식이 완전한 것이라면, 그것은 반드시 보편적이고(양), 명확하며(질), 진실하고(관계), 확실해야(양태) 한다고 생각했다. 여기서 양과 질은 모두 인식론적 함의를 갖는다. 이를 통해 칸트가 형식논리를 철학적 인식론으로 개조하고 있음을 알 수 있다.
15. 『순수이성비판』, A80=B106(중국어판 87쪽).
16. 피히테에서 헤겔에 이르기까지 범주는 더이상 미리 주어진 것이 아니라 자신(사유)이 구축하는 것, 즉 발전의 과정이 되었다. 왜 열두 가지 범주인가에 대해 칸트는 그것이 언어의 규칙과 같이 설명할 이유가 없다고 생각했다. "우리는

언어가 왜 그러한 형식적 구조를 갖는지 설명할 수 없다. 더욱이 왜 하나의 언어 안에서 그것에 딱 들어맞는 형식규정을 찾아낼 수 있는지 설명할 수 없다." (『형이상학 서설』 §39) [『형이상학 서설』, 백종현 옮김(아카넷, 2012), 234쪽]

17. 『순수이성비판』, B110(중국어판 89쪽).
18. 같은 책, B111(중국어판 89쪽).
19. 칸트, 「서론 9」, 『판단력비판(상)』, 상무인서관, 1964년, 36쪽.
20. A. D. 린제이, 『칸트의 철학』(1913).
21. 『순수이성비판』의 순서를 보면, 분석론 중 범주표(즉 '형이상학적 연역' 부분은 주로 사유구조 자체를 탐구하고 인식의 대상은 다루지 않는다) 다음이 '초월적 연역'이다. 이는 곧 지성의 범주가 경험적 인식 대상의 객관적 유효성에 응용된 이후에야 비로소 이 객관적 유효성의 구체적 경로가 존재함을 말하는 것이다. 즉 '틀'과 지성 원리의 초월적 규정으로부터 대상 세계에 대한 인식에 가닿는 것이다. 하지만 '초월적 연역'은 칸트 인식론의 핵심으로 그에 대한 전문적인 논의가 필요하다.(5장 참조) 또한 '범주표'에서 직접 '구축'과 '원리'로 나아가는 것이 순리에 맞을 것이다.('원리'에 해당되는 부분은 당연히 이 책 5장과 함께 참조하는 것이 가장 좋다.) A. C. 유잉(『칸트의 순수이성비판에 대한 짧은 주해』)을 비롯해 일련의 학자들은 보통 '초월적 연역'을 제시하고 이를 '범주표' 앞에 놓고 논의를 진행한다.
22. 『순수이성비판』, A137~138=B176~177(중국어판 142~143쪽).
23. 'Schema'는 '도식'(『반뒤링론』 중국어판), '도형'(『순수이성비판』 중국어판(란공우藍公武 역)), 혹은 '범형' '구조'로 번역된다. Schema는 대상을 구축하는 틀을 강조한다는 점에서 '도식'으로 번역하는 것이 타당하다.
24. 『순수이성비판』, A138~139=B177~178(중국어판 143쪽).
25. 칸트가 J. H. 티프트룽크에게 보낸 1797년 12월 11일자 서신.(Immanuel Kant, *Correspondence*, translated and edited by Arnulf Zweig, Cambridge University Press, 1999, 538쪽)
26. 『순수이성비판』, A141=B181(중국어판 144쪽).
27. '상상력의 초월적 종합'과 '통각의 초월적 종합'(5장)은 실상 같은 것을 서로 다른 측면에서 말한 것뿐이다. "이것은 여전히 동일한 능동성으로, 하나는 상상력이라 불리고 다른 하나는 지성이라 불리는 것이다."(『순수이성비판』, B161 주석(중국어판 116쪽 주석 2) 참조) 하지만 양자 사이의 관계는 칸트의 사유 안에서 매우 복잡한 것이다. 5장 참조.
28. 같은 책, A147=B187(중국어판 148쪽).
29. 같은 책, A246(중국어판 221쪽).
30. 이는 당연히 인식론에 해당되는 말이다. 칸트의 전체 철학 안에서, 예컨대 윤리학에서처럼 도식이 없는 범주도 여전히 중요한 의의를 갖는다. 도식이 없는 인과의 범주는 비록 인식되지 않지만 매우 중요한 작용을 한다. 6장과 8장 참조.

31. 『순수이성비판』, A161=B200(중국어판 155쪽).
32. 이전에 일련의 중국 연구자들은 '범주'와 '원리'를 '체體'와 '용用'의 관계로 해석했다.(鄭昕, 『康德學述』 참조) 이 관점은 명확하고 이해하기 쉬워 보인다. 하지만 이에 근거하여 '체'(범주)가 '용'(원리)을 떠날 수 있다고 생각하는 오류를 범해서는 안 될 것이다. 칸트에 의하면, 범주는 원리 안에 있지 않으며 인식 능력을 갖지 못한다. 비록 윤리학의 본체론적 의의가 있다 할지라도 말이다.(자유인自由因과 같은)
33. 『순수이성비판』, B202(중국어판 156쪽).
34. 칸트는 일찍이 교수자격논문에서 "일반적인 감각 대상의 순수 표상은 시간이고, 양의 범주에 관한 틀은 수數이다. 즉 1 더하기 1의 동질적인 연속적 증가의 표상인 것이다. 수는 별다른 것이 아니라 동질적인 잡다한 것이 종합·통일된 것으로 이 통일은 직관 안에서 내가 생산해낸 시간 자신을 그 원인으로 한다"라고 말한 바 있다. 라위천 브라우어르의 직관주의 수학파는 완전히 칸트를 계승했다고 할 수 있으며, 그들은 수의 본질이 시간의 연속에 있다고 보았다. 혹자는 이러한 공리 안에서 칸트가 수학이 어떻게 경험에 응용될 수 있는가를 해석하여 수리물리학의 가능성을 예고했다고 주장하기도 한다.
35. 『순수이성비판』, A258=B314(중국어판 219쪽).
36. 같은 책, B207(중국어판 159쪽). [한국어판: "지각의 예취豫取들의 원리: 모든 현상에서 실재적인 것, 즉 감각의 대상인 것은 밀도적 크기, 다시 말해 도度를 갖는다." 『순수이성비판 1』, 백종현 옮김(아카넷, 2012), 401쪽]
37. 같은 책, A172=B214(중국어판 162쪽).
38. 같은 책, A174=B216(중국어판 163~164쪽).
39. 같은 책, A168=B210(중국어판 160쪽).
40. 같은 곳.
41. 많은 연구자들이 '지각 예정'의 양과 질을 동일시하거나 이 양자를 '직관형식'의 양으로 환원시켜 그중 하나를 내재적 양으로, 다른 하나를 외재적 양으로 부른다. 예컨대 리하르트 크뢰너와 W. H. 월시 같은 이들이 그렇다. 하지만 이것은 칸트의 본래 의도에 부합하지 않는다.
42. "연장된 양의 예는 곧 동종 사물의 집합이라 할 수 있으며, 한 평면 위의 점과 숫자가 그 실례가 될 수 있다. 강약의 양에 관한 예는 곧 정도의 개념과 같다고 할 수 있으며 방 안의 조도照度가 실례가 될 수 있다."(칸트가 티프트룽크에게 보낸 1797년 12월 11일자 서신)
43. 『순수이성비판』, B218(중국어판 165쪽). ["경험적 유추들의 원리: 경험은 지각들의 필연적 연결 표상을 통해서만 가능하다." 『순수이성비판 1』, 백종현 옮김(아카넷, 2012), 411쪽]
44. 같은 책, B219(중국어판 166쪽).
45. 같은 책, B224(중국어판 169쪽).

46. 같은 책, A183=B226(중국어판 170쪽).
47. 같은 책, A183~184=B227(중국어판 170쪽).
48. 칸트는 "형태를 갖는 자연의 모든 변화에 관하여 물질의 양은 정체整體로서 상동적이며 증가하지도 감소하지도 않는다"고 재차 언급한다.(『자연과학의 형이상학적 기초』) 또한 "연기의 무게가 얼마인지에 관한 질문을 받았을 때 철학자는 땔감에서 재로 타버린 중량이 곧 연기의 중량이라고 답할 것이다. 철학자는 설사 불 속에서라도 물질(실체)은 불멸하며 다만 변화할 뿐이라는 것을 부인할 수 없는 전제로 삼고 있는 것이다"라고 언급했다.(『순수이성비판』, A185=B228(중국어판 171쪽)) '무는 유를 낳을 수 없고, 유는 무를 변화시킬 수 없다.(無不生有, 有不能變無)' 이것이 곧 현실과 환상의 다른 점일 것이다. 이외에도 '실체'라는 단어에 대해 칸트는 때에 따라 단수를 쓸 때도 있고 복수를 쓸 때도 있다. 또한 비주관적 감지를 객관 물체로 쓰기도 하는데, 이에 대해 주석가들은 적지 않은 연구를 남겼지만 여기서는 모두 생략한다.
49. 뉴턴, 『자연철학의 수학적 원리』 3편.
50. 다수의 연구자들은 칸트가 말한, "'물질'은 단지 '현상'일 뿐 '물 자체'가 아니며 인식에 의존한다" 같은 모호하고 모순적인 언설에 근거하여 칸트의 실체를 감각 재료와 같이 감각 내에 존재하는 것으로 해석한다. 칸트의 '물 자체'가 감성의 연원으로서 유물론적 측면을 갖는 것과 마찬가지로, 연구자들은 실체 원리의 이와 같은 측면도 부인한다. 앞서 언급한 '지각의 예정'은 더욱 그러하다. 그들은 이것이 말하는 바가 감각 자체라고 주장한다. 하지만 이는 성립할 수 없는 말이다. 하지만 물질에 대한 칸트의 언급은 확실히 매우 다양하여 종종 물질을 운동의 힘, 즉 척력·인력 등으로 귀결시킨다. 또한 물질은 충만한 '에테르 ether'와 등치되기도 한다. "물질은 공간 속에서 존재하지 않는 곳이 없으며 물체는 분할할 수 있는 것이다", "물질은 물체가 형성되기 이전부터 존재하며 물질을 통해서만 비로소 물체가 형성되는 것이다" 등.(『자연과학의 형이상학적 기초』 참조)
51. 『순수이성비판』, A185=B228(중국어판 171쪽).
52. 같은 책, B278(중국어판 199~200쪽).
53. 같은 책, B232(중국어판 173쪽).
54. 레닌, 『철학 노트』, 167~168쪽.
55. 『순수이성비판』, A204=B249(중국어판 183쪽). "인과는 행동의 개념으로 인도되고 따라서 힘의 개념으로 인도되며, 다시 실체의 개념으로 인도된다."
56. A. O. 러브조이는 칸트가 정지해 있는 대상과 운동하는 대상의 서로 다른 감지를 증명했을 뿐, 가역성과 불가역성이 주관적, 객관적 순서의 다름이라는 것을 증명하지는 못했다고 주장했다.
57. 『순수이성비판』, A192=B237(중국어판 176쪽).
58. 같은 책, A193=B238(중국어판 176~177쪽).

59. 같은 책, A194~195=B239~240(중국어판 177쪽).
60. 같은 책, A197=B243(중국어판 179쪽).
61. 같은 책, A203=B248(중국어판 182쪽).
62. 켐프 스미스와 T. D. 웰든 등의 저작 참조.
63. 『순수이성비판』, A199=B244(중국어판 180쪽).
64. 같은 책, B256(중국어판 187쪽).
65. 예컨대 실체, 인과의 범주에 대해서도 다음과 같이 말한다. "실체 개념의 객관적 실체성을 증명하기 위해 우리는 공간 속(물질적)의 직관을 필요로 한다. 왜냐하면 공간 속에 있는 것이야말로 비로소 영원한 것으로 규정될 수 있기 때문이다."(『순수이성비판』, B291(중국어판 207쪽)) "변화를 인과 개념과 상응하는 직관으로 표현하려면 우리는 반드시 운동을 사용해야 한다. 다시 말해 공간 속 변화를 예증으로 삼아야 한다. 이렇게 해야만 비로소 변화의 직관을 얻을 수 있다."(같은 곳)

66. 같은 책, B266(중국어판 192~193쪽).
67. 같은 책, A223=B270(중국어판 195쪽).
68. 같은 책, A225=B272(중국어판 196쪽).
69. 뉴턴이 『자연철학의 수학적 원리』에서 "물체의 속성은 실험을 통해서만 우리에게 이해된다"고 말한 것은 각종 공상空想과 가설을 배제하고자 한 것이며 반합리론적 경향을 나타낸 것이라 할 수 있다.
70. 칸트는 한편으로 종종 아무런 의미도 없는 개념적 사변을 매우 경시하면서도, 다른 한편으로 논리적 사유의 성과를 매우 중시했다. "중요한 결과가 없는 인식을 반추反芻라 하며, 스콜라 철학이 그 대표적인 예다." "어떤 논리적인 완전한 인식도 언제나 모종의 가능한 용도를 가진다. 그리고 설사 그것이 우리에게 알려져 있지 않다 할지라도 이후 우리에게 발견될 것이다. 과학 문명 안에서 물질의 획득 혹은 그 공리적 용도만 바라본다면, 우리는 산술과 기하학을 가질 수 없었을 것이다."(『논리 강의』 서론 VI)
71. 『순수이성비판』, A227=B279(중국어판 200쪽).
72. 켐프 스미스, 『칸트의 순수이성비판 주해』에서 재인용.
73. 『순수이성비판』, B294(중국어판 208쪽).
74. 같은 책, A239=B298(중국어판 211쪽).
75. 같은 책, A248=B305(중국어판 214쪽).
76. 헤겔, 「철학전서: 논리」 §42, 『소논리』, 134쪽 참조.
77. 하이젠베르크, 『물리학과 철학』(海森堡, 『物理學和哲學』) 5장. [『물리학과 철학』, 구승회 옮김(온누리, 1993)]
78. 같은 책, 9장.
79. 닐스 보어, 『원자론과 자연묘사』.
80. 한스 라이헨바흐, 『과학철학의 흥기』, 2부 §7. [리쩌허우는 중국어판에서 인용한

듯한데, 한국어판의 경우 관련 내용이 2부 6장에 등장한다. 해당 대목을 소개하면 다음과 같다. "특정한 인과법칙을 발견하고자 한다면, 우리는 인과 원리가 옳다고 가정하지 않으면 안 된다. 모든 사건에 원인이 있다고 주장하는 일반적 인과 원리가 지니던 문제도 동시에 해결된다. 이렇게 모든 사건에 원인이 있다는 식의 광범위한 일반 진술은 탐구중에 있는 특정한 인과법칙을 논리적으로 미리 가정하고 있는 것이 아니다. 그런 일반 진술은 모든 사건에 성립하는 각각의 인과법칙들을 모두 탐구해보고 난 후에야 주장될 수 있는 것이다. 이러한 결론들을 일반적인 경우까지 확장하면 다음과 같이 말할 수 있다. '만일 개개의 모든 사건에서 인과법칙이 발견되었다면, 개개의 모든 사건에는 원인이 있을 것이다.' 그러나 모든 인과법칙을 추구할 때, 모든 사건에 원인이 있다고 가정하고 시작하는 것은 아니다. 지금까지의 논의를 통해 볼 때, 고전 물리학에 대한 이성주의자의 해석은 고전 물리학에 대한 경험주의자의 해석에 의해 제기된 문제들을 해결하지 못했다고 결론내릴 수 있다." 한스 라이헨바흐, 『과학철학의 형성』, 최현철 옮김(지식을만드는지식, 2009), 89쪽 참조]

81. 같은 곳.[한국어판에서는 해당 구절을 찾을 수 없다.]
82. 한스 라이헨바흐, 『양자역학의 철학적 기초』, 30쪽.(중국어판) 물론 라이헨바흐는 논리실증주의에 만족하지 못했고, 이론이 '관찰명제'로 환원될 수 없다고 생각해 모종의 독립적인 물리세계의 실재론적 경향을 표현하기도 했다.
83. 막스 보른, 『인과와 우연의 자연철학』, 127쪽.(중국어판) 버트런드 러셀, 『인류의 인식』: "모종의 외부적 인과성에 대한 확신은 일종의 원시적 신념이며, 일정 정도 동물의 행동이 갖는 고유한 신념이다."
84. 아인슈타인이 미시적 세계에서의 확율이 갖는 의미를 인정하지 않은 것은 옳지 않았다. 하지만 그는 철학적 측면에서는 오히려 양자역학을 대표하는 인물들보다 더욱 명확하게 그 의미를 인식하고 있었다. 그는 '자유의지'를 헛소리라고 비난하면서 다음과 같이 말했다. "우리가 현재 인과원리를 응용하는 방법은 매우 조잡하고 일천하다. ……양자물리학은 우리에게 매우 복잡한 과정을 제시해주었다. 이러한 과정에 적응하기 위해서는 반드시 인과성 개념을 한층 더 확대하고 개선해야 한다."(막스 플랑크, 「인과성과 자유의지에 관한 대화」, 『과학은 어디로 가는가?』 참조)
85. 아인슈타인, 「맥스웰의 물리적 실재 관념의 발전에 대한 영향」, 『맥스웰 기념집』 참조.
86. 아인슈타인, 「공간-시간」, 『영국 백과전서』(「空間-時間」, 『英國百科全書』), 1995년 참조.
87. 아인슈타인, 「러셀의 인식론을 논함」, 폴 아서 실프 편, 『버트런드 러셀의 철학』 참조.
88. 아인슈타인, 「상대론의 의의」.

89. 아인슈타인의 철학적 관점은 상당히 복잡하며 수많은 변화를 거친다. 그 대략적인 내용을 거칠게 정리하면 다음과 같다. 1. 인간의 자연 규칙에 의존하지 않는 객관 존재의 성질을 믿는다. 2. 이러한 객관적 규칙성에 대한 신념, 즉 종교적 감정(즉 스피노자의 신과 같은)을 인정한다. 3. 이러한 객관적 규칙성에 대한 파악은 감지를 통한 것일 수 없으며 사변을 통한 것이다. 하지만 반드시 감지를 통해 증명되어야 한다. 4. 그러므로 귀납(경험)도 아닌, 연역(논리)도 아닌 자유로운 상상이야말로 이러한 객관적 규칙을 발견할 수 있으며 [자유로운 상상력이] 부단히 간단명료한 기본 개념을 창조하여 표현할 수 있다. 아인슈타인은 합리론과 경험론 사이에서 배회하며 양자 사이의 통일을 추구한다. 이러한 정황은 칸트의 경우와 매우 유사하다.
90. 아인슈타인, 「회답」, 폴 아서 실프 편, 『아인슈타인, 철학자-과학자』 참조.
91. 허버트 제임스 페이턴, 『칸트의 경험 형이상학』 2장. 또한 베냐민 볼만은 다음과 같이 말했다. "이론물리학자 중 보어, 드 브로이, 아서 에딩턴, 아인슈타인, 하이젠베르크, 레너드존스, 막스 플랑크, 에르빈 슈뢰딩거는 모두 오늘날 물리과학 분야의 걸출한 철학적 지도자들이다. 그들 모두 에른스트 마흐와 비트겐슈타인을 신뢰하지 않았고, 플랑크는 논리실증주의를 신랄하게 비판한 바 있다. 아인슈타인은…… 카르납과 라일을 전혀 신경쓰지 않았으며 그의 인식론은 논리실증주의의 연장이 아니다."(「심리학과 과학에 기초한 철학」, 『심리학 수업』(「基於心理學與科學的哲學」, 『心理學手冊』), 1973년 참조) 이런 이론물리학자들의 철학적 경향은 제각기 다르다. 하지만 예컨대 플랑크의 실재론적 경향과 슈뢰딩거의 주관적 관념론은 공통적으로 현대 물리과학에 입각한 학자들의 위와 같은 철학적 경향이 이미 비非흄주의(비非논리 실증주의)에 둘러싸여 있었고 수많은 사람들이 칸트주의로 돌아섰다는 것을 반영하고 있다. 앞의 1장 참조.
92. 엥겔스, 「자연변증법」, 『마르크스·엥겔스 전집』 20권, 383쪽. [MECW 25권 339쪽]
93. 프리드리히 랑게, 『유물론의 역사』 하권 2장.(중국어판)
94. 예컨대 일본학자 구와키 겐요쿠桑木嚴翼는 대중적인 저서 『칸트와 현대철학』(1917)에서 진화론을 이용해 그런 해석을 내놓았는데, 이는 칸트 초월론의 철학적 함의를 전혀 이해하지 못한 것이라 할 수 있다.
95. 예컨대 하이젠베르크는 유전학적 관점에 동감을 표한 바 있다. 또한 일련의 언어 철학자들은 언어구조의 근원이 생물학적인 것일 수 있다고 주장했다. 이에 대해서는 촘스키의 심층구조설 등을 참조할 수 있다.
96. 엥겔스, 같은 책, 572쪽. [MECW 25권 509~510쪽]
97. 같은 책, 573쪽. [MECW 25권 510쪽]
98. 칸트는 인간의 직립 자세가 자연적으로 형성된 것이 아니라 이성적인 인간의 행동이라고 주장했다. 자연은 인간을 동물로서 보존하지만, 인간의 이성은

사람으로 하여금 직립하도록 했다는 것이다. 직립은 생리적 자세로서는 절대 유리하지 않지만, 이러한 자세가 오히려 인간에게 합목적적이고 동물에 비해 월등히 우월한 존재로 만들어주었다.(칸트, 「모스카티의 『인간과 동물의 신체구조상의 본질적 차이에 대하여』에 관한 논평」, 1771년) 200년 전의 이런 소박한 관점은 매우 흥미롭다.

99. 엥겔스, 같은 책, 512쪽.[MECW 25권 454쪽]
100. 장 피아제는 아동심리학에서 인과 관념 등의 발생 및 발전을 연구했고 거기에는 정확한 논의들이 무수히 담겨 있다.
101. 엥겔스, 같은 책, 565~566쪽.[MECW 25권 503쪽]
102. 2장 참조.
103. 물론 칸트는 일반적 개념이 선험적이라고 보지는 않았고 다만 20개의 범주야말로 '선험적 지성의 순수개념'이라고 생각했을 뿐이다.
104. 마르크스, 「잉여가치 이론」, 『마르크스·엥겔스 전집』 26권 III, 1975년, 282쪽.
105. 마르크스, 『정치경제학 비판 요강』(馬克思, 『政治經濟學批判大綱』), 제3분책, 1963년, 250쪽.
106. 레닌, 『철학 노트』, 90쪽.
107. 같은 책, 212쪽.
108. 같은 책, 87쪽.
109. 에른스트 네이글, 『과학의 구조』(1961) 참조.
110. 장타이옌張太炎은 "인간이 금수와 다른 것은 과거가 있고 미래의 이념이 있기 때문"(『중국의 에스페란토어 사용론을 반박함駁中國用萬國新語說』)이라고 말했다. 『논어』와 『장자』에도 이와 비슷한 표현이 나온다. 시간은 동서고금을 아우르는 철학적 과제다.

5장 인식론 (4)

1. '연역'은, 칸트 스스로 해석하듯, 논리학적 의미가 아니라 법학적 의미다. 즉 추론을 통해 증명한다는 의미를 지닌다. 따라서 '초월적 연역'은 증명이 대상에 응용될 수 있는 권리를 갖는 것을 말한다.
2. 『순수이성비판』, Axvi(중국어판 5쪽).[한국어판: "내 생각에는 우리가 지성이라고 일컫는 능력의 근원을 밝혀내고, 동시에 이 지성사용의 규칙들과 한계들을 규정하기 위해서, 내가 초월적 분석학의 제2장에서 순수 지성 개념의 연역이라는 제목 아래 수행한 것보다 더 중요한 연구는 없다. 나는 이 일에 가장 많은 노고를 치르기도 했는데, 그것은 희망한 대로 보상없는 노고는 아니었다." 『순수이성비판 1』, 171쪽]
3. '통각'이라는 용어는 라이프니츠에게서 유래한다. 라이프니츠의 '통각'은 감지 자체의 내적 상태의 의식 혹은 반성을 가리킨다. "감지는 모나드가 외재적 사물을 표현한 내적 상태이다. 통각은 곧 이러한 상태에 대한 반성 혹은

의식이다.”(『자연과 은총의 원리』 §4) 칸트가 ‘순수통각’을 ‘통각’과 구별한 것은 순수통각이 경험적인 자아의식 혹은 반성이 아님을 강조하기 위해서다. 자세한 사항은 뒤에서 다시 논한다.

4. 『순수이성비판』, B134 주석(중국어판 101쪽) 참조.
5. 같은 책, B136(중국어판 102쪽) 참조.
6. 같은 책, B135(중국어판 102쪽) 참조.
7. 일련의 칸트 연구자들이 이 점을 아무리 철저히 부인한다 해도, 현대 철학이 언어학과 밀접하게 연계되어 있듯, 실상 철학적 인식론과 심리학이 서로 얽혀 있다는 것은 근대 철학사의 특정 기간 동안 규칙적으로 나타난 현상이었다.
8. 페이턴, 『칸트의 경험 형이상학』.
9. T. D. 웰던, 『칸트의 순수이성비판』.
10. 『순수이성비판』, B130(중국어판 99~100쪽).
11. 같은 책, B131(중국어판 100쪽).
12. 칸트가 티프트룽크에게 보낸 1797년 12월 11일자 서신.
13. 『순수이성비판』, A99(중국어판 122쪽).
14. 상상은 이상하고 복잡한 심리학적 문제다. 칸트는 『실용적 관점에서의 인간학』에서 상상을 다음과 같이 구분한다. 1. 조형적 상상, 즉 꿈(통제되지 않은), 예술적 상상(통제된)과 같은 공간적 형상. 2. 연상. 3. 친화적 상상, 즉 동일한 대상의 잡다한 연결에서 비롯되는 상상. ‘재구성적 상상’은 이 가운데 2번에 해당된다고 할 수 있다. 인식의 문제에 있어 칸트는 3번이 가장 중요하다고 보았다.
15. 『순수이성비판』, A103(중국어판 124쪽).
16. 같은 곳.
17. 같은 책, B131~132(중국어판 100~101쪽).
18. 켐프 스미스, 『칸트의 순수이성비판 주해』 서론에서 재인용.
19. 늑대 소년(늑대 혹은 기타 동물에 의해 양육된 아기)에 관한 보고가 이러한 점을 설명해주고 있다. 수많은 사물에 대해 감각을 갖지 못한 늑대 소년은 자극이 매우 크다 할지라도 그의 주의를 전혀 끌지 못한다.
20. 이에 대해서는 테오뒬아르망 리보의 『감정심리학』(1896) 참조. 유감스러운 것은 현대 심리학이 점차 정밀화되어가는 과학적 조건하에서 오히려 이러한 문제를 중시하지 않고 새로운 성과도 별로 못 내고 있다는 점이다.
21. 레슬리 화이트, 『문화의 과학: 인간과 문명 연구』(1949) 참조.
22. 칸트가 벡에게 보낸 1794년 7월 1일자 서신.
23. 『순수이성비판』, B139(중국어판 104쪽).
24. 칸트, 『형이상학 서설』 §18~20.
25. 같은 책 §22.
26. 같은 책 §18. [『형이상학 서설』, 백종현 옮김(아카넷, 2012), 189~190쪽 참조]

27. 같은 책 §19.
28. 같은 책 §20.
29. 같은 책 §19. [한국어판 190~191쪽]
30. 이에 관한 칸트의 언급은 전과 후가 일치하지 않는다. 예컨대 『순수이성비판』에서는 지각이 어떠한 판단도 갖지 못하며 모든 판단은 지성을 상위 범주로 둔다고 주장한다. 또한 지성이 없으면 지각 역시 불가능하며, 이는 지각이 이미 감각의 잡다한 것들의 연결·종합이기 때문이라고 주장한다. 하지만 칸트는 또한 상상의 초월적 활동이 없다면 어떠한 확정적 직관도 없다고 말한 바 있다. 이 문제들에 대해 기존 연구자들은 서로 다른 해석을 내놓았다. 에드워드 케어드는 지성이 없으면 감각 재료 역시 이야기할 수 없으며, 그것은 무형식無形式, 무관계無關係의 잡다한 덩어리가 될 것이라고 주장했다. 린제이와 위르겐 아이벤 등의 연구자들은 비록 인식의 대상을 구성할 수는 없지만 지성이 없어도 여전히 이미지, 그림 등이 있을 수 있다고 주장했다.
31. "예를 들어 바위에 접촉했을 때 나는 열을 느낀다. 이것은 지각판단이다. 하지만 '돌이 뜨겁다'라는 것은 경험적 판단이다."(칸트, 『논리 강의』 §40)
32. 친화성, 특히 '초월적 친화성'은 칸트가 매우 모호하게 논한 문제이기도 하다. 그것은 객체적 측면이 아닌 주체적 측면으로 해석될 수도 있고, 초월적 상상의 종합 결과 및 상상력의 초월적 종합은 친화성의 근원이라는 식으로 해석될 수도 있다. 여기서 자세한 논의는 생략한다.
33. 이에 대해서는 아인슈타인의 견해를 참고할 만하다. "객체라는 개념은 어떤 경험적 복합의 시간적 측면에서의 지속성 혹은 연속성을 고려하는 데 사용하는 일종의 수단이다. 그렇기에 객체의 존재는 개념의 성질을 가지며 객체 개념의 의미는 완전히 원시적 감각경험과의 복합(직관)적 연계에 의해 결정된다. 하지만 이 연계는 원시적 경험이 직접적으로 물체의 관계를 우리에게 말해주는 것과 같은 일종의 착각에서 비롯된다.(하지만 이 물체는 사유될 때에만 비로소 존재한다.) (「공간-시간」, 『영국 백과전서』, 1955년)
34. 『순수이성비판』, B149(중국어판 109쪽).
35. 같은 책, B138(중국어판 103쪽).
36. 같은 책, B135(중국어판 102쪽).
37. 같은 책, A128(중국어판 136쪽).
38. 같은 책, B138(중국어판 103~104쪽).
39. 마르쿠스 헤르츠에게 보낸 1789년 5월 26일자 서신.
40. 『순수이성비판』, B276(중국어판 198쪽).
41. 같은 책, B276~277(중국어판 199쪽).
42. 같은 책, B277(중국어판 199쪽).
43. 같은 책, B276(중국어판 199쪽).
44. 같은 책, A350(중국어판 287쪽). [한국어판: "'나'라는 것이 모든 사고에 들어

있기는 하지만, 이 표상에는 그것을 직관의 다른 대상들과 구별해주는 최소한의 직관도 결합되어 있지 않으니 말이다. 그러므로 사람들은 이 [‘나’라는] 표상이 모든 사고에서 언제나 다시금 나타난다는 것을 지각할 수는 있지만, 그것이, 그 안에서 사고들이—변모하는 것으로서—바뀌는 하나의 고정 지속적인 직관이라는 것을 지각하지는 못한다.” 『순수이성비판 2』, 백종현 옮김(아카넷, 2013), 567~568쪽]

45. 같은 책, B406(중국어판 272쪽).
46. 같은 책, B422(중국어판 281쪽).
47. 라이프니츠, 「모나드론」 30, 『16~18세기 서구 각국 철학』(萊布尼玆, 『單子論』 30, 『十六-十八世紀西歐各國哲學』), 상무인서관, 1975년, 488쪽 참조.
48. 『순수이성비판』, B422(중국어판 280쪽).
49. 존 왓슨, 『칸트 철학 해설』(1908). 또한 켐프 스미스의 다음 언급도 참조할 수 있다. “첫째, ‘나는 생각한다’는 비록 지성이지만 경험 판단 속에서만 그 표현을 찾을 수 있다. 다시 말해 그 자체는 단지 형식일 뿐으로 그것의 응용은 주어진 일정한 내적 감각의 잡다함을 전제로 한다. 둘째, 이른바 ‘나는 생각한다’ 속에 포함된 존재는 존재의 범주가 아니다.”(『칸트의 순수이성비판 주해』, 324쪽]
50. 『순수이성비판』, A346=B404(중국어판 271쪽).
51. 현대의 ‘일상언어학파’는 응용언어의 방식을 분명히 함으로써 전통적인 철학적 명제에 대해 반박한 바 있다. 이는 칸트와 유사한 측면을 갖는다. 예컨대 “……한 사람의 마음을 말한다는 것은 무언가를 꾸미는 것을 허락하면서도 이른바 물리의 세계를 꾸미는 것은 금지하는 어떤 창고를 의미하는 것이 아니라 한 사람이 일상세계에서 행하는 각종 책임과 경향을 말하는 것이다.”(길버트 라일, 『마음의 개념』) 또한 오스틴의 ‘자아’ ‘나’ 등의 단어에 대한 용법 분석도 참조할 수 있다. 하지만 이런 전통철학에 대한 ‘최신’의 ‘혁명’은 그 심도에 있어 실상 칸트에 미치지 못한다.
52. 피히테, 「지식학 서론」 1부, 『18세기 말~19세기 초 독일 철학』(費希特, 「知識學引論」, 『十八世紀末-十九世紀初德國哲學』), 상무인서관, 1975년, 199쪽 참조.
53. 피히테, 「지식학 기초」 1부 §3, 같은 책, 174쪽.
54. 같은 책, 201~202쪽.
55. ‘자아’는 칸트에서 이미 개체의 함의가 아니었다. 칸트, 피히테에서 헤겔에 이르는, 그러면서 셸링을 경유하는 객관적 관념론은 이 점을 더욱 분명히 한다. 셸링은 다음과 같이 말한다. “자아라는 개념은 개체라는 단순한 술어보다 더욱 고차원적인 것을 지니고 있다.” “일반적인 자아의식의 행위 자체는 어떠한 개체의 성분도 포함하지 않는다. 하지만 개체의 의식은 필연적으로 자아의식과 동시에 발생되어 나온다.”(『초월적 관념론 체계』)
56. 헤겔학파의 칸트 연구자들은 이 점을 가장 명확하게 기술했기에 참고할 만하다. 그들이 보기에 칸트의 주관 연역과 객관 연역은 하나의 과정으로 기술될 수

있다. 즉 칸트가 제기한 대상과 결합하지 않은 자아의식(이른바 분석적 통일)은 실상 잠재적 종합(즉 대상이 잠재적으로 그 안에 이미 존재한다)이며, 이후 점차 실현되어 경험과 경험의 규율, 질서 및 통일성을 (단순히 구축하는 것이 아니라) 생산한다. 대상은 의식 바깥에 존재하는 것이 아니라 잠재적으로 의식 안에 있고 이후 자아의식을 통해 그것을 실현시킨다. 이 과정은 곧 자아(마음)가 자신의 외화外化 대상인 세계 속에서 자신의 통일을 추구하여 자신을 인식하는 과정이다. 인식 대상은 곧 인식 자체이며 대상은 완전히 인식의 영역 안에 놓인다. 칸트는 인식론 안에서 의식의 능동성이 진리의 객관성을 보증한다는 관점을 제기했고 여기에 본체론의 함의가 갖추어져 있다. 의식은 더이상 능동적으로 세계를 인식하는 것이 아니라 탈脫능동적으로 세계를 창조한다. 그렇기에 칸트가 강조하는 객관적 유효성은 인식의 보편 필연성과 완전히 등치되고, 물 자체가 제공하는 감성적 재료의 측면을 제거한다. 따라서 칸트가 그저 보편성으로부터 객관성에 가닿았다고 말하는 것은 칸트를 완전히 헤겔화한 해석이라 할 수 있다. 에드워드 케어드, 『칸트의 비판철학』.

57. 헤겔, 「철학전서: 논리」, 『소논리』, 82~83쪽(§20) 참조. 헤겔은 또한 다음과 같이 말하고 있다. "사상은 외재적 사물을 구성하는 실질이며 정신사물의 보편적 실재다. 사상은 또한 인류의 모든 감지 안에 존재하며, 모든 인지와 기억의 활동 안에 존재한다. 요컨대 사상은 어떠한 정신활동, 의지, 원망願望 등의 속에 있는 보편성이다. ……이러한 의미에서 사상은 여타 기능과 같지 않으며, 감지, 지식, 의지와 동일한 수준의 것이 아니다. ……인간은 사유하는 자이며, 그렇기에 보편적이다. 하지만 인간이 자신의 보편성을 느끼는 순간에야 비로소 그는 사유이다. 동물 역시 보편성을 갖는다. 하지만 이 보편성은 동물 자신을 통해 의식되는 보편성이 아니다. 그저 본성을 느낄 뿐이다. ……인간만이 자신으로 하여금 이중성을 갖게 하며 보편성을 의식할 수 있는 존재가 될 수 있다. 사람이 그를 '나'로 인식할 때 이것이 발생하는 것이다. ……'나'는 의식에서 거의 불가분의 최종적 성분이다. '나'는 사상과 동일하다. 그것은 명확하게 나는 사유하는 자로서의 사유이며 항상 나의 의식 안에 있다. 즉 '나'인 것이다. '나'는 어떤 사물 그리고 모든 사물의 공허를 받아들일 수 있는 그릇이다. ……그것은 단순한 보편성에 불과한 것이 아니며 그 안의 모든 보편성을 포함한다."(같은 글, 91~92쪽(§24))
58. 같은 글, 133쪽(§20) 참조.
59. 레닌, 『철학 노트』, 178~179쪽. [『철학 노트』, 홍영두 옮김(논장, 1989), 118쪽 참조]
60. 같은 책, 179쪽. [한국어판 118쪽] '지성'의 또다른 역어譯語가 곧 '오성悟性'이다.
61. 같은 곳.
62. 라크링스는 칸트의 3대 비판이 모두 우주에서 인간의 지위라는 문제를 가지고

전개된다고 보았다.(칸트의 초월적 자아는 윤리학의 본체이기도 하다. 9장 참조)

63. 마르크스, 『경제학-철학 수고』(『經濟學-哲學手稿』, 허쓰징何思敬 역), 1963년, 129쪽 참조.[MECW 3권 334쪽]
64. 마르크스, 「포이어바흐에 관한 테제」, 『마르크스·엥겔스 선집』 1권, 1972년, 16쪽.[MECW 5권 6쪽]
65. 포이어바흐, 「미래철학원리」 §22, 『포이어바흐 철학 저작 선집(상)』, 삼련서점, 1959년, 151쪽.
66. 포이어바흐, 「철학의 개조에 관한 임시 요강」, 같은 책, 118쪽.
67. 포이어바흐, 「미래철학원리」 §50, 같은 책, 180~181쪽.
68. 같은 글 §36, 169쪽.
69. 같은 글 §51, 181쪽.
70. 같은 글 §42, 174쪽.
71. 같은 글 §39, 171쪽.
72. 마르크스·엥겔스, 「독일 이데올로기」, 『마르크스·엥겔스 선집』 1권, 50쪽. [MECW 5권 41쪽]
73. 마르크스, 「포이어바흐에 관한 테제」, 『마르크스·엥겔스 선집』 1권, 18쪽. [MECW 5권 8쪽]
74. 같은 글, 17쪽.[MECW 5권 7쪽]
75. 마르크스, 『경제학-철학 수고』, 58쪽.[MECW 3권 276쪽]
76. 마르크스·엥겔스, 「독일 이데올로기」, 『마르크스·엥겔스 선집』 1권, 35쪽. [MECW 5권 44쪽]
77. 마르크스, 「포이어바흐에 관한 테제」, 『마르크스·엥겔스 선집』 1권, 18쪽. [MECW 5권 8쪽] [『칼 맑스 · 프리드리히 엥겔스 저작 선집 1』, 박종철출판사 편집부 엮음(박종철출판사, 1997), 189쪽]
78. 레닌, 『철학 노트』, 230쪽.[『철학 노트』, 홍영두 옮김(논장, 1989), 169쪽]
79. 마르크스·엥겔스, 「독일 이데올로기」, 『마르크스·엥겔스 선집』 1권, 49쪽. [MECW 5권 40쪽]
80. 마르크스, 『경제학-철학 수고』, 91쪽.[MECW 3권 303쪽]
81. 엥겔스, 「자연변증법」, 『마르크스·엥겔스 전집』 20권, 573~574쪽.[MECW 25권 511쪽]
82. 마르크스, 「자본론 1」, 『마르크스·엥겔스 전집』 23권, 410쪽.[MECW 35권 375쪽 주2]
83. 같은 책, 409쪽.[MECW 35권 375쪽 주2]
84. 마르크스, 「포이어바흐에 관한 테제」, 『마르크스·엥겔스 선집』 1권, 17쪽. [MECW 5권 7쪽]
85. 칸트는 『순수이성비판』 2판 서문에서 이에 대해 다음과 같이 말했다. "직관이

대상들의 성질을 따라야만 한다면, 나는 사람들이 어떻게 그것에 관해 무언가를 선험적으로 알 수 있는지 통찰하지 못한다. 그러나 대상이 (감각의 객관으로서) 우리 직관 능력의 성질을 따른다면, 나는 이 가능성을 아주 잘 생각할 수 있다. ……나는 오로지 거기에서만 대상들이 (주어진 대상으로서) 인식되는 경험이 이 개념들을 따른다고 가정하고, 경험이란 그 자체가 일종의 인식방식으로서 내가 그 규칙을 대상들이 나에게 주어지기 전에 내 안에서, 그러니까 선험적으로 전제할 수밖에 없는 지성을 요구하는 것이고, 그러므로 이 규칙은 경험의 모든 대상이 반드시 따라야 하고 거기에 합치해야만 하는 선험적 개념들에서 표출되는 것이므로, 이내 좀더 쉽게 빠져나갈 길을 발견하는 경우이다." (『순수이성비판』, Bxviii(중국어판 13쪽) 참조) 다시 말해 지성 범주의 직관 형식은 '자아'에 선험적으로 존재하며, 이는 또한 초월통각적 자아의식이 과학적 지식(보편 필연적인 '선험적 종합판단')을 가능하게 해준다는 의미다.

86. 칸트가 자신의 철학적 전환을 코페르니쿠스적 변환에 비유한 것에 대해서는 일련의 논쟁이 존재한다. 어떤 이들은 코페르니쿠스가 인간(지구)을 중심으로 한 프톨레마이오스의 체계를 뒤집은 것은 칸트의 인간 중심적 체계와 완전히 반대라고 주장한다. 하지만 칸트가 원래 움직이지 않는다고 생각했던 측면(지구, 인간)의 활동, 즉 인간(정신)의 능동성을 지구의 능동성에 비유했던 것은 사실이다.
87. 「마르크스 「독일 이데올로기」 수고手敲 일부」, 네덜란드 『국제사회주의 사상사 평론』(『馬克思「德意志意識形態」手稿片斷』, 荷蘭『國際社會主義思想史評論』) 7권 1책, 1962년. [MECW 5권 38쪽]
88. 레닌, 『철학 노트』, 411쪽.
89. 돌바크는 인간 스스로 대단한 우주의 왕으로 자처해서는 안 된다고 강조했다. 그는 다음과 같은 언급을 남겼다. "인간은 스스로 자연 속에서 특권을 가진 존재로 여길 어떠한 이유도 갖고 있지 않다. 인간은 자연의 모든 여타 산물과 마찬가지로 동일한 변화에 복종한다."(『자연의 체계 (상)』(『自然的體系』) 6장, 상무인서관, 1964년, 82쪽)

6장 인식론 (5)

1. 『순수이성비판』, A795=B823(중국어판 544쪽).
2. 켐프 스미스, 『칸트의 순수이성비판 주해』, 2쪽.
3. 『순수이성비판』, A335=B392(중국어판 265쪽).
4. 같은 책, A302=B359(중국어판 247쪽).
5. 『형이상학 서설』 §40.
6. 같은 곳.
7. 칸트의 이념Idee은 비경험적인 주관적 관념, 생각을 가리키며(특히 '변증론' 안에서), 일반적 관념과는 다르기 때문에 관념으로 해석하지 않는다. 하지만

칸트의 이념은 플라톤 혹은 헤겔과 같은 객관적 존재의 의미를 갖지 않는다. 그러므로 플라톤에 있어서는 '형상eidos'으로 해석하는 것이 타당하다.

8. 판단형식으로부터 도출된 범주와는 다르게 칸트의 추리형식은 세 가지 이념을 획득하는데, 이것은 구조가 구축한 이른바 '건축술'을 체계화하기 위해서다. 하지만 실상은 사상 내용의 정확한 표현을 방해하고 말았다.
9. 『순수이성비판』, A334=B391(중국어판 264~265쪽). [『순수이성비판 2』, 백종현 옮김(아카넷, 2013), 554쪽]
10. 같은 책, A297=B353(중국어판 244쪽).
11. 같은 책, A298=B354(중국어판 244~245쪽).
12. 이 주제 역시 신과 도덕 윤리 등에 관한 부분만을 다룰 것이다. 신의 존재에 대한 일련의 신학, 철학적 증명에 대한 반박은 1장에서 언급했듯 더이상 논하지 않을 것이다.
13. 『순수이성비판』, A408=B434(중국어판 319쪽). [한국어판: "나는 일체의 초월적 이념들을, 그것들이 현상들의 종합에서 절대적 전체성과 관련한 것인 한에서, 세계 개념들이라고 부른다. 그것은 한편으로는 그 자신 오직 이념일 따름인 세계 전체라는 개념이 의존하고 있는 것이 이 무조건적 전체성이기 때문이고, 다른 한편으로는 세계 개념들은 오로지 현상들의 종합, 그러니까 경험적인 종합과만 관계하는 반면에, 절대적 통일성은 모든 가능한 사물들 일반의 조건들의 종합에서 순수이성의 이상을 불러일으키는데, 이것은 세계 개념과 관계는 맺고 있지만 그럼에도 이 세계 개념과는 구별되는 것이기 때문이다." 『순수이성비판 2』, 626쪽]
14. 같은 책, A426=B454(중국어판 330쪽).
15. 같은 책, A427=B455(중국어판 330쪽).
16. 같은 책, A434=B462(중국어판 334쪽).
17. 같은 책, A435=B463(중국어판 334쪽).
18. 같은 책, A444=B472(중국어판 340쪽).
19. 같은 책, A445=B473(중국어판 340쪽).
20. 같은 책, A452=B480(중국어판 345~346쪽).
21. 같은 책, A453=B481(중국어판 345~346쪽).
22. 같은 책, A490=B518(중국어판 368쪽).
23. 같은 책, A505=B533(중국어판 376쪽).
24. 같은 곳.
25. 같은 책, A471~472=B499~500(중국어판 357쪽).
26. 같은 책, A472=B500(중국어판 357쪽).
27. 같은 책, A471=B499(중국어판 356쪽).
28. 같은 책, A471=B499(중국어판 357쪽).
29. 같은 책, A426~428=B454~456(중국어판 330~331쪽).

30. 같은 책, A427~427=B455~457(중국어판 330~331쪽).
31. 엥겔스, 「반뒤링론」, 『마르크스·엥겔스 선집』, 89쪽. [MECW 25권 46~47쪽]
32. 같은 책, 90쪽. [MECW 25권 48쪽]
33. 헤겔, 『논리학(상)』(『邏輯學』 上卷), 상무인서관, 1966년, 200쪽.
34. 헤겔, 「철학전서·논리」 §48, 『소논리』, 142~143쪽 참조. [『헤겔 논리학』, 김계숙 옮김(서문문화사, 1997)]
35. 같은 책, 144쪽 참조. [한국어판에는 생략된 부분]
36. 같은 책, 145쪽 참조. [한국어판에는 생략된 부분]
37. 같은 책, 142~143쪽 참조. [한국어판에는 생략된 부분]
38. 헤겔, 『칸트 철학 논술』, 41쪽.
39. 헤겔, 『논리학(상)』, 200~201쪽.
40. 엥겔스, 「반뒤링론」, 『마르크스·엥겔스 선집』 3권, 160쪽. [MECW 25권 111쪽]
41. 같은 곳. [MECW 25권 112쪽]
42. 같은 곳.
43. 같은 책, 126쪽. [MECW 25권 80쪽]
44. 칸트, 『형이상학 서설』 §50. [『형이상학 서설』, 백종현 옮김(아카넷, 2012), 261~262쪽] 여기서 '산물'은 곧 우주 이념을 가리킨다.
45. 『순수이성비판』, A506~507=B534~535(중국어판 337쪽).
46. 그러므로 『순수이성비판』이라는 책은 일종의 논리와 역사의 일치라고 할 수 있다. 우선 '감성론'(출발점으로서 시공간에 대한 논점은 『논문』에서 이미 그 사유가 성숙되었다)이 제기되고, 이후 '변증론'('이율배반' 등의 제기)이 제기되며, 마지막에 비로소 '분석론'(현상계와 본체 사이의 구분으로 종결되는)이 제기된다. 하지만 이것은 이후 연구자들에 의해 발견된 칸트 저작의 순서이지 이 책의 실제적 구조를 가리키는 것은 아니다.
47. 레닌, 『철학 노트』, 114쪽.
48. 헤겔, 『논리학(상)』, 149쪽.
49. 『순수이성비판』, A535=B563(중국어판 393쪽).
50. 루트비히 비트겐슈타인, 『논리철학론』(維特根斯坦, 『邏輯哲學論』) 6, 44쪽. [『논리-철학 논고』, 이영철 옮김(책세상, 2014)]
51. 피아제는 부정을 '변증이성'으로 보고, "논리와 수학 안에서 부정을 통해 실제를 구축하는 것은 이미 일종의 표준적인 방법이 되었다"라고 말했다. 그는 조작의 가역성可逆性을 강조했고, 부정을 통한 생산의 중요한 의의를 간파해냈다. 피아제, 『구조주의』 7장 참조.
52. 엥겔스, 「자연변증법」, 『마르크스·엥겔스 선집』 3권, 1972년, 521쪽. [MECW 25권 313쪽]
53. 레닌, 『철학 노트』, 245쪽.

54. 엥겔스, 「포이어바흐와 독일 고전 철학의 종말」, 『마르크스·엥겔스 선집』 4권, 212쪽. [MECW 26권 359쪽]
55. 레닌, 『철학 노트』, 112쪽. [『철학 노트』, 홍영두 옮김(논장, 1989), 55쪽]
56. 같은 책, 215쪽. [한국어판에는 '진리'가 '이념'으로 번역되어 있다.]
57. 같은 책, 166쪽. [철학 노트』, 홍영두 옮김(논장, 1989), 107쪽]
58. 마르크스·엥겔스, 「신성가족」, 『마르크스·엥겔스 전집』 2권, 1957년, 75쪽. [MECW 4권 60쪽]
59. 마르크스, 『경제학-철학 수고』, 123쪽. [MECW 3권 329쪽]
60. 『순수이성비판』, A702=B730(중국어판 491쪽).
61. 『순수이성비판』에 실린 두 편의 부록(또다른 한 편은 분석론에 딸린 「경험적 사용과 초월적 지성사용의 혼동에서 생긴 반성 개념들의 모호성에 대하여」이다)은 종종 연구자들에 의해 소홀히 다루어지거나 생략되곤 했다. 몇몇 칸트 연구자들(예컨대 왓슨, 그린, 츠바이크 등) 역시 부록에 대한 연구를 생략했다. 실상 칸트의 부록 세 편과, 마찬가지로 연구자들이 중시하지 않은 '초월적 방법론' 부분은 특히 중요하며, 그 안에 수많은 논점이 존재한다.

7장 인식론 (6)

1. '물 자체' 개념은 일반적으로 '스스로 존재하는 물체(자재지물自在之物)'로 번역된다. 왜냐하면 칸트의 철학 안에서 물 자체가 '현상계'와 구분된다는 근본적 함의를 부각시키기 때문이며, 또한 헤겔이 강조하는 '스스로 존재함(자재自在)' 및 '스스로 함(자위自爲)'과도 구분되기 때문이다.
2. 본체 개념으로서의 '물 자체'는 곧 이를 통해 감성적 경험을 제한하는 것이다. 하지만 칸트 스스로 말하듯 이 개념은 동시에 지성 자신을 제한하기도 한다. 자세한 사항은 뒤에서 논한다.
3. 어떤 사람들은 '물 자체'를 다음의 다섯 가지 특징으로 귀납시키기도 한다. 1. 감성 재료로부터 표현될 수 없다. 2. 비非시공간적이다. 3. 본질은 알 수 없다. 4. 동일 사물은 현상으로 귀결될 수 있으며 또한 '물 자체'로 귀결될 수 있다. 5. 범주에 속하지 않는다. (『철학과 현상학 잡지』(『哲學與現象學雜誌』) 37권, 499쪽) 이것은 현상학적 묘사이지만 참고할 만하다.
4. 『형이상학 서설』 §13, 주3. [『형이상학 서설』, 백종현 옮김(아카넷, 2012), 180쪽]
5. 『순수이성비판』, B275(중국어판 198쪽).
6. 프리처드는 『칸트의 인식론』에서 이렇게 말했다. "재미있는 것은 칸트가 사용하는 언어가 최소한 공간 속의 제諸 물체가 물 자체라는 것을 의미한다는 점이다."(319쪽. 77쪽의 주2도 참조) 또한 켐프 스미스는 다음과 같이 말했다. "그는 '물체'를 '물 자체'를 가리키는 하나의 명사로 사용하고 있다. 또한 이에 대한 논증은 없다."(『칸트의 순수이성비판 주해』, 30쪽) 페이턴 또한 "만약

우리가 범주를 물 자체에 응용하지 않는다면 어떻게 물 자체를 복수로 말할 수 있겠는가? ……어떻게 감각이 물 자체에 의해 촉발된다고 말할 수 있겠는가?" 라고 말했다.(『칸트의 경험 형이상학』 1권 2장 4절)

7. 『순수이성비판』, B145(중국어판 107쪽).
8. 『형이상학 서설』 §13, 주2.
9. 최근 이른바 '본체론파'의 칸트 연구는 신칸트주의가 '물 자체'를 기각하려고 하는 데 반대한다. 하지만 그들이 견지하고 있는 '물 자체'는 일종의 도덕 형이상학일 뿐이며 그 유물론적 측면이 아니다. 자세한 사항은 뒤에서 논한다.
10. 예컨대 A. C. 유잉, 『칸트의 순수이성비판에 대한 짧은 주해』, 189~191쪽의 경우가 그러하다.
11. 「칸트와 버클리」, 『칸트 연구』, 1973년 제3기, 315쪽.
12. 『자연과학의 형이상학적 기초』.
13. 로크, 『인간지성론』 2권 23장.
14. 돌바크, 『자연의 체계』 2권.
15. 『순수이성비판』, A254~255=B310(중국어판 217쪽). [한국어판: "예지체라는 개념, 다시 말해 전혀 감각의 대상으로서가 아니고, 사물 그 자체로 (오로지 순수 지성에 의해) 생각되는 사물이라는 개념은 전혀 모순적이지 않다. 왜냐하면 우리는 감성에 대해 그것만이 직관의 유일하게 가능한 방식이라고 주장할 수는 없으니 말이다. 더 나아가, 이 개념은 감성적 직관을 사물들 그 자체 너머까지 연장하지 않기 위해서, 그리고 감성적 인식의 객관적 타당성을 제한하기 위해서 필요한 것이기도 하다."(『순수이성비판 1』, 백종현 옮김(아카넷, 2012), 491쪽) 여기서 보듯 리쩌허우가 '본체'라고 번역한 개념을 한국어판에서는 '예지체'로 옮겼다. 원어는 Noumenon이다.] 그렇기에 '본체'라는 말은 '물 자체'가 우리 사상 속에서 표현된 것을 가리킨다. 즉 이를 통해 '물 자체' 성질의 개념을 설명하는 것이다. '본체'와 '물 자체'는 서로 동등하지 않다. 하지만 칸트는 종종 이 두 단어를 동등하게 사용하고 있다.
16. 같은 책, A260=B315(중국어판 220쪽). 하지만 칸트는 또한 실체, 원인 등의 범주를 이용하여 신을 사고하는 것이 여전히 필요하다고 생각했다. 켐프 스미스는 칸트가 이러한 문제에 있어 앞뒤가 맞지 않는다고 말한 바 있다. 앞에서는 지성의 범주가 본체에 사용될 수 있지만 아무런 의의를 갖지 않는다고 말하면서, 뒤에서는 그것이 근본적으로 본체에 사용될 수 없다고 말한다는 것이다. 페이턴은 그것들이 물 자체에 응용된다면 반드시 시간을 갖지 않는 틀의 범주라고 말했다. 예컨대 '물 자체'에 적용되는 원인 범주에서 시간은 순서를 포함할 수 없으며, 따라서 그러한 응용은 여전히 별다른 의의를 갖지 못한다. 이것은 경험과 비슷할 뿐인 것으로 인식될 수 없다.
17. 같은 책, A402(중국어판 316쪽).
18. 엥겔스, 「자연변증법」, 『마르크스·엥겔스 전집』 20권, 585쪽. [MECW 25권

521쪽]

19. 『순수이성비판』, A105(중국어판 125쪽).
20. 같은 책, A109(중국어판 127쪽).
21. 같은 책, A253(중국어판 223쪽).
22. '물 자체'와 '초월적 대상'의 관계에 대한 문제는 상당히 복잡하기 때문에 수많은 학자들이 서로 다른 견해를 가지고 있다. 카시러, 켐프 스미스, 버드 등의 견해가 그러하다.
23. 『순수이성비판』, B145(중국어판 107쪽).
24. 같은 책, B145~146(중국어판 108쪽).
25. 같은 책, A557=B585(중국어판 405쪽).
26. 같은 책, A393(중국어판 311쪽).
27. 칸트, 『에버하르트의 이른바 발견이라는 것을 평함』.
28. 『순수이성비판』, A15=B29(중국어판 44쪽).
29. 같은 책, A278=B334(중국어판 233쪽).
30. 헤르츠에게 보낸 1772년 2월 21일자 서신. 물론 당시 칸트는 『논문』에서 『비판』으로 넘어가는 사상적 전변의 과정 속에 있었고, 따라서 함의가 다소 다르다는 점에 주의해야 한다. 하지만 이 과도기 속에서 공통된 측면을 찾아볼 수 있다.
31. 헤르츠에게 보낸 1789년 5월 26일자 서신.
32. 야코비는 비록 인식이 감성적 경험에 한정되며 이성은 감성을 초월할 수 없다고 보았지만, 일종의 직접적 직관이 초감성적 실질을 파악할 수 있다고 생각했다. 또한 그는 스피노자만이 논리적으로 스스로 정립한 체계를 갖춘 철학자라고 생각했지만, 스피노자를 받아들이는 것은 곧 무신론을 받아들이는 것과 같기에 옳지 않다고 생각했다. 그렇기에 야코비는 신이 이성이 아니라 영혼과 관련된 존재이며, 따라서 응당 스피노자를 버리고 신앙으로 대체해야 한다고 생각했다. 야코비는 이렇게 말한다. "우리의 마음속은 광명으로 충만해 있다. 하지만 내가 이해의 차원에 놓을 때 그것은 사멸해버리고 만다."(프리드리히 위베르베크, 『철학사』 2권에서 재인용) 야코비는 저명한 '신앙철학자'이자 신비주의자이다.
33. 피히테는 1795년 라인홀트에게 보낸 서신에서 다음과 같이 말했다. "나는 마이몬의 천재성을 극찬한다. 나는 마미몬의 저작을 통해 칸트 철학 전체가 장차 뒤집힐 것이라고 확신하며, 그것이 증명될 준비가 되어 있다고 생각한다." 마이몬은 '물 자체'(객체 자신 혹은 주체 자신)를 부정했으며 인간의 마음은 무한한 세계정신의 일부분이라고 생각했다.
34. 예컨대 칸트의 추종자이자 친구인 야코프 베크마저도 '물 자체'를 부정했으며 주체의 초월적 통각의 주동성을 '출발점'으로 삼아야 한다고 주장했다. 칸트의 『유고』에 나타나는 몇몇 사상(이 책 5장 참조)은 바로 베크의 영향을 받은 것이다. 칸트는 마이몬도 일정 부분 자신과 동일한 노선을 취한다고 보았다.

35. 피히테, 「지식학 서론」 1편, 『18세기~19세기 초 독일 철학』(費希特, 『知識學引論』 第1篇, 『十八世紀-十九世紀初德國哲學』, 상무인서관, 1975년, 188쪽.
36. 같은 책, 188, 190쪽.
37. 켐프 스미스, 『칸트의 순수이성비판 주해』, 77쪽.
38. T. D. 웰든, 『칸트의 순수이성비판 개론』(1948), 2판.
39. 최근에도 어떤 이들은 여전히 '물 자체'가 곧 '자아 자체'이며, 전자는 후자가 대상 속에 심어놓은 것에 불과하다고 강조한다. "자아 자체는 원시적인 실존적 실재이며 물 자체는 종속된 실재이다." 이른바 '자아 자체'는 곧 '사유하는 나'이다. 오스카 밀러, 『칸트의 물 자체 혹은 창조적 정신』 참조.
40. 마르크스, 「포이어바흐에 관한 테제」, 『마르크스·엥겔스 선집』 1권, 16쪽. [MECW 5권 6쪽]
41. 엥겔스, 「사회주의의 공상에서 과학으로의 발전」 영문판 서문, 『마르크스·엥겔스 선집』 3권, 387~388쪽. [「유토피아에서 과학으로의 사회주의의 발전」, 『칼 맑스 · 프리드리히 엥겔스 저작 선집 5』, 박종철출판사 편집부 엮음(박종철출판사, 1997)]
42. 엥겔스, 「포이어바흐와 독일 고전 철학의 종말」, 『마르크스·엥겔스 선집』 4권, 22쪽. [MECW 26권 367쪽]
43. 로크, 『인간지성론』 2장.
44. 마르크스, 「포이어바흐에 관한 테제」, 『마르크스·엥겔스 선집』 1권, 16쪽. [MECW 5권 6쪽]
45. 『순수이성비판』, A288=B344(중국어판 239쪽).
46. 같은 책, Bxxv(중국어판 17쪽).
47. 같은 책, B306(중국어판 215쪽).
48. 같은 책, B307(중국어판 215쪽).
49. 같은 책, A642=B672(중국어판 458쪽).
50. 같은 책, A647=B675(중국어판 459~460쪽).
51. 10장의 '목적론' 부분 참고.
52. 칸트, 『형이상학 서설』, §56.
53. 같은 책, §44. [한국어판: "이성이념들은 범주 같은 것과는 달리 경험에 관한 지성의 사용에는 아무런 쓸모가 없고, …… 순수 이성은 자기 이념들 중에 경험의 분야를 넘어가 있는 특수한 대상들을 의도에 두고 있는 것이 아니라, 단지 경험과 연관한 지성사용의 완벽성만을 요구한다는 것이다. ……… 이성은 그 완벽성을 그 인식이 저(지성의) 규칙들에 관하여 완벽하게 규정된 객관의 인식으로 생각한다. 그러나 그 객관은 단지 하나의 이념일 뿐으로, 지성인식을 저 이념이 가리키는 완벽성에 가능한 한 근접시키기 위한 것이다." 『형이상학 서설』, 백종현 옮김(아카넷, 2012), 248~250쪽]
54. 『순수이성비판』, A691=B719(중국어판 485쪽).

55. 같은 책, A691~692=B719~720(중국어판 485쪽).
56. 같은 책, A692=B720(중국어판 485쪽).
57. 같은 책, A696=B724(중국어판 488쪽).
58. 같은 책, A700=B728(중국어판 490쪽). [한국어판: "우리에게는 이러한 속성들을 가진 자연 위에 있는 존재자를 상정할 권리는 없고, 단지 인과 규정의 유추에 따라 현상들을 체계적으로 상호 연결되어 있는 것으로 보기 위해, 그 존재자의 이념만을 기초에 놓을 권리가 있을 뿐이기 때문이다." 『순수이성비판 2』, 백종현 옮김(아카넷, 2013), 853쪽]
59. 레닌, 『철학 노트』, 181~182쪽. [한국어판: "칸트는 신앙에게 자리를 양보하기 위해 지식을 업신여긴다. 헤겔은 지식을 찬양하고 지식은 신의 지식이라고 단언한다." 『철학 노트』, 홍영두 옮김(논장, 1989), 120~121쪽]
60. 같은 책, 215쪽. [『철학 노트』, 홍영두 옮김(논장, 1989), 155쪽]
61. 같은 책, 204쪽.
62. 『순수이성비판』, A651=B679(중국어판 462쪽). [한국어판: "……이성이 없이는 아무런 연관성 있는 지성 사용도 갖지 못할 것이며, 지성 사용이 없는 곳에서는 경험적 진리의 충분한 징표를 갖지 못할 것이고……." 『순수이성비판 2』, 백종현 옮김(아카넷, 2013), 817쪽]
63. 이른바 본체론파와 신칸트주의자들 사이의 분기는 이러한 의미에서 '본체'의 적극적 함의와 소극적 함의에 대한 중시가 서로 다르다는 점에 있다.
64. 어떤 이는 이러한 이유로 칸트와 버클리를 동일시하여 '물 자체'가 결국 최종적으로는 신으로서 현상계에 작용하는 본체가 되는 것인바, 그렇기에 인식의 원천으로서 '물 자체'의 첫번째 차원의 함의를 기각해버려도 된다고 생각한다. 이는 버클리의 생각과 완전히 일치하는 것이다. 하지만 칸트가 여기서 말하는 것은 이미 실천이성으로 인식과는 무관하다.(이에 대해서는 뒤에 자세히 논한다.) 그러므로 '물 자체'의 유물론적 함의를 완전히 대체할 수는 없다.
65. 칸트는 티프트룽크에게 보내는 1979년 12월 11일자 서신에서 다음과 같이 말했다. "감성세계는 그 대응물로서의 비감성적 세계를 결여하고 있다. 이 비감성적 세계는 완전히 공허한 것이 아니다. 비록 그것이 이론 인식의 각도에서 말해지는 것이라 할지라도 경험을 초월하는 것으로 인식되어야 한다."
66. 10장 참조.
67. 『순수이성비판』, A801=B829(중국어판 547쪽).
68. 같은 책, A808=B836(중국어판 552쪽).
69. 같은 책, A796=B824(중국어판 545쪽). [한국어판: "순수 이성은 그에게 커다란 관심을 이끌어오는 대상들을 예감한다. 이성은 이것들에 다가가기 위해 순전한 사변의 길에 들어선다. 그러나 이것들은 이성에서 달아난다. 짐작컨대 이성에게 아직도 남아 있는 유일한 길, 곧 실천적 사용의 길에서 이성을 위한 더 좋은 행운이 기대될 수 있을 것이다." 『순수이성비판 2』, 백종현 옮김(아카넷, 2013), 926쪽]

70. 같은 책, A828=B856(중국어판, 563~564쪽).
71. 같은 책, Bxxx(중국어판 19쪽).
72. 고트프리트 마르틴, 『칸트의 형이상학과 과학이론』, 5장.
73. 예컨대 T. D. 웰던, 『칸트의 순수이성비판』 2판, 147쪽. 칼 포퍼의 사실(과학)과 규범(도덕)의 이분법은 근본적으로 이러한 사상의 범위를 벗어나지 못한다.
74. '두 가지 세계' 설은 칸트의 교수자격논문에서 확인할 수 있고, '두 가지 화법' 설은 1783년 가르베에게 보낸 서신과 벡의 당시 해석에서 찾아볼 수 있다. 또한 『순수이성비판』, Bxviii-xix의 주석, Bxxvii, A45~46=B62~63 등에서도 찾아볼 수 있다. 중국어판은 13, 17~18, 65~66쪽.
75. 리하르트 크뢰너.
76. 1799년 8월 7일자 칸트의 '공개 서한' 참조.
77. 프레더릭 코플스톤, 『철학사』 6권 16장, H-J. 데 플레이스하우어르, 『칸트 사상의 발전』, 그리고 고트프리트 마르틴, 『칸트의 형이상학과 과학이론』 5장 §28 등 참조.
78. 비트겐슈타인, 『논리철학론』, 6, 52쪽.
79. 같은 책, 7쪽.

8장 윤리학 (1)

1. 스코트 타가트, 『칸트 철학에 관한 최근 저서』에서 재인용. 벡이 편찬한 『오늘의 칸트 연구』 참조.
2. 벡은 칸트가 실천이성에 대해서도 검토와 비판을 한 측면이 있으며, 이율배반에 대한 내용이 그런 예라고 주장했다. 그러므로 그는 칸트 자신의 그와 같은 해석이 적절치 않다고 보았다. 나는 이 의견에 동조하지 않는데, 왜냐하면 여기서의 이율배반은 이론이성의 이율배반과는 결국 그 성질이 다르기 때문이다.
3. 칸트, 『윤리형이상학 정초』 서문, 탕웨 옮김, 『도덕형이상학 탐본』(『道德形而上學基礎』 序言, 唐鉞 譯 『道德形而上學探本』), 상무인서관, 1959년, 6쪽 참조.
4. '도덕명령'은 '도덕법칙'으로 번역하기도 한다. 예컨대 관원렌이 옮긴 『실천이성비판』이 그러하다. 하지만 '법칙'은 객관적 규율의 의미로 이해되기 쉽기 때문에 칸트의 본래 의도에 맞지 않는다.
5. 『실천이성비판』, A32(중국어판: 관원렌關文運 옮김, 상무인서관, 1960년, 14쪽).
6. 같은 책, A30(중국어판 13쪽).
7. 같은 책, A69=V40(중국어판 40~41쪽). [A는 원전 초판본, V는 학술원판 전집 5권을 의미하고, 뒤의 숫자는 쪽수이다.]
8. 같은 책, A70=V41(중국어판 41쪽).

9. '완전함'과 도덕의 관계에 대해 칸트는 자신의 사상 발전과정에서 일련의 변화를 보여준다. 전前비판기의 칸트는 볼프 학파와 영국의 내재적 감정론을 결합하여 '네가 할 수 있는 가장 충만한 일을 하라'는 명제를 제기했다. 여기서의 '완전함'은 도덕원칙으로서, 이미 일종의 형식이 되기 시작한 것이다. 1770년 이후, 순형식적 자아입법이 '완전함'을 대체했고, 칸트는 도덕감각론을 거부했다. 『윤리형이상학 정초』에서 '완전함'은 타율로서 공허한 동어반복이다. 그리고 『실천이성비판』에서 '완전함'은 행복의 원리에 포함되어 비판받게 된다. 하지만 『윤리형이상학』에 이르러서는 다시 도덕 실천의 '완전함' 등을 언급하고, 이를 도덕과 연결시킨다.
10. 『실천이성비판』, A71(중국어판 41쪽).
11. 같은 곳(중국어판 42쪽).
12. 돌바크, 『자연의 체계』 1권, 15장, 273쪽.
13. 클로드 아드리앵 엘베시위스, 「정신론」 2편, 『18세기 프랑스 철학』(「精神論」 第2篇, 『十八世紀法國哲學』), 상무인서관, 1965년, 457쪽.

14. 엘베시위스, 「인간의 이지능력과 교육을 논함」 4편 12장, 『18세기 프랑스 철학』, 512쪽.
15. 엘베시위스, 「정신론」 서문, 『18세기 프랑스 철학』, 430쪽.
16. 『실천이성비판』, A42, (중국어판 21~22쪽). [『실천이성비판』, 백종현 옮김 (아카넷, 2009), 79쪽]
17. 같은 책, A46(중국어판 24쪽).
18. 같은 책, A52(중국어판 28쪽).
19. 『윤리형이상학 정초』 2장, B40(중국어판 29쪽).
20. 같은 책 1장, B2(중국어판 8쪽).
21. 같은 책 2장, B36(중국어판 27쪽).
22. 『윤리형이상학』 중 「윤리형이상학 서설」.
23. 『실천이성비판』, V36(중국어판 37쪽) 참조.
24. 같은 책, A277~279(중국어판 158쪽).
25. 같은 책, A290(중국어판 164쪽).
26. 같은 책, A54(중국어판 30쪽).
27. 『윤리형이상학 정초』 1장, B17=IV402(중국어판 16쪽). [B는 칸트 원전 2판, IV는 학술원판 전집 4권을 의미한다.]
28. 같은 책 2장, B52(중국어판 35쪽).
29. 같은 곳(중국어판 36쪽).
30. 같은 책 2장, B54(중국어판 36쪽).
31. 같은 책 2장, B55(중국어판 37쪽).
32. 존 스튜어트 밀, 『공리주의』, 상무인서관, 1957년, 23쪽. 제러미 벤담과 밀로 대표되는 영국의 공리주의는 프랑스 유물론 행복주의의 영국화라고 할 수 있다.

자세한 사항은 다음 장에서 논하기로 한다. [『공리주의』, 서병훈 옮김(책세상, 2007)]
33. 『윤리형이상학 정초』 서문, BVIII(중국어판 3쪽) 참조.
34. 같은 책 2장, B67(중국어판 43쪽).
35. 같은 책 2장, B65~IV429(중국어판 43쪽).
36. 『윤리형이상학』, §11.
37. 같은 책, §62.
38. 칸트, 『영구평화론』. [『영구평화론』, 이한구 옮김(서광사, 2008), 28~29쪽]
39. 주의할 점은 칸트가 이러한 윤리학의 추상적 원리를 교육학 같은 구체적 경험에 관철시키려 했다는 점이다. 칸트의 『교육학 강의』 참조. [『칸트의 교육학 강의』, 조관성 옮김(철학과현실사, 2007)]
40. 루소에 대해서도 각각 전체주의자와 자유주의자로 보는 상이한 해석이 존재한다.
41. 『윤리형이상학 정초』 2장, B70(중국어판 45쪽).
42. 『실천이성비판』, A237(중국어판 134쪽).
43. 『윤리형이상학 정초』 3장, B97=IV446(중국어판 60쪽).
44. 『실천이성비판』 서문, A4~V4(중국어판 1쪽).
45. 같은 책, A8(중국어판 3쪽).
46. 같은 책, A88(중국어판 51쪽).
47. 같은 책, A97(중국어판 56쪽).
48. 루이스 화이트 벡, 『칸트의 실천이성비판 주해』 9장 참조.
49. 『실천이성비판』, V30(중국어판 29쪽).
50. 같은 책, A54(중국어판 30쪽). [한국어판: "그는 무엇을 해야 한다고 의식하기 때문에 자기는 무엇을 할 수 있다고 판단하며, 도덕법칙이 아니었다면 그에게 알려지지 않은 채로 있었을 자유를 자신 안에서 인식한다." 『실천이성비판』, 백종현 옮김(아카넷, 2009), 91쪽]
51. 『실천이성비판』 V103(중국어판 105쪽).
52. 헤겔, 『법철학 원리』, 138쪽. [『법철학』, 임석진 옮김(한길사, 2008), 264쪽]
53. 헤겔, 『칸트 철학 논술』, 상무인서관, 51쪽.
54. 같은 곳.
55. 헤겔, 『법철학 원리』, 137~138쪽 [『법철학』, 임석진 옮김(한길사, 2008), 263~264쪽]
56. 헤겔, 『칸트 철학 논술』, 5쪽.
57. 마르크스·엥겔스, 「독일 이데올로기」, 『마르크스·엥겔스 전집』 3권, 213쪽. [MECW 5권 195쪽]
58. 헤겔, 『칸트 철학 논술』, 17쪽.
59. 루소, 『사회계약론』(盧梭, 『社會契約論』), 6장. [『사회계약론』, 이환 옮김(서울대학교출판부, 2000)]

60. 같은 책 8장.
61. 게오르기 플레하노프, 『일원론적 역사관의 발전을 논함』(普列漢諾夫, 『論一元史觀的發展』) 1장.
62. 마르크스·엥겔스, 「독일 이데올로기」, 『마르크스·엥겔스 전집』 3권, 211~212쪽 참조. [MECW 5권 193~194쪽]
63. 이후의 정치, 법권리에 관한 저작에서 칸트는 온화한 개량주의적 방식으로 루소의 이러한 사상을 본격적으로 기술한다. 이에 대해서는 다음 장에서 자세히 논한다. 『윤리형이상학 정초』『실천이성비판』 모두 프랑스혁명 이전에 저술되었다.
64. 마르크스·엥겔스, 「독일 이데올로기」, 『마르크스·엥겔스 전집』 3권, 211쪽. [MECW 5권 193쪽]
65. 『실천이성비판』, A100(중국어판 58쪽). [『실천이성비판』, 백종현 옮김(아카넷, 2009), 130쪽]
66. 같은 책, V63(중국어판 64쪽).
67. 같은 책, V64(중국어판 65쪽).
68. 같은 책, A102(중국어판 59쪽).
69. 같은 책, A106(중국어판 61쪽).
70. 같은 책, A108~109(중국어판 62~63쪽).
71. 칸트, 『이성의 한계 안에서의 종교』(『理性限度內的宗教』) 1편. [『이성의 한계 안에서의 종교』, 백종현 옮김(아카넷, 2012)]
72. 중국 이학理學과 칸트 철학의 대비는 졸고 「송명이학편론宋明理學片論」, 『중국사회과학中國社會科學』 1982년 1기 참조.
73. 『실천이성비판』, V71(중국어판 72쪽).
74. 같은 책, A126(중국어판 72쪽).
75. 『실천이성비판』의 「순수실천이성의 대상 개념을 논함」이라는 장에는 선악 개념의 자유 범주표가 들어 있는데, 이 표와 그 해석은 순전히 저술에 있어 '건축술'의 필요에 의해 설정된 것이다. 애매하고 이해하기 어려우며 또한 많은 의미를 담고 있지 않은 까닭에 여기서는 논의를 생략하기로 한다.
76. 『실천이성비판』, A134(중국어판 77쪽).
77. 같은 책, A133(중국어판 76~77쪽).
78. 같은 책, V77(중국어판 78쪽).
79. 같은 책, A137(중국어판 79쪽).
80. 같은 책, A154~155(중국어판 88~89쪽).
81. 켐프 스미스는 『순수이성비판』과 『실천이성비판』을 다음과 같이 대비시킨다. "『순수이성비판』에서 칸트는 논증의 모든 결절점들의 유효성을 매우 세심하게 조사하고 부단히 반복하여 고려한다. ……하지만 『실천이성비판』에서는 그렇지 않다. 그 논증이 근엄하게 간단하고 결코 좌고우면하지 않는다. 그는 몇몇의

간단한 원리로부터 최후의 결론으로 곧장 앞으로 나아간다."(『칸트의 순수이성비판 주해』 서론, ix쪽)

82. Richard Leakey, Roger Lewin, *Origins Reconsidered: In Search of What Makes Us Human* (1977).
83. 荀子, "禮起於何也? 曰: 人生而有欲, 欲而不得, 則不能無求, 求而無度量分界, 則不能不爭. 爭則亂, 亂則窮. 先王惡其亂也, 故制禮義以分之, 以養人之欲, 給人之求."(『禮論』)

9장 윤리학 (2)

1. 『순수이성비판』, A205(중국어판 116~117쪽).
2. 플레하노프, 『유물론사 논총』(普列漢諾夫, 『唯物論史論叢』), 인민출판사, 1953년, 13쪽.
3. 『순수이성비판』, A805=B833(중국어판 549~550쪽).
4. 같은 책, A805=B833(중국어판 550쪽).
5. 같은 책, A234(중국어판 132쪽).
6. John R. Silber, "The Importance of the Highest Good in Kant's Ethics", *Ethics*, vol.73, No.3, 1963년 4월.
7. 『실천이성비판』, A206~207(중국어판 117~118쪽).
8. 같은 책, A241(중국어판 136쪽). [『실천이성비판』, 백종현 옮김(아카넷, 2009), 232쪽]
9. 같은 책, A221(중국어판 125쪽).
10. '최고선'은 덕행과 행복의 통일이고, '최고선'에 다다르기 위해서는 우선 덕행의 '최고선'에 가닿아야 한다. 즉 우선 도덕의 완벽함을 추구해야 하는 것이다. 하지만 도덕은 완벽해질 수 없는 것으로, 끊임없이 앞으로 나아가야 한다. 또한 인간은 반드시 죽는 존재이기 때문에 인간의 인격이 끊임없이 지속된다고 생각해야만, 즉 영혼이 불멸한다고 생각해야만 비로소 개인의 의지와 도덕 법칙의 완벽한 결합에 가닿을 수 있게 된다. 칸트는 이에 대해 "희망은 끊임없이 지속되고 그 끝이 없으며 항상 존재한다. 또한 이 의지는 해소되지 않고 심지어 현세를 초월하여 직접 내세로 이어진다. 그렇기에 현세의 기적의 날에도, 또한 내세의 어떤 순간에도 존재하지 않으며 영원불멸토록 면면히 이어지는 중"에 가닿을 수 있는 것이라고 말했다.(『실천이성비판』, A223(중국어판 126쪽)) 일련의 주석가들은 칸트가 현실과 동시에 무한한 과정을 언급하여, 실제로는 영원히 실현하지 못할 일을 언급했다고 책망한다. 어떤 이들은 수학의 무한을 통해 칸트의 무한한 추구 역시 도달할 수 있는 것이라고 해석하기도 한다. (슈테판 쾨르너, 『칸트』(Pelican, 1966년)) 실상 [이러한 무한성에 대해] 칸트가 규정하는 바는 매우 명확하다. 그것은 "무한한 전진과 그 전체성에 함유될 수 있는, 그러니까 피조물로서는 결코 완전히 다다를 수 없는 것이다." (『실천이성비판』, A223(중국어판 126쪽))

11. 칸트, 「사유에서 방위를 정한다는 것은 무엇인가」 II.
12. 『실천이성비판』, A233(중국어판 132쪽).
13. 『이성의 한계 안에서의 종교』 1판 서문.
14. 『실천이성비판』, A230~231(중국어판 130쪽).
15. 헤겔, 『칸트 철학 논술』, 54쪽.
16. 같은 책, 55쪽.
17. 같은 책, 69쪽.
18. 헤겔 역시 우상과 미신에 반대한 루터식 신교파였다. 성체를 갉아먹은 쥐가 숭배해야 하는 성물로 변해야 하는가라고 조소한 헤겔의 이야기는 상당히 유명하다. 하지만 헤겔은 최소한 표면적으로는 칸트에 비해 더욱 신앙심이 깊었다.
19. 『실천이성비판』, A232(중국어판 131쪽).
20. 같은 책, A263(중국어판 148쪽).
21. 같은 책, V129(중국어판 132쪽).
22. 칸트, 「계몽이란 무엇인가」. [『칸트의 역사철학』, 이한우 편역(서광사, 2009), 19쪽 참조]
23. 프리드리히 파울젠, 『임마누엘 칸트』(1899).
24. 『순수이성비판』, A636=B664(중국어판 453쪽).
25. 같은 책, A632=B660(a)(중국어판 451쪽).
26. 『이성의 한계 안에서의 종교』 1판 서문.
27. 같은 곳.
28. 『윤리형이상학』 §13.
29. 『논리 강의』 §3.
30. 칸트, 『유고』.
31. 클레멘트 C. J. 웹, 『칸트의 종교철학』(1926) 참조.
32. 1793년 5월 카를 프리드리히 슈토이들린에게 보낸 편지.
33. 『이성의 한계 안에서의 종교』 3편 제2부분.
34. 『만물의 종언』.
35. 『이성의 한계 안에서의 종교』 1편. [한국어판: "무릇 그러나 인간 안에 있는 도덕적 악의 근원이 어떤 성질이든지 간에, 인류의 모든 구성원들을 통한, 그리고 인류의 모든 자손들에 있어서 악의 유포와 승계에 대한 모든 표상방식들 가운데서 가장 부적절한 것은 도덕적 악을 최초의 부모로부터 유전[상속]에 의해 우리에게 전해진 것이라고 표상하는 것이다. 왜냐하면 우리는 시인이 선에 대해서 한 말, 즉 "동족과 조상, 그리고 우리가 스스로 하지 않은 것은 우리의 것이라 여길 수 없다"를 도덕적-악에 대해서도 똑같이 말할 수 있기 때문이다." 『이성의 한계 안에서의 종교』, 백종현 옮김(아카넷, 2012), 212~213쪽]
36. C. H. 볼케에게 보낸 1776년 3월 28일자 서신. [원서에는 1776년 3월 23일로

되어 있으나 케임브리지판 칸트 선집 중 『서간집』에 따르면 3월 28일자 서신으로 되어 있다.]

37. 『학부들의 논쟁』 『영구평화론』.
38. 『이성의 한계 안에서의 종교』, 3편(5).
39. 같은 책, 4편.
40. 당시 프리드리히 빌헬름 2세는 다음과 같이 하명했다. "……그대가 그대의 철학을 오용하여 매우 중요한 기독교의 성전과 교의를 수없이 훼손하는 것을 극도로 불쾌하게 바라보고 있다. ……즉시 성실하게 이에 대해 답변할 것을 요구한다. ……만약 그대가 계속해서 자신의 주장을 억제하지 않는다면 반드시 좋지 않은 결과가 있을 것이다." 이처럼 당시에 압박은 상당했고, 칸트는 종교 수업을 금지당하는 처분을 받았다. 1장 참조.
41. 칸트, 「사유에서 방위를 정한다는 것은 무엇인가」 II.
42. 프리드리히 파울젠, 『임마누엘 칸트』, 2편 1절 IV.
43. 마르크스, 「헤겔 법철학 비판 서문」, 『마르크스·엥겔스 선집』 1권, 9쪽. [「헤겔 법철학 비판을 위하여」, 『칼 맑스 · 프리드리히 엥겔스 저작 선집 1』, 박종철출판사 편집부 엮음(박종철출판사, 1997), 9쪽 참고]
44. 윌리엄 H. 월시, 『칸트의 도덕신학』(1963) 참조.
45. 칸트는 이러한 사상을 자신의 교육 사상에도 직접적으로 주입시킨다. "약속은 결코 노예적 성질의 것이어서는 안 된다. 아동은 영원히 자각적이고 자유로워야 하며, 다른 사람의 자유를 침범하지 않는 것을 한계로 삼는다."(『교육학 강의』)
46. 『윤리형이상학』, 법의 형이상학, 법 권리론 (2) 공법(『道德形而上學』, 法的形而上學, 法權理論 (二) 公法).
47. 『윤리형이상학』, 법 권리론 서론, §B '법 권리란 무엇인가'(『道德形而上學』, 法權理論導論, 什麼是法權).
48. 루소는 홉스를 계승하면서 그를 가장 위대한 철학자라고 칭했다. 루소는 홉스의 의견에 동의했고 사회적 기원을 미화하는 데 반대했다. 인간이 생존을 지속하는 본능만 가지고 있을 뿐이라면 사회는 그 시작과 함께 당연히 홉스가 말한 바와 같은 것이다.
49. 『윤리형이상학』, 법의 형이상학, 법 권리론 서론, §C '법 권리의 보편원리'(『道德形而上學』, 法的形而上學, 法權理論導論, §C, 法權的普遍原理).
50. 칸트, 『속설에 대하여』 II, 결론(『論俗諺』 II, 結論). [『속설에 대하여』, 오진석 옮김(도서출판b), 2011]
51. 헤겔, 『법철학 원리』 §75, §258, 상무인서관, 1962년, 83, 254쪽.
52. 칸트의 만년과 그 이후, 낭만파가 서유럽을 석권하게 된다. 한편에는 피히테와 헤겔(아무리 주관적인 측면에서 헤겔이 낭만주의를 싫어했다 할지라도)이 있었고, 다른 한편에는 역사적 규칙에 반대하는 헤르더와 직관을 강조하는 야코비가 있었다. 칸트가 신봉했던 계몽주의는 결국 사상의 무대에서 축출된

것이다. 칸트는 바로 이러한 전환점에 서 있었다. 루소의 '공공의지'와 삼권분립에 대한 부정은 낭만주의와 전체주의를 초래할 수 있었다. 진정으로 전형적인 자유주의와 개인주의의 대표는 로크라고 해야 할 것이다.

53. 『속설에 대하여』 II.

54. 칸트는 이렇게 말한 바 있다. "홉스는…… 국가의 영수가 계약의 구속을 받지 않으며, 결코 착오를 저지를 수 없다고 생각했다. ……이는 매우 위험한 명제이다. ……이는 국가의 영수에게 신의 뜻을 부여하여 인류를 초월하는 수준으로 격상시킨 것이다."(『속설에 대하여』)

55. 『속설에 대하여』 II, 결론.

56. 『영구평화론』.

57. 『학부들의 논쟁』 2편.

58. 『속설에 대하여』 II.

59. 1791년 프랑스 헌법은 (1789년의 관련 규정을 이어받아) '적극적 시민'과 '소극적 시민'을 규정했다. 전자는 선거권을 가진다. 하지만 국가에 일정 금액의 직접세를 납부하는 사람만이 그런 자격을 가질 수 있다. 고용 노동자는 여기서 제외된다.

60. 『윤리형이상학』, 법의 형이상학, 법 권리론 (2) 공법, E '처벌과 분노'.

61. 카를 프리드리히 슈토이들린에게 보낸 1793년 5월 4일자 서신과 1800년의 『논리 강의』.

62. 『논리 강의』 서론 III.

63. 밴 더 피트는 칸트의 체계에서 목적론이 이성보다 더 중요하고 목적론이야말로 칸트 철학의 원동력이 되는 관점이라고 주장했다. 또한 목적론은 당연히 인류학과 불가분의 관계였다. 인간의 운명과 도덕이야말로 목적이며, 사변적 이성은 도구에 불과하다. 그러므로 이 관점에 따르면 인류학은 칸트 철학 전체의 진정한 기초인 셈이다. F. P. 밴 더 피트, 『철학적 인류학자로서의 칸트』(1972) 참조.

64. 신비성을 띠는 이러한 성악설은 기독교의 '원죄설'부터 프로이트의 심리학에 이르기까지 공통된 사상이라 할 수 있다. 이에 대해서는 보다 진일보한 탐구가 필요하다.

65. "오직 이러한 사회 속에서만 그 구성원은 고도의 자유를 누린다. 그러므로 구성원 사이의 격렬한 대립이 존재한다. 하지만 사회는 그러한 자유로 하여금 정확한 규정과 보증을 갖게 하고 각각의 자유가 다른 사람의 자유와 공존하게 한다. ─ 오직 이러한 사회에서만, 인간에게 모든 재능과 재능을 부여하고자 하는 대자연의 최고 목표가 비로소 실현된다. ……이것은 또한 완전히 정의로운 시민사회이다."(「세계 시민적 관점에서 본 보편사의 이념」 명제 4) [한국어 판본이 수록된 『칸트의 역사철학』(이한구 편역, 서광사, 2009)에는 '제5명제'로 되어 있다.] 칸트의 정치사상과 대조해보았을 때, 칸트의 역사관과 정치사상은 명확하게 서로 연계되어 있다.

66. 헤겔, 「철학전서·논리」, §24, 『소논리』, 102쪽.
67. 칸트, 「인류 역사의 기원에 대한 추측」. [「추측해본 인류 역사의 기원」, 『칸트의 역사철학』, 이한구 편역(서광사, 2009)]
68. 같은 글.
69. 같은 글.
70. 같은 글.
71. 같은 글.
72. 『판단력비판(하)』 §83, 상무인서관, 1964년, 97쪽. [『판단력비판』, 백종현 옮김(아카넷, 2014)]
73. 칸트, 「세계 시민적 관점에서 본 보편사의 이념」.
74. 『윤리형이상학』, 법의 형이상학, 법 권리론 (2) 공법, 제3절 '국제법 결론'.
75. 『영구평화론』.
76. 같은 책.
77. "반대로 시민이 아닌 신민臣民은 공화체제에 속해 있지 않다. ……영수는 국가의 동포가 아니라 국가의 소유자이다. 그의 연회와 사냥, 궁궐 정원 등은 전쟁 때문에 조금도 손해를 입지 않는다. 그는 마치 한 차례 손님을 대접하는 것처럼 전혀 근거 없는 이유로 전쟁을 일으킨다."(같은 책)
78. "그렇기에 지금 우리가 바라는 영구평화는 곧…… 의무를 짊어짐으로써 만들어지는 어떤 상태이다" 등의 언급.(같은 책)
79. "양호한 국가체제는 도덕에 기댈 수 없다. 반대로 양호한 도덕을 형성하는 것은 양호한 국가체제에 의존한다."(같은 책)
80. 칸트, 「헤르더의 '인류역사의 철학 이념'을 평함」. [「헤르더의 인류 역사의 철학에 대한 이념」, 『칸트의 역사철학』, 이한구 편역(서광사, 2009)]
81. 「인류 역사의 기원에 대한 추측」.
82. 『학부들의 논쟁』 2편.
83. 같은 글.
84. "세계 역사는 도덕보다 더욱 높은 수준의 활동이다. ……정신의 절대적이고도 최종적인 목적의 요구와 완성은…… 인간의 도덕적 직책, 책임, 의무 등보다 더욱 높은 수준의 것이다. 세계 역사로서의 개인인 위대한 인물의 행위는 비단 내재적이고 아직 인식되지 못한 의의를 통해서뿐만 아니라, 세계 역사의 각도를 통해서 평가되어야 한다. 도덕적 요구라는 관점을 통해 세계 역사의 행위와 대표에 반대하는 것은 의심의 여지 없이 적합하지 않은 것이다. 그들은 도덕의 바깥에 존재한다. ……세계 역사는 원칙적으로 도덕을 살피지 않아도 된다. ……그것은 비단 도덕적 판단을 억제할 수 있을 뿐 아니라…… 개인을 전혀 고려하지 않아도 된다."(헤겔, 『역사철학』 서론, 상무인서관, 1963년, 107~108쪽) [「머리글」, 『역사철학강의』, 권기철 옮김(동서문화사, 2013)]
85. 『판단력비판』 §65 주석(중국어판 하권 24쪽) 참조.

86. 『윤리형이상학 정초』 2장, 34~35쪽.
87. 같은 책, 75쪽.
88. 같은 책, 72쪽.
89. 같은 책, 75쪽.
90. 같은 책, 77쪽.
91. 『실천이성비판』, 46쪽.
92. 같은 책, 73~74쪽.
93. "……비록 인간이 엄청난 노력을 기울이고 있지만, 단지 모호하고 의심스러운 미래만을 내다보고 있을 뿐이다. 그리고 세계의 '주재자'와 그 '주재자'의 존재 및 위엄에 대해서는 우리로 하여금 추측만 허락할 뿐 직접 눈으로 관찰하거나 증명하도록 허락하지 않았다. ……그렇기에 법과 제도에 직접 봉헌된 진정한 도덕이 존재할 여지가 있게 된 것이다."(같은 책, 149~150쪽.)
94. 같은 책, 93쪽.
95. 「칸트와 헤겔, 실천이성을 논하다」, 『헤겔철학사』(「康德和黑格爾論實踐理性」, 『黑格爾哲學史』) (1972) 참조.
96. 루이스 화이트 벡, 『칸트의 실천이성비판 주해』 참조.
97. 브랜드 블랜샤드, 『이성과 분석』, 1쪽.
98. 「세계 시민적 관점에서 본 보편사의 이념」.
99. 헤겔, 『역사철학』 서론, 72쪽.
100. 같은 책, 64쪽.
101. 같은 책, 66쪽.
102. 마르크스, 「자본론 1」 5장, 『마르크스·엥겔스 전집』 23권, 203쪽. [MECW 35권 189쪽 주1]
103. 엥겔스, 「포이어바흐와 독일 고전 철학의 종말」, 『마르크스·엥겔스 선집』 4권, 243~244쪽. [MECW 26권 388쪽]
104. 마르크스, 「'정치경제학 비판' 서문」, 『마르크스·엥겔스 선집』 2권, 82쪽. [MECW 29권 263쪽]
105. 엥겔스, 「마르크스 묘지 앞에서의 강화講話」, 『마르크스·엥겔스 선집』 3권, 574쪽.
106. 마르크스, 「포이어바흐에 관한 테제」, 『마르크스·엥겔스 선집』 1권, 18쪽. [MECW 5권 8쪽]
107. 레닌, 『철학 노트』, 229~230쪽. [『철학노트』, 홍영두 옮김(논장, 1989), 168~169쪽]
108. 같은 책, 229쪽.
109. 같은 책, 230쪽. [한국어판: "선에게 전제되어 있는 객관적 세계의 측면에서부터 보면, 이 전제 속에 선의 주관성과 유한성이 있다. 그리고 이 객관적 세계는 선과는 다른 것으로서 그 자신의 길을 나아가지만, 선의 수행조차도 장해, 아니

불가능성에 내맡겨져 있다." 『철학 노트』, 홍영두 옮김(논장, 1989), 170쪽]

110. 같은 책, 231쪽.

111. 리쩌허우, 「공자 재평가」, 『중국사회과학』(「孔子再評價」, 『中國社會科學』), 1980년 2기.

112. 「마르크스가 루트비히 쿠겔만에게 보낸 서한」(1871년 4월 17일), 『마르크스·엥겔스 선집』 4권, 393쪽. [MECW 44권 136쪽]

113. 마르크스, 「잉여가치이론」, 『마르크스·엥겔스 전집』 26권 II, 1973년, 124~125쪽.

114. 존 스튜어트 밀, 『공리주의』, 상무인서관, 1957년, 7쪽.

115. 랠프 페리, 『현재의 철학적 경향』(『現代哲學傾向』), 상무인서관, 1962년, 324쪽.

116. 같은 책, 325쪽.

117. 에두아르트 베른슈타인, 『사회주의의 전제와 사회민주당원의 임무』(伯恩斯坦, 『社會主義的前提和社會民主黨人的任務』), 마지막 장. [『사회주의의 전제와 사민당의 과제』, 강신준 옮김(한길사, 1999)]

118. 같은 책, 1장.

119. 같은 책, 마지막 장.

120. 카를 카우츠키, 『윤리학』(考茨基, 『倫理學』) 5장 (5).

121. 카우츠키, 『역사유물론』(『歷史唯物主義』) 2권 3편 3장.

122. 같은 책 1권 3편 9장.

123. 미국의 사회학자인 앨빈 굴드너는 아예 '두 종류의 마르크스'라는 관점을 제기한다. 하나는 결정론에 기반한 '과학적 마르크스주의'이고, 다른 하나는 실천철학에 기반한 '비판적 마르크스주의'이다. 엥겔스와 마르크스는 각각 전자와 후자에 해당된다. [Alvin W. Gouldner, *The Two Marxisms: Contradictions and Anomalies in the Development of Theory*, Palgrave Macmillan, 1980 참조]

124. 루카치는 스스로 자신의 초기 사상이 주관주의적 착오를 범했음을 인정했다. (『역사와 계급의식』 1967년) 하지만 그의 잘못된 이론은 여전히 많은 사람에게 경전처럼 여겨진다. 그러나 루카치의 수많은 저작 중에는 중요하고도 정확한 주장들이 있다는 것도 부정할 수 없다. 내가 보기에 루카치가 만년에 쓴 『사회적 존재의 존재론』이 특히 연구할 만한 가치가 있다. 사람들은 그가 또다시 '정통' 마르크스-엥겔스-레닌의 노선으로 되돌아갔다고 책망하지만, 그가 위 책에서 도구, 노동을 강조하고 사용가치, 목적성 등의 중요한 문제를 제기한 것은 주관성만 강조했던 초기와는 완전히 다르다고 본다. 이러한 변화는 이 탁월한 사상가가 오랜 역사적 시간을 경유해, 직접적인 체험을 축적하여 얻어낸 최후의 사상적 결론이라 할 수 있다. 재미있는 점은, 여러 측면에서, 예컨대 도구의 제작과 생산적 노동을 강조하고 인류학 본체론과 사회적 존재의 존재론을 제기하고 있다는 측면에서 내가 쓰는 이 책과 만년의 루카치가 서로 일치하는 지점이 있다는 것이다.(내가 이 책을 집필하기 시작할 당시엔 루카치 만년의

저작을 알지 못했다.) 물론 상이한 측면이 많은 것도 사실이다. 예컨대 내가 여기서 제기하는 주체성의 문화-심리 구조와 역사적 축적의 여러 문제 등이 그렇다. 독자 입장에서는 양자의 차이를 비교해봐도 좋을 것이다. [루카치의 『사회적 존재의 존재론』 한국어판은 『사회적 존재의 존재론 1』(권순홍 옮김, 아카넷, 2016)만 나와 있다.]

125. 사르트르는 『변증법적 이성비판』에서 다음과 같이 말한 바 있다. "만약 우리가 변증법을 또다시 신성한 형이상학적 숙명론으로 바꿔버리는 것을 원치 않는다면, 그것은 반드시 각각의 개인에서 유래하는 것이어야 하지 우리가 알지 못하는 어떤 초인적 집합체에서 유래하는 것이 되어서는 안 된다." 변증법은 여기서 '개인적 실천의 본질적 직관' '개인은 생활을 창조하여 자신을 대상화한다' 등의 명제와 같은 것이고, 또한 '구체적인 것은 역사이고, 행동은 곧 변증법이다'라는 명제를 통해 비인간적이고 '개인이 결락된' 마르크스주의를 대체하는 것과 같은 것이다.('생활의 모든 구체적인 규정성을 우연성으로서 방기해버리고 오직 추상적인 보편성의 잔해만이 남게 된다면', 이로 인해 '인간 존재'의 풍부함과 구체성은 소멸해버릴 것이다.) 이는 '부르주아계급의 철학자' 칼 포퍼와 궤를 함께하는 것이다. 포퍼는 『역사주의의 빈곤』 『열린사회와 그 적들』에서 마르크스의 역사적 결정론에 반대하고 '이미 결정된', 그리고 인간이 복종해야 하는 역사적 규칙이 없음을 강조했다. 그리고 자본주의에 대한 마르크스의 비판이 다만 도덕적 비판에 불과하다는 점도 강조했다.

126. 아우구스테 코르누, 『마르크스·엥겔스 평전』 1권.

127. 만약 카우츠키의 '마르크스주의'의 근거가 다윈주의라고 한다면, 플레하노프의 이론적 원류는 18세기 프랑스 유물론이라고 할 수 있다.

128. 실천론 혹은 사적 유물론은 당연히 일반 사회학의 과학적 측면을 가지고 있다. 즉 생산력과 생산관계, 하부구조(경제적 기초)와 상부구조, 그리고 국가, 문화, 가정 등의 문제를 구체적으로 연구하는 측면을 가지고 있는 것이다. 실천철학에 상응하는 것은 사적 유물론의 철학적 측면으로, 이는 곧 사적 유물론의 인식론과 윤리학, 미학을 관통한다. 또한 그 안에는 예술 및 사회적 구조(인류학의 주체성에 관한 객관적 측면)와 문화-심리 구조(인류학의 주체성에 관한 주관적 측면)의 제기가 포함되어 있다.

10장 미학과 목적론

1. 『판단력비판』, BX(중국어판: 『판단력비판(상)』, 쭝바이화宗白華 옮김, 상무인서관, 1964년, 6쪽).
2. 『순수이성비판』, A134=B173(중국어판 140~141쪽).
3. 이는 실상 형상 사유의 문제로, 뒤에서 자세히 논한다.
4. 『논리 강의』 §81.
5. 『판단력비판』 서론(2), V176=BXX(중국어판 상권 13쪽). [B는 칸트 원전 2판, V는 베를린 학술원판 전집 제5권을 가리킨다.]

주

6. 같은 책 서론(5), BXXXIV(중국어판 22쪽).
7. 같은 책 서론(2), V185(중국어판 23쪽).
8. 칸트는 본래 Aesthetic이라는 단어를 '심미'라는 의미로 쓰는 데 반대했다. (이러한 용법은 바움가르텐이 창시한 것이다.) 이에 대해서는 『순수이성비판』 초판을 참조해볼 수 있다. 2판에서는 '감성'(즉 Aesthetic)을 '심미'의 의미로 쓰는 데 반대한다는 의견에 짧은 주석을 덧붙이는데, 이는 곧 그러한 용법에 이미 동의했다는 것이다. 하지만 그것이 '절반은 선험적이고, 절반은 심미적인 것'이라는 점을 지적한다. 『판단력비판』에 이르러서는 그러한 용법에 완전히 동의하고 있다.
9. 실상 『판단력비판』에서 예로 인용하는 작품들은 매우 평범한 것들이다. 이 점은 줄곧 후대 사람들의 비웃음을 샀다. 칸트가 베를린 대학의 시학 강의 요청을 사양한 데에서도 그러한 측면이 드러난다며 후대 사상가들은 칸트의 미적 수준을 계속해서 조소했다. 하지만 이것은 상당히 편향된 시각에 불과하다.
10. 『판단력비판』 §1, B4(중국어판 상권 39쪽). 'taste'를 감상, 품평, 취미로 번역하는 것은 매우 좋은 해석은 아니지만 오늘날 일반적인 번역어로 쓰이고 있다.
11. 같은 책, B4(중국어판 39쪽) 주1.
12. 같은 책 §5, V211(중국어판 47쪽).
13. 같은 책 §9, B33(중국어판 57쪽).
14. 같은 책 §17, B61(중국어판 74쪽).
15. 같은 책 §22, B68(중국어판 79쪽).
16. 같은 책 §5, B15=V210(중국어판 46쪽).
17. 같은 곳(중국어판 47쪽).
18. 이 때문에 몇몇 칸트 연구자는 칸트가 언급하는 심미판단이 근본적으로는 어떤 대상에 대해서도 아무런 판단도 내리지 않는 것이며 단지 주관적 감정에만 관계될 뿐이라고 주장한다.(하인츠 카시러, 『칸트의 판단력비판 주해』, 142쪽) 또한 어떤 이는 취미의 대상은 어법상의 대상일 뿐 취미에 의해 판단되는 대상은 아니라고 주장한다.(Stuart Jay Petock, "Kant, Beauty and the Object of Taste", *Journal of Aesthetics and Art Criticism*, 32(2), 1973년, 183~186쪽) 하지만 이러한 주장들은 모두 틀린 것이다. 왜냐하면 심미적 쾌락은 상상력과 지성의 조화로운 운동에서 유래하는 것이고, 이러한 운동을 불러일으키기 위해서는 여전히 외부적 대상의 형식이 필요하기 때문이다.
19. 『판단력비판』 §8, B25(중국어판 상권 52쪽).
20. 같은 책 §9, B27(중국어판 54쪽).
21. 같은 책 §15, B47~48(중국어판 66~67쪽).
22. 같은 책 §9, B28(중국어판 54~55쪽).
23. 같은 책 §40, V296(중국어판 140쪽).

24. 같은 책 §10, B33~34(중국어판 58쪽).
25. 주광첸, 『서양미학사(하)』(朱光潛, 『西方美學史(下)』), 12장: “칸트의 각 논점에 대해 말한다면, 대부분이 이미 오래전에 제기된 것들이다. 몇 가지 예를 들자면, 미美가 욕망과 개념, 그리고 도덕에 관여하지 않는다는 것은 중세에 이미 성 토마스가 명확히 제기했던 바이고, 근대 영국의 프랜시스 허치슨과 모제스 멘델스존 역시 같은 관점을 가지고 있었다.” 더 자세한 사항은 스톨니츠의 글 「심미의 비공리非功利의 유래를 논함」 참조.(J. Stolnitz, “On the Origins of ‘Aesthetic Disinterestedness’”, *Journal of Aesthetics and Art Criticism*, 20(2), 1961년, 131~143쪽) 또한 루신汝信과 양위楊宇의 『서양미학사 논총西方美學史論叢』에 실린 글 「칸트와 18세기 영국 미학」 참조.
26. 『판단력비판』 §20, B65(중국어판 상권 76쪽). 칸트가 말하는 인식 기능은 곧 심리 기능이다. 이 둘은 종종 혼동되어 쓰인다.
27. 같은 책 §40, B157(중국어판 137~138쪽).
28. 같은 책 §41, B163=V297(중국어판 141쪽).
29. 볼프는 자신의 철학이 단지 단어를 통해 말로 표현될 수 있는 명확한 개념과 인간의 고급 기능을 처리할 뿐이라고 생각했다. 그리고 심미적인 것은 그저 인간의 감성적 기능에 속하는 것으로, 저급한데다 단어를 통해 명확히 표현될 수 없기에 철학에서 제외되어야 한다고 생각했다. 바움가르텐은 미학이 감성적 인식의 완벽함을 처리한다고 보며, 이를 통해 미학을 언급하지 않는 볼프 철학의 공백을 보충하려 했다.
30. 칸트는 버크가 주장한 미와 숭고의 구분에 찬성했다. 하지만 버크의 그러한 구분은 경험심리학적인 것에 불과하기 때문에 선험적 규정이 필요하다고 지적했다. 칸트 자신은 전前비판기에도 관찰의 시각을 통해 우아함과 숭고의 구별을 전문적으로 다룬 논문을 쓴 바 있다. 이 논문에서 그는 다량의 경험적 현상을 예로 들어 매우 생동감 있게 기술하고 있으며, 이를 통해 양자 사이의 서로 다른 특징을 구별해놓았다. 이 논문에서도 심미와 도덕은 여전히 서로 뒤섞여 혼재하고 있으며, 숭고는 이미 우아함에 도덕이 부가된 함의를 가지고 있다.
31. 『판단력비판』 §28, B104(중국어판 상권 101쪽). [『판단력비판』, 백종현 옮김(아카넷, 2014), 270~271쪽]
32. 같은 책 §28, B105=V262(중국어판 101~102쪽).
33. 같은 책 §27, B97(중국어판 97쪽).
34. 같은 책 §23, V246(중국어판 84~85쪽).
35. 같은 책 §29, B111(중국어판 105쪽).
36. 비록 칸트가 인공적인 피라미드를 수량적 숭고의 예로 들기는 하지만 그가 주목하는 것은 자연의 거대한 체적(자연물질의 양)이므로 이것이 모순은 아니라고 할 수 있다.

37. 『일반 자연사와 천체 이론』 및 『미와 숭고의 감정에 대한 고찰』 참조.
38. 『판단력비판』 §16, B49(중국어판 상권 67~68쪽).
39. 같은 책 §16, B51(중국어판 69쪽).
40. 같은 책 §17, B54(중국어판 70쪽). [『판단력비판』, 백종현 옮김(아카넷, 2014), 232쪽]
41. 같은 책 §17, B58(중국어판 72쪽).
42. 같은 책 §17, B60(중국어판 74쪽).
43. 같은 책 §17, B61(중국어판 74쪽).
44. 같은 책 §42, B167(중국어판 144쪽).
45. 같은 책 §42, B169(중국어판 145쪽).
46. 같은 책 §60, V356(중국어판 204쪽).
47. 같은 책 §59, B258(중국어판 201쪽).
48. 같은 책 §49, B193=V314(중국어판 160쪽).
49. 같은 책 §49, B195=V315(중국어판 161쪽).
50. 언어예술(문학)에서 신화의 다의성 및 해석 불가능성, 그리고 '시의 뜻은 고정시킬 수 없다(詩無達詁)' 등의 말이 그 예증이라고 할 수 있다. 음악과 같은 다른 예술에서 이러한 특징은 더욱 분명해진다.
51. 『판단력비판』 §49, B193~194(중국어판 160~161쪽). [『판단력비판』, 백종현 옮김(아카넷, 2014), 348~349쪽]
52. 이후의 강연에서 칸트는 '천재'에 대한 해석과 그 실례實例에 대해 더욱 풍부하게 언급한다. 그는 발명과 발견을 구별하면서 발명의 재능이야말로 천재적이라 할 수 있다고 보았다. "……이러한 발명의 재능은 천재라고 일컬어진다. 그러나 사람들은 이 명칭을 언제나 오직 예술가에게만 붙인다. 즉 무언가를 창조하는 사람에게만 붙이는 것이지 아는 것이 많은 사람에게 붙이지는 않는 것이다. 또한 모방하는 예술가에게는 붙이지 않고 오직 독창적인 예술가에게만 천재라는 명칭을 붙인다. 그러고 그러한 예술가라고 할지라도 그 작품이 오직 범례적일 때만 그에게 천재라는 명칭을 허락한다. 그러므로 한 인간의 천재성이라는 것은 범례적인 독창성이다." "천재를 위한 원래의 분야는 상상력이다. 상상력은 창조적인 것으로서, 다른 능력보다 더 적게 규칙의 강제 아래 놓여 있다."(『실용적 관점에서의 인간학』 §57) [『실용적 관점에서의 인간학』, 백종현 옮김(아카넷, 2014)] "천재는 어떤 지식의 속박에도 구속되지 않는 사람으로 시대를 구획하는 일에 종사하는 사람(뉴턴, 라이프니츠와 같은) 이다."(같은 책 §59)
53. 『판단력비판』 §50, V320(중국어판 상권 166쪽).
54. 여기서 공예는 이미 일정한 예술적 성능을 갖추었던 중세의 수공업 기예를 가리키는 것이 아니다.
55. 예술과 심미는 결코 같은 것이 아니며 차라리 서로 교차하는 것이라고 할 수

있다. 즉 어떤 예술품은 심미적 의의를 전혀 가지지 않으며, 어떤 미의 대상이 예술작품이 아닐 수도 있다. 그러므로 미학은 문예의 개념 혹은 예술철학과 동일한 것일 수 없다.

56. 『판단력비판』 §57(중국어판 상권 188~189쪽): “……이율배반은 우리로 하여금 초감성적인 세계를 바라보게 하고, 초감성적인 것 속에서 우리의 모든 선험적 능력들의 합일점을 찾도록 강요한다.”(B239) “우리 자신에게도 그 원천이 숨겨져 있는 이 능력의 비밀을 푸는 것은 주관적 원리, 즉 우리 안의 초감성적인 것에 대한 규정되지 않은 이념뿐이다.”(B238)
57. 유비는 인간 특유의 심리적 기능으로 그에 대한 충분한 고민과 연구가 이루어지지 않고 있다. 나는 이른바 비논리적인 연역, 비경험귀납적인 ‘자유로운’ 창조의 능력이 이와 밀접한 연관관계가 있다고 생각한다. 기계와 동물은 유비를 가지고 있지 않은 것이다. 또한 유비는 일상생활(예컨대 언어), 과학적 인식 등을 통해 드러나고 특히 예술작품 창작에서 더욱 두드러진다. 유비는 단순히 관념들 간의 연계가 아니며 감정, 상상 등 각종 심리적 기능에 관계한다. 인간의 언어는 곧 이러한 기능을 극한으로 공고화하고 제고시킨다. 비유가 문학 중의 미학적 요소가 되고 최초의 문학 형식 중 하나가 되는 이유가 여기에 있다.
58. 칸트는 색체가 감각적 쾌락에 호소하는 반면 선線은 그렇지 않다고 생각했다. 그렇기에 그가 보기에 후자야말로 진정한 심미적 의의를 갖는 것이었다. 이는 상당한 식견을 지닌 관점으로, 중국 예술의 특징을 참고해볼 수도 있다. 하지만 헤겔은 이와 반대로 색채만을 중시했다.(헤겔, 『미학』 3권 참조)
59. 『판단력비판』 §67, B303(중국어판: 『판단력비판(하)』, 웨이줘민韋卓民 옮김, 상무인서관, 1964년, 30쪽).
60. 같은 책 §62, B274=V364(중국어판 하권 9쪽).
61. 같은 책 §63, B283(중국어판 15쪽).
62. 같은 책 §64, V371(중국어판 18쪽).
63. 같은 책 §65, V373(중국어판 20~21쪽).
64. 같은 책 §65, B291(중국어판 21쪽).
65. 같은 책 §65, B292(중국어판 22쪽).
66. 같은 책 §64, V372(중국어판 19쪽).
67. 같은 책 §65, B295=V376(중국어판 24~25쪽). [『판단력비판』, 백종현 옮김 (아카넷, 2014), 431쪽]
68. “나는 철학이 세 부분으로 이루어져 있고, 각 부분은 각자의 선험원리를 갖는다고 생각한다. ……또한 그것들의 지식 범위를 정확하게 규정할 수 있다고 본다. 지식 범위에 해당되는 이론철학, 목적론, 실천철학 이 셋 중에서는 목적론이 대략적으로 확정적인 선험원리가 가장 부족하다고 생각한다.” (K. L. 라인홀트에게 보낸 1787년 12월 28일자 서신)

69. 『판단력비판』 §70, V387=B315(중국어판 하권 38쪽).
70. 같은 책 §70, B315(중국어판 38쪽).
71. 같은 책 §70, B316=V388(중국어판 39쪽). [한국어판: "오히려 사람들이 할 수 있는 한 그 준칙을 준수할 것이 지시명령되고 있으니 말이다." 『판단력비판』, 백종현 옮김(아카넷, 2014), 446쪽]
72. 에르빈 슈뢰딩거의 저서 『생명이란 무엇인가』가 전자[환원론]의 경향성을 대표하여 물리학을 사용해 생물의 생리현상을 해석했다면, 보어의 상호보충 원리는 후자[반反환원론]의 경향성을 대표한다고 할 수 있다. 보어는 "우리가 무생물을 묘사할 때 사용하는 개념과 생명현상을 연구하는 규칙을 엄격하게 응용해야 한다. 양자의 관계는 상호 배타적일 수 있다"라고 말했다.(『원자론과 자연묘사』 서론) 또한 이후에는 이렇게 말했다. "……생명을 말할 때는 이렇게 몇몇 목적론적 명사를 사용하여 분자생물학의 술어를 보충해야 한다. 하지만 이러한 상황 자체가 명확하게 확정적인 원자물리학의 원리를 생물학에 응용할 때 어떤 제한을 받는다는 것을 의미하지는 않는다."(『원자물리학과 인류 지식에 관한 논문 속편』(중국어판), 32쪽) 이 관점 또한 칸트에 근접한 것이다.
73. 『판단력비판』 §78, B355(중국어판 하권 69쪽).
74. 같은 책 §78, B356(중국어판 70쪽). [『판단력비판』, 백종현 옮김(아카넷, 2014), 477쪽 참조]
75. 같은 책 §71, B317(중국어판 40쪽).
76. 같은 책 §75, V400(중국어판 55쪽).
77. 같은 책 §75, V399=B336(중국어판 53~54쪽).
78. 같은 책 §86, B410(중국어판 109쪽).
79. 같은 책 §83, B391(중국어판 95쪽).
80. 같은 책 §83, B395=V434(중국어판 98쪽).
81. 같은 책 §86, B412(중국어판 110쪽).
82. 같은 책 §85,B400~410(중국어판 103쪽).
83. 같은 책 §87, V450(중국어판 118쪽).
84. 같은 책 §87, B424(중국어판 119쪽).
85. 칸트는 이 문제와 관련하여 다음과 같이 말한 바 있다. "감성계에서 어떤 결과를 산출하는 과정에 부과되는 신의 간섭이나 협력의 개념은—비록 여러 학파에서 일반적으로 사용되고 있긴 하지만—폐기되어야 한다. ……예컨대 우리가—흡사 신이 의사의 협력자이기라도 한 듯이—신과 함께 질병을 치료하는 것은 의사였다고 말한다면, 우리는 자기모순에 빠질 것이다. 왜냐하면 독립적 원인은 아무것도 필요로 하지 않기 때문이다. 신은 의사뿐만 아니라 의사가 만든 모든 약품의 창조자이기도 하다. 그래서 만일 우리가 이론적으로 인식할 수 없지만 최고의 제일 원인에 이르도록 고집한다면, 모든 결과는 전적으로 신에게 돌려질 수밖에 없다. 그렇지 않고 우리가 이 사건을 자연의 질서 속에서 인과 사슬로

설명할 수 있다고 생각하는 한에 있어서, 우리는 그 결과를 전적으로 의사에게 돌릴 수도 있다. 그러나 둘째로 이러한 사고방식은 자기모순에 빠지지는 않지만, 어떤 결과를 판단할 때의 특정 원리들을 모두 없애버린다. 그렇지만 도덕적으로 실천적인 관점에서 볼 때, 신의 협력이라는 개념은 매우 적절하며 심지어 필요하기까지 하다. 예컨대 우리의 의도가 순수하기만 하면, 신은 우리에게 결핍된 정의를 우리가 알 수 없는 수단을 통해 보상해줄 것이므로, 우리가 선을 추구함에 있어 소홀히 해서는 안 된다는 믿음에서 우리는 이를 발견한다. 그러나 우리가 선한 행위를 신이 협력해준 결과로서 설명하려고 애써서는 안 된다는 점은 자명하다. 왜냐하면 초감성계에 대한 어떠한 이론적 지식도 헛되고 불합리한 것이기 때문이다."(『영구평화론』) [이 인용문은 다음 한국어판 번역을 따랐다. 『영구평화론』, 이한구 옮김(서광사, 2008), 46~47쪽. 리쩌허우가 인용하는 중국어본은 그 출처를 명확히 밝히지 않았고, 중략된 부분이 지나치게 많아 의미가 잘 전달되지 않는다.]

86. 『판단력비판』, V482(중국어판 하권 159쪽).
87. 본래 『판단력비판』은 미학만을 다룬 저작이었다. 이후 목적론적 판단이 포함되긴 했지만, 부록으로 다루어졌을 뿐이다. 79절 이후가 모두 '부록'일 정도로 1판에서는 목적론이 큰 부분을 차지했다. 2판에 이르러서야 '부록'이라는 표제가 떨어져나가게 되었다.
88. 프리드리히 실러, 『심미교육서신』(席勒, 『審美教育書信』), 서신 11. [『미학 편지: 인간의 미적 교육에 관한 실러의 미학 이론』, 안인희 옮김(휴먼아트, 2012).]
89. 같은 책, 서신 12.
90. 헤겔, 『미학』, 주광첸 옮김(黑格爾, 『美學』, 朱光潛 譯), 1권, 인민문학출판사, 1958년, 138쪽.
91. 『괴테와 에커만의 대화록』, 앞의 1장 참조.
92. 포이어바흐, 「미래철학원리」 §39, 『포이어바흐 철학 저작 선집(상)』, 1959년, 171쪽.
93. 체르니셉스키는 '미는 생활이다'라는 명제를 제기했지만 서구 미학사에서 별다른 주목을 받지 못했고 심지어 좀처럼 언급되지도 않았다. 하지만 중국의 미학계와 문예비평계에서, 특히 1950년대에 다른 어떤 이론보다도 큰 영향을 미쳤다. 이는 그의 미학 이론이 당시 혁명 문예와 혁명적 인생관에 대한 수요에 잘 들어맞았기 때문이다. 체르니셉스키가 '생활жизнь'이라는 개념을 사용한 본래 의도는 생명 혹은 생명력을 표현하기 위해서였다. 비록 그 안에 사회생활이라는 의미가 포함되어 있긴 했지만 기본적으로 추상적인 인본주의 내지 생물학적 함의가 담겨 있었다. 중국인들은 체르니셉스키의 이러한 함의를 오히려 방기해버리고 사회생활과 생활 속 계급적 내용 등(체르니셉스키가 예로 든 귀족 소녀의 미와 농부의 미 등을 근거로 하여)의 의미를 더욱 강조했다. 이는

곧 해석학적 원용援用이라 할 수 있을 것이다.

94. "때문에 이지理智 자체에서 필연적으로 일종의 직관을 도출해낼 수 있다. …… 오직 그러한 일종의 직관을 통해서만…… 선험철학의 모든(최고) 문제(주관사물과 객관사물의 일치에 관한 해석)를 해결할 수 있다." "이러한 직관이 선험적으로 단정될 수 있다면 그것은 예술적 직관일 수밖에 없다."(셸링, 『초월적 관념론 체계』(謝林, 『先驗唯心論體系』) 5장, 상무인서관, 1977년, 260~261쪽) [『초월적 관념론 체계』, 전대호 옮김(이제이북스, 2008)] 셸링에서 시작된 이 신비한 지성직관에 관한 관점은 이후 쇼펜하우어, 니체, 딜타이, 그리고 현상학으로 계승·발전된다. 루카치의 『이성의 파괴』 등을 참고할 것.
95. 헤겔, 『미학』 1권, 123쪽.
96. 레닌, 『철학 노트』, 228쪽.
97. 같은 책, 202쪽.
98. 존 듀이, 『경험으로서의 예술』 참조.
99. 칸트는 「인류 역사의 기원에 대한 추측」에서 다음과 같이 언급한다. "이제 초기 단계에서처럼 단지 어떤 범위 내에서 감각에 봉사하는 능력에만 머물지 않는다. 거절은 단지 감각적인 매력으로부터 정신적인 매력으로, 한갓 동물적인 욕구로부터 점차 사랑으로, 그리고 이 사랑과 더불어 한갓 쾌적한 느낌으로부터 아름다움에—최초에는 인간의 아름다움에만 관여하다가 곧 자연의 아름다움에까지 관여하게 되는데—대한 취미에까지 이르게 해주는 묘술 Kunststück이었다." [리쩌허우의 인용문이 분명치 않아 해당 글의 한국어판 번역을 그대로 옮겼다. 「추측해본 인류 역사의 기원」, 『칸트의 역사철학』, 이한구 편역(서광사, 2009), 85쪽]
100. 마르크스, 「포이어바흐에 관한 테제」, 『마르크스·엥겔스 선집』 1권, 16쪽. [MECW 5권 8쪽]
101. 예술이나 감상의 대상이 되는 자연경관은 인간의 감성 색채를 포함하고 있다. 이것은 인간의 자연화가 굴절되어 반영된 것일 뿐이지 마르크스가 언급한 자연의 인간화는 아니다.
102. 마르크스, 『경제학-철학 수고』, 1963년, 85쪽 참조. [MECW 3권 298쪽]
103. 같은 책, 94쪽.
104. 같은 책, 91쪽.
105. 같은 책, 57쪽.
106. 리쩌허우, 「미학삼제의」, 『미학논집』(「美學三題議」, 『美學論集』), 상하이문예출판사, 1980년.
107. 리쩌허우, 「허실음현지간」, 『미학논집』(「虛實陰顯之間」, 『美學論集』), 상하이문예출판사, 1980년.
108. 칸트는 심미적 쾌락의 상상력과 지성이 자유로운 조화를 형성하는 데 있어 그 구체적인 관계는 알 수 없다고 생각했다. 그렇기에 신비로운 형식적 합목적성의

개념을 도입했다. 현대 심리학은 아직까지 심미에 관한 심리적 상태를 과학적으로 규정해내지 못하고 있지만 가까운 장래에는 이루어질 수 있을 것이다.

109. 여기서 말하는 '정복' 혹은 '개조'는 협의의, 직접적인 의미에서 쓰인 말이 아니다. 또한 인간이 직접적으로 개조한 대상이 되었을 뿐이라는 것도 아니다. 그와는 상반되게 숭고한 자연 대상은 종종 인간의 개조를 거치지 않는 경관 혹은 역량을 가리킨다. 예컨대 하늘의 별, 대양, 화산 등이 그러한 대상에 해당된다. 따라서 '정복'이나 '개조'는 총체로서의 자연이 인류 발전의 특정한 단계에 놓여 있다는 것을 의미한다. 황야, 화산, 폭풍우가 인간에게 해를 끼치지 않는 문명사회에서만 그것들은 비로소 감상의 대상이 된다. 문명이 발달할수록 더욱 그러한 미를 감상할 수 있다. 원시사회 혹은 사회발전이 덜 이루어진 단계에서 그러한 자연경관과 대상은 종종 경외, 숭배, 신비화, 인격화의 대상이 된다. 그러한 사회에서 자연경관은 심미적 의의를 갖춘 자연의 숭고함이 될 수 없다.

110. 마르크스, 『정치경제학 비판 요강』, 제3분책, 1963년, 364쪽. [MECW 29권 97쪽]
111. 『판단력비판』 §57, B235=V346(중국어판 상권 186~189쪽).
112. 마르크스, 『경제학-철학 수고』, 1963년, 59쪽 참조. [MECW 3권 277쪽]
113. 칸트는 「인류 역사의 기원에 대한 추측」에서 낙관주의적 태도로 이 문제를 언급한다. 예컨대 자연성이 인간으로 하여금 일정한 나이에 도달하면 결혼을 하고 자식을 낳게 하며, 사회적 문명은 그러한 기한을 연장하려고 하는 등의 사회(문명, 도덕)와 자연(본능, 동물성) 사이의 모순 등을 언급하는 것이다.
114. 내가 쓴 『중국고대사상사론』 참고.
115. 마르크스, 『경제학-철학 수고』, 1963년, 82~83쪽 참조. [MECW 3권 296쪽]
116. 같은 책, 91~92쪽.
117. 마르쿠제 역시 이러한 과거의 인성론과 인본주의를 주장한다고 볼 수 있다. 그는 자연적인 것을 통해 사회적인 것에 반대한다. 하지만 인류 역사의 성과라는 측면에서 보았을 때, 중요한 것은 자연성 안에 축적된 사회성, 그리고 이 양자의 융합과 통일이다.
118. 마르크스·엥겔스, 「공산당 선언」, 『마르크스·엥겔스 선집』 1권, 1972년, 273쪽.

리쩌허우 연보

1930~ 후난성湖南省 창사長沙에서 출생. 12세 때 우체국 직원이던 아버지가 죽고 몇년 뒤 어머니마저 세상을 떠나면서 매우 가난한 시절을 보낸다. 가정형편 탓에 급식이 제공되고 등록금이 면제되는 후난의 제일 사범학교(마오쩌둥의 모교)에 진학한다. 당시 사범학교의 분위기는 아주 보수적이었지만, 리쩌허우는 틈틈이 마르크스 저작 등을 탐독한다.

1950~ 베이징 대학 철학과에 입학한다. 당시는 신중국, 즉 사회주의 중국이 막 건국되었던 때로, 한국전쟁 등을 거치며 상당히 혁명적 열정에 들뜬 분위기 속에서 대학생활을 시작한다. 하지만 리쩌허우는 이미 마르크스주의자였음에도 중국공산당에 입당하진 않는다. 여전히 너무나 가난해서 노트조차 살 수 없었고 도서관에서 독서에 매달린다. 마르크스와 엥겔스, 헤겔, 레닌, 랑게뿐 아니라 플라톤과 아리스토텔레스 같은 서양 철학사를 독학하고, 특히 흄, 칸트, 라이프니츠, 버클리 등에게 많은 영향을 받는다.

1955~ 대학 졸업 후 중국사회과학원 철학연구소에 들어간다. 변법자강운동을 이끈 개혁가들인 탄쓰통譚嗣同, 캉유웨이康有爲에 관한 논문을 발표한다.

1956~ 미학 대논쟁에 참여한다. 당대에 이미 저명한 이론가들이던 주광첸朱光潛(유심론 미학), 차이이蔡儀(유물론 미학)에 맞서 실천미학을 대표하는 논객으로 자리매김한다. 이때의 논쟁으로 명성을 떨치면서 원고료 등으로 경제상황도 크게 개선된다.

1958 『캉유웨이, 탄쓰통 사상 연구康有爲譚嗣同思想硏究』를 출간한다. 대약진운동 시기 '반우파 투쟁'의 여파로 첫번째 하방下放 노동을 경험한다. 이후 문화대혁명이 끝나는 1976년까지 약 20년간 학문 활동은 크게 위축된다.

1962 「미학의 세 가지 논제美學三提議」를 발표한다. 리쩌허우는 이때까지가 자신의 학술 사상 1기라고 밝힌다.

1966~ 문화대혁명 기간에 허난성河南省의 간부학교로 하방되어 노동을 한다. 이 시기 가장 큰 고통은 '배고픔'이었다. 이를 계기로 '밥 먹는 철학吃飯哲學', 즉 인간의 활동을 가장 근본적으로 떠받치는 것은 경제 문제라는 생각을 갖게 된다. 당시 간부 학교에서는 마오쩌둥의 글만 읽도록 하고 마르크스와 레닌의 책마저 비판을 받았다. 하지만 리쩌허우는 남몰래 『순수이성비판』을 비롯한 칸트의 저서들을 읽으며 그에 대한 책을 구상하고 있었고, 이를 위해 노역을 하면서도 틈틈이 자료를 정리하고 자신의 생각을 글로 남겨놓는다.

1972~ 베이징 간부학교로 돌아온다. 하지만 문화대혁명을

주도한 '사인방'의 횡포가 날로 심해지는 상황에서 『비판철학의 비판』 저술에 몰두하며 분노를 삭인다.

1976 탕산唐山 대지진으로 인해 피신해 있던 베이징의 임시 천막에서 『비판철학의 비판』 초고를 완성한다. 문화대혁명도 마침내 막을 내린다.

1979 『비판철학의 비판』이 출간된다. 문화대혁명 시기 폐쇄적인 지적 환경 속에서 지식에 갈급하던 중국의 지식인들과 학생들은 이 책에 열광한다. 칸트와 마르크스를 다룬 매우 어려운 책인데도 초판은 3만부나 발행했다.(1984년에 나온 재판은 4만부가 팔렸다.) 이 책의 영향력은 수십 년이 지난 지금까지도 지속되고 있으며, 2011년 베이징 대학에서 개최된 '리쩌허우와 1980년대 중국 사상계'라는 주제의 학회에서 "1980년대를 열어젖힌 책"이라는 평가를 받는다. 문화대혁명 이후 왕성한 저술활동을 시작한 리쩌허우는 『비판철학의 비판』과 같은 해에 '사상사 3부작'의 첫 책 『중국근대사상사론中國近代思想史論』을 출간한다.

1980~ 리쩌허우가 개인 생활에서도, 학술 생애에서도 정점을 찍은 시기는 1980년대다. 1962~1989년이 리쩌허우 학술 사상의 2기에 해당한다. 미학 분야의 주저인 『미의 역정美的歷程』(1981)을 출간하고, '사상사 3부작'의 나머지 두 책 『중국고대사상사론中國古代思想史論』(1985), 『중국현대사상사론中國現代思想史論』(1987)도 잇달아 펴낸다. 학문적 업적이 빛을 발하면서 사회적 지위도 상승한다. 1986년 중국 사회과학원 보통연구원으로 재직하면서도 국가에서 그를 위해 집을 제공했는데, 이는 당시 상무

부위원장에 해당하는 대우였다고 한다. 1988년에는 전국인민대표로 선출된다. 비록 정치에 몸을 담게 되었지만 리쩌허우는 인간관계에 서툰 자신이 정치에는 어울리지 않는다고 고백한 바 있다. 같은 해, 프랑스 국제철학원에서 무기명 투표로 뽑은 이 시대의 뛰어난 철학자 3인의 하나로 이름을 올리며, 중국의 전통 미학을 논한 『화하미학華夏美學』을 출간한다. 1989년 미학 이론을 정리한 『미학사강美學四講』을 출간해 '미학 3부작'을 완성한다. 그해 톈안먼天安門 사건이 일어난다.

1990~ 학술 사상의 3기는 1990년 이후다. 리쩌허우는 1992년 미국으로 떠나 콜로라도 대학 객원교수로 재직한다. 1995년에는 톈안먼 사건 직후 먼저 미국으로 망명한 절친한 동료 류짜이푸劉再復와의 대담집 『고별혁명告別革命』을 출간한다. 큰 파장을 낳은 이 책에서 리쩌허우는 20세기 중국을 뒤덮었던 급진적 '혁명'에 반대하고, '경제건설'을 전제로 한 '민주와 법제'를 주장한다. 이때부터 급진적 혁명보다는 점진적 개량이 중요하다는 입장을 견지한다.

1998~ 미국에 머물며 사상사와 미학을 주로 가리치던 리쩌허우는 『논어금독論語今讀』(1998), 『기묘오설己卯五說』(1999)을 출간한다. 동시에 중국의 향후 발전 방향과 학술 동향에 대해서도 적극적인 발언을 이어간다.

2002~ 『역사본체론歷史本體論』(2002)을 출간한다. 이 책에는 후기 사상의 주요 개념들인 도度본체와 정情본체, 실용이성과 '밥 먹는 철학', 낙감문화, 무사巫史전통,

서체중용西體中用, 문화-심리 구조 등에 대한 논의가 본격적으로 등장한다. 『실용이성과 낙감문화實用理性與樂感文化』(2005)는 이 논의를 더 심화한 책이며, 『인류학 역사본체론人類學歷史本體論』(2008)에 이르러 후기 사상을 집대성한다. 이 책을 자신의 절필작으로 삼겠다고 말하기도 한다.

2011~ 미국과 베이징을 오가며 생활하면서 담화록 『중국철학이 등장할 때가 되었는가?該中國哲學登場了?』(2011), 『중국철학은 어떻게 등장할 것인가?中國哲學如何登場?』(2012)를 출간한다. 2014년에는 1980년대 이후의 담화를 모두 엮은 『리쩌허우 대화집李澤厚對話集』(전7권)이 간행된다. 만년에 이르러서도 리쩌허우는 『비판철학의 비판』에서 제기한 칸트와 마르크스주의의 문제, 현대성 문제 같은 철학적 주제는 물론, '중국 모델', 개량과 혁명의 문제처럼 중국이 현재 대면하고 있는 시의성 있는 주제에 대해서도 끊임없이 발언하고 있다.

해설 1 칸트와 마르크스를 결합하려는 사상적 분투*

심광현
한국예술종합학교 영상이론과 교수

1 들어가며

20세기 중국 사상사에서 가장 중요한 위치를 점하고 있다 해도 과언이 아닌 리쩌허우의 주요 저술은 대부분 한국어판으로 나와 있다. 이런 상황에서 1972~1976년에 집필되었고 1979년에야 출간될 수 있었던 초기 주저 『비판철학의 비판』이 이제서야 우리말로 옮겨진 것은 너무 늦은 감이 있지만 대단히 반가운 일이 아닐 수 없다. 35년 이상의 시간적 간극에도 불구하고, 이 책은 단순히 중국 현대 사상의 한국적 수용 차원을 넘어서 서구 사상의 동양적 수용이라는 보다 거시적 맥락에서 매우 중요할 뿐 아니라, 다시 한번 거대한 세계사적 변동을 맞이하고 있는 21세기의 향방을 가늠하기 위한 사상적 좌표를 세우는 과정에서 반드시 짚고 넘어가야 할 중대한 고민거리를 제공한다는 점에서도 큰 의의가 있다.

* 이 글은 『중국현대문학』 75호(2015년 12월)에 실린 논문 「『비판철학의 비판』의 비판적 수용을 위하여」를 수정하여 재구성한 것이다. 이 논문에서 『비판철학의 비판』의 핵심 내용을 장별로 소개하는 2장과 1980년대 이후 리쩌허우의 후기 사상에 관한 비판적 고찰에 해당하는 3장의 내용을 상당 부분 축약했고, 결론의 일부 내용을 수정했다. 특히 리쩌허우의 후기 사상에 대한 비판에 관심 있는 독자들은 이 논문을 참고하기 바란다.

필자는 중국학 전공자가 아니기에 중국 현대 사상사에서 리쩌허우가 차지하는 위상에 대해서는 논할 처지가 못 되지만, 그동안 중국 고대 사상사와 중국 근현대 사상사 및 중국 미학에 대한 여러 저서를 접하면서 리쩌허우의 사상적 깊이와 미학적 안목이 서구의 저명한 사상가들과 미학자들에게 결코 뒤지지 않는다는 느낌을 받았다. 그러던 차에 피경훈 박사가 우리말로 옮긴 『비판철학의 비판』 번역 초고를 읽고 나서, 이 책이 그동안 접해보았던 국내외 어떤 칸트 연구보다 더 깊이 있게 칸트 사상의 핵심을 포착하면서, 인식론에서 윤리학과 미학을 거쳐 역사와 정치사상에 이르는 칸트 사상의 복잡한 노정을 종합적이고도 체계적으로 제시함과 동시에 매우 독창적인 관점에서 칸트 사상에 대한 수정과 보완을 시도하고 있음을 알게 되었다.

국내에 소개된 칸트 사상 연구서로는 F. 카울바흐의 『칸트 비판철학의 형성과정과 체계』(백종현 옮김, 서광사, 1992), F. C. 코플스턴의 『칸트』(임재진 옮김, 중원문화, 2013) 등이 대표적이다. 그런데 리쩌허우의 책은 몇 가지 측면에서 다른 연구서들을 통해 잘 드러나지 않는 칸트 사상의 깊은 측면을 부각시켜준다. 일반적인 칸트 연구가 칸트 사상을 전문적인 철학사 연구의 맥락 안에 위치시키는 것과 달리, 리쩌허우의 책은 칸트의 주요 텍스트에 대한 내재적 분석을 철학사의 맥락을 넘어서서 학문과 정치가 복잡하게 갈등을 빚던 18세기 유럽의 상황을 전제로 수행하고 있다. 아울러 칸트 사상에 대한 마르크스주의적 재해석을 통해, 칸트 사후 오랫동안 왜곡되어온 칸트 사상의 동시대적 의의를 해명하는 데 방점을 두고 있다는 점에서도 이 책은 매우 각별하다.[1] 리쩌허우는 자신의 칸트 해석의 특징을 다음과 같이 기술하고 있다.

1. 칸트 사상의 복잡한 변화과정을 당대 유럽의 변화하는 정치적, 문화적 현실과의 긴장관계 속에서 정밀하게 추적한 책으로는 만프레트 가이어의 『칸트 평전』(김광명 옮김, 미다스북스, 2004)도 돋보인다. 그런데 가이어는 칸트의 개인적 대인관계의 흐름에 초점을 두면서 이 복잡한 긴장관계를 추적하는 데 반해, 리쩌허우의 책은 거시적인 역사적 맥락의 변화, 그리고 칸트 이후의 철학사 및 현대 과학과 수학 등에 나타난 변화와의 연관관계에 초점을 맞추어 추적한다는 점에서, 특히 마르크스주의적 해석의 맥락 안에 위치시킨다는 점에서 큰 차이가 있다.

> 한편으로는 자연과학의 영역에서, 다른 한편으로는 사회투쟁의 영역에서 칸트 철학의 기본 관점과 특징은 여전히 중요한 영향을 미치고 있다. 헤겔을 포함한 부르주아계급 철학은 진정으로 칸트 철학의 비밀을 풀어낸 적이 없고 오히려 칸트 철학 위에서 요동치고 있다. 칸트 철학의 비밀을 풀어내야 하는 의무는 이제 마르크스주의자의 어깨 위에 놓여 있는 것이다.(1장 6절)

물론 그동안 칸트 사상을 전문적인 철학사의 맥락을 넘어서 정치적인 맥락과 연결하여 적극적으로 해석하려는 시도가 없지는 않았다. 일례로, 신칸트학파의 헤르만 코엔은 마르크스주의의 유물론에 결여된 주체적, 윤리적 계기를 찾아내기 위해 칸트로의 회귀를 주장했고, 칸트를 '독일식 사회주의의 진정한 창시자'로 재해석하고자 했다. 19세기 후반에 나타난 이런 흐름은 에두아르트 베른슈타인에게 영향을 주어 마르크스주의에 대한 '수정주의'의 형태로 '민주적 사회주의론'이 탄생하는 이론적 배경이 되기도 했다. 그러나 이들이 주장한 윤리적(혹은 민주적) 사회주의는 가라타니 고진이 적절히 비판했듯, 자본주의에 대한 인식의 느슨함으로 인해 무력한 이상주의로 귀결되기 쉽다는 한계를 노정하고 있다.[2]

윤리와 자유의 중요성을 강조했던 신칸트주의자들과는 달리, 가라타니 고진은 『순수이성비판』과 『자본론』에 대한 철저한

2. "내가 칸트와 마르크스를 결부시키게 된 것은 이러한 신칸트학파와는 아무런 관계가 없다. 오히려 나는 칸트파 마르크스주의자 가운데서 자본주의에 대한 인식의 느슨함을 발견하지 않을 수 없다. 마찬가지 말을 아나키스트(어소시에셔니스트)에 대해서도 할 수 있다. 그들의 윤리성이나 자유 감각은 칭찬할 만하다. 그러나 거기에 인간을 강제하는 사회적 관계의 힘에 대한 논리적 파악이 결여되어 있다는 것은 부정할 수 없는 사실이다. 그 때문에 그들의 시도는 항상 무력하고 비극적으로 끝난다."[가라타니 고진, 『트랜스크리틱』, 송태욱 옮김(한길사, 2005), 16~17쪽] 여기서 고진은 무정부주의자들을 비판하지만, 그가 마르크스의 생산양식론을 교환양식론으로 대체하면서 이소노미아를 코뮤니즘으로 파악하고자 하는 것은 사실상 마르크스에서 아나키즘적 코뮤니즘으로의 회귀에 다름 아니라고 할 수 있다.

독해를 통해 추출해낸 '트랜스-크리틱trans-critic'이라는 인식론적 관점에서 칸트와 마르크스를 연결하고자 했다. '트랜스-크리틱'이란 안정된 제3의 입장이 아니라 끊임없이 서로 다른 체계나 입장을 전위 또는 횡단함으로써 '강한 시차' 속에서 수행되는 '초월적 비판'을 의미한다. 하지만 '트랜스-크리틱'이라는 고진의 관점은 마르크스와는 상반되게, 화폐의 이율배반에 대한 해결책을 노동자가 수동적 위치에 서게 되는 생산의 장이 아니라 노동자가 능동적 위치에 설 수 있는 소비의 장에서 찾는 방식, 즉 경제적, 윤리적 어소시에이션association으로서 LETS[3]라는 대안을 제시하는 것으로 귀결된다. 생산의 장에서는 개인이 주체적일 수 없으므로, 소비의 장에서 '자본-국가-네이션'의 지배를 벗어날 방법을 찾아야 한다는 것이다. 고진은 어소시에이션이라는 제4의 교환형태야말로 칸트와 마르크스가 자본과 국가에 대한 대안으로 생각한 공통지점이라고 주장하며, 나아가 생산의 관점에서 역사를 기술한 사적 유물론이 마르크스 사상의 핵심이 아니라 사실상 애덤 스미스와 엥겔스의 이론이라고 보는 독특한 해석을 내놓는다.[4]

"경제적 기반을 갖지 않은 코뮤니즘은 공소하고, 도덕적 기반을 갖지 않은 코뮤니즘은 맹목"[5]이라는 고진의 주장은 칸트의 논리로 코뮤니즘의 양면성을 정확히 짚어내고 있다. 그러나 생산양식 대신 교환양식의 중요성을 강조하면서 사적 유물론을 교환양식론으로 '대체'하려는 고진의 새로운 해석은 '도덕적 기반'을 확보하여 마르크스를 보완하기보다는 '경제적 기반'을 해체하여 마르크스를 폐기하는 쪽에 가깝다고 여겨진다. 예컨대 고진은 '증여(농업공동체-네이션-우애)' → '수탈과 재분배(봉건국가-

3. LETS(Local Exchange Trading System)는 1983년 캐나다의 마이클 린턴이 국가통화의 문제점을 보완하고 자본주의적 교환가치에서 벗어난 방식으로 상호부조 활동을 촉진할 수 있도록 고안했던 지역통화교환시스템이다.

4. 가라타니 고진, 같은 책, 31~32쪽.

5. 같은 책, 222쪽.

국가-평등)' → '화폐교환(도시-자본-자유)' → '어소시에이션(어소시에이션의 어소시에이션)'의 네 가지 형태로 교환양식의 역사적 변화 유형을 제시하고 있지만,[6] 이런 방식은 정치적 상부구조와 경제적 토대를 병렬하여 '경제적 기반'의 역사적 변화를 볼 수 없게 만들 뿐 아니라, 어소시에이션의 '경제적 기반' 역시 제시하지 않기에 그 자신의 말대로 "공소"할 따름이다.

리쩌허우의 입장이 상대적으로 돋보이는 지점이 바로 이곳이다. 그는 칸트 사상의 주체적, 윤리적 계기만이 아니라 칸트의 초월적 인식론과 윤리학 및 미학의 전체 체계를 마르크스의 사적 유물론으로 재해석하여 칸트와 마르크스 사상의 내재적 결합을 시도한다는 점에서, 교환양식이라는 전혀 다른 문제틀에 입각해 마르크스의 생산양식의 문제틀을 비판하는 고진의 '외재적 비판'과는 크게 차이가 있다. 리쩌허우는 칸트의 문제의식을 더 밀고나가면 마르크스와 마주치게 된다고 본다. 그는 인간의 인식이 외부 세계를 따라 회전하는 것이 아니라 외부 세계가 인간의 선험적 의식 형식을 따라 회전한다고 보았던 칸트의 '코페르니쿠스적 전환'이 유물론에 대한 관념론적 부정(헤겔)을 거쳐 마르크스주의의 실천론에 이르러 진정으로 실현되었다고 보면서, 이를 '자연 본체론'(프랑스 유물론)에서 '의식 본체론'(독일 고전 관념론)을 거쳐 '인류학 본체론'(마르크스주의)으로의 전환과정이라고 설명한다.(5장 8절 '코페르니쿠스적 혁명') 칸트의 초월적 자아의식이란 사실상 실천을 통해서 역사적으로 생산되고 발전하는 '인류의 총체적 자아'에 대한 일종의 관념론적 예고에 다름 아니라는 것이다.(5장 7절 '문제는 세계를 바꾸는 것이다')

이런 관점에서 리쩌허우는 칸트가 선험적 능력이라고 말한 지성, 판단력, 이성은 실제적으로는 역사 속에서 축적된 인류의

6. 같은 책, 460쪽.

주체적 능력이 개인적 자아에게 계승된 것이라고 보면서, 인류의 주체적 능력을 도구-사회 구조라는 객관적 측면과 문화-심리 구조라는 주관적 측면, 이 양면의 결합체로 재해석한다.(5장 8절) 이렇게 사적 유물론의 관점에서 칸트를 재해석한다는 것이 칸트를 마르크스로 대체한다는 것이 아님은 물론이다. 오히려 리쩌허우는 '도구-사회 구조'(마르크스)와 '문화-심리 구조'(칸트)의 결합을 주장하면서 마르크스주의에 대한 칸트적 보완을 적극적으로 탐색하기 때문이다. 이런 시도는 단순히 칸트를 마르크스로 보완할 뿐 아니라 마르크스를 칸트로 보완한다는 이중적 의미를 함축하고 있다. 이에 대해 리쩌허우는 『비판철학의 비판』「재판후기」(1983)에서 다음과 같이 주장한다.

> 초판에서 도구의 사용·제작·혁신으로서 실천의 기초적 의의를 강조한 것은 물질 생산이 사회적 존재의 근본이며 문화활동의 기초라는 점, 그리고 동시에 마르크스주의의 실천철학이 곧 사적 유물론이라는 점을 부각하기 위해서였다면, 재판에서는 이런 기본 관점을 유지함과 동시에 정신문명의 구축도 마르크스주의 철학의 중요 문제라는 데 초점을 맞추었다는 점이다. 마르크스주의는 비단 혁명의 철학일 뿐 아니라 구축의 철학이기도 하다. 정신문명의 구축은 문화-심리 구조의 문제, 문화의 비판적 계승의 문제, 역사적 축적의 문제, 인성의 문제, 주체성의 문제 등을 다룬다. ……이러한 측면에서 칸트 철학이 제시하는 여러 문제 및 관점은 여전히 참고할 만한 가치가 있다.(「재판 후기」)

리쩌허우가 칸트 사상을 통해서 문화-심리 구조에 대한 마르크스주의 철학의 부족한 이해를 실제적으로 잘 보완했는지 평가하는 문제는 이후 리쩌허우가 수행한 중국 전통문화에 대한 현대적 해석 문제와 결합되어 있어 간단하게 정리하기 어렵다. 그러나 『비판철학의 비판』에서 그가 방점을 두고자 했던 부분은, 칸트 철학을 통해서 자연과학과 윤리적 실천 가능성의 서로 다른 조건을 규명하고 과학과 윤리의 대립을 매개할 수 있는 미학의 역할에 천착함으로써, 문화대혁명 과정에서 "'혁명적 문화비판' '자발적 계급의식' 등의 구호 아래" "결국 억지스러운 주관적 이론"으로 전락한 마르크스주의 철학을 바로 세우는 데 있었다고 볼 수 있다.

> 마르크스주의가 망가질 대로 망가진 상황에서 나는 칸트 철학 연구와 마르크스주의 연구를 연결하고픈 희망을 품었다. 마르크스주의 철학은 본래 칸트와 헤겔로부터 변화되어온 것이다. 그렇기에 칸트를 어떻게 현대 자연과학 및 서구 철학과 연계시키고, 또한 칸트를 어떻게 비판하고 지양하여 일련의 이론적 문제를 이해할 것인가는 마르크스주의 철학을 견지하고 발전시키는 데 매우 중요한 의미를 지닌다고 할 수 있었다.(「재판 후기」)

리쩌허우는 칸트 철학의 성과가 "인식·도덕·심미라는 세 가지 측면을 통해 문화-심리 구조, 즉 '보편 필연적' 인성 능력(인성의 주요한 특징과 골간을 이루는 부분)이라는 위대한 해답을 내놓았다"는 데 있다고 주장한다. 하지만 이런 능력이 어떻게 가능한가에 대한 답을 칸트가 '순수이성'에서 찾았다는 점에 문제가 있으며, 이 문제는 "'경험이 선험이 되고, 역사가 이성을 구축하며, 심리가 본체가 되는' 인류학의 역사본체론을 제기함으로써 진일보한 탐구를 해야 하는 주제"(10장)라고 강조하면서 리쩌허우는 『비판철학의 비판』을 마무리한다. 이렇게 마르크스의 관점에서 칸트 사상을 재해석함으로써 '사적 유물론적 인류학'을 제창한 것은 서양철학 자체에서는 볼 수 없었던, 서양철학에 대한 비판적 수용이 만들어낸 독창적 성과라 생각된다. 물론 재판 때 추가한 주석에서 리쩌허우도 초판 저술시 루카치의 만년 저작을 알지 못했지만 자신의 저서와 일치하는 지점이 있다고 밝혔듯이(9장 주 124), 1974년에 출간된 루카치의 마지막 저서 『사회적 존재의 존재론』도 이와 유사한 시도로 볼 수 있다. 하지만 리쩌허우의 인류학은 칸트와 마르크스의 결합에 기초한다는 점에서 헤겔과 마르크스의 결합에 기초한 루카치의 사회적 존재론과는 방향을 달리하고 있다.

이런 몇 가지 지점에서 리쩌허우의 『비판철학의 비판』은 칸트 이후 서양 근현대 철학이 칸트를 연구하는 방향과는 아주 다르게, 칸트와 마르크스를 연결하는 방식으로 칸트에 대한 새로운 해석을 시도한다. 특히 그가 마르크스와 엥겔스를 분리하고 마르크스의 초기 사상과 후기 사상을 분리하며, 실천철학과 사적 유물론을 분리하는 서구 마르크스주의의 문제점을 비판하면서, 마르크스가 강조했던 것은 주관적 능동성과 역사적 객관성, 혁명성과 과학성, 주관적 노력과 객관적 현실을 중시하는 정신 사이의 통일이라는 점을 부각시키려 했던 점은 리쩌허우의 중요한 통찰이라 볼 수 있다.(9장 5절 참고)

하지만 칸트와 마르크스에 대한 리쩌허우의 해석에는 몇 가지 미진한 부분과 더불어 동의하기 어려운 지점도 있다. 칸트 사상의 핵심이라 할 '규제적 이념'의 의미와 역할이 충분히 규명되지 않았고, 그가 칸트로부터 도출한 '문화-심리 구조'의 정의가 불분명하다는 점 등이 그러하다. 마르크스와 관련해서는 무엇보다도 혁명과 개량의 관계에 대한 입장에 동의하기 어렵다. 전자의 문제가 『비판철학의 철학』에 내재해 있다면, 후자의 문제는 이 책이 성공하고 나서 1980년대 이후 저술한 많은 저서, 특히 『고별혁명』(1995)과 『기묘오설』(1999. 한국어판 제목은 『학설』) 등에서 드러난다. 이 글에서는 먼저 칸트 철학에 대한 리쩌허우의 비판적 해석의 성과와 한계를 검토해보고, 이어 마르크스주의에 대한 해석의 문제점을 그의 다른 저서들을 통해 살펴보면서, 오늘의 한국적 상황에서 이 책에 대한 비판적 수용의 적절한 방향이 무엇일지 살피고자 한다.

2 『비판철학의 비판』의 이론적 성과

일반적인 철학사는 칸트를 유럽 대륙의 합리론과 영국의 경험론을 종합한 이로 기술한다. 그러나 리쩌허우는 이런 서술 방식이 여러 면에서 칸트 사상의 전면적 개괄로는 적합하지 않다고 비판한다. 먼저 이런 해석은 사상에서 시작해 사상으로 끝나는 헤겔적 관점에서 칸트를 규정하고 해석하는 것이므로, 현실적 맥락에서 칸트를 규정하고 해석하지 않는다는 점에 문제가 있다는 것이다. 또한 이런 해석은 인식론만 언급하여 윤리학과 미학을 포함한 칸트 철학의 전반적 면모를 보지 못할 뿐 아니라, 합리론과 경험론을 유심론과 유물론과 등치시키면서 칸트가 양자를 종합했다고 보는 방식을 통해서 칸트 철학을 둘러싼 매우 복잡한 실제적 상황을 대충 덮어버리는 데 불과하다는 것이다. 리쩌허우가 보기에, 칸트는 에피쿠로스와 로크의 사상을 높이 평가하고 데카르트와 버클리에 반대한다고 선언함으로써 자신의 유물론적 기원과 경향성을 드러내기는 했지만, 실제로 칸트의 철학은 당대 프랑스 유물론을 주로 겨냥하면서 유심론적 합리론(라이프니츠)과 유심론적 경험론(흄)을 계승·종합했다고 할 수 있다.

리쩌허우는 칸트 철학을 결정짓고 칸트 철학에 결정적 의의를 부여하게 한 것은 합리론이나 경험론 같은 철학적 유파나 철학자가 아니라, 뉴턴을 대표로 하는 당시의 자연과학적 사조와 루소를 대표로 하는 프랑스혁명의 정치적 물결, 즉 당시 부상하던 부르주아계급이 추구한 과학과 민주라는 시대정신이었다는 점을 부각시킨다. 매우 빠르게 발전하는 자연과학에 비해 인간과 우주의 근본적인 문제를 처리하는 철학이 합리론과 경험론의 지배하에 속수무책으로 남아 있던 상황에 직면하여 칸트는 뉴턴과 루소를 비판적으로 결합하고자 했고, 이를 위해 당대 철학 내부에서 경합하던 합리론과 경험론 사이에 복잡한 개입을 할 수밖에 없었으며, 이 과정은 기나긴 시간에 걸친 복잡한 변화를 필요로 했다는 것이다.(1장)

『비판철학의 비판』은 이렇게 과학과 정치, 인식과 도덕이라는 서로 다른 층위의 문제가 대립하면서도 복잡하게 얽혀 들어가는 결합과정을 세밀하게 추적한다는 점에서 이제까지의 칸트 연구사에 분명히 한 획을 그었다고 본다. 리쩌허우는 20세기에 들어와 국제적으로 칸트를 다루는 저서가 무수하게 증가했지만 대부분 지엽적인 문장 분석과 논쟁에 빠져 칸트 철학의 중요한 의의와 특징이 묻혀버리고 만다는 점을 지적하면서, 과학적 실험의 발전 및 현실생활과 별다른 관계를 갖지 않는 이러한 강단철학의 '칸트학'은 칸트 철학의 현재적 작용과 역사적 영향관계를 재현하거나 대표할 수 없다고 강하게 비판한다.(1장 6절) 이런 경향과 선을 그으면서, 그는 현대 자연과학의 이론 영역과 사회적 투쟁과정에서 칸트로의 회귀 필요성과 경향이 두드러지게 나타난다고 보면서 다음과 같은 해석을 제시한다.

우선 상대론, 양자역학, 고에너지 물리학, 전자계산기, 유전공학 등을 필두로 하는 현대 과학기술에 의해 인간 인식의 능동성이 전례 없이 선명하게 표출되고 있다는 것이다. 이 과정에서 인간은 매우 느린 속도로 이루어지는 감각기관의 경험에 기초한 귀납적 방법을 사용하는 대신, 거대한 규모의 실험활동과 수학을 결합하여 대상을 정리·조직·구축함으로써, 주체가 객체를 반영하는 것이 아니라 주체가 객체를 구축하는 방향으로 전진하고 있다는 것이다. 또한 그는 사회과학이나 심리학의 영역에서도 레비스트로스나 피아제 같은 구조주의자들의 경우, 경험론과 합리론 모두에 반대하면서 인식이란 부단한 구축의 과정임을 강조한다는 점에서 칸트주의로 간주될 수 있다고 본다. 사회투쟁의 측면에서 봐도 혁명 이후의 건설이라는 문제, 물질문명 이외에 정신문명의 건설이라는 과제, 즉 인간의 다양하고 풍부한 전면적 발전이라는 측면에서 볼 때, 인류 주체성의 주관적 심리의 구축이라는 칸트 철학은 마르크스주의를 발전시키는 중요한 계기가 될 수 있다는 것이다. 그러나 리쩌허우는 칸트 철학에 내재한 이런 복합적 면모가 철학사의 흐름이 종종 그 모습을 바꾸어 다시 반복되는 과정에서 유실되었음을 개탄하면서, 칸트가 종합했던 유심론과 유물론의 경향이 반복해서 다른 모습으로 대립하는 과정을 비판적으로 개괄하고 있다.

우선 유심론을 극단화한 헤겔의 절대정신을 비판하면서 칸트로의 회귀를 주장했던 19세기 말의 신칸트주의는 칸트에게서 '물자체'를 강조하는 유물론적 경향을 제거했다는 문제점을 지녔다고 본다. 또 20세기 전반기 영국과 미국의 논리실증주의, 분석철학이 현대과학의 정확성을 바탕으로 형이상학의 각종 문제를 거부했다면, 유럽의 현상학과 실존주의는 경험과학을 극단적으로 경시하여 자유의 문제 등 주관적 사유에 전념했다는 점에서, 양자는 칸트 이전의 경험론과 합리론의 관계와 유사하게 서로 대립적이지만 결국은 서로 보충하는 관계에 놓여 있을 따름이라는 것이다.(1장 6절) 리쩌허우는 이렇게 다층적이고 비판적인 문제설정이 가장 복잡하게 교차된 저서가—칸트 자신의 말에 따르면 "20여 년에 걸친 숙고의 산물"인—『순수이성비판』이라고 보면서, 이에 대한 분석을 '인식론'이라는 틀을 이용하여 전체 10장 가운데 무려 6장에 걸쳐 전개하고 있다. 2장 '문제 제기', 3장 '공간과 시간', 4장 '범주', 5장 '자아의식', 6장 '이율배반', 7장 '물 자체'가 이에 해당한다. 이어 두 개의 장은 '윤리학'(8장 '도덕명령'과 9장 '종교, 정치, 역사관')에, 마지막 10장은 '미학과 목적론'에 할애하고 있다.[7] 각 장의 전반부는 칸트 텍스트의 핵심 구조와 논리를 추출하면서 다양한 주석 및 다른 사조와 비교 분석하면서 정치사회적 맥락과 연결하여 그 현대적 의의를 확인하는 형식으로, 후반부는 그에 대한 평가와 더불어 마르크스주의적 수정과 보완을 제시하는 형식으로 구성되어 있다. 각 장에서 리쩌허우의 해석이 돋보이는 지점들을 중점적으로 요약해보면 다음과 같다.

1) 인식론의 '문제 제기'

『비판철학의 비판』 2장은 『순수이성비판』의 서문이 이성 비판의 필요성을 역설했던 것처럼 칸트 인식론의 주된 성격을 포착함과 동시에 이를 비판적으로 재정초하려는 자신의 문제 제기를 천명한다는 점에서 이 책 전체의 서문 역할을 한다. 리쩌허우는 칸트 인식론의 두드러진 특징이 '자연을 향한 입법'이라는 구상에 있다면서, 이 구상이 당시 과학실험의 새로운 특징을 반영한다는 해석에서 출발해 자신의 주요한 분석 방향을 가동시킨다. 갈릴레

7. 한국의 대표적인 칸트 철학 연구자인 백종현도 최근 '한국어 칸트 전집' 발간 기념으로 펴낸 『한국 칸트 철학 소사전』(아카넷, 2015)에 수록한 「칸트 철학의 대강大綱」이란 글에서 지식론, 윤리학, 미학, 종교철학의 네 가지를 중심으로 칸트 철학의 골격을 총괄하고 있다. 칸트 철학은 이성이 자신의 한계를 스스로 규정하는 순수한 이성 비판을 통해서, 인간이 인식할 수 있는(없는) 것, 마땅히 해야만 하는(해서는 안 되는) 것, 그렇게밖에 느끼지 않을 수 없는 것, 합당하게 희망해도 좋은 것(그렇지 않은 것)을 분간해내는 일로 집약되기 때문에 그 핵심은 순수이성비판일 수밖에 없고, 이 네 가지 방면의 순수이성비판 작업의 결실이 곧 칸트의 지식론, 윤리학, 미학, 종교철학의 내용을 이룬다고 보기 때문이다.

이 이후 과학자들은 단순히 자연을 관찰, 묘사하고 귀납하는 것이 아니라 실험을 통해 자연에 문제를 제기하고 자연으로 하여금 실험, 가설, 이론에 답하게 하는 방법으로 나아갔는데, 칸트가 이런 방법의 새로움을 올바르게 잘 포착했다는 것이다.

하지만 리쩌허우는 칸트가 근대과학의 특징으로 제시한 '자연을 향한 입법'은 칸트가 귀착한 '선험적 종합판단'이라는 차원을 넘어서서 사회적 실천과의 연계 속에서 새롭게 파악해야 그 의미가 제대로 이해될 수 있다고 역설한다. 자연을 향한 입법은 현대에 이르러 더욱 중요해졌고, 전례를 찾을 수 없는 규모의 공업기술과 과학실험 등의 사회적 실천을 그 근본 기초로 삼고 있으며, 과학적 방법론 자체가 사회적 발전 수준에 의해 제약을 받기 때문이라는 것이다. 포퍼와 쿤의 과학철학 사례에서도 과학이 감각적 관찰에서 출발하는 것이 아니라, 오히려 감각과 자료와 관찰 모두 가설과 관념의 지도 아래 선택된 결과라는 점에서 '자연을 향한 입법'이라는 칸트의 관점이 타당함을 확인할 수 있고, 가설과 관념의 지도도 사회적 실천과 관계가 있다. 칸트가 말한 수학과 자연과학을 가능케 하는 '선험적 종합판단'이란 "대상을 먹고 소화시키는 행동의 논리"로서, 인간의 감성적 실천이 누적된 사회적 실천의 산물이라는 것이다.(2장 4절)

리쩌허우는 논리가 분석적이라면 수학은 종합적이라는 칸트의 구분을, 전자가 실천적 조작 활동 자체의 형식적 추상이라면, 후자는 실천적 조작 활동과 감성 세계의 '관계 방식'에 관한 형식적 추상이라는 차이로 다시 설명하면서, 수학 안의 형식논리적 성분과 형식논리 자체가 그 본질에서는 원시적 노동과정이 요구했던 상대적 안정성이라고 설명한다. 사회적이고 감성적인 실천과정 자체가 요구하는 상대적 안정성을 통해서 논리와 수학과 같은 추상적 사유의 기본 규율이 형성되는 것은 사회적 강제를 포함하는 매우 긴 역사적 과정의 결과라는 것이다. 이런 관점에서 리쩌허우는 칸트가 강조하는 보편적 필연성(선험적 종합판단)의 문제를 객관적 사회성을 갖춘 인류의 총체적 역사의 기초 위에서 고찰할 것을 제안한다.

2) 인식론에서 '공간과 시간의 문제'

여기서 리쩌허우가 돋보이는 지점은, 시공간이 비록 주관적 직관 형식이지만 경험 안에서 객관성을 가진다는 점과, "시공간은 사물 현상계의 전후 연속(시간), 좌우 병렬(공간) 등의 객관적 순서"를 가진다는 점에서 "근본적으로 소리, 색깔, 향, 따뜻함 등의 주관적 느낌과는 다르다"는 점을 강조하면서 감성적 직관으로서의 시공간과 소리, 색깔, 향, 맛과 같은 감각을 구분한 칸트의 감성론을 존 로크의 제1성질과 제2성질의 구분과 비교하는 부분이다.

리쩌허우는 칸트 이후 러셀이나 마흐 등이 이 두 가지 면의 차이를 없애버리고 모두 주관적 경험으로 환원함으로써 칸트로부터 버클리로 후퇴하고 있다는 점을 비판하면서, 제1성질과 제2성질의 구분은 16~17세기의 과학 발전 및 사회적 실천과 관련된 역사적 성격을 가진 중요한 구분이라고 주장한다. 제1성질(외연, 운동, 수)은 제2성질(소리, 색 등)에 비해 일정한 역사적 시기 안에서 세계를 개조하는 인간의 전체적인 사회적 실천과 더 많은 관계를 맺고 있다는 것이다. 칸트는 비록 시공간의 직관형식이 가진 종합의 진정한 현실적 기초를 발견하지는 못했지만, 시공간의 직관형식이 가진 종합의 기능을 강조했다는 점에서 후대의 이론보다 진일보했다는 것이다.

하지만 리쩌허우는 칸트의 주장처럼 절대적이며 보편 필연적인 선험적 시공간의 형식은 존재하지 않으며, 비록 칸트가 수학을 통해 이 점을 증명하려 했지만 소용없는 일이었다는 비판을 덧붙인다. 칸트가 시공간을 선험적 직관의 형식으로 제시한 것은 개체에 대해서는 그렇게 여겨질 수 있다는 점에서 유례없는 독창적인 파악으로 볼 수 있지만, 그것은 감성적 직관에 '축적'된 사회적 이성으로서, 사회적 실천의 부단한 전진과 함께 이 모든 과정이 부단히 전진하는 것이기에, 또한 인간의 시공간적 표상과 수학 및 물리과학 등도 갈수록 협소함에서 방대함으로, 단순함에서 복잡함으로 심화되어가는 것이기에 역사적 성격을 지닌 것으로 파악해야 한다는 것이다.(3장 4절)

3) 인식론의 '범주'

4장에서 흥미로운 지점은 현대 자연과학에서 인과성에 대한 이해가 칸트에서 흄·버클리로 후퇴했다가 다시 칸트로 되돌아가는 경향이 커져가고 있다는 점에 대한 서술이다. 특히 리쩌허우는 아인슈타인이 칸트의 관점과 유사하다는 점을 자세히 설명하는데, (칸트가 제시한) 선험적 분석도 경험적 종합도 아닌 선험적 종합판단이, (아인슈타인이 제시한) 논리적 추론도 경험적 귀납도 아닌 '자유로운 상상'이라는 것과 사실상 동일한, 인간의 창조적 인식 활동과 능력을 가리킨다고 해석한다. 이것은 관찰 가능한 양(경험적 실재성)을 기준으로 삼는 데 반대하여, 이론이란 발견이 아니라 발명이라고 보는 관점에 해당하며, 과학 이론이란 경험과 관찰에 선행하여 추상적 이론과 모형을 통해 새로운 현실을 연역하고 예측할 수 있다는 것을 의미한다는 것이다.

또한 랑게와 같은 신칸트주의자들이 인과 개념을 보다 진화한 선험적 생리구조로 귀결시키려 했는데, 이런 견해는 비록 당시에 비판받기는 했지만, 역사적 진화는 인간의 대뇌피질 등 생리적 구조 안에 모종의 영향을 끼칠 수 있어 연구할 만한 가치가 있는 생리과학의 과제이기 때문에 리쩌허우는 자신의 축적설의 관점에서 이런 연구를 수용할 필요가 있다고 본다. 생리학 및 심리학의 관점에서 사회(역사)로부터 심리(개체)에 이르는 통로를 구체적이고도 과학적으로 찾아내는 작업이 필요하고, 이런 연구를 사회적 실천(개체의 경우에는 교육)과 연계하여 발전시킬 필요가 있다는 것이다. 이런 분석을 통해서 리쩌허우는 범주라는 것이 일반적 감성의 경험적 귀납(경험론)이 아니고 이성의 선험적 연역(칸트)도, 논리적 가설과 감성적 신념(논리실증론)도, 조작의 규정(실용주의)이나 생리적 구조(랑게)도 아니며, 오직 인류의 역사적 실천이 내화된 성과로 이해되어야 한다고 주장한다. 개체에 대해 흡사 '선험적'인 것으로 보이는 것은 실상 인류 집단이 오랜 시간에 걸친 역사적 경험에서 추출하여 고양시킨 것이라는 뜻이다.

리쩌허우는 인과 범주라는 것이 고정된 것이 아니라 과학의 발전과 함께 변화하기에 고전적인 직선의 형태를 취할 수도 있고, 현대의 피드백 기능 같은 그물 형태의 구조를 취할 수도 있으며, 현대의 확률형, 비기계적 결정론의 인과관계가 나타날 수도 있다고 본다. 이런 범주들은 오랜 시간에 걸친 역사적 실천을 거쳐서 비로소 형성된 것이므로, 칸트가 선험적 틀로서 시간을 공간보다 더 중요하게 다룬 것은 이런 사실과 부합되는 중요한 성과라는 것이다. 칸트는 인류의 사회적 실천이 객관 세계의 규칙을 오랜 시

8. 역사적 선험성이라는 개념은 에밀 메이에르송이 사용한 개념으로, 그는 a priori가 칸트처럼 경험을 넘어서는 방식으로 규정되는 것이 아니라, 실제의 과학사를 탐구함으로써 귀납적으로 얻어낼 수 있다고 생각했는데, 미셸 푸코는 이 용어를 『지식의 고고학』에서 다음과 같이 수용한다. "실증성은 우리가 역사적 아 프리오리a priori historique라고 부를 수 있을 것의 역할을 수행하는 것이다. 서로 병치될 경우 이 두 단어는 다소 당황스러운 효과를 낳는다. ……결코 말해지지 않을, 경험적으로 주어지지 않을 진리들의 아 프리오리가 아닌, 현실적으로 주어질 역사의 아 프리오리(왜냐하면 그것은 현실적으로 말해진 것들의 아 프리오리이기 때문에)…… 요컨대 우리의 아 프리오리는 언설이 단지 하나의 의미, 하나의 진리일 뿐만 아니라 하나의 역사라는 것, 그를 낯선 생성의 법칙들에로 이끌지 않는 하나의 특이한 역사라는 것을 설명해야 한다. ……이 아 프리오리는 역사성을 비켜가는 것이 아니다: 그것은, 사건들을 넘어서서 그리고 부동의 하늘 위에서, 하나의 비시간적인 구조를 구성하지 않는다. 그것은 하나의 언설적 실천을 특성화하는 규칙들의 집합으로서 정의된다." [미셸 푸코, 『지식의 고고학』, 이정우 옮김(민음사, 1992), 184~185쪽]

간의 역사를 통해 범주로 내화시킨 것을 '선험적 범주'라 명명하면서 유심론적 형식으로 시간의 문제를 전도시켰지만, 리쩌허우는 (유물론적) 실천론을 통해 (유심론적) 초월론을 다시 전도시키자고 제안한다. 칸트가 범주를 선험적 이성의 산물로 보았다면, 실천론은 범주를 객관적 실천의 역사적 산물로 본다는 것이다. 인식의 능동성을 신비롭게 해석하는가, 아니면 인식을 실천의 능동성으로 소급시킬 것인가의 문제라는 것이다. 이런 해석은 칸트의 초월적 선험성transzendental a priori을 역사적 선험성historical a priori으로 변형한 미셸 푸코,[8] 의사소통 공동체의 선험성a priori of communicative community으로 변형한 카를오토 아펠[9]의 관점과도 일정하게 공명하는 것이다.

9. 카를오토 아펠은 『철학의 변환을 향하여*Towards a Transformation of Philosophy*』(trans. by Glyn Adey & David Frisby, Rouledge & Kegan Paul, 1980)에서 '의사소통 공동체의 선험성'을 다음과 같이 제안한다. "전통적인 초월적 철학의 선험성과는 대조적으로, 모든 논쟁의 가능성과 타당성의 의미-비판적sense-critical 선결 조건으로 의사소통 공동체의 선험성의 독특한 특징에 대해 보다 정확히 성찰하도록 하자. 첫째로 떠오르는 요점은, 우리는 의식의 선험성이라는 의미에서 순전히 관념론적 가정에 관심을 갖지 않는다는 것이다. 그러나 그렇다고 해서 우리가 칸트의 이상적이고 규범적인 '의식 그 자체'를 '경험적인 사회라는 존재'로 대체할 수 있다고 보는 순전히 유물론적 가정에 관심을 갖는다는 것도 아니다. 나는 우리의 선험성의 요점은 그것이 관념론과 유물론 간(의 이 측면에 대한)의 하나의 변증법의 원리를 지시한다는 것이다. 논쟁에 참가하는 누구든 자동적으로 두 가지를 전제한다. 첫째는 그가 사회화 과정을 통해서 그 구성원이 되는 현실적인 의사소통 공동체이며, 둘째는 기본적으로 그의 논쟁의 의미를 적합하게 이해하고 그의 진실을 확정적인 방식으로 판단할 수 있을 이상적인 의사소통 공동체이다. 그러나 이런 상황에서 주목할 수 있고 변증법적인 것은 어느 정도는, 비록 논쟁에 참여하는 사람이 (대부분) 그 자신을 포함한 현실적 공동체가 이상적 공동체와 결코 유사하지 않다는 점을 알고 있음에도 불구하고, 이상적 공동체가 반사실적으로라도 현실적 공동체 속에서 현실 사회의 현실적 가능성으로 전제된다는 점이다. 그러나 바로 그 초월적 구조로 인해, 논쟁은 선택의 여지 없이 절망적이면서도 희망적인 상황에 직면하게 된다. 그러므로 우리는 우리의 초월적 전제가 하나의 '모순', 즉 형식논리의 순수하거나 명확한 모순이 아니라 오히려 변증법적 모순을 포함하고 있다는 점을 확립하였다."(280~281쪽) 아펠은 선험성을 의사소통 공동체에 귀속된다고 보는 점에서 리쩌허우와 공명하지만, 의사소통 공동체를 현실적인 것과 이상적인 것으로 구분하면서 양자 간의 변증법을 강조한다는 점에서 리쩌허우와 차이가 있고, 어떤 면에서는 리쩌허우적인 역사적 선험성과 칸트의 초월적(혹은 이성적) 선험성 간의 종합을 모색한다고 볼 수도 있다.

4) 인식론의 '자아의식'

5장은 마르크스의 관점에서 칸트를 재해석하여 사적 유물론적 인류학을 구성하려는 리쩌허우의 시도에서 중추를 이루는 부분이 아닐까 싶다. 리쩌허우는 '자아의식'을 칸트 인식론의 핵심으로 파악하는데, 칸트는 자아의식을 '주관적 연역'과 '객관적 연역'의 두 가지 방식으로 설명한다. 주관적 측면에서 자아의식의 연역은 시간의식(직관 속에서 파악된 종합)에서 출발하여 심리적 차원에서 경험적 자아의식(기억과 상상 속에서 재조합된 종합)을 거쳐 초월적 자아의식(인식 안의 개념적 종합)을 논증하는 방식으로 진행된다.

리쩌허우의 분석에서 흥미로운 점은 이와 같은 자아의식의 연역과정을 노동과정 속에서 본능적 요구를 억누르고 생산된, 가장 오래된 인류의 능동적 심리활동의 발달과정과 비교하는 지점이다. 리쩌허우에 의하면, 칸트가 말하는 초월적 통각으로서의 자아의식이란 "주체 자신의 도구 사용 및 제조 활동에 대한 '자각적 주의', 즉 감지를 지속적으로 연결·종합·통일하여 대상의 동일성을 유지하는 의식"이며, "인류 노동의 산물이며 원시적 무속과 제의 등의 모방활동을 통해 제련되고 보존"되어온 것이다.(현대의 동물행동학은 실제로 실험을 통해서 영장류 동물이 대상에 대한 주의만 가지고 있을 뿐 자신의 활동 자체에 대한 자각적 주의를 형성하지 못한다는 점을 증명해 보이고 있다.) 아동의 경우 자각적 주의는 사회적 환경과 교육이라는 조건하에서 형성된 능력으로, 자각적 주의 이후에 상상은 인류의 심리적 능동성의 두번째 중요한 특징이 되며, 개념적 인식에 대해서는 앞서 언급한 바와 같다는 것이다.

하지만 리쩌허우는 자아의식의 주관 연역보다 객관 연역을 더 중시한다. 주관 연역은 '나는 나다'와 같은 분석적 통일인 데 반해, 객관 연역은 '나'와 다른 직관의 잡다함이 어떻게 나의 의식 안으로 연결·통일되는가, 그리고 어떻게 진리의 성질을 획득하는가가 문제가 되는 종합적 통일이기 때문이다. 칸트가 『순수이성비판』 2판에서 심리학적 논증 부분을 대폭 삭제하고 객관 연역의 특징을 더욱 분명하게 드러낸 것도 이 때문이라는 것이다. 객관 연역에서는 의식 안에서 구축된 대상으로서의 '대상의식'에 대한 탐색이 전개되는데, 리쩌허우는 객관 연역에서 대상의식과 서로 호응하는 것이 '자아의식'이라는 점을 강조한다. 이렇게 해서 '자아의식'과 '대상의식'은 서로 대립하면서도 의존하는 관계가 되고, 서로가 서로를 결정하면서도 서로 간섭하지 않는 거대한 모순을 만들어내며, 이를 통해 인식의 객관성과 능동성의 관계라는 문제가 도출된다는 것이다.

리쩌허우는 칸트가 라이프니츠의 유심론적 예정조화와 로크의 경험론에 반대하면서 인식과 대상의 일치란 초월적 인식이 구성해내는 것이라는 제3의 길을 선택한 데 반해, 피히테가 자아의식과 대상의식의 차이를 없애버리고 철저하게 주관주의적 관점으로 나아가면서 대상의식이 가진 유물론적 성분을 취소했다면, 헤겔의 경우에는 더 나아가 자아의식을 (형이상학적 본체로) 실체화함으로써 자아의식은 신과 같은 절대적 이념으로 전환하게 된다고 비판한다. 다른 한편으로, 리쩌허우는 칸트에게서는 자아와 대상이 서로 대립하고 의존하는 관계이며 서로 전화하는 변증법적 연계가 결여된 반면, 헤겔에게서는 대상이 나의 대상이고 나 역시 대상의 나임을 강조하는 변증법적 전화가 독특한 지점을 이루고 있다는 점을 대조한다. 그러나 헤겔의 경우 이 의식은 추상적 인간, 사변적 인간의 자아의식이지 현실적인 사람의 자아의식이 아니다. 이에 반대하여 포이어바흐는 인간의 감성화, 감성의 인간화를 회복하려 했으나, 프랑스 유물론과 로크의 경험론으로 되돌아가는 데 불과했다고 리쩌허우는 비판한다. 리쩌허우는 이 문제를 마르크스의 사적 유물론적 실천론의 관점에서 해명하고자 한다.

주체·객체의 구분은 동물에게는 아무 의미가 없지만, 도구를 사용하여 자연을 개조하는 사회적 실천과정에서 주체와 객체의 구분이 비로소 의미를 갖기 때문에, 리쩌허우는 칸트가 말하는 초월적 자아의 통각이라는 것이 실은 역사(물질현실)적 인류의 실천적 주체로서의 자아를 의미하는 것에 다름 아니며, 칸트가 강조하는 인식의 능동성과 객관성의 상호통일이라는 자아의식의 본질도 실상 인류 실천의 능동성과 객관성에서 유래한다고 본다. 따라서 그는 사적 유물론적 실천이야말로 인식론의 철학적 기초라고 확언하면서, "물질적 생산활동의 사회적 실천을 인간과 자연의 통일의 기초로 삼아 논리와 심리를 구축하는 것은 마르크스에서 칸트에 이르는 길"이라고 역설한다.(5장 8절)

5) 인식론의 '이율배반'

6장에서 주목할 만한 지점은 칸트가 제기한 이율배반의 문제를 해결하려 한 헤겔의 변증법을 현대의 시스템 이론과 비교하는 부분이다. 리쩌허우는 많은 사람이 헤겔의 부정의 부정을 정과 반의 고착화된 격식으로 오해하지만, 그 실질은 대립과 통일이 부단한 부정의 과정을 거쳐 발전하는 하나의 총체적 여정, 즉 현대적 시스템 이론에서 말하는 바와 같이 전체 시스템 구조의 전면적 전개과정 속에서 진리의 성과를 획득하거나 달성하는 역사적 형태로 이해되어야 하며, 부정은 간단한 '지양'이 아니라 대상을 먹어서 '소화'시키는 섭취와 비판의 과정으로 이해되어야 한다고 주장한다. 여기서 인과관계는 선형적인 기계적 결정론이 아니고, 시스템의 복잡 구조는 다원적이고 그물망 같은 인과관계를 형성하며, 우연성과 선택 가능성도 극도로 확대된다고 이해되어야 한다는 것이다.[10]

이런 관점에서 리쩌허우는 헤겔이 칸트가 주관적인 변증법적 환상이라 불렀던 이성의 주관적 지도 원리를 실체화하여 변증법, 인식론, 논리학, 역사관, 본체론을 전체 시스템 속으로 융합했다고 설명한다. 그러나 이런 식의 실체화된 체계는 사변 논리의 변증법이 모든 것을 통치하게 만들었고, 경험에서의 탈피가 필연적으로 그릇된 인식의 변증법으로 향하게 된다는 칸트의 비판적 지적이 지닌 건강하고 중요한 내용을 상실하게 되었다고 비판한다.

6) 인식론의 '물 자체'

『순수이성비판』의 '초월적 분석론' 마지막에 나오는 '물 자체' 논의가 칸트 철학 전체에서 중추적 위치를 차지한다고 보면서, 그 의미를 세 가지 다른 층위, 즉 ① 감성의 원천 ② 인식의 한계 ③ 이성의 이념으로 구분하여 설명한 부분에서도 리쩌허우의 통찰력이 돋보인다. 여기서 두번째 의미는 첫번째 의미에서 세번째 의미로 이행하는 중간 단계로 간주된다. 첫번째 의미는 인간의 의식에 의존하지 않고 독립적으로 존재하는 객관적 물질세계가 감성의 원천이자 현상계의 기초가 된다는 것을 의미하는데, 이는

10. 필자는 변증법을 현대의 시스템 이론으로 재해석하는 리쩌허우의 독해를 지지하지만, 이런 적용은 헤겔만이 아니라 칸트에게도 적용해볼 수 있다. 이럴 경우 칸트의 순수이성의 변증론 전체의 작동 체계를 새롭게 해석할 수 있는 길이 열린다고 본다. 시스템 다이나믹스dynamics 이론에 의하면, 서로 맞물린 두 항은 악순환, 선순환, 정체, 안정의 네 가지 경우로 역동적인 상호작용을 할 수 있다. 이런 관점을 '순수이성의 변증론'에서 기술되는 오성과 이성의 여러 관계에 적용해보면, 이성의 태만은 정체에, 이성의 월권은 악순환에, 이성에 의한 오성의 확장과 그런 상태의 지속은 선순환과 안정화의 경우에 해당될 수 있다. 물론 어느 경우든 고정될 수 없게 외부 요인들과의 상호작용에 의해 변동할 수밖에 없다. 시스템 다이나믹스와 변증법의 관계에 대한 보다 자세한 논의는 졸저 『맑스와 마음의 정치학』(문화과학사, 2014) 12장 「재난자본주의와 감정의 정치학: 불황과 우울증의 변증법」을 참조하기 바란다.

버클리가 말하는 신이나 정신세계와는 무관한 것이다. 물 자체가 갖는 이와 같은 유물론적 측면을 피히테, 헤겔, 쇼펜하우어 등 형형색색의 다양한 철학자들이 폐기하고자 했지만, 리쩌허우는 이것이야말로 결코 지워질 수 없는 칸트 비판철학의 중추라고 강조한다. 이것은 존재하면서도 우리가 인식할 수 없는 것, 즉 우리 인식의 한계 밖에 독립적으로 존재하는 X이지만, 그렇다고 일체의 인식을 넘어서는—즉 피안에 위치하는—(플라톤적인) '초험적transzendent' 대상이 아니라, 불확정적이면서도 주체의 표상의 잡다함을 의식 안에서 통일되게 만드는 근거가 되는 방식으로 인간의 인식과정 속으로 진입하는 '초월적transzendental' 대상인 X이고, 이 X와 쌍을 이루는 초월적 자아 X이기도 하다는 것이다. 이 두 가지 X는 인간 경험의 범위를 넘어서지만, 인식을 진행시키는 필요조건을 이룬다.

리쩌허우의 해석에서 흥미로운 지점은 바로 칸트의 물 자체가 단지 대상의 측면만이 아니라 그와 쌍을 이루는 주체의 측면을 동시에 가리키는 데 반해, 칸트 이후 다양한 시도는 서로 다른 방식으로 초월적 자아의 X를 이용하여 초월적 대상 X를 합병·추론·파생시켜왔다고 보는 점이다. 칸트의 물 자체 X는 칸트 당대부터 줄곧 비판을 받아왔고, 대부분은 이 공통 근원을 정신(헤겔), 의지(쇼펜하우어, 니체), 신앙(프리스, 키르케고르), 상상력(켐프 스미스, 하이데거 등)으로 규정하고자 했지만 이는 칸트가 비판했던 합리론이나 경험론으로 되돌아가는 것에 불과하며, 물자체 문제를 아예 의미 없는 형이상학의 문제라는 이유로 폐기하고자 했던 논리실증주의자들 역시 흄으로 되돌아가는 것에 불과하다고 리쩌허우는 비판한다. 이에 반해 리쩌허우는 절대정신이나 상상력 같은 것이 아니라 실천이 바로 그 X의 답이라고 제안한다. 역사적이고 구체적인 사회적 실천이 인식의 기초이자 진리의 척도라는 것이다. '도구를 제작하는 동물'과 '사유하는(혹은 이성적인) 동물'이라는 인간에 대한 두 가지 저명한 고전적 정의의 비밀은 이 양자가 사회적 실천의 기초 위에서 통일된다는 데 있다는 것이다.

인간만이 가진 고유한 감성적 능력(시공간 관념)과 지성적 능력(형식논리, 수학, 변증적 범주)의 근원이 '초월적'이거나 '불가지'의 것이 아니라, 실천을 통해 오랜 역사적 시간 속에서 생산·구성·반영·축적되어 주체의 인식 구조가 된 것이고, 주체는 실천의 규칙과 형식을 통해 객체를 인식하고 파악하며 그것과 동화된다는 것이다. 그러므로 칸트가 제기한 두 가지 불가지한 X는 마땅히 폐기되어야 하고, 두 개의 X가 서로 교류 없이 병치되어 있는 국면은 실천 속에서 통일될 수 있다. 실천이 '물 자체'(스스로 존재하는 사물)를 '나를 위한 물체'가 되게 하며, '불가지'를 알 수 있는 것으로 만든다는 것이다.

그러나 이렇게 물 자체를 실천의 관점에서 재해석함과 동시에 이를 통해 물 자체를 폐기해버릴 경우 칸트 철학의 발전이자 폐기라는 기이한 결과가 초래되는 난점이 발생한다. 이 문제는 뒤에서 본격적으로 검토할 것이다. 리쩌허우는 칸트가 왜 '물 자체' '불가지'의 사상을 가지게 되었는지를 마르크스와 엥겔스에 의거해 해석하면서 그러한 사상은 특정한 시대의 공업과 과학 발전 수준의 반영이라고 본다. 리쩌허우는 실천이 인식의 기초이고 실천을 통해 인식이 부단히 심화되어가는 것이라고 수정한다 해도, 칸트 철학이 인간 주체의 심리 구조(인식·윤리·심미의 보편 필연성)를 전면적으로 드러냈다는 점에 의의가 있음을 강조하면서, 칸트가 제기한 이 문제의 현대적 의의를 특별히 중시하고 이 문제에 대한 새로운 이해를 도모하는 것이 『비판철학의 비판』의 주요 과제라고 강조한다.

이런 관점에서 그는 지성적 인식의 한계를 가리키는 소극적 의미에서의 '물 자체' 가 아니라, '알 수는 없지만 사유할 수는 있는' 적극적 의미에서의 '물 자체'가 바로 칸트에게서 '이성의 이념'에 해당한다고 본다. 범주와 구성의 원리를 사용하는 과학과 달리, 철학은 이념과 규제적 원리를 사용하여 현상계 삼라만상의 통일성의 근거와 과학적 추구의 목표를 부여해주며 인식이 지리멸렬하게 분해되지 않도록 통일성을 부여해준다는 것이다. 헤겔은 이 세번째 이성 이념으로서의 물 자체를 '인식할 수 있다고' 주장함으로써 스스로 칸트를 넘어섰다고 주장하지만, 레닌이 강조하듯 이런 앎은 '신에 대한 앎'에 불과하다고 리쩌허우는 비판한다. 한편, 코엔과 나토르프 등 신칸트주의자들은 물 자체가 한계개념에 불과하다는 관점을 과장하여 감각 재료 이후에는 '물 자체'가 존재하지 않는다고 보면서 감성적 원천으로서의 물 자체 개념을 폐기하고, 두번째, 세번째 물 자체 개념을 사유가 가진 요구와 규정으로만 파악한다고 비판한다. 그런데 리쩌허우는, 지나가는 방식으로, 찰스 샌더스 퍼스가 칸트의 변증론에 흥미를 느낀 것은 그것이 규제적 원리에 근거해 모든 과학적 규칙을 일종의 가정에 불과한 것으로 파악한다는 데 있다고 기술하는데, 이 문제는 규제적 원리가 어떻게 오성과 이성을 매개하는가라는 문제와 관련이 있기 때문에 매우 중요한 지적이라 할 수 있다. 하지만 리쩌허우는 단순한 지적에 그치고 있어서 아쉬움을 남긴다. 이에 대해서는 뒤에서 다시 살피기로 하겠다.

리쩌허우는 이렇게 세 가지 함의를 가진 칸트의 '물 자체' 개념이 감성 재료가 영원히 제공될 수 있고(첫번째, 두번째 함의), 이성 이념으로서 부단히 지성을 인도하여 지식을 영원히 탐구하게 한다는 것(세번째 함의)을 의미하며, 단지 알 수 없는 객관 세계가 존재하고 경험과 지식의 한계가 있음을 긍정하는 것 이상으로 중요한 의의를 갖는다고 역설한다. 역사적이고 유물론적인 실천을 통해서 물 자체의 세 가지 함의가 통일된다고 볼 경우, 물 자체와 같은 하나의 절대적 진리의 객관적 존재를 설정하고, 인간의 인식이 부단히 거기에 근접해간다고, 상대적 진리의 총화 속에서(대대로 이어지는 세대의 연속적 계열 안에서) 거기에 접근해간다고 볼 수 있다는 것이다. 다시 말해 "인간은 주관적 이념에서 '실천'(과 기술)을 통하여 객관적 진리에 도달한다"(레닌)는 것이다.

그런데 리쩌허우가 강조하듯 칸트에게서 '물 자체'가 적극적인 의의를 갖는 것은 과학적 지식과 같은 인식의 영역만이 아니라 실천이성의 도덕적 차원에서도 그렇다. 자유, 영혼, 신 등의 이성 이념은 실천이성의 영역 안에서 본래 면모의 실체를 갖게 된다. 이론이성에서는 인식의 한계를 넘어서도록 지성을 인도하는 소극적 기능을 지녔던 물 자체가 실천이성과 판단력의 차원에서는 윤리적 함의를 가진 적극적 규정으로 변해서 신앙(종교)과 미학으로 나아간다는 것이다. 그런데 이 절차는 이중적이다. 칸트는 인식의 영역에서는 신의 존재를 증명할 수 없음을 선언하여 신을 떠나보내고 나서, 실천의 영역에서는 신의 필연적 존재를 선언하면서 신에게 접근해간다는 것이다. 이럴 경우 인식 주체와 실천 주체로서의 관계가 도대체 어떤 것인가라는 문제가 제기되지만, 리쩌허우는 칸트가 재차 이를 해결하지 못하고 어려움에 직면했다고 본다.

리쩌허우는 칸트가 감성의 원천에서 인식의 한계로, 그리고 이성 이념으로 나아갔다가 최종적으로는 도덕적 실체로 진입해 나가는 과정을—객관적으로 보면—결국 피히테와 헤겔의 방향으로 나아가는 것이라 해석하는 견해(리하르트 크뢰너)나, 칸트 사후의 『유고遺稿*Opus Postumum*』를 근거로 말년의 칸트에게서는 물 자체가 이미 중요하지 않고, 두드러지는 것은 오히려 사유와 행동으로서의 자아가 모든 것을 구축하는 것이었다고 보는 견해에 모두 반대한다. 그는 칸트가 1799년 8월 7일의 공개서한에서 피히테의 그런 경향에 반대하고 자신의 이론에 아무 변화가 없음을 강조했다는 점을 근거로 들면서, 칸트가 자신의 이원론을 포기하지 않았다고 주장한다. 또한 생명에 관한 문제는 과학적 인식의 대상이 아니라고 본 비트겐슈타인도 칸트적 입장과 크게 다르지 않지만 유아론과 신비주의로 귀결된다는 데 문제가 있다고 비판하면서, 이성 이념으로서의 물 자체 문제는 오직 사회적 실천의 기초 위에서 자연과 사회에 대한 인류의 인식과 인간 주체의 자유의지와 자각적 활동 속에서만 그 심도 있는 이해에 이를 수 있다고 주장한다.

7) 윤리학의 도덕명령

이론이성 비판에서 인식은 경험을 떠나선 안 되는 데 반해, 실천이성 비판에서 도덕은 반드시 경험을 벗어나야 한다는 상반된 관점이 『순수이성비판』(감성→개념→이성)과 『실천이성비판』(이성→개념→감성)의 구성 방식에서 대조적으로 전개된다는 점을 도표로 제시한 지점, 그리고 칸트의 인식론과 윤리학 관련 저서들이 1780~1790년대에 어떻게 추상에서 구체로 나아가는지를 도표로 제시한 지점은 칸트의 복잡한 사상 체계가 어떤 방향으로 발전했는지를 간명하게 보여주는 리쩌허우의 창의적 해석이라 생각된다.

리쩌허우는 칸트가 언급하는 자유가 결코 현실에서 자연적 인과관계를 초월하는 자유가 아니라는 점을 강조한다. 물론 모든 것을 기계적 인과관계로 설명하려는 프랑스 유물론에 근거할 경우 모든 도덕과 법률이 아무 의미를 갖지 못하게 된다고 칸트가 비판하지만, 아무리 실천이성의 차원에서 자유-도덕 명령을 강조한다 해도 그 명령은 결국 감성적 존재자인 인간 세계 속에서 실현되어야 하기 때문이라는 것이다. 그러나 리쩌허우는 칸트가 『윤리형이상학』에서 보편적 입법 의지Wille와 이를 집행하는 자각적 행위의 의지Willkür를 구분하고, 『순수이성비판』에서도 도덕명령으로서의 자유와 개체적 의지 행위의 자유를 구분하지만, 『실천이성비판』과 『윤리형이상학 정초』 등에서는 양자가 서로 교차하여 나타난다는 점을 예로 들면서, 도덕적 실천은 결국 감성적 개체에 의존해야만 객관적 실재성을 얻을 수 있다는 점에서 칸트가 현상과 본체, 필연과 자유의 관계를 해결하는 데 있어 여전히 난관에 봉착하고 있음을 지적한다.

이런 모호함과 형식주의적 특징이 헤겔로 하여금 칸트를 비판하고, 칸트의 선험적 도덕원리를 가정, 시민사회, 국가 등의 경험적 윤리 속으로 통일시키게 했지만, 리쩌허우는 칸트의 내재적 도덕 정신을 외재적 윤리 규범으로 변화시킨 헤겔을 다시 비판한다. 칸트가 구체적인 시공간적 경험의 조건을 떠나서 보편적 형식으로서 도덕원리를 추상해낸 것은 자각적 인성 능력이라는 인류학 본체론의 문화-심리 구조의 문제를 제기한 것인데, 이 점을 헤겔과 마르크스는 물론 마르크스주의자들도 소홀히 했다는 것이다.

여기서 리쩌허우는 이성이 감정을 절대적으로 주재하는 '이성의 응집'을 부각시킨 점이 곧 칸트의 중대한 공헌이라고 평가함과 동시에, 자신의 인류학 본체론에 의하면 이러한 심리 구조가 선험적 이성이 아니라 인류의 장구한 역사적 축적과 침전을 통해 조성된 것이며, 이 때문에 "경험이 선험적인 것으로 변하고, 역사가 이성을 구축하며, 심리가 본체가 되는 것"이라고 주장한다. 이런 관점에서 리쩌허우는 칸트의 도덕명령은 총체적인 인류 사회의 존재가 개체에게 요구하는 바에 대한 자각적 의식이며, 그것이 감성적 개체의 행복·이익과 대립·충돌하는 상황 때문에 오히려 그런 도덕적 역량이 더욱 돋보인다고 역설한다. 즉 각종 이기심의 감정을 억제함으로써 생겨나는 불쾌함과 고통이 있지만 동시에 그로 인해 자부심과 고상함을 느낄 수 있는, 소극적이면서도 적극적인 상반된 심리 요소가 칸트 도덕감정의 특징이라는 것이다. 리쩌허우는 이것이 바로 칸트가 말하는 '도덕적 품격'이자 '인격'이라고 말한다.

하지만 리쩌허우가 문화인류학이 말하는 원시적 도덕명령으로서의 금기, 순자가 말한 예禮와 극기복례克己復禮를 칸트의 도덕명령과 동일시하는 것은 적절해 보이지 않는다. 이 지점에서 칸트의 내재적 도덕을 외재적 윤리로 전환시킨 헤겔의 문제점을 리쩌허우 스스로 다시 반복하는 것처럼 보이기 때문이다. 이 점에 대해서는 뒤에서 다시 논하기로 하겠다.

8) 윤리학과 종교, 정치, 역사관

리쩌허우는 칸트가 각종 전통 신학에 사력을 다해 반대하고 오직 도덕적 신학만이 가능하다면서, "신은 우리 외부의 존재가 아니라 다만 우리 안에 있는 일종의 사상, 자아입법의 도덕적 실천이성"이라고 주장한 점을 강조한다. 이런 관점에서 교회는 인류가 아직 미성숙한 시기에 종교 교육을 진행하기 위한 수단이었을 뿐이고 인간이 성숙하게 되면 종교는 점차 필요 없어질 뿐 아니라 심지어 방해가 된다는 것이 칸트 종교관의 귀결이라고 본다. 하지만 리쩌허우는 칸트가 비록 종교를 도덕화했지만 동시에 도덕을 종교화했다고도 볼 수 있기에, 마르크스가 루터를 비판한 방식으로 칸트를 비판할 수도 있다고 본다. 그럼에도 불구하고 리쩌허우는 앞의 측면에서의 성과가 중요하며 이 점은 오늘날에도 중대한 의의를 갖는다고 말한다. 『순수이성비판』에서 '최고 존재자'가 이론이성의 전진을 이끄는 본보기를 가리켰듯, 『실천이성비판』에서는 '최고 존재자'가 인간의 도덕적 활동을 촉진하는 실천적 작용의 역량을 가리키기 때문에, 이것 없이는 인식과 윤리 모두 상상하기 어렵고 완성하기 어렵다는 것이다. 이때 '최고 존재자'란 곧 순수이성의 자기입법적 원리를 가리킴은 물론이다.

칸트에게서 법 권리 역시 모든 개인 의지의 자유가 타인의 자유와 공존하는, 각 개체의 의지가 자유의 보편적 법칙에 의거하는 선험적 이성의 원리 위에 세워진다. 이런 이유에서 칸트는 자신의 법 이론을 '정치의 윤리학'이라 부르며, 법이 정치에 적응하는 것이 아니라 정치가 법에 적응해야 한다고 주장한다는 것이다. 도덕의 명령은 내재적이고 긍정적인 것으로 개인의 행위를 추동하지만, 법은 외재적이고 부정적인 것으로 인간의 행위를 제한한다는 것인데, 이때 법의 제한과 강제는 이성의 자유의 원리에 근거한다는 말이다. 개인은 각자가 자유롭지만, 야만적이고 무질서한 자유를 포기함으로써 타인의 자유를 침해하지 않게 된다는 것이다.

리쩌허우는 홉스, 로크, 루소가 제기한, 개인주의에 기초한 사회계약설과 자연법학설을 초개체적인 선험적 이성론으로 대체한 것이 칸트의 법 이론과 정치 이론의 특징이지만, 칸트의 이런 관점은 헤겔에 의해 국가이성으로 전환되며 이후 총체주의, 군국주의로 이어진다고 본다. 칸트는 여전히 '인간은 목적이다'라는 명제를 견지하는 개인주의자이자 계몽주의자로서 내재적 도덕 정신을 강조하는 데 반해, 헤겔은 절대정신을 강조하는 총체주의자이자 포스트계몽주의자로서 외재적 윤리 규범을 강조한다는 것이다. 이런 점에서 리쩌허우는 칸트가 개인주의에 기반한 계몽주의에서 전체주의적 낭만주의로 넘어가는 전환점에 위치한다고 본다.

칸트는 국가의 형식을 '지배의 형식'과 '통치의 형식'으로 구분했다. 전자는 권력을 가진 자가 한 사람인지 여러 사람인지, 아니면 모두인지에 따라 각각 독재정체, 귀족정체, 민주정체로 구분한다면, 후자는 집행권과 입법권을 분리하는지 아닌지에 따라 공화주의와 전제주의로 구분한다. 그런데 칸트가 민주제는 필연적으로 전제주의로 귀결된다고 보았다는 점에 주목할 필요가 있다. 민주제에서는 찬동하지 않는 한 사람 '위에' 서서, 경우에 따라서는 한 사람에 '반'하여, 아직 모든 사람이 아닌 다수가 의결을 하기 때문에 보편 의지와 개인의 자유 사이에 모순이 발생한다는 것이다. 이렇게 모두가 지배자가 되려 하기에 상호모순에 빠지게 되는 민주제와 달리, 국가 권력을 행사하는 인원이 적고 그에 반비례하여 권력의 대의성이 클수록 국가체제는 더 공화주의에 가까워지고, 점진적 개혁을 통해 결국 공화주의로 고양된다고 칸트는 주장했다.[11]

'지배의 형식'과 '통치의 형식'의 구분은 탁월하지만, 민주정체를 전제주의와 등치시키는 칸트의 견해는 민주정체를 최선으로 간주하는 현대의 상식과는 어긋난다. 이는 대중으로의 복귀가 아나키적 파괴를 야기할 수 있다는 점에서 민주주의를 비판하면서도 모든 권력은 대중에 기반해야 한다는 점에서 민주주의를 최선의 정체로 보았던 스피노자와도 대조되는 지점이다. 그러나 리쩌허우는 이 문제에 대해 별다른 언급이 없다. 다만 칸트가 군주제에서 점진적 개혁(교육에 의한 위로부터의 개혁)을 통해 '대의제에 기초한 공화주의'로 나아가는 방식을 최선으로 간주한 것은 "프랑스혁명 전야의 사상적 혼란기에" "혁명적 부르주아계급의 정치 이론을 개량주의적 도덕 체계로 번역"한 것이라고 평가한다. 다시 말해 칸트의 법 권리와 정치 이론은 그가 추상적인 선험적 도덕 체계에서 추론한 것이지만, 그 체계의 시대적 내용이기도 하다는 것이다.

칸트의 역사관은 그의 정치관의 귀결이기도 한데, 문제는 그 시대적 내용의 모순들에 있다. 어떤 이들은 칸트의 역사관을 제4의 비판이라 부르지만, 리쩌허우는 칸트 본인이 그런 제4의 비판을 가지지 않았고 가질 수도 없었다고 평가한다. 그렇게 보는 이유는 다음과 같다. 칸트의 3대 비판서가 집중적으로 논하는 것

11. 임마누엘 칸트, 『영원한 평화』, 백종현 옮김(아카넷, 2013), 119~123쪽.

은 보편 필연성을 갖는 '선험적' 인성 능력인데, 역사·정치·인류학 등에 대한 칸트의 많은 논저는 모두 경험적인 내용을 다룬다. 실상 이 양자 간의 복잡한 관계, 특히 내재적인 인성 능력과 외재적인 역사적 경험 사이의 관련성 및 구분 등은 철학의 철저한 정리와 처리를 따른 것이 아니기 때문에 일련의 모순이 드러난다는 것이다. 외재적 행위의 합법성은 내재적 도덕에 의해 결정되는 것이 아니라, 오히려 악으로써 악을 제어하는 것이고, 비도덕적인 사람은 법의 강압하에서 완전하게 좋은 시민이 될 수 있다. '영구평화'의 실현은 '우리의 도덕적 의무'이지만, 그것은 여전히 역사적 발전에 의존한다. 도덕명령은 역사 속에서는 실상 별다른 작용을 하지 못하고, 현실 속에서 작용하는 것은 도덕의 이면, 즉 악이다. 하지만 그러면서도 칸트는 인류 문명의 미래에 대한 낙관적 기대와 신념으로 가득차 있었다고 한다. "총체적으로 보아 인류의 천직은 영원히 멈추지 않는 진보이다." "인류 종족에 대해 말한다면, 그 역사는 나쁜 쪽에서 좋은 쪽으로의 전진이다."

리쩌허우는 칸트의 이런 양면성을 다음과 같이 정리한다. 18세기에서 19세기로의 이행과정에서, 계약론을 필두로 하는 영국과 프랑스 부르주아계급의 개인주의, 자유주의, 계몽주의는 선험적 이성을 기치로 내세운 총체주의, 전체주의, 역사주의로 전환하게 된다. 칸트는 바로 이런 전환의 축 위에서 전자와 후자 사이의 매개자였고, 이 두 가지 요소가 그의 윤리·정치·역사 사상 안에서 교차하고 있었다는 것이다. 리쩌허우는 이런 모순적 매개의 문제는 결국 칸트 철학의 핵심인 '물 자체'의 문제로 귀결된다고 본다. 칸트는 이론이성이나 실천이성의 최종적 연원과 본질 및 그 기초를 알 수 없다고(그래서 물 자체 'X' 라고) 보았기 때문에, 칸트 스스로 밝히듯, 하나의 도덕명령이 어떻게 직접적으로 의지의 동기가 될 수 있는지를 해결할 수 없었다는 것이다.

하지만 리쩌허우는 "언젠가는 모든 순수이성 능력의 통일(이론과 실천의 두 측면을 겸비)을 통찰할 수 있고, 하나의 원리로부터 모든 결론을 도출할 수 있으리라는 기대를 갖게 한다"[12]라는 칸트의 구절을 인용하면서, 칸트의 이런 기대에 대해 자신의 인류학 본체론으로 답하고자 시도한다. 리쩌허우는 칸트에서 시작된 독일 고전 철학 속의 '이성' '자아' '불가지의 물 자체'가 가리키는 것은 자연 존재가 아닌 사회적 존재로서의 인간, 유심론화된 사회적 존재로서의 인간의 능동성을 의미한다고 해석한다. 이 능동성이 중세의 '신'을 대체했고, 세계의 주인이 되었다는 것이다. 칸트가 제시한 '인간은 목적이다'라는 명제에서 '인간'은 자연생물로서의 개체가 아닐 뿐 아니라 어떤 전체로서의 사회도 아니고, 총체로서의 인류 역사라는 것이다.

리쩌허우는 마르크스가 강조했듯 외부에서 철학적 이데올로기를 역사에 부과하지 말고, 인류 사회 자체 안에서 역사 발전의 동력과 원인과 규칙을 탐구해야 한다면서, 추상적인 '이성', 초월적 자아, 절대이념, 목적으로서의 인간을 막론한 모든 것은 역사적으로 구체적인 사회생활로 환원되어야 한다는 점을 강조한다. 마르크스가 발견한 생산력과 생산관계, 물적 토대와 상부구조의 모순적 운동이 바로 그것이다. 결국 '선'이라는 것도 칸트가 말한 '순수이성'이나 헤겔이 말한 '절대이념'에서 유래하는 것이 아니라, 역사적 총체인 인류의 사회적 실천에서 유래하며 그 실천의 근본 성질이라는 것이다. 리쩌허우는 마르크스가 객관적인 인류 사회의 물질적 역사와 인간의 능동성을 동시에 강조했음을 환기시키면서, 일련의 인간 활동이 아무리 곤란함에 부딪히고 때로는 실패해도, 장기적 측면에서는 여전히 주관적으로 역사를 창조하는 것이고 도덕적인 면에서 선의 긍정적 가치를 갖는다고 말한다.

이런 맥락에서 그는 시시때때로 성공과 실패(국지적 인과 규칙)에 굴하지 않고, 사회발전의 총체적 추세를 기초로 하여 '투쟁

12. 임마누엘 칸트, 『실천이성비판』, 백종현 옮김(아카넷, 2009), 176쪽.

과 승리에 나서는' 윤리정신의 고양이야말로 사적 유물론적 윤리학의 원칙이라고 말한다. 전체와 개체의 관계에서도 개체적 인간이 목적이라는 점과 개성의 자유와 발전 등을 아무리 강조한다 해도 인간은 결국 객관적 역사의 지배를 받을 수밖에 없고, 공산주의에 도달하기 이전에는 인간 종족의 발전과 개체의 발전은 때로 첨예한 대립관계에 놓이기도 하고 후자를 희생하여 앞으로 나아가기도 한다는 점을 자각하고 적극적으로 역사 발전을 촉진해나가는 태도와 행동을 취하는 것이야말로 도덕적 선이라고 주장한다. 역사의 객관적 과정을 보지 못하고 '목적으로서의 인간' '개성의 자유'를 말하는 것은 공상적 환상에 불과하며, 오직 인류 사회 발전의 총체적 과정을 인식하고 자신의 행동을 능동적으로 선택하고 결정해야 비로소 역사적이고도 구체적으로 정초된 진정한 개성적 자유라 할 수 있다는 것이다. 리쩌허우는 이런 사적 유물론적 기초 위에서라야 칸트의 '자유의지' '목적으로서의 인간'이 진정으로 깊이 있는 역사적 내용을 갖춘 주관적 윤리의 역량이 될 수 있다고 본다.

이런 관점에서 리쩌허우는 칸트 이후 서구의 사회이론을 폭넓게 분석하면서, 대부분이 주관적 능동성과 객관적 역사성 사이의 변증법적 통일이라는 관점을 유지하지 못한 채, 각 유파는 서로 다른 방식을 통해 자신의 주장을 형이상학적으로 과장하고 다른 주장은 말살시켜버리는 우를 범했다고 평가한다. 가령 헤겔은 도덕윤리의 객관적 성질과 필연적 규칙을 강조했고, 19세기 후반 서유럽의 역사학파는 윤리도덕을 민속학과 사회학으로 연구하면서 헤겔의 객관주의적 역사관을 실증적 상대주의, 윤리적 상대주의, 문화상대주의로 변화시켰다. 이 양자는 모두 행위 주체의 자유로운 선택과 능동적 역량(인성 능력)이라는 기본적 실질을 상실케 했다는 것이다. 쇼펜하우어와 니체의 경우 칸트의 주관주의를 발전시켜 '삶에의 의지' '디오니소스 정신'을 주장했지만, 이들은 칸트의 실천이성과 정언명령을 반이성적인 것으로 완전히 바꾸어버리는 문제를 안고 있다는 것이다.

또한 실존주의는 유물론적 결정론에 반대하면서 자유로운 선택과 자기 책임을 강조하여 인간의 윤리적 본질을 두드러지게 했지만, 역사적이고도 구체적으로 형성된 객관적 규정성을 상실하여 공허한 담론이나 만용으로 흘러버리고 말았다고 본다. 한편, 벤담과 밀의 공리주의 윤리학이 칸트에 반대하면서 프랑스 유물론의 행복주의를 재현한다면, 무어에서 시작되는 현대 분석철학의 윤리 이론은 다양한 층위를 갖지만 일반적으로 인식(과학)과 행동(윤리)을 구분하기 때문에 칸트주의의 부활이라 볼 수 있고, 존 롤스에 이르러 깊이 있는 현실적 내용과 의의를 가지게 되었다고 평가한다. 리쩌허우는 비트겐슈타인의 윤리학이 칸트가 언급한 형식적 보편성으로서의 정언명령의 중요성, 즉 주체성의 주관적 측면에서의 의지 구조와 이성의 응결체이자 인간의 능동성과 유사하게, 초자연적 영구성과 절대적 가치를 갖는 개체의 신비한 경험을 윤리학의 대상으로 삼고 있지만, 비트겐슈타인이 신비적인 것으로 다룬 이 경험이란 실은 인류사회를 관통하는 보편적 형식으로서의 문화-심리 구조에 다름 아니라고 평가한다.

다른 한편으로, 리쩌허우는 노동운동과 사회주의 운동에서 칸트주의가 다루어져온 방식을 개괄한다. 1870년대에 오토 리프만이 '칸트로 돌아가자'라는 구호를 외친 이후 신칸트주의가 일반적 사조가 되었고, 자연과학의 발전에 따라 헬름홀츠와 코엔 등 많은 학자가 칸트의 인식론으로 회귀했는데, 특히 코엔은 칸트야말로 독일 사회주의의 진정한 창시자라고 평가했다. 제2인터내셔널을 이끈 사회민주당의 지도자들 사이에서 칸트주의의 도입을 둘러싼 찬반 논쟁(아들러와 베른슈타인은 찬성, 카우츠키와 플레하노프는 반대)을 소개하면서, 리쩌허우는 이 부분에 대해 특별한 평가 없이 지나간다. 이후 루카치, 마르쿠제, 사르트르 같은 서구 마르크스주의의 주관주의적, 의지주의적, 반역사주의적 흐름을 분석한 후, 리쩌허우는 카우츠키의 다원주의, 플레하노프의 프랑스 유물론, 서구 마르크스주의 모두가 서로 다른 방식이긴 하지만 대체로 세계를 변화시키는 주체적 실천과 사회적이고 객관적인 역사를 서로 분리시켰다는 공통점을 가진다고 비판한다. 역사의 객관적 진행과정과 수억의 민중 및 개인이 자유롭게 창조하는 역사 양자 사이의 복잡한 변증법적 관계를 구체적으로 탐구하지 않았다는 것이다.

리쩌허우는 사적 유물론이 경제발전의 객관적 역사의 기초 위에서 자유와 필연, 주관적 능동성과 객관적 역사성이 현실적 통일을 이루는 방식을 탐구하는 것이며, 마르크스가 강조하는 것은 주관적 능동성과 역사적 객관성, 혁명성과 과학성, 주관적 노력과 객관적 현실을 중시하는 정신 사이의 통일이라고 강조한다. 리쩌허우는 이런 통일성이 오늘날 중국에서 보편성과 필연성을 획득하게 하기 위해서는 “감성적이고 개인적인 기초 위에 구축된 보편성, 예컨대 칸트가 제기한 형식(공화정체), 인권(목적으로서의 인간), 이상(세계평화)은 프로이센 국가(주권)를 절대정신(이성)의 최종적 윤리 근거로 삼은 헤겔의 관점보다 더욱 중요하다”라고 주장한다.

리쩌허우에 따르면 칸트 이후 피히테, 셸링, 헤겔에서 니체, 베버, 하이데거, 슈미트에 이르는 독일의 대다수 사상가는 한 시대를 풍미한 낭만주의적 성격을 지니고 있었고, 사상적 내용이 풍성하기는 했으나 독일이 분열되고 낙후된 상황에서 영국과 프랑스를 대표로 하는 자본주의 체제와 그 체제의 용렬함과 비속함에 불만과 분노를 품었으며, 독일 민족의 문화적 특수성을 통해 현실생활에 저항하면서 그것을 넘어서는 보편성을 제시하려 했지만 결국엔 반이성적 광풍의 길로 들어서고 말았다. 이런 점은 히틀러의 출현이 (하이데거, 하이젠베르크, 슈미트 등 다수의 지식인을 포함해) '전 국민적 추앙'을 얻었다는 사실과 결코 무관하지 않다는 것이 독일 사상사의 엄중한 교훈이라고 리쩌허우는 강조한다. 이런 맥락에서 그는 이들에 비해 좀더 건강한 칸트를 인류학 역사본체론의 기초 위에서 계승하고 발전시켜야 한다고 주장한다.

9) 미학과 목적론

이 책의 마지막 10장은 리쩌허우의 칸트 해석에서 가장 돋보이는 지점이다. 이는 미학적 사유가 칸트 사상 전체에서 차지하는 중요성을 리쩌허우가 서구의 칸트 해석자들보다 더 깊이 체득하고 있다는 데서 기인하지 않나 싶다. 리쩌허우는 『판단력비판』이 사변이성(인식)과 실천이성(윤리) 사이의 매개를 제시하는 것으로 '비판철학'의 종결에 해당함에도 불구하고, 앞의 두 비판에 비해 제3비판에 대한 연구는 오늘에 이르기까지 매우 부족한 실정이라고 말한다. 실제로 이런 특수한 해석적 결함은 『비판철학의 비판』의 마지막 장을 더욱 돋보이게 만드는 사상사적 배경이라 할 수 있다.

리쩌허우는 루소와 헤겔의 중간에 위치한 칸트 철학의 진정한 핵심이 '사회성을 갖춘 인간'이라는 해석으로 이 10장을 시작한다. 이 점은 루소, 스피노자, 프랑스 유물론의 '자연'과 구별되고, 중세 이후의 '신'과도 다르며, 헤겔이 개체(인간)를 완전히 함몰시켜 얻은 '절대이념'과도 구분된다. 칸트의 인간은 사회성을 선험적 본질로 삼지만 동시에 여전히 감성적 개체인 자연적 존재로서, 칸트에게서 이성과 감성의 관계는 총체와 개체, 사회(보편 필연성)와 자연(감성적 개체) 사이의 관계였던바, 칸트는 만년에 이르러 자연적 인간에서 도덕적 인간으로의 전환을 가능하게 하는 구체적인 중개 혹은 교량을 모색했는데, 그것이 바로 『판단력비판』이라는 것이다. 『순수이성비판』의 초월적 원리가 범주의 구축적이고 지도적인 원리이고, 『실천이성비판』의 초월적 원리가 도덕명령이었다면, 『판단력비판』의 초월적 원리는 자연의 합목적성이다. 이것은 자연 자체의 원리나 도덕명령이 아니라, 자연을 탐구하고 경험을 통일하는 데 필수적인 지도적 규범이다.

여기서 특히 돋보이는 부분은, 칸트가 말하는 합목적적인 내재적 목적성을 원인과 결과가 피드백되는 유기체 안에 존재하는 목적성으로 해석하는 대목이다. 부분과 전체, 부분과 부분이 서로 의존하면서 각각 번갈아 원인과 결과로 바뀌는, 부단히 자신을 조절하고 환경에 적응하는 자기조직적인 유기적 시스템이라는 생명체의 특성, 예술작품의 구조와 같은 것이 바로 칸트의 합목적성 개념이라는 것이다. 그리고 이런 합목적성 개념이 바로 감성적 자연과 이성적 자유를 연접시켜주는 교량 역할을 하게 된다는 것이다. 리쩌허우가 이에 대해 더 자세히 설명하고 있지는 않지만, 이런 해석은 칸트의 『판단력비판』이 현대 복잡계 과학의 방법론을 선취하고 있음을 잘 보여주는 부분이다.

리쩌허우의 이런 관점은 『판단력비판』의 요점이 감성적 자연(인과적 인식)과 이성적 자유(자유의 윤리)라는 이질적 영역을 '연접시키는 형식'의 규명에 있음을 명확히 보여주는 것이기도 하다. 생명체를 구성하는 요소들이 모두 물리적인 것들로서 기계적 인과율에 종속됨에도 불구하고, 그 요소들의 전체 집합인 생명체가 다른 물리적인 무기물들과 달리 자유로운 행동을 할 수 있는가라는 문제에 대한 답을 요소들의 '내용적 실질'이 아니라 그 요소들이 관계맺는 '형식'에서 찾는 것이다. 칸트 철학에서 감성적이면서 이성적인 사람만이 비로소 심미적 유쾌함을 향유할 수 있는 이유를 리쩌허우는 이런 형식의 특수성에서 찾고 있다. 생리적 쾌락과 도덕적 쾌락은 모두 '대상의 감성적 존재'와 관련 있지만, 심미적 쾌락과 불쾌는 단지 '대상의 감성적 형식'에 연관되어 있다는 것이다.

리쩌허우의 분석이 더욱 돋보이는 지점은 다음과 같다. 심미적 판단력비판의 제1계기(질)인 '무관심적 관심'과 제2계기(양)인 '개념 없는 보편성'은 이미 영국 경험론 미학이 제기했던 심리적인 형식적 특성이지만, 칸트는 이런 계기들을 제3계기(관계)인 '목적 없는 합목적성'이라는 철학적 특성으로 고양시켰고, 이를 통해 미의 이상, 즉 이상과 목적의 관계로서의 미라는 문제를 부각시켰다는 것이다. '목적 없는 합목적성'은 자기조직적인 유기적 조직 내에서 특정한 '관계'를 구성하며, 자연과 인간의 통일의 독특한 '형식'이라는 것이다. 또한 리쩌허우는 제4계기(양태)의 분석에서 칸트가 심미적 판단의 필요조건으로 제시한 '초월적 공통감각'이 인류의 집단 이성, 즉 사회성과 연계되어 있는 지점에 주목한다. 이 심미 현상과 심리 형식의 근저에서 심리와 사회, 감각과 윤리, 자연과 인간의 교차가 발견된다는 것이다.

이런 이유에서 리쩌허우는 칸트의 보편적 인성론이 프랑스 유물론이 주장하는 자연 인성론과 다르고, 개체와 감성을 말살하는 경향성을 가진 헤겔의 정신 인성론과도 다르게, 자연과 인간, 감성과 이성이 감성적 개체 안에서 통일될 것을 요구한다고 본다. 특히 감성과 이성을 연결하는 심미적 판단이라는 교량 안에서, 미에서 숭고로의 이동, 순수한 미에서 의존적 미로의 이동, 형식적 미에서 예술적 미로의 이동, 미에서 도덕으로의 이동과 같이, 과도적 과정 속에 다시 과도적 과정이 존재하는 복잡한 연계 방식(일종의 프랙탈 구조)이야말로 칸트 미학의 가장 큰 특징이라고 리쩌허우는 강조한다.

그는 미에서 숭고로의 이동이 심미 영역 안에서 윤리로의 이동이라면, 순수한 미에서 의존적 미로의 이동은 미의 현상에서 '미의 이상'으로의 이동이라는 의의를 갖는다고 본다. 칸트에게서 '미의 이상'은 순수한 것이 아니라 부분적으로 이지를 갖춘 취미판단인데, 리쩌허우는 이를 지성 범주가 구축되어 감성화되고 인식이 되는 것, 도덕 이념이 상징을 통해 감성화되는 것과 유사하다고 보면서, “미는 도덕의 상징”이라는 칸트의 정의가 도덕적 고상함과 정결함을 상징하는 중국 고대 예술의 사군자四君子(국화·대나무·매화·난초)와 상당히 일치한다고 말한다. 또한 칸트는 심미에 대한 분석에서 ‘미의 이상’을 말하고, 예술 창조에 대한 분석에서는 ‘심미 이념’을 말하는데, 리쩌허우는 양자가 동일한 것이며, 다만 전자가 감상과 취미판단의 각도에서 제기되었다면 후자는 창작 심리와 천재의 각도에서 제기되었다는 차이가 있을 뿐이고, 양자 모두 심미에서 도덕으로의 이동을 다룬다고 본다. ‘심미 이념’은 유한한 형상 안에서 무한한 이성의 내용을 드러내는 것으로, 여기서 이념이라는 것은 초경험적이고 자연의 인과관계를 넘어서는 도덕의 세계를 나타내며, 어떤 확정적 개념으로 표현할 수 없는 것이다. 이런 까닭에 리쩌허우는 이것이 중국 예술에서 회자되는 “말은 끝이 있지만 의미는 끝이 없다” “형상은 사유보다 크다” 같은 말과 유사하다고 본다. 칸트는 예술이 죽음·사랑·평온 등 구체적 경험의 이미지 안에서 자유·영혼·신 같은 초경험적 이성 이념(도덕)을 드러내고 ‘제2의 자연’을 만들어낸다고 생각했는데, 여기서 ‘제2의 자연’이란 예술적 표현이 그 목적을 직접적으로 드러내는 것이 아니라, 마치 자연처럼 목적 없는 합목적성을 통해 심미적 감수성을 일으키는 것을 지칭한다는 것이다.

특히 리쩌허우의 독창적 해석이 가장 돋보이는 부분은 경험론 미학(주관주의)과 합리론 미학(객관주의) 사이의 이율배반에 의거해 취미의 이율배반을 해결하려는 『판단력비판』에 대한 비판적 재해석이다. 리쩌허우는 이 두 가지 미학 사이의 이율배반을 넘어서는 칸트 미학의 진정한 모순은 순수한 미와 의존적 미, 미와 숭고, 심미와 예술, 취미와 천재의 대립 속에 있다면서, 이를 형식주의와 표현주의 사이의 첨예한 모순으로 요약하고, 칸트 이후의 여러 미학 이론과 예술 유파는 결국 이 두 측면이 발전한 결과라고 본다. 이런 해석은 앞서 리쩌허우가 『순수이성비판』의 핵심이 경험론과 합리론의 종합이 아니라 뉴턴의 자연과학과 루소의 윤리학 사이의 종합에 있다고 보았던 지점과도 공명하는 것으로 『비판철학의 비판』의 중요한 성과로 판단된다. 미학에서 형식주의(심미)와 표현주의(숭고)의 이율배반은 인식론에서 자연과학(법칙)과 윤리(자유)의 이율배반과 쌍을 이룰 수 있기 때문이다. 또한 리쩌허우는 일반적으로 『판단력비판』의 1부 '심미적 판단'과 2부 '목적론적 판단'이 서로 연계되어 있지 않다고 말하지만, 이 두 부분을 연접시키려 한 것이 칸트의 실제 의도였다고 새롭게 해석한다. 자연미가 도덕의 상징이라는 방식으로 도덕적 인간을 향하고(1부), 자연계는 다시 도덕적 인간을 그 최종 목적으로 한다는 점(2부)에서 양자가 서로 연결된다는 것이다.

한편, 리쩌허우는 목적론적 판단의 이율배반에 대한 변증론에서 취한 칸트의 해결책, 즉 기계론과 목적론은 판단력의 주관적 지도 원리 아래서 결합될 수 있다는 해결책(생명이 어떤 목적을 가지고 있고 동시에 그 목적은 반드시 기계적 규칙 안에서 체현된다고 보는 것)이 현대 생물학 내에서 계속되는 논쟁을 해결하는 데 도움이 되리라 기대하는 것 같다. 다시 말해 구조주의가 제시하는 피드백 이론, 자기조직 이론이 칸트가 유기체를 범례로 하여 제시한 목적론에 대한 해답이 될 수 있다는 것이다. 이 경우 한 단계 낮은 물질적 운동이 어떤 형식 구조 안에서 자신과는 다른 한 단계 높은 물질운동을 산출해내는가를 해명하는 것이 문제인데, 이 문제는 신비한 활력을 맹신하는 반환원론파에 비해 더 건강하고 풍부한 성과를 내고 있는 환원론파에 의해 해결되지 않을까 하는 것이다.(실제로 무기물에서 생명의 창발이라는 문제는 1980~90년대 복잡계 과학의 발전과정에서 스튜어트 카우프만의 실험에 의해 일정 부분 해답을 찾았다.)

이런 독특한 해석을 통해 리쩌허우는 자신의 미학 사상을 풍부하게 전개하는데, 특기할 만한 점을 요약해보면 다음과 같다.

(1) 심미 영역의 범위는 극도로 광대하며, 일상생활의 감성적 경험 안에서도 존재할 수 있다. 그리고 그 실질은 일종의 유쾌한 자유로운 감정이다. 이 때문에 밥을 먹는 일은 배고픔을 채우는 것만이 아니라 일종의 미식美食이 되고, 남녀는 교배를 하는 것이 아니라 사랑을 하게 되고, 세상을 돌아보며 여러 가지를 느끼고 싶은 각종 욕구는 예술적 욕구가 된다. 이렇게 해서 감성 안에 감성만, 자연이나 형식 안에 자연이나 형식만 있는 것이 아니라, 감성 안에 이성이 스며들고 개성 안에 역사가 있게 되며, 자연 안에 사회가 충만하게 된다. 총체·사회·이성은 최종적으로 개체·자연·감성에 스며들게 된다는 것이다. 이것이 바로 마르크스가 말한, 낡은 유물론의 입각점인 시민사회가 아니라 새로운 유물론의 입각점인 인류사회 혹은 사회화된 인류라는 것이다.

이렇게 마르크스가 말한 해방은 전 인류의 해방이며, 단순히 경제적이고 정치적인 요구일 뿐 아니라 모든 소외로부터의 해방인 미를 포함한다. 실러가 말했듯 인간은 오직 유희 속에서 진정으로 자유롭고, 개체로서의 인간은 오직 자유롭고 창조적인 노동과 사회 활동 속에서 비로소 아름답다는 것이다. 이런 이유에서 리쩌허우는 여러 사람이 이야기하는 '칸트→헤겔→마르크스'가 아니라 '칸트→실러→마르크스'가 미학적 공식이 되어야 한다고 주장한다.

(2) 리쩌허우는 마르크스가 칸트와 실러의 유심론적 유토피아의 문제를 사적 유물론의 기초 위에서 재구성하고, 노동과 실천과 사회적 생산에서 출발하여 인간 해방과 자유로운 인간을 논했다고 주장한다. 그러므로 마르크스주의 미학은 의식이나 예술을 출발점으로 삼은 것이 아니라 '사회적 실천'과 '자연의 인간화'라는 철학적 문제에서 출발한다는 것이다. 심미는 자연과 인간의

통일로서의 사회적 실천이 주관적 심리에 반영된 것이고, 그 구조는 사회적, 역사적 축적의 결과이며, 심리의 제 기능(지각·이해·상상·정감 등)의 서로 다른 조직과 결합은 서로 다른 특징을 가진 심미적 감수성과 예술적 품격을 형성해낸다는 것이다. 그리고 그 구체적 형식을 리쩌허우는 화학의 이중나선 형태에 비유한다. 그는 칸트가 심미적 쾌락의 상상력과 지성의 자유로운 조화에서 그 주체적인 관계는 알 수 없는 것으로 생각하여 신비로운 형식적 합목적성의 개념을 도입했고, 현대 심리학도 아직까지 심미에 관한 심리적 상태를 과학적으로 규명하지 못하고 있지만 가까운 장래에는 이루어질 수 있으리라 기대하고 있다.

'미'와 '심미'의 이중나선 구조, 즉 진리와 선의 통일이 객체인 자연에 대한 감성적 자유의 형식으로 표현된 것이 '미'이고, 주체 심리의 자유로운 감수성(시각·청각·상상력)으로 표현된 것이 '심미'라는 것이다. '형식미(우아미)'는 이런 통일 속의 모순이 조화된 상태이고, '숭고'는 이런 통일 속의 모순이 충돌하는 상태이다. 숭고의 기초는 칸트가 주장하듯 자연이나 영혼에 있지 않고 인류의 사회적 실천에 있다. 자연미의 숭고함이라는 것도 인류의 사회적 실천이 자연을 역사적으로 정복한 후, 그에 대한 감상의 과정에서 자연 자체가 격정을 불러일으키는 대상이 되는 것을 말하며, 예술의 경우에도 사회적 숭고함을 표현한다는 것이다. 인간의 창조적 활동(합목적성과 합법칙성의 통일)에서 인간의 예술 향유 및 자연 감상은 모두 그러한 미의 객관적 존재와 주관적 쾌락을 포함하는 것이다.

(3) 계급 간 대립, 착취와 억압이 철저하게 소멸되고, 더이상 소외를 불러일으키는 힘과 요소에 통제되고 지배되어 노동하지 않는 공산주의 사회에서는 인간의 창조성과 개성의 풍부함을 체현하는 노동력과 여타의 실천 활동이 대규모의 미적 형식을 통해 표출될 것이다. 이때에 이르러 '인간은 목적이다'라는 명제의 과

학적 함의가 진정으로 나타날 것이며, 인간의 존재 자체도 근본적 변혁을 맞이할 것이다. 사회적 재산과 부의 창조는 단순히 노동시간을 통해서가 아니라 자유로운 시간을 통해 계산될 것이고, 예술적이고 과학적이며 창조적인 자유로운 노동은 사회 발전의 지표이자 척도가 될 것이다. 공산주의는 인류 사회의 발전과 경제의 부단한 성장이 현실화되는 객관적 추세이면서 동시에 수억의 민중이 분투하며 얻어내고자 하는 미적 이상이다. 이런 맥락에서 볼 때, 칸트가 객관적 미와 주관적 심미의 근본 기초 전체를 신비로운 '초감성적 본체'로 귀결시키려 한 것이 실제로는 인간과 자연(외재적 자연과 내재적 자연을 모두 포함)의 동일한 승리임을 알 수 있다. 공업과 문명이 인류 역사책의 첫머리를 여는 심리학적 척도라면, 미와 심미는 그 역사책을 마무리하는 공업과 문명의 척도로서, 미의 본질과 인간의 본질은 이렇게 서로 밀접하게 연관되어 있다는 것이다.

미의 본질은 인류의 실천이 세계를 생산한다는 것을 나타내며, 마르크스가 말한 바와 같이 인간은 미의 척도에 근거하여 생산한다. 자연 상태로 존재하는 개체 존재 안에 극도로 풍부한 사회성이 충만해 있는 것, 이것이야말로 진정한 개성의 의의라는 것이다. 공산주의는 "완성된 자연주의 = 인본주의"로서, 인간과 자연, 인간과 인간 간의 대립이 진정으로 해결된 상태로서, "자연과학은 스스로를 인간의 과학에 속하게 할 것이다. 마찬가지로 인간의 과학도 자연과학에 속하게 되어 하나의 학문이 존재하게 될 것이다."(마르크스) 여기서 말하는 인성과 인본주의는 구체적으로 사회적, 역사적 성질을 가지고 있고, 자연과 초자연을 모두 포함하는 것으로 이해해야 한다. 이것이 "각자의 자유로운 발전이 모든 사람의 자유로운 발전의 조건이 되는" 미래 사회이며, 충분히 발전한 개체 자체는 바로 인간과 자연, 사회와 개성이 고도로 통일된 상태에 다름 아닐 것이다. 미란 본래 인류의 오랜 역사적 실천과정에서 생산된 것이다. 모든 인류사는 우리에게 비록 어렵고 고통스러우며 오랜 투쟁의 과정을 거칠지라도 결국 미의 세계를 쟁취할 수 있음을 가르쳐주고 있다는 것이다.

3 칸트와 마르크스에 내재하는 이중적 긴장

필자는 앞서 이 책이 괄목할 만한 성과를 보여주면서도 한편으로는 몇 가지 점에서 미흡한 부분과 동의하기 어려운 부분이 있다고 지적했다. 또한 분석을 진행하는 가운데 몇 가지 추가로 규명해야 할 문제가 있음을 살펴본 바 있다. 여기서는 이런 문제들을 칸트 관련 부분과 마르크스 관련 부분으로 나누어 구체적으로 분석한 후, 리쩌허우가 주목하지 못했던 칸트와 마르크스 사이의 긴장관계에 대해 종합적으로 고찰해보고자 한다.

1) 칸트 해석에서의 문제

먼저 칸트 해석에서 미진한 부분은 '규제적 이념'의 의미와 역할, 칸트와 퍼스의 관계, 칸트의 도덕명령과 순자의 예의 관계, 민주주의와 공화제에 대한 칸트 해석의 타당성 문제 등이다. 이를 순서대로 살펴보도록 하겠다.

(1) 리쩌허우는 '물 자체'를 논하는 7장에서 물 자체의 의미에는 세 가지 층위가 있다고 보며, 그중 세번째 의미인 '이성의 이념'이 '규제의 원리' 역할을 수행한다면서, 칸트가 '범주'와 '이념'을 나누고 '구성의 원리'와 '규제의 원리'를 구분한 것은 비판철학의 가장 중요한 기본적 사상이라고 주장했다. 리쩌허우는 전자가 과학의 원리라면 후자는 매우 중요한 방법론적 철학 원리라고 말한다. 그런데 규제의 원리로서 이성의 이념은 지식에 통일성

을 부여하며 이런 통일성이 없다면 우리의 인식은 지리멸렬하게 분해될 것이라는 칸트의 설명을 인용할 뿐 이에 대한 리쩌허우의 추가적 해석은 없다. 그는 칸트의 본문 여러 곳을 인용하고 나서 여기서 정말 문제가 되는 것은 무조건적이고 무제한적인 절대적 총체인 이성의 이념과 감성의 조건적이면서 유한한 경험 사이의 대립, 즉 절대적 진리와 상대적 진리의 대립이라는 견해를 제출한 뒤, 이 문제에 대한 헤겔의 유심론적 해결책을 비판하면서, 이 문제는 오직 사적 유물론적 실천론의 기초 위에서 통일될 수 있다는 주장으로 마무리한다.

그러나 리쩌허우 자신도 칸트 비판철학의 핵심이라고 본 '구성의 원리'와 '규제의 원리'가 대립을 벗어나 사적 유물론적 실천론의 기초 위에서 통일될 수 있다고 보는 것은 칸트가 말한 두 원리의 구분을 단순히 수단과 목적의 관계처럼 도구화시켜버린다는 인상을 지울 수 없다. 이런 식의 손쉬운 통일은 칸트와 마르크스를 연결하려는 그의 해석적 절차에 중대한 착오나 공백을 만들 가능성이 높고, 칸트와 마르크스 사이의 긴장관계를 손쉽게 봉합할 위험을 내포한다. 이렇게 다양한 파급적 효과는 뒤에서 다시 살피기로 하고, 여기서는 칸트가 말한 규제적 원리의 의미와 역할을 그와는 다르게 해석해보고자 한다.

칸트는 『순수이성비판』의 '초월적 변증론' 가운데 제2편 '순수이성의 변증론적 추리'의 3장 '순수이성의 이상' 및 '초월적 변증론의 부록' 중 '순수이성의 이념들의 규제적 사용' 단락에서 이성의 규제적 원리의 의미와 그 사용 방식 및 역할 등에 대해 집중적으로 분석하고 설명하는데, 여기서 칸트가 말하고자 하는 요점은 세 가지로 집약할 수 있다. 즉 순수이성의 이념은 ① 발견적 원리로서 오성의 경험적 인식의 체계적 통일을 완성해나가는 데 기여하며, 다양성·유사성·동일성이라는 논리적 원리에 기반하지만, ② 이것이 규제적 원리라는 사실을 잊고 독자적인 사변적 관심에 몰두하면서 구성의 원리로 사용하고자 할 경우 불필요한 논쟁과 진리의 전진에 장애물이 될 뿐이며, ③ 자신의 자연 탐구를 완결된 것으로 간주할 경우나 최고의 예지를 구성적 원리로 사용할 경우에는 이성의 태만과 전도된 이성의 과오에 빠지게 된다는 것이다.

여기서 피히테, 셸링, 헤겔의 경우가 "규제적 원리를 초월적 인식을 '구성'하는 원리로 생각하여, 번쩍이기는 하되, 기만적인 가상에 의해서 독단적 사견과 자부하는 지식을 야기하고, 이 때문에 영원한 모순과 싸움을 야기하기도 하는 것"[13]이라는 칸트의 우려를 현실화한 사례가 될 것이다. 리쩌허우도 ②와 ③의 경우를 잘 보여주었다고 할 수 있다. 그러나 그는 ①의 경우를 좀더 천착하지 않았는데, 이 점은 그가 퍼스의 예를 잠시 거론하고 지나가 버린 것과도 관계가 있다고 본다. ②와 ③의 경우는 이성의 규제적 원리를 부정적으로 사용한 사례이지만 ①의 경우는 이성의 규제적 원리를 적극적으로 사용한 사례이므로 이 부분이 적극적으로 해명되지 않을 경우, 칸트 철학의 현대적 의의를 명확하게 해명하기가 어렵다. 이성의 규제적 원리가 오성의 경험적 인식의 체계적 통일과 확장에 적극 기여하는 가설적이고 발견적인 성격을 가진다는 점은 칸트 철학이 현대과학의 발전 원리와 일치하는 지점이기 때문에 더 명확히 규명될 필요가 있다. 이 점은 리쩌허우도 1장에서 명시하고 있지만 그 절차를 상세히 규명하지는 않고 있다. 이 지점은 필자가 다른 글에서 자세히 논증한 바와 같이, 퍼스의 가추법abduction 및 그레고리 베이트슨의 시스템 이론에 기초한 학습이론과 연결할 때 그 작용 메커니즘이 선명하게 드러날 수 있다. 여기서는 지면 관계상 요점만 정리해보도록 하겠다.

퍼스의 가추법은 톱-다운top-down 방식의 연역법과 바텀-업bottom-up 방식의 귀납법을 연결하는 '미들-업-다운middle-up-down'

13. 임마누엘 칸트, 『순수이성비판』, 최재희 옮김(박영사, 1997), 499쪽.

과 같은 중간 조절 장치에 해당한다. 가추법은 어떤 개별 사실에 대한 관찰로부터 그 원인에 대한 가설을 세워 인과관계를 추론하고, 실험을 통해 가설을 입증하거나 반증하는 방식으로 개별 사실로부터 보편적 법칙을 발견해나가는 과학적 발견의 핵심 절차이다. 그레고리 베이트슨의 학습이론에 의하면, 이 중간 조절적 절차는 한번에 이루어지는 것이 아니라 ① 형태와 과정의 ② 교호적 순환작용과 ③ 논리 계형의 구별로서 ④ 시간이 경과하는 동안 이 세 요소 간의 지그재그적인 변증법적 과정이 그려지는 방식으로 상세화될 수 있다. 그리고 여기서 형태와 과정 간의 지그재그적 변증법은 마르크스가 말하는 추상과 구체, 탐구와 서술의 지그재그적 변증법에 해당한다.[14]

여기서 핵심은, 복잡하면서도 확장적인 이 중간 절차를 통과함으로써 이루어지는 이성의 규제적 사용에 의한 오성적 인식의 확장이라는 과정이, 리쩌허우가 말하듯 이성의 규제적 원리와 오성의 구성적 원리가 실천의 기초 위에서 단지 통일된다고 하는 단순한 방식으로 이루어지지 않는다는 것이다. 이성의 규제적 원리가 오성의 구성적 원리를 규제하는 이런 복잡한 방식은 『순수이성비판』만이 아니라 『실천이성비판』과 『판단력비판』이라는 비판철학 전체를 관통하는 핵심 방법론으로, 오성과 이성, 과학과 철학, 자연과 윤리, 감성과 이성을 매개할 수 있는 실질적 교량이기에 그 중요성은 아무리 강조해도 지나치지 않는다. 뒤에서도 살펴보겠지만, 이 복잡한 절차에 대한 명확한 인식 없이 칸트와 마르크스를 유물론적 실천이라는 기초 위에서 연결하려는 시도는 실패하기 쉽다.

(2) 칸트는 『판단력비판』에서 두 세계를 '매개하고 연결'하려 했지 '통합'하고자 했던 것은 아니다. 매개/연결과 통합은 같은 개념이 아니다. 만일 통합이 된다면, 쌍방향 조절절차와 같은

14. 심광현, 『맑스와 마음의 정치학』(문화과학사, 2014), 91~101쪽 참조.

반성적 판단력의 노력 자체가 불필요해지기 때문이다. 쌍방향 조절이 필요한 이유는 쌍방향이 서로 다른 차원에 속해 있기 때문이다. 만일 쌍방향이 서로 다른 차원이 아니라 하나로 통합되어 있다면 이상적 도덕규범과 현실적 사회규범, 보편과 개별의 구분도 불필요해질 것이다. 또 한 가지 중요한 점은 이 매개와 연결의 과정에는 규제적 원리를 구성적 원리로 착각하거나 이성의 태만이나 순환논증과 같은 오류가 종종 발생한다는 점을 잊지 말아야 한다는 것이다. 이런 이유에서 자연과 자유, 과학과 윤리, 기술과 도덕은 언제나 예술과 삶의 기예라고 하는 실용적 관점에서 구심적으로 매개되어야 하지만, 그것으로 통일이나 통합이 이루어지는 대신 항상 양쪽의 원심력에 의해 분리되기 쉬운 긴장관계 속에 놓여 있다는 점이다. 과학적 탐구와 윤리적 이상에 대한 추구가 동시에 강화(선순환)되지 않을 경우에는 규제적 원리를 구성적 원리로 착각하거나(피히테), 이성의 태만 혹은 순환논증(헤겔)으로 전락하기 쉽다.

이런 점들에 주의하지 않을 경우 칸트에게서 나타나는 감성과 이성 사이의 긴장을 마르크스적인 사적 유물론적 실천의 기초 위에서 통일하려는 리쩌허우의 시도 역시 유사한 문제에 빠질 우려가 있다. 이런 위험은 리쩌허우가 순자의 예禮를 칸트의 도덕명령에 상응한다고 보는 데에서 단적으로 드러나는 것 같다. 이는 앞서 말했듯, 칸트의 내재적 도덕을 외재적 윤리로 전환시킨 헤겔의 문제점을 스스로 다시 반복하는 것이나 다름없기 때문이다. 칸트의 정언명령은 이성의 규제적 원리로서 자신과 타인 모두를 자유로운 세계 시민이라는 목적으로 대하라는 것이지, 특정한 공동체의 사회적 규범이 요구하는 질서 구성 원리를 의미하는 것이 아니라는 점을 다시 한번 상기해볼 필요가 있다.

『역사본체론』에서도 이와 유사한 방식의 문제가 드러난다.

15. 리쩌허우, 『역사본체론』, 황희경 옮김(들녘, 2004), 78쪽.

리쩌허우는 맹자의 호연지기와 칸트의 절대명령을 연결하여 "인간 도덕의 '호연한 지기'가 우주 천지와 함께 더불어 아름답고 서로 연결되어 있음을 말한 것"이고, "이러한 숭고감은 개인의 감성적 생명을 뛰어넘은 것"[15]이라고 말한다. 그는 중국 전통철학에서 말하는 '천리天理' '양지良知' '천도天道'와 칸트의 절대명령은 모두 절대주의 윤리학으로서 '종교적 도덕'에 해당하며, "개인의 '영혼을 구제하고' '안신입명安身立命'하게 한다"[16]라고 보면서, 이 '종교적 도덕'이 도대체 어디에서 나왔는가를 질문하고 그것은 본래 하나의 사회적 도덕이었다고 설명한다. 종교적 도덕은 본래 일정한 시공 내에 있는 어떤 사회적 도덕에서 기원한 것인데, '보편 필연성'의 신앙이나 정감의 최종적 귀의처로 끌어올려져 경외와 숭배의 대상이 된 것이고, 각종 주·객관적 필요 때문에 인간적 사정이 신성한 것으로 변한 결과라는 것이다.[17] 선험적인 '천리' '양지'라는 것도 모두 "'사회적 도덕'이라는 경험적 내용을 '종교적 도덕'이라는 초험적 형식에 집어넣어 보편 필연적이고 신성 숭고한 절대명령이 되게 한 것"인데, "개인이 이러한 도덕행위를 실천하면 내적 심리상태가 협애한 경험의 범위[현실적 공명이나 이익]를 뛰어넘어 어떤 외적인 것에도 의지하지 않는 독립적이고 자족적인 강대한 힘", 자유의지를 갖추게 되며, "'인간'으로서의 표준이 되어 영원히 후세의 마음을 고무시켜 오랜 세월이 지나도 사멸하지 않는다"는 것이다.[18]

사회적 도덕과 종교적 도덕을 구분하고 후자가 전자로부터 발전해온 것이라는 설명은 '경험이 선험으로 변하고, 역사가 이성을 구축한다'는 사적 유물론의 발생론적 테제와 상응한다. 그러나 인간이 동물에서 진화했다고 해서 동물의 차원으로 환원될 수 없듯 종교적 도덕이 사회적 도덕에서 발생했다고 해서 전자가

16. 같은 책, 79쪽.

17. 같은 책, 81~83쪽 참조.

18. 같은 책, 86쪽.

후자로 환원될 수 없다는 점을 망각해서는 안 된다. 사회적 도덕이 특정한 시공간 속에서의 역사발전 단계에 묶여 있는 데 반해, 종교적 도덕은 일단 그 보편 필연성의 선험적 차원에 도달한 후에는 후대의 표준이 되어 사멸하지 않는다는 점에 큰 차이가 있기 때문이다. 도덕(이성)과 행복(감성)을 구분하는 칸트의 이분법은 바로 이 차이를 가리킨다고 할 수 있다. 리쩌허우가 사회적 도덕과 종교적 도덕을 구분하고, 현대에 걸맞은(개체의 사적 이익이 먼저고 공익이 다음인) 방식으로[19] 사회적 도덕의 재건을 강조하는 것도 바로 이 점을 건너뛸 수가 없기 때문일 것이다. 또한 그가 '자유'를 역사적 구체 속에서 "전통적 '종교적 도덕'의 속박에서 해방되어 만들어진" 구체적 경험의 선택적, 전환적 창조를 의미하는 '소극적 자유'와 "유토피아적 이상의 호소와 동경"을 의미하는 추상적인 '적극적 자유'를 구분[20]하는 것도 이 때문일 것이다. 칸트식으로 말하자면 종교적 도덕과 적극적 자유는 사회적 도덕과 소극적 자유의 미진함 점들을 체계적으로 통일시키고 확대해나가도록 요구하고 촉진하는 규제적 원리의 역할을 해야 한다.

하지만 리쩌허우는 현대에 걸맞은 사회적 도덕의 재건을 주장하는 지점에서 도덕적 이념의 규제적 원리를 사용하지 않고 있으며, 오히려 현대의 자본주의적 사회경제 원리인 사적 이익에 걸맞은 사회적 도덕의 재건을 주장한다. 이런 지점은 바로 칸트가 비판했던 '이성의 태만'을 상기시키는 것 아닌가? 또한 종교적 도덕이라는 개념은 종교와 도덕의 차이를 없애버리는데, 이런 융합은 제도로서의 종교와 자유의지로서의 개인적 도덕의 차이를 무화시켜버린다는 문제점을 갖는다.

19. 같은 책, 93쪽 참조.

20. 같은 책, 97~98쪽.

2) 마르크스 해석에서의 문제

리쩌허우는 『비판철학의 비판』 후기에서 자신이 칸트 철학에 천착한 이유는 마르크스주의가 비단 혁명의 철학일 뿐 아니라 구축의 철학이기도 하다는 점, 마르크스의 실천철학이 사적 유물론인 동시에 정신문명의 구축 역시 마르크스주의 철학의 중요한 문제라는 데 초점을 맞추고자 했다고 밝힌다. 이 주장이 유의미할 수 있는 것은 혁명과 구축, 물질문명과 정신문명을 양자택일하는 것이 아니라 결합하는 데 있다고 할 것이다. 하지만 리쩌허우는 후기에 들어서면서 양자의 결합보다는 양자택일의 방향으로 나아가며, 그 과정에서 칸트의 윤리와 마르크스 정치사상의 핵심을 '거세'하는 방식으로 칸트와 마르크스를 연결하는 것 같다. 여기서는 어떻게 이런 변화가 나타나는지 자세히 살펴보도록 하겠다.

리쩌허우는 1999년에 펴낸 『기묘오설』에서, "마르크스주의, 특히 마르크스와 엥겔스 본인의 사상 가운데 '살아 있는 것'과 '죽어버린 것', 즉 오늘날까지도 살아남아 생명력이 있는 것과 역사적으로 효과가 없거나 시대에 뒤떨어진 것이라고 증명된 것을 구분해내는 문제가 중요하다"면서, ① 밥먹는 철학 ② 개체발전론 ③ 심리건설론 세 가지를 "중국의 전통과 한데 섞어 융회관통시키는 것이 유학 발전의 중요한 자원이 된다"[21]라고 주장한다. 이 세 가지는 "'혁명과 작별인사하는', 다시 말해서 계급조화론으로 계급투쟁론을 갈음한 이후의 마르크스주의라고 할 수 있다"[22]는 것이다. 리쩌허우는 『고별혁명』에서도 이렇게 말한다. "저는 계급모순을 인정하고 중시할 뿐만 아니라 계급분석을 반대하지도 않습니다. 문제는 계급모순을 해결하는 데 반드시 너 죽고 나 살기 식의 계급투쟁 방법을 사용해야만 하느냐 하는 것이지요. 저

21. 리쩌허우, 『학설』, 노승현 옮김(들녘, 2005), 33쪽.
22. 같은 책, 36쪽.

는 꼭 그렇지만은 않다고 생각합니다. 계급모순은 계급조화와 협상, 양보, 협력, 즉 혁명이 아니라 개량을 통해서도 해결될 수 있거든요."[23]

혁명이냐 개혁이냐의 문제는 미국혁명과 프랑스혁명의 시대이기도 했던 칸트 시대에는 물론 그 이후 서구의 사상과 정치 및 사회운동 전체를 관통해온 딜레마이자 세계사의 흐름을 굴곡지게 만든 핵심 쟁점이며, 사회주의 운동사 자체가 이 문제를 둘러싼 분열의 역사이기에 간단히 정리될 수 있는 문제가 아니다. 여기서는 다만 리쩌허우가 칸트와 마르크스를 연결하려 하면서도 혁명을 원칙적으로 배제할 경우 어떻게 칸트와 마르크스 사상의 핵심 원리와 위배되어 내적 모순에 봉착하게 되는가라는 문제에 한정하여 이 쟁점을 살피도록 하겠다. 계급모순을 해결하는 방식이 오직 계급투쟁을 강조하는 혁명에 의해서만 가능한 것이 아니라 계급조화를 통한 점진적 개혁을 통해서도 가능하다는 리쩌허우의 주장이 논리적으로 모순이 되는 것은 아니다. 하나의 목적을 해결할 수 있는 현실적 수단이 오직 한 가지라는 것이 오히려 비논리적 주장일 수 있기 때문이다.

하지만 현실적으로 혁명과 개혁이 같은 층위의 개념이 아니라는 점에 주목할 필요가 있다. 개혁은 국가 및 사회제도를 법률적으로, 행정적으로 개선해나가면서 동시에 교육을 통해 문화적 관행 등도 개선해나가는 일련의 과정적이고 지속적인 프로젝트 성격이 강하다면, 혁명은 특정 시공간에서 돌발적으로 발생하는 일련의 단절적 사건의 성격이 강하기 때문이다. 프랑스혁명과 러시아혁명은 돌발적 민중봉기에 의해 촉발되었지, 소수의 정치가나 운동가 집단의 기획에 의해 시작된 것이 아니었다. 이 경우에는 선택의 여지가 없고, 다만 혁명에 찬성할 것인가 아니면 반혁명에 동참할 것인가의 선택지만 남게 된다. 칸트가 미국혁명과 프

23. 리쩌허우·류짜이푸, 『고별혁명』, 김태성 옮김(북로드, 2003), 310쪽.

랑스혁명을 지지했던 것도 바로 이런 경우에 해당한다고 볼 수 있다. 물론 칸트는 이후 로베스피에르의 폭력적 공포정치에 반대했는데, 이는 혁명의 전개 방식에 대한 반대이지 혁명 자체에 대한 반대라고 보기는 어렵다. 이 때문에 개혁을 위해 혁명을 버리자는 것은 개혁과 혁명의 층위를 같은 것으로 혼동하는 경우이거나 돌발적 민중봉기에 의한 혁명 자체에 반대하는 반혁명적 입장이거나 둘 중 하나일 수밖에 없다.

나아가 칠레의 아옌데나 베네수엘라의 차베스의 경우가 보여주듯, 체제를 바꾼다는 의미에서의 혁명은 반드시 폭력을 동반하는 것이 아니라 선거를 통해서 이루어질 수도 있다. 이 경우 혁명과 개혁은 양자택일의 사안이 아니라 연속적 과정이 될 것이다. 또한 폭력은 대부분 반혁명 세력에 의해 자행되었다는 사실(미국의 군사적 지원을 받은 피노체트의 군사 쿠데타로 아옌데를 비롯해 수만 명의 아옌데 지지자가 대량학살된 사건 등)에 주목할 필요가 있다. 개혁과 혁명이 이렇게 양자택일의 사안일 수 없게 현실적으로 서로 다른 층위를 가지거나 선거 혁명의 경우처럼 서로 연속적으로 맞물려왔다는 사실을 고려한다면, 혁명과 개혁을 양자택일의 문제로 간주하면서 계급투쟁을 부정하고 계급협조론을 주장하는 것은, 협소한 시야를 최대한 확장하려는 이성적 판단이라기보다는 1980년대 이후 중국이 나아가는 특정한 역사적 경로(개혁개방의 상황)에서 획득한 특수한 성과를 이상적 경로로 단정해버리는 것에 가깝다고 볼 수 있다. 이런 태도는 칸트가 말한 '이성의 태만'에 해당하지 않을까 싶다.

신칸트학파의 영향을 받고, 사회주의로의 이행 방법을 혁명에서 개혁으로 전환해야 한다고 주장했던 베른슈타인이—마치 인간이 존재하는 한 정당방위의 권리가 폐기될 수 없듯—혁명에 대한 권리를 포기하는 것은 아니라고 강조했던 것도 개혁과 혁명의 층위가 다르다는 점을 인식했기 때문이다. 혁명적 시기를 둘로 나눈 베른슈타인은 불가피한 상황에서 혁명이 일어나 반혁명 세력을 제거하기 위해 강제적 조치를 취한다 해도 이 시기가 반드시 폭력행위를 요구하지는 않으며 장기간 지속되어서도 안 된다고 주장하면서, 이 1단계가 단기간으로 끝나지 않으면 2단계의 창조적 건설 사업이 차질을 빚어 대부분 불가능해지기에 1단계는 위협의 수단에 불과하며 혁명에서 더욱 중요한 단계는 2단계라고 보았다.[24] 이런 점은 혁명과 개혁을 다른 층위에서 연결할 방식이 있음을 보여주는 것이다.

또한 베른슈타인은 자유주의의 가치를 사회주의가 계승해야 한다면서 인권과 정치적 민주주의를 중시했지만 경제 민주주의를 위한 생산수단의 사회화라는 마르크스주의적 원칙까지 포기하지는 않았다.[25] 그리고 1920년대에도 수정주의를 견지하던 베른슈타인은 당시 독일 사민당이 사회주의 이론을 경시하고 현실 속에 지나치게 안주하는 현상에 크게 낙담했고, 관료주의에 빠져 사회주의 이상 대신 일상의 현안에, 국제주의 대신 민족적 이해관계에 지나치게 빠져 있다고 비판했다.[26] 이는 그가 칸트적 의미에서 규제의 원리로서의 사회주의적 이상을 끝까지 견지했음을 보여준다. 베른슈타인이 당시 사민당의 개혁주의와 다른 점이 바로 이것이고, 리쩌허우가 베른슈타인으로 돌아가자고 말하면서 간과한 점도 바로 이것이다.

칸트와 마르크스를 결합하는 것이 칸트와 마르크스를 분리시켜온 기존의 방식보다 더 나을 수 있는 가능성은, 리쩌허우의 표현을 빌리면, 문화-심리 구조에 대한 연구가 부족한 마르크스주의를 칸트로 보완하는 동시에, 칸트에게 부족한 정치경제적 도구-사회 구조에 대한 이해를 마르크스로 보완할 때에 비로소 나

24. 최영태, 『베른슈타인의 민주적 사회주의론: 수정주의 논쟁과 독일사회민주당』 (전남대학교출판부, 2007), 112~113쪽.

25. 같은 책, 142쪽.

26. 같은 책, 300~301쪽.

타날 수 있다. 하지만 리쩌허우가 칸트를 통해 마르크스를 보완한다면서 내세운 '밥먹는 철학' '개체발전론' '심리건설론'은 칸트나 마르크스보다는 '시장경제의 발전 + 도덕적 보완'을 주장하는 애덤 스미스로의 복귀라고 보는 편이 더 정확할 것이다. 칸트에 의한 마르크스의 보완이 제대로 이루어지려면, 마르크스가 '자유로운 개인들의 평등한 연합' '개인의 자유로운 발전이 모두의 발전의 전제가 되는 사회'로 정의한 공산주의를 플라톤적인 '초험적' 세계에서나 가능한 유토피아적 이상이 아니라, 칸트가 말한 '초월적'인 규제적 이념으로서의 정언명령이라는 의미로 재해석할 수 있어야 한다. 이 경우 현실에서의 생산력 발전과 생산관계의 개선과정이 과연 '자유-평등-연대'라는 규제적 이념에 걸맞게 전개되고 있는지 항상 반성적으로 성찰해야 한다. 그래야 현재 상태가 보다 자유롭고 평등하고 연대적인 상태로 나아가도록 현실을 변화시키기 위해 적극적으로 노력하는 일이 가능해지기 때문이다.

4 나가며

지금까지 이 책 『비판철학의 비판』의 성과를 정리해보고, 리쩌허우가 1980년대 이후 제기하는 사상 노선의 몇 가지 문제가 칸트와 마르크스에 대한 그의 해석의 한계점과 어떻게 연관되는지 개략적으로 검토해보았다. 물론 그렇다고 해서 『비판철학의 비판』의 연구 성과가 무의미하다는 것은 결코 아니다. 오히려 『비판철학의 비판』에는 앞의 분석들에서 상세히 밝혔듯, 리쩌허우 후기 사상의 편향을 바로잡아줄 수 있는 균형 잡힌 시각이 더 많이 포함되어 있다. 『비판철학의 비판』에서 리쩌허우는 한편으로 인식과 윤리의 혼동에 대한 금지를 강조하면서도, 다른 한편으로 인식에 대한 윤리의 우위, 초월적 정언명령의 중요성을 부단히 강조했으며, 현실에서 늘 벌어지는 인식과 윤리의 간극을 매개하면서 인식과 윤리 간의 선순환을 촉진할 수 있는 심미적 판단의 중요성에 초점을 맞추었다. 칸트 사상에 대한 이러한 해석은 감성과 오성과 이성의 구별과 차이가 중요함과 동시에 이 세 층위 사이의 '매개와 순환'을 통한 인간 능력의 확장 및 인격의 성숙을 통한 인류 문화의 발전이라는 적극적 전망을 부각시키는 것이라 할 수 있다.

칸트와 마르크스의 사상은 국가와 인종의 경계를 가로질러 전 지구적 차원에서 자유롭게 사고하고 행동하는 세계 시민이 곧 자유로운 개인들의 연합이라는 관점에 서서, 개인과 사회와 정치와 역사의 뒤얽힌 문제들을 해결할 방법을 누구보다 치열하게 고민했다는 점에서 동서고금의 사상사에서 독보적인 지위를 차지하고 있다. 이런 전 지구적 관점이야말로 동과 서의 구분 없이 적극적으로 수용하고 발전시켜야 할 인류적 관점이라 할 수 있다.

전 지구화된 자본주의의 위기 속에서 미국 헤게모니의 해체와 중국의 부상이 겹쳐지는 현재의 복잡한 상황에서 무엇보다 중요한 것은, 몰락하고 있는 미국과 서양의 문화를 새로이 부상하는 중국과 아시아의 문화로 '대체'할 방법을 찾는 데 있지 않고(과거 패턴의 전도된 반복), 이제야말로 모두가 본격적으로 전 지구적 관점에 서서 현재의 문제를 분석하면서 세계 시민적인 자유로운 연합의 길을 함께 준비해나가는 것이라 생각된다. 18세기의 칸트와 19세기의 마르크스 사상을 연결하려는 시도가 오늘날 유의미한 것은 바로 전 지구적 관점에서 세계 시민적인 개인들의 자유로운 연합의 이념이 어떤 것인지 사고할 수 있는 유일한 범례를 이들에게서 찾을 수 있기 때문이다.

이런 이유에서 필자는 리쩌허우의 초기작 『비판철학의 비판』이 그의 후기 사상보다 더 깊이 있고 독창적이며, 그동안 소개되었던 이후 저서들의 공과를 비판적으로 독해하게 해줄 생산적인

가이드라인이 될 수 있다고 본다. 이런 독법은 헤겔의 초기 사상이 응축된 『정신현상학』을 통해 헤겔의 중·후기 사상의 문제점을 비판적으로 독해하는 방법과도 유사하다고 할 수 있다. 바로 이런 역설적 지점이, 우리보다 앞서 칸트와 마르크스를 연결하고자 분투했던 리쩌허우의 비판적 사상의 성과를 한국적으로 수용하는 과정에서 눈여겨봐야 할 측면이 아닐까 싶다.

해설 2 리쩌허우의 '문화-심리 구조'와 '역사본체론'*

임춘성
목포대학교 중어중문학과 교수

1. 주검과 양검

'혁명의 1980년대'가 저물어갈 어느 무렵, 뜻이 맞는다고 여겼던 동업자 몇몇과 작은 모임을 만든 적이 있었다. 당시 타이완 유학파의 반공 실증주의적 학풍에 식상해 새로운 검을 주조하자는 취지에서 '주검회鑄劍會'라 명명했다. 얼핏 '주검'을 연상케 하는 이 단어는 루쉰의 단편소설 「주검」에서 따왔다. '검을 벼리다'라는 의미의 주검鑄劍은 '벼린 검'으로 번역되기도 하는데, 나에게는 검을 제대로 벼리려면 '주검'을 각오해야 될지도 모르겠다는 생각으로 다가왔다. 하지만 그때 벼리던 검은 몇년 되지 않아 폐기처분하고 말았다. 나는 지금도 그때 벼리려던 검을 떠올리곤 한다. 그리고 다짐해본다. 언젠가 다시 제대로 된 검을 만들어보겠노라고.

중국에는 보검을 만들다 '주검'이 된 장인 이야기가 심심찮게 전해온다. 간장干將과 막야莫邪부터 두 아들의 피를 섞어 만들었다는 금구金鉤 등이 그렇고, 쑤저우에는 검 무덤도 있다. 주검鑄劍도 중요하지만 그 검을 녹슬지 않게 간수해 적시에 활용하는 것도 중

* 이 글은 『중국연구』 제67호(2016)에 게재된 같은 제목의 글을 수정·보완한 것이다.

요하다. 아무리 도광양회韜光養晦한들, 때가 되어 칼을 뽑았는데 녹슬어 있어서야 어디다 쓰겠는가?

여기 1950년대에 시작해 훌륭한 검을 벼리고 이를 녹슬지 않게 잘 간수해 포스트사회주의 시기에 '검을 빛낸(양검亮劍)' 사상가가 있다. 바로 리쩌허우다. 그가 벼린 보검은 한두 자루가 아니다. 그는 미학과 철학, 사상사의 영역을 넘나들면서, 중국 전통문화와 마르크스주의 및 칸트 철학을 중심으로 한 서양 철학을 한데 버무려 21세기 인류가 새롭게 나아갈 길의 초석을 닦았다. 도度본체와 정情본체, 도구본체와 정감본체, 실용이성과 낙감문화, 무사巫史 전통과 자연의 인간화, 유학 4기설[1] 등과 이것들을 관통하는 적전론積澱論은 리쩌허우만의 독창적인 선견지명의 견해들이다. 그리고 21세기 벽두에 스스로 자신의 학문을 집대성해 '인류학 역사본체론'(이하 '역사본체론')이라 명명했다.

리쩌허우는 자기 나름의 사상체계를 구축한 몇 안 되는 현대 사상가의 한 사람이다. 1980년대 중국 젊은 지식인들의 사상적 지도자였던 그는 어느 순간부터 '계몽사상가/신계몽주의자'로 평가절하되었고 '이론적 유효성이 기각'되었다는 비판까지 나왔다. "리쩌허우는 톈안먼天安門 사건 이후 국외 망명으로 인해 중국 내외에서 그의 학문적 성과가 제대로 평가되지 못했다. 그의 사상체계를 '계몽담론'으로 축소한 것이 대표적인 예다."[2] 특히 류짜이푸와의 대담집 『고별혁명』(1997) 출간 이후에는 중국의 이른바 진보학자 명단에서 그의 이름이 삭제되어버렸다. 이는 중국 내에서 가오싱젠高行建에 대한 연구가 거의 이뤄지지 않는 경우보다는 덜하지만, 망명 이후 어느 순간 중국 내 담론 지형에서 리쩌

1. 리쩌허우는 공자·맹자·순자의 철학을 유학의 1기, 경세론을 강조한 한나라 시대의 유학을 2기, 송명이학宋明理學을 3기로 설정한다.
2. 임춘성, 「포스트사회주의 중국의 비판적 사상의 흐름과 문화연구—리쩌허우·첸리췬·왕후이·왕샤오밍을 중심으로—」, 『중국현대문학』 69호(한국중국현대문학학회, 2014), 150쪽.

허우는 사라졌고, 중국 담론을 따라가는 한국 연구자들의 평가도 별 차이가 없었다.

하지만 리쩌허우에 대한 기존 연구에는 여러 가지 인지적 맹점이 존재하기에 리쩌허우를 다시금 올바르게 인지하고 이를 기초로 재평가할 필요가 있다는 것이 이 글의 기본 문제의식이다. 리쩌허우 사상체계의 핵심은 바로 역사본체론이다. 미학과 철학, 사상사 등의 영역은 모두 역사본체론을 원심으로 삼아 바깥으로 확장한 동심원 구조인 셈이다. 그러므로 역사본체론이라는 핵심을 틀어쥐어야만 리쩌허우의 사상을 정확하게 이해할 수 있다.

리쩌허우는 반드시 재인지되고 재평가되어야 한다. 그의 사상사론, 특히 근대사상사론을 정독해보면, 과거와 현재, 중국과 서양, 그리고 좌파와 우파가 혼재하던 시기에 '중국은 어디로 갈 것인가'를 놓고 고민하던 수많은 지식인의 초상을, 사상에 초점을 맞춰 추적하고 있음을 알 수 있다. 최근 중국에서 리쩌허우 관련 박사학위 논문이 다섯 편 이상 나오고 그에 대한 학술논문이 증가한 것은 '이론적 유효성 기각' 운운이 성급한 판단이었음을 반증하는 것이다. 리쩌허우는 생존해 있는 저자 가운데 국내 출판계에서 그 저작이 꾸준히 출간되고 있는 몇 안 되는 중국 인문학자 중 하나다. 1991년 『미의 역정』이 처음 번역된 후 2015년까지 여러 대담집을 포함해 15종이 번역 출간된 것도 그의 가치를 입증하고 있다.

리쩌허우는 개혁개방 이후 중국의 가장 영향력 있는 사상가였다. 그의 영향력은 전기에는 미학에 무게중심이 실렸고, 후기에는 점차 중국 철학, 특히 유학儒學 방향으로 전환했다. 특히 포스트사회주의 중국의 비판적 사상과 문화 흐름에 미친 영향은 간과해서는 안 된다. "동서고금을 아우르면서 실용이성이 강고한 중국 전통을 해체하기 위해 현대적 과학기술을 근본으로 삼자고 주장한 리쩌허우는 첸리췬錢理群과 천쓰허陳思和 등의 '20세기 중국

문학', 왕후이汪暉의 『중국 현대사상의 흥기』 등에 계시를 주었다. 그리고 진다이近代 사회주의 유토피아 사조에 대한 고찰은 중국의 진보적 전통을 중국 공산당의 범주보다 큰 것으로 설정함으로써 중국 지식인들에게 거시적인 시야를 제공했다. 왕샤오밍王曉明의 『중국현대사상문선』은 바로 그 직접적인 산물이다."[3]

최근 리쩌허우의 대담집 출간이, 일부 젊은 연구자들의 표현대로 한물간 노학자의 잔소리로 치부될지, 아니면 세계적 석학의 회광반조廻光返照로 평가될지는 두고 볼 일이다. 이 글은 그동안 산발적으로 진행해온 리쩌허우에 대한 연구를 '문화-심리 구조와 서체중용西體中用'에 초점을 맞추어 정리하고, 리쩌허우 학술 사상의 집대성이라 할 수 있는 '인류학 역사본체론'을 집중 조명함으로써 리쩌허우 학술 사상 전반에 대한 개략적인 평가를 진행하고자 한다.

2 문화-심리 구조, 역사적 실용이성, 서체중용

리쩌허우는 『중국고대사상사론』에 실린 「중국인의 지혜 시탐試探」에서 '자아의식 성찰의 역사'라는 전제 아래, "중국 고대 사상에 대한 스케치라는 거시적 조감을 거쳐 중국 민족의 문화-심리 구조의 문제를 검토하는 것"[4]을 자신의 과제로 제시한다. 그에 의하면, "사상사 연구에서 주의해야 할 것은 인간들의 심리 구조 속에 적전積澱[5]되어 있는 문화전통으로 깊이 파고들어 탐구하는 것

3. 같은 곳.
4. 李澤厚, 『中國古代思想史論』(安徽文藝出版社, 1994), 294쪽.
5. '누적 및 침전'의 의미를 지닌 말로 리쩌허우의 조어措語이다. 이 말은 『역사본체론』(황희경 옮김, 들녘, 2004)에서는 '침적沈積'으로, 『미의 역정』(이유진 옮김, 글항아리, 2014)에서는 '누적-침전'으로 번역했는데, 여기서는 저자의 의도를 존중하는 차원에서 원 단어 그대로 사용했다.

이다. 본 민족의 여러 성격 특징(국민성, 민족성), 즉 심리 구조와 사유 방식을 형성하고 만들고 그것들에 영향을 주는 것에 대한 고대 사상의 관계를 탐구하는 것이다."[6] 리쩌허우는 바로 그런 과정을 거쳐 중국의 지혜를 발견하고자 한다. 중국의 지혜란 "문학, 예술, 사상, 풍습, 이데올로기, 문화현상으로 드러나는 것"으로, 그것은 "민족의식의 대응물이고 그 물상화이자 결정체이며 일종의 민족적 지혜"라고 생각한다. 리쩌허우에게 '지혜'의 개념은 대단히 광범하다. "사유 능력과 오성" "지혜wisdom와 지성intellect"을 포괄하되, "중국인이 내면에 간직한 모든 심리 구조와 정신 역량을 포괄하며, 또 그 안에 윤리학과 미학의 측면, 예컨대 도덕 자각, 인생 태도, 직관 능력 등을 포괄한다."[7] 중국인 사유의 특징은 바로 이 광의의 지혜의 지능구조와 이러한 면들이 서로 녹아 섞인 곳에 존재한다는 것이다.

리쩌허우 사상체계의 핵심어인 '문화-심리 구조'는 그의 필생의 연구과제인 동시에 위에서 언급한 지혜 개념과 상통한다. 그것은 유가儒家 학설을 대표로 하는 전통문명과 더불어 이미 일반적인 현실생활과 관습·풍속에 깊숙이 침투하여, 구체적인 시대나 사회를 초월하는 것이다. 리쩌허우가 자주 사용하는 적전, 즉 오랜 세월 누적累積되고 침전沈澱되어 마치 DNA처럼 중국인의 몸과 마음에 새겨져 영향을 주는 그런 것이다. 그러므로 적전론은 문화-심리 구조가 형성되는 원리인 셈이다.

문화-심리 구조는 '가정 본위주의', 즉 '혈연적 기초'에 기원을 두고, 소생산 자연경제의 기초 위에 수립된 가족 혈연의 종법제도에서 유래한다. 그러므로 혈연 종법은 중국 전통의 문화-심리 구조의 현실적인 역사적 기초이며, '실용이성'은 그것의 주요한 특징이다. 리쩌허우에게 실용이성은 혈연, 낙감문화, 천인합일天人合一과 함께 중국인 지혜의 하나이다. 혈연이 중국 전통사상

6. 李澤厚, 같은 책, 295쪽.

7. 같은 곳.

의 근원이라면, 실용이성은 중국 전통사상의 성격 특색이다. 이 실용이성은 선진先秦 시기에 형성되기 시작했다. 선진 시기 제자백가諸子百家는 당시 사회 대변동의 전망과 출로를 찾기 위해 제자들을 가르치고 자기주장을 펼쳐, 상주商周 시대의 무사巫史 문화에서 해방된 이성을, 그리스의 추상적 사변이나 인도의 해탈의 길과는 다른, 인간 세상의 실용적 탐구에 집착하게 하였다. 장기간에 걸친 소규모 농업 생산활동 경험은 이런 실용이성을 완강하게 보존하도록 촉진한 주요 원인이었다. 중국의 실용이성은 문화·과학·예술의 각 방면과 상호 연계되고 침투되면서 형성·발전하고 장기간 지속되었다. 그것은 유가 사상을 기초로 삼아 일종의 성격-사유 패턴을 구성하여, 중국 민족으로 하여금 각성하고 냉정하면서도 온정이 흐르는 일종의 중용中庸 심리를 획득하고 승계하게 했다.[8]

리쩌허우는 『역사본체론』에서 실용이성을 다음과 같이 설명한다.

> 이성은 역사적으로 건립되어온 것이다. 이성의 기초는 합리성이다. '실용이성'은 바로 합리성의 철학적 개괄이며 선험적 사변이성에 대한 부정이다. 그것은 상대성, 불확정성, 비객관성을 강조하지만 상대주의는 아니다. 그것은 첫번째로 '사람은 살아간다'라는 밥 먹는 철학의 절대적 준칙의 기초 위에서 건립되었기 때문이다. 두번째로 이러한 상대성·비확정성·비객관성은 누적을 통해서 인류에게 공통으로 적용될 수 있고 모두 준수될 수 있는 '객관사회성', 즉 '보편 필연성'을 건립했기 때문이다.[9]

8. 같은 책, 301~302쪽에서 발췌 요약.
9. 리쩌허우, 『역사본체론』, 황희경 옮김(들녘, 2004), 65쪽.

이는 '역사본체론'의 세 가지 명제 가운데 하나인 '역사가 이성을 건립한다'의 맥락을 전제해야 이해할 수 있다. 리쩌허우가 보기에 서양 철학의 핵심인 '선험적 사변이성'은 현실의 적전과는 괴리된 것이다. '실용이성'만이 역사적 합리성을 갖추면서 동시에 상대성, 불확정성, 비객관성의 적전을 통해 객관사회성, 보편 필연성을 건립한다고 보는 것이다. 그렇기에 그는 이렇게 단언한다. "선험적이고 빳빳하게 변하지 않는 절대적 이성rationality이 아니라 역사가 건립한, 경험과 연관 있는 합리성reasonableness, 이것이 바로 중국전통의 '실용이성'이다. 그것은 곧 역사이성이다. 왜냐하면 이 이성은 인류역사에 종속되어 발생·성장·변화해온 것이기에 매우 융통성 있는 '도度'를 갖추고 있기 때문이다."[10] 실용이성의 실용은 이성의 절대성을 약화시키면서 동시에 역사성을 보완하기에 '역사적 실용이성'이라 명명할 수 있다. 그것은 바로 '역사본체론'의 출발점인 '도度'를 구비하고 있다.

리쩌허우 사상의 핵심 개념 중 하나인 '서체중용'은 바로 이런 맥락에서 제기되었다. '서체중용西體中用'은 '중체서용中體西用'에 대한 언어유희가 아니라 근본적 전복을 주장하는 것이다. 리쩌허우는 근현대 중국의 역사과정에서 중국의 전통이 가지는 강고한 힘이 외래外來의 것를 압도했다고 본다. 그러므로 중국의 과제는 전통을 해체하고 재해석하는 것이다. '문화-심리 구조' '실용이성' 등은 이 과정에서 만들어진 개념이다. 현대적 대공업과 과학기술을 현대 사회 존재의 '본체'와 '실질'로 인정하여 그것을 근본으로 삼아야 한다고 리쩌허우는 주장한다. 그것은 전통적인 '중학中學'이 아니라 근현대의 '서학西學'인 것이다. 서학 수용에서 중요한 것은 비판적 태도다. 즉 무조건적 수용이 아니다. 우선은 루쉰식의 '가져오기(나래拿來) 주의'에 입각해 모든 것을 가져와 그것이 중국 현실에 적합한지를 살피는 것이 중요하다. 그

10. 같은 책, 65~66쪽.

런 다음 중국 토양에 맞게 본토화localization해야 한다. 여기서 경계할 것이 '우리 것이 좋은 것!'이라는 식의 복고적 태도다. 우리는 서학을 비판하면서 봉건의 품에 안긴 사례를 수없이 봐왔다. 서학을 비판적으로 수용하여 본토화하는 것은 복고와는 다른 것이다. 리쩌허우는 이 점에 착안해 중국 진다이近代의 사회주의 유토피아 사상이 우선은 서학을 참조했고 그것을 중국에 맞게 개량했다는 사실을 강조한다. 봉건으로의 회귀를 경계하면서 중국의 사회적 조건과 시대적 임무에 맞는 서학의 사상 자원을 찾는 일, 이것이 진다이 사회주의 유토피아 사상이 나아간 길이었다. 물론 그 과정은 순탄치 않았다.

이런 맥락에서 리쩌허우는 중체서용에 대해 부정적인 평가를 서슴지 않는다. '중학'이 가지는 강고한 전통의 힘이 '서학'을 뒤덮은 것이 근현대 중국의 역사과정이라 보기 때문이다. 그래서 리쩌허우는 '문화-심리 구조'와 '실용이성'이라는 개념을 통해 전통을 재해석하면서 역으로 '서체중용'을 내세운다. 리쩌허우에 따르면, 중국의 실용이성은 불학佛學을 수용할 때 "감정적인 고집에 사로잡히지 않고, 기꺼이 그리고 쉽사리 심지어는 자기와는 배척되는 외래의 사물까지도 받아들"[11]이게 했고, 5·4시기에 "다른 민족의 문화에서는 나타난 적이 없던 종류의 전반적인 반전통적 사상·정감·태도와 정신"이 나타나게 하여 "중국 현대의 지식인들은 아무런 곤란 없이 마르크스를 공자 위에 올려놓을 수 있"게 했다. "그러한 전반적인 반전통적 심태는 바로 중국 실용이성 전통의 전개이기도 하다."[12] 그러나 문화-심리 구조는 전통의 다른 표현이기도 하다. "때로는 전통의 우량한 정신이 새로운 사회로의 진입에 활기를 불어넣고 때로는 전통의 열등한 정신이 이를 저해하는 순환적 과정이었지만 결국 이러한 움직임이 귀착하

11. 리쩌허우, 『중국현대사상사론』, 김형종 옮김(한길사, 2005), 510쪽.

12. 같은 곳.

는 곳은 문화-심리 구조의 보수성이었다."[13] 그렇기에 '옛날부터 가지고 있었다古已有之'라든가, '선왕을 모범으로 삼는다法先王' 등의 교조에 얽매여 벗어나지 못했던 것이다. 보다 중요한 것은 그것이 "개인적인 주관성의 범위를 벗어나 사회의 경제, 정치, 문화라는 복잡한 관계 속에서 형성·유지"되어 "중국인이 서양 내지 세계를 객관적으로 바라볼 수 있는 관점을 제약"[14]해왔다는 점이다. 이 점을 해결하기 위해 리쩌허우는 새로운 대안으로 '서체중용'을 제시하게 된다.

> 만일 근본적인 '체'가 사회존재·생산양식·현실생활이라고 인정한다면, 그리고 현대적 대공업과 과학기술 역시 현대 사회 존재의 '본체'와 '실질'이라고 인정한다면, 이러한 '체' 위에서 성장한 자아의식 또는 '본체의식'(또는 '심리본체')의 이론형태, 즉 이러한 '체'의 존재를 낳고 유지하고 추진하는 '학'이 응당 '주'가 되고, '본'이 되고, '체'가 되어야 한다. 이것은 물론 근현대의 '서학'이며, 전통적인 '중학'은 아니다. 그러므로 이러한 의미에서 여전히 "서학을 체로 삼고 중학을 용으로 삼는다"고 다시 말할 수 있겠다.[15]

마르크스주의, 과학기술 이론, 정치·경제 관리 이론, 문화 이론, 심리 이론 등 갖가지 사상·이론·학설·학파를 포함한 서학을 '체'로 삼고, 중국의 각종 실제 상황과 실천활동에 어떻게 적용하고 응용하는가 하는 것을 '용'으로 삼는다는 것이다. 리쩌허우가 중체서용론을 검토하면서 우려한 것은 모든 '서학'이 중국의 사

13. 황성민, 「전통문화에 대한 반성과 서체중용론」, 한국철학사상연구회 엮음, 『현대중국의 모색—문화전통과 현대화 그리고 문화열』(동녘, 1992), 381쪽.
14. 같은 글, 388쪽.
15. 리쩌허우, 같은 책, 531쪽.

회존재라는 '체', 즉 봉건적인 소생산 경제 기초와 문화-심리 구조 및 실용이성 등의 '중학'에 의해 잠식될 가능성이었다. 중국 근현대사의 진행과정에서 이는 사실로 판명되었다. 태평천국운동이 서유럽에서 전래된 기독교의 교리를 주체로 삼고 중국 전통 하층사회의 관념·관습을 통해 그것을 응용한 것으로 보였지만, 실제로는 여전히 '중체서용'이었다. 이때의 '중학'은 전통사회의 소생산 경제 기초 위에서 자라난 각종 봉건주의적 관념·사상·정감이었다. "이 때문에 여기서의 '서학'은 한 꺼풀 껍데기에 지나지 않았다. ……농민전쟁은 그 자체의 법칙을 가지고 있으며, 홍슈취안이 들여온 서구 기독교는 그 '중국화' 속에서 합법칙적으로 '봉건화'된 것이다."[16] 이는 사회주의 혁명과정에서 마르크스주의를 '중국화'하여 '중국적 마르크스주의' 또는 '중국적 특색을 가진 사회주의'로 바꾼 것에도 해당된다.

우리가 특정한 역사 사건을 고찰할 때, 당연히 사건의 역사적 맥락과 더불어 보편적 논리로의 승화 가능성을 검토해야 할 것이다. 중국 근현대의 역사과정에서 흔히들 양무파洋務派의 핵심 주장으로 알려진 '중체서용'의 경우도 예외는 아니다. 그것이 명확하게 구호로 제창된 역사적 맥락은 캉유웨이 등 유신파維新派의 민권 평등 이론을 비판하기 위해서였다. 그러나 범위를 확대해보면, 아편전쟁 전후부터 본격화된 외래 수용의 문제는 수많은 선각자의 관심 대상이 되었고, 그들은 여러 가지 차원에서 서학을 학습하는 문제를 고민했다. 이들 개량파[17]가 관심을 가지고 고민했던 문제의식을 우리는 '중체서용적 사유방식'이라 개괄할 수 있다. 여기서 세밀하게 논하지는 못하지만, 웨이위안의 '오랑캐의 장기를 배워 오랑캐를 제압하자師夷長技以制夷'라는 주장은 그 효시

16. 같은 책, 525쪽.

17. 리쩌허우는 이들을 '개량파'라 부르며, 한국의 중국사 전문가 민두기는 '개혁파'라 칭한다.

라 할 수 있다. 이후 양무운동의 주축이던 리훙장李鴻章의 막료였으면서도 "개량파 사상의 직접적인 선행자였고 1830~40년대부터 1870~80년대 사상의 역사에서 중요한 교량"이라 평가되는 펑구이펀을 거쳐 왕타오, 정관잉, 그리고 캉유웨이 등의 개량파 사상가들이 모두 '중체서용적 사유방식'을 운용했다.[18]

중체서용의 실천적 의의가 '서용西用'에 있다는 주장에 동의한다면, 리쩌허우의 '서체중용'을 이해하기는 그리 어렵지 않다.

3 인류학 역사본체론

리쩌허우는 자신의 사상 발전과정을 세 단계로 나눈다. 1950년대부터 1962년까지가 1단계인데, 1962년은 「미학의 세 가지 논제美學三提議」를 발표한 시점이다. 대학 재학 시절, 1840년부터 1949년까지의 사상사를 쓰고 싶다는 일념에 자료도 수집하고 논강도 쓰고 있던 중, 1956년에 시작된 미학 토론에 뛰어들어 당시 주광첸·차이이와 더불어 논쟁의 한 축을 담당했다. 2단계는 문화대혁명 이후부터 중국을 떠나기 전까지로, 이 시기의 글은 여섯 권 분량의 『리쩌허우 10년집李澤厚十年集(1979~1989)』(안휘문예출판사, 1994)에 수록되어 있다. 그리고 1990년대부터 지금까지가 3단계이다.[19] 리쩌허우의 사상 발전 단계를 조감해볼 때 개혁

18. 리쩌허우는 19세기 개량파 변법유신사상의 선구자 격인 궁쯔전, 웨이위안, 펑구이펀의 역할을 다음과 같이 평가했다. "궁쯔전이 비교적 먼 만청(1890~20세기 초) 시기에 낭만적인 열정을 불러일으켰다면, 웨이위안은 바로 자신의 뒤를 이은 1870~80년대[사람들]에 현실적이고 직접적인 주장을 남겨주었고, 펑구이펀의 특징은 중간다리 역할을 한 것에 있다." 리쩌허우, 『중국근대사상사론』, 임춘성 옮김(한길사, 2010), 111쪽.

19. 리쩌허우 지음, 류쉬위안 외 엮음, 『중국 철학이 등장할 때가 되었는가?』, 이유진 옮김(글항아리, 2013), 41~44쪽 참조.

개방 이듬해인 1979년은 리쩌허우 개인에게나 당시 사상계에나 의미심장하다. 상해문예출판사에서 나온 『미학논집』이 1단계 미학 관련 글을 모아 출간한 것이라면, 1979년 인민출판사에서 나온 『비판철학의 비판』과 『중국근대사상사론』은 2단계 전반기 도광양회의 성과를 드러낸 것이기 때문이다. 이때의 성과는 사회주의 시기 은인자중하며 축적한 공부를 본격적으로 드러냈다는 면에서 중요할 뿐 아니라, 이후 중국 사상계 및 문화계에 지대한 영향을 미쳤다는 점에서도 주목할 필요가 있다.

리쩌허우는 자신의 "핵심 사상은 사실 기본적으로 1961년에 형성되기 시작했다"[20]라고 자술한 바 있다. 연구 노트라 할 수 있는 『'적전론' 논강'積澱論'論綱』을 바로 이 무렵 작성했는데, 칸트에 대한 책을 쓰기 이전이었다. 이렇게 볼 때 『'적전론 논강'』은 비록 정식 출간되지 않아 그 전모를 알 수는 없지만, 리쩌허우 사상의 시원에 해당한다고 추정할 수 있다. "『역사본체론』도 이 원고의 내용을 전개시킨 것일 따름"[21]이라는 언급은 이런 추정을 확인시켜준다. 그리고 칸트를 연구하고 칸트의 3대 비판서를 비판하면서 "초보적으로나마 제 자신의 철학사상을 나타낸 것"이 『비판철학의 비판』인 셈이다. 칸트를 연구하면서 "인식은 어떻게 가능한가?" "인류는 어떻게 가능한가?" 등의 명제를 탐구한 것이다.[22]

문화-심리 구조의 형성 원리이자 역사본체론의 시원인 만큼 '적전론'에 대해 설명할 필요가 있다. 적전은 원래 리쩌허우가 중국 고대미학사를 설명하는 핵심 개념이다.

> 실제로 양사오仰韶와 마자야오馬家窯의 어떤 기하문양들은 동물 형상의 사실적 묘사로부터 점차 추상화·기호화된 것임을 비교적 또렷하게 보여주고 있다. 재현(모방)에서 표현(추상화)으로, 사실적 묘사에서 기호화로의 과

20. 같은 책, 45쪽. 21. 같은 책, 47쪽. 22. 같은 책, 45쪽.

> 정은 바로 내용에서 형식으로의 적전과정이다. 이는 바로 '의미 있는 형식'으로서의 미美의 원시적 형성과정이기도 하다. 즉 후세에 보기에는 그저 '미관'이나 '장식'일 뿐 구체적인 의미와 내용을 전혀 지니지 않은 듯한 기하문양이 사실 그 당시에는 매우 중요한 내용과 의미를 지니고 있었다. 즉 중대한 원시 무술巫術 의례의 토템적 의미가 있었던 것이다. '순'형식인 듯한 기하문양은 원시인들의 느낌에는 균형과 대칭의 형식적 쾌감을 훨씬 벗어나 복잡한 관념과 상상의 의미를 내포하고 있었다. 무술의례의 토템 형상은 점차 단순화되고 추상화되어 순형식의 기하 도안(기호)이 되었지만, 그 원시 토템의 의미는 사라지지 않았을 뿐 아니라 그릇에는 동물 그림보다 기하문양이 더 많이 새겨졌기 때문에 그런 의미는 오히려 강화되었다. 추상적 형식 속에는 내용이 있었고 감각의 느낌 속에는 관념이 있었다. 앞에서 말한 것처럼 이는 바로 대상과 주체 두 측면에서 미와 심미의 공통 특징이다. 이 공통 특징이 바로 적전이다. 내용은 형식으로 적전되고 상상과 관념은 느낌으로 적전된다. 동물 형상이 기호화되어 추상적인 기하문양으로 변하는 적전과정은 예술사와 심미의식의 역사에서 관건이 되는 중요한 문제다.[23]

서양 미술사에는 "구석기 시대의 자연주의적 양식과 신석기 시대의 기하학적 양식"이 존재했는데, "이 두 양식의 대립이 오랫동안 미술사를 지배"[24]했다고 한다. 미술사에 문외한인 사람이 보기에는 자연주의적 양식에서 기하학적 양식으로의 변화가 퇴보인 듯 보이지만, "구석기인들의 '높은' 수준의 자연주의가 그들

23. 李澤厚, 『美的歷程』(安徽文藝出版社, 1994), 23~24쪽.

24. 진중권, 『미학 오디세이 1』(새길, 1994), 21쪽.

의 '낮은' 수준의 지적 능력으로 설명"되고 "추상적, 개념적 사유가 신석기 시대의 추상적, 기하학적 양식을 설명해준다."[25] 이는 "동물 형상의 사실적 묘사로부터 점차 추상화·기호화"되는 추세와 일치한다. 리쩌허우는 바로 이 '기호화'를 단순한 형식화로 평가하지 않고 '의미 있는 형식'으로서의 미의 원시적 형성과정으로 해석하면서 미와 심미의 공통 특징을 '적전'이라 명명하는 것이다. 이처럼 미학에서 유래된 '적전' 개념을 리쩌허우는 중국인의 오랜 생활 경험의 축적인 문화-심리 구조의 형성 원리로 삼았을 뿐 아니라, 더 나아가 인류의 역사과정에 적용함으로써 '인류학 역사본체론'이라는 핵심 개념으로 나아가게 된다.

리쩌허우가 역사본체론을 본격적으로 제시한 것은 2002년 『역사본체론』[26]을 출간하면서부터다. 이 책의 원제는 『기묘오설보己卯五說補』였다. 리쩌허우는 1999년 기묘년에 출간한 『기묘오설』[27]을 끝으로 절필하려 했지만 할 말이 남아 있기에 보론補論을 썼고, 이전에도 부단히 언급했지만 전문적으로 논한 적이 없는 '역사본체론'에 대해 더 설명할 필요가 있다고 판단해 제목을 바꿔 132쪽 분량의 단행본으로 출간했다. 이 책에서 리쩌허우는 "경험이 선험으로 변화하고 역사가 이성을 건립하며 심리가 본체로 되는"[28] 역사본체론의 구체적 윤곽을 제시한다. 세 장으로 구성된 이 책에서 리쩌허우는 1장 '실용이성과 밥 먹는 철학'에서 역사와 이성의 관계를 다루고, 2장 '무사巫史 전통과 두 가지 도덕'에서 경험과 선험의 관계를, 제3장 '심리본체와 낙감문화'에서 심리와 본체의 관계를 논하고 있다. '역사와 이성의 관계'에 대해서는 앞서

25. 같은 책, 19~20쪽.
26. 李澤厚, 『歷史本體論*A Theory of Historical Ontology*』(三聯書店, 2002). [리쩌허우, 『역사본체론』, 황희경 옮김(들녘, 2004)]
27. 李澤厚, 『己卯五說』(三聯書店, 1999). [리쩌허우, 『학설』, 노승현 옮김(들녘, 2005)]
28. 李澤厚, 「序」, 『歷史本體論』, 1쪽.

'역사적 실용이성'을 다루면서 논했기에 여기서는 '경험과 선험' '심리와 본체'의 관계를 살펴보도록 한다.

'경험이 선험으로 변한다'라는 명제는 "문화심리 구조의 각도에서 도덕에 대해 현상적 기술"[29]을 한 것으로, '이성의 응취凝聚' 개념을 전제로 한다. 이에 대해 리쩌허우는 이렇게 설명한다. "도덕은 개인 내재적 강제다. 즉 식욕과 성욕에서 '사리사욕'과 같은 각종의 욕구에 이르기까지 이성이 자각적으로 압도하거나 승리해서 행위가 규범에 부합하게 되는 것이다. 감성에 대한 이성의 이러한 자각적·의식적인 주재와 지배는 도덕행위를 하는 개인의 심리적 특징을 구성한다."[30] 그리고 "'이성의 응취'가 개인의 감성에 일으킨 주재적이고 지배적인 역량의 강대함을 칸트는 절대명령categorical imperative이라고 했고, 중국의 송명이학宋明理學에서는 '천리天理'(朱熹)·'양지良知'(王陽明)라고 했던 것"[31]이라 했다. 도덕은 종종 개인의 행복과 충돌·대항하며 개인의 행복을 초월함으로써 숭고한 지위를 획득하기도 한다. 리쩌허우는 '역사와 이성의 관계'에서 선험적 사변이성의 일의성을 부정하되, 그것이 존재한다면 생활 경험이 적전되는 과정에서 '이성의 응취' 작용을 거쳐 선험으로 변하는 것이라는 입장을 취한다.

리쩌허우는 이렇게 요약한다. "'역사본체론'은 두 개의 본체를 제기하는데, 앞의 본체(도구본체)는 마르크스를 계승한 것이고 뒤의 본체(심리본체)는 하이데거를 계승한 것이다. 그러나 이 두 본체는 모두 수정과 '발전'을 이루었다. 중국 전통과 결합해서 전자는 '실용이성'을 끄집어냈고 후자는 '낙감문화'를 얻어냈다. 양자는 모두 역사를 근본으로 삼고 인류 역사라는 본체에서 통일된다."[32] 도구본체가 마르크스를 계승해 중국 전통과 결합시켜 실

29. 리쩌허우, 『역사본체론』, 황희경 옮김(들녘 2004), 75쪽.

30. 같은 책, 76쪽.

31. 같은 책, 77쪽.

32. 李澤厚, 『歷史本體論』, 91~92쪽.

용이성을 만들어냈다면, 심리본체는 하이데거를 수용해 중국 전통과 결합시켜 낙감문화를 만들어냈다는 것이다. 그리고 도구본체와 심리본체는 역사본체에서 통일된다. 이는 리쩌허우의 사상 편력과 긴밀한 관계가 있다.

> 70년대 말 졸저 『비판철학의 비판』에서 마르크스로부터 칸트로 회귀한 것은 인류 생존의 총체에서 개체와 개체의 심리로 돌아온 것이다. 그러나 전제로서의 전자를 타개해버린 것은 아니다. 다시 말해 역사로부터 심리로 돌아와 심리가 역사의 침적물이며 자유직관, 자유의지는 이성이 내화하고 응취된 기초 위에서 건립되었음을 주장했다.[33]

역사본체론의 이론체계가 마르크스주의와 칸트 철학의 접합으로 체현되었다고 하는 평가는 바로 이 지점이다. 리쩌허우가 칸트로 마르크스를 보완한 것은 '총체 역사에서 개체 심리'로 회귀하기 위함이었다. 물론 그는 역사 총체를 내버리진 않았다. 기존의 역사에서 간과된 심리를 역사와 대등한 본체의 지위로 복원시키되 그 심리가 역사 적전의 산물임을 명확하게 밝힌 것이다.

이처럼 역사본체론은 마르크스주의와 칸트 철학의 접합, 그리고 서양철학과 중국 전통문화, 특히 유학 사상의 접합으로 체현되었다. 리쩌허우에게 역사본체론은 구체적인 사회역사 조건 및 자신의 심리 구조의 적전과정에서 형성되었다.

왕겅王耕은 『리쩌허우 역사본체론 연구』에서 역사본체론의 형성 기초, 이론 전제, 사상 논리, 그리고 역사본체론과 중국 전통문화를 각각 고찰한 바 있다. 그에 따르면, 역사본체론의 이론 전제는 세 가지다. 인간의 삶이 첫번째 전제이고, 칸트의 비판철

33. 리쩌허우, 같은 책, 151쪽.

학이 구조적 전제이며, 주체성 문제가 이론 전제이다. 그리고 사상 논리는 경험이 선험을 변화시키고 역사가 이성을 건립하며 심리가 본체로 되는 세 가지다. 역사본체론과 중국 전통문화의 관계를 해명하는 이론은 유학 4기설이다. 왕경의 글은 최근 발표된 철학 박사논문이고 나름 리쩌허우의 사상을 역사본체론에 초점을 맞춰 분석한 만큼, 그의 논리를 참조해 역사본체론을 구체적으로 살펴보자.

역사본체론의 핵심은 주체성이고 그 총체적 전제는 '사람은 살아간다'이다. 주체성 문제의 핵심은 인류 총체로서의 주체성과 개체 주체성의 문제를 어떻게 처리하느냐에 놓여 있다. 상호주체성을 염두에 둔 개체 주체성 문제에 대해 역사본체론은 두 가지 국면과 세 측면에서 접근한다. 두 가지 국면은 '도度본체'와 '정情본체'의 국면, '도구본체'와 '심리본체'의 국면이며, 최종적으로는 유학의 '실용이성'과 '낙감문화'의 두 국면을 지향한다. 그리고 세 측면은 인식론의 '진眞', 윤리학의 '선善', 미학의 '미美'의 측면을 가리키고, 이들이 역사본체론의 이론적 외연이 된다.

그 가운데 윤리학은 종교와 정치의 중개로 나아가는데, 이는 이론틀의 전제인 칸트 철학과 흡사하다. 세 측면에서 '정본체'와 연관되는 미학이 중추 작용을 한다. 미학은 총체적 주체성에서 개체적 주체성으로 전향하는 중추인 동시에 역사본체론의 철학 체계와 중국 전통 유학을 연접하는 중추이기도 하다. 리쩌허우의 역사본체론에서 미학은 기점이자 종점으로 설정된다. 그의 인식론은 이성의 내면화로부터 '미로써 참됨을 여는以美啓眞' 것으로, 최종적으로 자유 직관을 실현하는 완정한 과정이다.

역사본체론의 진정한 의의는 그 현실성에 있다. '무사巫史전통'의 이론 구축과 '유학 4기설'을 통해 역사본체론은 최종적으로 중국 전통 유학의 형식으로 주입되었다. 이 부분은 자칫 국수주의 또는 중국 중심주의로 비판받을 여지가 있지만, 리쩌허우는 이 과정을 통해 유학의 세번째 '전환적 창조', 즉 새로운 시기의 유학, 다시 말해 마르크스주의, 서양 철학, 포스트모더니즘, 실존주의 및 자유주의를 융합한 유학을 실현하고자 했다.

역사본체론 체계의 첫번째 전제는 '도본체'와 '정본체', '도구본체'와 '심리본체'의 관계다. 정-심리 본체는 결코 도-도구 본체가 전환한 결과가 아니고 중심의 변화도 아니다. 도-도구 본체의 의의는 근본적이고 정-심리 본체의 전제다. 그것이 전환하게 되는 이유는 여전히 구체적인 역사 진행과정에 놓고 봐야 한다. '정본체'의 본체성은 '도본체'의 본체성의 필연적 결과로 그 위에 건립된다. '도구본체'가 일정 정도까지 발전해야만 '심리'가 비로소 '본체'가 된다. 그러므로 양자의 관계는 병렬식의 전후 계승이지만 상호 결락될 수 없다.[34]

다음은 주체성에 관한 문제다. 역사본체론이 주체성 실천철학이라고도 불리는 이유는 주체성의 의미가 역사본체론 전체의 핵심이기 때문이다. 주체성에 대해 파악하려면 총체성과 개체성의 이중 구분을 살펴봐야 한다. 총체 주체성과 개체 주체성의 이중 구분으로부터 이성과 감성의 관계, 두 가지 도덕의 관계, 종교와 정치의 관계, 그리고 최종적인 사회 진보 발전과 개인 자유의 관계가 전개될 수 있기 때문이다. 역사본체론을 이해하는 관건은 바로 이 주체성의 이중 구분을 이해하는 데 있다. 역사본체론의 핵심 논리는 감성에서 이성으로, 다시 이성을 융합한 감성으로 가는 과정으로, 역사를 통해 인류의 총체 주체성이 개체 주체성의 형식으로 표현해 나오는 과정이다.[35]

마지막으로 리쩌허우 전체 사상의 독창성과 예측성은 궁극적으로 현실성에 복무한다. '사상사론' 삼부작에서 『논어금독論語

34. 王耕, 『李泽厚历史本体论研究』, 哲學博士學位論文(河北大学, 2015), 111쪽 참조.
35. 같은 글, 112쪽 참조.

今讀』에 이르기까지, '무사 전통'의 이론 설정부터 '유학 4기설'의 근본 입각점까지, 그리고 21세기 들어 역사본체론 체계를 유학에 대한 당대적 탐색에 주입하기까지, 모두 현실성에 대해 이론적으로 사고한 결과였다. 리쩌허우 철학의 생명력과 영향력 또한 여기에 있다. 그러므로 리쩌허우 사상 연구는 연구 층위에만 머물러서는 안 되고 실천 층위에도 초점을 맞추어야 한다. 다시 말해 이성의 축적으로서, 문화의 누적-침전의 성과로서의 역사본체론을 사회의 개체 심리 구조에 내면화시키고 적전시켜야 한다.[36]

리쩌허우 사상의 핵심인 역사본체론은 1960년대의 담금질을 거쳐 1970년대에 제출되었고 최종 체계는 세기 전환기에 형성되었다. 역사본체론의 핵심은 마르크스의 유물사관으로, 도구를 사용-제조하는 실천 활동이다. 이 점은 줄곧 변화가 없었다.

리쩌허우는 '적전론'의 출발점을 마르크스와 마찬가지로 도구와 생산력의 연결로 설정한다. 다만 마르크스는 생산력에서 생산관계에 관한 연구로 방향을 바꾸었고 다시 상부구조로 전환했는데, 이는 외재적 혹은 인문적 방면에서의 연구인 것이다. 그에 반해 리쩌허우는 도구의 사용과 제작으로 인해 형성된 문화-심리 구조, 즉 인성 문제이자 '적전'에 대한 연구를 진행했다고 스스로 그 차이점을 밝힌 바 있다. 더 나아가 '적전'이야말로 여타 동물과 구별되는 인류 심리형식을 형성케 한다고 본다. 마르크스가 '외재적 인문'에 중점을 두었다면 리쩌허우는 '내재적 인성'에 중점을 두었다.[37] 바로 이 지점에서 리쩌허우는 칸트의 선험 이성을 가져온다. 칸트에 따르면 선험 이성은 "인간 특유의 지각과 인식의 형식"이다. 그러나 칸트는 선험이 경험에 앞선다고 말했을 뿐 그것이 어디서 비롯되는지 말하지 않았다. 이 지점에서 리쩌허우

36. 같은 곳 참조.

37. 李澤厚, 『李澤厚對話集. 中國哲學登場—與劉緒源2010·2011年對談』(中華書局, 2014), 29쪽.

의 창조성이 발휘된다. 그는 '인류는 어떻게 가능한가'라는 명제로 칸트의 명제 '인식은 어떻게 가능한가'에 답했다. 그의 답변은 경험이 선험으로 변한다는 것이다. 개체에 대해서는 선험 인식 형식이지만 그것은 인류 경험이 역사적으로 적전되어 형성되었다는 것이다. 리쩌허우는 이를 '문화-심리 구조'라 명명했다. 선험의 기초가 도구를 제작하고 사용하는 생산 및 생활의 실천이라면, 감성은 개체의 실천에서 유래하는 감각 경험이고, 지성은 인류의 실천에서 유래하는 심리 형식이다.[38]

리쩌허우는 역사본체론의 최종 출구로 중국 유학을 제안한다. 물론 그가 말하는 유학은 전통 유학이 아니라, 세 번의 창조적 전환을 거친 제4기 유학이다. 이는 서양 철학을 비판적으로 수용해 현대화와 본토화에 성공한 중국 전통문화의 핵심이라 할 수 있다. 그가 활용한 서양 철학 또한 단일한 사상이 아니라 다양한 연원을 가지고 있다. 황성민은 문화-심리 구조를 방법론의 종합으로 보면서 "구조주의적 문화인류학의 성과를 받아들이고, 칸트의 선험적 인식론과 피아제의 발생인식론 등을 역사유물론과 결부시켜 이해하고 해석한 이론도 수용하였으며, 한편으로는 니덤 이후 중국철학 연구의 중요한 방법으로 도입된 유기체 이론 및 현대 과학이론의 하나인 체계이론 등 다양한 분야를 하나의 관점에서 종합하여 제기된 개념"[39]이라 평했다. 마르크스주의를 핵심으로 삼아 다양한 사상과 방법론을 망라했고, 이를 다시 중국 전통문화와 결합시켜 제4기 유학을 거론하면서 역사본체론으로 귀결시킨 것이다. 많은 논자들이 인정하듯, 리쩌허우는 도구본체의 각도에서 중국인의 실용이성을 말하고 심리본체의 각도에서 중국 전통의 낙감문화를 제창했으며, 최종적인 심리 구조의 건립을 심미적 생활 방식과 태도, 즉 '지금 여기의 삶에 대한 자유로운 향수'로 귀결시켰다.

38. 같은 책, 29~30쪽 참조.

39. 황성민, 같은 글, 377쪽 각주 5.

4 글을 마치며

리쩌허우는 학술계뿐 아니라 학술계 외부에도 지대한 영향을 미쳤기 때문에, 리쩌허우에 대한 관심은 단순한 학술사상에 국한되는 것이 아니라 사회역사 현상이기도 하고 문화 현상이라 칭할 수도 있다. 리쩌허우 사상체계의 핵심인 역사본체론은 수십 년에 걸친 학술 역정을 통해 형성되었다. 역사적이고 이성적인 적전과정에서, 구체적인 사회역사 조건의 변천과정에서 리쩌허우의 사상은 여러 차례 전변한 듯하지만, 그런 변화에도 불구하고 그 중심 주제는 변함이 없었다. 그의 중심 주제는 사회역사와 개인사의 융합과 교차이고 총체 주체성과 개체 주체성의 변증법적 접합이며, '이성의 내면화'와 '미로써 참됨을 여는' 공통 작용의 결과이고, 최종적으로 '자유 직관'의 경지에 도달하는 것이다.

서양 철학사에서 수없이 논의되었지만 누구도 제대로 답변하지 못한 개념의 하나가 선험이었다. 선험을 '인류 경험이 역사적으로 적전되어 형성된 것'이라 보는 리쩌허우의 견해는 탁견이 아닐 수 없다. 이 지점에서 리쩌허우의 사상을 러시아 문화기호학자 유리 로트만의 다음 언급과 대조할 필요가 있다. "개인적인 차이(그리고 그 위에 덧씌워진 문화-심리적 층위라는 집단적인 차이)는 문화-기호학적 대상으로서, 인간 존재를 특징짓는 근본 자체에 속하는 것이다. 인간적 개성의 [다양한] 변이형, 문화사 전체를 통해 고무되고 발전해온 바로 그 변이형이야말로 인간의 수많은 커뮤니케이션적·문화적 행위의 근본에 놓여 있는 것이다."[40] 리쩌허우의 적전론 및 문화-심리 구조와 로트만의 고무-발전 및 문화-심리 층위, 나아가 '인류학 역사본체론'과 '역사적 문화기호학'에 대한 정밀한 비교 고찰은 별도의 과제다.

40. 유리 로트만, 『기호계: 문화연구와 문화기호학』, 김수환 옮김(문학과지성사, 2008), 245쪽.

이 글은 『비판철학의 비판』을 우리말로 옮긴 피경훈 교수의 요청으로 쓰게 되었다. 20년 전 『리쩌허우 10년집』을 훑어보다가 '사상사론'에 관심을 가지면서 『중국근대사상사론』을 번역하게 되었는데, 그 당시 『비판철학의 비판』(수정본)에서 눈길이 멈췄고 100항에 이르는 '내용 제요'를 보면서, '리쩌허우의 비판을 통해 칸트의 비판철학을 공부해야겠다'라는 발상을 한 적이 있었다. 이제 서양 철학에 밝은 중국 연구자 피경훈 교수의 번역을 통해 리쩌허우의 이 초기 주저가 우리 학계에 소개되니, 만시지탄이 있음에도 불구하고 반가운 일이다.

사적 유물론이 역사본체론의 우선적 전제이고 주체성 문제가 이론적 전제라면, 칸트 비판철학은 구조적 전제라 할 수 있다. 리쩌허우가 '칸트로 마르크스를 보완하고 마르크스로 칸트를 수정'하겠다는 의도를 얼마나 관철했는지에 대한 평가는 서양 철학에 밝은 이들의 몫일 것이다. 물론 그들이 중국 철학에 문외한이어서는 곤란하다. 서양 철학사 최고봉의 하나인 칸트의 비판철학을, 중국 당대 최고의 사상가가 비판적으로 연구한 성과는 '동서고금의 융합'이라는 차원에서 심대한 의미를 지닌다. 중국 학자가 칸트 철학을 비판적으로 읽어낸 결과물인 이 책의 출간이 그간 서양에 경도되어온 한국 학술계에 적지 않은 파문을 일으키기를 기대해본다.

옮긴이의 말

1976년 마오쩌둥의 사망과 함께 종결된 '문화대혁명'은 중국 지식인들에게 씻을 수 없는 상처를 남겼다. 그 유례를 찾기 힘든 급진적 정치 실험의 거대한 파도 속에서 중국 지식인들은 삶과 민족에 대해 자신들이 품어왔던 모든 기대와 희망을 처절하게 짓밟혔다. 그들에게 문화대혁명은 존재 자체에 대한 철저한 부정이었고, 역사와 민족 그리고 동시대 사회가 자신들에게 등을 돌리는 그야말로 잔인한 시절이었다. 그렇기에 문화대혁명이 중국 지식인들에게 남긴 상처는 단순히 개인적 차원을 넘어서는 민족사 전체에 대한 충격 그 자체였다.

이 책 『비판철학의 비판』은 민족사에 가해진 이러한 충격을 사상적 차원에서 극복하려는 저자의 분투가 담긴 저서라 할 수 있다. 후기에서 밝히고 있듯 저자 리쩌허우는 문화대혁명 기간에 이 책을 집필했다. '지식'에 대한 접근 자체가 금기시되었던 열악한 상황에서 리쩌허우는 자신의 사유를 정리하기 시작했다. 이는 순수한 철학적 차원의 질문이면서 동시에 당시의 시대적 모순과 질곡에 대한 비판을 제기하기 위해 사상적 차원의 투쟁을 진행해나갔던 것이다.

리쩌허우와 같은 시대에 '주향미래走向未來'라는 지식 그룹을 결성하여 사상해방을 추구했던 진관타오金觀濤도 언급한 바 있지만, 문화대혁명이 막바지로 치달을 무렵 어느 정도 지식적 배경을 갖추고 있던 당시 지식인들은 문화대혁명이 이른바 '헤겔화된 마르크스주의', 즉 목적론적 세계관에 기반을 둔 단선론적 역사 발전관에 의해 추동된 것이 아닌가라는 의구심을 품고 있었다. 그래서 사상적 차원에서 문화대혁명의 모순을 고민하던 지식인들은 헤겔과 마르크스, 그리고 칸트를 본격적으로 재검토함으로써 시대의 사상적 모순에 대답하고자 했다.

『비판철학의 비판』 역시 근본적으로는 독일 관념론 철학의 시원으로 거슬러올라가 '문화대혁명'을 재검토하기 위해 쓴 책이라 할 수 있다. 리쩌허우는 당시 '부르주아 사상가'로 분류되어 철저하게 배격되었던 칸트를 전면에 내세움으로써 사상계에 신선한 파장을 몰고왔다. 마르크스주의의 시원이라 할 수 있는 독일 관념론의 뿌리, 즉 칸트를 다시 검토함으로써 계급투쟁 일변도의 역사를 추동하던 왜곡된 변증법에 도전하려 했던 것이다.

이러한 사상적 분투의 절박함 때문이었을까? 리쩌허우는 총 10장 중 6장을 할애하여 칸트 인식론의 구조를 다차원적이고도 깊이 있게 고찰한다. 프랑스혁명이라는 위대한 인류 역사의 흐름에 응답하려 했던 당시 독일 사상계의 시대적, 사상사적 상황을 상세하게 소개하면서도, 리쩌허우는 그러한 사상사적 흐름의 구도 안에서 탄생했던 칸트 철학이 어떠한 사유의 경로를 통해 자신의 철학을 정립했는지 매우 상세하게 묘파한다.

특히 이 책에서 빛을 발하는 부분은 수학과 과학의 영역에서 칸트의 순수이성비판이 갖는 의미를 풀어낸 부분이라 할 수 있다. 각 학문 분과의 구분이 지나치게 선명한 한국 학계의 풍토에서 칸트는 그저 '철학'이라는 영역에 국한되어 다루어져왔던 것이 사실이다. 하지만 리쩌허우는 철학은 물론 수학과 과학의 차원에서 칸트 철학의 위치를 조망함으로써 자연과학과 철학이 근본적인 차원에서 인식론적 근간을 공유하고 있다는 것을 보여주었다.

칸트 철학 자체에 대한 상세한 소개와 개괄 이외에, 이 책의 핵심은 역시 '칸트와 마르크스의 통섭'이라고 할 수 있다. 앞서 언급했듯 리쩌허우는 문화대혁명을 거쳐 사상해방의 국면에 이르기까지 패권적 이데올로기로 존재했던 '경화된 마르크스주의'에 도전하기 위해 이 책을 저술했다. 여기서 '경화된 마르크스주의'란 '계급투쟁'을 핵심으로 한 목적론적 역사관, 즉 사적 유물론을 가리킨다.

당시 중국은 인류 역사가 계급투쟁을 동력으로 하여 완전한 해방, 즉 공산주의에 다다를 수 있다는 폐쇄적인 사상체계를 근간으로 하고 있었다. 이러한 담론적 환경 속에서 인간 자체, 즉 주체성에 대한 고민은 해방을 향한 거시적인 역사 흐름 속에 함몰될 수밖에 없었다. 이에 리쩌허우는 칸트를 재검토함으로써 과연 '계몽'이란 무엇이며 그것이 마르크스주의와 어떻게 통섭할 수 있는가를 고민했다. 또한 사적 유물론에 의해 고착화된 '계급투쟁의 철학'을 극복하고 새로운 차원에서 마르크스주의의 정수를 회복하는 것 역시 저자가 대면했던 주요 과제였다.

이에 대한 저자의 고민을 집약한 개념이 바로 '축적설(적전설積澱說)'이다. 리쩌허우는 칸트가 정립한 '주체성의 철학'을 적극 수용하는 한편, 주체성의 철학이 제대로 성립하기 위해서는 유물론적 근거를 결여해서는 안 된다고 주장하면서 칸트 철학이 다소 추상적으로 정립해놓은 '주체성'의 근간을 마르크스주의의 유물론적 시각을 통해 보충하려 했다. 칸트 철학에 내재되어 있는 주체성의 추상적 성격을 마르크스주의의 유물론적 시각으로 보충하려 한 것은 『비판철학의 비판』을 관통하는 핵심 쟁점이라 할 수 있으며, 저자는 '인류의 장구한 역사적 실천'을 마르크스주의의 유물론적 시각에서 새롭게 전유함으로써 주체성의 추상성을 극복할 수 있는 근거로 정립했던 것이다.

결국 '축적설'은 칸트를 통한 주체성의 회복, 그리고 마르크스를 근간으로 한 추상적 주체성의 보충과 극복이라는 리쩌허우의 사상적 구도가 집약된 개념이라 할 수 있다. 또한 이러한 사상적 구상은 비단 문화대혁명이라는 구시대에 대한 비판으로만 정향되어 있었던 것은 아니다. 리쩌허우가 개척한 '칸트와 마르크스의 통섭' 및 '축적설'은 문화대혁명 이후, 즉 1980년대 진행된 문화운동인 '문화열文化熱'의 형성에도 결정적 계기를 마련해 주었다.

리쩌허우가 제시한 '축적설'을 통한 주체성 재정립의 구상은 1980년대 여러 중국 지식인들에게 비판적 영감의 시발점이 되었다. 중국 전통 문화와의 철저한 단절, 공산주의적 미래를 향한 맹목적 전진만 횡행하던 문화대혁명의 시기가 종결된 이후, 문화적 좌표를 상실한 중국 지식인들에게 '축적설'은 문화적, 역사적 혈맥을 이을 수 있는 이론적 근거가 되었고, 이후 뜨겁게 달아올랐던 '문화열'의 움직임 속에서 중국 지식인들은 동서고금을 가로지르는 지적 모험을 통해 리쩌허우의 도전에 화답했다. 결국 리쩌허우의 저서는 문화대혁명 종결 이후 황무지 같았던 중국 사상계에 새로운 싹을 틔워줄 맹아 역할을 했다고 할 수 있다.

내가 『비판철학의 비판』을 처음 접한 것은 석사 시절로 거슬러올라간다. 당시엔 짧은 지식 탓에 이 책을 제대로 읽어내기가 어려웠다. 특히 칸트에 대한 이해가 부족했기에 그저 축자적으로 이해하는 데 급급할 따름이었다. 이 책을 본격적으로 파고든 것은 박사학위 논문을 마무리하던 2012년 말로, 당시 상하이 대학에 방문학자로 와계셨던 목포대학교 임춘성 선생님을 만나뵙고는 이 책의 번역을 결심하게 되었다.

상하이에서 임춘성 선생님과 여러 이야기를 나누면서 이 책의 중요성을 새삼 확인할 수 있었고, 특히 문화대혁명 이후 중국의 사상 흐름에 대한 한국 학계의 연구가 아직 부족하다는 것을 깨닫게 되었다. 그때 나는 진관타오의 '주향미래' 지식그룹에 대한 박사학위 논문을 준비하고 있었다. 문화대혁명 종결 이후 전개된 1980년대의 중국 사상사는 현재 우리가 대면하고 있는 이른바 '포스트사회주의 중국'을 형성시킨 결절점이었다. 내가 이 책을 번역하게 된 근본 계기도 바로 이 점에서 기인했다.

예상대로 이 책의 번역은 녹록치 않았다. 단순히 중국어를 한국어로 번역하는 수준을 훨씬 넘어서는 작업이었고, 독일 관념론 철학을 비롯한 서구 철학 전반에 대한 중국적 이해를 한국적 이해의 맥락으로 옮기는 작업이었다. 그렇기에 철학 및 과학 용어들을 한국에서 통용되는 방식으로 옮겨야 했고, 칸트에 대한 저자의 이해를 칸트 철학에 대한 한국 철학계의 지적 맥락과 비교해가며 둘 사이에서 적절한 합의점을 찾기 위해 노력해야 했다. 칸트 전공자가 아닌 탓에 이러한 작업은 이 책을 완역한 지금도 여전히 미완의 과제로 남아 있는 것이 사실이다.

하지만 옮긴이의 지적 부박함에도 불구하고 중국 사상사, 특히 문화대혁명 이후 중국 사상사를 연구하는 데 있어 이 책의 중요성에 대한 믿음은 확고하다. 한국에서 리쩌허우의 저술들은 꾸준히 소개되고 있지만, 출간된 지 40년이 지난 그의 주저 『비판철학의 비판』이 여태 번역되지 않았다는 것은, 냉전이라는 시대적 상황을 감안하더라도 납득하기 쉽지 않다. 앞서 언급했듯 『비판철학의 비판』은 문화대혁명 이후 중국 사상사의 전개라는 특수한 맥락에서뿐 아니라, 칸트 철학과 마르크스주의 철학의 만남이라는 보편적인 사상사적 맥락에서도 간과할 수 없는 매우 중요한 저작이기 때문이다.

사상은 결국 시대에 대한 치열한 고민의 결과물이다. 어떠한 사상도 시대와 유리되어 그 자체로 존재할 수 없다. 그렇기에 사상은 곧 사상가와 시대가 치열하게 대결한 결과이며, 『비판철학의 비판』 역시 거대한 역사적 흐름에 정면으로 맞선 사상가의 투쟁이 남긴 의미 있는 흔적이다. 옮긴이로서 그 치열한 투쟁의 흔적을 한 자 한 자 확인할 수 있었던 것은 매우 큰 영광이었다. 또한 이 책의 번역은 중국학 연구자로서 중국이 경험했던 시대적 전환의 거대한 협곡을 깊이 있게 이해할 수 있었던 결정적인 계기가 되어주었다.

이 소중한 경험은 이 책의 번역에 도움을 주셨던 여러 선생님 없이는 불가능한 것이었다. 이 책을 번역할 수 있도록 결정적인 계기를 마련해주신 임춘성 선생님은 시작부터 지금까지 너무나 많은 도움을 주셨다. 공부하는 사람의 자세뿐 아니라 인생에 대한 문제에 이르기까지 항상 조언을 아끼지 않으시는 선생님의 가르침 덕분에 번역을 무사히 마칠 수 있었다.

이 책의 초벌 번역을 읽고 해설을 써주신 심광현 선생님께도 감사의 말씀을 올린다. 용어 문제 등 칸트 철학 이해의 전반적인 가이드라인을 제시해주신 덕분에 번역의 방향을 올바로 잡을 수 있었다. 또한 주석을 정리하는 데 큰 도움을 주신 이재현 선생님께도 감사드린다. 이재현 선생님은 이 책의 주석 중 중국어판 『마르크스·엥겔스 전집』『마르크스·엥겔스 선집』을 영문판과 일일이 대조하여 영문판 페이지를 확인해주셨다.

안정적인 연구 환경을 마련해주신 고려대학교 중국학연구소의 장동천 선생님, 그리고 교정 작업을 함께해준 고려대학교의 오명선, 서수민 두 분께도 감사의 마음을 전한다. 더불어 어려운 여건 속에서도 이 책이 한국에서 나올 수 있게 해준 고원효 선생님을 비롯한 문학동네 여러분께도 감사를 드린다.

그리고 무엇보다 어려운 인문학도의 길을 묵묵히 뒷받침해준 가족들에게 감사의 마음을 전하고 싶다. 점점 더 악화되어가는 인문학계의 현실 속에서 가족들의 도움이 없었다면 이 책의 번역도 불가능했을 것이다. 물심양면으로 지지를 보내주신 부모님, 동생, 그리고 장인어른께 감사드린다. 또한 박사과정 때 만나 평생의 반려자가 된 아내 우승희에게 깊은 감사의 마음을 전한다. 어려운 시절을 함께 겪으면서 아내는 때로는 묵묵한 지지자로, 때로는 예리한 비판자로 학업의 소중한 동반자가 되어주었다. 마지막으로 얼마 전 무사히 태어나 우리 곁으로 와준 재원이에게도 고마운 마음뿐이다.

이 책의 번역을 마치기까지 약 5년의 세월이 흘렀다. 그간 인문학은 한층 더 처참한 상황에 놓이게 되었다. 이러한 상황에서 칸트와 마르크스를 논하는 책을 번역한다는 것이 어떠한 의미를 갖는지 더욱 깊게, 그리고 비장하게 고민해본다. 이 책의 번역상 모든 오류와 착오는 역자의 책임임을 밝히면서 마무리하고자 한다.

2017년 6월

피경훈

찾아보기

비판철학의 비판

초판 인쇄 ¦ 2017년 7월 17일
초판 발행 ¦ 2017년 7월 27일

지은이 ¦ 리쩌허우
옮긴이 ¦ 피경훈
펴낸이 ¦ 염현숙

기획 ¦ 고원효
책임편집 ¦ 김영옥
편집 ¦ 송지선 허정은 고원효
디자인 ¦ 슬기와 민
저작권 ¦ 한문숙 김지영
마케팅 ¦ 이연실 김도윤
홍보 ¦ 김희숙 김상만 이천희
제작 ¦ 강신은 김동욱 임현식
제작처 ¦ 영신사

펴낸곳 ¦ (주)문학동네
출판등록 ¦ 1993년 10월 22일 제406-2003-000045호
주소 ¦ 10881 경기도 파주시 회동길 210
전자우편 ¦ editor@munhak.com
대표전화 ¦ 031-955-8888
팩스 ¦ 031-955-8855
문의전화 ¦ 031-955-1933(마케팅) | 031-955-1905(편집)
문학동네 카페 ¦ http://cafe.naver.com/mhdn

ISBN 978-89-546-4629-1 93100

이 도서의 국립중앙도서관
출판예정도서목록(CIP)은
서지정보유통지원시스템 홈페이지
(http://seoji.nl.go.kr)와
국가자료공동목록시스템
(http://www.nl.go.kr/kolisnet)에서
이용하실 수 있습니다.
(CIP 제어번호: CIP2017015411)

www.munhak.com

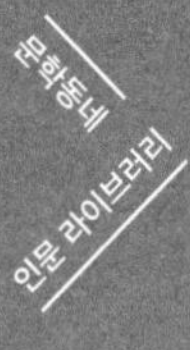

세상은 언제나 인문의 시대였다.
삶이 고된 시대에 인문 정신이 수면 위로 떠올랐을 뿐.
'문학동네 인문 라이브러리'는 인문 정신이 켜켜이 쌓인 사유의 서고書庫다.
오늘의 삶과 어제의 사유를 잇는 상상의 고리이자
동시대를 이끄는 지성의 집합소다.
살아 움직이는 유기체적 지식을 지향하고, 앎과 실천이 일치하는
건강한 지성 윤리를 추구한다.

1¦ **증여의 수수께끼** | 모리스 고들리에 ¦ 지음 | 오창현 ¦ 옮김
2¦ **진리와 방법 1** | 한스게오르크 가다머 ¦ 지음 | 이길우 외 ¦ 옮김
3¦ **진리와 방법 2** | 한스게오르크 가다머 ¦ 지음 | 임홍배 ¦ 옮김
4¦ **역사—끝에서 두번째 세계** | 지그프리트 크라카우어 ¦ 지음 | 김정아 ¦ 옮김
5¦ **죽어가는 자의 고독** | 노르베르트 엘리아스 ¦ 지음 | 김수정 ¦ 옮김
6¦ **루됭의 마귀들림** | 미셸 드 세르토 ¦ 지음 | 이충민 ¦ 옮김
7¦ **저자로서의 인류학자** | 클리퍼드 기어츠 ¦ 지음 | 김병화 ¦ 옮김
8¦ **검은 피부, 하얀 가면** | 프란츠 파농 ¦ 지음 | 노서경 ¦ 옮김
9¦ **전사자 숭배—국가라는 종교의 희생제물** | 조지 L. 모스 ¦ 지음 | 오윤성 ¦ 옮김
10¦ **어리석음** | 아비탈 로넬 ¦ 지음 | 강우성 ¦ 옮김
11¦ **기록시스템 1800·1900** | 프리드리히 키틀러 ¦ 지음 | 윤원화 ¦ 옮김
12¦ **비판철학의 비판** | 리쩌허우 ¦ 지음 | 피경훈 ¦ 옮김

출간 예정¦ **자유의 발명 1700~1789/이성의 상징 1789** | 장 스타로뱅스키 ¦ 지음 | 이충훈 ¦ 옮김
부족의 시대 | 미셸 마페졸리 ¦ 지음 | 박정호·신지은 ¦ 옮김
일상의 발명 1—실행의 기술 | 미셸 드 세르토 ¦ 지음 | 신지은 ¦ 옮김
일상의 발명 2—주거하기, 요리하기 | 미셸 드 세르토 외 ¦ 지음 | 신지은 ¦ 옮김
타자의 자리—종교사와 신비주의 | 미셸 드 세르토 ¦ 지음 | 이성재 ¦ 옮김
근대의 관찰들 | 니클라스 루만 ¦ 지음 | 김건우 ¦ 옮김
살과 돌—서구 문명의 육체와 도시 | 리처드 세넷 ¦ 지음 | 임동근 ¦ 옮김